学ぶ人は、
変えて
ゆく人だ。

目の前にある問題はもちろん、

人生の問いや、

社会の課題を自ら見つけ、

挑み続けるために、人は学ぶ。

「学び」で、

少しずつ世界は変えてゆける。

いつでも、どこでも、誰でも、

学ぶことができる世の中へ。

旺文社

全国高校入試問題正解 2021 2022 年受験用

分野別過去問 532題

国語

現代文・古文・漢文

旺文社

≪ 2021・2022 年受験用　全国高校入試問題正解≫

分野別過去問　国語

はじめに

本書は、2017 年から 2019 年に実施された公立高校入試問題を厳選し、分野別に並べ替えた問題集です。小社刊行『全国高校入試問題正解』に掲載された問題、解答・解き方が収録されています。

◆特長◆

①入試の出題傾向を知る！

本書をご覧いただければ、類似した問題が複数の都道府県で出題されていることは一目瞭然です。本書に取り組むことにより、入試の出題傾向を知ることができます。

②必要な問題を必要なだけ解く！

本書は様々な分野に渡ってたくさんの問題を掲載しています。苦手意識のある分野や、攻略しておきたい分野の問題を集中的に演習することができます。

本書が皆さんの受験勉強の一助となれば幸いです。

旺文社

目　次

第一章　漢字問題

漢字の読み取り　4
漢字の書き取り　16
漢字知識　29

第二章　現代文

読解問題

稲垣栄洋　34
永田和宏　36
原田マハ　39
宮下奈都　43
齋藤 孝　47
今井むつみ　49
小嶋陽太郎　53
蓮見恭子　55
森 博嗣　58
あさのあつこ　61
池内 了　63
内山 節　65
高階秀爾　68
額賀 澪　70
苫野一徳　74
にしがきようこ　75
藤井清美　76
山極寿一　78
一川 誠　79
伊藤明夫　81
乾 ルカ　83
榎本博明　84
小川 糸　86
亀田達也　88
河合隼雄　89
木内 昇　90
黒崎政男　92
齋藤亜矢　93
汐見稔幸　95
鈴木忠志　96
高槻成紀　97
辻村深月　99
長谷川 宏　101
長谷川眞理子　102
福岡伸一　103
藤岡陽子　105
船木 亨　107
堀内進之介　109
湊 かなえ　111
村上しいこ　113
茂木健一郎　115
好井裕明　116
鷲田清一　118

詩・短歌・俳句

詩　120
短歌・俳句　121

第三章　古典（古文・漢文）

古文

十訓抄　130
沙石集　133
徒然草　137
枕草子　139
浮世物語　141
古今著聞集　144
醒睡笑　146
無名草子　148
伊勢物語　151
伊曾保物語　152
正法眼蔵随聞記　153
平家物語　155
うひ山ぶみ　156
玉勝間　157
仮名世説　158
きのふはけふの物語　159

漢文

韓非子　161
孔子家語　162
列子　163
世説新語　165
論語　166
漢詩　166

第四章　融合文（現代文＋古文＋漢文）

現古融合文　170
現漢融合文　186
古漢融合文　190

第五章　表現・作文

条件作文　202
課題作文　207

＊ 34 ～ 119 ページの「読解問題」は、主な頻出作家の問題を「でる順」に掲載。作家名の下の論は論説文、文は文学的文章であることを示す。
＊ 130 ～ 168 ページの「古典」は、古文・漢文の主な頻出作品の問題をそれぞれ「でる順」に掲載。
＊各問題のはじめの思考力は、思考力を問う問題であることを示す。

［編集］横浜編集事務所　［デザイン］土屋真郁＋ya

第一章 漢字問題

漢字の読み取り

次の1～153について、――線部の読みを書きなさい。

1
①弱点を克服した。
②これまでのやり方を踏襲する。
③専ら聞き役に徹する。
④船が水面を滑らかに進む。
⑤最適な手段を採る。（改）
〈北海道〉

2
①花束が芳香を放つ。
②両方の請求を棄却する。
③劇団を主宰する。
④針を使って洋服を繕う。
⑤約束まで時間を潰す。
〈青森県〉

3
①緩急自在に球をあやつる。
②問屋から店舗に商品を卸す。
③傘をさした途端に雨が止んだ。
④重要な情報が外部に漏れる。
〈岩手県〉

4
①子供の健やかな成長を願う。
②交通安全の標語を募る。
③新聞に広告を掲載する。
④勇敢に立ち向かう。
〈宮城県〉

5
①交友関係が親密になる。
②悪影響を及ぼす。

6
①余韻を楽しむ。
②ハンカチで目頭を押さえる。
③新聞には多くの記事が掲載されている。
④余計な手間を省く。
〈秋田県・改〉

7
①好機が訪れる。
②血を沸騰させる勢いで語る。
〈山形県・改〉

〈福島県・改〉

8
①天井の低い家屋。
②友人との秘密が、先生には筒抜けだった。
③技術者が機械を改造する。
〈茨城県・改〉

9
①英文を和訳する。
②労力を費やす。
③傾斜のゆるやかな坂。
④参加人数を把握する。
⑤卒業式の厳かな雰囲気。
〈栃木県〉

10
①まったく性格の異なる兄弟。
②住民同士が支え合う地域。
③重大な誤りを指摘する。
④政治家の不正に警鐘を鳴らす報道。
〈群馬県・改〉

11
①至福の時間を過ごす。
②晩鐘が鳴り響く。
③毎日怠けずに練習する。
④新事業への進出を企てる。
〈神奈川県〉

12
①旧友と再会し、話が弾む。
②励まされて勇気が湧く。
③害虫を駆除する。
④古い習慣を踏襲する。
〈埼玉県〉

13
①役者の真に迫った演技が喝采を浴びる。
②教室から朗らかな笑い声が聞こえてくる。
③新緑の渓谷を眺めながら川下りを楽しむ。
④キンモクセイの香りが漂う公園を散策する。
⑤著名な画家の生誕を記念する展覧会が催される。
〈千葉県〉

14
①職場の人と親睦を深める。
②緩衝地帯を通過する。
③美術館に彫塑を搬入する。
〈東京都〉

15
①彼は穏やかな笑顔を絶やさない。
②観光名所を巡る旅を楽しむ。
③ボランティア活動に携わる。
④手紙を封筒に入れる。
⑤高速道路で渋滞が発生する。
⑥家の屋根を修繕する。
〈新潟県〉

16
①郷土史を著す。
②事態を収拾する。
③生徒会役員を委嘱する。
〈富山県〉

17
①マラソン大会で給水所を設ける。
②旅先で同窓の先輩に会う。
③彼女は後輩に慕われている。
④パソコンでウェブページを閲覧する。
〈石川県〉

18
①文化祭の演出で紙吹雪が舞う。
②道路の幅が狭い。
③箱に緩衝材を入れる。
④朝霧が盆地を覆う。
〈福井県〉

19
①桜の開花状況を把握する。
②仲間と親睦を深める。
③交渉が円滑に進む。
④空に雲が漂う。
⑤温泉で疲れを癒やす。
〈山梨県〉

20
①地球の環境問題を取り上げる。
②手軽に作れる料理。
③兄の力に頼る。
④微妙な音の違いを感じ取る。
⑤一人の研究者が独自に開発を進める。
⑥イヤホンで耳を塞ぐ。
〈長野県・改〉

21
①何事にも懸命に努力する。
②住民に協力を要請する。
③タオルを水に浸す。
④ズボンの裾を上げる。
⑤打球の軌跡が弧を描く。
〈岐阜県〉

22
①外国人に道を尋ねられる。
②木材が水分を吸って膨張する。
③鋪装されていない道を歩く。
〈静岡県・改〉

23
①玄関に、陶製の犬の置物を据える。
②スポーツを通じて留学生と親睦を深める。
〈愛知県〉

24
①観衆の声が響く。
②自らを戒める。
③装飾を施す。
④選手を激励する。
〈三重県〉

25
①ペンを拝借する。
②洗濯した衣服を干す。
③誕生日を祝う。
④山頂を目指す。
⑤炭酸水を飲む。
〈滋賀県〉

26
畏怖の念を抱く。
〈京都府・改〉

27
①風が春の到来を告げる。
②長い歴史を誇る都市。
③洋書を翻訳する。
④新しい分野への進出を企てる。
⑤議論が紛糾して会議が長引く。
⑥春になり梅の花が綻びる。
〈大阪府〉

28
①洋服をきれいに畳む。
②メールの返信を催促する。
〈兵庫県・改〉

29
①急に走りたい衝動にかられた。
②保険の加入を勧められる。
〈奈良県・改〉

30
①規制を緩和する。
②頭上に掲げる。
③大会を催す。
④楽しい雰囲気に包まれる。
〈和歌山県〉

31
①運動会の日、穏やかな天気に恵まれる。
②為替相場が変動する要因を考えてみる。
〈鳥取県〉

32
①傷んだ心を癒す。
②師の教えに背く。
③目的から逸脱している。
④文章の体裁を整える。
〈島根県〉

33
①犯した罪の償いをする。
②長い沈黙が流れる。
〈岡山県・改〉

34
①買い物をして愉快な気分になる。
②年齢を重ねて体が衰える。
③朝から晩まで運動をして疲れる。
〈広島県・改〉

35
①彼は鋭敏な頭脳をもつ。(改)
②どうぞ健やかにお過ごしください。
③この絵は陰影の表現に優れている。
〈山口県〉

36
①手紙を添える。
②つぼみが膨らむ。
③材料を吟味する。
④自然の摂理に従う。
〈徳島県〉

37
①鉄道模型を飾る。
②弟は生まれつき手先が器用だ。
③この家は窓から見える景色がすばらしい。
④放課後に友人と談笑する。
〈香川県・改〉

38
①履歴を記す。
②塗装が剝離する。
③両手で荷物を抱える。
④友人との話が弾む。
〈愛媛県〉

39
①馬の手綱を引く。
②不安を拭う。
〈高知県〉

40
研究に没頭する。
〈福岡県・改〉

41
①専門家の指摘により修正を加える。
②妥当な方法を選択する。
〈佐賀県・改〉

42
①名残惜しそうに手を振る。
②便宜的な表現を用いる。
③折に触れてマナーの大切さを説く。
〈長崎県・改〉

43
①鋭い剣のような山々。
②この池は暗く濁っている。
〈熊本県・改〉

44
①生徒会の公約を掲げる。
②素晴らしい演奏に陶酔する。
〈大分県〉

45
①選手が現役を退いてコーチになる。
②疲れが蓄積するとよく眠れる。
③野菜からビタミンを摂取する。
〈宮崎県・改〉

46
①成長が著しい。
②あこがれの仕事に就く。
③流行が終息した。
〈鹿児島県〉

47
①かばんを手に提げたまま走る。
②達人が技を駆使する。
〈沖縄県・改〉

48
①粘土は可塑性の高い物質である。
②隠蔽されていた事実が明るみに出る。

③容疑が晴れて赦免される。　〈東京都立日比谷高校〉

49
①勾配がきつい坂道を登る。
②郵便為替を利用して送金する。
③炭火で煎餅をあぶり焼く。　〈東京都立青山高校〉

50
①逆上がりの練習を怠る。
②芝居がかった所作をしている。
③読んだ本の梗概を語る。　〈東京都立西高校〉

51
①汗を拭う。
②薪能を鑑賞する。
③塑像の制作をする。　〈東京都立国立高校〉

52
①さわやかな日和となる。
②仕事を少人数で賄う。
③論理の破綻を避ける。　〈東京都立墨田川高校〉

53
①学校は勾配の急な坂道を登ったところにある。
②古いしきたりが廃れて新しい文化が育っていく。
③千載一遇のチャンスが到来する。　〈東京都立併設型中高一貫教育校〉

54
①ピカソはスペイン出身の著名な画家だ。
②高校生の棋士が主人公の小説が人気だ。
③ランナーは沿道からの声援に奮い立った。
④好きな音楽を聴きながら憩いのひとときを過ごす。
⑤原作を換骨奪胎した現代的な解釈。（改）　〈北海道〉

55
①正確な人数を把握する。
②私の家は和洋折衷の造りである。
③僅差で勝利する。
④寒さが緩む。
⑤会の運営は会費で賄う。　〈青森県〉

56
①進行に差し支える。
②暗闇の中を凝視する。　〈岩手県〉

57
①町の発展を促す。
②厳かな式典に参加する。
③美しい旋律が聞こえる。
④体育館使用の許可を申請する。　〈宮城県〉

58
①手間のかかる工程を省く。
②頻繁に手紙を書く。　〈秋田県〉

59
①背後に気配を感じる。
②急な気温の変化で風邪を引く。
③市町村が合併する。
④体調は至って平常だ。　〈山形県・改〉

60
①事件の真相を捉える。
②過剰な演出の映画。　〈福島県・改〉

61
①犯罪の手口が巧妙化する。
②鋭い洞察が得られる。

③任務を**遂行**する。

〈茨城県・改〉

62

①桜の花が**咲**く。

②部屋を**掃除**する。

③**舞台**に上がる。

④**濃厚**なスープ。

⑤時間を**稼**ぐ。

〈栃木県〉

63

①彼の努力は**賞賛**に値する。

②登山には危険が**伴**う。

③**全**く予想しなかった結果になる。

④**頻繁**に人が往来する道。

〈群馬県・改〉

64

①**養蜂**について調べる。

②エジプト文明が**隆盛**を極める。

③萎えた気持ちを**奮**い立たせる。

〈埼玉県〉

65

①**詳**しい状況を尋ねる。

②緑の芝生は市民の**憩**いの場だ。

③作品の**巧拙**は問わない。

④これはあくまでも**暫定**的な計画である。

〈千葉県〉

66

①洋服のほころびを**繕**う。

②日本の伝統的な**舞踊**を鑑賞する。

③午後の列車には**若干**の空席がある。

④善戦するも一点差で**惜敗**し、優勝を逃す。

⑤忙しさに**紛**れて、弟に頼まれた用事を忘れる。

〈東京都〉

67

①人生の**岐路**に立つ。

②彼の**苦衷**を察する。

③銀行から**融資**を受ける。

④焦燥に**駆**られる。

〈神奈川県〉

68

①彼の頼みを**快**く受け入れる。

②友人と肩を**並**べて家路についた。

③祖母を**慕**って会いに行く。

④新発売の製品を**宣伝**する。

⑤図書館へ**頻繁**に行くようになった。

⑥国会で条約の**批准**を承認する。

〈新潟県〉

69

①言葉を**慎**む。

②**機敏**な行動をとる。

③依頼を**承諾**する。

〈富山県〉

70

①他人の**干渉**を受ける。

②ボランティアを**募**る。

〈石川県・改〉

71

①勝敗の**行方**を見守る。

②いつも**朗**らかに笑う。

③技に**磨**きをかけて試合に出る。

④人生の**岐路**に立つ。

〈福井県〉

72

①クニマスの**稚魚**を育てる。

②**抑揚**をつけて詩を朗読する。

③緻密な計画を練り上げる。
④栄養の偏りに気をつける。
⑤心地よい風にカーテンの裾が揺れる。
〈山梨県〉

73
①他人に親切な行為を心がける。
②周囲を見渡す。
③絶えず連絡をとり合う。
④語源を細かく調べる。
⑤高齢者が人口の大半を占める村。
〈長野県・改〉

74
①自然の恩恵を受ける。
②新しい目標を掲げる。
③歩きながら額の汗を拭う。
④試合の均衡が破れる。
⑤汎用性の高い方法を使う。
〈岐阜県〉

75
独自の解釈を加える。
〈静岡県・改〉

76
①世界中で生涯スポーツが奨励されている。
②団体戦の勝敗は、最後の選手に委ねられた。
〈愛知県〉

77
①木の枝が揺れる。
②自転車のハンドルを握る。
③大会の結果が新聞に掲載される。
④雑草が野原に繁茂する。
〈三重県〉

78
①出席者に賛否を問う。
②ひもを束ねる。
③要求を退ける。
④畑を耕す。
⑤弟の書いた作文を添削する。
〈滋賀県〉

79
代々の家系に受け継がれる。
〈京都府・改〉

80
①玄関から居間へ移動する。
②文章表現上の暗黙のルール。
③細かい点まで丹念に調べる。
④一方的な思い込みによって誤解に陥る。
⑤過去を顧みる。
〈大阪府・改〉

81
①辛辣な言葉を口にする。
②厳しい現実から目を背ける。
〈兵庫県・改〉

82
①朝の挨拶を交わす。
②寒の戻りで体調を壊す。
〈奈良県・改〉

83
①絶好の日和に恵まれる。
②飛行機が旋回する。
③風景を描写する。
④友人を諭す。
〈和歌山県〉

84
①甘い香りが漂う庭に足を踏み入れる。
②優雅な身のこなしに思わず見とれる。
〈鳥取県〉

85
①昨日の失敗について謝る。
②国道の車の流れが滞る。
③この神殿の周辺は聖域とされている。
④選手の出場資格を剝奪する。
〈島根県〉

86
①詳しい説明を求める。
②神仏を崇拝する。
〈岡山県・改〉

87
①予報では、午後から天気が崩れるようだ。
②弟に勉強を邪魔される。
〈広島県・改〉

88
①小説が雑誌に掲載される。
②貴重な時間を割いていただく。
〈山口県〉

89
①目標を掲げる。
②明治時代の趣が残る通りだ。
③示唆に富む話を聞く。
④使用する頻度が高い。
〈徳島県〉

90
①蛇口から水が垂れる。
②休憩の時間を十分にとる。
③唐突な発言に驚く。
④優しい口調で話す。
〈香川県・改〉

91
①新入生を部活動に勧誘する。
②煩雑な手続き。
③弟は皆が羨むほど足が速い。
④脈を診る。
〈愛媛県〉

92
①果敢に挑戦する。
②郷土の誉れとなる。
〈高知県〉

93
①パソコンが頻繁に不具合を起こす。
②駐車場の有無を電話で問い合わせる。
〈佐賀県・改〉

94
①寝坊して慌てて家を出る。
②家の壁に絵画を飾る。

③思わず本音を吐露する。
〈長崎県・改〉

95
①試験の結果を厳粛に受け止める。
②障子で隔てられた部屋。
〈熊本県・改〉

96
①気を緩めないよう戒める。
②描写が精緻を極めている。
〈大分県〉

97
①狭い部屋に閉じ込められる。
②感傷に浸る。
〈宮崎県・改〉

98
①工夫を凝らす。
②試合に臨む。
③依頼を快諾する。
〈鹿児島県〉

99
①両親は青果店を営んでいる。
②新鮮な作物を収穫する。
〈沖縄県・改〉

100

①寡聞にして知らない。
②凡庸な作品と一線を画す。
③決勝で惜敗する。
〈東京都立日比谷高校〉

101

①漆器の重箱に煮物を詰める。
②新規事業については役員会に諮って決める。
③展示されている作品は凡庸なものではない。
〈東京都立青山高校〉

102

①拙い手つき。
②多数派に迎合する。
③人の失敗を強く叱責する。
〈東京都立西高校〉

103

①任地に赴く。
②国王に謁見する。
③新しい勢力が勃興する。
〈東京都立国立高校〉

104

①愛顧を被り、百周年を迎えた。
②国際会議で、重要な法案が批准された。

③うかつにも馬脚をあらわして恥をかく。
〈東京都立墨田川高校〉

105

①映画館で不朽の名作を鑑賞する。
②長寿命電池は煩わしい交換の手間を省く。
③予報によれば今週は曇天の日が続くらしい。
〈東京都立併設型中高一貫教育校〉

106

①規則を守って図書館を利用する。
②絵画コンクールに作品を応募する。
③日を改めて話し合う。
④うれしい知らせに心が躍る。
〈北海道〉

107

①惜別の思いをこめて歌う。
②運動は発汗作用を促す。
③現代社会への警鐘を鳴らす。
④案件を会議に諮る。
〈青森県〉

108

①山々が連なる。
②祭りで足袋を履く。
〈岩手県〉

109

①小舟が波間に漂う。
②牛の乳を搾る。
③彼は好奇心が旺盛だ。
④役員を更迭する。
〈宮城県〉

110

①穏やかな春の日差しが降り注ぐ。
②率直な感想を相手に伝える。
〈秋田県・改〉

111

①時間を割いて友人と会う。
②盆に茶をのせて運ぶ。
③人間の仕事をコンピュータが奪う。
④膨大に蓄積された知識。
〈山形県・改〉

112

①心の葛藤を打ち明ける。
②透けて見えるカーテン。
③俳優が舞台に上がる。
〈茨城県・改〉

113

①速やかに移動する。

②彼は愉快な人だ。
③田舎に住む。
④目的を遂げる。
⑤即興で演奏する。
〈栃木県〉

114
①時間と労力と費やす。
②物価上昇の傾向がある。
③自らの誤りを認める。
④心理的な利得が生まれる。
〈群馬県・改〉

115
①話の輪郭をつかむ。
②美しい旋律が流れる。
③はさみで布を裁つ。
〈埼玉県〉

116
①刀を鍛える職人の技。
②謹んで新年のおよろこびを申し上げます。
③実績がとても顕著である。
④美の化身のような女神像。
〈千葉県〉

117
①赤ん坊の屈託のない笑顔に心が和む。
②垣根を隔てて、梅の香が漂ってくる。
③体操選手の見事な跳躍に歓声が上がる。
④インターネットで貨幣の歴史について調べる。
〈東京都〉

118
①大事な試合で勝利に貢献した。
②少数の企業により市場の寡占が進む。
③作成した冊子を頒布する。
④学習に取り込むことの大切さを諭す。
〈神奈川県〉

119
①生徒が企画した球技大会は大成功だった。
②温室で何種類もの草花を栽培した。
③祖母の柔和な表情が思い出された。
④高校生活に向けて、目標を掲げる。
〈新潟県〉

120
①彼を会長に推す。
②放課後は専ら練習に励む。
③哀愁を帯びた音色が聞こえる。
〈富山県〉

121
①秀逸な戦略で勝利をおさめる。
②光合成で得た栄養分を蓄える。
〈石川県・改〉

122
①夏至の日に雨が降る。
②子どもが健やかに育つ。
③しかられて顔を背けた。
④開会式で選手が宣誓をする。
〈福井県〉

123
①ミレーの名画に衝撃を受ける。
②渓谷の美しさに魅了される。
③ペットの猫を溺愛する。
④腰を据えて研究に打ち込む。
〈山梨県〉

124
①テレビドラマが最終回を迎える。
②世界初の発見と銘打つ。
③国旗を高く掲げる。
④技師が長年にわたって研究する。
〈長野県・改〉

125

①伝統文化を継承する。
②討論の技術を磨く。
③自転車の修理を依頼する。
④粘り強く学習に取り組む。
⑤部屋の整頓を心がける。

〈岐阜県〉

126

鋭い質問をぶつける。

〈静岡県・改〉

127

①藤原氏が栄華を極めたのは平安時代である。
②企画の趣旨を参加者にわかりやすく説明する。

〈愛知県〉

128

①日が暮れる前に帰宅する。
②緩やかな曲線を描く。
③テーブルを囲んで談笑する。
④車窓からの景色を楽しむ。

〈三重県〉

129

①活動の源泉は休養にある。
②決定を班長に委ねる。
③彼女の存在はチームにとって頼もしい限りだ。
④円熟した演技を見せる。

〈滋賀県〉

130

①大きな目が特徴の顔立ち。
②目新しい話題に興味が湧く。
③複雑な構成を単純化する。
④彼女との連絡が絶える。

〈大阪府・改〉

131

①街に鐘の音が響く。
②長いため息を漏らす。

〈兵庫県・改〉

132

①試合に負けて悔しがる。
②周囲の状況を把握する。

〈奈良県・改〉

133

①事態を収拾する。
②矛盾した発言。
③試合に臨む。
④気温の変化が著しい。

〈和歌山県〉

134

①実行委員の希望者を募る。
②雑誌の原稿を催促する。

〈鳥取県〉

135

①選手の活躍を祈る。
②熟練した職人の技が光る。
③緩慢な動作を繰り返す。
④努力を怠ってはいけない。

〈島根県〉

136

①晴れの舞台に立つ。
②地面に身を伏せる。

〈岡山県・改〉

137

①彼は信頼の置ける人物だ。
②太古の昔から連綿と続く営み。
③激しい雨に外出を諦める。

〈広島県・改〉

138

①彼の事情を考慮する。（改）
②多様な生物が共存している。
③最終的な判断を委ねられた。

〈山口県〉

139
①野菜の栽培方法を学ぶ。
②ミシンで衣服を縫う。
③ガラス細工のように繊細な姿。
④彼は兄弟が多くて羨ましい。
〈徳島県・改〉

140
①緩急の差が大きい。
②緻密な戦略で相手チームを翻弄する。
③旅の疲れを癒やす。
④腰を据える。
〈愛媛県〉

141
①庭の雑草が繁茂する。
②魚が網の中で躍る。
〈高知県〉

142
①自らの誤りを指摘される。
②通報を受けて直ちに出動する。
〈福岡県・改〉

143
①気力を蓄えて本番に備える。
②潜在的な力を引き出す。
〈佐賀県・改〉

144
①試験の好成績を誇らしく思う。
②大会の開催は天候次第だ。
③経済学部で金融について学ぶ。
〈長崎県・改〉

145
①秋草が一面に生い茂る。
②空が雨雲に覆われる。
〈熊本県・改〉

146
①甚だしい勘違いをする。
②事故の原因を詮索する。
〈大分県〉

147
①緊張のあまり手が震える。
②誠意を込めて謝る。
③権限を付与する。
〈宮崎県・改〉

148
①電車が警笛を鳴らす。
②希望が膨らむ。
③商品を陳列する。
〈鹿児島県〉

149
耕作や狩猟によって生活を営む。
〈沖縄県・改〉

150
①ズボンの裾を上げる。
②禁忌を破る。
③権利を剝奪する。
〈東京都立進学指導重点校〉

151
①先輩に諭されてようやく自分の間違いに気付いた。
②研究を重ねた結果、顕著な功績を残した。
③大臣を罷免するかどうか、議論が必要だ。
〈東京都立進学重視型単位制高校〉

152
①入学式に向けて制服一式を調える。
②葉の上のてんとう虫を凝視する。
③約束を忠実に履行する。
〈東京都立併設型中高一貫教育校〉

153
①子供たちの弾んだ声が聞こえる。
②美しい歌声に陶酔する。
③節約して赤字を補塡する。
〈岡山県立岡山朝日高校・改〉

漢字の書き取り

次の1～147について、――線部を漢字に直しなさい。

1
①時計のタンシンが文字盤の10を指す。
②百分の一のシュクシャクで模型を作る。
③新しい国語辞典を弟にカした。
④強敵にイサましく立ち向かう。
⑤ニワに芝生を植える。（改）
⑥両国はミッセツした関係にある。（改）
〈北海道〉

2
①安全第一が作業のテッソクだ。
②船がキテキを鳴らして進む。
③社会のコンカンにかかわる問題。
④生徒をヒキいて見学に行く。
⑤決定を他の人にユダねる。
〈青森県〉

3
①文章をネって感想文を仕上げる。
②社会福祉にコウセキがあった。
〈岩手県〉

4
①サムい冬が過ぎて暖かい春が来る。
②学習発表会でゲキを上演する。
③生徒総会でギアンについて意見を述べる。
④卒業記念にショクジュする。
〈宮城県〉

5
①ソンケイのまなざしで見られる。
②非難をアびる。
〈秋田県・改〉

6
①彼の才能にシタを巻く。
②地元企業の内定通知がトドく。
③要点をカンケツに述べる。
④郷土の偉人をソンケイする。
⑤よそ行きのフクソウに着替える。
〈山形県〉

7
①先人の言葉を心にキザむ。
②月の光が庭の木をテらす。
③ジュンジョよく一列に並ぶ。
④家具のハイチを考える。
〈福島県〉

8
①トーストがヤけるにおいがする。
②ユメか現実かわからなくなる。
③トオくまで歩いて行く。
〈茨城県・改〉

9
①海でオヨぐ。
②うさぎをシイクする。
③手紙がトドく。
④会場のケイビをする。
⑤フクザツな思考。
〈栃木県〉

10
①荒れた土地をタガヤす。
②多くの人の力で町がサカえる。
③時間をタンシュクする。

④ここは有名なボウエキ港だ。

〈群馬県〉

11

①改革のコンカンをなす。

②無限の可能性をヒめる。

〈埼玉県〉

12

①麦わらをアんで作った帽子。

②一歩シリゾいて道をあける。

③百年を超えるわが校のエンカクを紹介する。

④業務にシショウをきたす。

⑤試合でキシカイセイのシュートを決めた。

〈千葉県〉

13

①古都を巡る計画をメンミツに立てる。

②道路をカクチョウして渋滞を解消する。

③幼い子が公園のテツボウにぶら下がって遊ぶ。

④吹奏楽部の定期演奏会が盛況のうちに幕をトじる。

⑤日ごとに秋が深まり、各地から紅葉の便りがトドく。

〈東京都〉

14

①幼い頃にクらした街を訪ねる。

②重要な役割をハたす。

③空がアツい雲に覆われた。

④家と学校をオウフクする。

⑤計画をスイシンする。

⑥人工エイセイを打ち上げる。

〈新潟県〉

15

①係の人に荷物をアズける。

②話題をテイキョウする。

③講師の先生にシャジを述べる。

〈富山県〉

16

①科学の分野で大きなコウセキを残す。

②小説の構想をネる。

③列車がケイテキを鳴らす。

④休日に畑をタガヤす。

〈石川県〉

17

①四列ジュウタイになって行進する。

②ハチクの勢いで連勝する。

③各国をレキホウする。

④たて糸とよこ糸を組み合わせて布をオる。

〈福井県〉

18

①タクシーが家の前にテイシャする。

②時間にセイヤクされずに活動する。

③学級委員長のセキムを果たす。

④綿密な準備が計画を成功にミチビく。

⑤着物の丈をチヂめる。

〈山梨県〉

19

①大型客船が長崎にキコウする。

②卒業写真をトる。

③異ク同音に反対を唱える。

④今日は雪がフる寒さだ。（改）

⑤イッコクも早く家に帰りたい。（改）

〈長野県〉

20

①食後に食器をアラう。

②紅茶にサトウを入れる。

③バスのウンチンを支払う。

④富士山にトウチョウする。

⑤趣味に時間をツイやす。
〈岐阜県〉

21
①マドから海が見える家にあこがれる。
②弟の顔は母にニている。
③アンジュウの地を求める。
〈静岡県・改〉

22
①福祉政策のあり方についてキョウギをすすめる。
②光をアびて朝露が輝いている。
〈愛知県〉

23
①日の光をアびる。
②無駄をハブく。
③材料をジュンビする。
④食糧をチョゾウする。
〈三重県〉

24
①寒さで体がヒえる。
②絵をテンラン会に出品する。
③ハワイから日本まで太平洋をコウカイする。
④無駄な手間をハブく。

⑤彼はわたしの頼みにナンショクを示した。
〈滋賀県〉

25
情報をカク散する。
〈京都府・改〉

26
①カオから火が出る思いをする。
②川のミナモトを探して歩く。
③ケッカンには動脈と静脈がある。
④彼のセンモン分野はイギリス文学だ。
⑤ソナえあればうれいなし。
⑥人のオウライが絶えない。
⑦丘の上に偉人のハカがある。
⑧首相がソカクに取りかかる。
⑨実験のために葉に光をショウシャする。
〈大阪府〉

27
①医者から受けた指摘は耳がイタかった。
②トレーニングでキンニクをつける。
〈奈良県・改〉

28
①クロウして仕上げる。
②カガミに姿が映る。
③食料品店をイトナむ。
④キュウキュウ車を呼ぶ。
〈和歌山県〉

29
①小さい頃からの愛読書を友だちにカす。
②新人戦で素晴らしいセイセキを収める。
〈鳥取県〉

30
①旅館をイトナむ。
②三か国語をアヤツる。
③正しい意見にナットクする。
④駐車料金の自動セイサン機。
〈島根県〉

31
①物事をフカく理解する。
②コンナンを乗り越える。
〈岡山県・改〉

32
①フカい森に分け入る。
②ヨソク不能な環境に身を置かれる。
③コノましい印象の女性。
〈広島県・改〉

33

①荷物を急いでトドける。（改）

②メンミツな計画を立てる。

③体育館のソウコに道具を片づける。

〈山口県〉

34

①荷物をアズける。

②的をイた質問だ。

③原因をスイソクする。

④優勝コウホのチームと対戦する。

〈徳島県〉

35

①ヤマイにおかされる。

②正しいホジョ線の引き方を学ぶ。

③世界地図で日本のイチを確認する。

④ムズカしい問題に直面する。

〈香川県・改〉

36

①新しい説をテイショウする。

②努力をトロウに終わらせない。

③皿に果物をモる。

④柱で屋根をササえる。

〈愛媛県〉

37

①市長に式典へのリンセキを依頼する。

②人波にサカらって歩く。

〈高知県〉

38

①この試合は勝ちがノゾめない。

②動物がムれて活動する。

〈佐賀県・改〉

39

①キチョウな時間を削られる。

②銀行にお金をアズける。

③言葉を自分なりにテイギする。

〈長崎県・改〉

40

①魚のムれを観察する。

②祖父母の家と自宅をオウフクする。

〈熊本県・改〉

41

①友人を家にマネく。

②選挙でトウヒョウする。

③医療分野に優れたコウセキを残す。

〈大分県〉

42

①ヨケイな一言を加える。

②達成感にツツまれる。

③夕食をカンタンに済ませる。

〈宮崎県・改〉

43

①性格がよく二た友人。

②作品をヒヒョウする。

③会場が多くの人でコンザツする。

〈鹿児島県〉

44

①キュウゲキに気温が下がる。

②気配りが足らずトラブルをマネく。

〈沖縄県・改〉

45

①通りを行きカう人の多さに驚いた。

②イキョクを尽くして説明をする。

③恩師の説をソジュツする。

④ユウシュウの美を飾る。

⑤イッチハンカイの状態では相手を説得できない。

〈東京都立日比谷高校〉

46

①返事はしばらくホリュウして様子を見る。

②映画制作にキョウサンする企業から資金を得る。

③代表選手の並外れた努力はケイフクに値する。
④輸入品をアキナう人と交渉する。
⑤祖父は健康管理にイッカゲンを持っている。
〈東京都立青山高校〉

47
①決勝戦を前にフルいたつ。
②伝統を重んじつつ、シンシュの気性を忘れない。
③法案をキソウする。
④会議はダンロンフウハツだった。
〈東京都立西高校〉

48
①カイコを飼育する。
②弊害をジョチョウする。
③彼の言動はジモクを集めた。
④茶道のコッポウを身につける。
⑤朗報にハガンイッショウする。
〈東京都立国立高校〉

49
①不完全ネンショウのまま終わるわけにはいかない。
②今年の文学賞をとった作品のヒヒョウを読む。
③キキイッパツのところで何とか難をまぬかれた。
④懸案課題のゼンゴサクを検討する。
〈東京都立墨田川高校〉

50
①彼は明るくオンコウな人柄である。
②多くの美術品に触れて目がコえる。
③防災訓練でカンイトイレを組み立てる。
④食品をミッペイ容器に入れて保存する。
⑤謝意はありがたくいただくものの謝礼はコジする。
〈東京都立併設型中高一貫教育校〉

51
①アサガオのつるがフクザツにからみ合っている。
②私たちの地域ではあいさつ運動をスイシンしている。
③風に乗ってタンポポの綿毛が遠くまでトばされる。
④犬も歩けばボウに当たるということわざがある。
⑤彼の言動にシラける。（改）
〈北海道〉

52
①卒業生の前途をシュクフクする。
②キゲキ映画を鑑賞する。
③レコード会社とセンゾクの契約を結ぶ。
④ニガワラいを浮かべる。
⑤日光をアびる。
〈青森県〉

53
①契約を代理人にユダねる。
②ケンブンを広めようと旅に出る。
〈岩手県〉

54
①朝起きて顔をアラう。
②時計のハリが進む。
③注意事項をネントウに置いて行動する。
④贈り物を紙で丁寧にホウソウする。
〈宮城県〉

55
①日がクれて家路につく。
②複数の国語ジテンを引く。
〈秋田県・改〉

56
①朝食は元気のミナモトだ。
②専門家に判断をユダねる。
③食品を冷蔵庫にホゾンする。
④リンキ応変に対応する。
⑤バスのウンチンを払う。
〈山形県〉

57
①親に荷物をアズける。
②姉に手伝ってもらえたのでタスかった。
③瀬戸内海エンガンの町を訪れる。
④学校全体でごみのゲンリョウに取り組む。
〈福島県〉

58
①ホームランをウつ。
②ヤッキョクに行く。
③羊をホウボクする。
④法律のセンモン家。
⑤心をフルい立たせる。
〈栃木県〉

59
①魚屋をイトナむ。
②観光地をオトズれる。
③メンミツな計画を練る。
④相手の意見をソンチョウする。
〈群馬県〉

60
①国家間で互いのケンエキを争う。
②的をイた質問をする。
〈埼玉県〉

61
①彼は調査隊をヒキいて北極点を目指した。
②ケワしい山道を登る。
③飛行機のモケイを作る。
④セツビの整った体育館で練習する。
⑤簡単にできると思っていても、ユダンタイテキだ。
〈千葉県〉

62
①浜辺で美しい貝殻をヒロう。
②母のキョウリから、みかんが届く。
③今年の春から、姉は図書館にキンムする。
④幼い妹たちの言い争いをチュウサイする。
⑤帰宅すると、愛犬がイキオいよく駆け寄ってきた。
〈東京都〉

63
①自分が住む町の歴史をシラべる。
②ひまわりの種からメが出た。
③ガリレオは地動説をトナえた。
④プールにスイエイの選手が集まる。
⑤医学の発展にコウセキを残す。
⑥職人のエンジュクした技を継承する。
〈新潟県〉

64
①オサナい弟の世話をする。
②紅茶にサトウを入れる。
③演奏をロクオンする。
〈富山県〉

65
①新しい施設を地図にハンエイする。
②年齢をへて、社会的地位が向上する。
〈石川県・改〉

66
①知的ザイサンを保護する。
②決勝戦を前にフルい立った。
③文学作品をヒヒョウする。
④チームがイチガンとなって戦う。
〈福井県〉

67
①健康は私のザイサンだ。
②顕微鏡のバイリツを上げる。
③文学作品をヒヒョウする。
④的をイた質問をする。
⑤いつも笑顔をタやさない。
〈山梨県〉

68

①人事イドウで部長になる。
②靴ひもの結び目をトく。
③意味シン長な表情を浮かべる。(改)

〈長野県〉

69

①美しい景色に心がナゴむ。
②船のキテキが聞こえる。
③被災地のフッコウを急ぐ。
④消費者のコンランを招く。
⑤海岸にソった道を歩く。

〈岐阜県〉

70

①子どもの夢をハグクむ。
②セイミツな機械を製造する。

〈静岡県・改〉

71

①近くの海岸で初日の出をオガむ。
②先日、宇宙飛行士が自らの体験を語るコウエン会が催された。

〈愛知県〉

72

①お年寄りをウヤマう。
②結論をミチビく。
③家と学校をオウフクする。
④花屋のカンバンを見つける。

〈三重県〉

73

①魚をヤいて食べる。
②衣類を箱にシュウノウする。
③昨日ユウビン物が届いた。
④空が赤くソまる。
⑤ウチュウ飛行士になる。

〈滋賀県〉

74

合格の最テイ条件を確認する。

〈京都府・改〉

75

①フシをつけて歌う。
②風が校庭にある花をチらす。
③公共のリエキを図る。
④降水カクリツを調べる。
⑤破竹のイキオいで連勝する。
⑥両者が闘志をモやす。
⑦昼夜のカンダンの差が激しい。
⑧コショウした機械を直す。
⑨ヒタイに汗をかく。
⑩自然をウヤマう心を育む。
⑪歌曲をリンショウする。

〈大阪府〉

76

①ハイは呼吸器の一つだ。
②マドを開けて空気を入れ替える。

〈奈良県・改〉

77

①体育館のソウコ。
②ヒタイに汗をかく。
③畑をタガヤす。
④土地をバイバイする。

〈和歌山県〉

78

①調理実習でキャベツをキザむ。
②最寄りの係員までシキュウご連絡ください。

〈鳥取県〉

79

①猫の尾がタれている。

②集団をヒキいる指導者は必要だ。
③リンカイ工業地帯を見学する。
④人工エイセイを打ち上げる。
〈島根県〉

80
①太陽が雲間からスガタをあらわした。
②新作の映画をヒヒョウする。
〈岡山県・改〉

81
①作文を先生にヒヒョウしてもらう。
②事件現場に人々がヨってくる。
〈広島県・改〉

82
①豊かな感性をハグクむ。
②祖母はオンコウな人柄だ。
③贈り物のホウソウ紙を選ぶ。
〈山口県〉

83
①ヒタイに汗がにじむ。
②イサましいかけ声が響く。
③彼はキンベンな人だ。
④課題曲をエンソウする。
〈徳島県〉

84
①各人がコユウの価値観を主張する。
②人件費のヒジュウが大きく経営が傾く。
③新年に新たなココロみをする。
④子どものヨウイクが生きがいだ。
〈香川県・改〉

85
①ピアノをエンソウする。
②ユウビン切手を集める。
③ほめられてテれる。
④町がサカえる。
〈愛媛県〉

86
①条件をレッキョする。
②一歩シリゾく。
〈高知県〉

87
①キケンな場所から遠ざかる。
②不適切なものを切りステる。
〈佐賀県・改〉

88
①児童手当をシキュウする。
②体育館のウラに向かう。
③センモン的な知識を習得する。
〈長崎県・改〉

89
①ツクエを自作する。
②喜びイサんで行進する。
〈熊本県・改〉

90
①私は本件では反対ハである。
②山頂から初日の出をオガむ。
③ゲンカクな親に育てられる。
〈大分県〉

91
無線で他者とコウシンする。
〈宮崎県・改〉

92
①努力する人をソンケイする。
②団子をおソナえする。
③卒業記念にショクジュをする。
〈鹿児島県〉

93
①ハチクの勢いで勝ち進む。
②社会の風潮についてケイクを吐く。
③事故の原因をセイサする。

④二人のメイユウ関係を維持する。
⑤カシャクない追及に音を上げる。
〈東京都立日比谷高校〉

94

①オーストラリアではチクサンが盛んだ。
②学会でテイショウされた新説を検証する。
③古代では恐竜がこの世にクンリンしていた。
④実験の成功は研究者の尽力にオうところが大きい。
⑤重いセキムを果たし、肩の荷が下りた。
〈東京都立青山高校〉

95

①予想がハズれる。
②有段者に剣道のシナンを受ける。
③リーダーのエイダンに敬意を表する。
④最後の最後にキシカイセイの逆転劇を起こした。
〈東京都立西高校〉

96

①氷をムロで保存する。
②預金のガンリ合計を計算する。
③トトウを組んで行動する。
④作動時は機械にフカがかかる。
⑤女王ヘイカの来日を歓迎する。
〈東京都立国立高校〉

97

①動物にキガイを加えてはいけない。
②朗らかな春、鮮やかな紅白のバイリンを散歩する。
③イズまいを正して、彼女の話の続きを聞く。
④この店では職人がセイセイした品を販売している。
〈東京都立墨田川高校〉

98

①東京にいる娘にキョウリの名産品を送る。
②師匠が弟子に秘伝の技をサズける。
③気象衛星の軌道のゴサを修正する。
④アマチュアの将棋大会でトウカクをあらわす。
⑤リーダーには人の上に立つキリョウが必要である。
〈東京都立併設型中高一貫教育校〉

99

①彼の話はデンブンばかりで信頼できない。
②現代の若者像がアンにイメージされる。
③年長者からヒハンを受ける。
〈岡山県立岡山朝日高校・改〉

100

①会議室の壁に大型モニターをセッチする。
②目的地までのウンチンを調べる。
③皿に料理をモりつける。
④笛の合図でイキオいよく走り出す。
⑤カチのある一勝をあげる。（改）
〈北海道〉

101

①申込用紙にショメイする。
②万国ハクラン会を見学する。
③ツウカイな冒険小説を楽しんで読む。
④全国制覇に向けて闘志をモやす。
⑤姉は銀行にツトめている。
〈青森県〉

102

①ムし暑い日が続く。
②センモン家に意見を聞く。
〈岩手県〉

103

①駅前通りに店をカマえる。
②畑をタガヤす手伝いをする。
③ノウゼイは国民の義務である。
④電車のケイテキが鳴る。
〈宮城県〉

104

①良好な人間関係をキズく。
②食後に飲んだ薬のコウカがあらわれる。
〈秋田県・改〉

105

①水がクダの中を流れる。
②イサましいかけ声。
③歓迎会でスンゲキを披露する。
④コーヒーにサトウを入れる。
⑤ギャッキョウに立ち向かう。
〈山形県〉

106

①山の新鮮な空気をスう。
②親戚の結婚式にマネかれた。
③父はウンユ業に携わり、毎日多くの荷物を配送している。
④世界チャンピオンとして、輝かしいセンセキを残してきた。
〈福島県〉

107

①小さくお辞儀をし、一歩シリゾく。
②長い沈黙をヤブって発表された作品。
③ハゲしく首を振って否定する。
〈茨城県・改〉

108

①水をアびる。
②機会をモウける。
③知識をキュウシュウする。
④実力をハッキする。
⑤カンケツな文章。
〈栃木県〉

109

①セーターをアむ。
②強い精神力をヤシナう。
③手紙をユウビンで送る。
④夏と冬でカンダンの差が大きい。
〈群馬県〉

110

①要点をカンケツに述べる。
②休日はモッパら読書をして過ごす。
〈埼玉県〉

111

①トップとの差を三秒にチヂめる。
②子どもに泣いていたワケを尋ねる。
③大会での連覇というシナンのわざを成し遂げた。
④はるかなるウチュウへのあこがれ。
⑤ここ数日の気候はまさにサンカンシオンだ。
〈千葉県〉

112

①情報技術がイチジルしく進歩する。
②決勝でゼンセンしたチームに観衆が拍手を送る。
③自然と調和した町作りに必要なザイゲンを確保する。
④明治時代に建てられた、れんが造りのヨウカンを訪ねる。
⑤新人監督の作品が世界的な映画賞を受賞し、脚光をアびる。
〈東京都〉

113

①青くハれた空を、白い雲がゆっくりと流れている。
②子どもの成長のカテイを、ビデオで記録した。
③日曜日に、近くの野山をサンサクした。
④先週からのカンパは弱まり、春の陽気となった。
⑤塩を加えて、料理の味をオギナった。
〈新潟県〉

114

①富山でクらす。
②祖父はキンベンな人だ。
③国連にカメイしている国を調べる。
〈富山県〉

115

①衝撃をキュウシュウする。
②長年にわたって守られてきたヒミツ。
〈石川県・改〉

116

①バスのシャソウから外の景色を見た。
②夕日がほおを赤くソめる。
③友人のチュウコクに従う。
④サンパイ客でにぎわう神社。
〈福井県〉

117

①白熱したセッセンを制して優勝する。
②換気とサイコウを考えて窓の位置を決める。
③会社のキボが大きくなる。
④木の切りカブに座る。
⑤一歩シリゾいて道を譲る。
〈山梨県〉

118

①フクザツな構造。
②機嫌をソコねる。
③ナットクのいく仕上がり。
④家庭ホウモンをする。
⑤オリンピックのカイカイ式。
⑥体力をヤシナう。
〈長野県〉

119

①善悪をハンダンする。
②人をウヤマう心を育む。
③海のシゲンを有効に使う。
④詳しい説明をハブく。
⑤温暖なチイキに住む。
〈岐阜県〉

120

家具のスンポウをはかる。
〈静岡県・改〉

121

①高校生らしいセイケツな身だしなみを心がけたい。
②頼まれた仕事をココロヨく引き受ける。
〈愛知県〉

122

①提出の期限をモウける。
②庭の草をミジカく刈る。
③カイダンを上がって教室へ向かう。
④結果から原因をスイソクする。
〈三重県〉

123

①厳しい態度でノゾむ。
②セイケツなハンカチを用意する。
③平和がエイキュウに続くことを願う。
④彼は的をイた質問をした。
⑤日光をアびる。
〈滋賀県〉

124

①太陽の光をアびる。
②相手の実力をミトめる。
③知人から手紙がトドく。
④注文をツイカする。
⑤次に会うヤクソクをする。
⑥提案についてサンピを問う。
⑦寒さがキビしくなる。
⑧弟のかぜが治るまでカンビョウする。
⑨料理を皿にモりつける。
⑩文化財をホゴする。
⑪ウチュウには無数の銀河がある。
〈大阪府〉

125
①ヨチョウもなく株価が暴落する。
②高度な技術がカかせない。
〈奈良県・改〉

126
①プールでオヨぐ。
②鳥がムれて飛ぶ。
③畑にヒリョウをまく。
④公園をサンサクする。
〈和歌山県〉

127
①ホテルのフロントに荷物をアズける。
②ジュクレンを要する仕事を取材する。
〈鳥取県〉

128
①今年の夏はコウスイ量が多かった。
②アジアの国々とのボウエキが盛んになる。
③絵をテンラン会に出品する。
④学級委員をツトめる。
〈島根県〉

129
①センリャクを実行に移す。
②努力が実って満足感をエる。
〈岡山県・改〉

130
①年をとるにつれてカドがとれる。
②ヒややかな態度で接する。
③ランザツにメモをとる。
〈広島県・改〉

131
①センモン家がデザインした家具。（改）
②話し合って作戦をネる。
③駅までの道をオウフクする。
④天気は一転してカイセイとなった。
〈山口県〉

132
①ちょっとした変形をクワえる。
②シュウフクした結果、味わいが出てきた。
③サイナンが降りかかる。
④駅前で募金をヨび掛ける。
〈徳島県・改〉

133
①結論をミチビき出す。
②目新しい考え方がヒョウカされる。
③意欲低下のハイケイを探る。
④脳をハタラかせる。
〈香川県・改〉

134
①彼女の考えにキョウメイする。
②ゲンカクに審査する。
③社会生活をイトナむ。
④波が岸辺にヨせる。
〈愛媛県〉

135
①キュウキュウシャが出動する。
②友達とのツもる話に時間を忘れる。
〈高知県〉

136
①安定させる機能がソナわっている。
②彼のシュウヘンには優秀な人材がそろっている。
〈福岡県・改〉

137
①フクザツに関係し合う。
②材料が持続的にキョウキュウされる。
〈佐賀県・改〉

138
①辺りは緊張にツツまれた。
②皮膚が再生してキズが治る。
③田舎でクらして自然と共生する。
〈長崎県・改〉

139

①彼はネッシンに絵を描いている。
②伸びたりチヂんだりする。
〈熊本県・改〉

140

①ココロヨく引き受ける。
②判断を部下にユダねる。
③病人のカンゴに当たる。
〈大分県〉

141

①友人との約束をワスれてしまう。
②調理やホゾンの技術を磨く。
③序列にシタガって行動する。
〈宮崎県・改〉

142

①カンダンの差が激しい一日。
②ケワしい山道を歩く。
③選手のフンキを促す。
〈鹿児島県〉

143

早朝の電話に睡眠をサマタげられる。
〈沖縄県・改〉

144

①ニガムシをかみつぶしたような表情。
②ギンマクのスターを夢見る。
③ゲキヤクの取り扱いに注意する。
④活動届にショメイする。
⑤若者が米イッピョウをかつぐ。
〈東京都立進学指導重点校〉

145

①彼は思いやりのある人で、決してレイケツカンではない。
②今度の計画が成功するコウサンは大きい。
③予選の結果から、兄のチームが優勝コウホに挙がった。
④出荷のために米をタワラに詰める。
⑤セイコウウドクの生活を満喫している。
⑥新しくできた店で、和菓子のヒンピョウ会が催される。
〈東京都立進学重視型単位制高校〉

146

①一部の例外をノゾけば物価は安定している。
②人類愛がこの作品のコンカンをなしている。
③鮮やかにゴールを決めてツウカイな気分になる。
④監督の激励の言葉にチーム全員がフンキする。
⑤彼が人格者であることはシュウモクの一致するところだ。
〈東京都立併設型中高一貫教育校〉

147

①辞書は語をテイギしている。
②苦肉の策が功をソウする。
③大学卒業後は、ベンゴ士になるのが夢だ。
〈岡山県立岡山朝日高校・改〉

漢字知識

1 次のア～エの行書で書かれた漢字のうち、楷書(かいしょ)で書いた場合の総画数が、掘を楷書で書いた場合の総画数と同じになるものはどれですか。一つ選び、その記号を書きなさい。

ア、港　イ、都　ウ、烈　エ、話

〈岩手県〉

2 問の文字を次のように行書で書くとき、行書の特徴の一つである点画の省略がみられます。このように点画を省略している行書の漢字をあとのア～エのうちから一つ選び、その符号を書きなさい。

ア、巨　イ、光　ウ、夏　エ、校

〈千葉県〉

3 次の行書で書いたア～ウの漢字を楷書(かいしょ)で書いたとき、「連想」の「連」と同じ画数のものがある。その記号を書け。

ア、祝　イ、純　ウ、清

〈奈良県〉

4 次の□は、杉田久女(すぎたひさじょ)の「紫陽花(あじさい)に秋冷(しゅうれい)いたる信濃(しなの)かな」という俳句を短冊(たんざく)に行書で書いたものです。また、表は、ある生徒が短冊を見て、その行書の特徴を、A、Bの部分と短冊全体についてまとめたものです。表中の[a]～[c]にあてはまる語の組み合わせとして最も適切なものを、あとのア～エの中から選び、その記号を書きなさい。

表

	特徴
Aの部分	○点画の連続 ○[a]の変化
Bの部分	○点画の丸み ○点画の[b]や形の変化
短冊全体	○上下左右の余白を取る ○行の中心をそろえる ○仮名は漢字より[c]書く

ア、a 点画　b 数　c 小さく
イ、a 筆圧　b 長さ　c 大きく
ウ、a 筆順　b 方向　c 小さく
エ、a 筆脈　b 払い　c 大きく

〈和歌山県〉

5 次のア～エの行書で書かれた漢字のうち、その筆順が、楷書(かいしょ)で書いたときの筆順と同じになるものを一つ選び、記号で答えなさい。

ア、祝　イ、草　ウ、紀　エ、波

〈鳥取県〉

6 次は、「歓」という漢字を楷書(かいしょ)体で書いたものである。黒ぬりのところは何画めになるか。数字で答えなさい。

〈山口県〉

7 次に書かれた行書の特徴を説明したものとして、最も適当なものを次から選び、記号で答えよ。

ア、筆脈を意識し点画の一部を連続させて書いている。
イ、点画の一部を省略し筆順を変化させて書いている。
ウ、全ての点画の筆の運びを直線的にして書いている。
エ、全ての点画を筆圧が一定になるように書いている。

〈鹿児島県〉

8 次の文字は、絡を行書で書いたものである。この文字の◯で囲んだ①と②の部分に表れている行書の特徴の組み合わせとして、最も適切なものを、次の1～4の中から選んで、その番号を書きなさい。

1、①筆順の変化　②左払いからの連続
2、①点画の省略　②右払いの方向の変化

3、①縦画からの連続　②筆順の変化
4、①右払いの方向の変化　②点画の省略
〈茨城県〉

9

下の漢字は、行書で書いたものです。この漢字の◯で囲まれた部分には行書のどのような特徴が見られますか、その特徴として、ア～オから適切なものを二つ選びなさい。

ア、楷書とは違う筆順となっている。
イ、楷書ではねる部分を止めている。
ウ、楷書に比べて点画が連続している。
エ、楷書に比べて点画が省略されている。
オ、楷書で左に払う部分を横画に変えている。
〈群馬県〉

10

「深」は、総画数が十一画の漢字である。次のア～エの行書で書かれた漢字をそれぞれ楷書で書いた場合、総画数が「深」と同じ十一画になるものはどれか、最も適当なものを一つ選び、その記号を書きなさい。

ア、記　イ、烈　ウ、兼　エ、習
〈三重県〉

11

次は「草木」という字を行書で書いたものである。丸で囲んだA、Bの部分において楷書とは違う特徴はそれぞれ何か。特徴の組み合わせとして正しいものを、後のア～エから一つ選び、記号で答えなさい。

ア、Aでは点画が省略されている。Bでは点画が連続している。
イ、Aでは筆順が変化している。Bでは点画が連続している。
ウ、Aでは点画が省略されている。Bでは点画の方向や形が変化している。
エ、Aでは筆順が変化している。Bでは点画の方向や形が変化している。
〈島根県〉

12

次の行書で書かれた漢字を楷書で書くとき、総画数が同じ漢字を、ア～エから一つ選び、その記号を書け。

誠　ア、糖　イ、慈　ウ、紹　エ、極
〈高知県〉

13

「開」を楷書で書いた場合の総画数と、次の1～4の行書の漢字を楷書で書いた場合の総画数が同じものを一つ選び、その番号を書け。

1、翌　2、暖　3、勤　4、種
〈福岡県〉

14

「陽」という漢字を漢和辞典で調べると、次の【漢和辞典の一部】のように出ていた。【例】にならって、Ⅰの部分には、「陽」の漢字から部首に当たる部分を抜き出し、Ⅱの部分には、「陽」の漢字の総画数を書きなさい。

【漢和辞典の一部】

Ⅰ【陽】［総画 Ⅱ］
音 ヨウ
訓 ――

なりたち　陽 陽
［形声］意味を示す阝（山）と、音を示す昜（ヨウ。日がのぼってかがやいている）を合わせた字。山の日の当たる側の意味。

【例】

【今】［総画 4］
部首 人
総画数 4

15

陽介さんは、和美さんの発表を聞きながら、行書で速くメモを取りました。次の「杉」の字の偏の部分を、点画の省略に注意して、行書で書きなさい。

〈熊本県〉

16

次のア～エの傍線部の行書体の漢字について、楷書で書いた場合と筆順の変わるものを、一つ選び記号で答えなさい。

ア、給ふ（給ふ）　イ、則ち（則ち）
ウ、車蓋（車蓋）　エ、及ぶ（及ぶ）
〈宮崎県〉

17

行書の特徴の一つに、筆順の変化がある。次の行書で書かれた漢字のうち、楷書で書いた場合と比べて筆順が変化していないものはどれか、ア～エから一つ選びなさい。
〈沖縄県〉

ア、取　イ、草　ウ、映　エ、組

〈徳島県〉

18 次の行書のうち、「花」と同じ部首の漢字はどれか。

ア、栄　イ、雲　ウ、笑　エ、葉

〈栃木県〉

19 次の漢字を楷書で書いた場合の総画数を書きなさい。

補

〈群馬県〉

20 次は、「秋の花」という字を楷書と行書で書いたものである。楷書のA～Dの部分を行書で書いたときの特徴を、【表】のようにまとめた。【表】の①、②に入る言葉の組み合わせとして最も適当なものはどれか。次のアからエまでの中から一つ選び、その記号を記入しなさい。

楷書

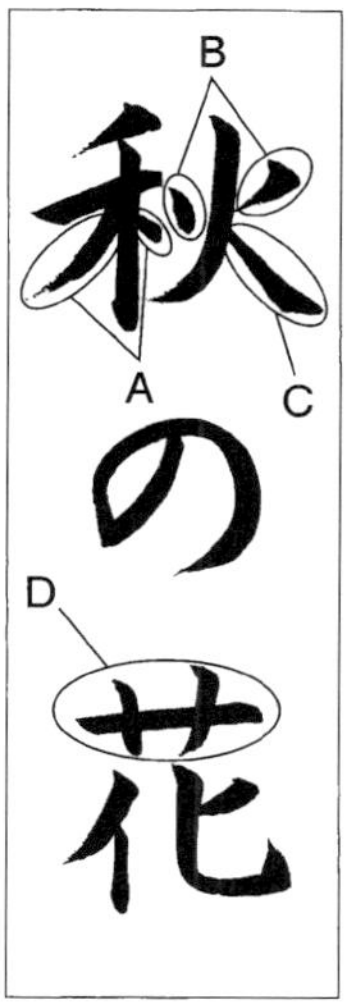

行書

【表】

	行書で書いたときの特徴
A	・点画の連続 ・点画の①
B	・点画の連続 ・点画の方向や形の変化
C	・点画の方向や形の変化
D	・点画の連続 ・②の変化

ア、①―省略　②―筆順
イ、①―調和　②―意味
ウ、①―分解　②―配列
エ、①―強調　②―字間

〈山梨県〉

21 次は「花」という漢字を行書で書いたものです。楷書と比較したとき、◯で囲まれた部分にはどのような特徴がありますか。最も適切なものを、アからエまでの中から一つ選び、記号で答えなさい。

ア、筆順の変化と画数の増加
イ、筆順の変化と点画の連続
ウ、点画の連続と点画の省略
エ、点画の省略と画数の増加

〈滋賀県〉

22 次の漢字を楷書で書いた場合、総画数が他の三つと異なるものを、A～Dの中から一つ選び、その記号を書きなさい。

A 緑　B 複　C 潮　D 閣

〈和歌山県〉

23 「租」と同じ部首を持つものを、次のア～エの行書で書かれた漢字から一つ選び、記号で答えなさい。

ア、精　イ、神　ウ、科　エ、札

〈鳥取県〉

24 行書で書かれた次の漢字を楷書で書いた場合、「飛」と総画数が同じになるのはどれか、ア～エから一つ選びなさい。

ア、菜　イ、起　ウ、納　エ、祝

〈徳島県〉

25 次の行書で書かれた漢字の部首の名称を、ひらがなで書け。

緑

〈高知県〉

26

行書で書かれた次の文字を見て、(1)、(2)に答えなさい。

(1)この文字の「へん」忄を楷書（かいしょ）で正しく丁寧に書きなさい。

(2)この文字の〇で囲んだ部分①、②に表れている行書の特徴の組み合わせとして最も適当なものを、ア～クから選びなさい。

ア、（①点画の省略　②点画の形の変化）
イ、（①点画の省略　②点画の連続）
ウ、（①点画の省略　②点画の省略）
エ、（①点画の省略　②筆順の変化）
オ、（①点画の連続　②点画の形の変化）
カ、（①点画の連続　②点画の省略）
キ、（①点画の連続　②点画の連続）
ク、（①点画の連続　②筆順の変化）

〈北海道〉

27

次は、漢和辞典の「柔」という字の説明の一部です。□で囲んだ熟語に使われている「柔」の意味として最も適当なものを、「漢和辞典の一部」の**意味**の①～④から選びなさい。また、□で囲んだ熟語の読みを書きなさい。

「漢和辞典の一部」

【柔】　9画　常用　訓　やわ（らか）・やわ（らかい）

意味
① やわらかい。しなやか。
② よわよわしい。もろい。
③ おだやか。心やさしい。おとなしい。
④ 安心させて手なずける。やわらげる。

柔和

〈北海道〉

28

閑　の部首と同じ部首を含む漢字を、次の1～4の中から一つ選んで、その番号を書きなさい。

1、同　2、関　3、両　4、円

〈茨城県〉

29

漢字を行書で書くとき、楷書（かいしょ）と異なる筆順で書くことがある。次の漢字は、それぞれ行書で書いたものである。これらの漢字の中には、楷書と異なる筆順で書いたものが一つある。その記号を書きなさい。

Ⓐ 放　Ⓑ 場　Ⓒ 紙　Ⓓ 刊

〈三重県〉

30

次の行書で書いた□内の漢字を、楷書（かいしょ）で書いたものと比較したとき、この行書の特徴に当てはまらないものを、ア～エから一つ選び、その記号を書け。

梅

ア、点画に丸みがある。
イ、筆順が変化している。
ウ、点画が連続している。
エ、点画が省略されている。

〈奈良県〉

31

「収」の二画目を濃くなぞりなさい。

収

〈島根県〉

32

次は、ある字の偏（へん）を行書で書いたものである。この偏をもつ字を、次の1～4から一つ選び、記号で答えなさい。

扌□

1、詠　2、扱　3、裕　4、場

〈山口県〉

33

「調」を楷書（かいしょ）で書いた場合の総画数と、次の1～4の行書の漢字を楷書で書いた場合の総画数が同じものを一つ選び、その番号を書け。

1、録　2、演　3、照　4、権

〈福岡県〉

34

次の行書で書かれた漢字を楷書（かいしょ）で書いたときの総画数を答えよ。

霜

〈鹿児島県〉

第二章 現代文

読解問題

稲垣栄洋 の文章　論

●主な出題歴……2019年度（北海道・山梨県・静岡県・広島県）、2017年度（石川県・愛媛県・熊本県）ほか

1

次の文章を読んで、あとの問いに答えなさい。なお、文章中の1～12は、段落を示す番号である。

1　オオバコは、道ばたやグラウンドなど踏まれるところに生える雑草の代表である。このオオバコの種子は、紙おむつに似た化学構造のゼリー状の物質を持っていて、雨が降って水に濡れると膨張して粘着する。その粘着物質で人間の靴や、自動車のタイヤにくっついて運ばれていくのである。もともとオオバコの種子が持つ粘着物質は、乾燥などから種子を保護するためのものであると考えられている。しかし結果的に、この粘着物質が機能して、オオバコは分布を広げていくのである。

2　舗装されていない道路では、どこまでも、轍（わだち）注①に沿ってオオバコが生えているのをよく見かける。オオバコは学名を「プランターゴ」と言う。これはラテン語で、「足の裏で運ぶ」という意味である。また、漢名注②では「車前草（しゃぜんそう）」と言う。これも道に沿ってどこまでも生えていることに由来している。こんなに道に沿って生えているのは、人や車がオオバコの種子を運んでいるからなのだ。

3　こうなると、オオバコにとって踏まれることは、耐えることでも、克服すべきことでもない。踏まれなければ困るほどまでに、踏まれることを利用しているのである。道のオオバコは、みんな踏んでもらいたいと思っているはずである。まさに逆境をプラスに変えているのだ。

4　このように人に踏まれて増えていくという雑草もある。人が集まる都会に生える雑草には、種子がでこぼこしていて、靴底に付き（ア）やすい構造をしているものも多い。私たちもまた、こうして知らぬ間に雑草の種子散布に協力しているのである。

5　植物は、こうして工夫を重ねて種子を移動させている。しかし、そもそもどうして種子を遠くへ運ばなければならないのだろうか。種子を移動させる理由の一つは分布を広げるためである。

6　それでは、どうして分布を広げなければならないのだろうか。親の植物が種子をつけるまで生育したということは、少なくとも生存できない場所ではないだろう。（イ）わざわざ別の場所に種子が移動しても、その場所で無事に生育できる可能性は小さい。そんな一か八かのために、種子をたくさん作って、散布するよりも、子孫たちも、その場所で幸せに暮らした方が良いのではないだろうか。

7　植物は、（ウ）大いなる野望や冒険心を抱いて種子を旅立たせるわけではない。環境は常に変化をする。植物の生える場所に安住の地はない。常に新たな場所を求め続けなければならないのだ。そして、分布を広げることを怠った植物は、おそらくは滅び、分布を広げようとした植物だけが、生き残ってきたのである。それが、現在のすべての植物たちが種子散布をする理由である。

8　常に挑戦し続けなければいけないということなのだ。何かをするということは、失敗することである。たとえば、旅に出れば、バスに乗り遅れたり、道を間違えたり、忘れ物をしたりする。部屋の中にいれば、何も失敗することはないが、それでは（エ）面白くない。旅に出て失敗しても、後になってみれば良い思い出だ。

9　チャレンジすることは、失敗することである。しかし、チャレンジすることで変わることができる。「Challenge & Change（チャレンジしてチェンジする）」である。雑草だって、スマートに成功しているわけではない。道ばたで泥臭く挑戦している姿を見てほしい。

10　さらに、種子がさまざまな工夫で移動をする理由は、他にもある。それは、親植物からできるだけ離れるためなのである。

11　親植物の近くに種子が落ちた場合、最も脅威となる存在は親植物である。親植物が葉を繁（しげ）らせれば、そこは日陰に（オ）なり、やっと芽生えた種子は十分に育つことはできない。また、水や養分も親植物に奪われてしまう。あるいは、親植物から分泌注③される化学物質が、小さな芽生えの生育を抑えてしまうこともあるだろう。

12　残念ながら、親植物と子どもの種子とが必要以上に一緒にいることは、むしろ弊害の方が大きいのだ。そこで植物は、大切な子どもたちを親植物から離れた見知らぬ土地へ旅立たせるのである。まさに「かわいい子には旅をさせよ」、植物にとっても大切なのは親離れ、子離れなのである。

（稲垣栄洋（ひでひろ）『雑草はなぜそこに生えているのか』による。）

（注）① 車が通りすぎた後に残る車輪の跡。
② 中国での名称。
③ 液が外ににじみ出ること。

問一、（省略）

問二、太線（━━）部ア～オの中には、品詞の分類からみて同じものがある。それは、どれとどれか。記号で答えなさい。

問三、本文には、オオバコの種子が持つ粘着物質の本来の機能について述べた一文がある。その一文の、最初の五字を抜き出しなさい。

問四、筆者は、傍線（――）部がオオバコにとってどのような意味であるかを、本文の1～3の段落で述べている。その意味を、「逆境」と「プラス」の内容が分かるように、簡単に書きなさい。

問五、本文の8と9の段落は、文章の構成上、どのような役割を持っているか。その役割を説明したものとして、最も適切なものを、次のア～エの中から一つ選び、記号

で答えなさい。

ア、6の段落と対比した内容を示し、問題を提起している。

イ、7の段落の内容を、例を付け加えて言い換えている。

ウ、10の段落の結論を、理由とともに先に述べている。

エ、12の段落で結論を述べるため、仮説を立てて説明している。

問六、筆者は本文を通して、植物が種子を遠くへ運ばなければならない理由を二つ述べている。その二つの理由を、それぞれの内容が分かるように、六十字程度で書きなさい。

〈静岡県〉

2 次の文章を読んで、あとの問いに答えなさい。

ⓐ雑草と呼ばれる植物には、さまざまな共通した特徴がある。その中でも、もっとも基本的な特徴は、「弱い植物である」ということだ。もしかすると、意外な感じに思えるかも知れない。私たちの周りを見回すと、雑草は強い植物であるような感じがする。「雑草のように強く」という言葉もあるくらいだ。

「雑草が弱い」というのは、「競争に弱い」ということである。自然界は、激しい生存競争が行われている。弱肉強食、適者生存が、自然界の厳しい掟なのだ。それは植物の世界も同じである。光を奪い合って、植物は競い合って上へ上へと伸びていく。そして、枝葉を広げて、遮蔽し合うのである。もし、この競争に敗れ去れば、他の植物の陰で光を受けられずに枯れてしまうことだろう。戦いは地面の上だけではない。地面の下では、水や栄養分を奪い合って、さらに熾烈な戦いが繰り広げられている。植物は穏やかに生きているように見えるかも知れないが、激しく争い合っているのだ。植物は、太陽の光と水と土さえあれば生きられると言われるが、その光と水と土を奪い合って、激しい争いが繰り広げられているのである。雑草と呼ばれる植物は、1この競争に弱いのである。

どこにでも生えるように見える雑草だが、じつは多くの植物が生える森の中には生えることができない。豊かな森の環境は、植物が生存するのには適した場所である。しかし同時に、そこは激しい競争の場でもある。そのため、競争に弱い雑草は深い森の中に生えることができないのである。

雑草は、競争を挑んだところで、強い植物に勝つことはできない。そこで、雑草は強い植物が力を発揮することができないような場所を選んで生えているのである。

それが、道ばたや畑のような人間がいる特殊な場所なのだ。ⓑ森の中にも雑草が生えているのを見たことがある、という意見もあるかもしれないが、それはハイキングコースやキャンプ場など、人間が管理をしている場所である。雑草は、競争に強い植物がある場所には生えずに、そうした強い植物が生えない場所に生えるのである。言ってしまえば、競争社会から逃げてきた脱落者だ。

しかし、私たちの周りにはびこる雑草は、2明らかに繁栄している成功者である。雑草は勝負を逃げているわけではない。土の少ない道ばたに生えることは、雑草にとっては戦いだし、耕されたり、草取りされたりする畑に生えることも雑草にとっては戦いだ。確かに、強い植物との競争は避けているけれども、生きるためにちゃんと勝負に挑んでいるのである。どこかでは勝負をしなければならない。ただ、勝負の場所を心得ているのだ。

そうしてみると、植物にとって、強さとは何なのだろうか。

イギリスの生態学者であるジョン・フィリップ・グライムは、植物の成功要素を三つに分類した。それが、「C－S－R三角形理論」と呼ばれるものである。この理論では、植物の戦略はCタイプ、Sタイプ、Rタイプという三つに分類できるとされている。

Cタイプは競合型と呼ばれている。このCタイプは他の植物との競争に強い。いわゆる強い植物である。自然界では激しい生存競争が繰り広げられている。しかし、Cタイプが、必ずしも成功するとは限らないところが自然界の面白いところでもある。自然界には、他の成功戦略もあるのだ。

Sタイプはストレス耐性型と呼ばれている。ストレスとは生育に対する不適な状況である。□、植物にとっては乾燥や、日照不足、低温などが生存を脅かすストレスとなる。Sタイプは、このようなストレスに強いのである。

三つ目のRタイプは攪乱依存型と呼ばれている。攪乱とは文字通り、環境が掻き乱されることである。いつ何が起こるかわからない「攪乱」は、植物の生存に適しているとは言えない。しかし、攪乱があるところでは、競争やストレスに強い植物が必ずしも有利ではない。そうした強い植物が生えないということは、弱い植物にとっては、チャンスのある場所なのである。Rタイプはこの攪乱という予測不能な環境の変化に強い。つまり、臨機応変に変化を乗り越える強さがRタイプの特徴なのである。

CとSとRの要素は、すべての植物にとって不可欠なものである。そのため、この三つのタイプは、植物が種類ごとにどれかに当てはまるということではなく、すべての植物がこの三つの要素のバランスを変えながら、それぞれの戦略を発達させていると考えられている。

雑草と呼ばれる植物は、このうちのRタイプの要素が特に強いとされているのである。踏まれたり、耕されたり、草取りをされたりすることは、植物の生存にとって好ましいことではない。しかし、競争に弱い雑草にとっては、それこそが生存のチャンスなのである。

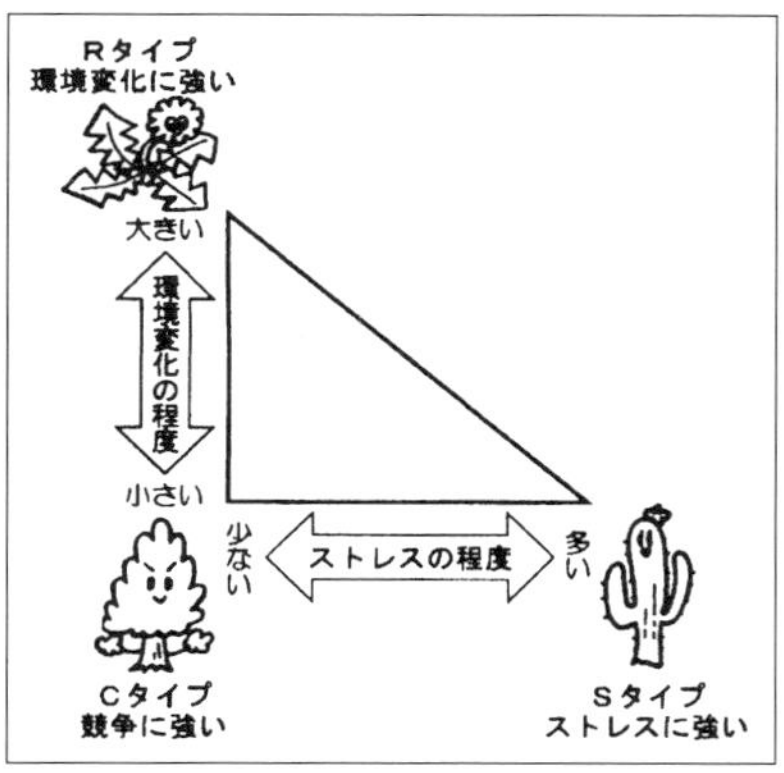

C－S－R三角形理論

〈稲垣栄洋「雑草はなぜそこに生えているのか」による。〉

1、（省略）

2、［　　］に当てはまる最も適切な語を、次のア～エの中から選び、その記号を書きなさい。

ア、たとえば　イ、また

ウ、しかし　エ、さらに

3、[1]この競争　とあるが、それは具体的にどのような競争ですか。二十字以内で書きなさい。

4、[2]明らかに繁栄している成功者である　とあるが、雑草が「競争に弱い」植物でありながら、成功できるのはなぜですか。この文章における筆者の主張を踏まえ、「撹乱」という語を用いて、七十字以内で書きなさい。

5、この文章における、論を進める上での工夫とその効果について、ある生徒が、文章中のⓐ・ⓑの部分を取り上げ、次の表にまとめました。表中の空欄Ⅰ～Ⅲに当てはまる適切な表現を書きなさい。

工夫のみられる部分	工夫	効果
ⓐ	あえて（　Ⅰ　）とは異なりそうなことを述べる。	（　Ⅱ　）。
ⓑ	（　Ⅲ　）を述べる。	読み手を納得させ、論に説得力をもたせる。
	具体的な例を挙げて説明する。	読み手により分かりやすくなるようにして、論の説得力を高める。

〈広島県〉

永田和宏の文章　論

●主な出題歴……2019年度（福島県・愛知県B・三重県・和歌山県・長崎県・鹿児島県）、2018年度（岡山県立朝日高校）ほか

3　次の文章を読んで、あとの問いに答えなさい。

アナログとかデジタルという言葉も、もう普通に使われる言葉になってしまった。デジタルはディジット、つまり指に由来する言葉である。指折り数えるというような、離散的[注1]な量の表示である。アナログは連続量と訳されることが多いが、もともとはアナ（類似の）とログ（論理）に由来する言葉である。ある量を別の何かの量に変えて表示すること。時間という連続量を、文字盤の上の針の角度で類似させたり、温度を水銀柱の高さで近似させたりする、これらがアナログ表示。いっぽう、デジタル時計では、連続量である時間を数値化する。標本化するのだと言ってもいいだろう。連続量を離散量に標本化する作業だから、どんなに細かく区切っても、量と量のあいだには空隙[注2]（くうげき）が残る。（第一段落）

われわれはアナログの世界に生きている。1分、2分という区切りに関係なく時間は私のなかを流れているし、空気にもその匂いにも境目はなく、数えることはもちろんできない。そんな世界にあって、感覚としてアナログを捉えることはできても、それを表現することはできないものである。表現した途端にそれはアナログからデジタルに変換されてしまうからである。アナログ世界は表現不可能性のなかでのみ成立しているとも言える。「今日は38度もあった」と言えば、38度という数値は理解できるが、[1]その人が感じている暑さは、38という数値のなかにはない。（第二段落）

何も数値化だけがデジタル化なのではなく、言葉で何かを言い表（あら）わす、そのことがすなわちデジタル化そのものなのである。言葉で表わすとは、対象を取り出して、当てはまる言葉に振り分ける、すなわち分節化する作業である。外界の無限の多様性を、有限の言語によって切り分けるという作業なのである。一本の大きな樹（き）がある。「大きな」という言葉の選択の裏には、「見上げるばかりの」とか「天にも届きそうな」とかの別の表現が、潜在的な可能性としては数えきれないほど存在したはずで、そんな可能性をすべて断念し、捨象[注3]した表現が「大きな樹」という便宜的な表現になったのである。「大きな樹」は、その樹の属性の一部ではあっても、その樹の全体性には少しも届いていない。「言葉には尽くせない」という表現自体が、言葉のデジタル性をよく表わしている。（第三段落）

人は自分の感情をうまく言い表わせない時、言葉のデジタル性を痛感する。[2]言葉と言葉の間にあるはずのもっと適切な表現をめぐって苦闘する。感情を含めたアナログ世界をデジタル表現に移し替えようとするのが、詩歌や文学における言語表現であるとも言える。折に触れてコミュニケーションの大切さが言われるが、私たちはともすれば、デジタルをデジタルに変換しただけの作業を、コミュニケーションだと錯覚しがちである。（第四段落）

もともと言語化できないはずのアナログとしての感情や思想があり、それを言語に無理やりデジタル化して相手に伝えること、それがコミュニケーションの基本である。『哲学事典』（平凡社）は、そのところを、「送り手が記号を媒介[注4]にして知覚、感情、思考など各種の心的経験を表出し、その内容を受け手に伝える過程」と定義している。ここで言う「記号」とは、ヒトの場合であれば言語ということになるが、動物の場合は、鳴き声や、身振り、威嚇など、いずれもアナログな表現がコミュニケーションの「媒介」手段である。ヒトだけが、例外的にコミュニケーションにデジタルを用いることが多いのである。（第五段落）

言語を媒介としているので、受け手としては、どうしても言語の抱え持っている辞書的な情報そのものを、送り手の伝えたかったすべてと考えてしまいやすい。しかし、送り手の内部でアナログのデジタル化は、ほとんどの場合、不十分なものであるはずなのである。特に複雑な思考や、あいまいな感情などを伝えようとするときには、デジタル化はほぼ未完のままに送り出されると思っておいたほうが

いいだろう。（第六段落）

従って、伝えられたほうは、言葉を単にデジタル情報として、その辞書的な意味だけを読み取るのではなく、デジタル情報の隙間から漏れてしまったはずの相手の思いや感情を、自分の内部に再現する努力をしてはじめてコミュニケーションが成立するのである。真のコミュニケーションとは、ついに相手が言語化しきれなかった「間（あいだ）」を読みとろうとする努力以外のものではないはずである。それがデジタル表現のアナログ化であり、別名、「思いやり」とも呼ばれるところのものなのである。（第七段落）

（永田　和宏「知の体力」より）

注1　連続的ではないさま。値や数量がとびとびになっているさま。
注2　隙間のこと。
注3　物事のある性質を取り出すとき、他の性質を排除すること。
注4　両方の間に立ってとりもつこと。

1、（省略）

2、第二段落の「できない」の「ない」と同じ意味・用法のものを、次のア～オの中から一つ選びなさい。
ア、親友と別れるのは切ない。
イ、あのチームには弱点がない。
ウ、よい考えが頭に浮かばない。
エ、両者の違いはほとんどない。
オ、今年の夏は雨の日が少ない。

3、「[1]その人が感じている暑さは、38という数値のなかにはない。」とあるが、それはどういうことか。最も適当なものを、次のア～オの中から一つ選びなさい。
ア、個人の印象に基づく表現では、アナログ世界を適切に解釈したものとして他者に認めてはもらえないということ。
イ、数値化による表現では、アナログ世界を感覚によってどのように捉えているかを他者に伝えきれないということ。
ウ、個人の印象に基づく表現では、アナログ世界の多様な特性について自分自身の理解を深められないということ。
エ、数値化による表現では、アナログ世界に対して私たちが抱く疑問点について十分な説明ができないということ。
オ、類似するものを用いた表現では、アナログ世界に対する個人の意見を他者と共有することができないということ。

4、「[2]言葉と言葉の間にあるはずのもっと適切な表現をめぐって苦闘する。」とあるが、このことについて、次のように説明したい。あとの(1)、(2)の問いに答えなさい。

> 言葉によって表現しようとするときには、［Ⅰ］に見切りをつけて、言葉を選択して表現することになる。言葉によって表現が可能な範囲は、表現しようとするものの属性や感情の一部にとどまり、人は自分の感情をうまく表現できないときに、言葉による表現の限界を感じることがある。
> ［Ⅱ］などを作りあげる過程で、一語一句の表現に頭を悩ませながら、アナログ世界をデジタル表現に移し替えるように、人は、言葉による表現の難しさを感じながらも、より適切に表現する言葉を求めてあれこれと考えをめぐらせるのである。

(1)　［Ⅰ］にあてはまる内容を、二十五字以内で書きなさい。
(2)　［Ⅱ］にあてはまる最も適当な言葉を、本文中から五字でそのまま書き抜きなさい。

5、本文における第五段落の働きとして最も適当なものを、次のア～オの中から一つ選びなさい。
ア、理想的なコミュニケーションの取り方を定義し、アナログ表現の抱えている問題を指摘した第四段落までの内容をまとめる働き。
イ、ヒト以外の動物が行うコミュニケーションの限界を説明し、デジタル表現の重要性を示した第四段落までの主張を補強する働き。
ウ、ヒトだけがもつコミュニケーション能力の特徴を提示し、その能力が発達した原因を推測する第六段落以降のきっかけとなる働き。
エ、コミュニケーションにおけるデジタル表現の長所を整理し、具体例を挙げて言語の可能性を証明する第六段落以降へと引き継ぐ働き。
オ、ヒトが行うコミュニケーションの特殊性を確認し、言語を媒介として伝えることの特性を考察する第六段落以降へとつなぐ働き。

6、**思考力**　筆者は、言語によるコミュニケーションにはどのようなことが大切であると述べているか。送り手、受け手の二語を用いて六十字以内で書きなさい。

〈福島県〉

4　次の文章を読んで、あとの問いに答えなさい。

> われわれはアナログの世界に生きている。1分、2分という区切りに関係なく時間は私のなかを流れているし、空気にもその匂い（にお）にも境目はなく、数えることはもちろんできない。

そんな世界にあって、感覚としてアナログを捉えることはできても、それを表現することはできないものである。表現した途端にそれはアナログからデジタルに変換されてしまうからである。アナログ世界は表現不可能性のなかでのみ成立しているとも言える。「今日は38度もあった」と言えば、38度という数値は理解できるが、その人が感じている暑さは、38という数値のなかにはない。

何も数値化だけがデジタル化なのではなく、言葉で何かを言い表わす、そのことがすなわちデジタル化そのものなのである。言葉で表わすとは、対象を取り出して、当てはまる言葉に振り分ける、すなわち分節化する作業である。外界の無限の多様性を、有限の言語によって切り分けるという作業なのである。

一本の大きな樹（き）がある。「大きな」という言葉の選択の裏には、「見上げるばかりの」とか「天にも届きそうな」とかの別の表現が、潜在的な可能性としては数えきれないほど存在したはずで、そんな可能性をすべて断念し、捨象した表現が「大きな樹」という便宜的な表現になったのである。「大きな樹」は、その樹の属性[注(1)]の一部ではあっても、その樹の全体性には少しも届いていない。「言葉には尽くせない」という表現自体が、①言葉のデジタル性をよく表わしている。

人は自分の感情をうまく言い表わせない時、言葉のデジタル性を痛感する。言葉と言葉の間にあるはずのもっと適切な表現をめぐって苦闘する。感情を含めた[A]世界を[B]表現に移し替えようとするのが、詩歌や文学における言語表現であるとも言える。

折に触れてコミュニケーションの大切さが言われるが、私たちはともすれば、デジタルをデジタルに変換しただけの作業を、コミュニケーションだと錯覚しがちである。「この文章の意図するところを五〇字以内でまとめよ」式の、言葉の指示機能の反復レッスンは、デジタル表現を別のデジタル表現に変換する練習にしか過ぎない。

もともと言語化できないはずのアナログとしての感情や思想があり、それを言語に無理やりデジタル化して相手に伝えること、②それがコミュニケーションの基本である。『哲学事典』（平凡社）は、そのところを、「送り手が記号を媒介にして知覚、感情、思考など各種の心的経験を表出し、その内容を受け手に伝える過程」と定義している。ここで言う「記号」とは、ヒトの場合であれば言語ということになるが、動物の場合は、鳴き声や、身振り、威嚇(いかく)など、いずれも[C]な表現がコミュニケーションの「媒介」手段である。ヒトだけが、例外的にコミュニケーションにデジタルを用いることが多いのである。

言語を媒介としているので、受け手としては、どうしても言語の抱え持っている辞書的な情報そのものを、送り手の伝えたかったすべてと考えてしまいやすい。しかし、送り手の内部でアナログのデジタル化は、ほとんどの場合、不十分なものであるはずなのである。特に複雑な思考や、あいまいな感情などを伝えようとするときには、デジタル化はほぼ未完のままに送り出されると思っておいたほうがいいだろう。

従って、伝えられたほうは、言葉を単にデジタル情報として、その辞書的な意味だけを読み取るのではなく、デジタル情報の隙間から漏れてしまったはずの相手の思いや感情を、自分の内部に再現する努力をしてはじめてコミュニケーションが成立するのである。真のコミュニケーションとは、ついに相手が言語化しきれなかった「間(あいだ)」を読みとろうとする努力以外のものではないはずである。それがデジタル表現のアナログ化であり、別名、「思いやり」とも呼ばれるところのものなのである。

（永田(ながた)　和宏(かずひろ)『知の体力』）

注(1)　属性……事物の有する特徴・性質。

問一、（省略）

問二、……線部「伝えられた」を単語に区切ったものとして適当なものを次から一つ選び、その記号を書け。

ア、伝え／られた
イ、伝え／ら／れた
ウ、伝え／られ／た
エ、伝えら／れ／た

問三、本文の[　]で囲まれた部分から読み取れる、「アナログの世界」の性質を表すものとして最も適当なものを次から一つ選び、その記号を書け。

ア、連続性
イ、固有性
ウ、一過性
エ、閉鎖性

問四、――線部①とはどのような性質か。本文中の語句を用いて五十五字以内で書け。

問五、[A]～[C]にあてはまる語の組み合わせとして最も適当なものを次のア～エから一つ選び、その記号を書け。

ア、A　アナログ　―　B　デジタル　―　C　デジタル
イ、A　アナログ　―　B　デジタル　―　C　アナログ
ウ、A　デジタル　―　B　アナログ　―　C　アナログ
エ、A　デジタル　―　B　アナログ　―　C　デジタル

問六、――線部②の指示内容を、次に合う形で四十字以内で書け。

[　　　　]こと。

問七、次の会話は、この文章を読んで、Aさん、Bさん、Cさんが話し合ったときのものである。この会話を読んで、後の(1)～(3)に答えよ。

A　この文章ではコミュニケーションについて述べているね。私たちはコミュニケーションでどのようなことに気をつけるべきなのかな。
B　本文によると、言葉を受け取る側が、コミュニケーションを成立させるためには、具体的には[い]をすることが必要だとわかるね。
A　それは例えばどうすることだろう。
C　[ろ]ということだね。
B　そうだね。最近はインターネットを通して相手とやりとりすることが多いけれど、言葉だけでやりとりすると、誤解を生む可能性が高くなりそうだね。
A　たしかに、言葉だけでは伝わりにくいよね。
C　私は言葉を受け取る側が「[は]」を持つだけでなく、言葉を発信する側も相手に正しく伝える努力が必要だと思うよ。

(1)　[い]にあてはまる言葉を、四十字以上四十五字以内で本文中から抜き出し、初めと終わりの三字を書け。

(2)　[ろ]に入る内容として適当でないものを次から一つ選び、その記号を書け。

ア、相手の表情や声の調子、身振りにも注意する
イ、相手の立場に寄り添って考える
ウ、相手の言葉を辞書的な意味だけで理解しない
エ、相手の言葉を自分の言葉で置き換える

(3)　[は]には、本文において「真のコミュニケーション」を言い換えた言葉が入る。あてはまる言葉を本文中から四字で抜き出して書け。

〈長崎県〉

原田マハ の文章 文

●主な出題歴……2019年度（神奈川県）、2018年度（北海道・埼玉県・富山県・徳島県・愛媛県・福岡県）ほか

5 次の文章を読んで、あとの問いに答えなさい。

> 十九世紀末、フランスのパリでは浮世絵がブームになり、「重吉（シゲ）」の仕える「林忠正」は、画商として成功を収めていた。一方、「重吉」らの友人であるオランダ人画家の「フィンセント」は、新天地を求めてフランス南部のアルルに旅立った。ある日、「重吉」は、同業者から見下した態度をとられた「忠正」に従い、パリを流れるセーヌ川へ出た。

ポン・ヌフ――「新しい橋」という名前は十七世紀初頭に橋の完成とともにつけられてからずっと変わることはなかった――は、セーヌに浮かぶ島、シテの西側の先端を横切って、右岸と左岸をつないでいる。橋の中心に向かって石畳がかすかなカーヴを描き、橋の両側にはガス灯の柱が一定間隔で並んでいる。ちょうど橋脚の真上にふたつの灯柱が立ち、そのあいだには半円形の欄干と同じく半円形の石造りのベンチが一体で造られている。優雅なかたちのベンチは、ほぼ三百年もの昔から、セーヌを眺めるために立ち止まる人の到来をいつも待っていた。

橋のちょうど真ん中あたりで、忠正は、吸い寄せられるように半円形の欄干に近づいていった。重吉も、その後に続いて、船の舳先のような欄干の近くに佇んだ。

心地よい川風が頬をかすめて通り過ぎてゆく。夜九時を過ぎ、ようやく太陽が退場しようとしている。その代わりに黄昏が静かに迫っていた。

重吉は、日本から遠く離れた異国の地、パリに、こうして忠正とふたりでいて、セーヌに架かる橋の真ん中に立っている不思議を思った。

確かに、自分は、日本にいたとき、この街にこうしていることを夢みていた。――ということは、いま、自分は、あの頃の夢の中で生きているのだろうか。

[1]ふと、フィンセントのことを思い出した。

日本へ行きたいとフィンセントは言っていた。夢の国で生きてみたいのだと。

無謀な夢は、かなわなかった。その代わりに、彼はアルルへ行った。そこに自分の理想郷を創ることを夢みて。

――その夢もまた、かなわなかったけれど。

それでも、彼は描いたのだ。あんなにも激しく、せつなく、自分自身を画布にぶつけて。アルルから次々に送られてきた彼の絵の切実さ、明瞭さ、まぶしさ。アルルの陽光を吸って命を与えられた絵。そんな絵を描くことが、彼のほんとうの夢だったのではないか。

(注)テオとともにアルルにフィンセントを見舞ったとき、彼はうわ言のようにつぶやいていた。――自分は「いちばん描きたいもの」を、まだ描いていないんだと。

とすれば、彼はまだ見果てぬ夢を見ているのだろうか。「いちばん描きたいもの」を描き上げたとき、そのときこそ、画家としての彼の夢がかなったといえるのだろうか。

「なあ、シゲ。……お前、この街をどう思う?」

忠正の声がした。重吉は、川面に放っていた視線を石の欄干にもたれている忠正に向けた。

「そうですね、僕にとっては……現実のものとは思えない、夢のような街です。」

重吉は、心に浮かぶままをすなおに口にした。

「林さんと(注)日本橋の茶屋で話をしたときのこと、いまでもときどき思い出します。おれはパリに行く……と林さんがはっきり言ったあのとき、なんとなく、パリの街なかを流れているセーヌ川が、(注)隅田川に重なって見えたような……。」

「なんだそれは。」忠正が笑った。

「セーヌ川と隅田川じゃ、まったく違うじゃないか。」

「わかってますよ。」重吉も苦笑した。

「でも、あのとき……なぜだかわからないけれど、いまの僕たちの姿が、ほんのいっとき、見えていたような……そんな気がします。」

それからまた、しばらくのあいだ、ふたりは黙って川面をみつめていた。やがて、忠正が独り言のようにぽつりと言った。

「つれないよなあ。……こっちはさんざん苦しんで、もがいて、あがいているっていうのに……いつだって、知らぬふりをして流れていやがる。」

重吉は、顔を上げて忠正を見た。[2]その横顔には薄暮のような微笑が浮かんでいた。

「初めてこの街に来たときは、何をやってもからかわれたし、馬鹿にされたもんだ。『R』の発音がなってないとか、真っ平らで引っかかりのない顔だとか、背が低いから(注)燕尾服なんぞ似合わないだとか、日本は未開の地で野蛮な人間が住んでいるだとか……まあ、散々だった。」

馬鹿にされればされるほど、西洋人に引けをとるまいと、歯を食いしばって我慢し、フランス語の勉強を重ね、(注)ルーブルへ行って片っ端から西洋絵画を見まくった。どんどん外に出て、人に会った。自分は日本という国を背負っているのだ、絶対に負けてはならぬ、と心に誓っていた。

それでもくやしさをぬぐい切れないときには、セーヌ川のほとりをひとりで歩いた。どこまでも、いつまでも。歩き続けるうちに朝になってしまったこともあった。くやしいことは、全部、この川に捨ててきた。それらはとるに足りない芥になって、薄緑色の流れに消されていった。

この街をセーヌが流れている。その流れは決して止まることはない。どんなに苦しいことがあっても、もがいても、あがいても……この川に捨てれば、全部、流されていく。そうして、空っぽになった自分は、この川に浮かぶ舟になればいい。――あるとき、そう心に決めた。

たゆたいはしても、決して流されることなく、沈むこともない。……そんな舟に。

「そんな戯言を、アルルに旅立つまえのフィンセントに話したんだ。」

重吉は、えっ、と思わず声を漏らした。

「フィンセントに……?」

忠正はうなずいた。

「アルルに行く前日だったかな。お前が留守のあいだに、フィンセントが店に来たんだ。アルルに行くきっかけを

作ってくれたからと、わざわざ礼を言うために。」

短い時間、ふたりは会話を交わした。忠正は、アルルに行ったら自分が描きたいと思う絵を存分に描くようにと助言した。

フィンセントは黙って聞いていたが、突然、告げた。

――[3]いちばん描きたいものを、私は、永遠に描くことができません。

不思議に思った忠正は、それは何かと尋ねた。フィンセントは、すぐには答えようとしなかったが、やがて打ち明けた。

――セーヌです。

――セーヌ？

すぐにでも描けそうなモティーフ(注)だ。実際、印象派(注)の画家たちの多くが画題に選んでいる。なぜ永遠に描けないなどと言うのだろう。

馬鹿ばかしい理由ですが、と前置きして、フィンセントは打ち明けた。

テオを頼ってパリに出てきて、夏を迎えた頃、夕暮れどきにセーヌ河畔をそぞろ歩きした。あふれる光とまぶしさに目を細めていると、まぶたの裏が黄色くなるような気がした。

黄色いセーヌだ、と急に思いつき、次の日、ポン・ヌフの真ん中にイーゼル(注)を立て、黄色と緑の絵の具を大量に準備して、「黄色いセーヌ」を描こうとした。すると、すぐに警官がやって来て、ここで絵を描いてはいけない、と忠告した。その日は仕方なく帰ったが、次の日、あらためて出かけていった。が、同じように警官が来て、同じことを言われた。

フィンセントは、何もしていないのに、セーヌに架かる橋の上でイーゼルを立てることを禁止されてしまった。この不名誉な出来事を、テオに話すことはできなかった。

フィンセントは打ちのめされた。セーヌに、パリに拒絶された、そんな気がした。

その日から、どうやったらパリ以外のところで絵を描いて生きていけるか、そればかりを考えて、二年間過ごしてきた。日本へ行くことがかなえばそれがいちばんよかったはずだが、それでも「自分だけの日本」をみつけにアルルへ行けることになって、ほっとしている。自分はこれから、セーヌだのパリだのにこだわることなく、アルルで自由に絵を描こうと決めている。――そう言って、フィンセントは話を締めくくった。

「その話を聞きながら、おれは気づいたんだ。フィンセントは、ほんとうはいつまでもパリにとどまりたいと願っている。けれど、この街にどうしたって受け入れられないとわかってしまったから、出ていく決心をした。……だとしたら、さびしすぎるじゃないか。」

そんな思いを胸に秘めたまま、アルルへ行ってはいけない――。

忠正は、フィンセントに言った。――セーヌに受け入れられないのなら、セーヌに浮かぶ舟になればいい、と。

嵐になぶられ、高波が荒れ狂っても、やがて風雨が過ぎれば、いつもの通りおだやかで、光まぶしい川面に戻る。

[4]だから、あなたは舟になって、嵐が過ぎるのを待てばいい。たゆたえども、決して沈まずに。

――そしていつか、この私をはっとさせる一枚を描き上げてください。

そのときを、この街で待っています。

[5]忠正の言葉を追いかけながら、重吉は、遠い川面に視線を投げた。

目頭が、どうしようもなく熱くなった。――なぜかはわからない。けれど、涙がこぼれてしまいそうだった。

滔々(とうとう)とセーヌは流れていた。苦しみも、悲しみも、やるせなさも、すべてをとるに足りない芥に変えて、とどまることなく流れていた。

（原田(はらだ)　マハ「たゆたえども沈まず」から。一部表記を改めたところがある。）

（注）テオ＝「フィンセント」の弟。
日本橋＝現在の東京都の地名。
隅田川＝現在の東京都を流れる川。
燕尾服＝男性の洋装の礼服。
ルーブル＝ルーブル美術館のこと。パリにある国立の美術館。
モティーフ＝作品の主題。ここでは、描写する対象のこと。
印象派＝十九世紀にフランスで起こった芸術家の一派。
イーゼル＝画布などを支えて固定する道具。

(ア)――線1「ふと、フィンセントのことを思い出した。」とあるが、そのときの「重吉」の気持ちを説明したものとして最も適するものを次の中から一つ選び、その番号を答えなさい。

1、夢みていたパリにいることが今一つ実感できない一方で、「フィンセント」は「いちばん描きたいもの」を描き上げれば、夢がかなったといえるのだろうかと思いを巡らせている。

2、理想の地だったパリに立ってはいるものの、「フィンセント」のような「ほんとうの夢」が自分にはまだないということに思い至り、早くみつけなければならないと思っている。

3、希望通りパリに来られた自分は非常に恵まれていると思う一方で、日本にもアルルにも行くことがかなわず、パリで失意の底に沈んでいる「フィンセント」に思いをはせている。

4、あこがれのパリに立って日本をなつかしく思い出し、「フィンセント」の日本への思いに共感する一方で、それはやはり「無謀な夢」であり故郷がいちばんだと思っている。

(イ)――線2「その横顔には薄暮のような微笑が浮かんでいた。」とあるが、そのときの「微笑」を説明したものとして最も適するものを次の中から一つ選び、その番号を答えなさい。

1、異国に受け入れられずひとりもがいてきたことは遠い記憶であり、パリを離れる自分にはもはや無関係だと開き直った微笑。

2、異国で経験してきた苦しみやあせりはすべてセーヌに捨ててきたので、もうパリで悩むことはないだろうという安心に満ちた微笑。

3、異国に受け入れられようともがき続けた結果、日本人でありながらパリで成功したことによって得た自信をみなぎらせた微笑。

4、異国での苦しみやくやしさにやりきれない思いをすることもあるが、これからもパリで生きていこうという覚悟もにじんだ微笑。

(ウ)――線3「いちばん描きたいものを、私は、永遠に描くことができません。」とあるが、ここでの「フィンセント」の気持ちをふまえて、この部分を朗読するとき、どのように読むのがよいか。最も適するものを次の中から一つ選び、その番号を答えなさい。

1、正当な理由もなくセーヌを描くことを禁じたパリの警官に怒りを抱いており、同じよそ者である「忠正」に共感してほしいと思っているので、強い調子で読む。

2、外国からパリに来た多くの印象派の画家たちが、苦労もなくセーヌを描き次々と世に認められていることに劣等感があるので、自分の力不足を恥じるように読む。

3、パリを離れることは決めているものの、未練もあるというほんとうの気持ちを「忠正」には聞いてもらいたいという思いもあるので、不意に打ち明けるように読む。

4、パリに来たばかりの頃は自分と同じように苦労をしていた「忠正」もいまでは成功者であり、自分の気持ちを理解できないと思っているので、皮肉をこめて読む。

(エ)――線4「だから、あなたは舟になって、嵐が過ぎるのを待てばいい。」とあるが、そのときの「忠正」を説明したものとして最も適するものを次の中から一つ選び、その番号を答えなさい。

1、「フィンセント」にほんとうの気持ちを打ち明けられ、かつての自分と同じく、嵐の中であっても力強く浮かび続ける「舟」のように、諦めずパリに残っていてほしいと訴えかけている。

2、「フィンセント」のほんとうの気持ちを察して、自分の体験と重ね、嵐に揺られはしても決して沈まない「舟」のように、アルルに行っても希望を捨てずにいてほしいと願っている。

3、「フィンセント」のほんとうの気持ちを見抜き、かつての自分と重ね合わせながら、嵐の中を勇敢に突き進む「舟」のように、前向きな気持ちでパリを旅立ってほしいと元気づけている。

4、「フィンセント」にほんとうの気持ちを告げられ、自分はくじけてしまったが、嵐が過ぎ去るのをじっと待つ「舟」のように、何があっても諦めずセーヌを描いてほしいと励ましている。

(オ)――線5「忠正の言葉を追いかけながら、重吉は、遠い川面に視線を投げた。」とあるが、そのときの「重吉」の気持ちを説明したものとして最も適するものを次の中から一つ選び、その番号を答えなさい。

1、「忠正」から、「フィンセント」が警官に受けたひどい仕打ちを聞かされ、よそ者に冷淡なパリで自分もくやしい思いをしたことがよみがえり、涙が出そうになっている。

2、「忠正」から、「フィンセント」の本心を聞かされ、新たな夢を求めてアルルに行ったものと単純に考えていたことが思い出され、自分の未熟さに嫌気がさしている。

3、「忠正」から、「フィンセント」に伝えられた言葉を聞き、自分の知らないところでふたりが夢のために様々な思いを抱えていたことを知り、大きく心を動かされている。

4、「忠正」から、「フィンセント」がほんとうに描きたかったものはセーヌであり、それを諦めざるを得なかった事情を聞き、何もできない自分の無力さに失望している。

(カ)この文章について述べたものとして最も適するものを次の中から一つ選び、その番号を答えなさい。

1、画商としての自覚に欠ける「重吉」に対して画家の思いや苦悩を伝えようと「忠正」が懸命に話す場面を、「船の舳先のような欄干」を舞台にして、ふたりの新しい船出を象徴的に描いている。

2、「忠正」や「フィンセント」の心労を知った「重吉」が、あこがれていたパリへ徐々に失望していく過程を、よそ者に冷淡なパリを象徴する「ポン・ヌフ」を背後に感傷的に描いている。

3、日本人が異国の地で生きていくことの苦労を「重吉」に伝えようとする「忠正」の姿を、ふたりの思い出の地である「隅田川」と「セーヌ」とを重ね合わせることで、感動的に描いている。

4、「忠正」と「フィンセント」の苦悩を知り、「重吉」にとってパリの地で生きることに現実味が帯びてくる様子を、すべて受け入れるように流れる「セーヌ」の姿とともに印象的に描いている。

〈神奈川県〉

6

次の文章を読んで、あとの問いに答えなさい。（一部表記を改めたところがある。）

明治四十二年、十七歳の亀乃介は芸術家の高村光雲のもとに住み込み、自らも芸術家を目指している。イギリスから日本の文化や言葉を学ぶため来日したリーチを、光雲は勤務先の東京美術学校に連れ出す。英語が少しできる亀乃介も通訳として二人にお供する。

光雲の指導を受けながら、一心不乱に木（もく）を刻む生徒たちの様子を見て、亀乃介は、知らず知らずのうちに握りしめた手の内側に、①じっとりと汗がにじみ出るのを覚えた。

――やっぱり、光雲先生は、すごい先生なんだ。……そして、ここで学んでいる生徒さんたちも。

見渡してみると、自分とそう年代の変わらない生徒が何人かいた。

が、ここにいる生徒と自分とのあいだには、大河のごとき隔たりがある――と亀乃介は痛感した。

この教室にいる生徒たちは、全員、選ばれた人であり、恵まれた人だ。

難関の美術学校の試験に合格して、多額の授業料を納めて……難しい本を読み、教授の［Ⅰ］話を理解し、ア高度な技術を身につけて、さらには芸術的感性を高めるべく、いま、この教室で作業に励んでいる。

あまりにも、違うのだ。――自分とは。

リーチとともに美術学校で一日を過ごした亀乃介は、かえって意気消沈してしまった。

芸術家になりたい、などと言って横浜の家を飛び出しはしたものの、それでほんとうによかったのか。

描きたい、創りたいという思いは募れど、[イ]なかなかかたちにすることができない。どうすれば突破できるのだろうか。

「オオ、なんという桜の花の[ウ]美しさだ。日本の春は、なんという[エ]すばらしい季節なのだ」

美術学校からの帰り道、上野の恩賜公園で咲き始めた桜を眺めながら、リーチと亀乃介は並んで歩いていた。

光雲は一緒には帰らなかった。教授会なるものがあって遅くなるから、しっかり家までリーチさんを連れて帰るようにと、亀乃介は仰せつかった。そして、桜を是非にも見てみたい、とリーチが言ったので、遠回りをして、恩賜公園で夕桜を見物しながら帰ることにした。

リーチは、頭上いっぱいに薄い雲のように広がる桜を眺めながら、しきりに感嘆している。亀乃介のほうは、②通訳疲れもあって、ぐったりとうつむいて、下駄のつま先ばかりを眺めていた。

「どうしたんだい、カメちゃん。こんなに美しい桜を見ないで、君は日本式のサンダルばかり見ているね」

リーチが言った。日本式のサンダル、というのが、ちょっとおかしくて、亀乃介は笑顔になった。

「これは、『下駄』といいます。日本式のサンダルには、ほかに、草で作った『草履』というのがあります。……もし、これから、日本語で何というのか知りたかったら、こう訊いて下さい。『これは、なんですか?』」

リーチは、ふいに立ち止まった。そして、亀乃介の履いている下駄を指差して、

「コレハ、ナンデスカ?」と、口にした。

「これは、下駄です」と、亀乃介は日本語で答えた。

リーチは、今度は、頭上の桜を指差して、

「コレハ、ナンデスカ?」とまた訊いた。

「それは、桜です。サ、ク、ラ」とまた、日本語で答える。

そうして、桜の道を回遊しながら一時間ちょっと、リーチは瞬く間にいくつかの日本語を覚えた。その飲み込みの早さに、亀乃介は[Ⅱ]を巻いた。

「どうしてそんなに覚えるのが早いのですか」

英語で尋ねると、

「君と一緒です。耳で聞くこと。頭で理解しようとしないこと。……誰かと会話を成立させたいと、強く願うこと」

そう答えが返ってきた。

少々歩き疲れたので、ふたりは茶屋に立ち寄ることにした。赤い毛氈[注1]が敷かれた縁台が店の前に出ていたので、そこに並んで腰掛けた。

すっかり暮れてしまった空を仰ぐと、漆黒の中にやせ細った月が浮かんでいるのが見えた。

それを眺めながら、しみじみとリーチが言った。

「私は、日本に来てよかった」

横浜港に到着してから、まだほんの一週間。けれど自分は、すっかりこの国に魅了されたと、情感のこもった声でリーチは語った。

「しかし、何よりよかったと思うのは……コウウン先生がすばらしい人物であったこと。そして、君と会えたことです」

亀乃介は、うつむいていた顔を上げた。そして、真横のリーチを見た。

鳶色[注2]の瞳にこの上なくやさしい色を浮かべて、リーチは亀乃介をみつめていた。

「そんな……自分は……自分は、下手な通訳をするだけで、なんのお役にも立っていません。芸術のことなど何もわからない、無粋な人間です」

顔を赤くして、亀乃介は言った。

「そんなことはない」

亀乃介の謙遜を、リーチはやわらかく否定した。

「だって、君はほら、たったいま、『無粋（テイストレス）』と言った。ごく自然に。その言葉は、私と会話を始めてから学んだんだろう?」

そう言って[Ⅲ]。

「君は、すばらしい能力の持ち主だ。そして、私と同じように、③誰かと会話を成立させたい、心の交流をしたいと強く願っている。だから、この二日間で、あっという間に英語が上達したんだよ」

日本人でもイギリス人でも、世界中どんな国の人でも、これからの芸術家は共通の言葉を持つ必要があると、自分は思う。なぜなら、芸術品は自国の中だけで流通したり、自国の人々だけが楽しんだりすればいい、という時代では、もはやなくなってきているから。

そう。芸術は、海を越える時代になったのだ。芸術とともに、芸術家も海を越えて、さまざまな国へ行き、その国の人々と交流をする時代に。

自分には、各国の芸術家たちが、海を渡り、国境を越えて交流する未来が見える。だからこうして日本へとやってきたのだと、リーチは語った。

「だから君にも、芸術家になれる素質が十分にある。そして、君にも、きっといつか海を渡る日がくる」

リーチの言葉を聞いて、④亀乃介の胸の中に一陣の風が吹き込んだ。

【原田マハ『リーチ先生』より】

注1　毛氈　敷物用の毛織物
注2　鳶色　茶褐色

1、①じっとりと　と同じ品詞の言葉を、本文中の……線部ア〜エから一つ選び、記号で答えなさい。

2、[Ⅰ]、[Ⅲ]に入る言葉として最も適切なものを、それぞれ次のア〜エから選び、記号で答えなさい。

Ⅰ　ア、陽気な　イ、平易な　ウ、低俗な　エ、高尚な

Ⅲ　ア、苦笑した　イ、爆笑した　ウ、微笑した　エ、失笑した

3、②通訳疲れもあって、ぐったりとうつむいて　とありますが、「通訳疲れ」の他に「ぐったりとうつむいて」いる理由を、「生徒」という言葉を使って、四十字以内で説明しなさい。

4、[Ⅱ]には体の部分を表す漢字が入ります。適切な

漢字一字を答えなさい。

5、本文の［　　］の部分から、比喩表現を含む一文を探し、初めの五字を抜き出しなさい。

6、亀乃介とリーチは主に英語で会話していますが、その中でリーチが英語を使わずに話している会話文を探し、本文中から抜き出しなさい。

7、③誰かと会話を成立させたい、心の交流をしたいと強く願っている　とありますが、リーチは、このこと以外に語学の上達のためにどのようにすることが大切だと考えていますか。本文中から二つ抜き出しなさい。

8、**思考力** ④亀乃介の胸の中に一陣の風が吹き込んだ　とありますが、ここで亀乃介の心情はどのように変わりましたか。変化前の心情も含めて説明しなさい。

〈富山県〉

宮下奈都 の文章 文

●主な出題歴……２０１９年度（愛知県Ｂ・沖縄県）、２０１８年度（栃木県・群馬県・東京都立日比谷高校）、２０１７年度（北海道・沖縄県）ほか

7 次の文章を読んで、あとの㈠から㈥までの問いに答えなさい。

〔本文にいたるまでのあらすじ〕

明泉(めいせん)女子高校二年の御木元玲(みきもとれい)のクラスは、秋の合唱コンクールでさんざんなできに終わった歌を、再び卒業生を送る会で披露することになった。この歌は、冬に行われたマラソン大会で、最終走者の玲を励まそうとクラスメイトたちがゴール前で歌い出し、その場にいた人たちを心から感動させた歌である。

〔本文〕

1 何がいけないのか、わからなかった。いけない、というほどいけなくもないのかもしれない。卒業生を送る会で、うちのクラスは合唱を披露することになっている。毎日少しずつ練習を重ね、順調によくなっていったのに、今日になって急に崩れた。いや、数日前から萌芽(ほうが)はあった。傍(はた)で聴いていてもわからない程度かもしれないが、盛り上がりの山がほんの少しずれるような感じがしていた。楽譜につけた強弱の通りに歌えているのだから、ずれるわけがわからない。本番まであと三日しかない。ここで乱暴な手直しをしては、せっかくのハーモニーが台無しになる可能性もある。どこをどうすればいいのかわからないうちはもう少し様子を見るべきだろうか。

2 結論の出せぬまま練習を終え、解散になった直後に、千夏(ちなつ)が近づいてきた。「何か迷ってるよね」ああ、この子はやっぱり鋭いな、と思う。「うん。二ページ目の後半あたりから、もうクライマックスに入っちゃう感じがする。少しあせってるのかな。でも、アルトは終わり近くに初めて盛り上がってくる感じもするし、ちょっとばらついてるのが気になる。「千夏も？」聞くと、千夏はあっけらかんと首を横に振った。「そういうのは、わかんないよ。あたしはただ玲が迷ってるのがわかるだけ」「何、どうかした？」ひかりが声をかけてきた。話すべきか、迷った。ある程度のレベルには達している。それは確かなのだ。食い入るようなひかりの目に、思い切って口を開いた。「完成形から少し遠ざかってきてる感じがする」「どうすれば近づけるの？」間髪をいれずに問われ、答えられない。

3 甘く見ていたんだと思う。私は明泉の子たちを、クラスメイトの歌を見くびっていた。あのマラソン大会のゴール前で聞いた歌、よろこびの歌が生まれる瞬間、あれを体験した後にでさえだ。〈1〉あのときの、歌に貫かれて全身が震えるような感動を得られることは、もうないだろう。しかし、違った。練習を積むうちに、ある日、指揮をする私の指の先にクラス全員の意識が集中し、彼女らの喉からほとばしった歌がひとつの束になりリボンのようにくるくると回りながら空へ上っていくのを見た。こんな歌を歌えるクラスメイトたちを心から誇りに感じたし、これ以上は望めない、と思った。――そして、その思いの通り、あのときが頂点だった。どうして歌えなくなってしまったのかわからない。ひとりひとり精いっぱい歌っていると思う。それなのに、声が上っていかない。ひとつにまとまらない。渦をつくらない。合唱コンクールの頃とは比較にならないほど上手になっているものの、あの頂上を見てしまった今となっては、物足りない。〈2〉

4 「まず、どんな歌にしたいのか、はっきりとビジョンを持たなきゃいけない。そうじゃなきゃ声が錯綜(さくそう)するのは当然だと思う」「で？　どんな歌にしたいの？」ひかりに問い返された。ふと見ると、千夏を含め、まわりの数人が私をじっと見ている。「こらこら、しっかりしてよ、指揮者は玲でしょ」「ああ、うん、そうだよね」私が指揮者で、つまり私がビジョンを明確にしなくてはいけないリーダーなのだった。たしかに私は指揮はする。でも、①指導者ではないような気がしていた。あのマラソン大会のゴール前で自然に発生した歌声がすべてだと思っていたから。自発的に生まれる合唱を尊重したいから、指揮者が指導しすぎないよう慎重になった。「わかった。よく

考えてみる。明日の練習のとき、もう一度話そう」考えればよくなるのか、話してよくなるのか、わからなかった。

[5] 今日はこれから合唱部の練習があるのだとそわそわ去っていった千夏と別れ、ぼんやりと生徒玄関に向かう。〈3〉靴を履き替えて出ようとしたときに、ちょうど前を早希が横切った。さっきまで練習にいたのに、もうジャージに着替えている。彼女は私を見て、お疲れ、と笑った。お疲れ、と言われることも、こんなふうに笑いかけられることも、少し前までなら考えられなかった。「これから部活？……は、やってなかったよね」ジャージに着替えているが、たしか帰宅部だ。秋に合唱コンクールがあった頃は、練習に参加せず悠然と帰る姿を苦々しく見ていた覚えがある。「うん。ソフトの練習見てるんだ。正式な部員じゃないけどね。ちゃんとしたコーチもいないんだから、しょうがないよね」しょうがないよねという口調に、あきらめではなく希望が混じっていた。「応援してるんだね」私が言うと、彼女はその引き締まった横顔をちょっとほころばせた。「私からソフトを取ったらなんにも残らないからね」「え？　そうなの？」思わず聞き返すと、彼女は足を止めた。「そうなの、って聞かれると、よくわかんない」それから私のほうを見て、くっと笑った。「おもしろいよね、玲は」私が？　おもしろい、だろうか。早希は履き込まれた感じのスポーツシューズのひもを結び直すためにしゃがんだ。その姿勢のまま、言葉を続けた。「中学までエースで四番。でも、それがどうした、って感じでしょ。知らない人にとったら何の意味もないもんね。ほら、玲みたいに、四番って何の順番？　みたいな顔されちゃうとね」「あ、ううん、ごめん」早希が立ち上がる。「でも、他の人には意味がなくても、私には意味がある。そういうことがだんだんわかってきた」いつになく饒舌だった。生徒玄関から続く数段の階段を下りたところで、彼女は私に正面から向き直った。「玲のおかげ」「えっ」「玲を見てたら、ひねてたのがばかばかしくなった。歌うんだよ、もっと、もっと」そう言うと、右手を小さく振って、グラウンドのほうへ駆けていってしまった。こんなひねた私を見てばかばかしくなったとはどういうことか。自分のひね方はまだ足りないと悟ったのだろうか。前よりずっと笑顔の多くなった早希が走っていく先に、ジャージのボーズが待っているのが見えた。

[6] やっぱり見くびっていた。そうとは気づかずにいろんなものを見くびっていたのだ。こんな高校に行ったって意味がないと思っていた。ひとりひとりの顔なんか見ていなかった。ただ自分の志望校ではなかったというだけで、高校を否定し、自分のいる現在を否定し、そうして未来も否定していたのだと思う。クラスメイトたちがどんな思いでこの高校を選んだのか考えることもなかった。みんな、選んでここへ来た。私も明泉を選んで入学した。（中略）世界は六十八億の人数分あって、それと同時に、ひとつしかない。いくら現実逃避したところで、ここで私は生きていくのだ。こんな小さな街にも、クラスメイトたちが住み、先生が住み、そして学校とは関係のない人がそれよりもたくさん住んでいる。ここで私は生きていくのだ。専門的な勉強をしていなければ通じないのなら、誰のための音楽だろう。

（宮下奈都『よろこびの歌』による）

（注）○[1]～[6]は段落符号である。
○萌芽＝物事が起こる前ぶれ。
○ビジョン＝ここでは、目指す歌のイメージのこと。
○錯綜する＝複雑に入りまじる。
○饒舌＝口数が多いこと。
○ひねる＝ここでは、あれこれ考えて素直でなくなる。
○ボーズ＝ソフトボール部の顧問の先生のあだ名。

(一) 第二段落における登場人物の思いを説明したものとして、最も適当なものを、次のアからエまでの中から選んで、そのかな符号を書きなさい。

ア、練習後に声をかけてきた千夏に対し、玲は千夏も歌に足りない何かに気づいているのではないかと感じた。
イ、歌の仕上がり具合が気になって玲に問いかけた千夏だったが、玲からの専門的な説明に気後れしてしまった。
ウ、煮え切らない態度の玲にしびれを切らしたひかりは、玲の重い口を開かせようと続けざまに問いかけた。
エ、真剣な表情で玲に問いかけてきたひかりの姿を見て、玲はひかりの本心を聞き出すのは今だと思った。

(二) 本文中の〈1〉から〈3〉のそれぞれにあてはまる最も適当な文を、次のアからウまでの中から選んで、そのかな符号を書きなさい。

ア、私たちはどんな歌を目指しているんだろう。
イ、あれ以上の歌を聴くことはもうないと本気で思った。
ウ、もっと歌えるはずだと思ってしまう。

(三) ①指導者ではないような気がしていた　とあるが、その理由を説明したものとして最も適当なものを、次のアからエまでの中から選んで、そのかな符号を書きなさい。

ア、クラスメイトが自らの合唱のすばらしさに気づくためには、指揮者が指導してはならないと考えていたから。
イ、指揮者としてクラスメイトの歌をひとつに束ね、感動を生む合唱にまで指導していく自信がもてなかったから。
ウ、指揮者ははっきりとしたイメージをもってクラスメイトに指導するべきであるのに、それを明確にできなかったから。
エ、クラスメイトの自発的な合唱が生み出す感動がすべてであり、指揮者は指導しすぎないのがよいと思っていたから。

(四) **思考力** この文章の表現の特徴として最も適当なものを、次のアからエまでの中から選んで、そのかな符号を書きなさい。

ア、比喩表現が多く使われており、主人公が中心となって歌のイメージをひとつにまとめ上げていく過程が丁寧に説明されている。
イ、主人公の内面の描写にクラスメイトとの会話が織り込まれ、交流を通して主人公の思いが深まっていく様子が描かれている。
ウ、専門用語が平易な言葉に言い換えられ、合唱曲を完成させるという音楽性の高いテーマがわかりやすく示されている。
エ、クラスメイトそれぞれの視点から物語が語られ、読者も合唱に参加していると思わせるような臨場感が生み出されている。

(五)次のアからオまでの会話は、この文章を読んだ生徒五人が、第五段落で描かれている早希の行動と心情について意見を述べ合ったものである。その内容が本文に書かれていることに近いものを二つ選んで、そのかな符号を書きなさい。

ア（Aさん） 以前は合唱の練習に参加することなく帰っていた早希に、合唱の練習後ソフトボール部の練習に向かうという変化が生まれています。選手を応援する立場でソフトボールに関わる自分を素直に受け入れ、生き生きと高校生活を送っている様子が伝わってきます。

イ（Bさん） 玲に向かって「お疲れ」と笑いかける早希からは、玲を励まそうとする気持ちが伝わります。周囲を見下しながら高校生活を送っている玲の姿にかつての自分の姿を重ね、自分を変えてほしいという願いを込めて優しく玲を支えようとしていることがわかります。

ウ（Cさん）「私からソフトを取ったらなんにも残らないからね」という早希の発言から、早希のソフトボールへの情熱を感じます。玲の発言に対するいらだちを上手に隠して笑顔で対応しているところに、高校生としての早希の成長を見ることができます。

エ（Dさん） いつになく饒舌な早希からは、中学まではエースで四番だった自分を誇りに思っていることが伝わります。今は正式な部員としてではなくソフトボール部に関わっているものの、これからはレギュラーをねらっていこうという早希の強い気持ちを感じます。

オ（Eさん）「玲のおかげ」という発言から、早希が再びソフトボールに関わるきっかけが玲にあったことがわかります。玲と接するうちに早希は中学までの実績へのこだわりが解け、純粋にソフトボールが好きだという自分を取り戻したように思います。

(六)次のアからカまでの中から、その内容がこの文章に書かれていることに近いものを二つ選んで、そのかな符号を書きなさい。

ア、玲は、クラスメイトの歌がある程度のレベルに達したと感じ、本番直前にこれ以上の歌を望んでクラスメイトに負担をかけるのはやめようと考え始めた。

イ、玲は、千夏からの鋭い指摘によって自分の合唱に対する考えの甘さに気づき、千夏の望む指揮者を目指すことで周囲の期待に応えたいと思っている。

ウ、玲は、ひかりの発言によって目指す歌のイメージを明確にするのは自分であると認識し、指揮者として何とかしなければならないと思っている。

エ、玲は、部員でもないのにソフトボールの練習に熱心に参加する早希に嫉妬し、わざと素直でない態度をとることによって早希の関心を引こうと考え始めた。

オ、玲は、早希とのやりとりの中でこれまでの自分を反省し、技術的なレベルに対するこだわりを捨てて誰にでもわかる音楽を目指していこうと思った。

カ、玲は、早希の言葉から不本意なまま高校生活を送っていた自分自身を見つめ直し、今を否定することなく前を向いて歩んでいこうと思った。

〈愛知県〉

8 次の文章を読んで後の問いに答えなさい。

> ピアノの調律師である板鳥さんに憧れて調律師として働き始めた「僕」(外村)は、ある日、自分の判断のみで大切な顧客のピアノを調律し、失敗してしまう。以下はそれに続く文章である。

僕は何に挑戦しようとしたのだろう。唇を噛む[a]しかない。挑戦などしていない。ただの身の程知らずだった。

「申し訳なかったです」

頭を下げたとき、思いがけず涙が滲みそうになった。

「明日の朝、※1柳が——いつもの調律師が、来ます。ほんとうにすみませんでした」

「いいえ、無理に頼んだのはこっちですから」

もう一度謝ってから、部屋を出た。鞄がやけに重かった。ぜんぜんだめだ、と思った。※2秋野さんのことをとやかく思うのは僕には百年早かった。

マンションを出て、駐車場へ向かう。

夜になって、急激に気温が下がっていた。フロントガラスが曇る。[I]と運転して、クラクションを何度も鳴らされながら帰った。

店に戻ると、一階のシャッターは下りているものの、二階にはまだ電気がついていた。そう遅い時間ではないが、ピアノ教室が入っていない曜日には、六時半に店を閉めてしまう。人が残っていないといいと思った。

通用口から入って、二階へ上る。二つ提げた鞄が重い。誰もいないことを期待してドアを開けると、今日に限って板鳥さんがいた。出先から戻ったばかりなのか、外出用のジャケットを着ている。まともに顔を見ることができなかった。あんなに憧れたのに。板鳥さんから学びたいことがたくさんあったはずだったのに。僕の技術は未熟などという域にさえ達していない。板鳥さんに教われることなど何ひとつないだろう。

「お疲れさまでした」

穏やかな声をかけられて、いえ、としか言えなかった。それ以上口を開くと気持ちが崩れてしまいそうだった。

「どうかしましたか」

「板鳥さん」

震えそうになる声を抑える。

「調律って、どうしたらうまくできるようになるんですか」

聞いてから、ばかな質問だと思った。うまくどころか、調律の基本さえできなかった。半年間は先輩について見て覚える。そういう決まりなのに、勝手に破ったのは自分だ。もう少しのところでふりかえって、亡き妻が※3冥界へ戻ってしまったオルフェウスの神話を思い出した。ほんとうにもう少しだったんだろうか。近くに見えて、きっとほんとうは果てしなく遠かったのだろうと思う。

「そうですねえ」

板鳥さんは考え込むような顔をしてみせたが、実際に考えていたのかどうかはわからない。板鳥さんのつくる音が、ふっと脳裏を掠めた。初めて聴いたピアノの音。僕はそれを求めてここへきた。あれから少しも近づいてはいない。もしかしたら、これからもずっと近づくことはできないのかもしれない。①初めて、怖いと思った。鬱蒼とした森へ足を踏み入れてしまった怖さだった。

「いったいどうしたら」

僕が言いかけると、

「もしよかったら」

板鳥さんがチューニングハンマーを差し出した。チューニングピンを締めたり緩めたりするときに使うハンマーだ。

「これ、使ってみませんか」

差し出されたまま柄を握った。持ってみると、ずしりと重いのに手にひたっとなじんだ。

「お祝いです」

お祝いという言葉の意味を計りかねて、怪訝そうな顔をしていたのだろう。

「ハンマーは要りませんか」

聞かれて、思わず、要ります、と答えていた。②森は深い。それでも引き返すつもりはないのだとはっきり気づいた。

「すごく使いやすそうです」

「すごく使いやすそうなだけでなく、実はすごく使いやすいのです。よかったらどうぞ。私からのお祝いです」

板鳥さんは穏やかに言った。

「何のお祝いですか」

こんな日に。記憶にある限り、僕の人生でいちばんだめだった日に。

「なんとなく、外村くんの顔を見ていたらね。きっとここから始まるんですよ。お祝いしてもいいでしょう」

「ありがとうございます」

お礼の語尾が震えた。板鳥さんは僕を励まそうとしてくれているのだ。森の入り口に立った僕に、そこから歩いてくればいいと言ってくれているのだ。

板鳥さんの使っているハンマーを、一度手に持ってみたいと願っていた。道具の手入れをしているところを何度もこっそり見た。どんな道具を使っているのか、どう使えばあの音をつくり出せるのか、知りたくてしょうがなかった。まさか、③こんなタイミングでもらうことになるとは思わなかった。

（宮下奈都『羊と鋼の森』設問の都合上、一部改変してある。）

（注）※1　柳
2　秋野さん……共に同じ店で働く先輩の調律師。
※3　冥界……あの世、冥土。

問1、点線部a「唇を噛む」という慣用句の使い方として最も適当なものを、次のア～エのうちから一つ選び記号で答えなさい。

ア、彼のピアノの演奏は、唇を噛むほどつまらない。
イ、いつも同じ相手に負け、何度唇を噛んだことだろう。
ウ、試合には負けたものの、彼のホームランでようやく唇を噛んだ。
エ、なんと言われようと、勝てば唇を噛むというよい例だ。

問2、（省略）

問3、空欄 I に入る語として最も適当なものを、次のア～エのうちから一つ選び記号で答えなさい。

ア、ゆったり
イ、とぼとぼ
ウ、そそくさ
エ、のろのろ

問4、傍線部①「初めて、怖いと思った。」とあるが、この表現から読み取れる「僕」の気持ちを説明したものとして最も適当なものを、次のア～エのうちから一つ選び記号で答えなさい。

ア、半年間は先輩について調律を覚えるという決まりを破ったことで、店を辞めさせられるのではないかと焦りを感じている。
イ、自分の判断で行った調律が失敗したことで、それまであまり評価していなかった先輩からも怒られるのではないかと心配している。
ウ、自分の未熟さによって調律が失敗したことで、どんなに努力しても理想の調律師にはなれないかもしれないという不安を抱いている。
エ、自分の未熟さによって調律が失敗に終わったことで、板鳥さんに見捨てられるのではないかという心細さを感じている。

問5、次の文は、傍線部②「森は深い。それでも引き返すつもりはないのだとはっきり気づいた。」について説明したものである。空欄 A ・ B に当てはまる最も適当な語句を、本文中よりそれぞれ三字で抜き出しなさい。

板鳥さんのつくる音に A ことがどんなに困難だとしても、それをつくり出せる調律師になることこそ、自分が B いる道なのだと自覚した。

問6、傍線部③「こんなタイミング」を別の表現で言い表した部分を、本文中より二十字以上二十五字以内で抜き出しなさい。（句読点も字数に含める。）

問7、次の文は、四人の生徒が作成したこの作品の「読書案内」の中で、「作品の特徴」について書いたものです。本文の内容を最も適切に表現しているものを、次のア～エのうちから一つ選び記号で答えなさい。

ア、この文章は神話を用いることで、登場人物の人柄の違いを効果的に表現しています。
イ、三人称で描かれたこの文章は、登場人物の心の動きが繊細に表現され、想像力が膨らみます。
ウ、登場人物の会話を主体にしたこの文章は、読者の共感を得やすいという点で際立っています。
エ、主人公の心情が丁寧に表現されたこの文章は、比喩が効果的に用いられている点が印象的です。

〈沖縄県〉

齋藤 孝 の文章 論

●主な出題歴……２０１９年度（宮崎県・沖縄県）、２０１８年度（佐賀県・東京都立墨田川高校）、２０１７年度（富山県・滋賀県） ほか

9 次の文章を読んで、後の問いに答えなさい。（1〜23は、段落の番号である。）

1 「型にはめる」という言葉が個性や独創性を認めないということを意味するように、確かに型をまねすることを強制するということは、主体性を奪うようなやり方にも思われます。

2 □、本当にそう言えるでしょうか。

3 私が小学生を対象にして行った授業に、次のようなものがあります。まず初めに、用意してきた映像を見てもらいます。ある年はＮＨＫで放送された、竹細工職人の仕事ぶりを撮影した5分間ほどの動画を使いました。

4 さて教室のみんなで動画を見終わったところで、私は子どもたちに対しておもむろにこう伝えます。「では、この人の黙ってやっていた仕事を全部マニュアル化してください。実は段取りが20ありました。満点は20点です。さあ、始めてください」

5 当然、ボーッと見ていた子はできませんから、次に出題するビデオからは、しっかり注意して、メモを取りながら見るようになります。

6 段取りをメモすることで、実はまねるということは、物まねのような身体のセンスではなくて、①認識力の問題だということがわかってきます。

7 この授業の例で言えば、見過ごしてしまっている工程は、段取りとして認識できていません。20段取りあるものが、たとえば18段取りしかできないということになると、当然完成作品には仕上がらず、変なものができてしまうということになります。

8 どんな仕事も段取りでできています。

9 エンジンの組み立てなら、最初にこの部品とこの部品を合わせて、というように工程が正確に決まっている。医療はその最たるもので、段取りを間違えでもしたら、最悪の場合患者の命に関わります。すべての仕事において、そういう細かい段取りが決められています。

10 その段取りを財産として蓄積することで、組織が続いていきます。仕事の段取りをそれぞれの人の潜在的な暗黙知に任せてしまったら、その人が辞めたときに全部消えてしまうことになります。

11 しかし段取りや型というものを、技化して共有しておけば、人が入れ替わってもその組織は生きていくことになります。

12 段取りを財産として形に残すためのものに、マニュアルがあります。新人にマニュアルを渡して、「じゃあこれを見てやってみて」と放っておくことができれば、こんなに楽なことはありません。

13 問題なのは、往々にしてマニュアルというものは使いにくいということです。その理由は、マニュアルというものは、すべてを網羅しなければならないと考えるあまり、すでにできていることまで書いてあるからです。

14 家電製品の取扱説明書をあまり読む気になれないのは、わかっていることとわかっていないことが区別されずに全部説明されているからです。スイッチの入れ方から説明されても、それはもうわかっているよとイライラしてしまうのです。

15 また、マニュアルを自分の技にするには主体性が必要です。本来なら、マニュアルを渡す前に、実際はこうだよと作業を見てもらって、「自分用のマニュアルを作ってくださいね」とやるのが一番いいのです。

16 先に触れた私の授業と同じですが、いざマニュアルを作ろうと思ったら、いかにきちんと見ずに、大事なところを見過ごしていたかということがわかります。

17 マニュアルが役に立たないことはよくありますが、②マニュアル作りは必ず役に立つと断言できます。マニュアルどおりに仕事をこなすことと、自分の仕事用にマニュアル作りをすることとでは、言うまでもなく後者の方がまねる力を問われているのです。

18 〝自分マニュアル〟を作ることが、まねることのひとまずの目標となります。その作り方があまりにも偏っていたら、まねとしておかしくなってしまいますから、その場合は上司や先輩が修正を施してあげることが必要になります。

19 落語の世界の修業は厳しいといわれます。入門してきた弟子に対して行う稽古は、次のようなものだったようです。

20 柳家小三治さんが『落語家論』というエッセイ集に書いています。師匠の柳家小さんさんは弟子に対して放任主義、というよりほったらかしで、小三治さんはまったく稽古をつけてもらえない。「噺を教えてください」と頼んでも、「芸は盗むものだ。お前はオレの弟子なんだから、オレが※高座でやっているところを聞いて憶えろ。盗め。憶えたら聞いてやる」というのが、小さんさんの答えだったそうです。

21 弟子としては、師匠にそう言われたらやらなければならないわけですが、レコーダーなんて使えません。その厳しさたるや、大変なことだったと思います。

22 そういう仕事上の意識の高さを、私たちは持っているでしょうか。インターネットの時代になって、あらゆる情報が手に入るようになりました。※ＹｏｕＴｕｂｅでも、貴重な映像が驚くほど簡単に見ることができます。

23 まねをするには最高の環境です。自学自習でものすごくうまくなれる状況があるのに、あまりにもありすぎるためか、教えてもらったことさえも頭に入らないようになってしまっているのは、とてももったいない話です。

「Hunger is the best sauce」（空腹の時にはどんなものを食べてもおいしく感じられる）と言いますが、上手い人をまねしてやろう、貪欲に知識や技術を摂取しようと準備ができているときは、一つのヒントでも、これだ！とピンと来るものです。そんな意欲を持っている人が、どんな分野でも上達していくのだと思います。

（齋藤孝「まねる力 模倣こそが創造である」による）

※高座…落語などの芸を演じるために客席より一段高く設けられた場所。
※ＹｏｕＴｕｂｅ…動画共有サービスの一つ。

問一、（省略）

問二、文章中の［　］に最もよく当てはまる言葉を、次のア～エから一つ選び、記号で答えなさい。

ア、あるいは　イ、つまり
ウ、しかし　エ、そして

問三、次の［　］の中の文は、文章中の――線①「認識力」を説明したものである。（　）に入る最も適当な言葉を、文章中から三字で抜き出して書きなさい。

［職人の仕事ぶりを（　）として見ることができる力。］

問四、文章中に――線②「マニュアル作りは必ず役に立つと断言できます。」とあるが、筆者がそのように考えるのはなぜか、六十字以内で説明しなさい。

問五、〔思考力〕文章中の[3]～[18]の段落を、段落相互の関係を考えて三つの内容のまとまりに分けるとどうなるか。最も適当なものを、次のア～エから一つ選び、記号で答えなさい。

ア、[3][4][5][6][7]―[8][9][10][11]―[12][13][14][15][16][17][18]
イ、[3][4][5][6][7]―[8][9][10][11][12][13]―[14][15][16][17][18]
ウ、[3][4][5][6][7][8]―[9][10][11][12][13]―[14][15][16][17][18]
エ、[3][4][5][6][7][8]―[9][10][11][12][13][14][15]―[16][17][18]

問六、〔思考力〕文章中の[19]～[21]段落の役割と筆者の考えの説明として、最も適当なものを、次のア～エから一つ選び、記号で答えなさい。

ア、弟子が頼んでも師匠は教えない師弟関係の厳しさを示して、我慢が習得の要素だとする筆者の考えを読者に実感させている。
イ、技を盗んで成功した実例を示して、自分のマニュアルを作ることがまねることの目標だとする筆者の考えを補強している。
ウ、わずかな指導でもまねに成功したという実例を示して、逆境こそが人間を成長させるという筆者の考えの論拠にしている。
エ、芸は盗むものだという落語の稽古の話を示して、主体性と意欲が上達の条件だとする筆者の考えに説得力をもたせている。

〈宮崎県〉

10　次の文章を読んで後の問いに答えなさい。

コミュニケーションという言葉は、現代日本にあふれている。コミュニケーション力が重要だという認識は、とみ[※1]に高まっている。プライベートな人間関係でも仕事でも、コミュニケーション力の欠如からトラブルを招くことが多い。仕事に就く力として第一にあげられるのも、コミュニケーション力である。

では、①コミュニケーションとは何か。それは、端的に言って、意味や感情をやりとりする行為である。一方通行で情報が流れるだけでは、コミュニケーションとはb呼ばない。テレビのニュースを見ている行為をコミュニケーションとは言わないだろう。やりとりする相互性があるからこそコミュニケーションといえる。

やりとりするのは、主に意味と感情だ。情報伝達＝コミュニケーション、というわけではない。情報を伝達するだけではなく、感情を伝え合い分かち合うこともまたコミュニケーションの重要な役割である。何かトラブルが起きたときに、「コミュニケーションを事前に十分とるべきであった」という言葉がよく使われる。一つには、細やかな状況説明をし、前提となる事柄について共通認識をたくさんつくっておくべきであったという意味である。もう一つは、②情報のやりとりだけではなく、感情的にも共感できる部分を増やし、少々の行き違いがあってもそれを修復できるだけの信頼関係をコミュニケーションによって築いておくべきであった、ということである。

意味と感情―この二つの要素をつかまえておけば、コミュニケーションの中心を外すことはない。情報という言葉は、感情の次元をあまり含んでいない言葉だ。情報伝達としてのみコミュニケーションを捉えると、肝心の感情理解がおろそかになる。人と人との関係を心地よく濃密にしていくことが、コミュニケーションの大きなねらいの一つだ。したがって感情をお互いに理解することを抜きにすると、トラブルのもとになる。

コミュニケーションの日本的な形態として、和歌のやりとりがある。五・七・五・七・七の型の中に、あふれる感情を込める。すべてを言い切るわけではない。言葉の象徴[※2]性をフル活用する。受け取った相手も、言葉の意味するところを深く読み込む。その読み取りの力が、そのまま恋愛力にもなっていた。恋する相手に歌を贈る。その歌の意味を理解した受け手が、また歌を返す。この和歌のやりとりによる感情の響き合いは、日本が世界に誇るべきコミュニケーションの型であった。

『万葉集』の有名な歌のやりとりを見てみよう。

A　あしひきの山のしづくに妹待つとわれ立ち濡れぬ山のしづくに（大津皇子）

【歌意　山の水のしたたりで、君を一人待ち続けて私は濡れて冷たくなってしまったよ。山の水のしたたりで。】

B　吾を待つと君が濡れけむあしひきの山のしづくに成らましものを（石川郎女）

【歌意　私を待ってあなたがしっとりとお濡れになったという山の水のしたたりに、私もなりたいものです。】

ここではっきりしているのは、思いを言葉に「託す[※3]」というやり方だ。言葉に込められたエネルギーを読み手は感じ取る。相手の歌の中の言葉を、自分の歌にアレンジして組み込む。相手の使ったキーワードを用いて話す、という技が和歌のやりとりでは基本技として駆使されている。思いを込めて使った言葉を相手がしっかり受け取り、使って返してくれる。そのことで心がつながり合う。ただそのままの形で返すわけではない。意味を少しずらして別の文脈に発展させて使う。そうすることによって二人の間に文脈の糸がつながる。

（齋藤孝『コミュニケーション力』一部改変してある。
和歌A・Bの歌意は作問者で作成。）

（注）※1　とみに……急に、にわかに。
※2　象徴……形のないものを具体的な事物などで表現すること。本文では「和歌のやりとりの中で、言葉が連想させる力を持つこと」を意味している。
※3　託す……頼んで任せること。

【資料1】

	Aの歌（大津皇子）	Bの歌（石川郎女）
キーワード	a（五字）	
象徴（連想）	冷たく濡らすもの・孤独など	包むように濡らすもの・しっとりなど
感情（思い）	b	c

問1、（省略）

問2、二重傍線部b「呼ばない」に含まれる「ない」と同じ用法のものを、次のア〜エに含まれる「ない」のうちから一つ選び記号で答えなさい。

ア、あっけない終わり方　イ、知らない

ウ、少しもつらくない　エ、時間がない

問3、傍線部①「コミュニケーションとは何か。」とあるが、その内容を本文中より十四字で抜き出しなさい。

問4、傍線部②「情報のやりとり」の具体例として最も適当なものを、次のア〜エのうちから一つ選び記号で答えなさい。

ア、新聞記事を読んだりテレビのニュースを見たりして、情報を受け取ること。

イ、一日の出来事を日記に記録し、後日振り返ることができるようにすること。

ウ、学級委員全員で集まって学園祭の仕事の内容を何度も確認し合うこと。

エ、一晩じっくり考えて書いたラブレターを恋人に贈ること。

問5、【資料1】はA・Bの和歌について整理した表です。次の問いに答えなさい。

（1）空欄[a]に入る言葉を、和歌の中より五字で抜き出しなさい。

（2）空欄[b]・[c]にはこの歌に込められた感情（思い）が入ります。その組み合わせとして最も適当なものを、次のア〜エのうちから一つ選び記号で答えなさい。

ア、b　別れはつらい　c　おわびを伝えたい

イ、b　もう会いたくない　c　便りを待っていた

ウ、b　待ち疲れた　c　私も待っていた

エ、b　会えなくて寂しい　c　側にいたかった

問6、本文中の「和歌のやりとり」は、本文全体の中でどのような働きをしているのか、その説明として最も適当なものを次のア〜エのうちから一つ選び記号で答えなさい。

ア、相互性のあるやりとりを、具体的に説明する働きがある。

イ、効果的な情報の伝え方を、論理的に説明する働きがある。

ウ、感情を伝え合う大切さを、抽象的な言葉に置きかえて説明する働きがある。

エ、信頼関係を作ることの難しさを、客観的に説明する働きがある。

問7、次の二つの文章は、本文を読んだ後、ひかるさんが発表した感想の原稿に、クラスメイトが付箋でアドバイスを張り付けたものです。クラスメイトのアドバイスの空欄[　]に当てはまる内容を、本文中の語句を用い、「〜を…」の形で、五字で答えなさい。

【ひかるさんの感想】

私は本文を読んで、コミュニケーション力とは誤解をまねかないように言葉を伝え、その意味をきちんと受け止める力だと思いました。この力があれば、日常生活の中でトラブルになることはないと思いました。

【クラスメイトのアドバイス】

ひかるさんが捉えているように、コミュニケーション力とは、言葉を伝える力と、意味を受け止める力もあると思いますが、本文からはそれだけではなく、[　]し合う力も読み取ることができると思います。

〈沖縄県〉

今井むつみ の文章　論

●主な出題歴……2019年度（滋賀県・鳥取県）、2018年度（静岡県）、2017年度（愛知県B・香川県）　ほか

11　次は、あさひさんが読んだ【本の一部】と、あさひさんが書いた【あさひさんのノート】です。これらを読んで、後の1から5までの各問いに答えなさい。

【本の一部】

三歳の女の子が、おかあさんが漬物のぬか床をかき回している時に「たがやしてるの？」と言ったエピソードを紹介しましたね。ぬか漬けをおいしく漬ける準備のためにぬか床をひっくり返すのですから、確かに「耕す」というのはぴったりです。詩に使ってもよいくらい素敵な表現だと思いませんか？

ちなみに大人は「耕す」を田畑を耕すこと以外にも使っているでしょうか？

もちろん使っています。例えば、次のように。

素質とは耳にした事柄をたやすくつかむ能力であり、修練とはもって生まれた才能を耕し尽くすことであり、学習とは賞賛に値する生き方をしながら、日々の行いを学知と結合させることを意味する。

（『日本人はいかに生きるべきか』阿部謹也著）

この二つの表現をくらべてみると、一見、子どもは大人の詩人や小説家と同じことをしているように見えなくもありません。しかし、子どもの創造性とプロの文筆家の創造性とは本質的に異なるところがあります。それは、子どもはおもしろい表現、詩的な表現をするためではなく、適切なことばを知らないので新しい使い方を考え出すということです。それが、たまたま、大人の耳には詩的で素敵に聞こえるのです。ぬか床を「耕す」と言った女の子も、「耕す」という語が持つ「将来の準備をする」という部分を理解してこのことばを使ったわけではなく、土を掘り返す動作とぬか床をかき混ぜる動作が「似ている」と思って使っ

たのではないかと思います。

それに対して、（プロの文筆家などの）大人のことばの熟練者は、慣習的なことばがあることを知った上で、あえて普通には言わない表現をします。その時に陳腐にならず、単なる間違いやヘンな表現にもせずに、読者をハッとさせ、新鮮な使い方だなあと思わせます。ただし、単なる修辞の技巧として普通でない表現を使うと、わざとらしくなり、読む人の心を打ちません。子どもの感性はそのままに、たくさんのことばのレパートリーを持ち、一つ一つのことばの意味を熟知した上で新しい表現を紡ぎだす。それが熟達した表現者でしょう。

ノーベル文学賞を受賞した小説家、川端康成は、

秋風に吹き起されると、落葉どもは一斉に立ち上って走り出し、ひとところに集まったと思ううちに、旋風につれて舞い上った。（「落葉」）

という表現をしています。「立ち上がる」「走りだす」は日常で普通に使われる動詞ですが、このような使い方をすると、落ち葉が生き物のように「立ち上がる」一瞬が鮮やかに目に浮かびますね。

語彙を増やし、その中の一つ一つのことばを深く理解するようになることは、ことばの発達で大事なことです。しかし、その過程で、言語の決まりや慣習に慣れてしまい、創造性を失ってしまうのはあまりにももったいないことです。そのようにならないように、ことばに対する関心を持ち続け、ことばの意味の探究を続けて、感性を磨いていきましょう。

（今井むつみ『ことばの発達の謎を解く』による。）

（注）ぬか床＝野菜などを漬物にするために、ぬかに塩や水を加えたもの。
学知＝学んで知ったこと。
阿部謹也＝日本の歴史学者。
陳腐＝ありふれていて、おもしろみがないこと。
修辞＝言葉を効果的に使って美しく表現すること。

【あさひさんのノート】

十月二日
◇単元目標

紹介したい言葉について、具体的な例を挙げてスピーチをしよう。

○課題

子どもと大人の言葉の使い方には、どのような違いがあるのか。

「耕す」の意味
作物を植える準備として、田畑を掘り返す。

「耕す」の使い方
三歳の女の子…ぬか床を「たがやす」
・「将来の準備をする」という意味では使っていない。
・「たがやす」と言った理由
＝（　a　）が「似ている」から。

プロの文筆家…「才能を耕し尽くす」
（阿部謹也さん）
・あえて普通には言わない表現
・「耕し尽くす」（耕す＋尽くす）
＝複合語
尽くすという言葉があとについて、「すっかり〜する」という意味が加わる。

川端康成…「立ち上がる」「走りだす」
・落ち葉を生き物のように表現

○まとめ
「本質的に異なるところ」

メモ欄

前のエピソード
ことばの発達
子どものことばの意味の覚え方
←
大人の目から見て比喩と言ってもよいような言い方をする時期がある。
二歳・三歳
←
・足でナゲル（ケル）
・歯で唇をフンジャッタ（カム）

比喩表現
・直喩（明喩）
・隠喩（暗喩）
○擬人法

b

十月三日
○課題

筆者の主張を踏まえたスピーチメモを作るためには、どのような言葉がふさわしいか。

筆者の主張
「ことばに対する関心を持ち続け、ことばの意味の探究を続けて、感性を磨いていきましょう。」

紹介したい言葉
ア、「通り抜ける」
①近道をするために、友人がビルの中を通り抜けた。
②春を告げるために、風が急ぎ足で通り抜けた。
イ、「積み重ねる」
①荷物を運ぶために、引っ越し屋さんが箱を積み重ねた。
②（　　　c　　　）

スピーチメモ

二つの言葉を紹介
ア、「通り抜ける」
擬人法で使われる場合がある。
イ、「積み重ねる」
二つの意味がある。
言葉の意味の探究はおもしろい。

○振り返り
今日は、紹介したい言葉の意味や使い方を考えて、スピーチメモを作ることができた。
次の時間は、自分の言葉に対する考

メモ欄

①中を通って向こうへ行く。
②擬人法
①物を上にいくつも重ねて置く。
②繰り返し行い、高めていく。

え方も入れながら、スピーチをしたい。

1、あさひさんは、【あさひさんのノート】に、三歳の女の子が「たがやす」と言った理由として筆者が考えたことをまとめました。（　a　）に当てはまる適切な言葉を【本の一部】の文章中から二十字で抜き出して書きなさい。

2、思考力 あさひさんは、【あさひさんのノート】の b に、「本質的に異なるところ」を、具体的にまとめました。 b に当てはまる内容を【本の一部】や【あさひさんのノート】のメモ欄に書いてある言葉を使って書きなさい。

3、【本の一部】の……線部について、この文が引用されている意図として最も適切なものを、次のアからエまでの中から一つ選び、記号で答えなさい。

ア、「立ち上がる」は日常で一般的に使われる動詞であるため、比喩的に使ったとしても、詩的な表現にならないことを表そうとしている。

イ、三歳くらいの子どもが立ち上がったり、走りだしたりするという行動の発達の様子を、落ち葉の様子になぞらえて表現しようとしている。

ウ、子どものような創造性のある表現を大人のことばの熟練者が、自分では意識せずに用いながら文章を書いていることを示そうとしている。

エ、「立ち上がる」という日常で普通に使われる動詞が、熟達した表現者によって新しい表現になっていることを具体的に示そうとしている。

4、【あさひさんのノート】の（　c　）に、「積み重ねた。」を文末に用いた一文を書きなさい。なお、「積み重ねた」の主語を明らかにして、「何のために」、「何を」繰り返し行い、高めていくのかがわかるように書くこと。

5、思考力【あさひさんのノート】の「筆者の主張」や「振り返り」を読んで、あなたは、言葉の意味の探究を続け、言葉に対する感性を磨いていくために具体的にどのようなことができますか。次の条件1から条件3にしたがって書きなさい。

条件1　二段落構成にすること。
条件2　第一段落にできることを具体的に書き、第二段落にそのように考えた理由を書くこと。
条件3　原稿用紙（20字詰×7行＝省略）の正しい使い方にしたがい、百字以上、百四十字以内で書くこと。

〈滋賀県〉

12

次の文章を読んで、あとの問いに答えなさい。なお、1～11は段落番号を示しています。（出題の都合上、本文を一部改めた箇所がある）

1　人は、何か新しいことを学ぼうとするときには必ず、すでに持っている知識を使う。知識が使えない状況では理解が難しく、したがって記憶もできない。つまり、学習ができない、という事態に陥ってしまう。言い換えれば、すでに持っている知識が新しいことの学習に大きな役割を果たしているのである。

2　スキーマ[1]は覚えるべき内容に意味づけをする。スキーマはまた、外界にある膨大な情報から必要な情報にのみ注意を向けさせる。人は注意を向けて選択した情報だけを記憶する。

3　これを突き詰めると、結局、私たちは、物事を客観的に記憶できないということだ。私たちは常に物事を——それが人の話であれ、テキストであれ、映画やドラマであれ、その他もろもろの事象であれ——、様々な知識を使って解釈し、解釈した結果を記憶しているのである。言い換えれば、日常生活における記憶は「客観的な出来事の記録」ではなく、知識のフィルターを通して解釈され、構築されたものなのだ。

4　記憶は、主観的につくりだされるものである。スキーマは入ってくる情報を自分にとって意味のあるものにし、記憶することを助ける。しかし、その半面、スキーマによって、実際には見なかったものを見たと思ってしまったり、記憶がゆがめられて、実際のものと違った形で思い出してしまったりすることも頻繁に起こる。

5　例えば、あなたは大学の先生の研究室を思い出そうとする。その後、研究室にあったものを思い出そうとする。そのとき、そこに非常にめずらしいものがあれば、それは記憶に鮮明に残る。しかし、そこに当然あるものとして期待されるモノ——電話、パソコン、ノート、本、ファイル、カレンダー等——については、本当にあったかどうか不確かな記憶しかないものである。人は通常、あるはずのものには注意を向けないからだ。

6　注意を向けないものは、記憶の貯蔵庫にはっきりした形で入れられることはない。思い出すときに人は、「大学の先生の研究室」というスキーマによって、 X 報告してしまう。多くの場合、記憶があやふやだという感覚もなく、「あった」と「思いこんでしまう」のだ（これは実際に心理学の実験で報告されていることである）。実際、人の記憶には、常にスキーマが混入する。そして、記憶の貯蔵庫の中から情報を引き出すときに、実際にあった客観的な情報とスキーマとを分離することは、ほぼ不可能なのである。

7　誰かがしたことの一挙手一投足[*]、行ったことの一部始終をビデオのようにつぶさに正確に記憶することは不可能だ。それは、わざわざ心理学の実験をしなくても、日常の経験からわかることだろう。一枚の単純な絵の記憶でさえ、些細（ささい）なことでゆがめられてしまうのである。

8　【図1】を見てほしい。ある実験[2]ではこのような、曖昧な図形を見せていった。実験参加者は三つのグループに分けられた。一つのグループの参加者は図だけを見る。あとの二つのグループでは、図形といっしょにその名前が見せられる。ただし、同じ図形に対して違う名前が付けられている。（　I　）、Cにも三日月にも見える図形に対して、ある一つのグループは「C」という名前といっしょに提示され、もう一つのグループは「三日月」という名前が提示された。（一つひとつのことばの意味も、一種のスキーマと考えることができる。私たちは「C」という文字についてのスキーマ、「三日月」についてのスキーマを持っている。）その後、参加者は見た図形をできる限り正確に再現して描くように求められた。

9 【図2】の八つの絵が、どちらの名前を聞いた人が描いたものか、言わずとも明らかだろう。〈中略〉記憶の貯蔵庫に入れられる絵は、実際に見た絵そのものではなく、名前の指すものの典型的なイメージが紛れ込んだ、自分で「つくりあげた」イメージとなっているのである。

10 ことばが記憶に影響を及ぼすのは、情報を記憶の貯蔵庫に入れるときだけに限らない。アメリカでこういう実験が行われた。例えば、クルマどうしが衝突した事故の瞬間を映した、ごく短い映像を人に見せる。映像を見せた後で「クルマはどのくらいのスピードで衝突しましたか?」と聞く。しかし質問の際、人によって、異なる衝撃の強さを表す「smash」「collide」「bump」「contact」「hit」という異なる五つの動詞のいずれかが使われた。いずれも日本語で言うと、「衝突する」という単語である。smashが最も衝撃が強く、順に弱くなっていく。

11 さて、その結果だが、実験の参加者たちはまったく同じ映像を見たにもかかわらず、質問で使われた動詞によって違うスピードを答えた。動詞が含意する衝撃の強さが大きいほど参加者が推測したスピードは速くなり、動詞が含意する衝撃の強さが小さいほど、推測したスピードは遅くなったのである。つまり、記憶は最初に貯蔵庫に入るときだけでなく、思い出されるまでの間に外から入ってきた情報によっても変わってしまうほど、繊細で変わりやすいものなのだ。

(今井むつみ『学びとは何か――〈探究人〉になるために』による)

(*注)一挙手一投足…細かい一つ一つの動作や行動。

【図1】

【図2】

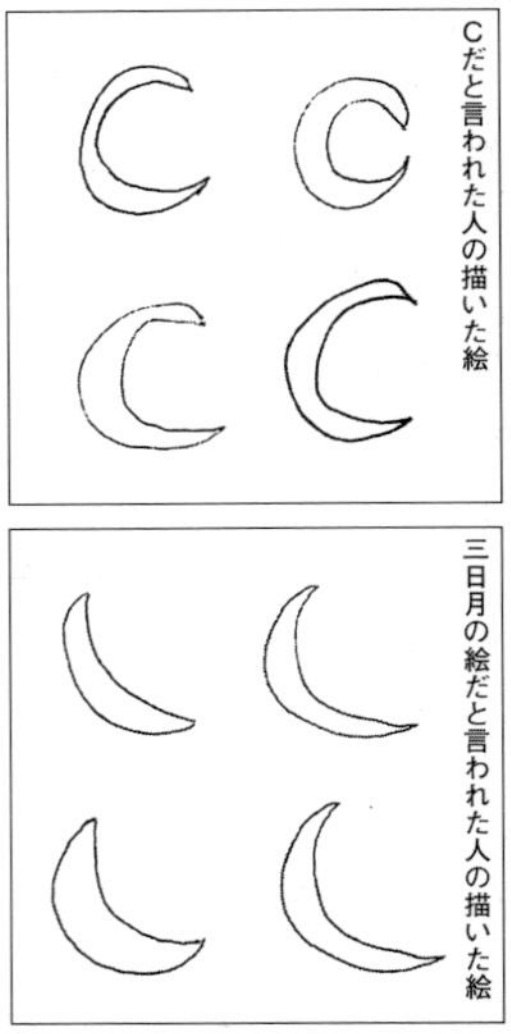

問一、「[1]スキーマ」と同じ意味で用いられている語句を、2段落以降から八字で抜き出して書きなさい。

問二、本文から、次の一文が抜けています。この一文が入る最も適切な箇所を、あとのア~エから一つ選び、記号で答えなさい。

> 五〇〇円硬貨の図柄をほとんどの人が憶えていないのは、硬貨を識別するために図柄に対しては注意を向けていないからである。

ア、1段落の最後　イ、2段落の最後
ウ、3段落の最後　エ、4段落の最後

問三、X に入る表現として最も適切なものを、次のア~エから一つ選び、記号で答えなさい。

ア、「あったもの」を「なかったもの」として
イ、「あったもの」を「あるはずのもの」として
ウ、「ないはずのもの」を「あったもの」として
エ、「あるはずのもの」を「あったもの」として

問四、本文における7段落の働きについて説明したものとして最も適切なものを、次のア~エから一つ選び、記号で答えなさい。

ア、8段落以降で話題を転換するために、1段落から6段落までの内容をまとめ、改めて問題点を整理し直している。
イ、4段落で提起した問題点を解決できるように新たな視点を提示し、さらに8段落からの反論の導入となっている。
ウ、8段落で示す具体例について、6段落で述べたこと対比させ、違いが明確になるように新たな視点を示している。
エ、5段落・6段落で示した具体例をまとめたうえで、自分の主張を裏付ける8段落からの具体例の導入となっている。

問五、「[2]ある実験」の結果、【図1】の絵を再現して描いたにもかかわらず、【図2】のような違いが見られたのはなぜですか。次の(　)にあてはまる内容を、「名前」「記憶」という二語を必ず用いて、三十五字以上四十字以内で書きなさい。

> 【図1】の絵とともに(　　　　)から。

問六、(I)に入る、前後をつなぐ言葉の働きとして最も適切なものを、次のア~エから一つ選び、記号で答えなさい。

ア、具体例をあとに示す働き
イ、話題が変わることを示す働き
ウ、予想する結果に反することをあとに続ける働き
エ、前のことがらとあとのことがらを比べる働き

問七、本文の構成について説明したものとして最も適切なものを、次のア~エから一つ選び、記号で答えなさい。

ア、仮説を立て、それが成り立たないことを事例を用いて論証するという構成を何度も繰り返すことで自分の主張を示している。
イ、常識とされる考えに対して疑問を投げかけたのち、複数の事例にもとづいた事実の分析から、自分の主張を導き出している。
ウ、キーワードについて説明したのちに自分の主張を述べ、視点を変えた具体的な複数の事例を示すことによって検証している。
エ、事例によって問題を提起したのちに自分の主張を述べ、さらに想定される反論への考えを述べることで説得力を強めている。

〈鳥取県〉

小嶋陽太郎 の文章 文

●主な出題歴……2018年度（岡山県・香川県・佐賀県・鹿児島県・東京都立西高校） ほか

13 次の文章は、中学一年生の「正太郎」が、「母」と昼食をとっている場面である。水泳選手だった「父」に導かれて習い始めた水泳を一年でやめ、その後水泳を避けてきた「正太郎」は、この日、「母」に道案内を頼まれ、妹である「真琴」の水泳合同練習会に仕方なく同行していた。これを読んで、①〜⑤に答えなさい。

「最近、いつお父さんと話した？」

と母が言った。

「……おはようくらいなら、毎日言ってるけど」

「正太郎、お父さんのこと、嫌い？」

言葉に詰まる。

そして母は、

「正太郎が、真琴のこと、素直に応援できない気持ち、お母さんにはわかる」

と言った。

ⓐ母は今日、僕を道案内のために連れてきたわけではないのだ。

「……母さん、メダルのこと、気づいてる？」

それは、声に出して言った言葉なのか、心の中だけで言った言葉なのか、自分でもわからなかった。

母は眉尻を少し下げて、困ったような顔をした。たぶん、僕は、声に出して言ったんだ。

僕はもう一度、言い直した。

「僕が真琴の部屋からメダル盗んだこと、気づいてる？」

母はその質問には答えず、

「お母さんは、正太郎が、好きなことやってくれてたら、それでいいと思う」

と言った。

僕はなんと言ったらいいかわからなくて、何口目かのオムライスを口に運んだ。卵はふわふわではなく薄いやつで、ケチャップの味が強くする。

母さんは、僕がメダルを真琴の部屋から持ち出したことを知っているのだ。母さんだけじゃない、真琴だって、Aきっと知っているのだ。あのメダルは、真琴の努力の証だ。努力して取った大事なメダルがなくなって、気づかないはずがないだろう。

「なに泣いてるのよ」

「……ごめんなさい」

真っ赤なケチャップに、涙が垂れる。

ごめんなさい。ごめんなさい。

僕は、同じ言葉を繰り返しながら、オムライスを食べた。

「泣きながら食べたら、作ってくれた人に失礼じゃない」

と母は言った。

僕は、オムライスを、時間をかけて食べ切った。

おばあさんがやってきて、温かい紅茶をテーブルに置き、おいしかった？ と言った。おいしかったです、と僕は答えた。

店を出て、さらに一時間ほど街をドライブした。

午後、僕は母と並んで真琴の合同練習をプールサイドの端っこのほうで見学した。市民プールは、塩素のにおいがした。僕がこの世で、一番嫌いなにおい。

休憩時間になり、水泳帽を被った真琴は母と僕を発見して、ちゃんと見てた？ また記録更新したんだよ！ と言った。

「ごめん、二人でお昼食べてたら見逃しちゃった」

怒るかと思ったが、真琴は、バカー！ と言っただけだった。いや、これでちゃんと怒っているのか。

「またすぐに更新するでしょ。そのときはちゃんと見るから」

母の言葉に、真琴はうれしそうな顔をした。

笛が鳴って、真琴はコーチのもとへ走っていった。

「じゃ、最後にクロールね」

真琴はゴーグルをばちんと目にはめて、コーチの笛の合図で壁を蹴り、泳ぎ出した。

B初めて見る真琴の泳ぎは見事だった。しなやかで、力強くて、子供のころに見た父の泳ぎをミニサイズにしたみたい。僕にはできなかった、父みたいな泳ぎ。そう思うと、やはり胸がキリリと痛んだ。ⓑでも僕は、ちゃんと最後まで真琴の泳ぎを見た。

真琴は、ひとかきごとに確実に速くなっていくのだろう。僕だって、あのとき水泳をやめていなければ、真琴みたいに、父みたいに速くなれたのだろうか。

僕はいつか、真琴の泳ぎを、胸の痛みなしで、心の底から「がんばれ」と思いながら、見られるようになるだろうか。

そう思いながら、僕は真琴のクロールを見ていた。

帰りの車内は静かだった。

母がバックミラーにちらりと目をやって言った。

「見てよ、あの寝顔」

真琴は、体を斜めにして口を開け、上を向いて爆睡していた。水泳は、ものすごく体力を使うのだ。

「お父さんね、このまえ言ってたよ」

母がまた唐突に言った。

「……何を」

「正太郎に、どういうふうに接していいかわからないって」

「…………」

「自分が無理矢理水泳をやらせて、つらい思いをさせたんじゃないかって。だから、正太郎がやることに関して、口を出すのはやめようって、正太郎が水泳やめたときに決めたんだって。でも、そんなの、口に出してくれないとわからないよね。お父さん、そういうの、へたくそなんだよ。Cだからいま、お母さんが代わりに言っちゃった。お父さんのこと、許してあげて。お父さんだって、お母さんと同じこと、正太郎に対して思ってるんだよ」

今日の母は、Dまるで友達みたいな口調で話す。

ⓒ僕は、本当は、わかっていたのだ。

でも、途中であきらめた自分が情けなくて、僕のほうが、父と距離を置くようになったのだ。

いまからでも、僕たち親子は、笑って話したり、思っていることを伝え合ったりできるだろうか。流れていく窓の外の景色に目をやりながら、僕はそんなことを考えた。

「できるよ、家族なんだから」

母は、僕の心が読めるみたいだ。

（出典　小嶋陽太郎「ぼくのとなりにきみ」）

①――の部分A～Dの語のうち、他の三つと品詞が異なるものはどれですか。一つ答えなさい。

②「ⓐ母は今日……ではないのだ」とあるが、このとき「正太郎」が理解した、「母」が「正太郎」を連れてきた意図として最も適当なのは、ア～エのうちではどれですか。一つ答えなさい。

ア、真琴の応援を口実に外へ連れ出し、落ち込んでいる自分を元気づけようとしている。

イ、真琴のメダルの話をきっかけに、真琴の泳ぎに対する自分の感想を聞こうとしている。

ウ、父や真琴のことを話題にして、自分とじっくり話し合う機会を持とうとしている。

エ、父に反抗的な態度をとり続け素直に謝ろうとしない自分の、味方になろうとしている。

③「ⓑでも僕は……泳ぎを見た」とあるが、このときの「正太郎」の心情を説明した次の文の［　］に入れるのに適当なことばを、四十字以内で書きなさい。

真琴に対する罪悪感や見事な泳ぎへの嫉妬とともに、［　］を感じて胸を痛めながらも、逃げずに自分と向き合おうとしている。

④「ⓒ僕は、本当は、わかっていたのだ」とあるが、ここでの「正太郎」について説明した次の文の［X］、［Y］に入れるのに適当なことばを、［X］は二十字以内で書きなさい。また、［Y］は文章中から十五字以内で抜き出して書きなさい。

正太郎は、父が［X］ことを母の言葉によって確認し、自分が［Y］ことを認めている。

⑤この文章の表現の特徴について説明したものとして適当でないのは、ア～エのうちではどれですか。一つ答えなさい。

ア、泣きながら自らの過ちを認めたり、プールで見学したりするなど、正太郎が変化していく様子が段階的に描かれている。

イ、帰りの車内の場面からは正太郎の回想となっていて、正太郎や家族のわだかまりがとけていく様子が重層的に描かれている。

ウ、母の最後の言葉に倒置法が用いられていることにより、家族のきずなを信じる母の前向きな様子が印象的に描かれている。

エ、正太郎の視点で語られているため母の思いは直接説明されないが、その言動から息子への優しさが伝わるように描かれている。

〈岡山県〉

14

次の文章を読んで、あとの1～5の問いに答えなさい。

> 中学一年生の僕（正太郎）は母親に頼まれ、妹である真琴の水泳大会に同行することになった。僕が会場で時間をもてあましていると、母親から昼食に連れ出された。

「最近、いつお父さんと話した？」と母が言った。

「……おはようくらいなら、毎日言ってるけど」

「正太郎、お父さんのこと、嫌い？」

①言葉に詰まる。

そして母は、「正太郎が、真琴のこと、素直に応援できない気持ち、お母さんにはわかる」と言った。

母は今日、僕を道案内のために連れてきたわけではないのだ。

「……母さん、メダルのこと、気づいてる？」

それは、声に出して言った言葉なのか、心の中だけで言った言葉なのか、自分でもわからなかった。

母は眉尻を少し下げて、困ったような顔をした。たぶん、僕は、声に出して言ったんだ。僕はもう一度、言い直した。

「僕が真琴の部屋からメダル盗んだこと、気づいてる？」

母はその質問には答えず、「お母さんは、正太郎が、好きなことやってくれてたら、それでいいと思う」と言った。

僕はなんと言ったらいいかわからなくて、何口目かのオムライスを口に運んだ。卵はふわふわではなく薄いやつで、ケチャップの味が強くする。

母さんは、僕がメダルを真琴の部屋から持ち出したことを知っているのだ。母さんだけじゃない、真琴だって、きっと知っているのだ。あのメダルは、真琴の努力の証だ。努力して取った大事なメダルがなくなって、気づかないはずがないだろう。

「なに泣いてるのよ」

「……ごめんなさい」

②真っ赤なケチャップに、涙が垂れる。

ごめんなさい。ごめんなさい。

僕は、同じ言葉を繰り返しながら、オムライスを食べた。

「泣きながら食べたら、作ってくれた人に失礼じゃない」と母は言った。

僕は、オムライスを、時間をかけて食べ切った。

午後、僕は母と並んで真琴の合同練習をプールサイドの端っこのほうで見学した。市民プールは、塩素のにおいがした。僕がこの世で、一番嫌いなにおい。

休憩時間になり、水泳帽を被った真琴は母と僕を発見して、ちゃんと見てた？　また記録更新したんだよ！　と言った。

「ごめん、二人でお昼食べてたら見逃しちゃった」

怒るかと思ったが、真琴は、バカー！　と言っただけだった。いや、これでちゃんと怒っているのか。

「またすぐに更新するでしょ。そのときはちゃんと見るから」

母の言葉に、真琴はうれしそうな顔をした。

笛が鳴って、真琴はコーチのもとへ走っていった。

初めて見る真琴の泳ぎは見事だった。しなやかで、力強くて、子どものころに見た父の泳ぎをミニサイズにしたみたい。僕にはできなかった、父みたいな泳ぎ。そう思うと、やはり胸がキリリと痛んだ。でも僕は、③ちゃんと最後まで真琴の泳ぎを見た。

真琴は、ひとかきごとに確実に速くなっていくのだろう。僕だって、あのとき水泳をやめていなければ、真琴みたいに、父みたいに速くなれたのだろうか。僕はいつか、真琴の泳ぎを、胸の痛みなしで、心の底から「がんばれ」と思いながら、見られるようになるだろうか。そう思いながら、僕は真琴のクロールを見ていた。

　帰りの車内は静かだった。

「お父さんね、このまえ言ってたよ」母がまた唐突に言った。

「……何を」

「正太郎に、どういうふうに接していいかわからないって」

「……」

「自分が無理矢理水泳をやらせて、つらい思いをさせたんじゃないかって。だから、正太郎がやることに関して、口を出すのはやめようって。正太郎が水泳やめたときに決めたんだって。でも、そんなの、口に出してくれないとわからないよね。お父さん、そういうの、へたくそなんだよ。だからいま、お母さんが代わりに言っちゃった。お父さんのこと、許してあげて。お父さんだって、お母さんと同じこと、正太郎に対して思ってるんだよ」

　今日の母は、まるで友達みたいな口調で話す。
　④僕は、本当は、わかっていたのだ。でも、途中であきらめた自分が情けなくて、僕のほうが、父と距離を置くようになったのだ。
　いまからでも、僕たち親子は、笑って話したり、思っていることを伝え合ったりできるだろうか。流れていく窓の外の景色に目をやりながら、僕はそんなことを考えた。

「できるよ、家族なんだから」

　母は、僕の心が読めるみたいだ。


（小嶋陽太郎「ぼくのとなりにきみ」による）

1、――線部①「言葉に詰まる」は僕のどのような様子を表しているか。最も適当なものを次から選び、記号で答えよ。
ア、受け答えに困っている
イ、反論するのをためらっている
ウ、指摘に落ちこんでいる
エ、言い訳をするのを恥じている

2、――線部②における僕の気持ちを説明したものとして、最も適当なものを次から選び、記号で答えよ。
ア、真琴に対してつまらない意地を張っていた自分が腹立たしく、家族に同情されてしまうのではないかと思うとやりきれない。
イ、真琴や母に八つ当たりをしてしまった自分が情けなく、僕の質問に一度も答えなかった母の気持ちを思うといたたまれない。
ウ、父に対する反発心を真琴へとぶつけてしまった自分が悔しく、父から軽蔑されてしまうのではないかと思うと落ち着かない。
エ、真琴の努力を踏みにじってしまった自分が恥ずかしく、気づきながらも僕を責めない母と真琴の気持ちを思うと申し訳ない。

3、次の文は、――線部③における、真琴の泳ぎを見る僕の心情を説明したものである。［Ⅰ］・［Ⅱ］に適当な言葉を補え。ただし、［Ⅰ］には本文中から四字の言葉を抜き出して書き、［Ⅱ］には十五字以内の言葉を考えて答えること。

> 途中で水泳をやめてしまったことへの後悔や、自分にはできなかった父のような見事な泳ぎをする真琴への嫉妬による［Ⅰ］を感じながらも、真琴の泳ぎをしっかりと見ることで、［Ⅱ］と思っている。

4、**思考力** ――線部④とあるが、僕はどのようなことを「わかっていた」のか。六十字以内で書け。

5、僕にとって母はどのような存在であるか。その説明として最も適当なものを次から選び、記号で答えよ。
ア、優しさの中にも挨拶や食事の作法など、しつけに厳しい一面があり、誤った道に進もうとする僕を正しく導いてくれる存在。
イ、家族全員に気を配り、父や真琴との関係に悩む僕を受け入れ、一歩踏み出そうとする僕に寄り添い、後押ししてくれる存在。
ウ、自分の思いははっきりと口にしないが、口調を工夫して本音を引き出す聞き上手で、家族のことを第一に考えてくれる存在。
エ、真琴や父にも気配りしているように見えるが、本当は僕を一番信頼して、何でも好きなようにすることを許してくれる存在。

〈鹿児島県〉

蓮見恭子 の文章 文

●主な出題歴……2017年度（茨城県・三重県・和歌山県・山口県・長崎県）ほか

15 次の文章を読んで、㈠～㈤の問いに答えなさい。

> 高校一年生の女子、蒲池瑞希は、陸上競技部に所属し、選手として駅伝に参加した。しかし、襷を受け取る直前に、入院中の母がいなくなったことを知らされ、無断で姿を消したため、チームは途中棄権となってしまった。その後、九州大会の一週間前にやっと練習への参加を認められた瑞希は、再び駅伝に出るチャンスを得るために、優勝を目指して大会の千五百メートルの種目に参加した。競技を終えた瑞希は、チームメートである畑谷・南原・河合・稔・歩の前で話をしている。

「畑谷さん、優勝おめでとうございます。今日は、いつも以上に素晴らしかったです。……あんな風に最初からペースを上げるのは、怖くてなかなか出来ない事です。凄いです。そして、こないだは、……私は迷惑をかけてしまい、皆で走る事の意味をもう一度考えました。この大会で勝って……」

　瑞希は「うっ」と言葉に詰まる(ア)。

「……勝って、私の気持ちを見せるつもりでした。でも、負けてしまい……。すみません」

　二位も凄い成績には違いなかったが、瑞希は「絶対に勝ちます」と言って、戻ってきたのだ。

　高瀬先生[※1]の言葉が改めて重たく響く。

（差し当たっては蒲池は駅伝のメンバーから外す。県予選以降についても白紙だ）

　瑞希の今後は白紙なのだ。そして、これから駅伝シーズンに入り、トラック競技[※2]はオフシーズンとなる――。

「自分がどれだけ走りたいのかを……。許されるなら、また、みんなと一緒に走りたかった……。でも……。機会を与えてもらい、感謝していま……す」

　瑞希は小さくお辞儀をし、一歩退いた。

南原さんが「お疲れ」と言いながら、小さく拍手する。つられて皆も手を叩き始め、ぱらぱらとした拍手が起こった。

「蒲池」

拍手が鳴り止むと、後藤田コーチ※3が瑞希に歩み寄る。

「本当に強い選手というのは、速いだけじゃない。態度も行き届いているんだ。練習はもちろんの事、毎日の生活をちゃんとする。自分が走らない時は応援に回り、他の部員達に目を配る。畑谷にあって、お前にないものがそれだ」

再び、辺りは緊張に包まれる。

「チームの雰囲気がいい時は、強い選手を目標に他の選手達が頑張っている。レギュラーとレギュラー以外の関係がうまく嚙み合って、皆で頑張る空気が部内全体に行き渡ると、気合の籠った練習ができる」

「……は……い」

コーチが河合さんを見た。

「皆で話し合ったのか？」

「その前に、蒲池さんと話させて下さい」

河合さんが進み出ると、瑞希の顔をじっと見た。

「優勝してみせると言ってたけど？　あれは噓だったの？」

「申し訳ありません……。私の考えが甘かったです。……先輩達を助けるどころか、自分の事もちゃんとできなくて……」

段々と声が小さくなり、最後は言葉が途切れてしまった。

「自惚れてたんでしょう？　九州限定の大会なんて、片手間で勝てるって。適当に休んで、気分次第で練習に参加。一週間、やっつけで練習して勝てるほど甘くないよ」

河合さんの言葉は、いつにも増して鋭い。

イ誰も動けなかった。

畑谷さんも稔も、口を開いたまま、その様子を見ている。無限に続くかと思われた重苦しい時間を破ったのは、他ならぬ河合さんだった。

「本当に走りたいの？　本当に、今度こそみんなと一緒に全国を目指す？　二度と、襷を途絶えさせるような真似をせずに」

「わ、私には、そんな資格ありません……」

瑞希は激しく首を振った。瑞希は声を詰まらせ、ぽろぽろと涙をこぼした。

「そう。私達は一緒に走って欲しいけど」

河合さんが南原さんに目配せをした。南原さんが頷いている。

瑞希はウ戸惑ったように、二人の顔を交互に見ている。

「……私を仲間に入れてくれるんですか？」

「蒲池は変わった。戻ってきてから様子を見てたけど、進んで雑用をやって、反省しているのが伝わってきた。この大会でも、自分が負けたのに腐らず、畑谷に声援を送っていた。私達が求めているのは速いだけじゃなくて、そういう事ができる子。それに……、私達も感情的になり過ぎてた」

歩は叫び出しそうになり、口元を覆った。

――やった！

心の中で、ガッツポーズをとる。

（蓮見恭子「襷を、君に。」による。）

※1　高瀬先生＝陸上競技部顧問。
※2　トラック競技＝陸上競技場のトラック（競走路）で行う競技。
※3　後藤田コーチ＝陸上競技部コーチ。

㈠（省略）

㈡ ア言葉に詰まる　とあるが、その理由として、最も適切なものを、次の1〜4の中から選んで、その番号を書きなさい。

1、優勝して自分の実力を見せつけようと思ったのに、二位になってしまったことが悔しくてたまらなかったから。
2、畑谷がいつも以上に素晴らしい走りをした結果、見事に優勝したことに感動してうれし涙があふれてきたから。
3、勝って自分の気持ちを示すことはできなかったが、もう一度みんなと走りたいという思いがこみ上げてきたから。
4、駅伝大会で迷惑をかけてしまったのに、今日の大会に参加することができたので喜びを抑えきれなかったから。

㈢ イ誰も動けなかった　とあるが、その理由として、最も適切なものを、次の1〜4の中から選んで、その番号を書きなさい。

1、優勝するという瑞希の言葉を噓だと見抜いた河合の眼力に感心したから。
2、練習に参加する瑞希の姿勢をしかる河合の見下した口調にあきれたから。
3、瑞希を疎ましく感じているように見える河合の表情にがっかりしたから。
4、部活動に取り組む瑞希の心構えを批判する河合の様子に圧倒されたから。

㈣ ウ戸惑ったように、二人の顔を交互に見ている　とあるが、この時の瑞希の気持ちを、四十五字以上、五十字以内で書きなさい。（句読点を含む。）

㈤ 右の文章の内容や表現の説明として、最も適切なものを、次の1〜4の中から選んで、その番号を書きなさい。

1、瑞希が仲間として認められたことに歓喜する畑谷の心情を、行動の描写によって表現している。
2、自分の思いをはっきり言葉にできない瑞希の様子を、会話の文末を言い切らない形で表現している。
3、常にチームのことを考えて部員に厳しく接する南原の態度を、質問の繰り返しで表現している。
4、大会でよい成績を残すことだけにこだわる河合の姿を、瑞希を否定する発言によって表現している。

〈茨城県〉

16

次の文章を読んで、あとの各問いに答えなさい。

高校一年生で女子陸上部員の倉本歩は、三年生の南原（ナンちゃん）達と、駅伝の地区大会に出場する選手を決める選考会に挑んだ。

選考会での競技の終盤、歩は三年生の河合（ホナ）とせり合っていた。

　風でバランスを崩した歩は、内側によれ(注1)、河合さんにぶつかった。その拍子に、河合さんが転びそうになる。だが、すぐに立て直して走り出す。

　ようやく歩がバランスを取り戻した時には、後ろを走っていた選手に抜かれていた。必死で追いすがる。四、五人で団子状になってゴールラインを通過した。歩は遠ざかる河合さんの背中ばかり見ながら走っていた。追いつくことはできなかった。

「倉本、十分三十五(1)秒」

　そのまま倒れ込みたかったが、後ろを(2)走ってくる人がいたから、暫く走った後で止まる。腰を折って呼吸を整えていると、汗がこめかみや顎を伝って地面に落ちた。

　後藤田コーチが名前を呼んでゆく。

　南原さん、畑谷さん、瑞希、河合さん。稔も呼ばれている。

　最後の一人になった。

　後藤田コーチは周囲を見回し、誰かを探している。

　こちらを向いたから胸が高鳴る。

　だが――。

　呼ばれたのは二年生の先輩の名前だった。
　(3)目の前が真っ暗になった。
「……以上、八名。メンバーに選ばれなかった者も、付添や応援で同行する事になるから、体調管理にはくれぐれも気をつけて」

　後藤田コーチの声が高らかに響き、その日の練習は終わった。

　歩はふらふらとよろめき、倒れ込むようにトイレの扉を押した。蛇口を捻り、洗面器に水を溜める。いつもは足を冷やすのに使う洗面器に、歩は顔をつけた。

「ぷはぁっ」

　息を止め、限界まで我慢した後で顔を上げる。苦しい。

　顔から水滴を垂らしながら浅い呼吸を繰り返す。必死で酸素を吸う。

「うぅっ……」
　(注2)嗚咽が止まらない。蛇口の水を勢い良く流しながら、声を殺して泣いた。
　今回は本番ではない。まだ、次がある。一旦は、そう気持ちを切り替えていたのに、いざ、メンバーから漏れるとショックだった。

　初めて三十秒台で走れたし、今日は調子が良かったのだ。

　何故、もっと早い時点で飛び出さなかったのか？

　何故、あのタイミングで河合さんと接触したのか？

　後悔ばかりが押し寄せる。

「まだ、誰かいるの？」

　いきなり扉の向こうから声をかけられたから、飛び上がりそうになる。

　畑谷さんだった。

「あ、すみません。すぐに出ます」

「早く着替えてね。警備員さんが戸締りに来るから」

　慌てて顔を拭い、更衣室へと走る。外から窺うと、中に人がいた。声が聞こえる。

　様子がおかしい。

　ぼそぼそと声を潜めて話す合間に、呻き声が聞こえる。歩と同じようにメンバーに選ばれなかった人が泣いてるんだろうか？

　音をさせないように扉を開くと、集まっていたのは三年生の部員達だった。南原さんも含めて、四人が勢揃いしていた。

　輪の中心でタオルに顔を埋めているのは――。

　河合先輩だった。

「ホナは、高校に入ってから、怪我に泣いたもんね。腐らずに、よく頑張った」

　南原さんの声だった。

　河合さんはタオルに顔を埋めたまま、(4)感極まったように南原さんに抱きついた。

「ナンちゃん、ありがと。みんなも……」

「頑張ろう。一緒に頑張ろうね」

「最後の年だもん」

　そのまま立ち尽くす。

　自分と河合さんとの差が分かった気がした。

　大会にかける思いの強さだ。何処かで「まだ次がある。来年がある」と考えている自分と「今年で最後」と執念を燃やす最上級生。

　改めて見ると、体も随分と絞れている。

　復帰してからの河合さんは本当に、こつこつと練習していた。皆が走り終えた後も、一人だけ残って練習していたり――。誰よりも入念にストレッチや体幹(注3)トレーニングをこなしていたのも、怪我を用心しての事だった。

　いや――。

　恐らく、復帰前から補強やストレッチなど、かなり熱心にやっていたのだろう。

　その差はおのずと、走る時の気迫に現れていた。

　――頑張ってサポートしないと。
　(5)裏方として、先輩方の最後の大会をお手伝いさせてもらおう。
　自然と殊勝(注4)な気持ちになっていた。

（蓮見恭子『襷を、君に。』による。）

(注1) よれる――もつれる。
(注2) 嗚咽――声を詰まらせるようにして泣くこと。
(注3) 体幹――人の胴体。
(注4) 殊勝――けなげなこと。

(一) (省略)

(二) 傍線部分(2)「走ってくる人がいた」とあるが、この部分を単語に分けるとどうなるか、次のア～エから最も適当なものを一つ選び、その記号を書きなさい。
ア、走って／くる／人／が／いた
イ、走って／く／る／人／が／いた
ウ、走っ／て／くる／人／が／い／た
エ、走っ／て／く／る／人／が／い／た

(三) 傍線部分(3)「目の前が真っ暗になった」とあるが、歩が目の前が真っ暗になったのはなぜか、その理由を、後藤田コーチの行動とその行動から歩が期待した内容にふれて、書きなさい。

(四) 傍線部分(4)「感極まったように南原さんに抱きついた」とあるが、この行動から、河合さんのどのような様子が読み取れるか、次のア～エから最も適当なものを一つ選び、その記号を書きなさい。

ア、ひどく緊張している様子。
イ、かなり困惑している様子。
ウ、とても安心している様子。
エ、非常に感激している様子。

(五) **思考力** 傍線部分(5)「裏方として、先輩方の最後の大会をお手伝いさせてもらおう」とあるが、歩がこのような気持ちになったのは、どのようなことが分かったからか、一年生である歩の思いと、歩が想像した、三年生である河合さんの思いにふれて、本文中の言葉を使って、六十字以上七十字以内で書きなさい。（句読点も一字に数える。）

〈三重県〉

森 博嗣 の文章　論

●主な出題歴……2019年度（青森県・長野県・奈良県）、2018年度（宮城県・島根県）ほか

17 次の文章を読んで、あとの(1)〜(6)に答えなさい。

日頃、本を読むことで、いろいろなものが頭の中にインプット(注1)される。多くは「知識」(注2)というデータである。これを頭の倉庫に沢山ストックしている人が、いわゆる「知識人」とか「博学」などと呼ばれているようだ。

なんでも知っている人を、「(あ)歩く辞書」などと形容するように、覚えた知識をすぐに披露できれば、周囲から尊敬される。少[1]なくとも、これまではそうだった。そういう人が「先生」と呼ばれ、教えを乞う人々が集まったのである。

しかし、その辞書は、つまり本である。辞書は歩か[2]ない。生きていない。だから、辞書を使う人が、言葉から調べなければならない。発音の順番で並んでいるので、少なくとも読み方を知っていれば、その意味を調べることができる。国語辞典や百科事典や英和辞典などがこれである（英語では、読み方ではなく、スペルを知っている必要がある）。

昔は、辞書というものが今ほど一般的ではなかっただろう。編纂(注3)（へんさん）することも難しいし、印刷して安く配布する技術もなかった。だから、「歩く辞書」的な人が重宝された。

そもそも、頭の中に知識をインプットするのは何故だろう？　どうして頭の中に入れ[3]なければならないのか。それは、咄嗟（とっさ）のときに辞書など引いていられ[4]なかったり、人にきくことができない環境であれば、頭にストックしている価値がある。今は、みんながスマホを持っていて、なんでも手軽に検索できるのだから、この価値は下がっているだろう。

であれば、苦労して覚えなくても、ただ辞書を買って持っていれば良いではないか、という話になる。ネット(注4)に依存している現代人の多くが、これに近い方針で生きているようにも見えてしまう。

しかし、そうではない。知識を頭の中に入れる意味は、その知識を出し入れするというだけではないのだ。頭の中で考えるときに、この知識が用いられる。じっくりと時間をかけて考えるならば、使えるデータがないかと外部のものを参照できるし、人にきいたり議論をすることもできるが、一人で頭を使う場合には、そういった外部に頼れない。では、どんなときに一人で頭を使うだろうか？

それは、「思いつく」ときである。

ものごとを発想するときは、自分の頭の中からなにかが湧いてくる。これは、少なくともインプットではない。ただ、言葉としてすぐに外に出せるわけでもなく、アウトプット(注5)の手前のようなものだ。面白いアイデアが思い浮かんだり、問題を解決する糸口のようなものを思いついたりする。このとき、まったく(い)ゼロの状態から信号が発生する、とは考えられない。そうではなく、現在か過去にインプットしたものが、頭の中にあって、そこから、どれかとどれかが結びついて、ふと新しいものが生まれるのである。

一般に、アイデアが豊かな人というのは、なにごとにも興味を示す、好奇心旺盛な人であることが多い。これは、日頃からインプットに積極的だということだ。ただ、だからといって、本を沢山読んでいれば新しい発想が湧いてくるのか、というとどうもそれほど簡単ではない。おそらく、それくらいのことは、ある程度長く人生を歩んできた人ならご存じだろう。

いずれにしても、いつでも検索できるのだからと頭の中に入れずにいる人は、このような発想をしない。やはり、自分の知識、あるいはその知識から自身が構築した理屈といったものがあって、初めて生まれてくるものだ。そういう意味では、頭の中に入れてやることは意味がある。テストに出るからとか、知識を人に語れるからとか、そういった理由以上に、頭の中に入った知識は、重要な人間の能力の一つとなるのである。

また、発想というのは、連想から生まれることが多い。これは、直接的な関連ではなく、なんとなく似ているものなどから引き出される。現在受けた刺激に対して、「なに

か似たようなものがあったな」といった具合にリンク(注6)が引き出される。人間の頭脳には、これがかなり頻繁にあるのではないか、と僕は感じている。

「これと同じことがどこかであったな」と思いつく、いわゆるデジャヴ(注7)も同じである。思いついたときには、[　　]になっていない。なっていないから、「なんとなく……」と思いつく。思いついたとわかるのに、何を思いついたのか、なかなか引き出せない。それは、視覚的な情景だったり、もっと別の感覚(たとえば嗅覚)であったりする。ただ似ているというだけで、「そうそう、あのときと同じ」で終わってしまうこともある。むしろその方が多い。あるいは、考えても考えても、どうしても思い出せないこと、つまり、思いつきを逃してしまうこともある。夢を思い出せないみたいに、たしかに一度は自分の頭に浮かび上がったのに、煙のように消えてしまうのだ。

しかし、ときには「もしかしたら、あれが使えるのではないか」となったり、「これは、あれとなにか関係があるのでは」となったりして、そこから考えていった結果、新しいアイデアに辿(たど)り着けることがある。思いついただけでは、ただのアイデアであり、使いものになるかどうかは、実際に試してみたり、もう少し調べてみたり、あるいは正しいかどうか計算してみたりしないとわからない。それらの確認が、自分ではできないこともある。使えるかどうかも、やはり知識がないと判断できない。

――森博嗣(もりひろし)「読書の価値」より――

(注1)インプット……入力。
(注2)ストック……ためておくこと。
(注3)編纂……本にまとめること。
(注4)ネット……「インターネット」の略。
(注5)アウトプット……出力。
(注6)リンク……いくつかのものごとを結びつけること。
(注7)デジャヴ……一度も経験したことがないのに、すでにどこかで経験したことがあるように感じること。

(1) 1なく、2ない、3なけれ、4なかっ の中で、文法上他と異なるものを一つ選び、その番号を書きなさい。

(2) ⓐ歩く辞書 とありますが、この語句について次のようにまとめました。[A]、[B]に入る最も適切な語句を、[A]は十二字で、[B]は五字で、本文中からそのまま抜き出して書きなさい。

この文章における「歩く辞書」は、辞書が[A]ときに、「なんでも知っている人」が重宝されたことから、「なんでも知っている人」を形容する語句として用いられた。この語句は、[B]目的で、「なんでも知っている人」のもとを人々が訪ねたことから、「なんでも知っている人」を尊敬する気持ちをこめて用いられたと考えられる。

(3) ⓘゼロの状態 とありますが、ある生徒が、この語句について、次のようにまとめました。[　　]に入る具体的な内容を、二十五字以内で書きなさい。

この文章における「ゼロの状態」とは、[　　]はないと考えるため、知識がストックされていない状態のことを表している。

(4) [　　]に入る語として最も適切なものを、次の1~4の中から一つ選び、その番号を書きなさい。

1、刺激　2、言葉　3、方針　4、感覚

(5) この文章の内容として合っているものを、次の1~4の中から一つ選び、その番号を書きなさい。

1、今はネットに依存する現代人が多く、辞書の価値がこれまでより下がっている。
2、好奇心旺盛なら必ずアイデアが生まれるので、人と議論することが大切である。
3、視覚や嗅覚などは、発想が生まれる際に常に伴う具体的な感覚である。
4、ものごとを発想したとき、実現の可能性を判断するためには、知識が必要である。

(6) 思考力 ある学級で、国語の時間にこの文章について話し合いをしました。次は、山本さんのグループで話し合っている様子です。[　　]に入る適切な内容を五十字以内で書きなさい。

山本　この文章は、「本を読むこと」と最初に書かれているから、「本を読むこと」が話題になっているはずよね。
小林　でも、この文章は、「発想」について多く述べられているよね。この文章は、「本を読むこと」がどうして「発想」につながるのかな。
伊藤　[　　]から、「本を読むこと」は「発想」につながると考えられるよ。
山本　やっぱり、本を読むことは大切なのね。

〈青森県〉

18

次の文章を読み、各問いに答えよ。

そもそも、頭の中に知識をインプットするのは何故(なぜ)だろう? どうして頭の中に入れなければならないのか。それは、人にきくことができない環境であれば、頭にストックしている価値がある。今は、みんながスマホを持っていて、なんでも手軽に検索できるのだから、この価値は下がっているだろう。

であれば、苦労して覚えなくても、①ただ辞書を買って持っていれば良いではないか、という話になる。ネットに依存している現代人の多くが、これに近い方針で生きているようにも見えてしまう。

しかし、そうではない。知識を頭の中に入れる意味は、その知識を出し入れするというだけではないのだ。頭の中で考えるときに、この知識が用いられる。じっくりと時間をかけて考えるならば、使えるデータがないかと外部のものを参照できるし、議論をすることもできるが、一人で頭を使う場合には、そういった外部に頼れない。では、どんなときに一人で頭を使うだろうか?

それは、「思いつく」ときである。

ものごとを発想するときは、自分の頭の中から②なにかが湧いてくる。これは、少なくともインプットではない。

ただ、言葉としてすぐに外に出せるわけでもなく、アウトプットの手前のようなものだ。面白いアイデアが思い浮かんだり、問題を解決する糸口のようなものを思いついたりする。このとき、③まったくゼロの状態から信号が発生する、とは考えられない。そうではなく、現在か過去にインプットしたものが、頭の中にあって、そこから、どれかとどれかが結びついて、ふと新しいものが生まれるのである。

一般に、アイデアが豊かな人というのは、なにごとにも興味を示す、好奇心旺盛な人であることが多い。これは、日頃からインプットに積極的だということだ。ただ、だからといって、本をたくさん読んでいれば新しい発想が湧いてくるのか、というとどうもそれほど簡単ではない。おそらく、それくらいのことは、ある程度長く人生を歩んできた人ならご存じだろう。

いずれにしても、いつでも検索できるのだからと頭の中に入れずにいる人は、このような発想をしない。やはり、自分の知識、あるいはその知識から自身が構築した理屈、といったものがあって、初めて生まれてくるものだ。そういう意味では、頭の中に入れてやることは意味がある。テストに出るからとか、知識を人に語れるからとか、そういった理由以上に、頭の中に入った知識は、重要な人間の能力の一つとなるのである。

また、発想というのは、連想から生まれることが多い。これは、直接的な関連ではなく、なんとなく似ているものなどから引き出される。現在受けた刺激に対して、「なにか似たようなものがあったな。」といった具合にリンクが引き出される。人間の頭脳には、これがかなり頻繁にあるのではないか、と僕は感じている。

「これと同じことがどこかであったな。」と思いつく、いわゆるデジャヴも同じである。思いついたときには、言葉になっていない。なっていないから、「なんとなく……。」と思いつく。思いついたとわかるのに、何を思いついたのか、なかなか引き出せない。それは、視覚的な情景だったり、もっと別の感覚（たとえば嗅覚）であったりする。ただ似ているというだけで、「そうそう、あのときと同じ。」で終わってしまうこともある。むしろその方が多い。あるいは、考えても考えても、どうしても思い出せないこと、つまり、思いつきを逃してしまうこともある。夢を思い出せないみたいに、たしかに一度は自分の頭に浮かび上がったのに、煙のように消えてしまうのだ。

しかし、ときには「もしかしたら、あれが使えるのではないか。」となったり、「これは、あれとなにか関係があるのでは。」となったりして、そこから考えていった結果、新しいアイデアにたどり着けることがある。思いついただけでは、ただのアイデアであり、使いものになるかどうかは、実際に試してみたり、もう少し調べてみたり、あるいは正しいかどうか計算してみたりしないとわからない。それらの確認が、自分ではできないこともある。使えるかどうかも、やはり知識がないと判断できない。でも、④この段階では、他者に協力を求めることも、コンピュータを利用することもできる。

（森　博嗣『読書の価値』による）

（注）インプットする＝入力する
ストックしている＝貯めている
アウトプット＝出力
リンク＝関連するもの

(一)＝＝線部が直接かかる部分はどれか。次のア～エから一つ選び、その記号を書け。
ア、それくらいのことは
イ、ある程度長く
ウ、人生を歩んできた人なら
エ、ご存じだろう

(二)――線①とは、どういうことか。最も適切なものを、次のア～エから一つ選び、その記号を書け。
ア、知識の豊富な人物として評価されるので、辞書を持つだけで価値があるということ。
イ、曖昧な知識を明確にできるので、辞書を持っていると安心感が得られるということ。
ウ、わからないことを調べることができるので、辞書があると問題はないということ。
エ、他人が困っているときに貸すことができるので、辞書は人の役に立つということ。

(三)――線②の具体例が書かれている一文を同じ段落から抜き出し、その初めの五字を書け。

(四)――線③とは、どのような状態か。主語を明らかにして十五字以内で書け。

(五)――線④とあるが、思いついたアイデアを確認するときには、他者に協力を求めることやコンピュータを利用することができるのはなぜか。その理由を三十字以内で書け。

(六)筆者は、この文章の後で、次の□内のように述べている。筆者がこの文章や□内の文章で述べている内容と合っているものを、後のア～オからすべて選び、その記号を書け。

> 連想のきっかけとなる刺激は、日常から離れたインプットの量と質に依存している。そして、その種のインプットとして最も効率が良いのが、おそらく読書だ、と僕は考えているのだ。

ア、読書は、データを参照したり議論をしたりするのに有用である。
イ、読書量を増やせば、新しい発想を次々と生み出すことができる。
ウ、読書によって、日常生活では得がたい知識を得ることができる。
エ、読書が連想するきっかけとなり、その連想から新たな発想が生み出されることが多くある。
オ、読書によってインプットされた知識は、他の方法でインプットされた知識より意味がある。

(七)（省略）

〈奈良県〉

あさのあつこ の文章　文

●主な出題歴……2019年度（群馬県）、2018年度（秋田県・東京都・兵庫県）ほか

19 次の文章を読んで、後の㈠～㈣の問いに答えなさい。

「お侍さん。まだ荷はたんとあるんだ。しっかり頼みますよ。ぐずぐずしてたら、すぐに日が暮れちまいますからね。」

手代らしい男が声をかけてくる。

ぐずぐずしていた覚えはないが、こつがまだ呑み込めなくて、無駄にあちこちしてしまう。手代の目にはじれったくも間怠くも映ったのだろう。

慣れた人夫たちは実に滑らかに動くのだ。荷を担ぎ、船着場から蔵まで運び、積み上げる。その一連の動作に淀みがない。歩き方も、荷の扱い方も藤士郎とはまるで違う。

荷物担ぎなど、力のある男なら誰でもできると考えていた。働き始めてすぐ、そうではないのだと思い知った。

要領を身体で覚える。

それが肝要なのだ。そして、それは一日や二日で体得できるものではない。よく、わかった。それでも[A]藤士郎は、熟練の人夫と思しき男の後ろにつき、その動きを逐一、真似るようにした。荷物を受け取るときの僅かな屈み具合、足さばきと呼んでも差し支えないほどの足の運び方、姿勢、呼吸、ともかく習う。覚える。身に付ける。

昼過ぎまで働き、荷揚げはほぼ終わった。藤士郎は、蔵の前の空き地にしゃがみこんだ。煮炊き用なのか薪がうずたかく積んである。それだけで、讃岐屋の内証の豊かさが窺える。

他の人夫たちも思い思いの格好で地面に腰をおろして一息つく。

「つうっ、痛い。」

疲労より肩の痛みが辛い。肌が擦れて赤くなっている。少し腫れてもいるようだ。それでも、裂けて血を出さなかったのはお代のおかげだった。

「藤士郎さん。これ、持っていきなよ。」

今朝、黒松長屋を出るとき、お代が握り飯の包みと手拭いを二枚手渡してくれた。

「あ、弁当か。それは気付かなかったな。」

「そんなことだろうと思った。中に梅干しを入れといてやったから、残さず食いなよ。」

「もちろんだ。恩に着る。しかし、手拭いはいらんぞ。汗拭きなら持っている。」

お代が苦笑した。

「違うよ、馬鹿だね。肩に当てるんだよ、肩に。でないと俵に擦れて肌が裂けちまうよ。それに、炭の粉が鼻に入ると厄介でさ、くしゃみが止まんなくなるやつがけっこういるんだ。手拭い一枚、口と鼻を塞ぐのに使いな。」

「なるほど。お代、かたじけない。借りるぞ。」

「二枚ともあげるよ。だけど、ほんとに。」

お代が眉を寄せた。若さとは釣り合わない［　　］になる。

「大丈夫？　藤士郎さん、荷運びなんてやったことないんだろ。」

「ない。しかし、何とかなるさ。命のやり取りをするわけじゃなし、案じなくてもいい。」

「呑気なんだからねえ。」

お代は［　　］のまま、ため息を吐いた。

「けっこうきつい仕事だよ。ほんとにやれる？　今からでも断った方がいいんじゃないのかい。」

余計なお世話だと、今朝はお代のことを少し疎ましくも感じたが、今はひたすらありがたい。[B]我ながら身勝手なものだ。

「みなさん、お疲れでした。おかげさまで、荷は全て無事に運び終わりました。」

さきほどの手代がにこやかに挨拶する。ほどなく、人夫に茶と一摘みの白い粉が配られた。

「これは、塩？」

「そうさ。決まってんだろう。」

隣に座った人夫が、そんなことも知らないのかと言わんばかりの口調で答えた。それから、手のひらの塩を舐め、茶を飲む。藤士郎もそれに倣った。

美味い。

（あさのあつこ『地に滾る』による。）

（注）手代……店の主人から仕事を任されている使用人。
内証……財政状態。

㈠ 文中［　　］に共通して当てはまる語句として、次のア～エから最も適切なものを選びなさい。

ア、意地悪げな態度　イ、迷惑そうな表情
ウ、分別くさい表情　エ、よそよそしい態度

㈡ 文中A――「藤士郎は、熟練の人夫と思しき男の後ろにつき、その動きを逐一、真似るようにした」とありますが、「藤士郎」が「熟練の人夫と思しき男」の動きを真似るようにしたのは、どのようなことが大切だと思ったからですか、書きなさい。

㈢ 文中B――「我ながら身勝手なものだ」とありますが、このように「藤士郎」が考えるのは、「今朝」と「今」で「お代」への気持ちがどのように変化したためですか、荷物担ぎという仕事に対する考え方に触れて、書きなさい。

㈣ **思考力** 本文全体の表現の特徴として、次のア～エから最も適切なものを選びなさい。

ア、簡潔な表現を重ねることで歯切れのよさを生み出すとともに、回想場面を挿入して登場人物の心情を巧みに描いている。

イ、比喩表現を用いることで登場人物の心情を効果的に表すとともに、現代の若者言葉を取り入れて読者に親近感を持たせている。

ウ、難解な語を用いることで物語全体に厚みを持たせるとともに、様々な登場人物の視点を通して複雑な人間関係を表現している。

エ、時間の流れに沿って描写することで理解させやすくするとともに、なじみやすい言葉を用いて歴史的事実が頭に入るよう工夫している。

〈群馬県〉

20 ある学級で、国語の時間に次の文章を読み、各班で課題を決めて話し合った。後の1～3の問いに答え

なさい。

> 岡山県美作市の高校三年生実紀と渓哉は、野球部の活動が終わり受験勉強に取り組んでいる。実紀は親戚の栄美の親が経営する温泉旅館の夕食に渓哉を誘い、話し始めた。

「郷土愛じゃ、郷土愛。おれは、美作や古町が好きなんじゃ。できたら、ずっとここで暮らしたいて思うとる」

「え？　おまえ、神戸か京都の大学、受験するつもりじゃって言うてなかったか」

「だから、一旦は外に出てもいろいろと蓄えて、また帰ってきたいて思うとるわけ」

「いろいろ蓄えるって？」

「だからいろいろじゃ。例えば……技術とか情報とか、つまり、ここが豊かになるようなノウハウみたいなものを、できるだけようけ吸収して持ち帰るみたいな……」

「実紀、そんなこと考えとったんか」

「まあな。あ、むろん、野球は続けるで。美作に帰って、チビッコたちに野球のおもしろさを伝えられたらええもんな。そういうの、ええじゃろ。＊奈義牛レベル、つまり最高よな」

実紀が笑う。屈託のない笑みだ。

どん。強く胸を衝かれた。束の間だが、息が詰った。

今、初めて実紀の想いを聞いた。渓哉は飛び立つことばかりに心を奪われていた。未知の場へ、未知の世界へ、ここではないどこかへ飛び立つ望みと不安の間で揺れていた。

自分の背に翼があって、どこまでも飛翔できる。なんて夢物語を信じているわけじゃない。でも、思い切って飛べば、何かに出会えて道が開けるんじゃないかとは期待していた。

淡く、根拠のない、そして他力本願の期待だ。ふわふわと軽く、ただ浮遊する。少し強い風が吹けば、さらわれてどこかに消え去ってしまうだろう。

実紀の想いには根っこがある。現実に向かい合う覚悟がある。

ずっと一緒にいた。ずっと一緒に野球をやってきた。

互いの家を行き来して、「あんたら、どっちの家の子かわからんようになっとるねえ」と、周りに呆れられたりもした。

実紀のことなら何でも知っているつもりだった。

それが、どうだ。

目の前に座っているのは、見知らぬ男ではないか。渓哉よりずっとリアルに、ずっと具体的に根を張り巡らせて生きて行こうとする男だ。

「おまえ、馬鹿じゃな。こんな田舎に囚われて、ずっと縛り付けられてるつもりなんかよ。町と一緒に廃れてしもうてええんか」

そう＊揶揄するのは容易い。けれど、どれほど＊嗤っても嘲弄しても、実紀はびくともしないだろう。

「そうか……」

目を伏せていた。

実紀のように素直に笑えない。

「おまえ、意外に、真面目じゃったんじゃな。知らんかったなあ」

目を伏せた自分が嫌で、口調をわざと冗談っぽく崩す。

「まあな。おれ、淳也さんを目標にしとるけん」

実紀が口元を結ぶ。一打逆転の打席に向かうときのように、硬く引き締まった表情だ。

「兄貴？　何で兄貴が出てくるんじゃ」

「だって、淳也さん、すごいが。本気で地元のために動いて、商売を繋げて、新しい繋がりもどんどん作っていって……。淳也さんを見とると勇気っちゅうか、やれるんじゃないかって気持ちが湧いてくる」

「ふーん」

気のない返事をしてみる。これも、わざとだ。丼に山盛りの飯を掻き込む。『みその苑』は、米と野菜を近隣の契約農家から仕入れる。その季節に採れる最高の食材を提供する。が、謳い文句であり、板場をしきる栄美の父の＊矜持だった。その矜持に相応しく、どの料理も新鮮で美味い。

しかし、渓哉の食欲は急速に萎えていった。

（あさのあつこ『透き通った風が吹いて』による）

【注】＊奈義牛……岡山県奈義町で飼育生産されているブランド牛

＊揶揄……からかうこと

＊嗤っても嘲弄しても……悪く言って笑ってもからかっても

＊矜持……自分の能力を優れたものとして誇る気持ち、自負、プライド

1、A班では、渓哉の人物像をとらえるため——線部の表現に着目した。

(1) 他力本願　とあるが、渓哉の考えのどのような点が他力本願なのか。本文中の言葉を用いて書きなさい。

(2) 渓哉の人物像を次のようにまとめた。〔　〕に適する内容を書きなさい。

> 「ふわふわと軽く」「浮遊する」「消え去ってしまう」などの表現から、将来について〔　　〕人物像を思わせる。

2、B班では、実紀の人物像をとらえるため＝線部の表現に着目した。

(1) 屈託のない笑み　とあるが、どのような笑みか。本文中の語句を用いて書きなさい。

(2) 根を張り巡らせて生きて行こう　とあるが、具体的にはどうすることか。最も適切なものを、次のア～エから一つ選んで記号を書きなさい。

ア、地元から離れずに、ずっと縛り付けられて暮らすこと

イ、子どもたちに野球を教えることを職業にして暮らすこと

ウ、地元の情報を収集し、発信しながら都会で暮らすこと

エ、地元に腰をすえ、人との関わりを広げて暮らすこと

(3) 実紀の人物像を次のようにまとめた。〔　〕に適する内容を書きなさい。

> 「根っこ」「びくともしない」「硬く引き締まった」などの表現から、将来について〔　　〕人物像を思わせる。

3、次は、A班、B班の発表を聞いた春子さんと昭雄さんの会話である。これを読んで、後の問いに答えなさい。

春子　二つの班の発表から、二人の人物像の違いがよくわかってきたわ。
昭雄　この場面は、渓哉の視点から書かれていることを考えると、二人の違いを渓哉がどう感じたか、ということが大切だと思うよ。
春子　実紀自身は変わっていないのだけれど、渓哉は、実紀がこれまでとは変わったように感じたのね。
昭雄　だから実紀を「［a］」と表現したんだね。
春子　「目を伏せた自分が嫌で、口調をわざと冗談っぽく崩す」という部分には、渓哉の［b］という気持ちがよく表れていると思う。渓哉には、実紀との会話が何かのきっかけになっていると思うわ。
昭雄　そうだね。「渓哉の食欲は急速に萎えていった」の部分からは渓哉の［c］という思いがよく伝わってくるね。
春子　そういう思いをきっかけにして、この後、渓哉がどう成長していくのか、読み進めるのが楽しみね。

(1)［a］に当てはまる語句を、本文中から五字で抜き書きしなさい。
(2)［b］に適する内容を、次のア～エから一つ選んで記号を書きなさい。
ア、自分が恥ずかしく、相手に感じた引け目をごまかそう
イ、泣きそうな顔を見せたくないので、みんなを笑わせよう
ウ、無理なことを語る相手をからかい、考え直させよう
エ、見下されたように感じ、怒っていることを伝えよう
(3) **思考力** ［c］に適する内容を、四十五字以内で書きなさい。
〈秋田県〉

池内 了の文章　論

●主な出題歴……2018年度（新潟県）、2017年度（岩手県・宮城県・鳥取県）ほか

21　次の文章を読んで、㈠～㈤の問いに答えなさい。

科学研究の第一要件は知識を創出することにある。特に、自然を相手にする科学においては、物質の構造・運動・反応性・質的変化・他との関係性・歴史性などを追究し、そこから得られる原理や法則に関して新しい発見がなくてはならない。それがいかに些細（ささい）で取るに足らない事柄であろうと、(1)新事実である限りでは尊重される。それらの新事実の積み上げがあって初めて科学が成り立つのだから。一つのノーベル賞級の超一流の仕事には一〇〇の一流の仕事があり、一つの一流の仕事には一〇〇の名も知れない仕事の積み重ねがある。このように科学の成果は階層構造をなしており、発見の大小の差はあっても一つ一つがピラミッドの一角を構成している。そのいずれもが、人間が獲得した自然に関する新しい知識なのである（むろん、失敗例にも価値がある。それによって再び同じ失敗を繰り返さないからだ）。

科学の研究の発端は、科学者個人の好奇心に基づいている。「なぜそうあるのか」を問い質（ただ）そうとする心の働きである。アインシュタインは子どもの頃、磁石の動きを見てその不思議さをずっと忘れないでいたという。アインシュタインならずとも、見えない部分で何が起こり、どのような仕組みが働いているのかを知りたいと誰しもが思う。それは人間が獲得した未知のものへの探究心であり、何とかしてその謎を明らかにしたいという願望が研究に駆り立てるのである。

そこには想像力が重要な役割を果たしている。科学の発想は想像力に基づく「仮説」が出発点となるからだ。「仮説」は現象を統一的に説明できるよう設けた仮定のことであり、最初の段階では何らの根拠を持たない。その意味では、出発点において科学は芸術と何ら変わるところはない。想像力を駆使して新しい着想を得る点では全く同じであるからだ。このような発想が起こるに際して、実験による現象を見て、思考実験によって、旧理論の矛盾を見つけて、単純にこうあれば面白いと感じてなど、さまざまな契機がある。また、思いつき、勘、インスピレーション、ひらめき、セレンディピティー（偶然の発見）、というような何とも形容しがたい心的過程を経ており、その背景には見えない部分で起こっている事柄に対する(2)意識せざる想像力が働いていると考えてよいだろう。

そのような些（いささ）か漠とした想像が土台となり、そこから論理を組み立てて筋道をつけ、実験や理論の構築へと進んでいく。その思考過程においては、常にある種のイメージを頭に生起させて試行錯誤を続けている。そのイメージと実際の計算や実験結果に齟齬（そご）が生じた場合、想像していた仮説を変更するか、論理の筋道を辿（たど）り直すか、計算や実験を再構築するか、のフィードバックが入る。ここにおいて科学者は真実に忠実である。例えば、仮説が間違っていると気づけば、それに固執するのではなく、素直に変更する。イメージ通りでなければ必ず違和感を持つから、潔（いさぎよ）く新しい仮説に乗り換えもする。この作業も芸術家に似て極めて感覚的なように見えるが、論理に従うとは(3)そのような過程が自然に進むということでもあると言える。

つまり、知識の創出においては、好奇心によって問題に気づき、想像力によって仮説を抱き、論理性によって筋道を鍛え上げるというプロセスをとっており、その各々（おのおの）の能力が科学研究者の要件となるのだ。

ところで、研究者の純真な意識において科学はいかなる意味を持っているだろうか。その第一は、純粋な好奇心のみに基づいた探究の欲求である。自然の法則を明らかにしたいとの一念で謎に挑んでいるからだ。結果やその応用については何ら気にせず、［A］名声や褒賞（ほうしょう）への欲望もなく、ひたすら研究に集中する。「科学のための科学」に殉じているのだ。「文化としての科学」と言っていいかもしれない。科学は文化の一部門として、主として人々の精神的活動に寄与するためである。

その意味では純粋ではあるが、危うさもある。パンドラ

の箱と同様、箱を開けることのみに夢中になって、そこからどのようなものが飛び出してくるかについて一切頓着しなくなるからだ。そして、自分が創り出したものがいかに醜悪で害悪を与えるばかりではあっても、それを研究する自由はあって誰も阻止できないと言い、その使い方は社会の選択だから自分には責任がないと嘯くことになる。それは無責任だと言えるのではないだろうか。社会と切り離された科学はないからだ。科学者も社会の一員であり、その選択に関与しているのは確かで自分に責任はないと言えないのである。

（池内　了「科学・技術と現代社会」による）

（注）思考実験＝考えの上で、ある実験方式を想定し、そこから どのような結果が得られるかを吟味すること。
齟齬＝物事がうまくかみあわないこと。
褒賞＝ほめたたえること。また、そのしるしとして与える 金品。
パンドラの箱＝予想できない災いや困難の根源。
嘯く＝平然として言う。

㈠——線部分⑴とはどういうことか。具体的に述べている部分を、文章中から二十字以内で抜き出して、書きなさい。

㈡——線部分⑵とはどのようなものか。その説明として最も適当なものを、次のア～エから一つ選び、その符号を書きなさい。
ア、科学の論理を組み立てようとするときに、従来の理論を受け継いで発展させようとして、無意識に働く想像力。
イ、想像力を駆使して科学の新しい着想を得ようとするときに、未知の事柄に迫ろうとして、無意識に働く想像力。
ウ、科学は新しい発見が求められる分野であり、その新しさを論理的に立証しようとして、無意識に働く想像力。
エ、芸術と同じ発想から始まる科学の思考過程において、より美しいものを創出しようとして、無意識に働く想像力。

㈢——線部分⑶とはどういうことか。七十字以内で書きなさい。

㈣文章中の A に最もよく当てはまる言葉を、次のア～オから一つ選び、その符号を書きなさい。
ア、むしろ　イ、つまりは　ウ、やはり
エ、ましてや　オ、ところが

㈤**思考力** 筆者は、科学を研究する人たちには、どのようなことが必要だと述べているか。文章全体を踏まえ、百字以内で書きなさい。

〈新潟県〉

22

次の文章を読んで、あとの問いに答えなさい。なお、[1]～[6]は段落番号を示しています。（出題の都合上、本文を一部改めた箇所がある）

[1] 科学が対象とする現象は、いつでも、どこでも、誰でも、それが再現できねばならない。繰り返し実験で同じ現象が生じることが確かめられなければ、普遍性があるとは言いがたいのだ。科学の客観性は再現可能性で保証されるのである。しかし、一回きりの現象も扱わねばならない場合が多い。宇宙の創成と進化、地球の生成と進化、生物の誕生と進化など、（特に歴史性を問題とする場合）私たちは、一つの例しか知らないし、それを再現してやり直すわけにもいかない。だから、たまたまの偶然による巧い組み合わせで生じた現象なのか、物理法則に従って必然的な道をたどったのかは明らかではない。だから、一回きりの現象が科学の対象になるのかならないのかの議論は、これまで何度も繰り返されてきた。

[2] しかしながら、現代では、一回きりであってもそれは必然的に生じた事象であり、研究するに値するという合意ができている。偶然のように見える事象であっても必然の過程から位置づけられるはずだから、徹底して必然性を追究すれば合理的に説明できるという考え方を採用しているためである。言い換えるなら、自然が歩んだ道は一見偶然に見えるが、論理から外れた A はなく、すべて B の*範疇で説明できると信じているのだ。例えば、地球上における生命の誕生物語は、ある特殊な化学物質がたまたま偶然に出会って反応した結果としてではなく、さまざまな組み合わせが試された上での必然的な産物であるとみなし、それを調べ上げることに*傾注する。そうすれば偶然も必然のひとつとなる。宇宙論におけるビッグバンや地球科学におけるプレートテクトニクスも、そのような方向で研究され、現在では正統的理論として確立している。

[3] そこに底流している信念は、「自然の一様性の原理」である。自然界の現象は一見するとバラバラに見え、たまたま例外事象が起こったかのようだが、そこには何らかの規則性があって筋をたどることができ、またそうすることによって因果関係を明らかにできる、と考えるのだ。むろん、これは*森羅万象にわたって成立しているとは限らない。全く偶然に起こった事象が原因となって結果を変えてしまう場合もあり、それを解きほぐすのは簡単ではない。しかし、果敢に挑戦して何らかの辻褄を合わせていくのが科学の営みなのかもしれない。

[4] 例えば、環境に最もよく適応し、最も多くの子孫を残すのに成功した種が栄えていくとするダーウィンの進化学説は確立している（必ずしも優れたものというわけではないことにご注意を）。とはいえ、偶然が重要な役割を果たした要素も多く残している。巨大な隕石が地球に激突して恐竜などが大絶滅したとされているが、そのような地球環境の異変は唐突に起こるのだから、生き残った原因として環境への適応が鍵であったとは言いがたいだろう。たまたまそのときに海中深くに潜っていた種が生き残れたに過ぎないかもしれないからだ（とはいえ、それを証明することはできない）。そのような偶然の要素を含みながらも、大筋ではダーウィン学説が支持されているのである。

[5] 個々の特殊要因を認めながらも、全体としての整合性を追究する分野は多くある。それらの分野では、いくつか例外事象を含んでいることを暗黙のうちに前提としていると言えよう。その際、例外的な特殊例に固執して

全体のシナリオまで否定してしまう研究者もいるが、それは「角を矯(た)めて牛を殺す」[4]結果になりかねない。また、特殊例と思っていたものが実は本質を表していたこともあるから、その判断は容易ではない。

6 南フランスで発見された古代人の洞窟画は、最初子どもの悪戯(いたずら)だと思われていた。多数の洞窟画が出てきたので本格的な調査が行われ（年代測定法が確立されて）、先史時代の遺跡だとわかったのだが、一例のみだったらどうなっていただろうか。逆に言えば、一例のみしか見つかっていないので打ち捨てられたままとなっているものはないのだろうか。宇宙通信の分野で、たった一例だけ自然現象ではないと思われる電波が受信された記録がある。しかし、その後類似の信号が一切ないため、偽(にせ)信号であったとして無視されている。特殊例をどう評価するか、科学の限界が試されているのかもしれない。

（池内　了『科学の限界』による）

（＊注）範疇…同一性質のものが属すべき部類、枠組。
傾注…あることに心を集中すること。
森羅万象…宇宙に存在する一切のもの。

問一、「生成」[1]と熟語の構成が同じものを、次のア〜エから一つ選び、記号で答えなさい。
ア、再現　イ、合意　ウ、特殊　エ、無視

問二、「一回きりの現象が科学の対象になるのかならないのかの議論」[2]とありますが、一回きりの現象が科学の対象にならないと考えるのはなぜですか。「一回きりの現象は」に続けて、文中の言葉を用いて、二十五字以上三十字以内で書きなさい。（句読点も一字とする）

問三、 A 、 B にあてはまる言葉として最も適切なものを、次のア〜エからそれぞれ一つずつ選び、記号で答えなさい。
ア、主観　イ、客観　ウ、偶然　エ、必然

問四、「果敢に挑戦して何らかの辻褄(つじつま)を合わせていくのが科学の営み」[3]とありますが、それはどういうことですか。「科学の営みとは」に続けて、文中の言葉を用いて、四十五字以上五十五字以内で書きなさい。（句読点も一字とする）

問五、「角を矯(た)めて牛を殺す」[4]はことわざですが、文中ではどのような意味で用いられていますか。最も適切なものを、次のア〜エから一つ選び、記号で答えなさい。
ア、重要でないことにこだわり、根本を損なうこと
イ、勢いだけで物事に対処し、失敗してしまうこと
ウ、地道に努力を積み重ねて、大成功を収めること
エ、他人を傷つけることで、自己の利益を得ること

問六、この文章の内容に合うものとして最も適切なものを、次のア〜エから一つ選び、記号で答えなさい。
ア、現代の科学では、一回きりの事象を無視するのもやむを得ないという暗黙の了解があるが、大発見につながる可能性のある歴史分野や宇宙分野に限っては研究を行う必要がある。
イ、現代の科学では、一回きりの事象も研究の対象とすることで、本来は科学で扱うべきではない事象も誤って対象としてしまう危険性があることを自覚しておかなければならない。
ウ、現代の科学では、偶然に起こった事象に固執して全体としての整合性を追究するために、研究者の主観による判断も研究内容に反映されていることが暗黙のうちに了解されている。
エ、現代の科学では、一回きりの事象も研究の対象として取り扱っているが、その事象の取り上げ方が研究の内容やあり方に影響を及ぼすことにもなるため、適切な判断が求められる。

問七、この文章の 1 〜 6 の六つの段落を、段落相互の関係を考えて三つのまとまりに分けると、どのように分けられますか。最も適切なものを、次のア〜エから一つ選び、記号で答えなさい。
ア、（1）―（2 3）―（4 5 6）
イ、（1）―（2 3 4）―（5 6）
ウ、（1 2）―（3）―（4 5 6）
エ、（1 2）―（3 4 5）―（6）

〈鳥取県〉

内山　節の文章　論

●主な出題歴……2019年度（秋田県）、2018年度（熊本県）、2017年度（神奈川県・東京都立進学重視型単位制高校）ほか

23 次の文章を読んで、1〜5の問いに答えなさい。なお、設問の都合で本文の段落に 1 〜 8 の番号を付けている。

1 村の暮らしには安心感がある。いや、そんなはずはない。村では過疎化も高齢化もすすんでいる。グローバル＊化していく市場経済は村の経済活動をこわしつづける。そう考えていくと、今日の村ほど不安な社会はないはずなのに、村に暮らしていると不思議な安心感をおぼえる。

2 私は、それを、記憶と理性の違いだと思っている。長い人類史をへてつくられた人間の記憶は、村は永遠の安心感につつまれていると感じさせる。畑や森や川があり村がある。村人たちは、畑のつくり方も、森の扱い方も知っている。村人のなかにある人類史の記憶は、ここには何も困ることのない世界がひろがっていると感じさせる。ところが、それだけではすまない現在の村の現実を理性は知っている。ここでは、記憶と理性は一致しない。この記憶と現在の不一致を感じながら過ごす時間が、私は好きだ。

3 もうひとつ、村で暮らす方が好きな理由がある。それは、村で暮らしていると、私たちは一代ではつくりだしえないものに支えられて生きていると感じられる、という点にあって、そのことが、ある時代を生きている人間とは何かを、自然に考えさせてくれる。自然の長い歴史。村の長い歴史。村で暮らすために必要なさまざまな技をつくり、伝えてきた長い歴史。そういった一代ではつくりだせないものに支えられて、人はある時代を生きる。

4 もちろん、村で暮らしていなくても、私たちは、記憶と理性のくい違いや、人は何に支えられて生きているかを、感じることはできるだろう。村の方が、そういうことがよくみえる、というだけである。むしろ、重要なの

は次のことにある。それは、人にそのようなことを感じさせ、考えさせる場所は、ローカルな世界のなかにあるということである。

5 人の奥底にある深い記憶が静かに開かれていく世界も、人は長い時間の蓄積に支えられながら生きていると感じられる世界も、自分が生きている時間や空間を深くみつめることのできる日々のなかからしか発見できない。そして、この深くかかわれる場所は、人間にとってはそれほど大きなものではない。

6 私たちは、大きな世界とかかわろうとすれば、浅くかかわるしか、あるいは一面的にかかわるしかなくなる。グローバル化していく経済にかかわろうとすれば、経済という一面から世界と関係することになってしまうように。また、ときには、環境という一面から世界とかかわるように。

7 もちろん、私はそれらをすべて否定しているわけではない。大きな世界とかかわればかかわるほど、浅く一面的な関係になっていくことを、忘れてはいけない、と考えているだけである。深くかかわり、深く考えさせてくれる場所は、ローカルな世界のなかにしかないのだ、と。

8 近代化されていく世界が生みだした思想は、この点でとらえ方を間違えた。近代的な発想は、グローバルな発想や思想、システムに価値があり、ローカル性に基盤をおいたものを、あたかも古い時代のものであるかのごとく軽視したのである。その結果が、浅い知識だけで生きる人間の頽廃（たいはい）を生んでいる、と最近になって気づくようになるまで。だから、私も、いまでははっきり言うことができる。人間は少なくとも一方に、ローカルな世界をとり戻さなければいけない、と。

（内山節（うちやまたかし）『「里」という思想』による）

【注】＊グローバル……世界的な規模であるさま
＊頽廃……衰え、廃れること。道徳などが崩れ、不健全になること

1、何も困ることのない世界 を次のように言い換えた。〔　〕に当てはまる語句を、本文中から三字で抜き書きしなさい。

〔　〕のある世界

2、現在の村の現実 とあるが、村では実際にどのような状況がみられるか。本文中の語句を用いて、「…という状況」に続くように三十五字以内で書きなさい。

3、自然に考えさせてくれる の「自然に」の意味として最も適切なものを、次のア～エから一つ選んで記号を書きなさい。

ア、気まぐれに　イ、ひとりでに
ウ、あきらかに　エ、予定通りに

4、本文中における段落の関係を説明したものとして、最も適切なものを、次のア～エから一つ選んで記号を書きなさい。

ア、第3段落は第2段落の内容をまとめ、客観的事実を踏まえて結論を述べている。
イ、第4段落は第3段落の内容に対し、具体例を挙げながら主張を否定している。
ウ、第5段落は第4段落の内容を受け、疑問を解決し新たな話題を提示している。
エ、第6段落は第5段落の内容と関連させ、異なる視点から補足的に説明している。

5、本文中における筆者の主張を次のようにまとめた。これを読んで、後の問いに答えなさい。

大きな世界とかかわろうとすると、〔a〕かかわりになる。だが、〔b〕はこのようなかかわりに価値を見いだし、その結果、人間の頽廃（たいはい）を生んでしまった。だから人間はもう一方にローカルな世界をとり戻さなければいけない。なぜならローカルな世界には〔c〕からである。

(1) 〔a〕〔b〕に当てはまる語句を、本文中から六字でそれぞれ抜き書きしなさい。
(2) 〔c〕に適する内容を五十五字以内で書きなさい。

〈秋田県〉

24

次の文章を読んで、あとの問いに答えなさい。

私の暮らす群馬（ぐんま）県上野（うえの）村で、動物による畑の被害がありふれたものになったのは、一九九〇年代に入った頃のことだった。いまもこの状態は続いていて、イモや豆類などは主としてイノシシに、葉物はシカに、カボチャなどの実のなるものや果物、シイタケなどはサルに食い荒らされている。

このような現象がひろがりはじめた頃、村人は複雑な思いをもってこの状況をみていた。畑の作物が全滅するほどの被害がでているのだから、この視点からとらえるかぎり、イノシシやシカ、サルは害獣だという他ない。〔①〕村人は異なる視線ももっていた。伝統的には「村」という言葉は自然と人間によって展開する里のことで、人間だけが村の住人ではない。動物もまた村に暮らす仲間だという気持ちを村人はもっている。さらに猟期には動物を猟の対象としてきた歴史もある。しかもその動物は人間以上の知恵者として尊敬され、ときに神の使いとみなされることもあった。

村人にとって②動物は、害獣であり、仲間であり、猟の対象であり、尊敬すべきものなのである。しかもそのすべてが「真理」で、そのどれかひとつが「真理」なわけではない。「真理」は複数あり、「真理」と「真理」は矛盾した関係にある。

私はこのような「真理」のあり方を、多層的真理、あるいは真理の多層性と呼んでいる。日本の伝統的な考え方では、「真理」はひとつではなく多層的なものなのである。

それは、関係の結び方によって「真理」は変わるという発想だといってもよい。畑との関係のなかではある種の動物は害獣であるという「真理」があらわれるし、村という自然と人間の世界との関係のなかでは、動物も共に暮らす仲間という「真理」が生まれる。猟をして暮らしてきたという関係のなかでは猟の対象も「真理」だし、自然への信仰のなかでは神の使いも「真理」である。

ここには関係のとり方と結ばれて「真理」はあらわれるという発想があり、「真理」はひとつのものであり、普遍

のものであると考えてきたヨーロッパの発想との違いがある。近代形成期の代表的な思想家であるフランスのディドロとダランベールは『百科全書』のなかで、〈もしもふたつの真理があらわれたとすれば、そのどちらかが誤りであるか、両方誤りで真理は別のものである〉といっているけれど、③日本の伝統的な発想はこのようなものではない。そのことの関係は多層的に成立し、関係によって「真理」が変わるという視点が日本にはあった。

　このような目で動物をみていたから、畑の被害がではじめたときにも村人は複雑な思いをもっていたのである。

　こういう発想は今日の私たちももっていて、「私個人の立場としてはAという意見が正しいと思うが、みんなの立場を考えればBという意見の方が正しいと思う」というような言い方を、私たちはよくする。それは私個人の考え方を妥協して曲げているのではなく、私個人との関係とみんなの関係とでは、関係が異なり、「真理」も異なると考えているがゆえの発想である。かつてはこのような日本的な意思の表し方を、自分の意見を主張しない日本人、というように否定的にとらえたけれど、そうではなく、「真理」はひとつだと考えてきたヨーロッパの発想との違いと考えたほうがいい。

　ところで、「真理」が複数あるとすれば、私たちはそのどれを選択したらよいのだろうか。ここから日本では折り合いのつけ方を重要視する発想が生まれた。

　④「折り合い」は昔は「居(お)り合い」と書くのが普通だった。折れ合って妥協点を探るのではなく、いろいろな「真理」が共存できる方法を、つまり「居り合える」方法をみつけだす、ということである。上野村の動物と人間の関係を例にすれば、どの「真理」をも傷つけることなく「居り合える」方法を探す。そこに人間の知恵があると村人は考え、しかしあまりにもひどい畑の被害を前にして、「居り合う」ことができなくなっていく現実を感じていた。そしてもしも「居り合う」ことができなくなっていくなら、それは「村」の(注)終焉(しゅうえん)をも感じさせる。なぜならさまざまな「真理」を多層的に並存させながら、それらの「居り合い」をみつけだして生きてきたのが「村」であり、それが不可能になれば「村」は「村」でなくなるからである。

　明治以降の日本の近代化とは、このような発想を否定し、「真理」はひとつという欧米流の発想を定着させていく歴史であった。

（内山節(うちやまたかし)著「清浄なる精神」による。）

（注）終焉＝命が終わるとき。

1、[①]の部分に入れるのに最も適当なことばを次のア～オから選び、記号で答えなさい。

ア、ところが
イ、なぜなら
ウ、それでは
エ、たとえば
オ、つまり

2、傍線②の部分「動物は、害獣であり、仲間であり、猟の対象であり、尊敬すべきものなのである」という村人の捉え方を、筆者が抽象化していることばとして最も適当なものを、文章中から五字で抜き出しなさい。

3、傍線③の部分「日本の伝統的な発想はこのようなものではない」について、ある生徒が日本の発想とヨーロッパの発想との違いを次のようにまとめた。[A]と[B]の部分に入れるのに最も適当な語を、それぞれ文章中から抜き出しなさい。

・日本の発想…………「真理」とは、[A]の結び方によって変わるもの。
・ヨーロッパの発想…「真理」とは、唯一の、[B]的なもの。

4、**思考力** 傍線④の部分『折り合い』は昔は『居り合い』と書くのが普通だった」について、次の(1)と(2)に答えなさい。

(1)筆者が「居り合い」という昔の書き方を紹介した意図を説明したものとして、最も適当なものを次のア～オから選び、記号で答えなさい。

ア、読者に伝統的な書き方を伝え、正しい日本語の使い方と、そこに込められている日本人の知恵に気づかせる意図。
イ、筆者の主張の根拠を読者に示すことで、昔の書き方の誤りに気づかせ、日本の近代化の流れを意識させる意図。
ウ、伝統的な日本人の知恵が現代社会で失われつつあることを読者に示し、自然環境を守る大切さに気づかせる意図。
エ、読者に日本人が自分の意思を主張していないことに気づかせ、グローバル社会での日本人のあり方を批判する意図。
オ、読者に昔の書き方に込められていた優れた意味合いに気づかせ、今の日本が向かっている方向について考えさせる意図。

(2)日常生活の中で「折り合い」をつける上で大切にしたいことについて、筆者の意見にふれながら、あなたの考えを、次の〈注意〉にしたがって書きなさい。

〈注意〉
1、「題名」や「氏名」は書かないで、本文だけを縦書きで書くこと。
2、書き出しは一マス空け、段落は変えないこと。
3、原稿用紙（25字詰×7行＝省略）に、六行以上、七行以内にまとめて書くこと。

〈熊本県〉

高階秀爾 の文章　論

25

●主な出題歴……2019年度（北海道）、2018年度（青森県・栃木県・大阪府C）ほか

次の文章を読んで、問いに答えなさい。

[1] 機会あるたびに絵葉書を集めて眺めていると、その表現にある共通した特色が認められることに気づく。それは、パヴィアの教会堂であれ、あるいはローマのコロセウムやパリの凱旋門であれ、1西欧の名所絵葉書は、いずれも余計なものはできるだけ切り捨てて、対象そのものを正面から画面いっぱいに捉えるというやり方を採っていることである。絵葉書が観光名所の紹介を目的とするものである以上、そんなことは当たり前だと言われるかもしれないが、ことはそれほど簡単な話ではない。2日本の観光絵葉書では、お寺でもお城でも、建物だけを捉えたものは稀だからである。

[2] 事実、例えば京都の観光絵葉書を見てみると、建物も庭も白一色に覆われた「雪の金閣寺」とか、咲き誇る桜の花を前面に配した「清水寺の春」などのように、周囲の自然と一体になった建造物をモティーフとしたものが圧倒的に多い。そこでは、西欧の絵葉書では排除されている自然が大きな役割を演じているのである。

[3] そのことは、名所についての日本人の考え方、さらには自然観と密接に結びついているであろう。もともと日本人にとって名所とは、高雄の紅葉とか醍醐の桜というように、自然景と一体になったものであった。写真の登場以前に今日の絵葉書と同じような役割を果たしていた浮世絵の名所を思い出してみれば、その間の事情は明らかである。

[4] 代表的な例としては、広重の晩年の名作《名所江戸百景》がある。これは文字通り江戸の名所を次々に版行して、全部で広重は百十八点の「名所」を残した。それを、広重の死後、版元が新たに一点と扉絵を追加して、総計百二十点の揃物として売り出したのだが、その際、当初はばらばらに制作されていたものを、春夏秋冬の季節に分類して纏めたのである。それは広重の作品が、雪晴れの日本橋とか、花の飛鳥山といった具合に、いずれも季節と結びついていたからである。自然の姿ばかりでなく、五月の鯉のぼりや七夕祭り、あるいは両国の花火のような年中行事も登場して来るが、これも自然の運行と同調するものである。つまり「名所」は、単に空間的な場所であるだけではなく、時間、それも循環する時間と一つになった場所なのである。

[5] だが西欧の凱旋門や教会堂のようなモニュメントは自然の変化や時間の経過を越えて永続するものを目指してつくられた。もともと「モニュメント」という言葉が、ラテン語の「思い出させる」という動詞に由来するものであることから明らかなように、何ごとかを記念してその思い出を長く後世に伝えるためのものである。それは、記憶の継承のための装置と言ってもよい。だが思い出は当事者がいなくなれば、時の経過とともに次第に忘れ去られる。そのような忘却に対抗するために、容易に失われることのない堅牢な石の建造物を造ったのである。

[6] もちろん、日本人も思い出を大切にする。だが日本人は昔から、記憶の継承を物質的な堅牢性に頼るのではなく、自然の運行のなかにその保証を見出した。自然は人間と対立するものではなく、むしろ人間にとって信頼する存在なのである。

[7] そのことは、都市作りのあり方にも表れている。凱旋門や戦勝柱、大聖堂のような西欧のモニュメントは、町のなかの目印、すなわちランドマークとしての機能も果たすものである。これらの建造物がしばしば巨大なスケールを目指すのは、そのためである。だが日本においては、都市のランドマークとなるのは、京都なら東山、奈良なら生駒連山というように、ここでもやはり自然である。江戸の場合も事情は同様で《名所江戸百景》のなかに独立した建造物が目立つように描かれている例は一つもない。その代わり、人々の眼を惹きつけるランドマークとして繰り返し登場して来るのは、富士山と筑波山である。歌舞伎十八番の『鞘当て』のなかのせりふに、「西に富士ヶ根、北には筑波」とあるように、江戸の人々は明け暮れこの山の姿を身近に感じて生活していた。そればかりでなく、広重の《百景》のなかの「する賀てふ（駿河町）」の図に見られるように、西欧的遠近法にしたがって手前から奥へずっとのびる町並みの上に、大きな笠のように姿を見せる富士すら描かれている。それは、町並みの向こうにたまたま富士が見えたというのではなく、富士の見える方向に町がつくられたからである。つまり富士山は、それほどまで江戸の人々にとって親しみ深い存在だったのである。

[8] このような浮世絵も含めて、観光名所絵葉書は、東と西の自然観、そして美意識の違いをよく物語っていると言ってよいであろう。

（高階秀爾「日本人にとって美しさとは何か」による）

（注）パヴィア――イタリア北部の都市。
モティーフ――作品をつくる際の題材となるもの。モチーフ。
広重――歌川広重。江戸末期に活躍した浮世絵師。
モニュメント――出来事や人物についての記念としてつくられる建造物。記念碑。

問一、（省略）

問二、……線1「西欧の名所絵葉書」、……線2「日本の観光絵葉書」とありますが、西欧と日本では、建造物を絵葉書の中で、それぞれどのように扱っていると筆者は述べていますか。次に示した表現に続けて、五十五字程度で書きなさい。

西欧の絵葉書では、建造物を

問三、――線「名所についての日本人の考え方」とありますが、日本の名所とはどのようなところであるかを、次のようにまとめるとき、［　］①、②に当てはまる表現を、それぞれ文中から書き抜きなさい。ただし、いずれも十五字以上、二十字以内とします。

西欧では、[①]するような堅牢な石の建造物が名所となっているが、日本の名所は、自然景と一体で、[②]である。

問四、思考力 筆者はこの文章で、「自然」は日本人にとって、どのような役割をもってきたと述べていますか、二つ書きなさい。ただし、それぞれ十五字程度で書くこと。

問五、この文章の段落と段落の関係について説明した文として最も適当なものを、ア〜エから選びなさい。

ア、2の段落では、1の段落の内容の裏付けとして、筆者の伝聞したことが述べられている。

イ、3の段落では、2の段落で取り上げた具体例に続けて、筆者の考えが展開されている。

ウ、5の段落では、4の段落で述べた考え方を否定した上で、筆者の主張が整理されている。

エ、7の段落では、6の段落のまとめとは違う視点で、筆者の新たな疑問が述べられている。

〈北海道〉

26

次の文章を読んで、あとの問いに答えなさい。

だいぶ以前に、農学専門のある先生から興味深い話を聞いたことがある。

その先生が留学していた頃、アメリカで人間の動物観を研究するというプロジェクトがあった。そのやり方は、例えば「一番美しい動物は何か」といったような質問を並べてアンケート調査を重ね、その答えが年齢、性別、職業、宗教、民族などでどのように違うか調べるのだという。

このことを聞いて、それは面白そうだから日本でも同じような調査をしようという話になった。うまく行けば日米比較文化論になるかもしれない。というわけでさっそく試みたのだが、①これがどうもうまく行かない。アメリカでなら「一番美しい動物は」ときけば、すぐ「馬」とか「ライオン」とか、何か答えが返って来る。ところが同じ質問を日本人にすると、「さあ、何だろうな」とはなはだ歯切れが悪い。そこを無理に、何でも一番美しいと思うものを挙げてほしいと言うと、「そうだなあ、夕焼けの空に小鳥たちがぱあっと飛び立っているところかな」といったような答えになる。「これでは比較は無理だから、結局諦めました」とその先生は苦笑していた。

私がこの話を聞いて興味深いと思ったのは、それが動物観の差異以上に、日本人とアメリカ人の美意識の違いをよく示すものと思われたからである。

アメリカも含めて、西欧世界においては、古代ギリシャ以来、「美」はある明確な秩序を持ったもののなかに表現されるという考え方が強い。その秩序とは、左右相称性であったり、部分と全体との比例関係であったり、あるいは基本的な幾何学形態との類縁性など、内容はさまざまであるが、いずれにしても客観的な原理に基づく秩序が美を生み出すという点においては一貫している。逆に言えば、そのような原理に基づいて作品を制作すれば、それは「美」を表現したものとなる。

典型的な例は、現在でもしばしば話題となる八頭身の美学であろう。人間の頭部と身長が一対八の比例関係にあるとき最も美しいという考え方は、紀元前四世紀のギリシャにおいて成立した美の原理である。ギリシャ人たちは、このような原理を「カノン（規準）」と呼んだ。「カノン」の中身は場合によっては変わり得る。現に紀元前五世紀においては、優美な八頭身よりも荘重な七頭身が規準とされた。だが七頭身にせよ八頭身にせよ、何かある原理が美を生み出すという思想は変わらない。ギリシャ彫刻の持つ魅力は、この美学に由来するところが大きい。

もっとも、この時期の彫刻作品はほとんど失われてしまって残っていない。残されたのは大部分ローマ時代のコピーである。しかししばしば不完全なそれらの模刻作品を通して、かなりの程度まで原作の姿をうかがうことができるのは、美の原理である「カノン」がそこに実現されているからにほかならない。原理に基づいて制作されている以上、彫刻作品そのものがまさしく「美」を表すものとなるのである。

だがこのような実体物として美を捉えるという考え方は、日本人の美意識のなかではそれほど大きな場所を占めているようには思われない。日本人は、遠い昔から、何が美であるかということよりも、むしろどのような場合に美が生まれるかということにその感性を働かせて来たようである。それは「実体の美」に対して、「状況の美」とでも呼んだらよいであろうか。

例えば、「古池や蛙飛び込む水の音」という一句は、「古池」や「蛙」が美しいと言っているわけではなく、もちろん「水の音」が妙音だと主張しているのでもない。ただ古い池に蛙が飛びこんだその一瞬、そこに生じる緊張感を孕んだ深い静寂の世界に芭蕉はそれまでにない新しい美を見出した。そこには何の実体物もなく、あるのはただ状況だけなのである。

日本人のこのような美意識を最もよく示す例の一つは、「春は曙、やうやうしろくなりゆく山ぎはすこしあかりて……」という文章で知られる『枕草子』冒頭の段であろう。これは春夏秋冬それぞれの季節の最も美しい姿を鋭敏な感覚で捉えた、いわば模範的な「状況の美」の世界である。すなわち春ならば夜明け、夏は夜、そして秋は夕暮というわけだが、その秋について、清少納言は次のように述べている。

秋は夕暮。夕日のさして山の端いと近うなりたるに、烏の寝どころへ行くとて、三つ四つ二つ三つなど、飛びいそぐさへあはれなり。まいて雁などのつらねたるがいとちひさく見ゆるは、いとをかし……。

これはまさしく「夕焼けの空に小鳥たちがぱあっと飛び立っているところ」というあの現代人の美意識にそのままつながる感覚と言ってよいであろう。日本人の感性は、千年の時を隔ててもなお変わらずに生き続けている。

（高階秀爾『日本人にとって美しさとは何か』による）

1、（省略）

2、思考力 本文中で筆者は、①これがどうもうまく行かない とあるが、答えの比較がうまくいかないことの主な背景として、アメリカ人と日本人が美をそれぞれどのように捉えているということがあると述べているか。本文中のことばを使って三十五字程度で書きなさい。

3、西欧世界における美について本文中で筆者が述べている内容を次のようにまとめた。［a］、［b］に入れるのに最も適しているひとつづきのことばを、それぞれ本文中から抜き出しなさい。ただし、［a］は十二字、［b］は十一字で抜き出すこと。

　西欧世界には、［a］が美を生み出すという考え方があり、例えば古代ギリシャでは、人間の身体における［b］についての「カノン」を彫刻作品に実現することによって美を表現している。

4、次のうち、本文中で述べられていることがらと内容の合うものはどれか。一つ選びなさい。

ア、日本人は遠い昔から、夕焼けの空や古い池といった自然物を美と捉える感覚を養い、それらの中に共通する美の規準を発見しようとしてきた。

イ、芭蕉は、古い池に蛙が飛びこんだその一瞬において、古池や蛙が作り出す緊張感を含んだ世界の中にそれまでにない新しい美を見出した。

ウ、『枕草子』冒頭の段は、それぞれの季節の最も美しい姿を鋭敏な感覚で捉えており、日本人の典型的な美意識を示しているただ一つの例である。

エ、清少納言も現代の日本人も鳥それ自体に美を見出していることから、日本人の感性は千年の時を隔てても変わらずに生き続けているといえる。

5、〈思考力〉日米比較文化論　とあるが、比較文化論では、二つの文化を比較する方法を用いて文化を論じます。ある文化を理解するときに他の文化と比較することの利点と問題点とをあげながら、文化を理解するということについてのあなたの考えを、原稿用紙（20字詰×15行＝省略）に三百字以内で書きなさい。

・原稿用紙の正しい使い方にしたがって書くこと。

〈大阪府〉

額賀 澪 の文章　文

●主な出題歴……2019年度（埼玉県・和歌山県・長崎県・東京都立西高校）ほか

27　次の文章を読んで、〔問1〕～〔問5〕に答えなさい。※印には（注）がある。

> 千間(せんげん)学院高校、通称「千学」に入学した茶園基(ちゃえんもとき)は、中学校で吹奏楽部に所属していたが、高校では吹奏楽から離れようと思っていた。しかし、全日本吹奏楽コンクールで千学が金賞を受賞したときの部長、不破瑛太郎(ふわえいたろう)がコーチに就任したことを知り、吹奏楽部に入部した。瑛太郎は、県大会も突破できない現状を変えるため、一年生の基を部長に指名し、演奏するメンバーを大会ごとに部内のオーディションで決めることにした。
> 　千学は地区大会を通過し、県大会出場が決まった。アルトサックス担当の基は、県大会で演奏できることになったが、狙っていたソロパートは、幼なじみで二歳年上、オーボエ担当の鳴神(なるかみ)玲於奈(れおな)が演奏することになった。
> 　基は、県大会当日、朝早く登校し、誰もいない音楽室でアルトサックスを吹いている。

「——基(もとき)」

　何度目かの※『汐風(しおかぜ)のマーチ』を吹き終えた瞬間、名前を呼ばれた。玲於奈(れおな)の声だった。

　振り返った瞬間、自分の両目から何かが流れ伝っていって、「うわっ」と声を上げた。それ以上の戸惑いの声が、音楽室の出入り口の方から聞こえてきた。

　時計を確認すると、集合時間まであと十分ほどになっていた。吹奏楽部の部員達が、音楽室の入り口に［　］溜(た)まっている。ああ、多分、僕がいるせいで入ってこられなかったんだ。県大会当日に部長が課題曲でも自由曲でもない『汐風のマーチ』を吹いているんだから。

　しかも、両目からぼろぼろと涙を流しながら。

「あんた、何やってんのっ」

　意を決したように玲於奈が近づいてきて、制服のポケットから取り出したハンカチで顔をごしごしと拭かれる。保育園に通っていた頃、しょっちゅう玲於奈にこうされたっけ。

「朝イチで練習してるのは偉いなって思うけど、なんでこれから県大会だってときに『汐風のマーチ』なわけ？　しかもなんで泣いてんの？」

　弁明をせねば。せめて何か言い訳を。そう思うのに、喉をこじ開けるようにして飛び出してきたのは、どれでもなかった。

「玲於奈、僕ね」

　鼻を啜(すす)ると涙でぼやけていた視界が晴れて、玲於奈以外の顔がよく見えた。堂林(どうばやし)が呆然(ぼうぜん)と半口を開けている。越谷(こしがや)先輩が……あの顔は多分引いている。クラリネットの大谷(おおたに)先輩、チューバの増田(ますだ)先輩、トランペットの櫻井(さくらい)先輩も、池辺(いけべ)先輩もいる。大勢の人が自分のことを見ているのに、何故(なぜ)か、A口元がほころんでいく。鼻先を汐の香りが掠(かす)めていった気がした。

「吹奏楽、やめないでよかったよ」

　もう一度戻ってきた。戻ってきたおかげで、七年前の不破瑛太郎(ふわえいたろう)と同じ景色を垣間(かいま)見ることができた。行ったこともない異国の地に吹く汐風が、自分の頬を撫(な)でた。

「——吹奏楽、続けててよかった」

　今日の空は、入道雲が落ちてきそうだった。どこに止まっているのか、蟬(せみ)の声が四方八方から響いてくる。それが何を暗示しているのか、基にはわからない。

　県大会の会場であるホールの外で、吹奏楽部の面々は集合時間がくるのを木陰に集まってひたすら待っている。

　Bなんとなく居たたまれなくて、基は離れたところにいた。日向(ひなた)で暑いけれど、構わない。それくらいの羞恥心(しゅうちしん)は持ち合わせている。

「今朝のことを、《号泣『汐風のマーチ』事件》と名付けて後輩に語り継ごうと思う」

　なのに、堂林がわざわざ基の隣にやって来て、そうやってからかってくる。

「でさあ、なんで朝っぱらから『汐風のマーチ』を吹きながら号泣してたわけ？」

音楽室で、バスの中で、堂林と玲於奈から散々聞かれた。汗で湿った髪をがりがりと掻いて、基は大きな溜め息をついた。

「あのね、『風を見つめる者』※のソロをどう吹けばいいのか、ずっと悩んでたんだよ。で、参考までに先生が高三のときに『汐風のマーチ』をどう吹いてたのかって聞いたの」

「へえ、それで？　先生に聞いて何かわかったわけ？」

※アクアアルタの話を、堂林にかいつまんで聞かせた。笑われるんじゃないかと思ったけど、彼は真剣に、興味深そうに聞いてくれた。乾いた土に雨が染み込んで行くみたいで、話していて気持ちがよかった。基が味わった熱の片鱗を、彼も感じたのかもしれない。

「なんとなく、『風を見つめる者』も吹けるような気がするんだ。県大会には間に合わなかったけど、次は、って思ってる」

「お前、もう県大会通過する気でいるんだな」

嫌に冷静な声で堂林が言ってきて、基ははっと顔を上げた。

千学はこの六年間、西関東大会へ出場したことがない。ずっと県大会で敗退してきた。

「僕は、また自分のことばっかりだね」

手持ち無沙汰な気分になって、ブレザーの前ボタンをいじる。何だか異常に暑いなと思ったら、冬服を着ているからだ。本番は冬服を着て臨むから、この気温では暑くて当然だ。

「瑛太郎先生には、僕がそういう奴だから部長にしたって言われたんだけど。でも、部のみんなには反感買ってばっかりだし」

首筋を伝った汗は、暑さのせいだろうか。冷や汗だろうか。部長らしいことなど何一つできず、自分の演奏にばかり目を向けている基を、堂林はどう思っているのだろう。

「まあ、いいんじゃない？」

日差しがきつかったのか、目の上に右手をやって堂林は基を見た。ガラス玉みたいな目が影で覆われて、表情が読めなくなる。

「ぶっちゃけ言うと、ずーっと、なんで俺じゃなくて茶園が部長なんだろうなって思ってたんだよね。リーダーらしいことをするなら、茶園より俺の方が向いてると思うんだよ」

「それは僕も思うけど」

「でも、オーディションのときとか、ソロを練習してる茶園を見て、なんとなく瑛太郎先生が考えてることがわかった気がしたんだ。お前にはノイズ※がないんだ」

ノイズ。堂林の口から飛び出した単語に首を傾げると、彼は基から目を逸らして続けた。

「俺の演奏って、多分、一番になってやろうとか、誰かから凄いって言われたいとか、そういう欲望塗れなんだよな」

「いや、それが君のいいところだと思うけど」

素直にそう言うと、堂林は「それはどうも」と薄く笑う。

「でも、瑛太郎先生がほしいと思った新しい風はそういうのじゃなくて、茶園みたいなのだったんだろうな。背中で周りを引っ張る、みたいな？」

自分の理想の音を追いかけられる奴。そう続けた堂林が額から手を離す。覗いた両目は普段と変わりなくて、基は無意識に一歩後退っていた。

「いや、僕って背中で引っ張れてるの？　『汐風のマーチ』吹いて号泣してる人の背中にみんなついていくの？　むしろドン引きしてない？　ムカついてない？」

「ムカついてるに決まってるだろ。茶園がオーディションで越谷先輩をぶっちぎってアルトサックスのトップ奏者になって、なのに全然納得いってないってしれっと言ったせいで、みんなどれだけ苛立ったと思ってんの？　そりゃあ池辺先輩も、他の連中も怒るだろ」

痛いところをずばずばと突きながら、堂林は「だけど」と呆れたように肩を竦めた。

「Cそのせいでみんな、オーディションのあとも浮かれないで練習できたんだと思う。オーディションに受かるとか、合奏で先生に怒られないとか、言われたことをちゃんとやるとか。そういうものの先を見て練習してる奴がいて、しかもそれが一年で、しかも部長で、その上ムカつくとか、頑張るしかないじゃん」

けたたましかった蝉の声が、一瞬、もの凄く遠くなった。自分と堂林の二人だけが、薄い薄い膜に包まれたようだった。

「それって、僕を褒めてくれてる？」

念のためそう聞くと、渋々という顔で堂林は頷いた。

「他の連中がどう思ってるか知らないけど、俺はお前のこと部長だと思ってるよ」

捲し立てるように早口でそう言うと、堂林は「あー暑い、日陰行こう」と踵を返してしまった。額に貼り付いた前髪をいじりながら、吹奏楽部のいる木陰に足早に向かって行く。

「ありがとう」

その背中を追いかけながら、基は礼を言った。Dずっとずっと……オーディションよりずっと前、もしかしたら瑛太郎に部長に指名されたときから胸にあった重しのようなものが、入道雲に吸い上げられるようにして消えた。

（額賀　澪　著『風に恋う』から……一部省略等がある。）

（注）・『汐風のマーチ』＝不破瑛太郎が全日本吹奏楽コンクールで演奏した曲。
・『風を見つめる者』＝県大会で演奏する自由曲。
・アクアアルタの話＝アクアアルタは、イタリア北部で定期的に潮位が上昇する現象。海に浸った街なみは美しいとされ、瑛太郎は、アクアアルタを『汐風のマーチ』演奏のヒントとして基に伝えていた。
・ノイズ＝雑音。

〔問1〕本文中の□にあてはまる最も適切な語句を、次のア～エの中から選び、その記号を書きなさい。

ア、けらけらと
イ、さめざめと
ウ、めらめらと
エ、わらわらと

〔問2〕本文中、A口元がほころんでいく　とありますが、ここに表れている基の気持ちとして最も適切なものを、次のア～エの中から選び、その記号を書きなさい。

ア、大勢の部員たちに囲まれて戸惑う気持ち

イ、納得のいく演奏ができてうれしい気持ち
ウ、吹奏楽をやめようとしたことを後悔する気持ち
エ、自分を支えてくれる先輩を頼もしく思う気持ち

〔問3〕本文中、Bなんとなく居たたまれなくて、基は離れたところにいた　とありますが、基が居たたまれないと感じたのはなぜですか。文中の言葉を用いて、六十字以内で書きなさい。（句読点やその他の符号も一字に数える。）

〔問4〕本文中、Cそのせいでみんな、オーディションのあとも浮かれないで練習できたんだと思う　とありますが、「みんな、オーディションのあとも浮かれないで練習できた」と堂林が思う理由として最も適切なものを、次のア〜エの中から選び、その記号を書きなさい。
ア、自分自身の演奏にはこだわらず、部長として部全体をまとめて県大会に臨もうとする基に好感を抱いたから。
イ、一年生で部長を務めているうえ、オーディションを勝ち抜いて県大会に出場しなければならない基に同情したから。
ウ、一年生で部長を務めるだけでなく、トップ奏者になってもさらに上をめざして練習し続ける基に刺激を受けたから。
エ、合奏で怒られないように指示されたことをこなしつつ、一年生であっても部長としての責任を果たす基に感心したから。

〔問5〕本文中、Dずっとずっと……オーディションよりずっと前、もしかしたら瑛太郎に部長に指名されたときから胸にあった重しのようなものが、入道雲に吸い上げられるようにして消えた　とありますが、この表現には、基のどのような心情が表れていますか。心情の説明として最も適切なものを、次のア〜エの中から選び、その記号を書きなさい。
ア、一年生である自分を他の部員が部長として認めてくれているのか、自分に部長としての適性があるのかと重圧を感じていたが、堂林が自分を部長だと認めてくれたことで、不安がなくなっている気持ち。
イ、コンクールに対する思いを他の部員と共有できず悩んでいたが、県大会当日の朝の演奏で、高校生の時の瑛太郎と同じ景色を垣間見ることができ、これまで吹奏楽を続けてきたことに心から満足できている気持ち。
ウ、勝手な行動ばかりしている自分にはたして部長が務まるのか自信がなかったが、堂林との会話を通して、トップ奏者である自分こそが唯一部長にふさわしいと気づき、部長としての自覚が芽生えてきている気持ち。
エ、部長としてふさわしい演奏や行動をしなければならないことに窮屈さを感じていたが、堂林から今までどおり強いリーダーシップを発揮すればよいとなぐさめられたことで気分が楽になり、前向きになっている気持ち。

〈和歌山県〉

28

次の文章を読んで、あとの問いに答えなさい。

高校一年生の茶園基が部長をつとめる吹奏楽部は、全日本吹奏楽コンクールへの出場を明日に控えている。顧問の不破瑛太郎は、自由曲のソロ注(1)のパートをサックス注(2)の基とオーボエの鳴神玲於奈（高校三年生）のどちらに任せるか、オーディションで決めることにした。
本文は、練習会場で、二人のオーディションを始める場面である。

玲於奈は何も言わず、ステージの端へと移動した。基を見もしなかった。無理に声を掛けることはせず、基も離れた場所でソロの練習をした。

ステージ上で何が行われているのか、フロアにいるみんなも気づいていた。視線が自分達に集まっている。①ちらりとステージ下を見ると、越谷先輩が唇を真一文字に結んで、心配そうに基を見ていた。少し離れたところに堂林がいて、トランペットを小さく掲げてくる。彼は全日本でもソロを勝ち取ったから、「お前も取れ」というエールなんだろう。

あっという間に体育館から人がいなくなり、サックスとオーボエの音だけが響き続けた。

そしてちょうど十五分たって、瑛太郎が再びステージに上がってきた。彼はステージの中央――ちょうど指揮者が立つあたりに位置取る。

「どっちが先に吹く？」

ジャンケンで決めるか？　と問われ、基は玲於奈と再び視線を合わせた。何故か、言葉を交わさなくても彼女が言おうとしていることがわかった。

「私が先に吹きます」

玲於奈がそう宣言し、オーボエのリード注(3)を口に咥える。息を吸う音に、天井から響いていた雨音が掻き消された。じっとりと湿った体育館に木漏れ日が差すみたいに、オーボエが歌う。同じソロなのに、同じ音符を追っているのに、自分が吹くのとは全然違う。

やっぱり、祈りだ。最後のコンクールでソロを吹き切って終わりたいと願う音。新しい場所へ行くから、自分の過ごした場所を名残惜しく撫でる。そんな演奏だった。

でも、それでも、ソロは僕が吹きたい。玲於奈の演奏を聞き届け、基は楽器を構えた。

「玲於奈」

サックスを抱きしめて、二歳年上の幼馴染みの名前を呼ぶ。同じものに憧れて、一緒に吹奏楽を始めた、幼馴染を。

「見てて」

自分がそう言えば、玲於奈は、絶対に見ていてくれる。オーボエを両手で抱えて、玲於奈は基の方へ体を向けた。

正面から、基を見た。

マウスピース注(4)を口に含んで、息を吹き込んだ。胸の中に滞留する精一杯の祈りを、音にのせる。自分は不破瑛太郎と音楽を続けるために全日本のステージに立つ。ソロを吹く。お前にはあと二年ある。玲於奈に譲ってやればいいのに。耳の奥で、そんな声がする。西関東大会が終わってからずっと、そう思う自分がいた。弱い自分。優しい自分。でも、やっぱり弱い自分。

最後だとか、来年もあるとか、そんなんじゃない。この時間は、いつ終わるかわからない貴重で愛しいものなのだ。②だから僕は、全力で玲於奈と一緒のコンクールに勝つ。

最後の音の残響が、いつもより長く聞こえた。がらんとした体育館のフロアに響き、遠くから雨音が忍び寄ってくる。

「ありがとう」

瑛太郎の声に、基ははっと我に返った。

彼は静かな目をしていた。でも、□を食いしばっているのがわかった。

その目が、玲於奈へ向く。

「すまない」

間髪入れず瑛太郎は言った。擦れた声で、ガラスを噛み砕くような苦しそうな言い方で。

そしてすぐに基へと視線を移し、言った。

ソロはお前だ、と。

大きく息を吸って、吐き出して、基は「はい」と返事をした。

「ありがとうございました」

玲於奈が瑛太郎に頭を下げる。平坦な声で、何の感情も見えてこない。

「先生、もうみんな帰っちゃいましたよね？　私達、電車で帰るんですか？」

ふっと表情を和らげて、玲於奈が聞く。

「天気も悪いし、駅までもちょっと距離があるし、タクシーで帰ろうかなと思ってた」

「ちょっと一人になりたいんで、私だけ電車で帰っちゃ駄目ですか？」

ホテルの場所、頭に入ってますから。笑みまでこぼしながら、玲於奈はそう続けた。瑛太郎が何か言いたそうに口を開きかけ、閉じる。だいぶ間を置いてから、首を横に振った。

「悪いな、一人じゃ帰せない」

そう言って、瑛太郎は基の腕を摑んだ。強く強く、引かれる。

「③俺と茶園はちょっとトイレに行って来るから、戻ったらタクシーを呼んで帰るぞ」

玲於奈を一人残し、基と瑛太郎は体育館を出た。一歩外に出ると、湿気が体にまとわりつく。扉をしっかり閉めた瑛太郎は、誰一人ここを通さないという顔で扉に寄りかかった。

サックスを首から提げたまま、基も体育館の外壁に背中を預ける。外はすっかり暗くなって、雨脚が強くなっていた。サッシの下から雨粒を眺めていたら、水滴がメガネのレンズに当たった。丸い雫が、いくつもいくつも、レンズに模様を作る。

瑛太郎に肩を摑まれた。

「お前は泣いちゃ駄目だ」

低い声で、そう言われる。

「わかってます」

瞬きを繰り返して、込み上げて来たものを体の奥へ戻す。肩にのった瑛太郎の手に、一際力がこもった。痛い。指が肩にめり込みそうだ。

「二人で吹かせてやりたかった」

ぽつりと、彼がそんなことを言う。臆病で幼くて優しいことを言う。

「ソロを前半と後半で分けるとか、掛け合いにするとか、そんなことばかり、ここ数日、ずっと考えてた」

「駄目ですよ」

即答して、唇を噛んだ。そうしないと、涙があふれてきそうだった。

「ぶつかり合うから、音楽は輝くんだ。仲良しこよしじゃなくて、戦って、たくさんの敗者が出て、そうやって、磨かれていくんだ」

そう思わないとやっていられない。吹奏楽なんて、やっていられない。コンクールなんて、やっていられるか。

「そうだな」

瑛太郎の掌は強ばったままだった。伝わってくる震えに、基は目を伏せた。ずっと一緒に練習してきたアルトサックスをもう一度抱きしめて、金色のボディに額を擦りつけた。

ずっと、聞こえる。

玲於奈の泣き声が、体育館から聞こえてくる。

稲妻のようだった。体育館の扉も、雨音をも突き破って、基と瑛太郎の体を切り刻むように、ずっと聞こえていた。

ずっとずっと、何分、何十分待っても、消えなかった。

ぶつかり合うから、僕達は昨日までの自分になかったものを手に入れる。

④ひたすら、自分に言い聞かせた。

（額賀　澪『風に恋う』）

注(1) ソロ……楽曲を一人で演奏すること。

注(2) サックス……楽器の名称。「オーボエ」「トランペット」「アルトサックス」も楽器の名称。

注(3) リード……楽器に用いられる薄片。振動して音源となる。

注(4) マウスピース……管楽器を吹く時に口に当てる部分。

問一、（省略）

問二、……線部について、「必死にこらえる」という意味の慣用表現になるように、□にあてはまる漢字一字を書け。

問三、――線部①の語の品詞名として適当なものを次から一つ選び、その記号を書け。

ア、動詞　イ、形容動詞　ウ、副詞　エ、連体詞

問四、――線部②における「基」の気持ちを説明したものとして、最も適当なものを次から一つ選び、その記号を書け。

ア、これまで共に吹奏楽をしてきた玲於奈との、最後のコンクールに向けた勝負だからこそ、力の限りを尽くしたいという気持ち。

イ、明日のコンクールでは実力を全て出し切って、自分の成長した姿を見せることにより、玲於奈に認めてもらいたいという気持ち。

ウ、他の吹奏楽部員や瑛太郎との約束を果たすために、明日のコンクールに向け、自分がソロパートを勝ち取りたいという気持ち。

エ、オーディションのたびに、幼馴染みの玲於奈に負けてきたからこそ、最後の勝負には必ず勝って見返してやりたいという気持ち。

問五、本文の□で囲まれた部分の「玲於奈」について説明したものとして、最も適当なものを次から一つ選び、その記号を書け。

ア、オーディションの結果に驚きを隠せず、どのような表情をしてよいかわからないため、ともかくこの場を

取り繕おうとしている。

イ、オーディションの結果を聞いたときは落ち込んだが、今は結果に納得し、コンクールに向けて自分を奮い立たせようとしている。

ウ、オーディションの結果に不満を抱き、基の顔を見るのも嫌になるほど怒りを覚えていることを、間接的に伝えようとしている。

エ、オーディションの結果に対して気持ちの整理がついておらず、あえて気丈に振る舞うことで、自分の内面を見せまいとしている。

問六、――線部③の「瑛太郎」の発言にはどのような意図があるか。次に合う形で十五字以内で書け。

［　　　　　　］という意図。

問七、――線部④について、このときの「基」の気持ちを、次に合う形で四十字以内で書け。

オーディションに敗れた玲於奈のつらい気持ちを理解しながらも、［　　　　　　］気持ち。

問八、本文の表現や構成の特徴として適当でないものを次から一つ選び、その記号を書け。

ア、倒置法により、登場人物の心情や言動を印象深く描いている。

イ、巧みな比喩を用い、玲於奈の演奏のすばらしさを表している。

ウ、雨の描写がそれぞれの場面において、効果的に用いられている。

エ、過去と現在の場面を交互に描き、勝負の緊迫感を伝えている。

〈長崎県〉

苫野一徳の文章　論

●主な出題歴……2018年度（神奈川県・奈良県）、2017年度（東京都立立川高校）ほか

29　次の文章を読み、各問いに答えよ。

タレスやアナクシマンドロス、アナクシメネスといった古代ギリシアの哲学者たちは、一般に「自然哲学者」①と呼ばれている。文字どおり、自然はいったいどういうメカニズムで動いているのか、その原理を〝神話〟ではなく観察を通した〝思考〟によって明らかにしようとした人たちだ。

哲学（philosophy）の語源は、philia（愛）とsophia（知）。古代においては、知を愛し②探究することは、なんでも哲学とされていた。だから、今なら「自然科学者」と呼ばれる人たちもまた、当時は「自然哲学者」と呼ばれていたのだ。

彼ら自然哲学者たちは、満足な実験道具も技術も持っていなかった。だから、もっぱら〝考える〟ことに頼って③世界の謎に取り組んだ。

今の科学から見れば、それはほとんど子どもだましみたいなものだ。だからその観点からいえば、古代の自然哲学は、たしかに科学に取って代わられたといえるかもしれない。

いや、むしろ、④自然哲学は自然科学へと〝進化〟したのだというべきだろう。

でもその一方で、哲学は科学とは別の方向にも自らを進化させてきた。

その生みの親こそ、タレスら自然哲学者たちから一世紀あまり後に登場した、西洋哲学の父ソクラテス（とその弟子プラトン）だった。

ソクラテスはこんなことを考えた。

哲学が真に考えるべき問題、それは、自然哲学が問うているような〝自然〟や〝世界〟についてじゃない。むしろ、この世界を問うているわたしたち〝人間〟自身である！

古代ギリシアのアポロン神殿には、「汝自らを知れ」という格言が刻まれていた。ソクラテスは、まさにこれこそ、哲学が探究すべき根本テーマだといったのだ。

〝外〟から〝内〟へと目を向けること。これはある意味では、人間の精神が幼年期から青年期へと成長したことのあらわれだったともいえる。

赤ちゃんや子どもは、いつでも〝外〟の世界に興味津々だ。虫や葉っぱや土なんかをさわって、大げさにいえば、世界がどうなっているのかを知ろうとする。

【Ⅰ】　でも、思春期をむかえるころから、僕たちはだんだんと自分自身に目を向けるようになる。「どんな人生を生きるべきだろう？」「自分には何が向いているんだろう？」「幸せってなんだろう？」そんなことを考えるようになる。

自然哲学からソクラテス哲学への展開もまた、おそらくはそれと同じような出来事だったのだ。

⑤ソクラテスの考えを、哲学と科学の関係という観点から、僕なりに大胆にいい直してみたい。

科学が明らかにするのは、いわば「事実の世界」のメカニズムだ。それはたとえば、物を手放せば落ちるとか、DNAは二重らせん構造をなしているとかいった、文字どおり「事実」の世界だ。

それに対して、哲学が探究すべきテーマは、〝真〟〝善〟〝美〟をはじめとする、人間的な「意味の世界」の本質だ。「〝ほんとう〟のことってなんだろう？」「〝よい〟ってなんだろう？」「〝美しい〟ってなんだろう？」そして、「人生いかに生くべきか？」

こうした意味や価値の本質こそ、哲学が解き明かすべき問いなのだ。

（苫野一徳『はじめての哲学的思考』による）

（注）メカニズム＝しくみ

㈠――線①と同じ意味で使われている「と」を、次のア～エから一つ選び、その記号を書け。

ア、兄と姉は出かけている。

イ、私も君の考えと同じだ。

ウ、子どもを陽一と名づける。
エ、友人と近くの公園で遊ぶ。

(二)――線②の動詞の活用形と同じ活用形の動詞を含む文を、次のア～エから一つ選び、その記号を書け。
ア、午後六時にコンサートが始まります。
イ、空にひときわ明るく輝くのは金星だ。
ウ、四月には校庭の桜の花が一斉に咲く。
エ、明日はいつもより少し早く起きよう。

(三)――線③とあるが、自然哲学者が明らかにしようとした「謎」に当たる部分を、文章中から二十五字以内で抜き出し、その初めの五字を書け。

(四)――線④とあるが、筆者はどのような観点から「〝進化〟した」と述べているのか。最も適切なものを、次のア～エから一つ選び、その記号を書け。
ア、〝思考〟によって原理が解き明かされたという観点
イ、「自然哲学者」が「自然科学者」になったという観点
ウ、実験道具や技術などが発達してきたという観点
エ、探究すべき根本テーマが変わってきたという観点

(五)文章中の【Ⅰ】の部分はどのような働きをしているか。その説明として最も適切なものを、次のア～エから一つ選び、その記号を書け。
ア、前の段落で述べている現象について、対照的な事例と比較し、別の見方や考え方を示している。
イ、前の段落の筆者の仮説について、データを基に分析し、考えの正しさを証明している。
ウ、前の段落で述べている状況について、原因となる事柄を挙げ、問題点を明らかにしている。
エ、前の段落の筆者の考えについて、具体的に述べながら、わかりやすく説明している。

(六)――線⑤を、筆者は哲学と科学の関係から、どのように整理しているか。その内容を文章中の言葉を用いて書け。

〈奈良県〉

にしがきようこ の文章 文

●主な出題歴……2019年度（青森県・大分県・鹿児島県）ほか

30 次の文章を読んで、あとの(1)～(5)に答えなさい。

> 中学生の「ぼく」は「おじさん」の別荘に行くことになった。しかし、別荘は山頂の途中にあり、たどり着くためには五時間歩くしか方法がなかった。

今、ぼくは、細くて急な登山道を登っている。

どうしてこんなことになってしまったのだろうと、くり返し自問する。

別荘でバカンスだと浮かれていたおめでたい性格や、行きたくないのにずるずると歩きだす優柔不断さが、われながら情けなかった。

道をけとばすように歩いていく。

急におじさんの声がした。

「山とけんかするなよ」

前を歩いているおじさんがふりむきもせずに言った。

「ⓐ勝ち目はないからな。それに余計に疲れるぞ」

おじさんは、足音だけでぼくの気持ちがわかるのだろうか。

登山道の土がくつの下でじゃりっと、にごった音をたてた。

「歩いているときには、石を落とさないようにていねいに歩くこと。石を落とすと、あとから登ってくる人や、下山している人に当たったりする。ケガをするリスクがあるんだ。だから、ていねいにな。山でのマナー、その一だ」

おじさんの声が前から聞こえる。

ぼくは思わずおじさんの歩いている先を見た。アスファルトではない、石ころだらけの登山道が続いている。たとえ小さな石だとしても、ころがっているうちに勢いがついてしまうことが想像できる。当たったら痛い。

「うん」

ぼくは、つぶやくように返事をした。

「おはようございます」

突然、声をかけられた。下ばかりむいていた顔をあげると、下山してきた男の人がせまい登山道のわきに立ち止まっていた。明るい笑顔を浮かべてぼくたちに道をゆずってくれている。

「おはようございます」

おじさんが答え、ぼくもそれにならった。

ぼくたちが通りすぎるとその人は登山道にもどり、下山していった。

おじさんは歩調を変えることなく、また話しかけてきた。

「山では、登りが優先なんだ。だから今の人は道をゆずってくれたんだよ。そして、山では、会った人にあいさつする。これが礼儀だ。山でのマナー、その二ってとこかな」

それからは、下山してくる人にあいさつをし続けた。あいさつを返す声が不機嫌じゃないかどうかと気になる。

(イヤイヤ歩いているのに、ぼくは、どうして笑顔を作ったり、他人の目を気にしちゃうんだろう)

ⓘおなかのそこからため息がでた。

一歩足を前にだすたびに汗がふきだしてくる。息がはずみ、あえぎはじめる。心臓の鼓動がばくばくと音をたてはじめる。走っているわけでも、飛んでいるわけでもなく、ただ、歩いているだけなのに、息が上がってしまう。汗が顔を、体を流れ落ちていく。前を歩くおじさんのザックをにらみつける。あのザックの重さを知らなければ歩きだしたりしなかったのにと、おかど違いの文句を頭の中で並べはじめる。不平不満が頭の中でぐるぐるまわりだした。そして、足元の岩に乗りそこねてよろけた。

(もう、イヤだ！)

そのとき、おじさんが声をあげた。

「よーし、一本だ」

登山道のわきに人が五人ほどすわれそうな草の生えた平らな場所があった。おじさんはそこで立ち止まった。

「休憩だ」

救われた気分になった。広くはない場所だけれど、見晴らしがよかった。ザックをおろして休んでいる人たちがいる。地面からつきでている岩に女の人が腰をおろしている。汗をふき、水を飲んでいる人もいる。ぼくはそっとザックをおろした。

「いいペースだ」

おじさんが満足そうな顔で、首からたらしたタオルで汗をふいた。

「ほれっ、飲むか？」

ザックの中から水の入った容器を渡してくれた。ペットボトルではない。軽く三リットルは入るだろうか。水がいっぱい入ったポリタンクだ。

（ザックの中にこんなに重いものを入れて歩いているんだ）

驚きながら、ぼくはタンクを両手でかかえて、ごくごくと飲んだ。冷たくはないけれど、とてもおいしい。ねばりつく口からのどへと一気に通りすぎていく。そして、おなかにおさまると同時に汗となってふきだす。ほてっている体の熱が汗といっしょに出ていった。

「おいおい、そんなに飲むと、ばてるぞ」

㋒笑いをふくんだ声だった。

「ほら、見てみろ、あれが車で上って来た道路だ」

おじさんの指さす方を見た。休憩場所のむこう側は木々がまばらな急斜面だった。その木々の間からアスファルトの道がくねくねと見えている。かなり下の方だ。

「木に隠れて見えないけど、あのあたりが登り口だ」

おじさんの人さし指が下をむいていた。おじさんの指の先をのぞきこむようにして斜面に体を乗りだした。そして、すぐに歩いてきた登山道をふりかえった。

「こんなに登って来たんだ」

腹立ちまぎれに進めてきた一歩一歩が、この高度をかせいだのだと思うと不思議な気がする。そして、完全にあきらめた。㋓もう行くしかないのだ。

――にしがきようこ「ぼくたちのP」より――

(1) ㋐勝ち目はない　とありますが、これと近い意味のことわざとして最も適切なものを、次の1～4の中から一つ選び、その番号を書きなさい。

1、悪事千里を走る　2、多勢に無勢
3、出る杭は打たれる　4、弘法も筆の誤り

(2) ㋑おなかのそこからため息がでた　とありますが、ため息をついた理由について、次のようにまとめました。[A]、[B]に入る最も適切な語句を、[A]は四字で、[B]は六字で、それぞれ本文中からそのまま抜き出して書きなさい。

> 「ぼく」は、[A]で、本心と異なる行動をしたり、他人の目を気にしてしまう性格について、なぜなんだろうと[B]をしているため、ため息がでた。

(3) ㋒笑い　とありますが、このときの「おじさん」の心情として最も適切なものを、次の1～4の中から一つ選び、その番号を書きなさい。

1、感謝　2、哀願
3、親愛　4、自虐

(4) ㋓もう行くしかないのだ　とありますが、ある生徒が、「ぼく」の気持ちの変化について、次のようにまとめました。[　]に入る具体的な内容を、変化前の気持ちときっかけを明らかにして五十字以内で書きなさい。

> [　　　　]とする気持ちに変化した。

(5) この文章について述べたものとして最も適切なものを、次の1～4の中から一つ選び、その番号を書きなさい。

1、会話文を織り交ぜながら、「ぼく」と「おじさん」の心の交流を軽やかに描いている。
2、やさしい語句と比喩的表現を用いることで、険しい山の風景を視覚的に描いている。
3、擬人法を使いながら、山の力で「ぼく」と「おじさん」の心が変化する様子を丁寧に描いている。
4、論理的説明と細かい描写を積み重ねて、山のもつ不思議な魅力を分かりやすく描いている。

〈青森県〉

藤井清美の文章　文

●主な出題歴……2019年度（宮城県）、2018年度（神奈川県・長崎県）ほか

31 次の文章を読んで、あとの問いに答えなさい。

> 明治六年、長野県松代の士族の娘である十五歳の英は、英の父親よりもかつて身分が高かった士族の娘である鶴様をはじめ、初・新子・蝶など同郷の娘たちや、山口県から来た量たちとともに、故郷に製糸技術を伝えるため、富岡製糸場で働き始めた。

初めての給料が出た時、英は、なんとも言えない気持ちを味わった。目の前にあるのは、生まれて初めて自分で稼いだお金だ。言い換えると、自分は生まれて初めて、お金になるような働きをしたのだ。いろいろなことに耐えたひと月は、そういう時間だったのだ。

①英はやっと、家族に胸を張って仕事のことを報告することができると筆を執った。『*繭選り、*揚返と習いまして、今、*糸繰りを学んでおります』。糸繰りになるのがどれほど大変だったか、その作業がどんなに難しいかを書きたかったが、書いても書いてもすべてを伝えられない気がしてもどかしい。

筆を止めて他の人がどうしているか見る。初は、あっさりと短い手紙を書き終えたようだ。新子は、一度書いた文面が気に入らないらしく、書き直すべきか迷っている最中だった。ここ数日、体調が良くないと言って仕事を休んだ鶴様は、今日は具合がいいのかすらすらと美しい字を紙に連ねている。英はそれを見て、体調を気遣う言葉を引っ込めた。

そして蝶を見ると、しばらく筆を墨で濡らしていたが、急に心が決まったのか書き始め、あっという間に書き終えた。

「蝶さんはさすがに慣れてるのね。わたしは書きたいことが多すぎて、何を書けばいいかわかりません」

英が言うと、蝶は、
「手紙というものは、書く人が伝えたいことか、読む人が読みたいことのどちらかを書けばいいのですよ。どうせ送ってしまえばそれっきりなんだから」
と、わかるようなわからないようなことを言った。だが、そう言った蝶の目は見たことがないほど暗い。富岡に来てすっかり丸くつややかになった蝶の頬と、その目の色はとても不釣り合いだった。

英は結局、家族にすべてを説明することは諦め、『お父様とお母様のお言いつけ通り、心して学んでおります』と手紙を結んだ。②蝶が言うのとは少し違ったと思う。その文章は、書く英も、読む家族も両方が望む言葉だ。

工女たちの給料日に合わせて、寄宿舎に小間物屋が来る。手ぬぐいなどの日用品から化粧用具まで、お金を手にした若い娘なら手に入れたいと思う物が揃っている。英は、その場から離れられなくなってしまった。③一つ一つの値段を聞く。買うためではない。感じたかったのだ。「これはわたしのお給料で10個も買える」「これを買ったら、残りは少しになってしまう……」「＊一等工女になったら、あれもこれも買える！」自分がどれだけ稼げて、自分のひと月の働きがどういう物に化けるのか、考えているだけで楽しい。

いや、本当は何もかもが欲しかった。何もかも買ってみたかった。特に＊紅！　英は化粧をしていない。だが、工女の中には綺麗に化粧して仕事に出る人たちもいた。明日からいきなり化粧をするのは恥ずかしい気もするが、紅だけなら、挑戦できそうな気がする。

買ってしまおうか。どうしよう……

「これはおいくらですか？」と声がした。高い声の人が、重々しく聞こえるように無理に低くしているような声――量の声だ。

量は最近やっと糸繰りになった。糸繰りになる早さでは英に負けたわけだが、そこは「あちらはわたしより随分先にお着きになったから」と負け惜しみを忘れない。

量は紅を手に取っていた。量は値段を聞いて頷き、「頂きます」と言う。④悔しい。「わたしも頂きます」という言葉が、英の口から飛び出る。量が英をチラリと見た。

英も量も、自分が買った方の紅が相手が買った物よりいい物だと信じて、大事に手の中に収めた。

初めて＊紅を引くと、仕事の間中、指導者たちや他の工女から見られているような気がした。

「あらあの子、昨日までと違う」

本当にそう思われているかはわからない。だが、視線が気になって仕方ない。似合ってないと思われたらと考えると恥ずかしいし、もし、「あら、可愛い」と思ってもらえたら、それも別の意味で恥ずかしい。つまりどちらに行っても恥ずかしいので、胸の中でずっと小さな音がする。

⑤あの小さな紅には、途方もない力があるようだ。

（藤井清美「明治ガールズ　富岡製糸場で青春を」による）

＊をつけた語句の〈注〉

繭選り・揚返・糸繰り　それぞれ製糸工程の一つ。また、工女たちが担当する役割のこと。

一等工女―技術に優れ、給与も服装も特別に待遇された工女。

紅――顔や唇をいろどる化粧品。

引く――ここでは、のばして塗ること。

問一、本文中に「①英はやっと、家族に胸を張って仕事のことを報告することができると筆を執った。」とありますが、このときの英の心情を説明したものとして、最も適切なものを、次のア～エから一つ選び、記号で答えなさい。

ア、家族と離れた生活を送っているので、寂しさが込み上げている。

イ、仕事の内容を故郷に初めて報告するため、不安を感じている。

ウ、給料を得るに値する仕事をしたことを、誇らしく思っている。

エ、初めての給料をどのように使おうかと、楽しみにしている。

問二、本文中に「②蝶が言うのとは少し違った」とありますが、次の対話は、このことについて話し合ったものです。［A］にあてはまる言葉を十字で、［B］にあてはまる言葉を七字で、それぞれ本文中からそのまま抜き出して答えなさい。

〈Xさん〉「蝶が言うのとは少し違った」とあるけれど、どんなことが違ったのかな。

〈Yさん〉蝶の言葉からは、手紙を出してもあまり意味がないと思っているような印象を受けるね。

〈Xさん〉そうだね。一方、英は、仕事の大変さや難しさについて、［A］ように感じて、もどかしく思っているけれど、自分がこのひと月の間頑張ってきたことを、何とか伝えようとしていたんだね。

〈Yさん〉そして、手紙の最後に、『お父様とお母様のお言いつけ通り、心して学んでおります』と書いたのは、家族がそのことを期待していると思っていたからだろうね。

〈Xさん〉そうか。英は手紙に、書く人も読む人も［B］を書いたんだね。だから、「少し違った」ということになるんだね。

問三、本文中に「③一つ一つの値段を聞く。」とありますが、その理由として、最も適切なものを、次のア～エから一つ選び、記号で答えなさい。

ア、若い娘なら誰もが欲しがる商品を販売する、小間物屋の仕事に興味を感じていたから。

イ、一等工女になって買うときのために、全ての商品の値段を把握しておきたいと思ったから。

ウ、本当は全ての商品が欲しかったので、総額がいくらになるのかを計算したいと思ったから。

エ、自分のひと月の労働にどれほどの価値があるのかを、商品を通して感じたかったから。

問四、本文中に「④悔しい。」とありますが、次の文は、英がこのように感じた理由を説明したものです。［　］に入る適切な表現を考えて、十字以内で答えなさい。

> 自分は、紅を［　　］のに、互いに意識し合っている量が、あっさり決断したのを見て、自分が負けたように感じたから。

問五、〈思考力〉本文中に「⑤あの小さな紅には、途方もない力があるようだ。」とありますが、「小さな紅」の「途方もない力」によって、英はどのようになりましたか。五十五字以内で説明しなさい。

問六、本文の表現の特徴について説明したものとして、最も適切なものを、次のア～エから一つ選び、記号で答えなさい。

ア、英の視点から、他の登場人物の様子などを描写することにより、各場面における英の心情を明瞭に描いている。

イ、文末に体言止めを多用することにより、しみじみとした余韻や、簡潔で引き締まった印象を読み手に与えている。

ウ、英と他の娘たちとの会話を重ねることにより、それぞれの性格が端的に表され、人物像が明確に描き出されている。

エ、出来事と出来事の間に、英が故郷を回想した場面を挿入することにより、何気ない日常の場面に奥行きを持たせている。

〈宮城県〉

山極寿一 の文章　論

●主な出題歴……２０１９年度（高知県・熊本県）、２０１８年度（宮崎県）ほか

32　次の文章を読み、後の㈠～㈣の問いに答えなさい。

「時間どろぼう」という言葉を記憶している読者は多いだろう。ドイツの作家ミヒャエル・エンデ作『モモ』に出てくる言葉である。時間貯蓄銀行から派遣された灰色の男たちによって、人々の時間が盗まれていく。それをモモという少女が活躍してとりもどす。そのために彼女がとった手段は、ただ相手に会って話を聞くことだった。このファンタジーは現代の日本で、ますます重要な意味をもちつつあるのではないだろうか。

時間とは記憶によって紡（つむ）がれるものである。かつて距離は時間の関数だった。遠い距離を旅した記憶は、かかった時間で表現された。だから、「7日も歩いて着いた国」といえば、ずいぶん遠いところへ旅をしたことになった。その間に出会った多くの景色や人々は記憶のなかに［　　］の経過とともにならび、出発点と到着点を結ぶ物語となった。

しかし、今は違う。東京の人々にとって飛行機で行く沖縄は、バスで行く名古屋より近い。移動手段の発達によって、距離は時間では測れなくなった。

時間にとって代わったのは費用である。「時は金なり」ということわざは、もともと時間はお金と同じように貴重なものだから大切にしなければいけないという意味だった。ところが、次第に「時間は金で買えるもの」という意味に変わってきた。特急料金をはらえば、普通列車で行くより時間を短縮できる。速達郵便は普通郵便よりも料金が高いし、航空便は船便より費用がかさむ。同時に、距離も時間と同じように金に換算されて話題に上るようになった。

しかし、これは1大きな勘違いを生むもととなった。金は時間のように記憶によって蓄積できるものではない。本来、金は今ある可能性や価値を、劣化しない紙幣や硬貨に代えて、それを将来に担保する装置である。いわば時間を止めて、その価値や可能性が持続的であることを認める装置だ。しかし、実はその持続性や普遍性は危うい約束事や予測の上に成り立っている。今の価値が将来も変わることなく続くかもしれないが、もっと大きくなったり、ゼロになるかもしれない。リーマン・ショックに代表される近年の金融危機は、そのことを如実（にょじつ）に物語っている。

時間には決して金に換算できない側面がある。たとえば、子どもが成長するには時間が必要だ。金をかければ、子どもの成長を物質的に豊かにできるかもしれないが、成長にかかる時間を短縮することはできない。そして、時間が紡ぎだす記憶を金に換算することもできないのだ。社会で生きていくための信頼を金で買えない理由がここにある。信頼は人々の間に生じた優しい記憶によって育てられ、維持されるからである。

人々の信頼でつくられるネットワークを社会資本という。何か困った問題が起こったとき、ひとりでは解決できない事態が生じたとき、頼れる人々の輪が社会資本だ。それは互いに顔と顔とを合わせ、時間をかけて話をすることによってつくられる。その時間は金では買えない。人々のために費やした社会的な時間が社会資本の元手になるのだ。

私はそれを、野生のゴリラとの生活で学んだ。ゴリラはいつも仲間の顔が見える、まとまりのいい10頭前後の群れで暮らしている。顔を見つめ合い、しぐさや表情で互いに感情の動きや意図を的確に読む。人間の最もまとまりのよい集団のサイズも10～15人で、共鳴集団と呼ばれている。サッカーやラグビーのチームのように、言葉を用いずに合図や動作で仲間の意図が読め、まとまって複雑な動きができる集団である。これも日常的に顔を合わせる関係によって築かれる。言葉のおかげで、人間はひとりでいくつもの共鳴集団をつくることができた。でも、信頼関係をつくるには視覚や接触によるコミュニケーションに勝るものはなく、言葉はそれを補助するにすぎない。

人間が発する言葉は個性があり、声は身体と結びついている。だが、文字は言葉を身体から引き離し、劣化しない情報に変える。情報になれば、効率が重視されて金と相性

がよくなる。現代の危機はその情報化を急激に拡大してしまったことにあると私は思う。本来、身体化されたコミュニケーションによって信頼関係をつくるために使ってきた時間を、今私たちは膨大な情報を読み、発信するために費やしている。フェイスブックやチャットを使って交信し、近況を報告し合う。それは確かに仲間と会って話す時間を節約しているのだが、果たしてその機能を代用できているのだろうか。

現代の私たちは、一日の大半をパソコンやスマホに向かって文字とつき合いながら過ごしている。もっと、人と顔を合わせ、話し、食べ、遊び、歌うことに使うべきなのではないだろうか。それこそが、2モモがどろぼうたちからとりもどした時間だった。時間が金に換算される経済優先の社会ではなく、人々の確かな信頼にもとづく生きた時間をとりもどしたいと切に思う。

（山極寿一（やまぎわじゅいち）『ゴリラからの警告「人間社会、ここがおかしい」』による）

（注）リーマン・ショック…アメリカの大手証券会社の経営破たんが世界に影響を与えた金融危機。

(一)文章中の□に当てはまる言葉として適切なものを、文章中から漢字二字でそのまま抜き出して書け。

(二)文章中の——線部1に「大きな勘違い」とあるが、これはどういうことか。その内容として最も適切なものを、次のア～エから一つ選び、その記号を書け。

ア、時間を金で買えるようになったので、記憶も将来を担保する装置にできると思った。

イ、時間は記憶によって紡がれていたが、金に換算すると価値が劣化しなくなると思った。

ウ、金は記憶によっては蓄積できないのに、時間と同じように蓄積できるものだと思った。

エ、時代とともに時間の価値が変わっても、記憶は普遍的な価値を持ち続けるものだと思った。

(三)文章中の——線部2の「モモがどろぼうたちからとりもどした時間」とは、どういう時間だと筆者は述べているか。その内容を、「……コミュニケーションではなく、……コミュニケーションをする時間。」の形になるように、六十字以上八十字以内で書け。ただし、句読点その他の符号も字数に数えるものとする。

(四)この文章の内容と構成を説明したものとして適切なものを、次のア～エから一つ選び、その記号を書け。

ア、初めに現代の時間について疑問を投げかけ、次にその価値の移り変わりを説明し、さまざまな時間と関わってきた筆者の経験を語り、最後に対話の時間の大切さを訴えている。

イ、初めに対話の重要性について提示し、次に顔を合わせて言葉を交わすことが時間とともに変化してきたことを筆者の体験をもとに語り、最後に対話の時間の大切さを訴えている。

ウ、初めに現代の日本の状況を考えさせられる物語に触れ、次に金で価値を計ることのできないものについて筆者の経験を交えながら語り、最後にあるべき社会について述べている。

エ、初めに物語のもつ重要な意味を訴え、次に物語と現代社会とが抱える普遍的な問題を指摘し、さらに筆者の経験からの具体例を述べ、最後にあるべき社会について述べている。

〈高知県〉

一川 誠の文章 論

●主な出題歴……2018年度（三重県）、2017年度（群馬県）ほか

33 次の文章を読んで、あとの各問いに答えなさい。

ミヒャエル・エンデ（注1）の小説に『モモ』という作品があります。まだ読んでいない人がいれば、読んだ際の感動を損ねかねないので、詳しい内容を紹介することは(1)避けますが、時間の使い方、時間とのつきあい方を考える上でいろいろと示唆に富む作品です。

この作品には、「時間どろぼうとぬすまれた時間を人間にかえしてくれた女の子のふしぎな物語」という長い副題がついています。この作品の中では、時間どろぼうは、グレーのスーツを着ていて、人々から奪った「時間の花」（注2）から作られた夕バコをふかすことで命をつないでいる寓話（ぐうわ）的存在です。現代人が、あくせく働く中で、生活のゆとりや幸福感を失う元凶（注3）として描かれています。

エンデが(2)時間どろぼうをどうとらえていたかも、この小説を解釈する上で興味深いテーマの一つですが、そうした小説の楽しみ方とは別に、私たちの毎日の生活の中には、それに関わると、思ったよりも長い時間を失ってしまうようなことがらや状況があります。そうしたことがらや状況を、以下では「時間どろぼう」と呼ぼうと思います。

たとえば、特定の作業をしていて、気がつくと、自分で感じているよりも長い時間が過ぎていることがあります。また、特定の作業に関して、かけた時間の長さを考慮すると、驚くほど作業の成果が挙がっていないということもあります。そうした状況を頻繁に引き起こす作業課題は、私たちの時間を知らないうちに奪い去ることになります。気がつかないうちに、長い時間を失ったように感じられることから、そうしたことがらはまさに時間を奪う「時間どろぼう」です。

「時間どろぼう」となり得る作業課題には、いくつかの特徴があります。その課題に取り組んでいる間に、認識され

る出来事の数が少ない、(3)次の展開を気にしながら何かが起こるのを待つような状況が続く、あまり集中力を必要としない、身体を動かすことが少ない、などなどです。

　捜し物をする作業はこうした作業課題の典型の一つです。捜し物をしている時間は、実際にかかった時間よりも短く評価されがちです。実際にはその間、いろんな出来事があるのだろうけれども、捜し物をしている人は、捜すという行為に集中しているので、目の前で起こった出来事であっても、一つひとつのことがらとしては体験されにくいのです。

　むしろ、この捜し物をしている人は、捜し物をはじめてから目標としているものが見つかるまでに起こった出来事を、ひと続きの「捜す」作業として体験しやすいのです。注意も、捜している対象のありそうな場所や、目標らしいものに向けられやすいので、時間経過には注意が向きにくくなります。そのためますます、経過した時間は短く感じやすくなるのです。

　探索する間にあまりに長い時間が過ぎると、捜し続けるのがよいのか、別の手段でそのターゲット(注4)にアクセスしたほうがよいのかという選択に関心が向くことがあるかもしれません。でも、そのような考えが出てくるのは、いくら捜してもターゲットが見つからず、捜すことに向ける注意の持続が難しくなるほど長い時間が経過した場合です。また、次々と違うターゲットを捜すような作業が続く場合、このような作業の切り替えも起こりにくくなります。結果として、いつまでもその作業を続けることになりがちです。

　このことによく似た事例に、ネットサーフィン(注5)などのＷｅｂを使った作業があります。ネットを使った調べ物では、あることがらを調べるためにネットを使い始めたはずなのに、関連していることがらを次々と検索することで、捜し物の対象が次々新しく更新されがちです。このような場合、自分で感じている時間よりも長い時間がその検索にかけられていることが多くなる傾向にあります。

　また、ネット検索やＰＣのソフトを使った作業のように、コンピュータを利用して仕事をするとき、何かコンピュータに入力したり操作したりした際、次の段階に至るまで、若干待ち時間が生じることが多いものです。実は、この待ち時間が過小評価されやすいのです。

　この待っている時間には、たいていの場合、特別な出来事は起こりません。一定の時間の後、予測通りに次の段階に進むだけです。その待ち時間が心配になるほど長くない場合、意識が時間の経過にも向けられることはほとんどありません。操作の結果として、ソフトの状態が次の段階に移って初めて、一つの出来事が成立することになるため、何も出来事が起こらなかった待ち時間の長さは、私たちの時間の長さの見積もりに反映されにくいのです。

　身体を大きく動かすような作業であれば、その作業を続けているうちに、疲労が溜(た)まり、身体をそのまま動かし続けるのは難しくなります。そこで、身体がこれまでのように動かなくなったところで、作業が中断されることもあります。

　［　　］、このようなコンピュータを使った作業に取り組んでいる間、ほとんど体力は使いません。そのため、疲労が蓄積したり、睡魔が襲ったりしても、そのまま作業を続けられてしまうことも、この種の作業がだらだらと続きやすくなる原因だと思われます。

　このように、作業をだらだらといつまでも続けることができるのは、コンピュータの動作が速くなり、ネットワークで高速での大量の情報通信が可能になるなどの技術革新が起こったためだということもできます。

　おそらくは、私たち自身が求めた便利さが、このような道具を作り出したのでしょう。でもそれが、他のことがらを実行する時間を大きく奪っているとしたら、そのような道具の使用に関してはある程度の制限を設けることも考えるべきです。

　日常生活の中には、こうした「時間どろぼう」がいくつも存在しています。そうした作業に取りかかる際、どの程度の時間をそこに費やすかをあらかじめ決めておき、その時間が過ぎたらアラームが鳴るように設定して、アラームが鳴ったら、強制的にその作業から離脱できるような仕組みを作っておくことが、「時間どろぼう」対策には有効です。

（一川(いちかわ)　誠(まこと)『「時間の使い方」を科学する』による。）

（注1）ミヒャエル・エンデ——ドイツの児童文学者。
（注2）寓話(ぐうわ)——教訓的な内容を、動物などの話に結びつけて表したもの。
（注3）元凶——悪い状態を作り出すもの。
（注4）ターゲット——標的。また、目標。
（注5）ネットサーフィン——インターネット上のサイトを次々に眺めること。

㈠ 傍線部分(1)「避け」は動詞であるが、その活用の種類と活用形の組み合わせとして、次のア〜エから最も適当なものを一つ選び、その記号を書きなさい。

ア、上一段活用　—　未然形
イ、上一段活用　—　連用形
ウ、下一段活用　—　未然形
エ、下一段活用　—　連用形

㈡ 傍線部分(2)「時間どろぼう」とあるが、筆者による本文中での「時間どろぼう」の定義はどのようなものか、本文中の言葉を使って、四十字以上五十字以内で書きなさい。（句読点も一字に数える。）

㈢ 傍線部分(3)「次の展開を気にしながら何かが起こるのを待つような状況が続く」とあるが、このような特徴がある、コンピュータを使った作業が、「時間どろぼう」となり得るのはなぜか、その理由を最も適切にあらわしている一文を本文中から抜き出し、最初の五字を書きなさい。

㈣ 文中の［　　］に当てはまる言葉として、次のア〜エから最も適当なものを一つ選び、その記号を書きなさい。

ア、ところが
イ、だから
ウ、さて
エ、それとも

㈤ この文章の内容に合うものとして、次のア〜エから最も適当なものを一つ選び、その記号を書きなさい。

ア、捜している対象が見つからず、捜すことに向ける注意の持続が難しくなるほど長い時間が経過した場合には、捜し続けるのをやめて、別の手段に切り替えることを選択するべきだ。

イ、ネットを利用した調べ物では、あることがらを次々と検索しても、捜し物の対象が更新されることはないため、自分で感じているよりも長い時間が、その検索にかけられてしまう。
ウ、身体を動かすことが少ない作業の場合は、その作業に取り組んでいるうちに、疲労が蓄積したり、睡魔が襲ったりするため、長い時間、作業をし続けることが難しくなってしまう。
エ、私たちが便利さを求めて作り出した道具が、他のことがらを実行する時間を大きく奪っているとしたら、その道具の使用に関しては、ある程度の制限を設けることも考えるべきだ。

〈三重県〉

伊藤明夫の文章　論

●主な出題歴……2019年度（群馬県・大分県）ほか

34　次の文章を読んで、後の問一～問四に答えなさい。なお、答えに字数制限がある場合は、句読点や「」などの記号も一字と数えなさい。

京都大学霊長類研究所の研究では、チンパンジーは文字や数字のようなシンボルの違いを認識し、ある程度使いこなすことができるということです。また、①鏡を見ながら額につけられたマークをさわることにみられるような、自己認識ができるともいわれています。これらのことは、ニホンザルのようないわゆるサル（モンキー）のなかまではできません。チンパンジーはほかの動物とは大きく違う、ヒトに近い知能をもっています。

ヒトとゲノム*上では約一・二％しか違わないチンパンジー。ヒトとチンパンジーなどの類人猿との違いは、ヒトが直立二足歩行をするということです。こうした行動や文化の違いは、ゲノム上のどこにあるのでしょう？

ゲノム上の違いが丹念に調べられていますが、残念ながら現時点ではまだよくわかっていません。特定の少数の遺伝子の決定的な違いというより、多くのタンパク質におけるアミノ酸のわずかな違いによる働きの違いや、いくつかのタンパク質のつくられる時期や量の違いが積み重なって、その差が出てくるのではとの考えもあります。

多くの遺伝子では、タンパク質のアミノ酸配列の情報をもっている部分（構造遺伝子）に加えて、そのタンパク質をいつ、どのくらいの量つくるかを調節している部分（調節領域）をもっています。

ひとりの人は、すべての細胞が同じセットの遺伝子をもっているのに、肝臓、心臓、脳などの臓器の違いにより、また、幼児、子ども、大人など年齢の違いにより、さらに、昼と夜、空腹と満腹など体の内外の環境変化などにより、細胞内に存在するタンパク質の種類や量が違うのは、この②調節領域の働きによります。

チンパンジーとヒトも個々のタンパク質の働きが大きく違うのではなく、これらの遺伝子の調節のしかたが異なるのではないかというのです。たとえばそれは、神経機能や神経発生に関係した遺伝子、生殖に関係した遺伝子などがつくるタンパク質の量や時期の違いです。しかしそれだけで、チンパンジーとヒトとの知的な違いを説明することは、まだまだ困難です。

私たちは、「地球は丸い」とか、「地球は太陽のまわりを回っている」ことを当たり前のことと思っています。しかし、ほとんどの人が、実際に地球が丸いことや太陽のまわりを回っていることを実体験したことはないでしょう。私たちが地上で見ることができる範囲では、大地は多少の凹凸はあるにしても平らにみえ、少なくとも丸くは感じられません。また、地球はじっとしていて太陽が東から西へと動いていると感じています。

昔の人たちも同じように感じていたはずです。そして、地球が丸くて太陽のまわりを回っているなどと、とても考えられなかったことでしょう。現代の私たちと、たとえば一万年前の縄文人たちとでは、何が異なるのでしょう？

現代人の脳は、一万年前の縄文人の脳から大きく変わっているわけではありません。ヒトは少なくともおよそ五万年にわたって、その基本的な脳の働きはまったく変わっていないといわれています。

縄文人が文字さえもない狩猟と採集のまずしい生活をしていたのに対し、現代の私たちは電子機器にかこまれて快適で文化的な生活をして、知識もはるかに豊富にもっていますが、私たちが昔の人たちよりも優れているのではありません。縄文人も子どものころから教育すれば、コンピューターを使いこなし、医者にもパイロットにもなれるでしょう。

チンパンジーは親のしぐさをみて学び、自分のものとして身につけますが、親が積極的に子どもに何かを教えるということはほとんどしないといわれています。言葉や経験を次世代と共有できる文字のような手段の獲得、その違いが、いまのヒトとチンパンジーの違いではないでしょうか。

チンパンジーでは、それぞれの世代は、前の世代が始めたことをはじめからやりなおすので、いつまでもほぼ同じ状態で止まってしまいます。

　生きものたちのすべての進化情報は、遺伝子（DNA）の情報として保存され、伝えられてきましたが、ヒトは遺伝子では伝えられないものを伝えることができる能力をもった生きものなのです。個人や集団が得た知識や技術を言葉、文字、絵画、音楽などを通じて次の世代に伝え、それらを蓄積し、種全体で共有することができる能力を獲得したのです。

　前の世代の知的財産に、いまの世代が獲得したものを加えて、それを次の世代に伝えていき、世代が進むとともに文化財産が蓄積されていく——これは、ヒト以外のあらゆる生きものたちがかつてもったことのない、高度な脳の発達によるすばらしい能力です。③ヒトはこれまでにはなかった特殊な生きものなのです。

　さて、これまで私は、人類のことを「ヒト」と書いたり、「人」と書いたりしてきました。生物学では一般に、生きものの種を表すときにカタカナで表記します。遺伝子を伝えるものとしての生きものの種類の一つという意味です。それに対して、遺伝子に加えて文化を伝えることのできる生きものとしてのヒトを「人」あるいは「ひと」と表します。

　私たち一人ひとりも、ヒトとして生まれ、人（ひと）として育ちます。

（伊藤明夫「40億年、いのちの旅」から）

（注）＊ゲノム——染色体上の遺伝子が持つ全遺伝情報のこと。

問一、思考力 ——線①について、「自己認識ができる」という【結論】を導くまでの過程を、次の【資料】を参考にしながら、後の【推論の流れ】にまとめた。A に当てはまる言葉を、【資料】から五字で抜き出し、書きなさい。また、B に当てはまる言葉を、【資料】から二十一字以上二十五字以内で抜き出し、初めの五字を書きなさい。

【資料】

　霊長類研究所のチンパンジーたちも、生まれて一ヵ月から四〜五歳くらいまで、毎週一回、数分間鏡を見るという経験を積んできた。鏡を見せ続けていると、はじめはそこに映った自分を他者だと認識してあいさつ行動などの社会的反応が出てくる。また、鏡の裏に手を回し、鏡の中に映っている食べ物を取ろうとする。その後、鏡映像と自分の運動の間の対応関係を確認するように、手をゆらゆらさせてみたりする行動が現れ、最終的に鏡なしには見えない身体部分を鏡を利用して探索するという自己指向性反応が出現し、めでたく「自己鏡映像認識」が成立する。行動の変化のパターンは、ヒトもチンパンジーも違いはないようだ。

（友永雅己「鏡の国のクレオ」から…一部表記を改めている。）

【推論の流れ】

【資料】の実験では、次のことを前提としている。
○チンパンジーは、額にマークをつけられたことは知らない。また額につけられたマークを自分で見ることもできない。

⬇

○チンパンジーは鏡に映った自分を初めて見た時、他者に接した時と同じような A を見せる。

⬇

○この実験におけるチンパンジーは、鏡に映った「額にマークのついたチンパンジー」を見て、自分の額をさわった。もし、鏡に映った「額にマークのついたチンパンジー」を他者と認識しているのであれば、B ことはないはずである。

⬇

【結論】
○チンパンジーは、鏡に映っている「額にマークのついたチンパンジー」を自己と認識しているに違いない。

問二、——線②について、「調節領域」はどのような働きをするか。本文中の言葉を使って、次の□に二十一字以上二十五字以内で書きなさい。

□働き。

問三、——線③について、ヒトはなぜ「特殊な生きもの」であると言えるのか。本文中の言葉を使って、次の□に二十一字以上二十五字以内で書きなさい。

ヒトは、個人や集団が得た知識や技術を、□から。

問四、思考力 本文の表現や展開の仕方について最も適当なものを、次のア〜エのうちから一つ選び、その記号を書きなさい。

ア、遺伝子情報の観点から、最初にサルとチンパンジーの違いについて概略を説明した後、ヒトとチンパンジーの違いについて詳細に説明を加え、ヒトが存在する意義を明らかにしようとしている。

イ、縄文人と現代人を比較し、同じヒトであっても脳の機能や発達の仕方が異なっていることを説明することによって、進化における最大の要因が環境であることを明らかにしようとしている。

ウ、疑問形で読者に語りかけるような問題提起をしつつ、遺伝子情報の話題からヒトの能力の独自性についての話題へと論を展開し、ヒトとその他の生物との違いについての結論を導いている。

エ、チンパンジーとヒトの違いについて、科学的に解明されていないことや説明困難なことについては断定的表現を避け、あくまで個人的な意見であることを示しながら結論を提示している。

〈大分県〉

乾 ルカ の文章 文

●主な出題歴……2019年度（秋田県・岐阜県）ほか

35 次の文章は、中学生の松本憲太と、成績が落ち込み泣いている親友の江崎学とが、話している場面を描いたものである。これを読んで、後の問いに答えなさい。

「どんな[1]未来がお望みなんだよ、言ってみろよ、おい。」

そういえば、学の将来の夢を憲太は知らないのだった。憲太も教えていなかった。というか、真面目に考えたことがなかった。学校でそういった課題の作文を書かされたこともなかった。

学の未来については、村の大人たちが口々に好き勝手なことを語るのを耳にするだけだった。

「……医師。」

学も低い声で一言答えた。

「は？　イシ？」

「医師。お医者さんだよ、久松先生みたいな。」

子どものころから世話になっている、穏やかで優しそうなおじいさん先生の像が、憲太の頭の中で結ばれた。

また雷が連続して落ちた。学の喉が、ひゅっと鳴った。

なるほど、医者なら難しいだろう。難しくなければ困る。人の命を預かる仕事なのだから。でも。

「俺、今のおまえみたいなお医者さんなら、診てほしくない。ほんとマジ、絶対やだね。」

雷が落ちたみたいに、学の体がびくっとなった。憲太はたたみかけた。「だって今のおまえなら、手術失敗しても、器具が悪かったとか、とにかく上手くいかなかったら周りのせいにしそうじゃん。」

「なんだって？」

学が眉をつり上げて席を立ち、上目遣いでねめ(注)つけてきたが、憲太は動じなかった。

「おまえ、さっき言ったこと忘れたのかよ？　自分の成績が落ちたのを生田羽村(注)のせいにしてただろ。こんな田舎だから駄目なんだってさ。」

右手が勝手に動いて、向かい合う学の肩を摑んでいた。

「バッカじゃねえの？　久松先生だってこの村の出身だぞ。そりゃたしかにここは田舎だよ。でも、それだけの理由でおまえが駄目になるなら、それはおまえがその程度だっただけだよ。全世界のお医者さんは一人残らず都会出身なのかよ？　違うだろ？　本当にすごいやつは、どこにいたってちゃんとやれる。」

「でも。」

学が反論しかけた矢先、落雷があった。手の中にある彼の肩が強張るのがわかった。憲太はまた窓の外を見てしまった。空が明るくなるごとに、一面を覆う雷雲の形が、黒と群青と紫を混ぜたような色で[2]浮かび上がる。

「でも……僕のことをすごいと言ったのは、僕じゃない。大人たちや、憲太だよ。」

憲太の手首が、そっと学の右手で押しのけられた。冷たい手だった。

「大人にはなんと噂されてもよかったけど、憲太が言ってくれたのは嬉しかった。だから。」

ずっと、誰よりすごくあり続けなくてはいけないと思った――[3]学は打ちひしがれたみたいにうなだれた。

「あ……僕、憲太のせいにしたね。」

学はもう泣き声をたてなかった。ただ、両手で顔を拭い続けた。雷が夜を走るたびに、唇を嚙みしめ、目の下や頰に指や手の甲を押し当てる青白い顔が見えた。憲太はだんだんと不思議な気分になった。学はクラスの中でははっきりと大人っぽい部類に入る。本校の生徒を含めてもそうだし、実際に目にしたわけではないけれど、札幌の進学塾のクラスでだって、群を抜いて冷静で落ちつき払った雰囲気だっただろう。けれども今、自分の前にいる学は、まるで子どもだった。

[4]雷に怯えて目を閉じ、耳をふさいでいた、遠い日のように。

そうか、嬉しかったのか。俺の言葉が。

もう何度目かわからない稲光と轟音が襲う。雷が光るたびに、幼かったころの学が今の学と重なり、さっきまでの腹立ちはどこへやら、憲太は自分でもわけがわからぬまま、笑っていた。

「俺さ、おまえのことすごいって言ったけどさ、別におまえが勉強すごいから友達なんじゃないよ。」

学の手が止まる。憲太は続けた。

「俺は学が神童(注)だから好きなんじゃない。おまえがブサイクでも頭悪くても、おまえがおまえならそれでいいんだ。」

「憲太……。」

「テストの成績がすごいと思ったのは嘘じゃないよ。学が褒められるのもすげえ嬉しい。でも俺、[5]おまえの本当にすごいところ、別にあるのを知ってる。」

「え？」

「春休みさ、おまえいなかっただろ？　だから俺、ビート(注)の間引き作業、一人で手伝わされたんだよな。」

稲妻につい言葉を切り、窓の外へと目をやった憲太を、学が遠慮がちに急かした。

「……間引き作業がどうかしたの？」

「ああ、それな。あのさあ、間引き作業ってすげえ面倒くさくてつまんねえの。」

「まあ、地味で遅々として進まない作業っていうよね。うちの親は好きじゃないって言ってた。」

「だろ？　おまえは？」

「僕は別に好きでも嫌いでもない。」

「俺もそうだった。でも俺さ、今年初めて、うわ、この作業つまんねえって気づいたんだよ。それまでは間引き作業を嫌いじゃないと思ってた。うんざりなんてしなかったからさ。でも、本当は嫌いだったみたいなんだ。」

学は頷いた。「それで？」

「でさ、なんで今まで毎年やってきて、嫌いだって気づかなかったのかなって考えてみてさ、俺わかったんだよ。」

憲太は学の胸元を人差し指で軽く押した。「去年まで、おまえと一緒にやってたからだって。」

[6]虚を突かれたような学の表情が、稲妻に照らされる。その光の力を借りて、憲太は学の目を覗き込む。

「そうだよ、隣におまえが、学がいたから、『嫌い』や『つまんねえ』がごまかされていたんだ。おまえと一緒にやったから、あの間引き作業もそれなりに楽しかったんだ。」

ただでさえ停電中のうえ、裸眼の学は視界がうまくとらえにくいのか、目を凝らすようにじっと憲太を見返してくる。

「僕も、嫌いだと思ったことはない……。」

「来年おまえ、一人でやってみろよ。びっくりするほど時間経たねーから。あ、来年もおまえ札幌行くのか？」

学は特になにも答えなかった。構わなかった。憲太は心の内をそのまま言葉にした。

「とにかく俺、思ったんだ。友達ってすげえんだなあ、って。」

「願いながら、祈りながら」（乾ルカ）による。

（注）ねめつける＝にらみつける。
生田羽村＝少年たちが住む村の名。
神童＝能力が極めて優れている子ども。
ビート＝野菜の一種。

問一、[1]未来　と同じ構成の熟語を、ア〜エから選び、符号で書きなさい。
ア、起伏　　イ、佳作
ウ、非常　　エ、打撃

問二、[2]浮かび上がる　の主語を、本文中から一文節で抜き出して書きなさい。

問三、[3]学は打ちひしがれたみたいにうなだれた　とあるが、このときの学の気持ちとして最も適切なものを、ア〜エから選び、符号で書きなさい。
ア、周りの大人たちでさえ自分のことを理解してくれていたのに、親友だと思っていた憲太が自分のことを誤解していることに気づき、あきれている。
イ、憲太の意見が正しいものであることは分かっていたが、一方的にその考えを主張しようとする憲太の態度に嫌気がさしている。
ウ、憲太は成績が落ち込んだ原因は学自身にはないとかばってくれたのに、その心遣いを素直に喜ぶことができない自分を情けなく感じている。
エ、自分にとって特別な存在だと感じている憲太の言葉を支えとして頑張ってきたが、その憲太自身に自分の言動を批判されて落ち込んでいる。

問四、[4]雷に怯えて目を閉じ、耳をふさいでいた、遠い日のように　の中から形容詞をそのまま抜き出して書きなさい。また、この場合の活用形を書きなさい。

問五、**思考力** [5]おまえの本当にすごいところ、別にあるのを知ってる　とあるが、憲太は、学の本当のすごさはどのようなところにあると考えているか。二十字以上二十五字以内でまとめて書きなさい。ただし、「嫌いな作業」、「楽しく」という二つの言葉を使うこと。

問六、[6]虚を突かれたような学の表情　とあるが、このときの学の気持ちとして最も適切なものを、ア〜エから選び、符号で書きなさい。
ア、怒り　　イ、驚き
ウ、恐れ　　エ、悲しみ

〈岐阜県〉

榎本博明 の文章　論

●主な出題歴……２０１７年度（島根県・鹿児島県）ほか

36　次の文章を読んで、問一〜問五に答えなさい。

「こんな自分、イヤだ」

そんな思いが込み上げてくることがあるだろう。だれにでもあることだ。今の自分に納得がいかない。小さい頃は、そんなことはあまり思わなかったはずだ。もちろん、苦手なことはあっただろう。たとえば、球技が苦手だなと思ったり、引っ込み思案で友だちづきあいが下手な自分を意識したりすることもあっただろう。でも、自分が嫌いだとか、自分がイヤだなんて思うことはあまりなかった。それなのに、最近は、「自分がイヤだ」と思う。青年期になると、そんな思いを抱きがちだ。

自分がイヤだと思うようになるのは、自分がだらしなくなったとか、ダメになってきたということではない。言ってみれば、「見られている自分」がダメになってきたのではなくて、「見ている自分」が成熟してきたのだ。自分自身を厳しい目で見るようになったために、自分の現状に納得できなくなったというわけだ。

ある意識調査によれば、小学五年生に「自分のことが好きか」と尋ねると、半数以上が「好き」と答える。「嫌い」というのは一割にも満たない。だが、中学三年生では、「好き」が三割程度に減り、「嫌い」が二割に増える。同じく小学五年生に「自分に満足か」と尋ねると、半数以上が「満足」と答え、「不満」というのは一割に満たない。ところが、中学三年生では、「満足」が二割と大幅に減り、「不満」が半数近くになる。

このように、②児童期には自分が好きで自分に満足していたのに、青年期になるにつれて、自分が嫌いという人が増え、自分に不満という人が急激に増えていく。このことは、まさに自分を見る目が厳しくなってきたことの証拠といえる。自分に対する要求水準が高まるため、なかなか自分の現状に納得できないのだ。

ただ何となく生きてきたのが児童期だとすると、青年期になると「こうありたい自分」というものを意識するようになる。それを「理想自己」という。現実の自分を「現実自己」という。児童期には現実自己をただひたすら生きていた。ところが、青年期になると、理想自己というものを思い描くようになり、現実自己を理想自己と比較するようになる。そこで、理想自己にまだまだ届かない現実の自分を意識せざるを得ないため、自分に満足しにくくなるというわけだ。

理想自己の形成には、青年期になると抽象的思考ができるようになることが関係している。そのため、具体的な行動と結びついた理想自己だけでなく、抽象的な価値観と結びついた理想自己ももつようになる。

たとえば、「日曜日は野球をして遊びたい」「サッカーがもっと上手になりたい」「テストでもっと良い成績が取れるようになりたい」というような具体的な目標をもつだけでなく、「もっと自分に自信がもてるようになりたい」「こんな退屈な日々から脱出したい」「自分が生きてるっていう実感がほしい」などといった抽象的な目標を意識するようになる。

具体的な目標と違って、このような③抽象的な目標になると、その達成のためにどうしたらよいのかがわからない。

日曜日に野球をして遊びたいというのであれば、ふだん野球を一緒にしている仲間に声をかければいい。サッカーがもっと上手になりたいのなら、時間をつくって練習に励めばいい。いきなり上手になるわけではないけれど、練習をすればするほど少しずつでも上達していくはずだ。テストでもっと良い成績を取りたいなら、試験勉強をしっかりやればよい。すぐに報われるとは限らないが、地道に勉強することができれば、着実に成績は向上していくだろう。このように、具体的目標の場合は、そのために頑張るべき方向性は明確だ。

抽象的な目標の場合はどうだろう。もっと自分に自信がもてるようになるためには、いったいどうすべきなのか。退屈な日々から脱するために、できることって何だろう。生きているっていう実感を得るために、果たして何をすべきなのか。いくら考えても、なかなか答は見つからない。

今の自分にどこか納得がいかない。でも、どうすればよいのかがわからない。ここに産みの苦しみがある。第二(注)の誕生という課題を前にして、どんな自分になったら納得できるのかが見えてこない。そこで、ますます自分が気になってくる。

そんな不全感(注)を抱えた状態は、けっして気分の良いものではない。方向性を見つけて、こんな苦しい状態から何とか脱したい。早くスッキリしたいと思うかもしれない。でも、④今の自分に納得がいかないからといって、自分を否定する必要はない。自己の二重性を思い出してみよう。「見られている自分」に対して納得のいかない「見ている自分」がいるわけだ。その「見ている自分」は、適当に流されている自分にも不満をもたなかった以前の自分と比べて、はるかに向上心に満ちた自分と言えるだろう。そんな自分は、けっして否定すべきものではない。むしろ肯定し、応援すべきなのではないだろうか。

(榎本博明『〈自分らしさ〉って何だろう？』による)

(注) 第二の誕生という課題…「自分とは何か」について自分なりの考えを見出すという課題。
不全感を抱えた状態　…今の自分に納得がいかないが、どんな自分になれば納得がいくのかもわからない状態。

問一、(省略)

問二、傍線部②の「児童期には自分が好きで自分に満足していたのに、青年期になるにつれて、自分が嫌いという人が増え、自分に不満という人が急激に増えていく。」について、次の1、2に答えなさい。

1、ここで筆者が伝えようとしていることをグラフで示す場合、どのような内容と形式のグラフを用いるのがよいか。最も適当なものを、次のア～エから一つ選び、記号で答えなさい。

ア

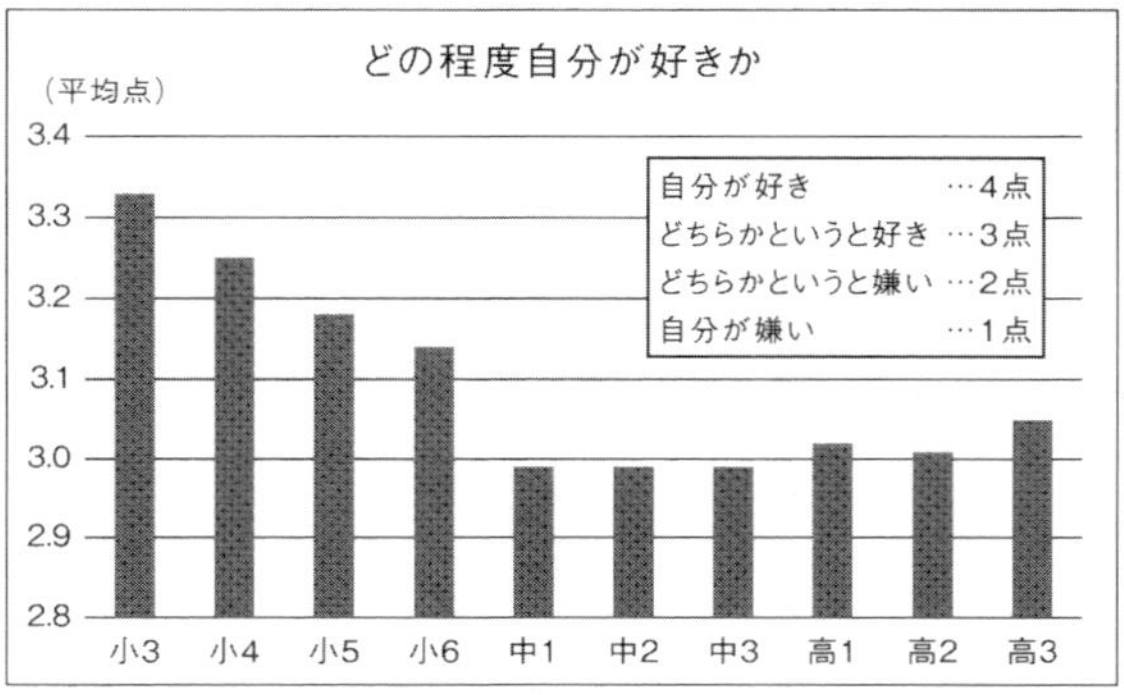

イ

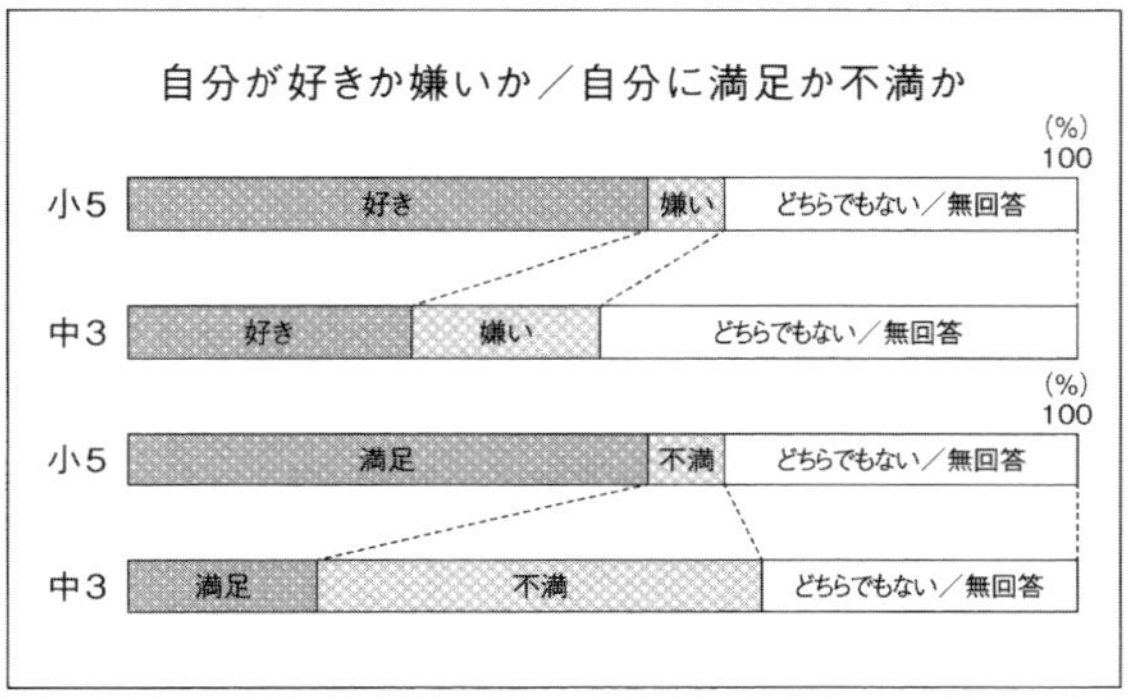

ウ

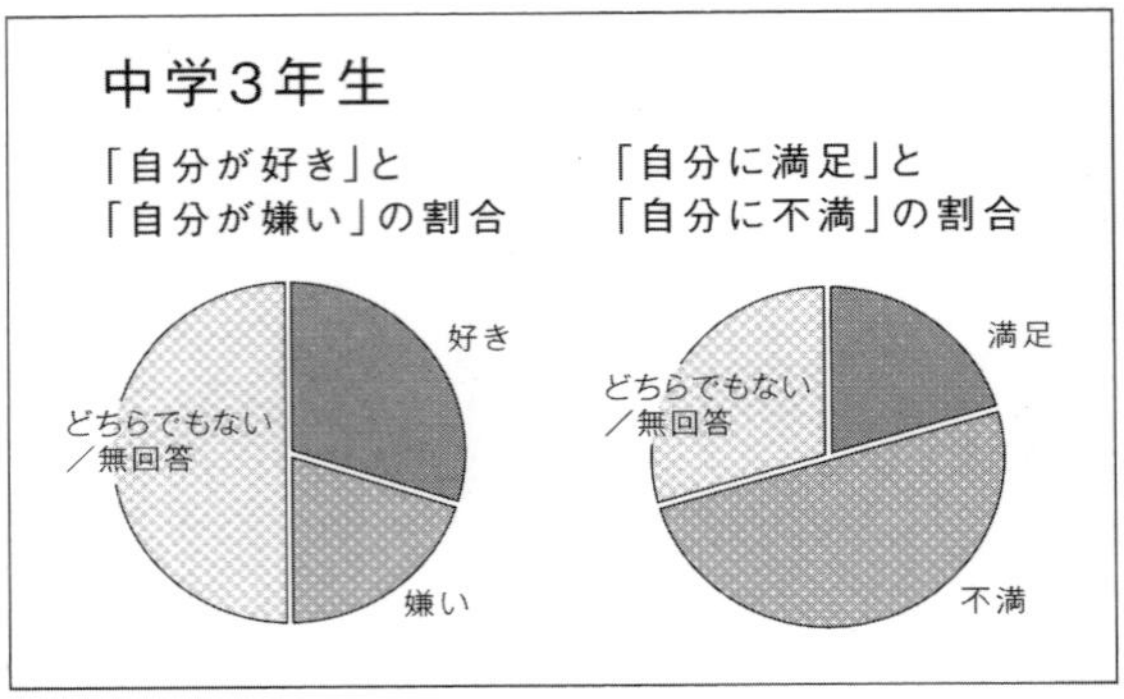

エ

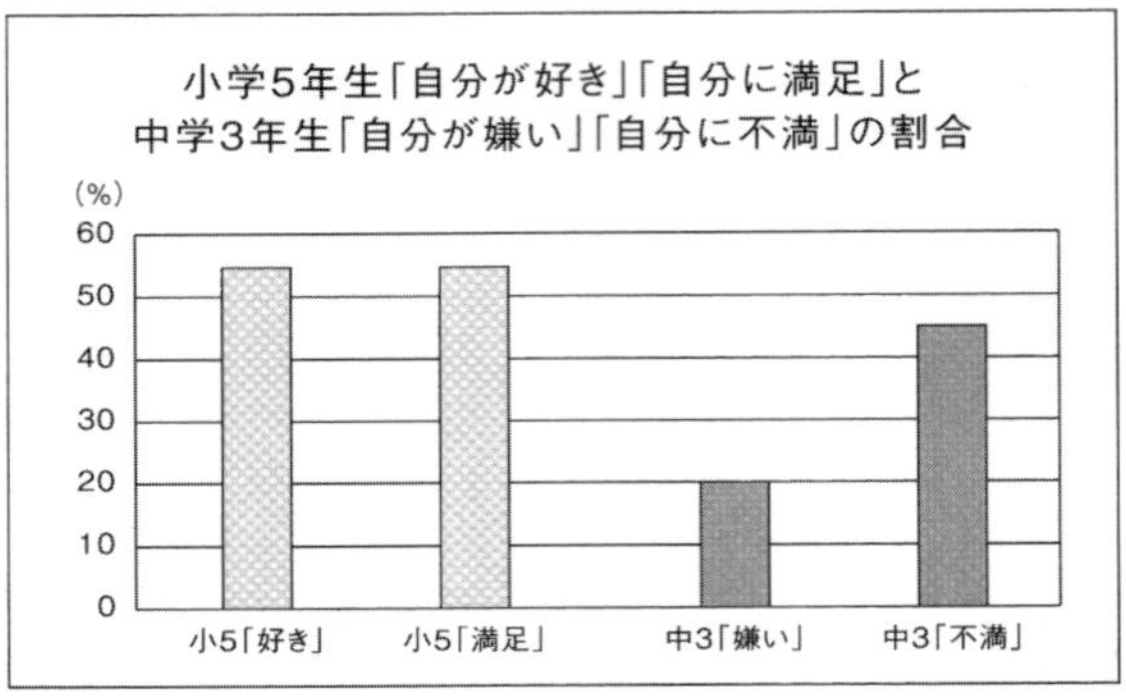

2、傍線部②のようになるのは、青年期になると、意識の上でどのような変化が起こるからか。次の形式に合うように、三十五字以上、四十五字以内で答えなさい。

> 青年期になると、現実の自分を生きるだけでなく、
> （　三十五字以上、四十五字以内　）から。

問三、傍線部③に「抽象的な目標になると、その達成のためにどうしたらよいのかがわからない。」とあるが、これとは対照的な内容を表す部分を文章中から三十字以内で探し、始めと終わりの三字を抜き出して答えなさい。

問四、傍線部④に「今の自分に納得がいかないからといって、自分を否定する必要はない。」とあるが、それでは、筆者はどうすればよいと言っているか。三十字以上、四十字以内で答えなさい。

問五、本文における構成や表現の工夫について説明したものとしてあてはまらないものを、次のア～エから一つ選び、記号で答えなさい。

ア、意識調査の結果を提示し、分析することで、自分の考えを裏付けている。

イ、野球やサッカーという中高生の日常生活に合わせた具体例を用いて説明している。

ウ、中高生の悩みや不安を推し量り、寄り添いながら、読者に語りかけている。

エ、冒頭で中高生の悩みをいくつか指摘し、その一つ一つに対して解決法を述べている。

〈島根県〉

小川 糸 の文章　文

●主な出題歴……２０１９年度（鳥取県・福岡県）ほか

37　次の文章を読んで、後の各問に答えよ。句読点等は字数として数えること。

> 【ここまでのあらすじ】小学五年生の「私」（中里ひばり）と祖母の「すみれ」は、親友とも呼べるほどの大の仲良しである。ある日、親鳥がいなくなったインコの卵を見つけ、二人で大切に温めて卵をかえす。ようやく生まれたヒナに「リボン」と名付け、二人で大切にかわいがって世話をしていた。

五月になり、いよいよ待ちに待ったその日がやって来た。リボンが誕生してから、ちょうど半年が経ったのだ。今日は、すみれちゃんとそのお祝いをすることになっている。

リボン、もうすぐだからね。

心の中からメッセージを送るようなつもりで、遠くのリボンに話しかけた。

けれど、角を曲がった瞬間、幸せな期待はあとかたもなく消え去った。すみれちゃんが、靴下のまま玄関先に倒れ込んでいたのだ。

「どうしたの！」

ハコベのブーケを握ったまま、私は全速力で駆け寄った。嫌な予感が、夕立みたいに一気に胸を支配する。

「リボンが、リボンがね……」

「どうしたの？　ねぇ、すみれちゃん、リボンがどうしたの？」

「かごの掃除をしようと、リボンを外に出してたんです。その時に電話が鳴って、わたくしがうっかり、部屋の入り口を開けてしまったものですから」

すみれちゃんは涙声になりながらも続けた。その時に、リボンが逃げてしまったのだろうか。でも私は内心、リボンが大けがをしたとか、それよりももっと最悪のことを想像していたから、少しホッとしたようなところもあった。

「ごめんなさい、本当にごめんなさい。わたくし達の大切な宝物を……」

「大丈夫、大丈夫だよ、すみれちゃん。絶対に大丈夫だから」

私は優しくささやいた。

だってリボンは、まだちゃんと生きているのだ。生きていれば、またどこかで会えるかもしれない。それに、すぐに戻ってくるかもわからない。頭ではそう思うのに、すみれちゃんの涙がうつってしまい、私の目にまで、涙があふれた。悲しくなんてないはずなのに、①なんだかどうしようもなく切ない気持ちが、一歩ずつにじり寄って、私を動けなくする。

「ごめんなさい」

すみれちゃんが、そう言った時だ。桜の木から、黄色い鳥が飛び立った。

「リボン!」

私は、大声で呼んだ。

「おいで! こっちだよ、戻っておいで」

リボンのいる方に向けて、精いっぱい腕を伸ばし、人差し指を差し出す。けれど、リボンは振り向かなかった。あっという間に、薄いピンクの夕暮れの雲にまぎれてしまう。

「リボン!」

もう一度、声を限りに叫んだ。

すみれちゃんが、泣いている。私の目からもまた、涙がこぼれた。リボンがあんなふうに空を羽ばたけるようになっていたなんて、これっぽっちも想像していなかった。

たった今大空へと飛び立ったリボンの後ろ姿は、まるで本物のリボンのようだった。美しくちょうちょ結びにしたみたいに、羽翼と尾翼が、きれいな末広がりになっていた。

私は蠟(ろう)人形みたいに固まって、そのまま空を見続けた。

もしかすると、もしかすると②奇跡が起きるかもしれない。そう思うと、すぐには動くことができなかった。

でもやっぱり、奇跡は起きなかった。③少し肌寒い風が吹き始めたので、私は覚悟を決め、喉の奥から声を絞り出した。

「中に入ろう」

すみれちゃんの脇の下を両手で支え、立ち上がらせる。

それからすみれちゃんの手をしっかりと握りしめ、玄関までの数メートルを、手をつないだままゆっくり歩いた。

リボンが宝物だったのではない。

すみれちゃんとふたりで卵をかえしたことや、まだ目の開かない頃に餌をやり続けたこと、リボンとすみれちゃんと三人で一緒に過ごした時間のすべてが、私にとっては宝物だったのだ。だから、宝物が消えたわけではない。宝物は、ずっとこの胸に残っている。

リボンに生えた立派な風切り羽は、大空を羽ばたくために神様が与えてくれたものだ。リボンは、空を飛ぶために生まれてきた。だからあれが、本当の姿だ。

家に入る前、手に持っていたハコベのブーケをそっと土の上に放った。もしかしたら、リボンがまた、戻ってきてくれるかもしれない。大好物のハコベを置いておけば、ここが中里家の目印になる。リボンが私の肩から首の裏を通って反対側の肩に移動する時のくすぐったい感触が、なぜだか突然甦(よみがえ)った。墨汁をぽとんと一滴、丸く落としたようなつぶらな瞳を思い出した。

私はもう一度、空を見上げた。

この空のどこかに、リボンは確かにいる。

リボンは、生きている。これから先も、生き続ける。

だから、今日は④リボンの門出をお祝いする日だ。リボンはきっと、空のどこからか、必ず私とすみれちゃんを見守ってくれている。

だってリボンは、私とすみれちゃんの魂を永遠につなぐリボンなのだから。

（小川糸『リボン』による。一部改変）

(注) ハコベ…ナデシコ科の越年草。山野・路地に自生。春、白色の花を開く。はこべら。

ブーケ…花束。

風切り羽…鳥の両翼後縁に並ぶ大形の羽。

問一、本文中の①なんだかどうしようもなく切ない気持ちが、一歩ずつにじり寄って、私を動けなくする と同じ表現技法が用いられている文として最も適当なものを、次の1～4のうちから一つ選び、その番号を書け。

1、嫌な予感が、夕立みたいに一気に胸を支配する。

2、たった今大空へと飛び立ったリボンの後ろ姿は、まるで本物のリボンのようだった。

3、私は蠟人形みたいに固まって、そのまま空を見続けた。

4、墨汁をぽとんと一滴、丸く落としたようなつぶらな瞳を思い出した。

問二、本文中に②奇跡が起きるかもしれない とあるが、この場合の「奇跡」とは、具体的にはどのようなことか。十五字以内でまとめて書け。

問三、**思考力** 本文中に③少し肌寒い風が吹き始めた とあるが、この表現によってもたらされる効果について説明したものとして最も適当なものを、次の1～4のうちから一つ選び、その番号を書け。

1、季節の移り変わりを示すことで、「私」の心の成長を感じさせる効果。

2、「私」を現実に引き戻し、「私」とすみれとの関係を遠ざける効果。

3、時間の経過を表すとともに、次の行動に移るきっかけを与える効果。

4、場面の雰囲気を印象付けつつ、今後の幸せな展開を期待させる効果。

問四、本文中に④リボンの門出をお祝いする とあるが、ここで「私」は、リボンにどのような成長があったと捉えているのか。「…という成長。」の語句に続くように、二十字以上、三十字以内でまとめて書け。

問五、**思考力** 本文中に リボンは ～ 生き続ける リボンは ～ 永遠につなぐリボン とあるが、「私」がそう確信するのは「私」のどのような思いによるものか。三十字以上、三十五字以内でまとめて書け。

〈福岡県〉

亀田達也 の文章　論

●主な出題歴……2018年度（茨城県・徳島県）ほか

38　次の文章を読んで、㈠〜㈤の問いに答えなさい。

私たちが会社の移転先を検討する場合、いくつもの候補を調べて比較したうえで、自分が最適と思う選択肢への支持を表明するでしょう。しかし、個々のミツバチが探索[※1]のために訪れる候補地は、ほとんどの場合にせいぜい一つか二つです。いくつもの巣の候補地を訪れ、比較したうえで自分が最適と考える候補地を選んで宣伝しているわけではないのです。しかもミツバチは、霊長類[※2]と比較したらまったく問題にならない、単純で小さい脳（マイクロブレイン）しかもっていません。［1］

しかし驚くべきことに、ミツバチが探索委員会として集団で下す意思決定では、候補の中で客観的にもっとも良い（もっとも質の高い）巣を、非常に高い確率で正しく選択できることを、行動生態学者のシーリーらは、一連の巧妙な実験によって明らかにしています。

ミツバチの巣探し行動には、集合知（collective intelligence）が見られるのです。集合知とは、「三人寄れば文殊の知恵」のように、個体のレベルでは見られない優れた知性が、群れや集団のレベルで新たに生まれる集合現象を意味します。

しかし、多数での意思決定が、必ずしも集合知を生むとは限りません。たとえば、現代社会の人間集団でよく見られる一時的な流行現象のことを考えてみましょう。

優れているとか美味しいという評判につられて、本当はあまり優れていない商品が雪だるま式に売れてしまい、しばらく経って冷静になって振り返ると「あの流行はいったい何だったのか」と不思議に思う、などという例は、決して稀なものではないでしょう。人気が人気を呼ぶ（不人気が不人気を呼ぶ）という仕組みだけでは、集合知は生まれないのです。ミツバチのコロニー[※3]でも同様の雪だるま現象が発生し、質の悪い巣が選ばれる可能性がありそうです。

［2］

株式市場ではしばしば、自分のもっている情報よりも、ほかの人の行動を情報源として優先して、それがつぎつぎと全体に広がっていく連鎖現象が見られます。このような現象は、経済学で「情報カスケード」と呼ばれ（カスケードとは階段状に連なった滝のことです）、現在いろいろな分野で関心が寄せられています。［3］

政治学者のリストらによる最近の理論研究から、ミツバチがエラーの連鎖を防ぐメカニズム[※4]について、鋭い洞察が得られています。リストらの研究は、エージェント・シミュレーションと呼ばれる技法を用いています。これは、さまざまな行動の仕組み（アルゴリズム）をもつ行為者（エージェント）をコンピュータの中に作り出し相互作用させることで、どのようなパターンが集団レベルで生まれるかを調べる、コンピュータ・シミュレーションの技法です。

さて、このシミュレーションから、次のような行動の仕組みが、集合知を生み出すことが理論的に明らかになりました。

まず、行為者であるミツバチは、ほかのハチたちの示す行動に「同調」する必要があります。8の字ダンス[※5]で帰還したほかのハチたちが熱心に宣伝する巣の候補地ほど、まだ飛び立っていないハチが訪問しやすくなるパターンは、まさにこの同調条件を満たしています。

しかし、集合知が生じるためには、同時にもう一つの条件を満たさなければなりません。それは、訪れた候補地についての「評価」は、ほかのハチたちの影響を受けずに「完全に独立に行われる」という条件です。つまり、ほかのハチたちの宣伝に影響されて（＝同調して）訪れた候補地であっても、その候補地が巣としてどれだけ良いかに関する評価は、自分の目だけを信じて行うということです。

こうした評価の独立性があれば、ほかのハチに同調してある候補地を訪れても、訪問先の質が良くないと判断した場合、そのハチは帰還後にあまり熱心に宣伝を行いません。8の字ダンスはごく短いものになり、まだ飛び立っていない他のハチたちの目に入る機会も少なくなります。それによって、たまたま生じたエラー（先に飛び立った複数のハチが偶然に良くない場所しか訪れなかったというエラー）が、情報カスケードのように群れ全体に次々に連鎖していくプロセスにストップがかかります。［4］

このように、「行動の同調」と「評価の独立性」をうまく組み合わせた行動の仕組みによって、コロニー全体としての優れた遂行が生まれるようです。

（亀田達也「モラルの起源――実験社会科学からの問い」による。）

※1　探索＝さがしたずねること。
※2　霊長類＝最も大脳の発達した動物。人類・猿など。
※3　コロニー＝同一種または数種からなる生物の集団。
※4　メカニズム＝物事の仕組み。
※5　8の字ダンス＝ミツバチがダンスのように8の字の動きをして巣の候補地の情報を伝えること。

㈠（省略）

㈡次の一文は、文章中の［1］〜［4］のどこに入るか。最も適切な箇所の番号を書きなさい。

情報カスケードが生み出す可能性のあるエラーの連鎖を、ミツバチの集団意思決定はどのように防いでいるのでしょうか。

㈢ミツバチが探索委員会として集団で下す意思決定では、候補の中で客観的にもっとも良い（もっとも質の高い）巣を、非常に高い確率で正しく選択できる　とあるが、それはなぜか。四十字以上、四十五字以内で具体的に説明しなさい。（句読点も含む。）
ただし、「同調」「候補地」「評価」の三つの言葉を用いて書くこと。

㈣文章で述べられている内容に合っているものとして、最も適切なものを、次の1〜4の中から選んで、その番号を書きなさい。

1、エラーの連鎖を防ぐメカニズムを解明したコンピュータ・シミュレーションの技法が、流行現象を生んでいる。

2、株式市場でしばしば見られる情報カスケードは、集合知を生じさせるミツバチの巣探し行動にも欠かせない。

3、ミツバチの巣探し行動ではさまざまな候補地を訪れて互いに同調をしながら比較するため、エラーが少ない。

4、個々のミツバチでは見られない優れた知性がミツバチのコロニーで新たに生まれる現象は、集合知といえる。

(五) **思考力** 筆者は、「モラルの起源──実験社会科学からの問い」の中の、文章とは別の部分で、人に関して次のように説明している。次の文の□に入る最も適切な言葉を、文章中から五字以内で抜き出して書きなさい。

> 周りの人々の評価と自分の評価が食い違うとき、人は往々にして、周りの評価に合わせた行動をするために、人間集団では常に□が見られるわけではない。

〈茨城県〉

河合隼雄 の文章 文

39 ●主な出題歴……2019年度（岩手県・山梨県） ほか

次の文章を読んで、あとの(1)～(5)の問いに答えなさい。

小学校は篠山城の城内にあり、東側は柵をこえて一メートルで、崖のようになって下の方に堀がある。ハァちゃんが歩いている先の方に、手マリがはずんできて柵をこえ下に落ち、それを追ってきた、きぃちゃんが柵に手をかけてヒラリと飛びこえ、しかも、崖のところですっと姿を消してしまった。肝を潰して見ていると、きぃちゃんが顔を出し、手招きした。きぃちゃんに連れられ下まで降りてみて、ハァちゃんは思わず感嘆の声をあげた。崖と思っていたところが大きくえぐられていて、洞窟のようになっているのだ。「わぁ、秘密基地や」とハァちゃんは大声をあげた。「大大秘密基地発見！」のニュースを、高先生に気づかれぬように仲間に伝え、人目につかぬように注意しながら、全員が新秘密基地に集合した。誰もうまく言葉が見つからぬほどの感激だった。

ハァちゃんは学校に行くのが楽しみになった。城山家の子どものなかで、ハァちゃんは朝起きるのも動作も遅いというわけで登校は遅れ勝ちだったが、もうそんなことはない。さっと起きて［A］登校する。あるとき、もう御飯かなと思って、ハァちゃんが食堂の方に行くと、お母さんが、「この頃、隼雄は元気になったようですね。朝は早く起きますし、あまり、［B］し」と言われるのに、お父さんが、「うん、大分敏捷になったなぁ。子どもは小学三年生くらいのところに変り目があるようやなぁ」ハァちゃんは立ち聞きはいけないと早々に退出したが、何だか尻こそばゆいような気持だった。さすがのお父さん、お母さんも、秘密基地のことは御存知ない。

ところがまったく思いがけないことが起こった。朝礼のとき校長先生が、「昨日、校外に用事があり、帰りに堀端の東の道を歩いていて、ふと小学校の運動場の方を見ると……」と話し出された。運動場の下の堀端に数人遊んでいるのが見えて驚いてしまった。あのような危険なことは決してしないように、と厳しく注意をされた。ハァちゃんたちはびっくり仰天。早速集って、知らぬ顔をして、しばらく秘密基地から離れよう、ということになった。

その日の終りの会に、高先生は怖い顔をして教室に入ってくるなり、「今日校長先生が朝礼で言われた危険なことをしている者が、この学級にいると先生は思う」と強い調子で言われた。そのとき、先生とたぁちゃんの目がチカッと合ったのをハァちゃんは見逃さなかった。「たぁちゃんが言いやがったな」と思うや否や、ハァちゃんは立ちあがっていた。「それは僕です」とハァちゃんが言うと周ちゃんがすぐに立ち、仲間がつぎつぎと立った。「よし、皆俺について来い。俺も一緒に校長先生にあやまりに行く。他の者は帰っていいぞ」と先生は言われ、ハァちゃんたちは校長室に行くことになった。

職員室に行くのも大変と思っているのに、子どもたちは校長室など行くのははじめてだし、カンカンに緊張した。それは高先生も同様で、校長室に入ったときは顔は青くなり、「こ、こ、校長先生」と言ったものの言葉が続かない。こんなときはハァちゃんはやたらに腹がすわってくる。「三年の城山です。あの場所を秘密基地にして遊ぼうと言ったのは僕です」としっかりとした声で言った。

しばらく沈黙の後で、「秘密基地……か」と校長先生が言われ、①その目は細くなって、遠くの山でも見ているような感じになった。「先生も君たちの年の頃、秘密基地がものすごう好きになってな……」「裏山の木の上に小屋をつくり、秘密基地にしたんだよ。眺めはいいし、誰にも秘密だし……」ハァちゃんたちは校長先生の話につられて身を乗り出して聴いた。「ところが、うっかり床を踏みはずし、そこから落ちて背中をしたたか打って、動けなくなった」「校長先生大丈夫やったんですか」と周ちゃんが思わず合の手をいれる。「いや、もうあかんかと思うくらいやったけど、折りよく近所の人が通りかかり助けられたんだよ」

ここまで言って校長先生は子どもたちの顔を一人ひとり②優しい目で見て、「秘密基地は面白いけどな、やっぱり危険ということを考えなあかん。実は校長先生は昨日の夕方、あそこへ行ってみたよ。確かに最高の秘密基地や。それでも危なすぎる。やっぱりやめなさい」子どもたちは何と言っていいのかわからない興奮を感じていた。一同ペコリと頭を下げ、「わかりました」と心から校長先生に約束した。皆で部屋を出ようとすると、校長先生が言われた。「高先生、先生は素晴らしい子どもたちの担任でいいですね」「ははっ」と高先生も嬉しそうに答えられ、③さっきまで青かった顔が今度はまっかになっている。

教室に帰ると、まったく思いがけないことに、クラスの全員が待っていてくれて、「城山君ら無事帰ってきた！」と皆がバンザイをしてくれた。クラスの同級生がこんな気持で待っていてくれたのには、ハァちゃんは④ぐう～と胸があつくなって涙がこみあげてきた。ハァちゃんは校長室に行く途中、深く反省していた。自分たち少数の仲間だけが勝手なことをし、そのために先生にまで迷惑をかけることになった。それで、おそらく、クラスの連中は、ハァちゃんたちが怒られるのを「いい気味だ」くらいに思っているだろうと想像していた。ところがそれはまったく違ったのだ。「こんな僕を皆が大事に思って待っていてくれた」。ハァちゃんの涙はなかなかとまらなかった。

（河合隼雄「泣き虫ハァちゃん」による）

(1) 本文中の[A]、[B]には、それぞれどのような言葉が入りますか。次のア～エのうちから、最も適当な組み合わせを一つ選び、その記号を書きなさい。

ア、A　はやばやと　　B　あくせくしない
イ、A　ぎりぎりに　　B　ぐずぐずしない
ウ、A　はやばやと　　B　ぐずぐずしない
エ、A　ぎりぎりに　　B　あくせくしない

(2) 傍線部①　その目は細くなって、傍線部②　優しい目で見て　とありますが、これらの部分から、校長先生のどのような思いが読み取れますか。次のア～エのうちから、最も適当なものを一つ選び、その記号を書きなさい。

ア、秘密基地で遊ぶ子どもたちと自分の経験を重ね、大切な子どもたちが危険な目に遭わないように諭そうと思っている。
イ、危険を恐れず秘密基地で遊んだ頃の自分を思い出し、今も昔と変わらない子どもたちの様子をうれしく思っている。
ウ、秘密基地での遊びに熱中する子どもたちをほほ笑ましく感じ、力強く育つ子どもたちの成長を頼もしく思っている。
エ、校長室の外に見えている秘密基地の危険性を確認し、危ない遊びに熱中する子どもたちに注意しようと思っている。

(3) **思考力**　傍線部③　さっきまで青かった顔が今度はまっかになっている　とありますが、この表現から、高先生の気持ちがどのように変わったことがわかりますか。それを次のように説明するとき、[　]にあてはまる言葉を、気持ちが変わった理由にふれながら、四十字以内で書きなさい。

[　　　　]に変わったこと。

(4) **思考力**　傍線部④　ぐう～と胸があつくなって涙がこみあげてきた　とありますが、ハァちゃんがこのようになったのはなぜですか。その理由を次のように説明するとき、[　]にあてはまる言葉を、ハァちゃんの気持ちにふれながら、六十五字以内で書きなさい。

[　　　　]から。

(5) 次のア～エのうち、本文の内容を説明しているものとして、最も適当なものはどれですか。一つ選び、その記号を書きなさい。

ア、日常に起こるできごとを通し、子どもたちと厚い信頼関係を築こうとして色々と働きかける先生の一生懸命さが描かれている。
イ、好奇心を発揮して冒険的な遊びに熱中している子どもたちの無邪気さを、優しく受け入れようとする先生の姿が描かれている。
ウ、身近なできごとを通し、大人に頼らずに問題を解決しながら互いの信頼関係を築いていく子どもたちの力強さが描かれている。
エ、好奇心をくすぐられるような遊びをきっかけに、大人に見まもられながらきずなを育んでいく子どもたちの姿が描かれている。

〈岩手県〉

木内　昇　の文章　文

●主な出題歴……２０１９年度（島根県）、２０１７年度（神奈川県）ほか

40　次の文章を読んで、問一～問六に答えなさい。

江戸のざる職人である「男」は、十七歳で父親を亡くして以来、弟と二人でざるを作り、それを売り歩いて一家の生活を支えていた。三つ下の弟は器用で愛想もよく、しだいにあちこちの客から贔屓にされるようになる。
ある日「男」は、弟と出店の前を通りかかり、鮮やかな飴菓子に心を奪われる。値段を聞き、自分たちには手に入らないものだと言う「男」に対し、弟は「俺の手にかかれば、そうでもない。」とおどけた調子で返す。

それから十日ほどが経った日である。夕方、ざる売りの商いから戻ると家には誰もおらず、空腹だった男は饅頭のひとつでもなかろうかと台所の戸棚を開けた。そしてそのまま射抜かれた[ように]立ちつくした。

戸棚の奥に、(注)有平糖のあの箱が隠されていたからだった。取り出して蓋を開けると、出店で見たままのきらびやかな菓子が並んでいる。

どうしてあんな値の張る菓子が手に入ったのかと男は混乱し、それから弟の台詞を思い出した。

①あいつのことだ、きっと誰か羽振りのいい客でもたらし込んで、買ってもらったのだろう。ここに隠しているということは、ひとりでこっそり食うつもりだったのだろうか。それとも、兄貴は諦めるよりなかったが自分なら大抵のものは手に入れられるのだと、このあとじっくり見せつけようという魂胆だろうか。

普段の弟の様子から想像するだに、その推量こそ正しいらしく思われた。男は唇を噛む。

人が這いつくばって引っかかって傷をこさえて進んでいくところを、ツルツルヘラヘラ渡りやがって。

男は菓子のひとつを摘んだ。しばらく見入ったのち、思い切って口に放り込んだ。

刹那、砂利を噛んだような感触が歯に伝い、口の中が土と脂臭さでいっぱいになる。

「なんだえ、こりゃ」

男はたまらず表に出て、唾と一緒に吐き出した。よくよく改めると②それは有平糖ではなく、なにか別の材でできた模造品だった。男は蒼くなり、次に血を上らせる。

あいつは初手から、わっちをだます腹だったのだ。菓子なんぞに夢中になって浅ましいと兄をわらい、ざるだけでなく、どんな細工物も巧みに作る自分の器用さをここでも見せつけようとしたのだ。

菓子を戸棚に戻そうとしたが、ひとつ欠けたのをどうしようもない。惑っていると裏の道から足音がして、男は菓子箱を持ったまま隣の空店に飛び込んだ。

一緒に買い物にでも行っていたのか、ほどなくして母と弟の話し声が薄い壁伝いに聞こえてくる。米をとごうか、それより火をおこしておくれ、という短いやり取りのあと、「あれっ？」と、弟の素っ頓狂な声が響いてきた。

「母さん、ここに置いてあった菓子はどうした？」

男は壁に耳を当てたまま、身を堅くする。

「菓子？　そんなものあったかえ」

「もっとも本物の菓子じゃあねぇのだが。わっちが粘土でこさえたものさ」

粘土と聞いて、男はもう一度唾を吐き、「ちきしょう」と、うめいた。

「また、お前は。そんなおかしなものをこさえて」

「兄やんが食いたそうだったからさ。でも本物は、到底買える代物じゃあねぇ。だからそっくり同じものを作っちまったんだ」

「馬鹿だね。そんなもんこさえたって食べられなけりゃ同じじゃないの」

「そうでもねぇさ。にせ物でもさ、見映えが本物に劣らなきゃ、持ってるだけで気が済むこともあるのさ。この世には、どうあがいても手に入らねぇものがある。それはしょうがねぇ。でもにせ物でも手元にありゃあ、みじめな気分にゃならねぇよ。俺、兄やんにはちょっとだってもみじめな思いをしてほしくねぇのよ」

「あんたはいっつもそれだ。よっぽどあの子を崇めてるんだねぇ」

母が茶化しながら言うのが聞こえたが、男は話が飲み込めず、いっそうきつく壁に耳を押し付ける。

「そりゃそうさ。兄やんの作るざるはなにしろすごいもの。でも恥ずかしいから、兄やんには内緒だよ」

弟は、まだ子供らしさの残る声で続けた。

兄やんのざるはさ、目も均一で細かくて、骨ひごの合わせ方も隙がないだろ。材が弱いときは、太く切った竹を底に十字に渡してさ、ささくれが出ないように切り口に蠟を塗って仕上げる手間をかけてんだぜ。兄やんの作るざるは、(注)公方様に献上したって恥ずかしくない品さ。

要領よく仕事を進めるばかりの弟が、自分の作業を細かに見ていたことも、地味で手間のかかるやり方に価値を見出していたことも、男には案外だった。

「俺はついつい、見映えがよけりゃいい、ってとこで仕事を終わらせちまうだろ。粘れねぇのよ。兄やんみてぇにやりてぇんだが、性分でさ。俺がこないだこさえてみた有平糖だって、兄やんが作りゃ本物と同じくれぇの迫力が出ると思うんだよ。色形だけじゃなくって、そのものの佇まいまで取り込んじまうってぇのかさ。兄やんの仕事ってのは、そういう高いところにあるものなんだ」

もういいから早く火をおこしておくれ、と母の遮る声がしたが、弟は生返事をして話をやめなかった。

「③やっぱり俺みてぇのは、どうやったって兄やんには敵わねぇんだよ。今は強がって兄やんと肩並べてっけど、十年後か二十年後かわかんねぇが、そんとき俺は、兄やんに向かって『負けました』って頭ぁ下げてっと思う」

母は笑い声を立ててから、少し調子を落としてきいた。

「それでいいのかえ？　あんたは」

沈黙があった。しばらくして弟の小さな声が忍び込んでくる。

「わからねぇ。でも、それはそれで、俺はうれしい気がするな」

男は、ずっと身を堅くしていた。わっちは、いくつものやり方で弟を裏切ったんだな、と思った。飯の炊ける香りが漂ってきていたが、男はそこを動けなかった。

「兄やん、遅いな」

弟の案じ声を聞きながら、④夜が更けてもなお壁に身を預けて、ひとり、うずくまっていた。

（木内昇『一両札』による）

(注) 有平糖…砂糖と水飴を煮詰めて着色し、細工をした飴菓子。
わっち…私。江戸の庶民の言葉で、自分のことを指して使った。
公方様…ここでは江戸幕府の将軍のこと。

問一、文章中の「ように」と文法上の働きが同じものを、次のア〜エから一つ選び、記号で答えなさい。

ア、せきを切ったように話し出す。
イ、遅刻をしないように気をつける。
ウ、やっと泳げるようになった。
エ、言われたように書いてください。

問二、傍線部①「あいつのことだ」という表現からは、日ごろ「男」が弟をどのように思っていることが読み取れるか。最も適当なものを、次のア〜エから一つ選び、記号で答えなさい。

ア、何も買ってもらえない自分と違い、何でも買ってもらえる弟を憎らしいと思っている。
イ、生活のために懸命に働く自分と違い、好き勝手に生きる弟をうらやましいと思っている。
ウ、苦労して生きている自分と違い、要領よく世の中を渡る弟を気に入らないと思っている。
エ、貧しくても真面目に生きている自分と違い、平気で悪事を働く弟を嘆かわしいと思っている。

問三、傍線部②「それは有平糖ではなく、なにか別の材でできた模造品だった。」とあるが、弟はどのような目的で模造品を作ったのか。「…ため。」という形式に合うように、五十字以上、六十字以内で答えなさい。

問四、**思考力** 傍線部③「やっぱり俺みてぇのは、どうやったって兄やんには敵わねぇんだよ。」とあるが、弟はなぜこのように兄やんに感じているのか。それを説明した次の文の（Ａ）、（Ｂ）に入る適当な言葉を答えなさい。ただし（Ａ）は十二字で、（Ｂ）は三字で、それぞれ文章中から抜き出して答えること。

> ざる作りにおいて、兄は（Ａ）で作業をして、公方様に献上しても恥ずかしくないような品を作ることができるが、自分は（Ｂ）に満足して、さっさと仕事を切り上げてしまうから。

問五、傍線部④「夜が更けてもなお壁に身を預けて、ひとり、うずくまっていた。」とあるが、このときの「男」の心情を説明したものとして最も適当なものを、次のア～エから一つ選び、記号で答えなさい。

ア、夜が更けてもなかなか帰って来ない自分を、弟が本気で心配してくれていると知り、弟の思いがけない優しさに心を打たれている。

イ、弟は自分のことを慕い、大事に思ってくれているのに、その思いを誰にも理解してもらえず悩んでいたと知り、あわれんでいる。

ウ、幼かった弟が自分に追いつこうと、陰ながら腕を磨き、いつの間にか一人前の職人へと育っていたことを感慨深く思っている。

エ、弟は自分のことを尊敬してくれていたのに、その思いに全く気がつかず、弟のことを誤解していた自分を情けないと思っている。

問六、この文章の表現と内容について説明したものとして最も適当なものを、次のア～エから一つ選び、記号で答えなさい。

ア、高級品である菓子と日用品のざるに、兄弟の対照的な生き方をそれぞれ重ねている。

イ、壁越しに聞こえる弟の話し声を丁寧に表現し、その心情を細やかに描き出している。

ウ、江戸時代の文化を忠実に描き、現代の人にはない家族の情愛に迫ろうとしている。

エ、物語全体を弟の視点に寄り添って描写することで、弟の心の葛藤を描き出している。

〈島根県〉

黒崎政男 の文章　論

●主な出題歴……２０１８年度（大阪府Ｂ）、２０１７年度（秋田県）ほか

41　次の文章を読んで、あとの問いに答えなさい。

Ａかつて写真は、時間の流れをせき止め、凍らせ、瞬間を切り取る魔法のような一撃であった。さらにその決定的瞬間を待ち、「世界」の事態の一瞬を切り取ることは、「私」の世界への決定的な関与をも意味していることは間違いない。

多少でも写真を自ら本格的に撮影した者ならだれでもわかることであるが、写真は対象を写しているように思えて、実は、撮影者がそこには写り込んでいる。感動しながら撮ったのか、飽き飽きしながら撮ったのか、その対象の撮影者はどのような感情を抱いていたのか、Ｂそんなことが不思議なほどわかってしまうのである。ブレッソンも『決定的瞬間』で次のように言っていた。

Ⅰ
> 「自分自身」を発見することは、我々を形づくると共に我々が影響を与える「外部の世界」の発見と同時に起こるのだと思われる。そして、バランスはふたつの世界で打ち立てられなければならない。ひとつは我々の心の内部の世界、もうひとつは我々の外側に広がる世界である。その絶えまない①相互的なプロセスの結果として、ふたつの世界はひとつの世界を形成する。我々が伝達すべきなのは、Ｃまさにこの世界なのである。

つまり決定的瞬間といっても、それがなにか、外部の事態として客観的に存在している瞬間であるよりは、写真家それぞれの「私」と「世界」とが共鳴する瞬間であり、決定的瞬間は写真家の「私」抜きには考えることのできないものでもある。

もちろん、たしかに撮影者がある瞬間を決定的なものと「直観」し、なんらかの情感とともにシャッターを切った写真も、結果としては、②動画映像からのちに静止画を抜き出してきたものと同じに見えてしまうかもしれない。しかし、決定的瞬間を見定め、シャッターを切るという行為のうちには、「時間という流れ」と「瞬間」との間の弁証法的対立をみてとることができる。私なりに表現すれば、人間が有限的な時間性のうちに内在しながら、まさにそこから超越しようとする意志こそが「決定的瞬間」なのであり、実に、この行為こそ、写真を写真たらしめてきたものなのである。

コンピュータのうちに蓄えられる動画映像では、あらゆる時間の断片が、いわば等質で蓄えられるために、逆に決定的瞬間は消滅してしまう。すべての瞬間はその前後との退屈な連続性のうちに没してしまうからである。

21世紀において、Ｄひたすら自己展開していくデジタルテクノロジーは、写真を動画映像の単なる一断片として、あるいは、動きのない静止画としてとらえつつ、写真からその独自の存在意義を剥奪する形で進行していくことだろう。しかし、動画映像の一部分としての静止画と、これだ、という直観や感動や高まりとともに切られた決定的瞬間との差は、やはり、結果においても違う、と写真ロマンチストとしての私は主張しておきたい。行為としての写真こそ、写真の本質である、というのが私の写真に対する結論である。

（黒崎政男『哲学者クロサキの写真論』による）

（注）ブレッソン＝フランスの写真家。
弁証法＝対立と矛盾を通じて、より高い段階の認識（総合）に至る哲学的方法。

1、本文中のＡ～Ｄの――をつけた語のうち、一つだけ他と品詞の異なるものがある。一つ選びなさい。

2、①相互的の対義語を、次から一つ選びなさい。

ア、相対的
イ、一方的
ウ、系統的
エ、主体的

3、次のうち、本文中のⅠで示した箇所の、本文中での役割として最も適しているものはどれか。一つ選びなさい。

ア、筆者の主張を支える文章を示し、筆者が述べている

内容の妥当性を補強している。

イ、筆者の主張によく似た一般論を示し、それ以外の意見がないことを表している。

ウ、筆者の主張を補足する文章を示し、直前で述べられている意見に反論している。

エ、筆者の主張を評価している文章を示し、筆者の主張の説得力を高めている。

4、[②]動画映像　とあるが、本文中で筆者は、「動画映像」では決定的瞬間がなくなってしまうのはなぜだと述べているか。その内容についてまとめた次の文の［　］に入る内容を、本文中のことばを使って三十五字程度で書きなさい。

動画映像においては、等質で蓄えられた［　　］から。

5、写真の本質について、本文中で筆者が述べている内容を次のようにまとめた。［a］、［b］に入れるのに最も適しているひとつづきのことばを、それぞれ本文中から抜き出しなさい。ただし、［a］は六字、［b］は十六字で抜き出すこと。

写真家おのおのの内部と外部の世界とが［a］が決定的瞬間であり、その瞬間を見定め、［b］と一緒にシャッターを切るという行為こそ、写真の本質である。

〈大阪府〉

齋藤亜矢　の文章　論

●主な出題歴……2019年度（東京都・福井県）ほか

42　次の文章を読んで、あとの問いに答えよ。

「おもしろい」は、いいかげんなようで、じつは万能で、深い言葉だ。

研究でも、一番のほめ言葉は「おもしろい」だ。新しい着眼点、新しい手法、意外な結果、新たな説を導く考察など、それまでの枠組みを大きく変えるような研究こそ、「おもしろい」。

アートの起源について研究する上でも、「おもしろい」がだいじなキーワードだと考えている。鑑賞者の視点からは「美しい」についての議論に終始しがちだが、表現者の視点からはむしろ「おもしろい」が重要なのではないかと。

根拠は、やはりチンパンジーだ。チンパンジーは、絵筆を渡すと、それをあつかって描くことができる。芸として教えるのとは違い、ごほうびのリンゴは必要ない。筆やペンを動かして描く行為がなんだか「おもしろい」らしいのだ。

ただしチンパンジーたちの興味は、描く過程にあって、描かれた結果としての絵にはあまり興味を示さない。絵筆を動かすと、紙の上にさまざまな痕跡があらわれる。画用紙にペンをふりおろせば、てんてんが描けるし、筆先をつけたまま水平に動かせば、しゅーっと長い線があらわれる。手を動かしながら、出力（行為）と入力（感覚）の関係を探索的に理解していく。その過程をおもしろがっているように見える。

おとなのチンパンジーには「画風」があって、絵を見ればだれが描いたかがわかるほどだ。アイ（チンパンジーの名前）ならくねくねした曲線を画用紙全体に広げるし、パン（チンパンジーの名前）なら短い線を並べて色ごとにパッチ（継ぎはぎの模様）をつくる。でたらめに絵筆を動かすだけではなく、自分好みの描き方ができてくる。それぞれの美を求めての画風というより、こう描こうという自分のルールをつくって、それを実行するのが「おもしろい」のだろう。

人間の場合も、子どものころから美を求めて描くわけではない。はじめてペンを握るとき、ふりまわしたペン先がコツンとあたって痕跡が残るだけで、あ、とうれしそうに歓声をあげたりする。なぐりがきをしている時期は、チンパンジーと同じように、探索する過程をおもしろがって描くのだ。

それが三歳ごろになって、何かを表した絵、つまり表象を描くようになると、[1]モチベーション（動機づけ）も変わってくる。自分の描いた線にさまざまなモノの形を発見することがおもしろい。頭のなかにあるイメージを紙の上に生み出すことがおもしろい。そして、それを他者に伝えられることがうれしい。つまり個人的な動機づけに社会的な動機づけがくわわるので、他者の反応が気になってくる。

この時期には、絵を介した言葉のコミュニケーションも頻繁におこる。「これ、アンパンマン（絵本・アニメの登場人物）。」と子どもが説明しながら描いたり、まわりのおとなが、「なに描いたの？」と問いかけたり。

そのとき、なにげなくつかってしまうのが「上手」という言葉ではないか。上手だね。上手（うま）いね。子どもの絵に対してだけではないかもしれない。美術館でも、ダリ（スペインの画家）の絵を前に「上手」という声が聞こえてきて、びっくりしたりする。

自分も「上手」という一元的な評価にさらされてきたからだろう。それ以外に絵をほめる言葉を知らないのだ。そして、これこそ絵が苦手という人を生み出してしまう最大の要因なのではないかと思っている。

「上手」といわれるのは、見たモノの形を写しとった写実的な絵のことが多い。[A]【子どもの絵でも、やはりモノの形をとらえた絵の方がほめられやすいし、子どもらしいのびのびとした絵であるとなお「上手」とされる。】

そうすると、上手に描けないから絵が苦手、という子が出てきてしまう。[B]【おとなになると、上手な絵を描くには、特別な才能や絵心なるものが必要で、自分にはそれがないから描けないと思い込んでいる人も少なくない。】

でも、写実的に描くのがむずかしいのはしかたがない。[2]人間ならではの認知的な特性が、そしてじつは表象を描くために必要な認知的な特性が、写実的に描くときには邪魔になるのだと考えている。

小さな子どもが描くのは、丸だけで顔を描ける記号的な絵だ。「顔には輪郭があって、目が二つあって、口がある」という、頭のなかにある表象スキーマ（対象についての一連の知識）、つまり「認知」された「知っているモノ」を描いている。

いっぽうで、C【見たモノを描く写実的な絵では、網膜に写る光の配列、つまり、モノを何かとして「認知」する前の「知覚」を描こうとする。】

でも、D【言葉をもった人間は、目に入る視覚情報を「知覚」すると、つねに何かとして言葉に置きかえて、概念的に「認知」してしまう癖がある。】そこで、見えているつもりなのに描けないというジレンマ（葛藤）が生まれるわけだ。

小学校の高学年のころ、写生で木を描くのに悩んだ記憶がある。木の枝一本いっぽんが目ではちゃんと見えているのに、描こうとするとうまくいかない。見れば見るほど、たくさんの情報があふれていて、すべてを描き出すのはとうてい不可能に思えた。結局左右に、適当な枝分かれをつくってごまかしてしまった。記号的な表現に逃げたのだ。

学校ではいつも、上手に描こう、きれいに描こうという気持ちがあった。その結果、より複雑な描き方の記号を探し、こぢんまりとした絵になっていたように思う。

そのころ、家で新聞を読んでいる母の姿をこっそりスケッチしたことがあった。このときなぜか途中でいたずら心のスイッチが入って、とことんおもしろく、変な絵にしちゃえ、と思った。無造作な髪に、ぎょろっとした目、鼻の穴や顔のしわもありのまま、むしろ誇張するぐらいに描く。

本人に見せたら、そんな変な顔じゃないといやがるはず、と期待したのに、すっかり□しまった。母はわたしがこっそり描いていることなどお見通しで、むしろ上手に描くなあと感心して、横目で見ていたというのだ。

そういわれてみると、たしかにいつもより生き生きとして、いい絵だった。皮肉にも、「上手く」ではなく「おもしろく」描こうと思ったことがよかったのだろう。3怪訝（けげん）に思いながらも、なにか少し枠をこわせたような気がした。

漢字では「面白い（おもしろい）」と書くように、目の前が明るくなることが、「おもしろい」の語源だとされる。それまでの枠組みがこわされて光がさしこみ、今まで見えなかったものが見えるようになる。「おもしろい」は、見る人の心のなかでおこる作用であり、「！」なのだ。

だから、子どもの絵を評価する言葉も、「上手」より、「おもしろい」がいいと思っている。

「おもしろい」は絶対的な評価ではなく、あくまで個人の感想だ。人によって、そしてテーマや色合い、構図などの視点によって、多様な「おもしろい」があり得る。そのぶん見る方も主体的に向きあう努力が必要だ。いいかげんな言葉のようで「上手」よりずっと誠実で、アートに適した評価ではないか。

（齋藤亜矢（さいとうあや）『上手い、おもしろい』の文章による）

怪訝＝理由が分からず不思議なさま

問㈠ [ある] の部分と同じ品詞の「ある」を含む文を次のア〜エからすべて選んで、記号で書け。
ア、これはある人から聞いた話だ。
イ、ある晴れた日の出来事を日記に書く。
ウ、特徴のある商品を販売する。
エ、向こうの棚に新着図書がある。

問㈡ □の部分に入る言葉として最も適当なものを次のア〜エから一つ選んで、記号で書け。
ア、肩を落として
イ、肩すかしを食って
ウ、肩の荷を下ろして
エ、肩で風を切って

問㈢ 文章の中のチンパンジーとはじめてペンを握る人間の子どもの例において、筆やペンを握るときに共通していることは何か。次の文の空欄に入る適当な言葉を書け。

出力（行為）と入力（感覚）の関係を（　　　）こと。

問㈣ 傍線の部分1とはどのように変化することか。二十五字以内で抜き出し、はじめと終わりの四字を書け。

問㈤ 傍線の部分2について説明している部分はどこか。最も適当なものを【 】で示したA〜Dから一つ選んで、記号で書け。

問㈥ 傍線の部分3とはどのような状態か。最も適当なものを次のア〜エから一つ選んで、記号で書け。
ア、「おもしろく」描こうと思った絵が結果的にいい絵になったことは不思議だったが、「上手く」描かなければという意識にとらわれなくなったように感じた状態。
イ、なぜ母が嫌がらなかったのか理解に苦しんだが、今後も「上手」さの中に「おもしろい」ものを追求して描こうという決断ができた状態。
ウ、なぜ母が自分の絵を「上手」としたのか想像できなかったが、自分が変な絵を描こうとしていることを母は最初からお見通しだったと気づき始めた状態。
エ、おもしろ半分で母の顔を変な顔にスケッチした自分が不思議だったが、むしろ母が感心するほどの「上手」な絵が描けて満足している状態。

問㈦ 思考力 アートを評価する言葉としての「上手」と「おもしろい」について、筆者はどのように考えているか。それぞれの言葉に触れながら八十五字以内で説明せよ。

〈福井県〉

汐見稔幸 の文章

論

43

●主な出題歴……2019年度（岩手県・岐阜県） ほか

次の文章を読んで、後の問いに答えなさい。

共同・協力する力、一緒に困難を乗り切る力というのは、人間が人間として生き延びてきた原動力なのです。これは別の見方をすると、一緒に喜び合える力であり、この力があるからこそ、生きていて楽しいと思えるのです。これがやがては恋愛感情にもつながります。

［　　　］、子どものころにやった、鬼ごっこやかくれんぼは、みんなで一緒にするからこそ楽しい遊びです。みんなで知恵を出し合って、新しい自分たちのルールを考えたら、遊びがもっと面白くなります。ときには、年齢の小さい子が交じっていて、「この子はおみそ（注）」などと言ってその子だけ鬼にならないように配慮して、小さな子たちも一緒に遊べるように工夫したかもしれません。遊びは共同しないと楽しく遊べませんから、そういう力をたくさん学ぶことができます。

皆さんのような年齢になれば、友達同士でキャンプに行こう[1]と、計画を立てることもあるでしょう。少し険しい道のりも、友達と一緒なら、頑張って歩き通すことができたりするから不思議です。わずかな水や食料しか持たないで、山で道に迷ってしまったとき、それを乗り切るのに大切なのは、まさに共同力です。みんなで一緒に何かに取り組んで、互いに喜び合う。困っている子がいたら、みんなで助ける。そうしているうちに、一緒に危機を乗り越える、[2]共同的な危機管理能力が培われていきます。

〈　この二〇〇〇～三〇〇〇年で、文学・書物ができ、文化が伝わってきました。

文化は「この魚はこういうふうに下ごしらえをすれば、毒にあたらずに済む」とか、「こうすれば風が吹いてきても飛ばない」など、長い歴史の中で生み出されてきた人々の知恵やスキルをどれだけの人々とどのように共有するかという努力の中で生み出されたものです。

[3]文化というのは、たった一人でつくられるものではなく、たくさんの人の中でつくられます。誰かが優れた芸術作品をつくったとしても、周りの人がそれを高く評価しなければ、残っていきません。ですから、文化というのは、いろいろなことを編み出す人と、それを評価して広めていく人との共同作品なのです。　〉

その意味でも、文化の象徴である知識・学問・芸術・スキルを学ぶとき、「僕だけがわかればいい」というのは、正しい文化の伝え方ではないのです。

【　試験のとき、自分より成績のいいライバルが風邪をひいて休んだら、しめしめと思う、そんなさもしい（注）考え方ではダメです。授業というのは、先生・生徒の一対一の関係で行われるべきものではなく、先生は生徒に向かって、「先生は問いを投げかけるけれど、考えるのはみんなだよ。みんなで共働して考えよう」と言うべきです。

生徒たちがともに学んで、理解していく。よく理解できていない子には誰かが教えてあげて、学びを共同化していく。仲間に教えることで、その人自身の知識も整理されて、理解が深まります。それが本来の学びのあり方でしょう。

個人的に本を読んだり、テレビを見たりして情報を入手することも大事ですが、それを独り占めするのは自分にとっても、相手にとっても損なのです。自分が持っている知識、入手した知識を周囲に伝え、みんなで共有していくことで人間は文化的になっていきます。　】

あるいは、それを元に議論し合って、友達からも貪欲に学んでいく。そうやってみんなで助け合い、共に賢くなっていく。わからない人がいたら、放っておかずに、みんなで教えてあげるのです。そういう姿勢が人類を救ってきたわけですから。

[4]学ぶことを、個人主義化してはいけません。自分の知識をひけらかして、変に自慢し合うのではなく、共に語り合う、ときにディスカッションすることが大事です。「ねぇねぇ、知ってる?」「それはちょっと違うんじゃない?」「いや、そんなことはないよ」などと、仲間同士で言い合いながら知識を共有していく。そういうことを大事にしながら、学んでいってほしいと思います。

「人生を豊かにする学び方」（汐見稔幸）による。

（注）　おみそ＝力の弱い者の意。
さもしい＝心がいやしい。

問一、［　　　］に入る最も適切な言葉を、ア～エから選び、符号で書きなさい。

ア、たとえば　　イ、けれども
ウ、そのうえ　　エ、あるいは

問二、[1]と と同じ意味・用法の「と」を、ア～エから選び、符号で書きなさい。

ア、私は妹といっしょに勉強した。
イ、二人で取り組むと勉強がはかどる。
ウ、姉が帰ってきたと妹が教えてくれた。
エ、姉と妹のどちらも勉強熱心だ。

問三、[2]共同的な危機管理能力が培われていきます とあるが、筆者が考える共同的な危機管理能力が培われる方法として、最も適切なものを、ア～エから選び、符号で書きなさい。

ア、失敗すると分かっている状況でも、あえて失敗を見守り、自立を促し合うことで培われる。
イ、困難な状況でも、協力して助け合いながら危機に立ち向かうことで培われる。
ウ、集団に危険が迫っている状況でも、自分自身の安全を優先することで培われる。
エ、周囲と考えが合わず孤独な状況でも、信じたことを一人でやり遂げることで培われる。

問四、[3]文化 とあるが、次の［　　］内の文章は、文化はどのように生み出され、作り上げられるものであるかについて、本文を踏まえてまとめた一例である。［A］、［B］に入る最も適切な言葉を、それぞれ〈　〉内から抜き出して書きなさい。ただし、字数は［A］、［B］にそれぞれ示した字数とする。

文化は、長い時間をかけて人々が生み出した［A］（六字）を、多くの人々と共有するための努力の中で生み出されたものである。この点では、文化は創

造する人と、それを[B（十字）]とが、一緒につくりあげるものである。

問五、〈思考力〉[4]学ぶことを、個人主義化してはいけません　とあるが、学んだことを教え合うことで、個人としてはどのようになり、集団としてはどのようになっていくと筆者は述べているか。【　】内の言葉を使って、三十五字以上四十字以内でまとめて書きなさい。ただし、「学んだことを教え合うことで、個人としては」という書き出しで「と述べている。」に続くように書くこと。

〈熊本県〉

鈴木忠志 の文章

論

●主な出題歴……2018年度（大阪府C・長崎県）ほか

44　次の文章を読んで、あとの問いに答えなさい。

私は芸術の存在理由を、一般に考えられているように個人の内面の表現のためにあるより、[①]人間理解あるいは人間関係の創造のためにあると思っています。われわれが何かを表現し、それを公にする場合、他者あるいは第三者というものを前提としない活動の持続も、専門的な行為の成立もないからです。

ではこの人間関係の創造とは、何であるのか。それはある人間がどういう関係や状況に置かれているのか、どういう可能性をもっているのか、あるいはどういう感受性をもっているのかをまず明らかにすることです。そしてそこからさらに発展して、いったいこの人間といわれるものは何なのか、そういうレベルでの問いかけを多くの人々と共有することです。つまり、ある表現行為を契機にして他人と共に人間について考え、想像することです。そういう目的で芸術行為の存在は貴重だと私は考えています。

たとえばベートーヴェンの音楽を聴いて、われわれは人間を想像し、人間を理解しようとすることができます。これは絵画にも同様に言えます。しかし、人によっては「音楽とは音ではないか」「絵画とは色ではないか」「演劇のように生身の人間が出てこない」という人がいるかもしれません。そして「なぜそれが人間について想像させるのか」と疑問をもつ人もいるでしょう。

私が言いたいことは、それが創られた音であり色であるということです。われわれが日常では感じられない音であり色なのです。にもかかわらず、というより[A]と言うべきでしょうが、われわれは思わずそれに注意を集中させられてしまうことがあります。これはいったい何なのかと。また、そうした音や色を創りだすために自分自身の全エネルギーを捧《ささ》げる人間とはいったい何なのかと。

音楽でも絵画でも文学でも、さらには演劇でも、すべて人間が創りだしたものです。そうした人間が創造したものを通して、われわれは日常で慣れ親しんだ考え方や見方とはちがったように人間を想像し、またそのことによって人間関係について考えることがあるのです。

ですから、人間理解というのは、人間を賛美したり、現在ある人間を肯定することだけを意味しません。むしろ人間とは自然の一部ではないかとか、いまの人間の存在の仕方はよくないのではないかとか、現在の状態を批判的にみる人間理解もあるわけです。あるいは人間とはこういうものだというような、われわれが自明のものと考えてきた人間というものの概念や感受性を変更したり、修正することを迫られる場合もあるでしょう。

芸術がある個人の内面の表現であるとか、個人の内面の叫びであるとか、そういった近代芸術観というものはヨーロッパから発生してきたものですが、われわれが教育された芸術への接し方も、そうした近代芸術観の影響を強く受けたものです。もちろん、私はそうした考え方を否定するつもりはありません。たとえそれが[B]仮説だとしても、個人にはそれぞれに独自な内面が在るという人間への見方を通して、人間をとらえることは、現代の日本にもしっかりと定着していますし、コミュニケーションを成立させる場合にたいへん便利であることは事実なのです。しかし芸術表現を考える場合、これとはちょっと異なる視点から、ものごとを発想していかなければいけないのではないでしょうか。われわれ人間には、内面という言葉が与える印象ほどには自立し完結した独自な世界などはないのではないかと。

なぜなら、ある表現行為なり作品を自分以外の人間にわざわざ示すということは、すでに他人との関係を前提として、その上に成立した行為だと見なさなければいけないからです。それが金銭を目的にした行為であろうと無償のそれであろうと同じです。個人の内面の表現のようにして発表された作品も、じつは[　②　]ということではないでしょうか。

（鈴木忠志『演劇とは何か』による）

1、次のうち、本文中の[A]に入れるのに最も適していることばはどれか。一つ選びなさい。

ア、そればかりでなく
イ、それはさておき
ウ、それだからこそ
エ、それでなければ

2、B説 とあるが、次のア～エの傍線を付けたカタカナを漢字になおしたとき、「説」と部首が同じになるものはどれか。一つ選びなさい。
ア、沖縄ショ島の地図
イ、セイ密な機械
ウ、経済指ヒョウの発表
エ、人権の保ショウ

3、①人間理解 とあるが、本文中で筆者は、どのような人間理解の仕方があると述べているか。その内容についてまとめた次の文の□に入る内容を、本文中のことばを使って七十五字程度で書きなさい。
□という人間理解の仕方がある。

4、次のうち、本文中の②に入れるのに最も適していることばはどれか。一つ選びなさい。
ア、個人のためのものではなく他人を存在させるためのものにすぎない
イ、他人には示すことができず個人の中で完結してしまうものにすぎない
ウ、他人に見せることによって初めて内面の表現と呼ばれうるにすぎない
エ、個人の独自な内面を認めることで芸術作品として成立しうるにすぎない

5、次のうち、本文中で述べられていることがらと内容の合うものはどれか。一つ選びなさい。
ア、われわれの芸術への接し方に強く影響を与えているヨーロッパの近代芸術観は、現代の日本にもしっかりと定着しているので、芸術の存在理由は個人の内面の表現にはないと一般に考えられている。
イ、音楽や絵画、文学、演劇はすべて人間が創造したものであり、それらをきっかけにして、日常とはちがった見方で人間について考え、想像し、それを他人と共有するという点に芸術の存在理由がある。
ウ、近代芸術観とは、芸術はある個人の内面の叫びであるとする考え方であり、その考え方に基づいて人間をとらえることによって、ものごとを少し異なる視点から発想していくことが可能になる。
エ、芸術表現を考える場合、日常で慣れ親しんだ考え方や見方とは少し異なる視点からものごとを発想していくことは、コミュニケーションを成立させるときにたいへん便利な考え方である。

〈大阪府〉

高槻成紀 の文章 論

●主な出題歴……2019年度（富山県）、2017年度（三重県）ほか

45 次の文章を読んで、あとの問いに答えなさい。（一部表記を改めたところがある。）

私は長い間シカ（ニホンジカ）の研究をしてきたが、日本のシカにとっては冬にササがアあることが重要であることを発見した。そのことがあったので、アメリカに留学していた1985年、カナダで開催された学会で当時中国でパンダの調査をしていたジョージ・シャラー博士に会い、ササとシカの研究をしているのなら、①パンダの調査グループに入ってくれと要請された。そして、中国奥地でアメリカやベルギー、イギリスなどの研究者と過ごした。当時の中国は貧しく、調査には苦労もあったが、パンダの生息地を歩き回ったことは良い体験になった。そうした体験をした者として言いたいのは、パンダは「生きたぬいぐるみ」でも、ペットでもなく、まちがいなく野生動物だということである。実はそのことを正しく認識している人は驚くほど少ない。本来どこにいるかなどということは考えたこともなく、動物園で生まれた天使のような動物で、一生、暖かい部屋で、遊んで過ごす生き物だと思われているフシがある。

パンダのイメージは良い意味での「偏見」だが、ヘビやハイエナのように汚(けが)らわしい、不気味だというイメージを持たれている動物もいる。本書ではそのことを考えてみたい。では、②こういう偏見はどこから来るのだろうか。

その前に、そもそも、そういうことを考えることにどういう意味がイあるだろうか。ヒトは霊長類、つまりサルの仲間である。霊長類とは、一番すぐれているという意味だ。③人類がすべての生き物の中で最もすぐれているなど疑う余地のないことだと信じられてきた。ヒトだけが考えることができ、ヒトだけが言葉を使え、ヒトだけが道具を扱えるなどなど、ヒトとほかの動物との違いを指摘する説は無数にある。□研究が進むにつれて、考える動物はい

くらでもいる、というより考えない動物などいないのではないかということがわかってきた。言葉についても、言葉の定義にもよるが、個体間のコミュニケーションをとる動物は無数におり、その具体的な事例が報告されるようになった。道具を使う動物は限られるものの、やはりいて、人間だけの④専売ではないことがわかっている。

私たちにとって衝撃的だったのは、ヒトとチンパンジーのＤＮＡが98％以上同じであるということが示されたことである。私たちが自分たちを特別だと思うことはウある程度自然なことだが、この事実は２％以下の違いをもって、⑤われわれとチンパンジーは「まったく違う」と主張することが、強弁でしかないことを示してしまった。ヒトが特別に思慮深い動物であれば、なぜこのような思い違いをしてしまったのだろう。むしろ私たちはものごとを冷静に、客観的に見ることは苦手なのではないだろうか。そう思うほうが納得できることがたくさんある。

人間が人間中心にものを考えるのは当然であり、それの何が問題なのだという意見もエあるだろう。私にもある程度そうした気持ちはある。ただ、20世紀の前半くらいまでは人間中心であることにさほど問題はなかった。というのは、⑥人間活動が地球全体の環境に大きな影響を与えるということはなかったからである。しかし今や世界の人口は70億人を超え、そのエネルギー利用は天文学的数字になっている。資源の枯渇が問題とされ、地球温暖化で異常気象が頻発し、深刻な災害が起きている。もし、このまま人間が地球の資源を使えるだけ使って「豊かな」生活を追求するという生活様式を改めないとすれば、残された自然はきわめて深刻な事態に陥るだろう。

そういう時代に生きている私たちは、ほかの動物に対して勝手なイメージを持ちがちで、この傾向はさらに強まりそうな懸念がある。そのことに対して、動物を正しく知ることが、思い違いを是正することになるはずである。

相手を知らないために勝手なイメージを持って誤解するという私たちの態度は改まっているどころか、昨今はむしろ強くなっているように感じられる。「まず自分たち」という言い分が大手を振ってまかり通るようになった。人と人との関係と、人と動物との関係は当然違うが、それでも偏見は良くないと考えるのであれば、人と人でも、人と動物でも通底するものは同質なはずである。

【高槻成紀『人間の偏見　動物の言い分』より】

1、……線部ア～エの中で、品詞が他と異なるものを一つ選び、記号で答えなさい。

2、①パンダの調査　に参加した結果、筆者はどのようなことを確信するようになりましたか。本文中から四十字程度で探し、初めと終わりの四字を抜き出しなさい。

3、②こういう偏見　とは、どのようなものですか。二十五字以内で説明しなさい。

4、③人類がすべての生き物の中で最もすぐれているなど疑う余地のないことだと信じられてきた　とありますが、それはなぜですか。本文中の言葉を使って、次の文に合う形で三つ書きなさい。

人類だけが□ことができると信じられてきたから。

5、□に入る言葉として最も適切なものを、次のア～エから選び、記号で答えなさい。

ア、また
イ、だが
ウ、だから
エ、つまり

6、④専売　とありますが、本文中ではどのような意味で使われていますか。最も適切なものを、次のア～エから選び、記号で答えなさい。

ア、権力
イ、権威
ウ、分権
エ、特権

7、⑤われわれとチンパンジーは「まったく違う」と主張することが、強弁でしかない　とありますが、それはなぜですか。本文中の言葉を使って説明しなさい。

8、⑥人間活動が地球全体の環境に大きな影響を与えるということはなかった　とありますが、20世紀の前半くらいまでそのように言えたのはなぜですか。本文の記述を手がかりに説明しなさい。

9、本文の内容をまとめた次の文の（ａ）・（ｂ）に入る言葉を、それぞれ本文中から三字以上五字以内で抜き出しなさい。

> 動物を（ａ）ことで、動物に対する偏見をなくし、「まず自分たち」という言い分で（ｂ）に考える態度を改めなければならない。

〈富山県〉

辻村深月 の文章　文

●主な出題歴……2017年度（岐阜県・鳥取県）ほか

46　次の文章を読んで、あとの問いに答えなさい。（出題の都合上、本文を一部改めた箇所がある）

【この場面までのあらすじ】高校二年生の「俺」とリュウ、拓史の三人は映画同好会のメンバー。同好会を部に昇格させるために、「俺」は部長として高校生映画コンクールに自主制作の映画を出品する計画を立て、主演女優を探したが、なかなか決まらないでいた。
ある日、学校の図書室で「俺」は「この人を撮りたい」と思う女子生徒（立花先輩）にめぐりあった。何らかの事情があって演劇部をやめたといううわさのある立花先輩に、何とか主演女優を引き受けてもらおうと、三人は図書室に向かった。

「映画に出てくれませんか」と単刀直入に話しかけたら、息がつまった。

何度も頭の中でシミュレート*して、もっと完璧に言えるはずだったのに、声がガタガタになって喉に絡む。

図書室のいつもの窓際で、読みかけの本からすっと顔を上げた立花先輩の目が瞬かれた。

「え、と。俺、怪しいものじゃないです。うちの高校に映画同好会ってあるの知ってますか？　あ、あの知らないのが普通なくらいの、部員三人だけの[1]小さな同好会なんですけど」

黙ったままの立花先輩からの第一声を聞くのが怖くて、[2]つい余計な言葉を重ねてしまう。横のリュウと拓史は憎らしいことにさっきから一言も俺を援護してくれない。

チクショウ！　と、裏返った声を恨みながら、なおも話しかけようとしたそのとき、ふいに立花先輩が読んでいた本に栞をはさんで閉じた。俺たちを見つめる。

「映画？」

透明感のある、器いっぱいに張った水を連想させるような声だった。近くで見ると、改めてきれいな人だ。

だけど、次の瞬間、彼女の口から出た言葉に落胆させられる。

「出ないわ」

あっさりとした言い方だった。だけど、これぐらいは覚悟の上だった。「そこを何とか」という声が、今度はきちんとすんなり口をついて出た。

「俺、新入生歓迎会で観た『嵐が丘』のキャサリンに痺れたんです。子ども時代と大人時代、両方を先輩がやってましたけど、同じ人がやってるとは思えないほど雰囲気がまったく変わってて。――中学までと違って、高校って本当にレベル高いんだって、洗礼を受けた気がしたんです」

「洗礼」

「え？」

[3]立花先輩が首の角度を少し変え、上目遣いに俺を見た。目がまともに合ってドキリとする。それから、ゆっくりと首を振った。

「その言い方は好きだわ。洗礼を受けた、なんて言葉を日常生活で遣う男子にこの高校で会えるとは思わなかった」

どうやら好感を持ってもらえたらしいとわかるまで、長く時間がかかった。じゃあ、と身を乗り出しかけた俺に、しかし、先輩が[4]にべもなく告げる。

「ありがとう。嬉しいけど、もう私、演劇部をやめてしまってるし、部活をやめてる手前、これ以上目立つことはちょっと、ね。やりたくない。ごめんなさい」

「どうしてもダメですか？」

今日から衣替えした夏服の半そでが、スースーとまだ肌寒かった。先輩がくり返した。

「ごめんなさい」

言葉遣いは柔らかいけど、有無を言わさぬ口調だった。読みかけだった本を開いて、目線を戻してしまおうとする。

その瞬間、先輩の睫の先に光がこぼれた。窓の上から注ぐ陽光が、彼女の顔に薄い影を浮かべる。

肩を落として帰ろうとしていた俺の目に、その光景がくっきりと飛びこんでくる。その瞬間、頭の端に電気が走った。

諦めきれない。この人のこの表情を、撮りたい。

「また来ます」

はっきりと言った俺を、リュウと拓史が驚いた顔をして見ていた。[5]「無駄よ」と立花先輩が言う。

「ついでに言うなら、迷惑だわ」

「迷惑でも、また来ます。失礼しました」

先輩は答えなかった。俺はぺこりと頭を下げて、図書室を後にした。

廊下に出てすぐ、リュウが後ろから「ガッツあるね」と感心した声で話しかけてきた。「本当」と拓史が相槌を打つのに、「おう」と答える。

なるべく平然と見えるように言ったけど、背中とわきの下は汗でぐっしょりだった。思い出したように、胸が激しく鼓動を打つ。全身から、ふーっとため息が洩れる思いだった。

（辻村深月『世界で一番美しい宝石』による）

（＊注）シミュレート…実際の場面を想定して試すこと。

問一、「[1]小さな」と同じ品詞の言葉を、次のア～エの傍線部から一つ選び、記号で答えなさい。
ア、おかしな出来事が起きた。
イ、穏やかな一日を過ごした。
ウ、元気な声で挨拶をしよう。
エ、鳥取の豊かな自然を守る。

問二、「[2]つい余計な言葉を重ねてしまう」とありますが、このときの「俺」の心情の説明として最も適切なものを、次のア～エから一つ選び、記号で答えなさい。
ア、立花先輩に嫌われたのではないかと思い、少しでもイメージを良くしようと張り切っている。
イ、声の調子が良くないのに長々と話し続けて、かえって自分の印象を悪くしたと後悔している。
ウ、立花先輩からの返事を想像すると不安に耐えられず、何とか間を持たせようとあせっている。
エ、自分一人では話が途切れてしまうため、リュウと拓史も話に加わらせようと苦心している。

問三、「[3]立花先輩が首の角度を少し変え、上目遣いに俺を見た」とありますが、このときの立花先輩の心情の説明として最も適切なものを、次のア～エから一つ選び、記号で答えなさい。

ア、自分と似た感覚の人間との出会いを喜びながらも、距離を置いて接しようと努めている。
イ、言葉巧みに要求を押しつけてくる相手に対して、言いくるめられないように警戒している。
ウ、自分に映画に出て欲しいという気持ちが、本当に強いものかどうかを試そうとしている。
エ、目の前の人間が思いがけない言葉を発したことで、どのような人間か興味を覚えている。

問四、「[4]にべもなく」の意味として最も適切なものを、次のア～エから一つ選び、記号で答えなさい。
ア、さりげなく
イ、愛想もなく
ウ、大人げなく
エ、わけもなく

問五、「出ないわ」という言葉に落胆させられた後の「俺」の心情の変化を理解するため、その後の内容を次の表のようにまとめました。あとの問いに答えなさい。

表

「俺」の心情	「俺」の心情が読み取れる表現（文中からの抜き出し）
（落胆させられる）↓	
期待する↓	じゃあ、と身を乗り出しかけた
諦めかける↓	（　A　）
決意する↓	「また来ます」はっきりと言った
（　B　）	胸が激しく鼓動を打つ全身から、ふーっとため息が洩れる思い

（1）表の（A）には「諦めかける」という「俺」の心情が読み取れる表現が入ります。文中から十五字以内で抜き出して答えなさい。

（2）表の「諦めかける」という「俺」の心情は、立花先輩のどのような言動によって引き起こされた心情ですか。文中の言葉を用いて、三十字以上三十五字以内で書きなさい。（句読点も一字とする）

（3）表の（B）にあてはまる「俺」の心情はどのようなものですか。本文の展開もふまえながら説明したものとして最も適切なものを、次のア～エから一つ選び、記号で答えなさい。
ア、立花先輩のかたくなな態度が頭から離れず、今後の交渉に不安を感じるとともに別の主演女優を探す事態も想定され残念に思っている。
イ、立花先輩からの拒絶に引き下がらずに無我夢中で依頼し続けた自分を思い出し、気持ちが高ぶるとともにどっと疲れが出てきている。
ウ、出演に難色を示した立花先輩の態度に内心ひどく気落ちしているが、部員の前で部長の威厳を保とうとして気持ちを奮い立たせている。
エ、立花先輩への出演依頼を一人でやり遂げた達成感を覚える反面、交渉後に声をかけてくる非協力的な他の部員にいら立ちを感じている。

問六、本文の表現について説明したものとして最も適切なものを、次のア～エから一つ選び、記号で答えなさい。
ア、「声がガタガタになって」や「ドキリとする」という擬態語によって、立花先輩を前にして緊張している「俺」の様子が豊かに表現されている。
イ、「チクショウ！」や「ダメ」などのカタカナ表記によって、あとさき考えることなく言葉を発してしまう未熟な「俺」の様子が表現されている。
ウ、「透明感のある、器いっぱいに張った水を連想させるような声」という表現によって、立花先輩の謎めいて冷ややかな様子が表現されている。
エ、「夏服の半そでが、スースーとまだ肌寒かった」という表現によって、繊細で大人びた雰囲気の立花先輩の様子が強調して表現されている。

問七、**思考力**　「[5]『無駄よ』と立花先輩が言う」とありますが、この場面を演劇で演じるとしたら、あなたならどのように演じますか。次の【演じ方】のA、Bから一つ選び、そのように演じる理由について、あとの【条件】に従って書きなさい。なお、どちらの【演じ方】を選んでもかまいません。

【演じ方】
A　目線をあげて強い口調で演じる。
B　目線をあげずに静かな口調で演じる。

【条件】
①題名は書かないで、本文から書き始め、改行しないこと。なお、初めにA、Bどちらの【演じ方】を選んだかについて書くこと。
（書き出しの例）私はAの演じ方を選びます。（「僕は～」「～の演じ方がよいと思う。」などでもよい）
②演じる理由には、このときの立花先輩の気持ちを想像して書くこと。なお、そのように想像した根拠を、本文の内容から引用したり要約したりして書くこと。
③七行以上、九行以内でまとめること。
④原稿用紙（20字詰×9行＝省略）の正しい使い方に従うこと。

〈鳥取県〉

長谷川 宏 の文章　論

●主な出題歴……2018年度（東京都立青山高校）、2017年度（大阪府）　ほか

47　次の文章を読んで、あとの問いに答えなさい。

日常生活からふっと浮かび上がるようにして、完結した遊びの世界がしつらえられる。それが楽しいものに感じられる。その楽しさとはどんな楽しさだろうか。

日常生活のしがらみから解放された自由さが楽しみを生む基本条件になっている。それは確かだ。が、それはあくまで条件であって、楽しみの内実はそれから先にある。日常性を抜けだした自由さのなかで、初めと終わりのある完結した行動として展開するのが遊びだとして、その遊びの世界の楽しさとはなにか。

自分が遊んでいるときの心理を振りかえってみても、他人の遊ぶすがたを外からながめても、遊びのなかで人は興奮した状態にある。みずから緊張状態を作りだそうとし、作りだされた緊張状態にみずから溶けこもうとしている。そういう①気分の昂揚（こうよう）が遊びの基本要素の一つだ。そして、気分の昂揚は完結した一世界を主体的に作りだす創造性と強く結びついている。

日常世界にしっかりとはめこまれた仕事や労働は、外からやってくるさまざまな強制や要請を受けいれざるをえず、また、作業そのものの要求する合理性や効率性に縛られて、自由な創造行為とははるかに遠いところにある。が、遊びはそうではない。日常生活を抜けだしている分だけ社会からの強制が働かないし、物を生産したりサービスを提供したり損得を計算したりする行為ではないから、合理性や効率性に縛られることも少ない。どうふるまうかは各自の自由な主体性にゆだねられている部分が大きい。ということは、遊びがどう展開するかはきわめて不確定だということで、遊びにおける気分の昂揚は、不確定の状況に身を置く不安と、自他の創意と工夫によって不確定を確定へともたらす主体性の発現とがからまり合って生みだされるのだ。

もともと気分の昂揚が予想され期待され、その予想と期待に応じるように気分が昂揚すると、遊びの世界は日常世界とはちがう華やかさを帯びてくる。それが遊びの楽しさだ。

そうした楽しさは遊ぶ人びとの気分の昂揚によってもたらされたものだが、気分の昂揚がひたすら感情的に追求されると、遊びは無秩序な乱痴気騒ぎになって、それでは楽しみが持続しない。遊びは一回ごとに完結するもので、いつまでも楽しさが持続することはないが、［②］。遊びに、それなりのルールや作法や仕掛けや段取りが存在するのは、楽しみの持続を願う多くの人びとの、無意識の、あるいは意識的な、知恵のたまものなのだ。ルールや作法や仕掛けや段取りは、なによりも、遊びを楽しいものにするためのものだ。

その点で、③遊びのうちにある秩序は仕事の秩序とは質を異にする。

仕事の秩序は合理性と効率性を基本とする秩序だ。どれだけ短い時間に、どれだけ人手を少なくして、どれだけ多くの物を作れるか。どの部署に、どんな人物を、どんな規模で配置するか。外からの注文や要望や苦情にだれが、どう対応し、内部の動きにそれをどう反映させるか。……そういった配慮のもとに仕事の秩序——部局の設置、責任の分担、人員の配置、生産の規模、労務管理、支社との連携、関連会社との協力体制、等々——が組み立てられ、情勢の変化に応じて秩序はさまざまに手直しされる。組み立てにも手直しにも合理性と効率性への配慮が欠かせない。

そこが遊びの秩序とはちがう。合理性と効率性への配慮はゼロではないが、それが秩序の基本ではない。どう気分を昂揚させ興奮の波を作るか。いいかえれば、どう遊びを楽しくするか。そうした配慮が秩序の——ルールや作法や仕掛けや段取りなどの——基本だ。前の遊びとつながらなくてもよい。遊びの始まる前にあった出来事ともつながらなくてもよい。遊びの後に来る出来事ともつながらなくていいし、後続の遊びともつながらなくてよい。遊びが始まって終わるまでの流れが、緊張と弛緩（しかん）、動と静、リズムとハーモニーを備えた充実した時間をなし、そこで楽しい気分の昂揚が味わえることがなにより大切なのだ。遊びの秩序は、まずもって、そういう充実と楽しさを作りだし維持するためにある。秩序の作りかたという点から見ても、遊びは、衣食住という暮らしの土台からはやや浮いたところにあり、生活の直接の必要や、生活に直接に役立つ有用性や有益性を逸脱した営みだということができる。必要や有用性や有益性を逸脱しているからこそ、楽しみを純粋にそれとして追求することが可能なのだ。

（長谷川宏『高校生のための哲学入門』による）

1、①気分の昂揚　とあるが、遊びのなかで気分の昂揚がどのようにして生まれるかについて、本文中で筆者が述べている内容を次のようにまとめた。［　］に入る内容を、本文中のことばを使って二十五字程度で書きなさい。

社会から強制されることが少ない遊びのなかでは、各自の行動がそれぞれの意志や判断に任されていることが多く、［　］を感じた人びとが、主体的に遊びの流れを作りだそうとするとき、気分の昂揚が生まれる。

2、次のうち、［②］に入れるのに最も適していることばはどれか。一つ選びなさい。

ア、一回の遊びの時間内では楽しさが持続するのが望ましい

イ、興奮が高まれば高まるほど遊びの楽しさは長く持続する

ウ、遊びの後の出来事にも楽しさは持続しなければならない

エ、日常生活のルールがあることで遊びの楽しさが持続する

3、**思考力**　③遊びのうちにある秩序は仕事の秩序とは質を異にする　とあるが、本文中で筆者は、仕事の秩序と遊びの秩序はそれぞれ何を基本とすると述べているか。本文中のことばを使って五十五字程度で書きなさい。

4、遊びの楽しさについて本文中で筆者が述べている内容を次のようにまとめた。［a］、［b］に入れるのに最も適しているひとつづきのことばを、それぞれ本文中から抜き出しなさい。ただし、［a］は十三字、［b］は十六字で抜き出すこと。

遊びのなかで人びとの気分が昂揚すると、遊びの世界に[a]が生じ、それが遊びの楽しさである。遊びはただちに生活の役に立つ行為ではないが、それゆえに[b]ことができる。

〈大阪府〉

長谷川眞理子 の文章 論

●主な出題歴……２０１９年度（高知県）、２０１８年度（青森県）ほか

48 次の文章を読み、後の(一)・(二)の問いに答えなさい。

「持続可能性」、「持続可能な発展」などという言葉が聞かれるようになって久しい。公害問題や、特定の種を絶滅から救おうという運動などから始まった環境問題の認識は、今、もう少しメタなレベルでの認識へと変化している。この地球の生態系が、これから先何年にもわたって、私たち人間にとって心地よい環境を提供してくれるのだろうか？私たちの子孫が生きる自然は、私たちが残してあげるものである。私たちは、自分たち自身の幸福を願い、それを実現しようとするが、同時に、将来の世代も幸福でいられるよう、自然を残してあげなければならない。そのような認識が、個別の汚染などの解決を超えた、持続可能性の認識に至った。

（中略）

狩猟採集生活は、ある場所から他の場所へとつねに移動する生活である。食料をとるために一定の場所にキャンプを設営するが、その周辺での食料獲得率が落ちてくると他の場所に移動する。そうではなくても、人間関係の気まずさからキャンプを離れる、好きな人々と一緒にいたいからそちらへ行くなど、さまざまな理由から人々はキャンプを移動する。

そうすると、持ち物を運ばなくてはいけない。自動車も電車もないのだから、持ち物はすべて自分で背負って運ばねばならない。非定住の生活では、移動を容易にするという理由からだけでも、持ち物は多くしたくない。物をたくさん所有したいという欲求はないのである。ビーズのネックレスなど、珍しいものがたくさん手に入った場合、狩猟採集民はそれを自分の物として抱え込むことはしない。自分は一つとって、あとは全部誰かにあげてしまう。そうすると、他人に喜ばれ、社会関係を強固にすることができる。

食料獲得の点から言えば、たくさん獲(と)っても、冷蔵庫もなければ、たいした保存手段もないので、なるべく早く消費してしまわなければ腐るだけだ。狩猟採集民は、大型獣が獲れたときにはみんなで平等に分配して消費してしまう。みんなが食べられる以上に獲ることに意味はないし、これは自分がとどめを刺した獲物なのだと主張して、自分と家族がその日に食べられる以上に独占しても腐るだけなのだ。その日暮らしと言えば、その通りである。物を抱え込むことの無意味さは、みんなが知っている。

[1]定住生活は、それを決定的に変えた。「自分の物」をどんどん蓄積しても、移動しないのだから一向に困らない。それどころか、蓄積した資源の量によって、他者を支配する手段が生まれるという道が開けた。そこから文明が生まれ、不平等と格差が生まれ、帝国が生まれた。

狩猟採集民の生活にも、「私有物」や「所有」の概念はあるが、食料をとっておけないことと、移動の際に自分がすべてを担(かつ)いで歩かねばならないという制約のもとで、それが無制限に広がることはなかった。農耕、牧畜と定住生活は、「私有物」と「所有」の概念に対する制限要因を取り払ってしまったのだろう。穀物や家畜はどんどんいくらでも貯(た)めておくことができる。それを、将来のために使うことができる。となれば、当面の必要以上に自然を収奪することが始まるだろう。

こうして人間は、文明を築き、資源を蓄積しようとしてきた。それは、自分たちの世代だけが幸福に暮らしたいと思ってやってきただけではないだろう。人間は、子どもたちや孫たちのためを思って、財産を蓄積してもいる。人間は、将来世代の利益を考えることができないわけではないのだ。

[2]問題は将来世代のために、「地球環境を保全する」ということが漠然とし過ぎているところにある。家畜や土地や、金銭としての財産を残すことが、将来世代のためになることは理解がしやすい。しかし、「地球環境を保全する」ことや「持続可能な」状態を維持することが、どのようにし

て将来世代のためになるのか、そのことに対して個人が行うどんな行動が、自分の子孫の利益になるのか、その因果関係やフィードバックループが明確ではないのである。

もちろん、それは明確ではない。地球環境は複雑適応系なのだから。先ほど挙げた飛行機の各リベットの役割のように、一つ一つが明確ではないのだ。そのような明確なフィードバックが思い描けないことに対して、人間は、現在の自分の欲求を抑えてまで何かをせねばならないと思う動機付けを得ることはできない。環境問題の今後は、そのフィードバックがいかに確かなものとして人々に認識されるかにかかっているだろう。

人々は、自分自身の欲望を満たすことが第一であって、将来の世代の利益をおもんぱかることは難しいのだと論ぜられることが多い。しかし、そうではないかもしれない。権力者は権力の地盤を強固にしようと努め、財産家は財産を残そうとする。それは子孫のためだ。子孫のことを思うことが難しいのではなく、難しいのは、「持続可能性」のような、自分の行為の因果関係が明確に見えない概念のもとで、将来世代の利益を考えることなのだろう。複雑適応系の生態学が発展し、少しでもその因果関係の糸のもつれをほぐして人々に提示できるようになれば、人々の態度は変化していくだろう。生態学の成果の貢献度は、非常に重要であり、かつまた緊急のものである。

（長谷川眞理子（はせがわまりこ）『世界は美しくて不思議に満ちている』による）

（注）メタ…高い次元。
帝国…複数の地域や民族を含む広大な地域を、強大な軍事力を背景に支配する国家。
フィードバックループ…フィードバックを繰り返すことで、結果が増幅されていくこと。フィードバックとは、結果に含まれる情報を原因に反映させ、調節をはかること。
複雑適応系…生物のような進化・学習をするシステムや免疫システムなどを指す包括的な概念。
先ほど挙げた飛行機の各リベットの役割…先の部分で筆者は、生態系について、飛行機の胴体をつないでいるたくさんのリベットというくぎを一つ二つ抜いても飛行機は保たれるが、何十個も抜くと飛行機全体が崩れるというたとえ話を用いて説明している。
おもんぱかる…深く考える。

㈠ 文章中の――線部1に「定住生活は、それを決定的に変えた」とあるが、筆者はここでどういうことを述べているか。その内容を次のような一文にまとめるとき、［Ⅰ］・［Ⅱ］に当てはまる適切な言葉を、それぞれ二十字以上三十字以内で書け。ただし、句読点その他の符号も字数に数えるものとする。

> 狩猟採集生活は［Ⅰ］生活だったが、農耕や牧畜をする生活は［Ⅱ］生活なので、それまでの「私有物」と「所有」の概念に対する制限要因が取り払われてしまったということ。

㈡ **思考力** 文章中の――線部2に「問題は将来世代のために、『地球環境を保全する』ということが漠然とし過ぎているところにある」とあるが、筆者はこのことをどういう問題だと述べているか。また、そのような筆者の考えについて、あなたはどう考えるか。次の条件1～3にしたがって書け。ただし、句読点その他の符号も字数に数えるものとする。

条件1　全体を百字以上百二十字以内にまとめること。
条件2　最初に、筆者の考えを説明し、次に、それに対する自分の考えを書くこと。
条件3　自分の考えについては、必ず、なぜそう考えるかという理由を明らかにして書くこと。

〈高知県〉

福岡伸一の文章 ［論］

●主な出題歴……２０１９年度（兵庫県）、２０１８年度（東京都立併設型中高一貫教育校）ほか

49 次の文章を読んで、あとの問いに答えなさい。

生命の多様性をいかに保全するかを考える際、最も重要な視点は何か。それは動的平衡の考え方だと私は思う。動的平衡の定義は「それを構成する要素は、絶え間なく消長、交換、変化しているにもかかわらず、全体として一定のバランス、つまり恒常性が保たれる系」というものである。

なぜ常に動的なものに、ある種のバランス、恒常性が保たれうるのか。それは、バランス＝恒常性を保つためにこそ、常に動いていることが必要である、ということである。この世界において、秩序あるものには等しく、それを破壊しようとする力が情け容赦なく降り注いでいる。「エントロピー増大の法則」である。

エントロピーは「乱雑さ」と訳すことができるだろう。形あるものを壊し、熱あるものを冷まし、輝けるものを色（いろ）褪（あ）せさせる。この宇宙の中で何者もエントロピー増大の法則に反することはできない。

エントロピーの増大を防ぐために、工学的発想に立てば、ものをもともと頑ジョウ(A)に作って破壊の力から守り抜くことが選ばれる。建物や道路や橋などの人工物はみなこの考え方によって作られる。

［①］、どんなに頑ジョウに作っても、やがて破壊の力はそれを凌駕（りょうが）する。数十年のオーダーならそれでもよいだろう。しかし生命の時間はずっとずっと長い。何万年。何億年。生命は②工学的な思考とはまったく別の方法を採用した。

わざと仕組みをやわらかく、ゆるく作る。そして、エントロピー増大の法則が、その仕組みを破壊することに先回りして、自らをあえて壊す。壊しながら作り直す。この永遠の自転車ソウ(B)業によって、生命は、揺るぎながらも、なんとかその恒常性を保ちうる。壊すことによって、蓄積

するエントロピーを捨てることができるからである。

　では、なぜ生命は、絶えず壊されながらも、一定の平衡状態、一定の秩序、一定の恒常性を保ちうるのか。それは、その仕組みを構成する要素が非常に大きな数からなっていて、また多様性に満ちているということにある。

　そして、その多様性は、互いに他を律することによって関係性を維持している。つまり動的平衡においては、要素の結びつきの数が夥しくあり、相互依存的でありつつ、相互補完的である。だからこそ消長、交換、変化を同時多発的に受け入れることが可能となり、それでいて大きくバランスを失することがない。

　動的平衡の視点から地球を捉え直してみたい。ミクロな眼で見ると、地球上のすべてのものは、生物にしろ無生物にしろ、物質はみな炭素、酸素、水素、窒素など、さまざまな元素から成り立っていると言える。そしてそれらの元素それぞれの総量は昔から変わらずほぼ一定である。

　[③]、それは絶え間なく結びつき方を変えながら、循環している。その循環の、直接のエネルギー源は太陽だが、元素を次々と集め、あるいは繋ぎ変え、それをバトンタッチするもの、つまり循環を駆動している働き手はいったい誰だろう。

　それは、この地球上に少なくとも数百万種あるいは一〇〇〇万種近く存在すると考えられる生物たちである。彼らがあらゆる場所で、極めて多様な方法で、絶え間なく元素を受け渡してくれているから地球環境は持続可能＝サスティナブルなのだ。

　つまり、生物は地球環境というネットワークの④結節点に位置している。結び目が多いほど、そして結ばれ方が多岐にわたるほど、ネットワークは強靱でかつ柔軟、可変的でかつ回復力を持つものとなる。すなわち、地球環境という動的平衡を保持するためにこそ、生物多様性が必要なのだ。

　具体的に言えば、生態系における生命は、互いに食う食われるの[⑤]の関係にありつつ、一方的に他方が殲滅されることはない。それは自らの消滅を意味する。そして食物連鎖は文字通り網の目のように張り巡らされている。さらに、たとえば植物と昆虫、ヒトと腸内細菌、細胞とミトコンドリア、病_Cゲン体と宿主といったあらゆる結び目において、精妙な共生(注)、あるいは共進化(注)が見て取れる。

　生物多様性が求められる根拠も実に⑥ここにある。生物多様性の価値は「バリエーション(注)が多ければ、それだけ適応のチャンスが広がるから」というふうに漠然と理解されているけれど、それは生物多様性の一面でしかない。生物多様性は、動的平衡の強靭さ、回復力の大きさをこそ支える根拠なのだ。

　それゆえに、もし多様性が局所的に急に失われると、それは動的平衡に決定的な綻びをもたらす。受粉の道具として品種が均一化されすぎたミツバチに次々と異変が生じている現象は、その典型的な例に見える。国家間のエゴや効率思考が先行すれば、生物多様性の理念はあっという間に損なわれてしまうだろう。地球環境はしなやかであると同時に、⑦薄氷の上に成り立っている。

　ニッチは「分際」と訳すことができる。すべての生物は自らの分際を守っている。ただヒトだけが、自然を分断し、あるいは見下ろすことによって分際を忘れ、分際を逸脱している。

　ヒトだけが他の生物のニッチに土足で上がり込み、連鎖と平衡を撹乱している。私たちだけが共生することができず占有を求めてしまう。ヒトはもうすでに何が自分自身のニッチであるかを知らない。

　ニッチとは、多用な生命が棲み分けている場所、時間、歴史が長い時間をかけて作り出したバランスである。つまり今、私たちが考えねばならないのは生命観と環境観のパラダイム(注)・シフトなのである。

（福岡伸一『動的平衡2』）

(注) 共生――別種の生物が相互に利益を受けながら、または片方だけが利益を受けながら同じ所で生活すること。
共進化――複数の種が互いに影響を及ぼし合いながら進化していくこと。
バリエーション――変異。変種。
パラダイム・シフト――一般的に受け入れられてきた説明やものの見方の転換。

問一、二重傍線部A～Cの漢字と同じ漢字を含むものを、次の各群のア～エからそれぞれ一つ選んで、その符号を書きなさい。

A　ア、よく肥えた土ジョウ。
　　イ、時流に便ジョウする。
　　ウ、涙を見せない気ジョウな人。
　　エ、予算に計ジョウする。

B　ア、準備体ソウをする。
　　イ、ソウ作落語を聴く。
　　ウ、ソウ大な計画。
　　エ、店内を改ソウする。

C　ア、財ゲンを確保する。
　　イ、ゲン外の意味をくみとる。
　　ウ、ゲン想的な絵。
　　エ、農耕文化のゲン型を探る。

問二、空欄①・③には同じ接続詞が入る。その接続詞として適切なものを、次のア～エから一つ選んで、その符号を書きなさい。

ア、したがって　　イ、あるいは
ウ、なぜなら　　エ、しかし

問三、空欄⑤には四字熟語が入る。次の空欄に合うように漢字三字を書き、その語を完成させなさい。

□□□食

問四、傍線部②について、次の問いに答えなさい。

(1) 本文における「工学的な思考」の説明として最も適切なものを、次のア～エから一つ選んで、その符号を書きなさい。

ア、破壊力を直接受けることを極力回避しようとする考え方。
イ、想定される破壊力を上回る力で対処しようとする考え方。
ウ、長い時間をかけて破壊力を弱らせていこうとする考え方。
エ、仕組みを柔軟に作って破壊力を吸収しようとする考え方。

(2) 「工学的な思考とはまったく別の方法」を説明した次

の文の空欄に入る適切なことばを、本文中から六字以上十字以内で抜き出して書きなさい。

自らを［　　］ことによって一定のバランスを保つという方法。

問五、傍線部④を説明した次の文の空欄a・bに入る適切なことばを、それぞれ本文中から二字で抜き出して書きなさい。

［a］を集めて再構成し、受け渡すことで、［b］を駆動する結び目。

問六、傍線部⑥が指す内容として最も適切なものを、次のア～エから一つ選んで、その符号を書きなさい。

ア、環境が激変しても生き残る生物がおり、そのたくましい生命力が地球環境を回復する原動力となっているという点。

イ、地球上では絶え間なく生命が受け渡されているため、生態系において生物の多様性が失われることはないという点。

ウ、生物も無生物も元素から成り立っており、その総量が一定であるために地球環境の平衡が保持されているという点。

エ、生物の結びつき方が多様なため、地球環境の一部に綻びが起こっても、全体としての恒常性は維持されるという点。

問七、傍線部⑦の説明として最も適切なものを、次のア～エから一つ選んで、その符号を書きなさい。

ア、地球環境に対するこれまでのヒトの働きかけ方は行き詰まりを迎えており、多少の困難があっても、ヒトが新たな視点から環境を見つめ直すときが迫っているということ。

イ、分際を逸脱してしまったヒトが、他の全ての生物を見下して利用してきた結果、地球温暖化により極地の氷が解け出すなどの環境破壊が世界各地で起こっているということ。

ウ、ヒトがエゴや効率を優先して生命を利用することで、その恒常性にまで影響を与えているため、地球環境というネットワークが容易に崩壊しかねない状況にあるということ。

エ、自己の利益のためにヒトが環境に与えている様々な悪影響が、多種多様な生物の働きによって打ち消されることで、地球環境は絶妙なバランスを維持しているということ。

問八、本文に述べられている内容として適切なものを、次のア～エから一つ選んで、その符号を書きなさい。

ア、やわらかくゆるやかな仕組みで構成された生命は、堅固な仕組みを備えた建物とは違い、エントロピー増大の法則から外れることによって、恒常性を保つことができる。

イ、生物は、無生物を介してネットワークを形成しているので、特定の元素に生じた変化が連鎖的に他生物に及ぶことにより、生物全体に大きな影響を与える可能性がある。

ウ、生態系は非常に複雑な仕組みで成り立っており、生物と物質とが相互に依存的、補完的な関係を結ぶことで、環境の同時多発的な変化を柔軟に受け入れることができる。

エ、ヒト以外の生物は、自身のニッチを守り、他の生物と食物連鎖をはじめとする複雑な関係を結ぶことによって、互いに影響を与え合いつつ一定のバランスを保っている。

〈兵庫県〉

藤岡陽子 の文章　文

●主な出題歴……2017年度（山形県・富山県）

50　次の文章を読んで、あとの問いに答えなさい。

明治三十八年、村の庄屋である五左衛門と弟の幸八は、村にめがね工場を建てるため、大工の末吉にめがね職人になってくれるよう説得していた。幸八は、末吉と小春の娘で小学校三年生になるツネが、黒板を写せないことを不思議に思っていた。次は、幸八が、五左衛門とともに末吉の家を再度訪問した場面である。

美しい千代紙*を使って姉さん人形を折るツネを、幸八はじっと見ていた。器用なところは父譲りなのか、縮緬紙*でこしらえた髪も、千代紙で作った花嫁衣裳も目を見張るくらいに上手にできている。どう見ても、勉強についていけないような娘ではない。幸八と五左衛門が神妙な顔つきで部屋に入ってきたことで、ツネは手を止め、こちらを窺うよう眺めてきた。

「どうしたんや。」

1夜半に再び舞い戻ってきた兄弟を、末吉が不思議そうに見つめる。

「弟がもう一度だけおまえと話したい言うから連れてきたんや。あと数分だけ、時間を割いてやってくれんか。」

五左衛門は突然の訪問を詫びた後、幸八のほうを見て、「これが最後やざ。」と念を押してくる。

「ほんまに、これが最後のお願いです。でもぼくは末吉さんに会いにきたわけではなく、実はツネちゃんに用があって戻ってきたんです。」

幸八が言うと、盆に茶を載せて運んできた小春の足が止まり、口を半開きにしたツネが視線をこちらに向ける。

「ツネになんの用が――」

末吉が言い終わらないうちに、幸八は籠の中から幾つかのめがねを取り出し、板間に並べた。

「なんやこれ。さっき見ためがねやないか。」

末吉が腕組をしたまままめがねを顎で指し示す。

「ほうです。ほやがさっきは見本のひとつしか持ってきませんでしたが、今度は手持ち全部を持ってきたんです。」

中でもいちばん小さな真鍮枠のものを指先で持ち上げ、幸八は、「ツネちゃんに掛けてもらってもええですか。」と末吉のほうを見る。末吉の返事を待たずに「ツネちゃん。」と手招きし、その小さな鼻の上に、めがねを置いてみる。

「どんな感じや。」

いちばん小型なものにしても仕様が大人用なので、幸八は蔓を指先で支えてやりながらツネの言葉を待つ。めがねを掛けたツネは、せわしげに首をめぐらせ部屋の中を眺めるだけでなにも応えない。

「どうや。見え方が変わらんか。」幸八がツネの顔をのぞきこんで問いかけると、「眩しい……。」ツネはいったん瞼を固く閉じ、そしてまたもう一度、見開いた。

行灯がひとつだけ灯る薄暗い部屋だった。「眩しい」というツネのひと言に、小春と末吉が顔を見合わせる。

「どうしたんや。なんで眩しいんや。」

2末吉が心配そうに目を凝らし、ツネの頬に手を当てる。だがツネは末吉の問いかけにはなにも応えず、目に虫でも入った時のように瞬きを繰り返すばかりだ。

「おとっちゃんの顔が……いつもと違って見えるんで。」

そしてようやく口にした言葉は、末吉の首を傾げさせるものだった。

「なに言うてるんや。顔が違うなんてことないざ。」

「ううん、違うんや。目も鼻も口も、なんでかすごく大きく見えるんや。」

ツネは天井を見上げ「うちの天井、板の木目がわからんほど煤で黒ずんでいるわ。」と笑い、「おっかちゃんのその前掛けに、こんな白い花の模様あったんか。」と小春に近づいた。そして、小春の腰に巻かれた前掛けを撫でる。その場にいる幸八以外の大人たちから、表情が消えた。3小春は両手で口許を押さえたまま、さっきから動けないでいる。

「末吉さん、小春さん。ツネちゃんは勉強ができないわけやなく、黒板の字が見えてなかっただけ違いますか。もしかすると教科書の字も見えにくかったかもしれん。ほんまは聡い子やで、生まれつき目が悪かっただけやとぼくは思うんです。」

霞んでいたのだ。この娘の視界は、生まれた時からぼんやりと曇っていたのだ。だがそれはこの娘にとっては当たり前のことで、両親や教師に訴えるようなことではなかったのではないか。だから誰も気づかなかった。鼻からずり落ちそうなめがねを人差し指で持ち上げながら、ツネが幸八をじっと見つめてきた。笑いかけると、はにかんだ笑みが返ってくる。

「どうや。おんちゃんの顔もこれまでとは違って見えるやろ。」

「うん。肌がざらざらしてる。眉毛が毛虫みたいや。」

弾んだ声を出すと、ツネは自分の両手で蔓を支えながらその場で飛び跳ねた。これまでぼやけていた視界を、初めてはっきりと捉えたのではないだろうか。4ツネは襖の間をするりと抜けるようにして奥の間に入ったかと思うと、すぐに戻ってきて小春の前になにかを置いた。尋常小学読本の一巻だった。読本の頁を開いたツネは、小春に読んでくれとせがんでいる。小春は困惑顔のまま頷くと、自分は字が読めないのだとその読本を五左衛門に渡した。

「イ、エ、ス、シ――」

五左衛門がはっきりとした太い声で読み上げれば、ツネがその後から同じように繰り返す。時々はめがねを外し裸眼で読本を眺め、また掛け直しては読本を見つめることを繰り返すその様子を見て、幸八は自分が推測したことに間違いはないと確信した。


〈藤岡陽子『おしょりん』による。一部省略がある。〉

〔注〕
＊千代紙、縮緬紙＝折り紙や人形を作る際に用いる、美しい模様の紙。
＊真鍮枠＝銅と亜鉛を混ぜ合わせた金属で作っためがね枠のこと。
＊蔓＝めがねの、耳にかける部分のこと。
＊行灯＝当時の照明器具。油を入れた皿に芯を浸し、火をつけて使う。
＊聡い子＝かしこい子。

問一、（省略）

問二、……部における「神妙な顔つき」の意味として最も適切なものを、次のア～エから一つ選び、記号で答えなさい。
ア、おとなしく控えめな様子
イ、不思議に思って怪しむ様子
ウ、あきらめ悟っている様子
エ、緊張して落ち着かない様子

問三、――部1とあるが、本文には、「末吉」が「五左衛門」と「幸八」の再訪を快く受け止めていないことを、「末吉」の態度で表している一文があります。その一文を、――部1よりあとの本文中からさがし、その最初の五字を、抜き出して書きなさい。

問四、――部2について、「末吉」は、どのようなことに対して「心配」していると考えられますか。四十字以内で書きなさい。

問五、――部3の表現は、「小春」のどのような気持ちを表していると考えられますか。三十字以内で書きなさい。

問六、――部4の「ツネ」の行動とその理由について、国語の授業で次のような話し合いが行われました。［Ⅰ］に入る適切な言葉を、十五字以内で書き、［Ⅱ］に入る適切な言葉を、本文中から六字で抜き出して書きなさい。

Aさん　「尋常小学読本の一巻」のことをインターネットで調べてみたら、当時の小学校一年生の教科書のことだったよ。小学校三年生の「ツネ」は、どうして一年生の教科書を持ってきたのかな。

Bさん　「ツネ」は、「五左衛門」が読み上げた言葉を同じように繰り返しては、めがねを外したり掛け直したりして何度も教科書を見ているよね。だから、「ツネ」は早く［Ⅰ］と思って、一年生の教科書を持ってきたんじゃないのかな。

Aさん　なるほどね。その気持ちは、「すぐに戻ってきて」や「　Ⅱ　」という「ツネ」の行動を表した部分からも読み取れるね。勉強に対して前向きになっている「ツネ」の気持ちが伝わってくるよ。

《選択問題》

問七、本文中の「幸八」の会話文の表現には、次のX、Yの特徴がみられます。X、Yのどちらか一つを選び、その特徴を持つ表現は、本文においてどのような効果があると考えられるか、簡潔に書きなさい。なお、選んだ記号を解答欄（＝省略）に書くこと。

X　方言が多く用いられていること。
Y　丁寧語を用いるときと、用いないときがあること。

〈山形県〉

船木　亨の文章　論

●主な出題歴……2019年度（埼玉県・東京都立西高校）ほか

51　次の文章を読んで、あとの問いに答えなさい。

食事にはマナーがある。とはいえ、よく知られているように、文化に応じてそのディテール※は多様であり、しかも対立することも多い。食器をもっていいか、音をたてていいか、会話すべきか等々、際限ない。

重要なのは、マナーの具体的内容ではない。それぞれの文化において、複数のひとびとのあいだで、何がよくて何が悪いかということがすでにある。それは、複数のひとびとが、互いの行為を見あい、聞きあい、触れあっているということからくる事実である。

一人で食事をする場合、一切のマナーを無視して食べているひともいるかもしれない。

ひとと一緒に食べる場合、食べる量や速度を他のひとにあわせなければならない分、①それで気苦労は増える。一定量の食料しかないとき、ひとは分けあわざるを得ないわけだが、だれがどれだけを取るか――そこには、さらに緊張が走る。

ケモノたちのように食料を巡って闘争するのは、全員にとって不利益である。勝ったものが一人で多く食べるにせよ、急いで用心しながら食べるため、満足度はその量には比例しないだろう。適切に分配されれば安心感があって、量が多かっただけよりも満足度は大きいだろう。一緒に食べる場合に量や速度をあわせることは、安心を増やし、気遣いを減らす。

②正しいマナーを教えようとするひとは、マナーを知らないひとや、マナーを修正しようとしないひとにもまして避けるべきである。そのようなひとは、マナーを語る際のマナーを知らない――マナーの正しさは、ルールの正しさとは異なるのである。

なるほどそのひとの教えは、マナーを知って相手に失礼のないようにしようという姿勢のひとには役に立つと思われようが、そもそもそうした知識によって失礼がないようにすることができると考えること自体が失礼である。

マナーは、ただひとの真似をするようなものではないし、覚えておいて自分がセレブであるかのように見せかけるためのものでもない。マナーとは、理由はともあれ、その場で相手のやり方にあわせようとすることなのであって、文化が異なれば相手のマナーも異なることを互いに前提して伝えあおうとするコミュニケーションのことでもある。

重要なのは、マナーをルールとして覚えることではなく、マナーの違うひとをマナーが乏しいひとと取り違えないようにすることである。マナーが乏しいひとは、自分のマナーばかりに執着するひとと同様、一緒に生活や仕事のできないひとであるから遠ざかった方がよいが、マナーが異なっていても、それをみずから修正しようとするひととなら、かえって愉快な生活や創造的な仕事ができるだろう。

特定のマナーを知っているかどうかは二義的であり、マナーをもっており、かつ相手のマナーがあることも尊重して、それにあわせようとすることが最大のマナーなのである。

したがって、徳はマナーにある。マナーの基準は美醜である。「汚いこと」はしたくないように、正義は美しく不正は醜い。したがって、マナーというものは、それにのっとっていないひとがいたとしても、そのようなひとを非難するようなものではなく、「ノーブレス・オブリッジ（高貴なひとの義務）」として、むしろのっとっているひとを賞賛すべきものなのである。

たとえば、対向車や周囲の車の動きを微妙に感じとりながら、危険を回避しつつ澱みなく運転するということをしないひとは、マナーがないというよりは、車を運転する周囲のひとへの感受性や、そのひとたちの運転の仕方にあわせる技量がないのである。マナーの欠如は、マナーの否定や無視ということではなく、感受性や技量が不足しているともいえる。

それでも、それを「見える化」して、すべてルールとして明快に規定せよと主張するひとも出てくるであろう。そのことは、自動車が道路の左側を通行すべきであるとされるようなものである。それは道路交通法という「ルール」によるものではないかと思われるであろうが、そもそもどちらかに決めておかないと自動車は正面衝突してしまう。江戸時代、武士が刀の鞘（さや）がふれあわないようにと左側通行をしていたマナーのように、その意味では、道路交通法は、マナーを明文化したものであるといえる。

　しかし、③一旦ルールが決まったとなると、別のことがはじまってしまう。

　シルバーシートが設定されて以来、「年寄りはシルバーシートに行け」という若者や、「若者はシルバーシートに座るな」という年寄りが出てきた。そのわけは、それがルールと解されたからであって、「ルールに反していること」が気になるようになるとともに、ルールに反しても構わないと考えているひとがいるという想像だけで、怒りという別の情念が生じるようになったからである。

　そのような情念は、体の弱いひとには席を譲ろうという、従来のマナーには伴ってはいなかったはずである。マナーに反するひとへの、ただマナーに反しているからという怒りは理不尽であり、そこには［　Ⅰ　］。

　ルール化されたマナーは、マナーとはあきらかに異なっている。ひととおなじようにしていれば、食物を得られたり、危険を避けたりすることができることが多いのだが、ルールとなればその利害損得を考えはじめ、その瞬間に、そのひとはマナーを外れてしまう。それは、ちょうど、善をなしたひとが、それを口に出した瞬間に「偽善」、すなわちひとから評価されるためにそれをしたということになってしまうのと同様である。

　さらには、たとえばトイレに行列を作るというルールが定められたとしたら、それは、割り込みをすれば他のひとよりも早くトイレが使えるという新たな行動を可能にする。ルールが言葉で明確にされた分、その反対のことも明確にされてしまい、マナーとしてはなすべきではなかったことをしようとするひとたちが出現する。

　「ルールは破るためにある」というひともいるように、ルールができれば抜け道を探すひと、そのグレーゾーンを活用するひとが出てくるし、そのルールを前提に新たな行為を企てようとするひとも出てくる。それを避けるためにあえて表現の曖昧なルールが定められるとすれば、それはどんな行為なのかの解釈が分かれ、いよいよ他のひとに、それぞれの都合や心情で、非難したりしなかったりするという、想定外の行為を生みだしてしまう。

　④ルールとは、厳密に定義しようと、あえて曖昧に定義しようと、必ず弊害が生じるという扱いにくいものなのである。

　そのわけは、ほかでもない。ルールが言葉で制定されるからである。ルールは、マナーのように曖昧だったり内容が変動したりしないように、言葉によって明示されるが、その明示のための言語のルールが別途にあって、それで二重化されてしまう。言葉によってたてられたルールは、言葉の適用についてのルールによって、もはや、単にマナーを明示したものではなくなってしまうからなのである。

（船木亨（ふなき とおる）著『現代思想講義』による。一部省略がある。）

（注）※ディテール……詳細。細部。

問1、①それで気苦労は増える。とありますが、その理由として最も適切なものを、次のア～エの中から一つ選び、その記号を書きなさい。

ア、配分を平等にするか、条件によって不平等にするかということに、苦心するから。

イ、一緒に食べる相手が何を食べているのかが気になって、安心感を得られないから。

ウ、マナーは個人によって様々なものであるので、相手を満足させることは難しいから。

エ、食べる量や速度について、一人で食べる場合よりも気を遣わなくてはならないから。

問2、②正しいマナーを教えようとするひとは、マナーを知らないひとや、マナーを修正しようとしないひとにもまして避けるべきである。とありますが、これは、筆者がマナーをどのようなものだと考えているからですか。次の空欄にあてはまる内容を、三十五字以上、四十五字以内で書きなさい。

> マナーにおいて大切なことは、［　　　　］ことであり、決まりきったマナーは存在しない、と筆者は考えているから。

問3、③一旦ルールが決まったとなると、別のことがはじまってしまう。とありますが、ここでの「別のこと」にあてはまらないものを、次のア～エの中から一つ選び、その記号を書きなさい。

ア、マナーのときには伴うことのなかった別の情念が生じてくること。

イ、損得によって行動することで、もはやマナーではなくなること。

ウ、ルールとは反対の内容についても、意図せずに明らかになること。

エ、ルールを守るための行動が非難され、想定外の行為を生みだすこと。

問4、本文中の空欄［　Ⅰ　］にあてはまる内容として最も適切なものを、次のア～エの中から一つ選び、その記号を書きなさい。

ア、ルールとマナーの混同がある

イ、ルールとマナーの区別がある

ウ、ルールの基準が存在する

エ、マナーの基準が存在する

問5、④ルールとは、厳密に定義しようと、あえて曖昧に定義しようと、必ず弊害が生じるという扱いにくいものなのである。とありますが、筆者は、ルールについてなぜ扱いにくいものだと考えていますか。次の空欄にあてはまる内容を、解釈、二重化の二つの言葉を使って、四十五字以上、五十五字以内で書きなさい。ただし、二つの言葉を使う順序は問いません。

> ルールは、言葉によって定められることで、［　　　　］という弊害が生じるから。

〈埼玉県〉

堀内進之介 の文章 論

●主な出題歴……2019年度（神奈川県・東京都立併設型中高一貫教育校）ほか

52 次の文章を読んで、あとの問いに答えなさい。

近年、機械でもできる単純作業はAI(注)に任せ、人間はクリエイティブ(注)な仕事に集中すればいい、という観点で職場へのAI導入が語られている。しかし、アメリカの社会学者リチャード・セネットが『それでも新資本主義についていくか』で論じるように、[1]単純な事務作業などのルーティンワークはむしろ個人を守ってくれるものと言える。「クリエイティブな仕事」と言うと聞こえはいいが、実際のところ、クリエイティブな作業には、どこまでやってもゴールに到達することはないというハードさがつきまとう。ルーティンワークに携わる方が明らかに負担は軽いし、誰もが「芸術家」として生きる厳しさに耐えられるわけでもない。

それでも、もしかしたら「あたらしい技術」の進化によって、たとえば人間の能力そのものが飛躍的に高められ、皆が「人的資本」としての自らの価値を向上させて活躍できる時代が到来するかもしれない。［A］、今の技術のあり方を見る限り、「あたらしい技術」を使いこなし、自分が「主人公」となって活躍しているという感覚は、単なる錯覚ということになりそうだ。このまま「あたらしい技術」が進化していくならば、「主人公」は人間ではなくテクノロジー(注)の側となるだろう。やがて私たちは「機械がまだ機械のたのしさを持っていた時代　科学が必ずしも人を不幸にすることは決まってないころ　そこはまだ世界の主人公は人間だった」という『天空の城ラピュタ』(注)のキャッチコピーそのままの世界を目の当たりにするかもしれない。

「あたらしい技術」は、既に、私たちと融合を始めている。スマホでもネットでも、[2]「あたらしい技術」は私たちが使う「道具」というより、今やその中にどっぷりと浸かる「第二の自然」だ。道具であれば、使うか否かを決める主体は私たちだが、そうした旧来のビジョン(注)では、既に「ここにあるもの」として、私たちと一体化しつつある「あたらしい技術」に対応できない。むしろ、道具だと思っていた「技術」が主体で、私たちが客体になるのが、「あたらしい技術」なのだ。

▼　車の自動運転を例に、この主体と客体の関係を考えてみよう。AI研究者の中には、[3]現在の自動運転技術のことを「物足りない」と言う人もいる。その理由は、今、自動運転と呼ばれているものが本当の「自動」ではないからだ。自動になったのは運転という作業に限定され、どこに行くかという目的地は運転する人間が入力しないといけない。つまり、今の自動運転はいまだ「道具」であり、運転する人間が主体となって、自動運転という便利な道具を使っていると言える。

「本当の」自動運転であれば、車に乗り込んだだけで、車は目的地に向かって走り出す。車に乗った者の行動履歴やカレンダー機能等のデータがすべてAIによって解析されているので、いちいち入力しなくても、「今日は○月○日○曜日の○時だから、この人の行先は△△だ。」ということを、車がちゃんと把握しているわけだ。車に乗った者が自分でアクションを起こさなければならないのは、何かイレギュラー(注)な予定が入ったときだけであり、「いつもの目的地に向かおうとしているな。変更を指示してやらなくちゃ。」といった具合に修正してやればよい。こうした「本当の」自動運転においては、アクションを起こす主体は自動車であり、人間はただリアクションするだけの客体になる。［B］、主体と客体の関係が転倒するのだ。

現在の自動運転が「本当の」自動運転になるのは、技術的なことだけで言えば、ほんのワンステップである。「何もしないで、車が勝手に目的地に連れて行ってくれるなんて、すごく便利じゃないか。」と思うだろうか。

だが、人間が起点という意味での主体でなくなるということは、単に「便利になった」というだけでは終わらない。この問題は、思想的レベルというより、もっと身近で具体的なところに及んでくる。近代以降の社会の枠組みは、まさに、人間は主体的な意志を持つ存在であるという前提を基につくられてきた。「あたらしい技術」がもたらす主体と客体の転倒は、[4]そうした枠組みそのものに根本的な変革を迫ることにもなりかねない。

たとえば、犯罪者に刑罰を与えることを正当化するロジック(注)のひとつに、応報説と呼ばれるものがある。応報とは「因果応報」の応報だが、要するに、個々人には自由意志があるということを前提に、犯罪行為をしないという選択もできたはずなのに犯罪行為をしてしまったというのは、その人がそういう意志を持ったからであり、だから責任の所在はその人にある、という論理だ。▲

では、「自動」運転で事故が起こった場合、責任は誰が負うことになるのだろうか。今までであれば、事故の責任をとって処罰されるのは車を運転していた人間、というのが社会のルールだった。なぜなら、主体である運転者には、事故を起こさない選択ができたにもかかわらず、事故を起こしてしまったからである。しかし、本当の「自動」運転の主体は、もはや車に乗っている人間ではないので、現在の法律では対応できないということになってしまう。

私たちの主体的な意志を前提としない技術が世の中を覆っていったとき、こうした問題は法律にとどまらず、マーケティング(注)から政治の分野に至るまで、社会のあらゆるところで齟齬(注)や混乱を生じさせていくだろう。どんなに「便利になる」と言われても、私たちが「あたらしい技術」に不安を抱くのは、それによって、これまでの社会の枠組みや人間という存在そのものが大きく揺らぐことを、どこかで感じているからかもしれない。

「あたらしい技術」によって、今までにない社会が到来すること自体は明らかであり、私たちは、その入口に立っているのだと言える。もはやこれまでの価値観ではやっていけないし、先の見えない時代を生き抜くための対応策が求められている。しかし、[5]「それなら、なおさら『人的資本』としての自分の価値を高めなければ。」などと考えない方がいい。個人の能力を高める意義を否定はしないが、「あたらしい技術」がもたらす「あたらしい社会」においては、どんなに一所懸命に自らの「人的資本」の価値を高めようとしても、疲弊するばかりということになるだろう。そんなふうに自分のことにだけ関心を向けるのではなく、むしろ自分たちを取り巻く身近な人々やそこに生きる社会との、あるいは物理的な環境や技術との関係をどのように築いていくかに、もっと目を向けることが必要なのだ。

その時、ことさらに「あたらしい技術」の脅威に警鐘を鳴らすだけでは、「何だか怖い」という不安を掻き立てるだけに終わってしまうし、かといって「あたらしい技術」がバラ色の未来をもたらすという楽観論も、技術が悪用される可能性をあまりにも軽視しているという点で、どこか胡散臭い。

確かなことは、6私たちがとるべき態度は、定かではない未来の予測に過剰に反応して右往左往することではない、ということである。どんなに「変わって欲しくない」と願っても、これからの社会は変化せざるを得ないだろう。だとしたら、どのように変わって欲しいのか、そのビジョンを思い描くことこそが実践的な解につながっていくはずだ。

そのためには、今「あたらしい技術」が社会をどう変えようとしているのかを知らなければならない。

（堀内進之介「人工知能時代を〈善く生きる〉技術」から。一部表記を改めたところがある。）

（注）AI＝人工知能。
クリエイティブ＝創造力に富んださま。
テクノロジー＝科学技術。
天空の城ラピュタ＝一九八六年公開のアニメーション映画。
ビジョン＝見通し。展望。
イレギュラー＝通常とは異なるさま。
ロジック＝論理。
マーケティング＝商品の販売を促進するための活動。
齟齬＝食い違い。

(ア)本文中の［A］・［B］に入れる語の組み合わせとして最も適するものを次の中から一つ選び、その番号を答えなさい。

1、A　おそらく　B　しかし
2、A　たしかに　B　たとえば
3、A　だが　B　つまり
4、A　もちろん　B　むしろ

(イ)――線1「単純な事務作業などのルーティンワークはむしろ個人を守ってくれるものと言える。」とあるが、その理由として最も適するものを次の中から一つ選び、その番号を答えなさい。

1、ルーティンワークはAIの導入により精度が上がり、効率も向上するため、負担が軽くなるから。
2、ルーティンワークは仕事の範囲が明確なため、際限なく取り組む必要はなく、負担が軽いから。
3、ルーティンワークは責任がある仕事のため、やりがいが感じられ、個人の価値が高められるから。
4、ルーティンワークは同じ作業を繰り返すため、自然と技術が高まり、個人の価値も向上するから。

(ウ)――線2「『あたらしい技術』は私たちが使う『道具』というより、今やその中にどっぷりと浸かる『第二の自然』だ。」とあるが、その説明として最も適するものを次の中から一つ選び、その番号を答えなさい。

1、「あたらしい技術」は自然に取って代わろうとしており、自然を改変する「道具」というより、人間が生きていくためになくてはならないものとして存在しているということ。
2、「あたらしい技術」は使い方次第では人間を不幸にするおそれがあり、人間の生活を豊かにするための「道具」というより、危害を加えかねない存在となっているということ。
3、「あたらしい技術」は人間が意志を持って使用する「道具」というより、使用しているという実感がなくなるほど当たり前のものとして、身近に存在しているということ。
4、「あたらしい技術」は人間にとって便利な「道具」というより、人間を「道具」のように扱い、知らず知らずのうちに人間を支配するような存在となっているということ。

(エ)――線3「現在の自動運転技術のことを『物足りない』と言う人もいる。」とあるが、そのことについて筆者はどう述べているか。その説明として最も適するものを次の中から一つ選び、その番号を答えなさい。

1、運転という作業のみが自動化されているに過ぎないという考え方に対して、すべてが自動化されると人間の立場が主体から客体へと変化してしまうため、手放しで喜ぶことはできないと考えている。
2、現在の技術では不測の事態が起きた際には人間の判断に頼らざるを得ないという考え方に対して、今後はその判断の機会さえ奪いかねないため、人間の主体性を否定する危険な技術だと恐れている。
3、人間の指示がなくても目的地まで自動で移動する技術にはほど遠いという考え方に対して、現在の技術とはわずかな差であり、自動車が主体的に目的地を判断する時代は間近だと心待ちにしている。
4、「道具」を使用する主体の地位から人間を転落させるには至らないという考え方に対して、不測の事態に対応できるのは人間だけであり、主体と客体の転倒などあってはならないと警戒している。

(オ)――線4「そうした枠組みそのものに根本的な変革を迫ることにもなりかねない。」とあるが、筆者がそのように述べる理由を説明した次の文中の［Ⅰ］・［Ⅱ］に入れる語句として最も適するものを、本文中の▼から▲までの中から、［Ⅰ］については六字で、［Ⅱ］については五字でそれぞれ抜き出し、そのまま書きなさい。

> 現代の社会は、人間の［Ⅰ］を前提につくられているため、「あたらしい技術」によって起きた事故に対する［Ⅱ］が特定できなくなるなど、社会のあらゆる場面で対応の困難な事態が生じるおそれがあるから。

(カ)――線5「『それなら、なおさら「人的資本」としての自分の価値を高めなければ。』などと考えない方がいい。」とあるが、筆者がそのように述べる理由として最も適するものを次の中から一つ選び、その番号を答えなさい。

1、「あたらしい技術」のもとでは、人間が主体であり続けることは困難であるため、従来のやり方では個人の職業的な能力を向上させようとしても消耗するだけだから。
2、「あたらしい技術」に合わせて社会の環境が整備されなければ、いくら個人の職業的な能力を高めても、それを発揮するための場がないので無駄になってしまうから。

3、「あたらしい社会」では個人の職業的な価値を高めようとするとかえってその限界が露呈されるため、無力感ばかりが意識され、他者へ依存するようになるから。

4、「あたらしい社会」では人間の能力そのものが飛躍的に高まるため、個人の職業的な価値を高めようとする努力は報われず、意味を見いだせなくなってしまうから。

(キ)――線6「私たちがとるべき態度は、定かではない未来の予測に過剰に反応して右往左往することではない」とあるが、筆者は「私たちがとるべき態度」についてどのように述べているか。その説明として最も適するものを次の中から一つ選び、その番号を答えなさい。

1、「あたらしい技術」によって社会がますます便利になっていくという現実を全面的に受け入れ、よりよい社会を目指して、一人ひとりが科学技術の発展に貢献する必要がある。

2、社会が変化することは確実だと認識した上で、「あたらしい技術」が社会へもたらす影響について知り、今後のよりよい社会のあり方について考えていくことが重要である。

3、これからの社会では、主体と客体の転倒をもたらす「あたらしい技術」の重要性が増していくことは間違いないので、個人の能力を高めることに専念することが大切である。

4、「あたらしい技術」によってもたらされる社会の変化を食い止めるためには、小さな変化も見逃さないよう、様々な脅威に目を光らせながら柔軟に対応することが大事である。

(ク)本文について説明したものとして最も適するものを次の中から一つ選び、その番号を答えなさい。

1、AIの職場への導入が人間の働き方にどのような影響を及ぼすのか述べた上で、その働き方の変化が人間の能力を飛躍的に向上させていく可能性について、「人的資本」という観点から論じている。

2、科学技術が人間にとって便利な「道具」から、「主体と客体の関係」を転倒させてしまうほどの存在へと進化していくことへの期待感を、映画のキャッチコピーを引き合いにしながら論じている。

3、科学技術の進化によってもたらされる「あたらしい社会」の具体的な姿を、車の自動運転技術を例に説明し、希望や幸福に満ちた未来を実現するための生き方を模索していくべきだと論じている。

4、人間と一体化しつつある「あたらしい技術」によって社会がどう変わろうとしているのか説明した上で、個人の能力よりも周囲や社会などとのかかわり方に、もっと関心を向けるべきだと論じている。

〈神奈川県〉

湊 かなえ の文章　文

●主な出題歴……2019年度（愛媛県・宮崎県）ほか

53　次の文章は、高校一年生で放送部に所属する「宮本（みやもと）正也（まさや）」と「僕（圭祐（けいすけ））」が、「月村（つきむら）部長」ほか三年生の部員たちと、東京で開催される全国大会の参加者五人を誰にするかについて話し合っている場面を描いたものである。正也は、スマートフォンを介した、人と人とのつながりをテーマとするラジオドラマ「ケンガイ」の脚本を担当し、全国大会出場の原動力となった。これを読んで、1～5の問いに答えなさい。

アツコ先輩、ヒカル先輩、ジュリ先輩、スズカ先輩が、無言のまま、どうするの、とたずねるような顔を月村部長に向けた。部長は少し空に目をやり、意を決したような表情で口を開いた。

「私の代わりに、宮本くん、行ってくれないかな。」

えっ、と三年生四人だけでなく、僕も驚きの声を上げてしまった。

「私、実は、お兄ちゃんに(注1)JBKに連れて行ってもらったことがあるの。だから……。」

「やめてください。」

正也は静かに、だけど、力強く遮った。

「①僕、東京に行きたいなんて、一度も言っていませんけど。」

正也は月村部長にまっすぐ向き合った。

「だけど……。」

部長が口ごもる。確かに、僕も、三年生の先輩たちも、正也の気持ちを確認していたわけじゃない。

「そりゃあ、何人でも参加可能なら、喜んで行くけれど、他に行きたい人を蹴落としてまで、とは思ってません。だから、くだらない言い争いを、宮本のために、なんていう理由で続けるのなら、今すぐやめてください。」

「でも、いいの？　本当に。」

「僕は東京に行くために『ケンガイ』を書いたんじゃありません。どうしても伝えたい思いがあって、それを応募作として物語にする機会をもらえたから書いたんです。もちろん、それが県大会の予選を通過して、決勝で二位になって、全国大会に行けることになったのは、夢みたいにうれしかった。だけど、そのうれしさは物語が多くの人に伝わって、もっと多くの人に聴いてもらえるチャンスを得たことに対してで、決して、東京に行けるからじゃない。」

正也は落ち着いた口調で語ってはいるけれど、僕は正也の言葉の中に、怒りや悲しみを感じる。そして、②僕自身も物語に本当の意味で向き合っていなかったことに、気づかされる。

東京に行かれないかもしれないから。

そんなことを気遣って、正也に連絡を取らなかったのがその証拠だ。大会終了後、普通に作品の話をすればよかったのだ。「ケンガイ」のこと、他校の作品のこと。

この場でだって、純粋に「ケンガイ」が評価されたことを喜び合い、反省会をすればよかったのだ。

なのに、みんなの頭の中には東京に行くことしかなかった。「ケンガイ」を置き去りにした東京行きなんて、正也にとっては何の価値もないのかもしれない。

それでも……。本当に東京に行かなくてもいいのか、とまだ思ってしまう。全国から集まった高校生が「ケンガイ」を聴いているときの顔を、見たくはないのか、と。

「それに……。」

正也は続けた。

「今年は、僕、行っちゃいけないような気がするんです。（注2）ビギナーズラックであっさり目標をクリアしてしまうと、来年、再来年、行き詰まったときに、まあいいや、って思ってしまいそうなんですよね。とりあえず、一回、行けたしって。」

正也はそう言って、ニッと笑った。そのまま、右手の人差し指で鼻の頭をポリポリとかく。僕には、正也が自分自身を納得させようとがんばっているようにしか思えない。

「あと、『ケンガイ』は僕の採点では、三位でした。」

「えっ。」

月村部長が声を上げた。僕も驚いた。（注3）「ミッション」のあとの反応を見て、正也もこれには負けたと思っているかもしれない、とは想像できたけど、三位とは。

「一位は『ミッション』、二位は（注4）『告白シミュレーション』。実際の順位が、六位と七位なのは信じられないけど、だからこそ、コンテストの順位よりも大事なものがあるんじゃないかと、大会後からずっと考えてます。」

「『ミッション』は僕もゾワッときたけど、『告白シミュレーション』が『ケンガイ』より上なポイントって。」

「圭祐、声出して笑ってたじゃん。俺も笑ったし、会場の至るところから笑い声が上がってた。俺は、あんなに笑わせる脚本を書ける自信は、今のところない。ほら、一般的によく言われてるじゃん。泣かせるよりも笑わせる方が難しいって。」

「そうか……。ギャグやダジャレが出てくるわけでもないのに、おもしろかったよな。」

僕は、うなずきながら、自分は誰かを笑わせたことがあるだろうか、と考えてみた。記憶にない。なるほど、確かに難しい。

「でも、正也。僕は『ケンガイ』の方がおもしろかった。おもしろいって、イコール、笑えるじゃないと思うから。」

うなずきながらも、これだけは伝えなければならないと思った。正也がニッと笑う。鼻の頭はかいていない。

「宮本くん、本当にいいの？」

月村部長が、神妙な③［Ａ］持ちでたずねた。

「はい。全国大会には、三年生の先輩たちで行ってきてください。僕は今日、こういう話じゃなく、『ケンガイ』や他校の作品の話を、先輩たちとできることを期待していました。」

さらりと放たれた正也のひと言に、④部長は殴られたかのように顔をゆがめ、うつむいた。

部長は部長なりに正也のことを慮（おもんぱか）り、自分が引いて正也を行かせるという苦渋の決断をしたのかもしれないけれど、それでも大切なことは見えていなかった。

（湊かなえ『ブロードキャスト』による。）

（注1）ＪＢＫ＝全国大会の会場であるテレビ局の名。

（注2）ビギナーズラック＝初心者が、運よく好結果をおさめること。

（注3、4）「ミッション」、「告白シミュレーション」＝いずれも、他校のラジオドラマ作品の名。

1、――線③「［Ａ］持ち」が、「ある感情や心理の表れた顔つき」という意味の言葉になるように、［Ａ］に当てはまる最も適当な漢字を、次のア～エの中から一つ選び、その記号を書け。

ア、鼻
イ、物
ウ、面
エ、腹

2、――線①「僕、東京に行きたいなんて、一度も言っていませんけど。」とあるが、全国大会出場に対する正也の発言と、圭祐が推察する正也の胸中について述べた次の文章の［ａ］、［ｂ］に当てはまる最も適当な言葉を書け。ただし、［ａ］は、文中から三十字以上三十五字以内でそのまま抜き出し、その最初と最後の五字を書くこと。また、［ｂ］は、文中から十五字以上二十字以内で、そのまま抜き出して書くこと。

> 正也は、全国大会出場の喜びを、［ａ］ことに感じており、どうしても東京に行きたいとは思っていないと話す。しかし、圭祐は、東京行きを辞退する理由を話し続ける正也が［ｂ］ように感じ、正也が東京に行きたい気持ちを抑えているのではないかと推察している。

3、――線②「僕自身も物語に本当の意味で向き合っていなかったことに、気づかされる。」とあるが、本文では、圭祐が、「ケンガイ」と向き合い、他校の作品と比較した上での「ケンガイ」に対する評価を、正也に伝える場面が描かれている。圭祐が、正也に伝えた「ケンガイ」に対する評価とその理由に当たる部分として最も適当な部分を、――線②より後の文中から、連続する二文で抜き出し、その最初の五字を書け。

4、――線④「部長は殴られたかのように顔をゆがめ、うつむいた。」とあるが、月村部長が「顔をゆがめ、うつむいた」理由について説明した次の文の［ａ］、［ｂ］に当てはまる適当な言葉を、それぞれ文中の言葉を使って、十五字以上二十字以内で書け。

> 月村部長は、部長として正也のことを気遣い、［ a ］ことを決断したが、［ b ］ことが、正也にとっても、部にとっても、より大切であることに気づかされたから。

5、本文についての説明として最も適当なものを、次のア～エの中から一つ選び、その記号を書け。

ア、登場人物の視点から場面を描くことで、臨場感をかもし出す効果を上げている。
イ、隠喩や擬人法を繰り返し使用しながら、登場人物の心情を細かく表現している。
ウ、現在と過去の場面を規則的に入れ替えて描くことで、物語に厚みを出している。
エ、接続詞の効果的な使用によって、場面の転換や心情の変化を巧みに表している。

〈愛媛県〉

村上しいこ の文章 文

●主な出題歴……2018年度（大分県）、2017年度（福井県）ほか

54 次の文章は、小説「青春は燃えるゴミではありません」の二つの場面である。〈場面X〉は、主人公「私」が、特別養護老人ホーム「天授苑」で重朗さんとやりとりをする場面、〈場面Y〉は、宮崎県日向市での場面である。これらを読んで、後の問一～問三に答えなさい。なお、答えに字数制限がある場合は、句読点や「」などの記号も一字と数えなさい。

〈場面X〉

「我ら、中田高校うた部は、*牧水短歌甲子園に出場することになりました。もちろん、あの写真の、日向の海も見てきます。」

「ほう。」

「でしょ、でしょ、でしょ。」

重朗さんの表情が崩れ、引き寄せられるように、私は重朗さんの手を取って振った。

初めて触れた手は細く薄く、口調とは反対に、力強さが感じられなかった。

「それではさっそく、ばあさんに知らせなきゃ。」

「はい。」

私は手を離し、木目フレームに収まった、重朗さんと奥さんの写真を膝の上に置いた。海を背景に、おそらく二人で最後に見た日向の海だろう。いとおしそうに重朗さんが写真を眺める。顔のしわがまた深くなった。

奥さんはとてもオシャレで、水色のスーツに、白い帽子には青いベルトリボンが巻いてある。

「わしらのかわりに、この子があの海を見に行ってくれるそうだ。岬から電話をしてくれる。」

重朗さんが、写真の奥さんに話しかける。

「奥さんの帽子、オシャレですね。黄色のベルトリボンが特に可愛くて。」

すべてが本当のこの施設に、私はひとつだけ、①嘘を持ち込んだ。

「黄色……だったかな。」

重朗さんが首をひねる。

「帽子に、黄色いチョウチョがとまったみたい。」

「ああ、本当だ。黄色だった。いつも顔しか見てないから。はははっ。」

「嘘です。青です。」

「…………。」

「ごめんなさい。どうしても確かめておきたくて。重朗さん、もしかして、色が。」

「騙したな。」

「だって、教えてくれなかったじゃないですか。」

怒るかと思ったけど、重朗さんは、むしろ温和な表情で言った。

「わしは自分の人生から、色がなくなったことを認めたくないんだ。君だってあるだろう、認めたくないことが。そのせいで、誰かとぶつかってしまうとわかっていても。」

私の中の認めたくないこと。それは……。

「わしの脳梗塞は、後頭葉の下部だった。そのせいで、形の認識機能は保たれたが、色が、消えた。モノクロームの世界だ。そのことを知っているのは、わしの家族と*作野さんだけだ。」

「どうして話さないんですか。」

「絶望したくないからさ。事実を認めたくないからだ。認めれば、わしはたぶん、絶望してしまう。そんなに強い人間じゃないから。だから、君たちに、すがりつくような想いで求めてるんだ。青を。求めているあいだは、絶望することもない。ああ、本当に楽しみだ。」

私は自分のことのようで胸が痛んだ。絶望したくないくせに、求めようともしない自分。絶望したことにして、すねている自分。

「海はいいよ。」

重朗さんが、改めて写真に目を落とす。今どんな思いで写真を見ているのだろう。今どんなふうに写真は見えているのだろう。

色のないその世界に、私は、色をつけることができるの

か。

「海はいい。人生は単調な繰り返しの中で、人をいつのまにか摩耗させてしまうけど、海は、波は、その単調な繰り返しの中で命を育むことができる。そこには、生きたいという、まっすぐな想いがある。素晴らしいと思わないか。」

〈場面Y〉

私は岬の突端に立ち、天授苑に電話をかけた。作野さんにはあらかじめ話しておいたから、すぐ電話に出てくれて、一分もしない間に、電話口から重朗さんの声が聞こえた。きっと事務所で待っていたんだ。

「遅かったな。尻から根っこが生えてきたぞ。」

「何言ってるんですか。今、今、岬にいます。すっごい、気分がいいです。晴れてます。風が少しあって、船が、光の中でゆっくり行き交ってます。それから海は、本当に青いです。いつも微笑んでくれている人みたいに、優しい、青です。ここにしかない、青です。」

「そうか……。」

重朗さんの声が、あまり弾まない。

「すみません。ボキャブラリーが少なくて。」

「何か、歌を詠んでくれないか。」

「あっ、はい……。」

私は沖に広がる海を改めて見た。言葉の神様がいるとしたなら、どうか力を貸してほしい。

車椅子がきしむ音がした。スマホの向こうで、重朗さんが待っている。

ふと、重朗さんの奥さんがかぶっていた帽子を思い出した。青いベルトリボンが、風に舞いながら、海の上を流れた。

重朗さんが生きてきた日々の、最良と呼べる日が、ここにある。

この青をもう一度見てほしい。

「この青は……。」

私はうたっていた。

海に向かって。そして重朗さんと、その奥さんに向かって。

「この青はわらっているかこの青は泣いているのか君の目の奥」

そしてゆっくりと、スマホを海に向けた。潮騒の音を聞いてほしい。命のざわめきを。

スマホの向こうで、声がして、慌てて耳にあてた。

「②……ああ、青が帰ってきた。笑っているよ。海が青く笑ってるよ。まっ青だ。君に託してよかった。絶望しなくてよかった。」

「よかった。重朗さんよかったね。」

③私も、絶望なんかしていられない。そう思ったとたん、とんでもないことを考えてしまった。

今詠んだ歌を、大会で詠みたい。ここで生まれた歌を、この土地で。今の歌こそが自分にとっての、青の歌だ。

重朗さんと、帰ったら会いに行く約束をして電話を切った。そして私は＊小俵先生に話しかけた。

「先生、伺っていいですか。」

「なんだろう？」

「準決勝のお題って、青、でしたよね。」

「うん。そうだったね。」

「歌をかえたいのですが。」

「歌の変更？　あなた、開催要項を読んだ？」

「読みました。いけないことはわかっています。でも、今の歌で。」

「ごめん。私にはなんとも答えられない。」

「すみません。おかしなことを言って。」

「おかしくはないわよ。」

小俵先生はにっこり笑って、大きな瞳で私を見た。

「生きるってさ、やってみるだけの価値のあることと、どれだけたくさん、出合えるかだと思うよ。結果じゃなくってさ、駄目でもいいから、一歩でも前に進んで。進んだら、そこに、力いっぱい足跡を残そうよ。」

「えっ？」

「つまり、そういうこと。」

きっと、やってみればってことだろう。私が大きく頷くと、小俵先生は海を見た。

「素晴らしい景色だね。」

「はい。」

日向の海は豊かな青を湛え迫ってくる。

私は紛れもなく地球の上に立っていた。

（村上しいこ「青春は燃えるゴミではありません」から）

（注）＊牧水短歌甲子園――宮崎県日向市で行われる短歌の大会。

＊作野さん――「天授苑」の職員。

＊小俵先生――歌人。牧水短歌甲子園の審査員を務めている。

問一、――線①について、この理由を、本文中の言葉を使って、二十字以上三十字以内で書きなさい。

問二、――線②について、重朗さんがこのように感じた理由として最も適当なものを、次のア～エのうちから一つ選び、その符号を書きなさい。

ア、重朗さん夫妻の最良の一日を忠実に再現した短歌を、潮騒の音に乗せて届けてくれた「私」の工夫により、あの頃の海に戻ってきたと感じたから。

イ、日向の海の青さを即興で短歌に詠み込むことに真摯に向き合う「私」の姿に触れ、悩みつつも希望を抱いて生きた若い頃の自分を思い出したから。

ウ、眼前の風景の中に重朗さん夫妻が立つ姿を思い描いて詠んだ「私」の短歌を聞いて、日向の海に訪れた当時の思い出が鮮やかによみがえったから。

エ、言葉の神様が降りてきたかのような「私」の短歌の出来映えに感動を覚え、これまで見たことのない青い海が目の前に広がったように感じたから。

問三、〔思考力〕――線③について、Aさんたちは、図書委員会主催の読書会で意見を交わした。次はその一部である。これを読んで、後の(1)～(3)に答えなさい。

Aさん　当初、「私」は自分自身のことを「絶望したくないくせに、求めようともしない自分」と評していました。一方、「重朗さん」は「求めているあいだは、絶望することもない」と「私」に語りました。

Bさん　その「重朗さん」の想いに応え、日向の海で詠んだ短歌によって「Ⅰ」という自問に答えを出すことができました。そして、「とんでもないこと」を「小俵先生」に相談します。これは、「絶望なんかしていられない」という思いからの行動ですね。

Cさん　このときの「小俵先生」の言葉は、たしなめようとして発したものではないような気がします。歌の変更への賛成をほのめかしているからです。このときの「小俵先生」の思いはどのようなものだったのだろう……。

Bさん　おそらく、「私」の［Ⅱ］という強い思いを感じ取り、歌人として、共感を覚えたのでしょう。その思いを実現させることは「やってみるだけの価値のあること」だと考え、後押ししてくれたのだと思います。

Aさん　「小俵先生」に背中を押された「私」は、現実に向き合って一歩を力強く踏み出そうと考えます。その「私」を［Ⅲ］という一文はよく表現していると思います。

(1)［Ⅰ］に当てはまる言葉として最も適当なものを、〈場面X〉中から一文で抜き出し、初めの五字を書きなさい。

(2)［Ⅱ］に当てはまる言葉を、〈場面Y〉中の言葉を使って、十五字以上二十字以内で書きなさい。

(3)［Ⅲ］に当てはまる言葉として最も適当なものを、本文中から一文で抜き出し、初めの五字を書きなさい。

〈大分県〉

茂木健一郎の文章　論

●主な出題歴……2018年度（北海道）、2017年度（沖縄県）ほか

55　次の文章を読んで、問いに答えなさい。（［1］から［13］は、段落の番号を表します。）

［1］　最近、私は東京で行われたあるオペラの公演に行った。原作を換骨奪胎したきわめて現代的な解釈だったが、なかなかに作品の深みにまで達した演出で、私は心を動かされた。もっとも、最近の東京の観客はすぐれたオペラを見慣れていて、以前のように素朴な熱狂を示しはしない。かつては、毎回暴動でも起きるのではないかというような騒然とした雰囲気になったものだが、その日の観客はあくまでも冷静であった。それでも、終演後時間が経つにつれて次第に拍手が大きくなって、あちらこちらから「ブラボー」の声も飛んだ。

［2］　学生の頃は、私も負けじと大声を張り上げたものだったが、最近はだいぶ大人しくなった。だから、「ブラボー」こそ叫ばなかったが、立ち上がって拍手を続けた。周囲の人々もスタンディングオベーションをしていた。そのような反応をする観客がいる一方で、公演が終わったらさっさと帰り始める客もいた。

［3］　素晴らしい上演に接したにもかかわらずあっさりした反応だったからといって、不粋なやつらだと思ってはいけない。自分がどんなに心を動かされたからといって、他人に起立を強制したり、感激を無理矢理に押しつけたりするのは大人の態度ではない。

［4］　一般に、1感情において自分と他者が異なる反応をした時にどのような態度をとるかということに、その人の成熟度、社会の文明度が反映される。自分が心から感激していることに対して、他人がそっけない態度をとるなどということは社会の中で普通に見られることである。逆に、自分にとっては陳腐な表現に思えることに、他人が大感激して白けることもある。

［5］　なぜ、一つの事柄に対する感情の反応は、人によって違ってしまうのだろうか。同じ人間なのに、どうして片方は大感激し、もう片方は冷静でいるのだろうか。従来ならば単に個性の差異として片付けられてきた現象に、現代の脳科学は新しい光を当てようとしている。

［6］　視覚や聴覚などの情報処理においては、脳の働きの個人差は比較的少ない。丸いものを提示すれば、脳はそれを丸いものとして認識する。丸いものを提示した時に、それを「丸」と認識する人と「三角」と認識する人が相半ばするということはあり得ない。同様に、あるピッチの音を聴いた時に、その情報処理に個人差はあまり見られない。

［7］　その一方で、ある事象に対する感情の反応においては、個人によるばらつきが大きくなるのが通例である。同じものを前にしても、全ての人がそれを好きだと感じたり、逆に全ての人がそれを嫌いだと思うとは限らない。ある人が好きだと感じるものを、別の人が嫌いだと思うのはごく普通のことである。感情においては、脳の反応に大きな個人差が見られるのである。

［8］　そもそも、2感情の働きとは何であろうか。ひと昔前には、感情とはある特定の刺激に対する類型的な反応であると考えられてきた。大脳新皮質が担っている理性の働きが環境の変化に応じて柔軟な情報処理を行うのに対して、「爬虫類の脳」とも呼ばれる古い脳の部位が重要な役割を担う感情は、一定の決まり切った反応をするものと思われていたのである。

［9］　しかし、近年の脳科学の発達により、感情は、むしろ生きる上で避けることのできない不確実性に対する適応戦略であることが明らかになってきた。理性では割り切れない、結果がどうなるかわからないような生の状況において、それでも判断し、決断することを支えるための情報処理のメカニズムとして、感情は存在していると考えられるに至ったのである。

［10］　感情は、生きる上で重要な「直観」や「判断」といった認知プロセスを支えている。結婚するパートナーを選ぶのに、相手に数十項目の質問票を送りつけて、その回答に基づいて「今回は貴意に沿いかねる結果となりまし

た」「おめでとうございます、あなたが当選です」などとやる人はいない。生涯のパートナー選びという重大な決断を、私たちは感情という曖昧模糊なものに基づく直観に頼ってしまうことも少なくない。ましてや、「相手に未知の部分があるほど魅力的だ」と感じることまであるのだから、始末が悪い。

11 感情が不確実性に対する適応であると考えると、その反応において個人差が生じるのは自然なことである。不確実な状況の下では、とるべき選択肢の「正解」は一つとは限らないからである。

12 さまざまな人々が異なる戦略をとり、全体としてバラエティが増したほうが、人間という生物種全体としては、むしろ適応的である。生死にかかわるような状況においては、たとえ、ある選択をした人が不幸にして死んでしまったとしても、別の選択をした人が生きのびれば生物種としては存続できるからである。全体が同じ選択肢を選んでしまっては、環境の変化や予想のできない事態に対して脆弱になってしまう。

13 他人が自分と異なる感情の中にあることに反発するのは自然な心の動きであるが、とらわれてはいけない。3自他の差異に対して許容的であることが、すぐれて生命哲学上の原理にかなっているのである。

（茂木健一郎『疾走する精神』による）

（注）スタンディングオベーション――観客が立ち上がり、盛大に声をあげたり拍手をしたりするなどして称賛の意を表すこと。
ピッチ――音の高低の都合。調子。
大脳新皮質――人間の思考や言語などの機能を担う脳の部分。
直観――推理や思考などによらず、直接的に物事の本質をとらえること。
脆弱――もろくて弱いこと。

問一、（省略）

問二、――線1「感情において自分と他者が異なる反応をした時」とありますが、このような時に、どのようにすることが大人の態度だと筆者は考えていますか、最も適当なものを、ア～エから選びなさい。
ア、自分の感情と他人の感情を比較しないこと。
イ、自分の感情を無理に他人の感情に合わせようとしないこと。
ウ、自分の感情と同じ感情をもつことを他人に強要しないこと。
エ、自分の感情を他人に見抜かれないように、無表情でいること。

問三、思考力 6と7の段落で、筆者はどのようなことを述べていますか。「サッカーボールの形」と「テレビ中継されているサッカーの試合」を例に用いて、八十字程度でまとめなさい。ただし、次の二つの語を使い、一文で書くこと。
脳の働き　脳の反応

問四、――線2「感情の働き」とありますが、筆者が述べている感情の働きを、次のようにまとめるとき、□に当てはまる表現を、文中から三十字で抜き出し、その最初の八字を書きなさい。

> 感情は、ある特定の刺激に対する類型的な反応であると考えられてきたが、近年の脳科学の発達により、□る働きがあることが分かってきた。

問五、――線3「自他の差異に対して……原理にかなっている」とありますが、筆者は、生命哲学上の原理をどのようにとらえた上で、このように述べているのですか。「人間という生物種全体」という語を使い、次に示した表現に続けて、六十字程度で書きなさい。

> ある事象に対する感情の反応に個人差が生じることにより、

〈北海道〉

好井裕明 の文章　論

56

●主な出題歴……2018年度（鳥取県・宮崎県）ほか

次の文章を読んで、後の問いに答えなさい。

私は、毎日大学に向かう電車の中で、常に「驚いて」います。通勤通学ラッシュの中、大半の人が黙々とスマホ画面を眺め、指を忙しそうに滑らせています。私は、この光景を異様に感じ、見事な「画一さ」にいつも驚いています。もちろんスマホがだめだなどと言っているのではありません。これもまた、私たちが普段「あたりまえ」に電車に乗るための重要な実践知と言えるのです。ただ狭い車内で、自分の立ち位置を決めた瞬間、周囲の人への関心を一斉に遮断して〝スマホバリアー〟で守られた世界へ人々が没入していく姿は私にとって、いつも驚きなのです。

> かつては、新聞を四つ折り、八つ折りにして顔を近づけ無心に読む姿や週刊漫画雑誌を丸めて読む姿が中心でした。新聞や雑誌を読む姿とスマホに没入する姿は同じなのでしょうか。それともまったく異質な日常を生きる私たちの姿ができあがっているのでしょうか。同じように見える混んだ車内の光景ですが、私はこの二つはかなり意味が異なっていると考えます。

新聞や雑誌は、確かに私たちはそれを読みたいから読むのですが、見方を変えれば、これらは、身体が触れあうぐらい混んだ狭い車内で、お互いが①儀礼的に距離をとり、特別な興味や関心がないことを示し、相手に対して距離を保っていることを示す重要な道具と言えます。新聞や雑誌を読んでいても、周囲の音や隣の人の姿勢や動きなど細かい状況はわかるでしょう。その意味でこうした道具は、それに目を落としているとしても、常に周囲の他者の気配は感じ取れるし、私たちは常に周囲に気を配っているとも言えるのです。つまり、新聞や雑誌は、自分の周囲に〝バリアー〟を張る道具ではなく、周囲の他者とつながるための道具なのです。

他方、私たちはスマホを通して、混んだ車内でもそこにいない他者と交信したりゲームを楽しんでいます。いわばスマホは、「今、ここ」で全く異質なリアリティ※へ瞬時に跳躍できる驚きのメディアなのです。さらにスマホは、新聞や雑誌に比べ、小型軽量であり、周囲に迷惑もかけずに私たちは「混んだ車内」で操作ができます。イヤホンやヘッドホンをし、周囲からの音をさえぎり、視線をスマホの画面に集中させるとき、②私たちの心や関心は「今、ここ」にはないのです。端的に言えば、スマホは、それを使って多様なリアリティを自在に移動できるとしても、新聞や雑誌のように「今、ここ」で儀礼的に周囲に無関心を示したり、距離をとるための道具ではないのです。

混んだ車内の二つの光景。一つは、新聞や雑誌を読みながらも、常に周囲の他者に対して儀礼的に無関心を示し、身体が密着しているとしても、そこに安心な距離があることを示しあう秩序が「今、ここ」で作られ維持されている空間です。そして今一つは、それぞれがスマホに没入することで「今、ここ」に居ながらも、個別のリアリティの跳躍を楽しんでいる空間です。ただし、そこは、儀礼的に無関心を装い常に他者との安心な距離への気配りに満ちているのではなく、まさに周囲の他者への関心を喪失し、安心な距離を保つための儀礼を微細に実践することさえ怠っている人々の身体が満ちている空間なのです。

通勤通学での混んだ車内という、思いっきり「あたりまえ」で日常的光景を詳細に読み解いてみました。そこには、③他者とつながるうえで、ふりかえって考えるべき興味深い問題を私たちが生きていることがわかります。

私たちが何気なく見ている日常的光景。繰り返して流されるテレビコマーシャル。思わず感動して涙を流してしまう映画やドラマ。ワンパターンのフレーズや身ぶりをこれでもかと繰り返し、なかば強制的に笑いを取っていこうとするお笑いタレントたちのトークショー。さまざまな事件を伝え、私たちの日常への危機感をあおるワイドショーや雑誌報道等々。数え上げたらきりがないのですが、日常生活世界になんらかの意味を与えている多様な「あたりまえ」の場面のなかにこそ、私たちが日常生活世界を詳細にふりかえって捉え直すきっかけに溢(あふ)れているのです。

そしてきっかけに気づくためには、ただ「あたりまえ」を※漫然と認め、「あたりまえ」がもつ心地よい、なまあたたかい空気にただ浸っているのを、いったんやめる必要があるでしょう。言い方を変えれば、目の前の場面や光景を理解するためにほぼ無意識のうちに使っている「※処方箋(しょほうせん)」としての知識、いわば常識的知識をいったんカッコに入れ、この知識をどのように自分が使っているのか、またこの知識を使って場面や光景を理解していく営み自体、はたして“適切で”“気持ちよい”ものだろうか、などを立ち止まって考えてみる必要があるのです。そうした気づきや営みこそ、④日常生活世界を生きて在る私たちの姿を社会学的に読み解くためのはじめの一歩なのです。

（好井裕明(よしいひろあき)『「今、ここ」から考える社会学』による）

※リアリティ…現実感。
※漫然と…ぼんやりと。
※処方箋…医者が薬剤師に与える調剤の手引き書。ここでは対処法等の意味。

問一、（省略）

問二、文章中の――線①「儀礼的に」の文脈上の意味として、最も適当なものを、次のア～エから一つ選び、記号で答えなさい。

ア、真心をこめた方法で　イ、へりくだった方法で
ウ、決まりきった方法で　エ、かしこまった方法で

問三、文章中に――線②「私たちの心や関心は『今、ここ』にはない」とあるが、それはどのような状態か。その説明として最も適当なものを、次のア～エから一つ選び、記号で答えなさい。

ア、周囲の人への関心を遮断して異質な世界に没入している状態。
イ、他者を気にしながらも多様なリアリティに移動している状態。
ウ、周りの他者に特別な興味や関心がないことを示している状態。
エ、電車の中で自分の立ち位置を決められずに困惑している状態。

問四、**思考力** 次の□の文は、文章中の――線③「他者とつながるうえで、ふりかえって考えるべき興味深い問題」について説明したものである。（　）に入る適当な言葉を、それぞれ四十字以内で書きなさい。

> 混んだ電車内において、新聞や雑誌を読む姿は（ A ）のに対し、スマホに没入する姿は（ B ）という違いがある問題。

問五、文章中の――線④「日常生活世界を生きて在る私たちの姿を社会学的に読み解く」ことの具体例として、最も適当なものを、次のア～エから一つ選び、記号で答えなさい。

ア、地域の清掃ボランティアに参加したときに、若者の参加数が少ないことに気づき、ボランティアの募集方法について考えた。
イ、関西方面に修学旅行で行ったときに、地域で普段使っていた言葉遣いとの違いに気づき、日本語の多様性について考えた。
ウ、文化祭の運営を協議したときに、実は自分の考えをはっきり言えていないことに気づき、自己主張のあり方について考えた。
エ、車椅子の祖母と町を散歩したときに、実は通りにくい所が多いことに気づき、祖母の立場から町のあり方について考えた。

問六、文章中の□で囲った段落の説明として、最も適当なものを、次のア～エから一つ選び、記号で答えなさい。

ア、過去と現在の状況の違いを示すことで、読み手に「何がきっかけで変化が生まれたのか」とその原因を考えさせている。
イ、複数の問いを並べて示すことで、読み手に「そのような見方もあるのか」と筆者の多角的な視点に感心させている。
ウ、話題に対する筆者の考えを先に示すことで、読み手に「なぜそのような結論に至るのか」と興味を持たせ

ている。
エ、断定的な表現を避けて示すことで、読み手に「はたしてそう言えるのか」と批判的な立場で考えるように促している。

〈宮崎県〉

鷲田清一の文章　論

●主な出題歴……2019年度（香川県）、2018年度（富山県）ほか

57　次の文章を読んで、あとの㈠～㈨の問いに答えなさい。なお、1～8は段落につけた番号です。

1　現実の社会では、特定の専門家だけではとても解決できないような問題が溢（あふ）れかえっている。環境危機、生命操作、医療過誤、介護問題、食品の安全などなど。これら①現代社会が抱え込んだ諸問題は、もはやかつてのように政治・経済レベルだけで対応できることがらではないし、また特定の地域や国家に限定して処理しうる問題でもない。これらの問題は小手先の制度改革で解決できるものではなく、環境、生命、病、老い、食についてのわたしたちのこれまでの考え方そのものを、その根もとから洗いなおすことを迫るものである。

2　これらの問題への取り組みにおいて、②「専門を究めた」個々のプロフェッショナルは、他のプロ、あるいは他のノン・プロと協同しなければ、何一つ専門家としての仕事をなしえない。たとえば情報端末の微細な回路設計を専門とする技術者がいるとする。その彼／彼女は、超微細な回路を実現するためには、それを可能にするような材料の専門家と組まねばならない。どんな機能をどんなふうに載せるかについて、システム設計の専門家とも組まねばならない。

3　ここで注意を要するのは、これら協同するプロたちにとって、組む相手はいずれも、じぶんの専門領域からすればアマチュアだということだ。とすれば、ほんとうのプロというのは他のプロとうまく共同作業ができる人のことであり、彼／彼女らにじぶんがやろうとしていることの大事さを、そしておもしろさを、きちんと伝えられる人であり、そのために他のプロの発言にもきちんと耳を傾けることのできる人だということになる。一つのことしかできないというのは、プロフェッショナルではなく、スペシャリストであるにすぎないのである。

4　このことが意味しているのは、ある分野の専門研究者が真のプロフェッショナルでありうるためには、つねに③同時に④「教養人」でなければいけないということである。「教養」とは、一つの問題に対して必要ないくつもの思考の補助線を立てることができるということである。いいかえると問題を複眼で見ること、いくつもの異なる視点から問題を照射することができるということである。このことによって一つの知性はより客観的なものになる。そのためには常日頃から、じぶんの関心とはさしあたって接点のない思考や表現にふれるよう、心懸けていなければならない。じぶんの専門外のことがらに対していつも感度のいいアンテナを張っていること、そう、専門外のことがらに対して狩猟民族がもっているような感度の高いアンテナを、いつもじぶんのまわりに張りめぐらせていなければならない。要するに、狩猟民族が数キロメートル離れた地点での自然環境の微細な変化に的確に感応するのとおなじような仕方で、同時代の社会の、微細だけれども根底的な変化を感知するセンスをもつということである。

5　そういう視点から、わたしはいわゆる教養教育は、高年次になればなるほど不可欠のものになると考えている。専門研究者には、いま右で述べたような意味で、じぶんの専門とは異なるディシプリン（学問分野）に問題を翻訳できる能力が必要となるからである。

6　複眼をもつこととしての「教養」は、⑤同時代の社会の全体を遠近法的に見るということである。これはじぶんが立っている位置を、より大きなパースペクティヴ（視野）のなかで見定めるということである。遠近法とはこのばあい、知の使用をめぐる「価値の遠近法」（猪木武徳）にかかわる。つまり、人が絶対に見失ってならないものと、あってもいいけどなくてもいいものと、端的になくていいもの、絶対にあってはならぬものとの区別を、さしあたり大括（おおくく）りに摑（つか）むことができるということである。それは社会のニーズに従うことではなく、ニーズに対して、それはほんとうに応えるべきニーズなのかと問うことである。

[7] わたしたちは社会の難しい問題に直面するとすぐに白黒をつけたがる。わかりやすい答え、明確な答えを[　　]求める。しかし、学術の問題でも政治・経済の問題でも、あるいは身の回りの人づきあいの問題でも、じぶんの生き方の問題でも、重要な問題ほど答えはすぐに出てこない。そういう問題には、二つの対立する答えがともに成り立つことがあるし、答えがない場合もあるし、また問題じたいが脈絡によって別様にも立てられることがある。さらに答えを求めているうちに、その前提となる事態が刻々様変わりしていくといったケースもある。

[8] そのようななかでもっとも重要なことは、わかることよりもわからないことを知ること、わからないけれどこれは大事ということを知ること、そしてわからないものにわからないままに的確に対処できるということである。複雑性がますます堆積（積み重なること）するなかで、この無呼吸の潜水のような過程をどれほど先まで行けるかという、思考の耐性こそがいま求められている。それこそ逆説的な物言いではあるが、人が学ぶのは、わからないという事態に耐え抜くことのできるような知性の体力、知性の耐性を身につけるためでないのかと言いたいくらいである。そういう知性の耐性を高めるジムナスティックス（知的鍛錬）こそが、いま「教養教育」には強く求められているようにおもう。

（鷲田清一の文章による。一部省略等がある。）

(一)（省略）

(二)①に 現代社会が抱え込んだ諸問題 とあるが、これらはどのようなやり方では解決できないものであり、どのようなことをわたしたちに要求するものだと筆者はいっているのか。それを説明しようとした次の文のア、イの[　　]内にあてはまる最も適当な言葉を、第[1]段落の中からそのまま抜き出して、それぞれ十字以内で書け。

特定の専門家、政治・経済レベル、特定の地域や国家に限定しての対処が不可能な現代社会が抱え込んだ諸問題は、[　ア　]では解決できないものであり、社会の様々な物事に対するわたしたちの従来の考え方じたいを[　イ　]ことを要求するものである

(三)②に 「専門を究めた」個々のプロフェッショナルは、他のプロ、あるいは他のノン・プロと協同しなければ、何一つ専門家としての仕事をなしえない とあるが、ほんとうのプロフェッショナルは、どのようなことができる人だと筆者はいっているのか。それを説明しようとした次の文の[　　]内にあてはまる言葉を、本文中の言葉を用いて五十字以内で書け。

ほんとうのプロフェッショナルは、他のプロと協力して一緒に作業ができ、[　　　　]ことができる人

(四)③の に は、次の1～4のうちの、どの に と同じ使われ方をしているか。同じ使われ方をしているものを一つ選んで、その番号を書け。

1、道をきれいに掃除する
2、会議は夜までに終わる
3、さらに一年が経過する
4、道ばたに花が毎年咲く

(五)【思考力】④に 「教養人」でなければいけない とあるが、教養人とはどのような人だと筆者はいっているのか。「一つの問題をいくつもの異なる視点から見ることで」という書き出しに続けて、「…人」に続くように、客観的 感知 の二語を用いて五十字以内で書け。

(六)⑤に 同時代の社会の全体を遠近法的に見る とあるが、これはどういうことか。次の1～4から最も適当なものを一つ選んで、その番号を書け。

1、社会に存在することがらについて、その必要性や重要度をひとまずより大きな視野で捉えていくということ
2、社会が本当に必要とすることがらを、大きな枠組みから一つに絞り込みその実現に尽力していくということ
3、社会で需要の高いことがらが、自分にとっても価値があるのかをまずは大局的な視点から考えるということ
4、社会のニーズに対して、その実現の可能性がどれだけあるのかを長期的な観点から検討しなおすということ

(七)本文中の[　　]内にあてはまる言葉は何か。次の1～4から最も適当なものを一つ選んで、その番号を書け。

1、柔軟に　2、実直に
3、性急に　4、悠長に

(八)次の〔　〕内の文は、本文中のいずれかの段落の最後に続く文である。それはどの段落か。最も適当な段落の番号を書け。

〔さらにそれを新製品として実現するためには、さらに別のプロ、たとえば消費者とじかにつながっている営業のプロ、広報のプロ、そしてもちろんコスト計算をしてくれる会計のプロとも組まねばならない。〕

(九)本文を通して筆者が特に述べようとしていることは何か。次の1～4から最も適当なものを一つ選んで、その番号を書け。

1、一人では解決できない問題が溢れる社会の中で、専門性ではなく「教養」と大きな視野によって、いかなる問いにも解決策を見いだすことができる
2、複雑な問題に他の専門家と共に取り組むために、自らの専門性や「教養」へのこだわりを捨てて、答えが出ない状況でも考え抜く姿勢が必要である
3、一つの問題を大きな視野で捉えるためには、他者と競い合い自らの専門性に磨きをかけて、安易に答えを求めずに自分で思考する態度が重要である
4、容易には解決できない様々な問題に対して、他者と協同しつつ大きな視野で社会を捉え、答えが見いだせない中でも考え続ける力が求められている

〈香川県〉

詩・短歌・俳句

詩

1　次の詩を読んで、あとの(1)~(3)の問いに答えなさい。

鉄棒　　村野四郎

①僕は地平線に飛びつく
僅(注1)に指さきが引つかかつた
僕は②世界にぶら下つた
筋肉だけが僕の頼みだ
僕は赤くなる　僕は収縮する
足が上つてゆく
おお　僕は何処へ行く
大きく③世界が一回転して
僕が上になる
高くからの俯瞰(注2)
ああ　両肩に柔軟な雲

（『日本名詩選2［昭和戦前篇］』による）

(注1) 僅に…数量や程度などがほんの少しである様子。
(注2) 俯瞰…高いところから広く見渡すこと。

(1) 傍線部①　僕は地平線に飛びつく　とありますが、次のア~エのうち、これと同じ表現の技法が用いられているものとして、最も適当なものはどれですか。一つ選び、その記号を書きなさい。
ア、ふさぎ込んでいる私にとって、母の笑顔は太陽だ。
イ、大雨の中、姉が一人で帰ってきた、傘もささずに。
ウ、南風と雪解けが、少し早い春の訪れを告げている。
エ、まだ二月だというのに、まるで春のような陽気だ。

(2) 傍線部②、傍線部③　世界　とありますが、この二つの「世界」はそれぞれどのような言葉で置き換えられますか。次のア~エのうちから、その組み合わせとして最も適当なものを一つ選び、その記号を書きなさい。
ア、②鉄棒・③身体
イ、②鉄棒・③景色
ウ、②社会・③景色
エ、②社会・③身体

(3) 次のア~エのうち、この詩を鑑賞して書かれた文として、最も適当なものはどれですか。一つ選び、その記号を書きなさい。
ア、「鉄棒」を取り上げ、「高くからの俯瞰」などの視覚的な表現を用いてコマ送りのスロー映像のように表すことで、逆上がりの動きを読者にイメージさせやすくする工夫が感じられる。
イ、「鉄棒」を取り上げ、肉体運動の美を「僕は収縮する」などと直接的に表現する一方で、「僕は赤くなる」などの感動の表現によって読者の共感を呼ぼうとする工夫が感じられる。
ウ、「鉄棒」を取り上げ、挑戦者としての「僕」が「大きく世界が一回転して」の行を転機に、目標の達成者として爽快感をいだいている姿が生き生きと描かれているような印象を受ける。
エ、「鉄棒」を取り上げ、初心者であった「僕」が「僕は何処へ」に表された不安を払いのけ、技の熟達者となった満足感に浸っている姿が鮮やかに描かれているような印象を受ける。

〈岩手県〉

2　次の詩と鑑賞文を読んで、あとの問いに答えなさい。

森　　川崎洋

もしかすると
森は自身を一つの全体だと
思っているかもしれない
この僕は
もしかすると一つの全体ではないかもしれないように
森は終日むずがゆそうに揺れている
しかしいつも森全体が
ということではない
森の中央部が静まり返っていると
一方では
森の入口のあたりが騒がしく
沼のまわりがおだやかだと
今度は少し離れたところがざわざわし出す
始終どこかしらが停っていて
始終どこかしらが動いている

この詩は、風に揺れる森の様子を新鮮な見方で表しています。

森は、たえず「[Ⅰ]」というように、身体的な感覚を持つ存在として表現されています。また、森は「[Ⅱ]」として存在するのではなく、始終どこかしらが「停ってい」たり「動いてい」たりする別々なものの集まりなのだとも表現されています。

そして、森を見つめることで、「この僕」は自分という存在について考えます。「この僕」という存在もまた、この森と同じようなところがあるのではないか、という気づきがこの詩には表現されています。

1、[Ⅰ]にあてはまる最も適当な言葉を、この詩の中から十二字でそのまま書き抜きなさい。
2、[Ⅱ]にあてはまる最も適当な言葉を、この詩の中から五字でそのまま書き抜きなさい。
3、この詩の表現上の特色として最も適当なものを、次のア〜オの中から一つ選びなさい。
ア、擬音語を用いて、森の静寂が実感できるように表現している。
イ、省略を用いて、森の美しさが想像できるように表現している。
ウ、体言止めを用いて、森の魅力が味わえるように表現している。
エ、対句を用いて、森の生命感が感じられるように表現している。
オ、倒置法を用いて、森の細部が理解できるように表現している。

4、この詩から読み取ることができる内容として最も適当なものを、次のア〜オの中から一つ選びなさい。
ア、森と同様に人間も、多様な個性を持つ他者と共に生きているため、互いに相手を理解する努力をすべきではないかということ。
イ、森と同様に人間も、所属する集団ごとに異なる役割を果たす必要があるため、精神的に疲れてしまうのではないかということ。
ウ、森と同様に人間も、さまざまな感情や体の部位から成り立つため、自分のことさえ思い通りにならないのではないかということ。
エ、森と同様に人間も、状況に合わせて柔軟に対応しようとするため、本来の自分自身を見失ってしまうのではないかということ。
オ、森と同様に人間も、自分では気がつかない長所や短所があるため、他者の自分に対する評価にとまどうのではないかということ。

〈福島県〉

短歌・俳句

3 次の文章と【感想の交流の一部】を読んで、㈠〜㈥の問いに答えなさい。

青空の井戸よわが汲む夕あかり行く方を思へただ思へとや

山中智恵子(やまなかちえこ)『みずかありなむ』

読者がこの歌を読むときの流れを再現してみましょう。まず初句の「青空の」。これは誰でもわかります。次の「井戸よ」。これは単独のことばとしてはわかりますが、初句から「青空の井戸よ」とくるともうわかりにくくなります。「青空の（下の）井戸よ」なのか、「青空の（中の）井戸よ」なのか、「青空（＝）井戸よ」なのか。青空の下の井戸を思うのが現実世界に近い解釈でしょうが、この表現の短[ア]絡的なまでの勢いからみて、どうもそれではない気がする。青空の[イ]中に深い井戸（のようなもの）があると解するほうが、この歌の勢い[1]にマッチしているようです。ただし、この点の解釈は、やはり読者[2]に任されています。

作者の山中は、さらにその井戸から、水ではなく「夕あかり」を汲むという。これは何となく想像がつきます。夕方になって青空に夕あかりがきざす。この夕暮れの予兆を汲んでいる。これは、井戸が実在のものであっても、空[3]に空想で描いているものであっても、理解できることではないでしょうか。

下句は、「行く方を思へただ思へとや」という。井戸から夕あかりを汲む動作の中で、作者は物思いをするわけですが、「夕あかり」そのものからか、「青空」からか、もっと別のものからか、「行く方を思へ」と命じられたよう[4]に感じたということでしょう。最後の「ただ思へとや」の畳みかけで、「ただ思うだけしかない。追いかけたり捕まえようとしたりすることはできないし、そうしてはならない」ということが暗示されます。

この歌でむずかしいのは、「[A]」という特殊な表現もありますが、それよりも、いったい誰の（あるいは何の）「行く方を思へ」と言っているのかがわからない点でしょう。この点、唯一の正解を求めると読みは挫折します。作者が明示していないことは、想像して読めばよい。そういう読みかたが許されている歌と思います。

「行く方を思」う対象は、作者が大切に思う男性であってもよいし、短歌を含む日本の文芸そのものであってもいいし、日本の歴史というような大きなものであってもいいでしょう。どれも許されていると思います。そこがこの歌の※茫漠(ぼうばく)としたおもしろさであり、焦点が[B]不可解さにもつながります。

それにしてもこの歌の調子には強い張りがあり、とても美しい。美しさにうっとりとなって、気分だけでわかった気になる危険もある一首です。

（坂井修一「ここからはじめる短歌入門」による。）

※ 茫漠＝広くてとりとめのない様子。

【感想の交流の一部】

（一郎） この歌は何でも自由に想像して読んでもよいのですよね。
（夏子） それは違うと思います。そのような読み方をすると、文章にあるように「気分だけでわかった気になる危険もある」と思います。
（一郎） それでは、この歌をどのように読んだらよいのでしょうか。
（夏子） 文章によれば、何でも自由に想像してよいのではなく、[　　]という読み方をしてもよいということなのだと思います。

㈠ （省略）
㈡ [イ]中に の「に」と異なるはたらきをしているものを、文章中の1〜4の中から一つ選んで、その番号を書きなさい。
㈢ [A]に入る言葉として最も適切な言葉を、短歌の中から五字で抜き出しなさい。
㈣ [B]に入る最も適切な言葉を、次の1〜4の中から選んで、その番号を書きなさい。
1、読みきれない

2、描ききれない
3、絞りきれない
4、割りきれない

㈤文章の内容に合っているものとして、最も適切なものを、次の1～4の中から選んで、その番号を書きなさい。
1、この歌は、読者に唯一の正解を与えない点で難しいが、そこにおもしろさもある。
2、この歌は、現実にない空想の世界を描いているので、読者の解釈に任されている。
3、この歌は、短歌を含む文芸の行く方や日本の歴史を、読者に問いかけている。
4、この歌は、読者に対して命令する言葉を畳みかけており、調子に強い張りがある。

㈥【感想の交流の一部】の[　]に入る最も適切な内容を、文章中の言葉を使って、十五字以上、二十字以内で書きなさい。（句読点を含む。）

〈茨城県〉

4

次の短歌を説明したものとして最も適するものを、あとの1～4の中から一つ選び、その番号を答えなさい。

夏のうしろ、夕日のうしろ、悲しみのうしろにきつと天使ゐるらむ　栗木京子

1、夏が終わりゆくときの何かをやり残した感覚、夕日が沈んだ後の言葉にできない不安、急に訪れる悲しみを救ってくれるのは「天使」だけだという確信を、「きつと」を用いて表現している。
2、夏の後には秋が、夕日が沈んだ後には夜が来て、悲しみの後には喜びがやってくるというごく自然な日常のありさまを、「夕日」「うしろ」「ゐる」のようにイとウの音を多用して軽快に表現している。
3、夏の終わりの寂しさ、夕日の切なさ、何か悲しみを感じたときに、自分には見えなくても見守り支えてくれるものが存在するという思いを、同じ語の繰り返しと読点を効果的に用いて表現している。
4、夏の終わりや夕日が沈むときに誰もが感じた悲しみは、「天使」がいるとしてもきっと消えはしないという過去にとらわれている思いを、下の句に歴史的かなづかいを用いて表現している。

〈神奈川県〉

5

次の短歌を読んで、あとの問いに答えなさい。

A　みんなみ(注1)の海のはてよりふき寄する春のあらしの音ぞとよもす(注2)　太田水穂
B　をとめらが泳ぎしあとの遠浅に浮環のごとき月うかびいでぬ　落合直文
C　夏はきぬ相模の海の南風にわが瞳燃ゆわがこころ燃ゆ　吉井勇
D　しらしらと氷かがやき千鳥なく釧路の海の冬の月かな　石川啄木
E　きみに逢う以前のぼくに遭いたくて海へのバスに揺られていたり　永田和宏
F　浪の秀(注3)に裾洗はせて大き月ゆらりゆらりと遊ぶがごとし　大岡博

注1　南。
注2　鳴り響かせる。
注3　「穂」と同じ。ものの先端のこと。

1、水平線から出た月が、揺れる波によって動いているように見える様子を、人の姿に見立てて表現している短歌はどれか。A～Fの中から一つ選びなさい。
2、今の自分とは異なる、思い出の中にいるかつての自分と向き合おうとする心情をうたった短歌はどれか。A～Fの中から一つ選びなさい。
3、次の文章は、A～Fの中の二つの短歌の鑑賞文である。この鑑賞文を読んで、あとの⑴、⑵の問いに答えなさい。

> この短歌は、自然の厳しさが作り出した風景を[Ⅰ]という言葉で視覚的に表現した後に、聴覚で感じ取った対象を詠み込み、歌全体として、月が照らし出す印象的な海の情景を表現している。
> また別の短歌は、新たな季節の訪れを実感し、潮風を身に受け、期待感に胸が躍るような心情をうたっている。[Ⅱ]という言葉が、前の句と対応して力強いリズムを生み出すとともに、心情の高まりを率直に表現している。

⑴ [Ⅰ]にあてはまる最も適当な言葉を、その短歌の中から十字でそのまま書き抜きなさい。
⑵ [Ⅱ]にあてはまる最も適当な言葉を、その短歌の中から七字でそのまま書き抜きなさい。

〈福島県〉

6

次の文章と短歌A～Dを読んで、あとの⑴、⑵の問いに答えなさい。（本文中のA～Dの記号は出題の都合上付けたものです。）

『古今和歌集』(注)の部立てに春、夏、秋、冬という季節があることにも示されるように、季節や天文などの自然をうたうことは短歌の重要なテーマの一つでした。このような自然をうたう名歌を、自然が身近にあり、それを基本的に写生してうたう歌から、必ずしも見たままの自然ではなく、自分をはじめとした人間を詠み込むなどして多様にうたう歌までを紹介していくことにします。

A　森深く鳥鳴きやみてたそがるる木の間の水のほの明かりかも　島木赤彦
B　枯れ野踏みて帰り来たれる子を抱き何かわからぬものも抱きよす　今井恵子
C　開け放つ虫かごよりぞ十方にいきものののがれしたたるみどり　玉井清弘

D　さくらさくあつき谷まに雨降りてしづかにのぼれわたくしのこゑ

大谷雅彦

（『鑑賞　日本の名歌』による）

（注）部立て…全体をいくつかの部門・部類に分けること。

(1) 傍線部　自分をはじめとした人間を詠み込む　とありますが、A～Dの短歌のうち、人間を詠み込んだ歌はどれとどれですか。次のア～エのうちから、最も適当な組み合わせを一つ選び、その記号を書きなさい。

ア、AとC
イ、AとD
ウ、BとC
エ、BとD

(2) 次の短歌は、扇畑忠雄の作品です。あとのア～エのうち、本文の内容をふまえて、この短歌の特徴を説明したものとして、最も適当なものはどれですか。一つ選び、その記号を書きなさい。

桐の木の高きに赭く（注）実は枯れてしぐれ降るなりみちのくのしぐれ

（注）赭く…赤土色のように。

ア、この短歌は、定型の規則的なリズムとなっていて、自然の中に人間の生きる姿を重ねながら、桐の木の熟れた赭い実が割れる初冬の冷ややかな情景を詠んでいる。
イ、この短歌は、定型の規則的なリズムとなっていて、身近にある自然の姿を題材にし、桐の木の熟し切った赭い実の色が映える梅雨のしっとりした情景を詠んでいる。
ウ、この短歌は、字余りの不規則なリズムとなっていて、目に映ったままの自然の姿を捉えながら、桐の木の熟れた赭い実が割れる初冬の冷寒な情景を詠んでいる。
エ、この短歌は、字余りの不規則なリズムとなっていて、自然と人間が調和する姿を題材にし、桐の木の熟し切った赭い実の色が映える梅雨の肌寒い情景を詠んでいる。

〈岩手県〉

7

次の俳句を説明したものとして最も適するものを、あとの1～4の中から一つ選び、その番号を答えなさい。

向日葵の蕊を見るとき海消えし　　芝　不器男

1、花の中心にある蕊へと視点を焦点化していくことで、光り輝く大海原のような向日葵畑から輝きが失われてしまった悲しみを感覚的に表している。
2、近景へと焦点を合わせていく映像的手法を用いることで、眼前の向日葵の印象を鮮明に浮き上がらせながら海の姿も意識されるように表現している。
3、一面に広がる向日葵畑の圧倒的な存在感に、まるでこちらへ迫ってくるような錯覚に陥って海にいることさえ忘れてしまったという感動を描いている。
4、太陽に向かい咲き誇っていた向日葵の花が蕊だけを残して枯れ果てたことで、向日葵畑の背後にある海の存在感すら消えうせたことを示している。

〈神奈川県〉

8

次の俳句の表現について説明したものとして最も適当なものはどれか。次のアからエまでの中から一つ選び、その記号を記入しなさい。

鈴おとのかすかにひびく日傘かな　　飯田蛇笏

（『山廬集』による。）

ア、季語を用いず心の動きを印象づけている。
イ、切れ字を用いて余韻を残している。
ウ、体言止めを用いて作者の感動を強調している。
エ、反復法を用いてリズムを生み出している。

〈山梨県〉

9

次の俳句についての文章を読み、後の1～5の問いに答えよ。

□は、俳句に季節感をもたらす機能を持っている語だと言われます。それはそうかもしれません。しかし、季語自体は一つの言葉です。だから、一つのイメージを持った言葉としても読む必要があります。

たとえば、「風花」です。風花は晴天に風に乗ってどこからともなく吹かれてくる雪ですが、「花」という言葉に[1]注目する必要があります。「風花」は、その実態は雪ですが、花＝桜のイメージを背後に持っています。そのため、雪に、散る桜の花のイメージを重ねて読むことで美しい光景が現れ、[2]「風花」という季語の読みは完成するのです。このように読まなければ、単に風に乗って来たちらつく雪のままです。

次のような句があります。

風花[3]や衣山町は坂の町　　森川大和

今、風花が、都の衣笠山を思わせる衣山（きぬやま）という美しい名の町を、包み込んで舞っています。舞い散る桜をおぼろにイメージさせつつ風花の舞う衣山の町は、一句においては雅な情趣深い坂の町なのです。

（武馬久仁裕『俳句の不思議、楽しさ、面白さ』による）

1、文章中の□に当てはまる言葉として適切なものを、文章中から二字でそのまま抜き出して書け。

2、文章中の——線部1の「注目する」の活用の種類を、次のア～エから一つ選び、その記号を書け。

ア、五段活用
イ、上一段活用
ウ、下一段活用
エ、サ行変格活用

3、文章中の——線部2に「『風花』という季語の読みは完成するのです」とあるが、筆者は、「風花」という季語をどのような言葉だと考えているか。その内容を次のような一文で説明するとき、□に当てはまる適切な言葉を、文章中から十三字でそのまま抜き出して書け。

実態は雪であるが、その雪が晴天に風に乗って舞う様子が桜の花を思わせることから、[　　]として「風花」という季語は読むことができる。

4、文章中の——線部3の「や」のような語を、俳句において何というか。次のア～エから一つ選び、その記号を書け。

ア、掛詞
イ、切れ字
ウ、自由律
エ、枕詞

5、「風花や衣山町は坂の町」と同じ季節を詠んでいるものを、次のア～エから一つ選び、その記号を書け。

ア、噴水のしぶけり四方に風の街　石田波郷
イ、菜の花に入らんとするや走り波　橘田春湖
ウ、ほどけゆく月の芒の軽さかな　星野椿
エ、咳の子のなぞなぞあそびきりもなや　中村汀女

〈高知県〉

10

次の文章《Ⅰ》、《Ⅱ》は、山口誓子の「夏草に汽罐車の車輪来て止る」の俳句について説明した文章です。二つの文章を読んで、あとの(1)、(2)の問いに答えなさい。

《Ⅰ》

夏草がいちめんに生い茂っている、灼熱の暑い一日です。汽罐車が、駅の構内のはずれまできて、ゆっくりと止まったのです。はっきりと止まったことを示すために「汽罐車の車輪」と「車輪」まで表現しています。

ゆるやかにまわっていた大きな車輪が、「夏草」の中でぴたっと止まったのです。その車輪を迎えるようにして、夏草もゆっくりとなびき、揺れ茂ってみえたのでしょう。夏草の中に汽罐車の車輪が止まって、はじめて汽罐車は安らぎを得たのです。「夏草」と「車輪」、この二つの物は絶対に動きません。汽罐車という動きのあるものが静止した、ただそれだけのことをいっているにすぎません。

しかしこの俳句は、Aという画面とBという画面、二つの画面によって、想像以上の画面効果をあらわしました。質のちがった二つの配合が鮮やかであればあるほど、ひじょうに強いインパクトを読み手に与えます。具体的には、なるべく対立することばを選ぶこと、たとえば大きいものに対して小さいもの、遠いものに対して近いもの、明るいものに暗いもの、というふうに対照的な視点から配合すると、比較的成功しやすいといわれています。

（石寒太の文章による）

《Ⅱ》

夏草の生い茂っているところに蒸気機関車の大きな車輪が来て止まったという情景です。この句の見どころは、「夏草」という柔らかい植物と「汽缶(注1)車の車輪」という硬い物体を対比させたところです。

（金子兜太の文章による）

（注1）缶…「罐」（旧字体）に同じ。

(1) 次の俳句は中村草田男の作品で、あとの文章は金子兜太による鑑賞文の一部です。鑑賞文の[　　]には、《Ⅰ》、《Ⅱ》の文章で示された視点をふまえた内容の言葉が入ります。あとのア～エのうち、[　　]に入る表現として最も適当なものはどれですか。一つ選び、その記号を書きなさい。

万緑(注2)の中や吾子(注3)の歯生え初むる

（注2）万緑…見渡す限り一面緑であること。
（注3）吾子…我が子のこと。

「万緑」という大きな緑と、[　　]「吾子の歯」を対比させ、大きな生命の中に小さな生命があることを描いています。「吾子の歯」は「万緑」の中で生き生きと光っているのです。

ア、明るく丈夫な
イ、明るく小さな
ウ、白くて丈夫な
エ、白くて小さな

(2) 傍線部 対比 とありますが、「雪」という季語を用いて対比を取り入れた俳句を作るとき、あなたはどのような俳句を作りますか。作った俳句とその俳句の説明文を、次の【条件】①～④に従って書きなさい。

【条件】

①「雪」という季語を用い、対比を取り入れた定型俳句を書きなさい。ただし、句の優劣や上手下手等は問わないものとします。なお、本文や問いの中の俳句を引用してはいけません。
②説明文は、原稿用紙（15字詰×6行＝省略）の正しい使い方に従って、二つの段落で構成し、四行以上六行以内で書くこと。
③第一段落では、《Ⅰ》、《Ⅱ》の文章を参考にして、「雪」と何を、どのような点で対比させたのかを具体的に説明すること。
④第二段落では、対比によってどのような情景または心情を表現しようとしたかを説明すること。

〈岩手県〉

11

次の俳句を読んで、あとの問いに答えなさい。

A　木がらしや目刺(注1)にのこる海のいろ　芥川龍之介
B　くろがね(注2)の秋の風鈴鳴りにけり　飯田蛇笏
C　元旦や暗き空より風が吹く　青木月斗
D　萩(注3)の風何か急かるゝ何ならむ　水原秋櫻子
E　未来より滝を吹き割る風来たる　夏石番矢
F　夏嵐机上の白紙飛び尽す　正岡子規

注1　イワシなどの魚を塩水に漬けたのち、竹串で数匹ずつ刺しつらねて干した食品。
注2　鉄の古い呼び名。
注3　植物の名。

1、つぶやくような自分自身への問いかけを描くことで、作者の内面にある、漠然としたあせりを詠んでいる俳句はどれか。A～Fの中から一つ選びなさい。

2、冷たく乾いた風の吹きすさぶ様子を切れ字を用いて強調する一方で、眼前の小さなものが連想させる豊かな色彩のイメージを表現している俳句はどれか。A～Fの中から一つ選びなさい。

3、思考力 次の文章は、A～Fの中のある俳句の鑑賞文である。この鑑賞文を読んで、あとの(1)、(2)の問いに答えなさい。

> この句で作者は、垂直に流れ落ちる水に向かっていく力強い風の様子を、「Ｉ」という言葉で表現している。想像される水の姿が大きければ大きいほど、それを「Ｉ」ために必要な風力は増すことになり、句のイメージはいっそう Ⅱ なものとなる。
> また、作者は、この風を、Ⅲ と捉えている。勢いよく現在の世界にやって来た、未来からの風として描くことによって、未来の世界の力強さや明るさを意識させる句となっている。

(1) Ｉ にあてはまる最も適当な言葉を、その俳句の中から四字でそのまま書き抜きなさい。

(2) Ⅱ 、Ⅲ にあてはまる言葉の組み合わせとして最も適当なものを、次のア～オの中から一つ選びなさい。

ア、Ⅱ 繊細　Ⅲ 自然の偉大な力を実感させるもの
イ、Ⅱ 広大　Ⅲ 過去の記憶をよみがえらせるもの
ウ、Ⅱ 壮大　Ⅲ 本来の時の流れから解放されたもの
エ、Ⅱ 科学的　Ⅲ 現在の世界の苦しさを和らげるもの
オ、Ⅱ 感動的　Ⅲ 多くの人間から長く親しまれたもの

〈福島県〉

12

次の俳句を話題にした先生と生徒の会話について、(1)から(4)までの問いに答えなさい。

> 鐘つけば銀杏散るなり建長寺　夏目漱石

生徒「この俳句の季語は何ですか。」
先生「①銀杏散るが季語ですよ。季語を詳しく調べたい時は『歳時記』という本を使うのが便利です。」
生徒「わかりました。ところで、この俳句の作者は小説家の夏目漱石なんですね。」
先生「その通りです。小説家としてよく知られていますが、俳句や漢詩も作っていますし、色々なテーマで②コウエンを行うなど多方面で活躍した人物です。」
生徒「様々な才能を持った人物だったのですね。そういえば、先生も俳句を作られるとお聞きしました。今度、先生の作品を（③）。」
先生「いいですよ。（④）よかったら、あなたも一緒に俳句を作りませんか。」

(1) ①銀杏散る と同じ季節を詠んだものはどれか。
ア、菜の花のちりこぼれたる堤かな　瀧井孝作
イ、独り碁や笹に粉雪のつもる日に　中勘助
ウ、頂上や殊に野菊の吹かれ居り　原石鼎
エ、閑かさや岩にしみ入る蟬の声　松尾芭蕉

(2) ②コウエン と同じ漢字を用いるものはどれか。
ア、家の近くのコウエンに遊びに行く。
イ、大学教授のコウエンを聴く。
ウ、自治体が文化事業をコウエンする。
エ、新人が主役をコウエンする。

(3) （③）に入る正しい敬語表現はどれか。
ア、見せていただけますか。
イ、お見せしてもらえますか。
ウ、ご覧になってもいいですか。
エ、拝見なさってもいいでしょうか。

(4) （④）に入る副詞として適切なものはどれか。
ア、まるで　イ、ふと　ウ、もっと　エ、もし

〈栃木県〉

13

次の文章を読んで、あとの問いに答えなさい。

正直なところを言えば、「*季重なり俳句は*タブーか」と問われたら、必ずしもそうとは思わない、というのが私の考えである。

X　季語同士で軽重が明らかなもの
Y　特定の時期を示す季語と通年ある事物で季語になっているものとの組み合わせ
Z　並列して使われるもの（季語の軽重なし）

が基本。

①　噴水を最も高め子供の日　殿村菟絲子

「子供の日」と「噴水」が、それぞれ夏の季語。噴水がいきいきと上がるいつもの光景に加えて、より勢いがあってより高みへ上がっている気がするのは、「子供の日」だからだろうか。そう考えながら、純粋に子供への想いを馳せる、そんな主人公の姿が見える。この場合は、「子供の日」に重きを置く。

②　教師なりけり春暁己が咳にさめ　加藤楸邨

「春暁」は春、「咳」は冬の季語だが、この場合の「咳」は、風邪をひいた時にはどんな季節でも咳が出るように、「通年ある事物」としての認識で良い。よって、この場合の季語としては、「春暁」に重きを置く。

③　村が市に変はり*亀鳴く*田螺鳴く　山本一歩

つい先日まで村であったところが、合併されて市になった。名前が変わったところで、風景そのものが変わるわけではない。至っていつも通りなのだ。村だろうが市だろうが関係なく、今日も今日とて「亀鳴く」「田螺鳴く」、そんな故郷への変わらぬ愛情。それをあらわす二つの季語に、軽重は無い。

おそらく、この世で最も知られているであろう季重なりの句といえば、

目には青葉山*ほととぎす*初鰹　山口素堂

であろう。言ってしまえば「季語を並べただけ」ともとられがちな、1この句が一般的に良しとされているのは、三つの季語それぞれが視覚・聴覚・味覚と、それぞれ別の感覚をあらわしている、という点。それが意外性となって、本

来ならば違和感となってあらわれるはずの「つきすぎ」*という部分から少し外れたところにこの句が置かれるのではないかと思う。とはいえ、安易にこの「並列」を利用すると、どうしても句のなかではしまりの無さが目立ってしまう。このダラダラした感じをどうやって補うか、と考えたとき、やはり大切なのは「どのような季語を、どうやって合わせるか」なのだろうと思う。

　幼稚な言い方かもしれないが、私の意識の中では、季語とは「おにぎりの具」のようなものである。一つ一つがそのおにぎりの味を決める「主役」。たとえば、その具(季語)を三つも四つも詰め込んで、はいどうぞ、と出されたらどうだろう。美味しいか不味いかはまた別の問題として、結局[2]「何のおにぎりなのか」「どの味を集中して楽しめばいいのか」……取り散らかってしまいそうな気がするのである。

　要は、調理方法や味の組み合わせの問題だ。具材のうち、何を組み合わせれば美味しくなるのか、それぞれの量のバランス(軽重)でも、その善し悪しは決まってくるかもしれない。ということは、あらかじめ、その具材の味、性質、どんな引き立ち方をするのか……詳しく知っておく必要がある。何でもかんでもぽんぽん入れれば良いというものではないということだ。

　長くなったが、これを俳句に言いかえるとすれば、季重なりを利用するには、それなりに「知識も技術も必要」ということだ。「梅」のおにぎりならば中身は「梅」一種類であるように、基本的には俳句の主役も一つ、なのだ。

　俳句を始めた頃は特に、「俳句に使う季語はひとつ」「季重なりはいけない」と徹底的に教え込まれる。初心の頃に季重なりを良しとしてしまうと、あれもこれもとよく理解せずに詰め込んだあげく、本当に言いたいことの焦点がぼやけてしまうのである。

　そもそも俳句は「十七音」という短い文学。この文字数の中で言えることといっても限りはあるのに、季語ばかりを詰め込んで終わってしまうなんて、なんと勿体ないことだろうか。

　だから、俳句を始めるにあたっての「入り口」のところで、季重なりの句はタブーだよ「ということに」しておいて、頭の中でつねにそれを考えながら俳句を作るように意識させるのだ。

　季重なりの句が悪いとは思わない。ただ、それは、「基礎の基礎」ができてからのこと。[3]季重なりの句を「名句」と言わしめてきた俳人たちは、その基礎の土台がきちんとできているからこそ、その季語同士以外に「つかない」季重なりの句を生むことができたのだ。基本、季語はひとつ。始まりはそこからだ。

〈山本一葉「季重なり」による。一部省略がある。〉

〔注〕
＊季重なり＝一句のうちに季語が二つ以上含まれること。
＊タブー＝してはいけないとされていること。
＊亀鳴く、田螺鳴く＝どちらも春の季語。
＊青葉、山ほととぎす、初鰹＝いずれも夏の季語。
＊つきすぎ＝季語と別の言葉との取り合わせが、だれにでも思いつきそうなものである、という意味。

問一、(省略)

問二、――部の助詞「ながら」の働きとして最も適切なものを、次のア～エから一つ選び、記号で答えなさい。
ア、順接
イ、逆接
ウ、並列・同時
エ、原因・理由

問三、筆者が、①～③の俳句を取り上げた意図として最も適切なものを、次のア～エから一つ選び、記号で答えなさい。
ア、身近な題材を用いた俳句を示すことで、季重なりの句がタブーとされている理由をわかりやすく説明する意図。
イ、季重なりの句の主な種類に対応している具体例を順に示すことで、季重なりに対する読者の理解を助ける意図。
ウ、季重なりの句の作者と筆者の考え方の違いを鑑賞文を用いて示すことで、読者に俳句の奥深さを強調する意図。
エ、鑑賞文を用いて季重なりの句の善し悪しを対比的に示すことで、読者に季語の軽重の重要性を説明する意図。

問四、――部1について、「この句」が「良しとされている」理由を次のような形で説明したとき、[Ⅰ]に入る適切な言葉を、本文中から二字で抜き出して書き、[Ⅱ]に入る適切な言葉を、三字以内で書きなさい。

　三つの季語それぞれがあらわす感覚のうち、「目には」と、[Ⅰ]をあらわす言葉を詠むことで、「耳には」や「口には」と詠まなくとも、山ほととぎすの[Ⅱ]や、初鰹の味を、受け手に連想させるから。

問五、――部2について、(1)「何のおにぎりなのか」、(2)「どの味を集中して楽しめばいいのか」は、それぞれどのようなことをたとえていますか。本文に即して、それぞれ書きなさい。

問六、**新傾向** ――部3に関連して、次の季重なりの句について、国語の授業であとのような話し合いが行われました。[Ⅰ]、[Ⅱ]に入る適切な言葉を書きなさい。

暫は花の上なる月夜かな　松尾芭蕉

Aさん　この芭蕉の句の季語を歳時記で調べたら、「花」は桜のことで春の季語、「月夜」は月の明るい夜のことで秋の季語だったよ。この句も季重なりだけれど、季語の軽重はどうなっているのかな。
Bさん　じゃあ、本文中のX～Zを手がかりにして、この句の季語の軽重を考えてみようよ。何か意見のある人はいますか。
Cさん　はい。私は、Yのパターンで考えるといいと思うな。私たちの経験から言えば、校庭の桜の花は[Ⅰ]けれど、月の明るい夜はどの季節でもあるよね。
Aさん　なるほど。そう考えれば、芭蕉がこの句を詠んだ季節も特定できるね。
Bさん　今出た二人の意見をふまえてまとめると、この句の季語の軽重は、［　Ⅱ　］と考えられるね。

問七、本文において、筆者は、俳句の初心者が季重なりの句を作ることについて、どのように考えていますか。次の三つの言葉を使って、七十字以内で書きなさい。なお、三つの言葉はどのような順序で使ってもかまいません。

季語　焦点　基礎

〈山形県〉

14

次のア～ウの俳句には、いずれも「春」の季語が用いられています。

ア、見開きのノートにまづは春と書く　土肥あき子
イ、たんぽぽに小さき虻ゐる頑張らう　南十二国
ウ、若鮎の二手になりて上りけり　正岡子規

この三つの俳句のうち、あなたが抱いている「春」のイメージに最も近いものはどれですか。ア～ウから一つ選び、その記号を選んだ理由を、その俳句からあなたが読み取ったことや想像したことを取り上げながら、百六十字～二百字で書きなさい。

〈宮城県〉

15

次の俳句を説明したものとして最も適するものを、あとの1～4の中から一つ選び、その番号を答えなさい。

まだもののかたちに雪の積もりをり　片山由美子

1、降り積もった雪で白一色となり、「もののかたち」がわからなくなった光景を、「まだ」「かたち」のように母音の中でも「ア」の音を多用し、広い雪原を想像させることで印象的に表現している。
2、降り積もった雪に覆われていた世界に、ようやく春が訪れて「もののかたち」がはっきりと現れてきた喜びを、ひらがなを多用しながら、優しくとけている雪を想像させて感動的に表現している。
3、雪が降り続いて視界が悪くなっていく中、「もののかたち」が変わるほど雪が積もっているさまを、「雪」「積」の漢字を使用して、雪の固さや冷たさを印象づけることにより絵画的に表現している。
4、雪が降り続いて周りが白一色になりつつも、それぞれの「もののかたち」がかろうじてわかる状態を、ひらがなを多用しながら、積もった雪の柔らかさを印象づけることで効果的に表現している。

〈神奈川県〉

16

次のア～エの俳句と俳句に表現されている季節の組み合わせとして適切でないものを、次のア～エから一つ選び、記号で答えなさい。

俳句　季節
ア、白梅に明くる夜ばかりとなりにけり　（与謝蕪村）―春
イ、万緑の中や吾子の歯生え初むる　（中村草田男）―夏
ウ、大紅葉燃え上らんとしつつあり　（高浜虚子）―秋
エ、草の戸も住み替はる代ぞ雛の家　（松尾芭蕉）―冬

〈鳥取県〉

17

次の俳句と鑑賞文を読んで、㈠～㈢の問いに答えなさい。

富士をこえみづうみをうつはつ燕　飯田蛇笏

この句を最初に読んだとき、内容もさることながら、まず字づらが面白いなと思いました。いったい字づらのどこが面白いのでしょうか？

よく読むというより、よくこの句を見てください。最初の「富士」と最後の「燕」だけが漢字表記ですね。あとは、その漢字に挟まれる形ですべてひらがななのです。

このような表記の仕方は偶然ではなく、作者がわざわざ意図したものでしょう。作者は「富士」と「燕」を漢字にすることで、字づらにおいてもその二つを強調して見せたかったのです。仮にすべて漢字表記にしてみると、「富士を越え湖を打つ初燕」となります。

原句と比べてみていかがでしょうか？　漢字にするかひらがなにするかで、ずいぶん一句の印象が違ってくることに気づかされますね。

富士山を越えてきた燕が湖をさっと打って飛んでくる様子が、原句のほうがより字づらを通して臨場感を伝えてきます。臨場感とはこの句の場合、「富士」を漢字にすることでその巨大な存在を際立たせ、その後に描かれる燕の飛んでくる有り様は、そのしなやかさや可憐さを表すために、ひらがなによって柔らかく表現されているのです。そして読み手の眼に印象づけるように、最後に漢字で「燕」と置いて一句を締めくくっています。その年に初めて眼にする燕を「初燕」といいますが、「初」までひらがなにしたのは、作者の表記への著しいこだわりが窺えます。

（堀本裕樹「富士百句で俳句入門」による。）

㈠右の俳句で用いられている表現技法を、次の1～4の中から一つ選んで、その番号を書きなさい。
1、体言止め
2、倒置
3、擬人法
4、反復

㈡わざわざ意図したもの　とあるが、最も近い意味を表している言葉を、右の鑑賞文中から一単語で抜き出して書きなさい。

㈢右の鑑賞文の内容に合っているものとして、最も適切なものを、次の1～4の中から選んで、その番号を書きなさい。
1、漢字とひらがなを直感的に使い分けて表記することで、読者の想像を誘っている。

2、漢字とひらがなを意図的に使い分けて表記することで、場面の臨場感を伝えている。
3、最初の「富士」を漢字にすることで、巨大な存在と優雅さを際立たせている。
4、最後の「燕」を漢字にすることで、燕が可憐に飛ぶ様子を強調して伝えている。

〈茨城県〉

18

次の俳句についての文章を読み、後の1～5の問いに答えよ。

俳句に「写生」という方法を取り入れたのは、明治の俳句革新を行った正岡子規でした。[1]絵画の「スケッチ」からヒントを得て、もののありのままの姿を描写することにより、理屈や[ア]通俗を脱した[イ]近代の新しい俳句を生み出そうとしたのです。「写生」は俳句の手法として広まり、いまも[ウ]尊重されています。ともすると何でも見たことをそのまま述べれば俳句になると思われがちですが、ありのままを描いて作品として[エ]成功するのは、じつはそこに作者の発見があるからです。□、俳句における発見とは、誰も見たことのないものや奇抜なことがらではありません。誰もが見ているようで気がつかなかったもの、それを切り取ってみせることだといってよいでしょう。

薄氷の吹かれて端の重なれる　深見けん二

[2]この句はまさにそんな作品です。春先、水面にうっすらと張る氷や解け残った氷片を「薄氷」といいます。それをじっと見ていた作者は、風が吹いて薄氷どうしがわずかに重なるのを見逃さなかったのです。ただ浮いているだけでなく、かすかに動く薄氷から目を離さず、「端の重なれる」という一瞬をとらえたことが発見であり、「吹かれて端の重なれる」という表現に定着させることで、写生が完成したのです。この句が[3]普遍性をもつのは、そういう瞬間を誰もが目にする可能性があり、その場面をありありと思い浮かべることができるからです。

（片山由美子『NHK俳句　今日から俳句　はじめの一歩から上達まで』による）

1、文章中の――線部1の「絵画」と熟語の構成が同じものを、文章中の……線部ア～エから一つ選び、その記号を書け。

2、文章中の□に当てはまる言葉として適切なものを、次のア～エから一つ選び、その記号を書け。
ア、だから
イ、ただし
ウ、つまり
エ、なぜなら

3、文章中の――線部2に「この句はまさにそんな作品です」とあるが、筆者は、この句をどのような作品だと考えているか。その内容を次のような一文で説明するとき、□に当てはまる適切な言葉を、文章中から二十字でそのまま抜き出して書け。

「薄氷の吹かれて端の重なれる」の句は、□を発見し描写した、その場面をありありと思い浮かばせる作品である。

4、文章中の――線部3の「普遍性」は、ここではどのような意味で使われているか。その意味として最も適切なものを、次のア～エから一つ選び、その記号を書け。
ア、真に風流を求める人に愛される性質
イ、思いがけないほど優れている性質
ウ、いくつかの事物に共通する性質
エ、すべての人に通じる性質

5、「薄氷の吹かれて端の重なれる」と同じ季節を詠んでいる俳句を、次のア～エから一つ選び、その記号を書け。
ア、流れ行く大根の葉の早さかな　高浜虚子
イ、あたたかくたんぽぽの花茎の上　長谷川素逝
ウ、晴天やコスモスの影撒きちらし　鈴木花蓑
エ、かたつむり甲斐も信濃も雨のなか　飯田龍太

〈高知県〉

第三章　古典（古文・漢文）

古文

十訓抄

1　次の文章を読んで、あとの問いに答えなさい。

*孟嘗君が楽しみに飽きみちて（楽しいことに十分に満足して）、①もののあはれ（物事の情趣）を知らざりけり。*雍門といふ人、②わりなく（とても上手に）琴をひく。聞く人、涙を落とさずといふことなし。君がいはく、「雍門、よく琴をひくとも、われはいかでか泣かむ（どうして泣くことがあろうか）」といひて、ひかせけるに、まづ世の中の無常をいひつづけて、折にあへる調べ（その場面にふさわしい曲を弾くと）をかき合せて、いまだその声終らざるに、③涙を落しけり。

（『十訓抄』による）

*をつけた語句の〈注〉
孟嘗君――中国の戦国時代の政治家。
雍門――中国の戦国時代の琴の名手。

問一、本文中の「①もののあはれ」を現代仮名遣いに改めなさい。

問二、本文中に「②わりなく琴をひく。」とありますが、雍門の琴の演奏について述べられているものとして、最も適切なものを、次のア～エから一つ選び、記号で答えなさい。
ア、雍門の演奏を聞いても、泣かない人もいる。
イ、雍門の演奏を聞くと、誰もが泣いてしまう。
ウ、雍門の演奏を聞いたら、泣くこともないし言うこともない。
エ、雍門の演奏を聞くには、泣いて懇願しなければならない。

問三、本文中に「③涙を落しけり。」とありますが、次の文は、本文中から読み取れるその理由について説明したものです。［　］に入る適切な表現を考えて、二十五字以内で答えなさい。

雍門が［　］ことで、孟嘗君も心を動かされたから。

〈宮城県〉

2　次の文章を読んで、あとの問いに答えなさい。
（――の左側は口語訳です。）

近ごろの歌仙（和歌の名人）には、民部卿定家、宮内卿家隆とて、一双にいはれけり。そのころ、「われも、われも。」とたしなむ人多けれど、いづれも、この二人には及ばざりけり。

ある時、後京極摂政、宮内卿を召して、「この世に歌詠みに多く聞ゆるなかに、いづれか勝れたる。心に思はむやう、ありのままにのたまへ（お話しされよ）。」と御尋ねありけるに、「いづれも分きがたく。」と申して、思ふやうありけるを、「いかに、いかに。」と、あながちに（ひたすら）①問はせ給ひければ、ふところより畳紙（畳んだ紙）を落して、やがて罷り出でける（そのまま退出した）を、②御覧ぜられければ、

明けばまた秋のなかばも過ぎぬべし
かたぶく月の惜しきのみかは

と書きたりけり。

これは民部卿の歌なり。かねて、③かかる御尋ねあるべしとは、いかでか知らむ（どうしてわかろう）。もとよりおもしろくて、書きて持たれたりけるなめり。

これら④用意深きたぐひなり。

（『十訓抄』による。）

問1、①問はせ給ひければ　とありますが、この部分を「現代仮名遣い」に直し、すべてひらがなで書きなさい。

問2、②御覧ぜられければ　とありますが、この主語を、次のア～エの中から一つ選び、その記号を書きなさい。
ア、民部卿定家　イ、宮内卿家隆
ウ、後京極摂政　エ、作者

問3、③かかる御尋ね　は「このようなお尋ね」という意味ですが、ここではどのようなことを尋ねたのですか。次の空欄にあてはまる内容を、十五字以内で書きなさい。

［　］ということ。

問4、④用意深きたぐひ　とありますが、これは、宮内卿家隆のどのような行為に対して述べたものですか。最も適切なものを、次のア～エの中から一つ選び、その記号を書きなさい。
ア、事前に書いて持っていた自分の歌を、目につくように落とした行為。
イ、素晴らしいと思っていた歌を、紙に書いて持ち歩いていた行為。
ウ、覚えていた民部卿定家の歌を、すぐさま詠んで披露した行為。
エ、答える代わりとして、即座に歌を紙に書いて差し出した行為。

〈埼玉県〉

3

次の文章は、ある中国の書物から趙柔と楊震という人の話を引用した教訓的な話である。これを読み、各問いに答えよ。

ある文にいはく、

A趙柔といふ人、路にあうて、①人の残せるところの金珠、ひとつらぬきを得たり。その値、多くの絹にあたれりといへども、B主を呼びて、返し取らせたりければ、C人これを聞きて、おほきにうやまひけり。

またいはく、

漢の楊震、東萊の大守として、昌邑といふところを過ぎけるに、そのところの司、古意あるによりて、金を忍びやかに震にあたふ。震がいはく、「天も知り、地も知れり。我も知り、人も知る。」といひて、つひに②受けず。

「四知を恥づ」とはこれなり。おろかなるたぐひは、人の見るばかりを憚りて、天のかがみ給ふことを恥ぢぬなり。はかなくうたてき心なり。

（『十訓抄』による）

（注）金珠、ひとつらぬき＝金の宝玉をひもで連ねたもの
東萊＝今の中国の北東部
大守＝長官
昌邑＝今の中国の北東部にあった県
司＝首長
古意＝昔から思っていたこと
かがみ給ふ＝御覧になる
はかなくうたてき心＝愚かで情けない心

㈠ ――線①と同じ人物を、文章中の……線A～Cから一つ選び、その記号を書け。

㈡ ――線②とは、誰が何を受け取らなかったことか。それぞれ文章中から一字で抜き出して書け。

㈢ この文章で述べられている考えとして最も適切なものを、次のア～エから一つ選び、その記号を書け。

ア、言い訳をせずにあやまちを素直に認めることが大切だ。
イ、周囲の状況に応じて的確な判断をすることが大切だ。
ウ、自分勝手な行動をせずに法や規則を守ることが大切だ。
エ、自らを律して誠実で正しい行動をすることが大切だ。

〈奈良県〉

4

次の文章を読んで、1から5までの問いに答えなさい。

昔、西八条(注1)の舎人(注2)なりける翁、賀茂祭の日、一条東洞院の辺に、

ここは翁が見物せむずる所なり
人、寄るべからず

といふ札を、暁よりア立てたりければ、人、かの翁が所為とは知らず、「(注3)陽成院、物御覧ぜむとて立てられたるなめり。」とて、人寄らざりけるほどに、時になりて、この翁、(注4)浅葱かみしも着たり。扇ひらきつかひて、したり顔なる気色にて、物を見けり。(1)人々、目をたてけり。

陽成院、このことを聞こしめして、件の翁をイ召して、(注5)院司にて問はせられければ、「歳八十になりて、見物の志、さらに侍らぬが、今年、孫にて候ふ男の、(注6)内蔵寮の小使にて、祭を渡り候ふが、あまりにウ見まほしくて、ただ見候はむには、人に踏み殺されぬべくおぼえて、(2)やすく見候はむために、札をば立てて侍る。ただし、院の御覧ぜむ由は、まつたく書き候はず。」とエ申しければ、「さもあること。」とて、御沙汰なくて、ゆりにけり(注7)。

これ、肝太きわざなれども、かなしく支度しえたりけるこそ、をかしけれ。

（『十訓抄』から）

（注1）西八条＝平安京の地名。一条東洞院も同様。
（注2）舎人＝貴人の家に仕え、雑用に従事する者。
（注3）陽成院＝陽成天皇のこと。この時は退位し上皇であった。
（注4）浅葱かみしも＝上衣と袴が同じ薄い藍色の服。
（注5）院司＝上皇の御所に仕える役人。
（注6）内蔵寮＝宮中の財物を管理する役所。
（注7）ゆりにけり＝許された。

1、ひらきつかひて　は現代ではどう読むか。現代かなづかいを用いて、すべてひらがなで書きなさい。

2、ア立て　イ召し　ウ見まほしく　エ申し　の中で、主語にあたる人物が異なるものはどれか。

3、(1)人々、目をたてけり　とあるが、人々が注目したのはなぜか。その理由を説明した次の文の空欄に当てはまるように、十五字以内の現代語で書きなさい。

人々が立て札を見て［　　］と考えたことに対して、予想が外れたから。

4、(2)やすく見候はむため　の意味として、最も適切なものはどれか。

ア、祭の行列を安全な状態で見物するため。
イ、祭の行列を家族と一緒に見物するため。
ウ、祭の行列を人目を避けて見物するため。
エ、祭の行列を安い場所代で見物するため。

5、本文に描かれている翁はどのような人物か。

ア、何事にも驚いたりもの怖じしたりせず行動できるが、涙もろく情け深い人物。
イ、場に応じて機転を利かせた判断ができ、周囲の人々のために行動する人物。
ウ、周囲が思いも寄らない行動をとることもあるが、自分の気持ちに正直な人物。
エ、たとえ権力者に逆らうことになったとしても、信念を貫いて行動する人物。

〈栃木県〉

5

次の文章を読んで、あとの問いに答えなさい。

和邇部用光といふ楽人(注1)ありけり。土佐の御船遊び(注2)に下りて（御船遊びのために土佐の国に下り、また都に上った時に）、上りけるに、安芸の国、なにがしの泊まり（何とかという港）にて、海賊押し寄せたりけり。弓矢の行方知らねば（扱い方も知らなかったので）、防ぎ戦ふに

力なくて（頼りとする方法）、今はうたがひなく殺されなむず（殺されるだろう）と思ひて、篳篥を取り出でて、屋形の上にゐて（座って）、「あの党や（そこの連中よ）。今は沙汰に及ばず（あれこれ言っても仕方がない）。とく（早く）なにものをも取り給へ。ただし、年ごろ（長年の間）、思ひしめたる（心に深く思ってきた）篳篥の、小調子といふ曲、吹きて聞かせ申さむ（お聞かせしよう）。さることこそありしか（こんなことがあったぞ）と、のちの物語（話の種）にもし給へ。」といひければ、宗徒（海賊の親分）の大きなる声にて、「主たち（お前たち）、しばし待ち給へ。かく（あのように）いふことなり。もの聞け（聞いてやろう）。」といひければ、船を押さへて（停泊させて）、おのおのしづまりたるに、用光、今はかぎり（最期（さいご））とおぼえければ、涙を流して、めでたき（素晴らしい）音を吹き出でて、吹きすましたりけり（心を澄まして吹いた）。

をりからにや（折もよかったのだろうか）、その調べ、波の上にひびきて、かの潯陽江のほとりに、琵琶を聞きし昔語りにことならず（琵琶の音が水上に鳴り渡って聞こえたという唐の詩に詠（よ）まれた情景のようである）。

海賊、静まりて、いふことなし。よくよく聞きて、曲終はりて、先の声にて、「君が船に心をかけて（ねらいを付けて）、寄せたりつれども、曲の声に涙落ちて、かたさりぬ（ここはやめた）。」とて、漕ぎ去りぬ。

（「十訓抄」による。）

（注1）楽人＝雅楽の演奏者。
（注2）御船遊び＝神社の祭事の一つ。船上で作詩や詠歌、奏楽が催された。
（注3）篳篥＝楽器の名。竹でできた縦笛の一種。
（注4）屋形＝船上に設けた屋根付きの部屋。
（注5）小調子＝曲名。特定の者だけに伝授される曲であった。
（注6）潯陽江＝長江。

1、今はうたがひなく殺されなむず　とあるが、海賊が押し寄せた時、用光はどのようなことからこのように思ったのですか。現代の言葉を用いて二十五字以内で書きなさい。

2、ゐて　を、現代かなづかいで書きなさい。

3、**思考力** しばし待ち給へ　とあるが、宗徒はどうすることを待てと言ったのですか。次のア～エの中から最も適切なものを選び、その記号を書きなさい。

ア、自分たちの乗っている船を都に向かわせること
イ、用光の乗っている船に押し入って略奪をすること
ウ、小調子という曲を聞いたと人に話すこと
エ、自分たちの乗っている船を停泊させること

4、**思考力** この文章について、生徒が次のような話し合いをしました。空欄Ⅰに当てはまる適切な表現を、現代の言葉を用いて二十字以内で書きなさい。また、空欄Ⅱに当てはまる最も適切な表現を、あとのア～エの中から選び、その記号を書きなさい。

野村：この文章を読んで疑問に思ったのだけれど、荒々しいイメージのある海賊が、篳篥の演奏を聞いて、素直に涙を落として「かたさりぬ」と思うものかなあ。

黒田：僕もそのことが気になって、「十訓抄」を図書室で借りて現代語訳を読んで、似たような話がないか探してみたら、この海賊の話と同じように笛を吹く話があったんだ。それはこんな話だったよ。

【黒田さんが読んだ話の要約】

楽人の助元は、牢屋に閉じ込められてしまった。助元は、「この建物には蛇・サソリが棲むというではないか」と、たいそう恐れていたところ、案の定、夜中に大蛇がやって来た。大蛇は長い舌を出して大きな口を開け、今にも助元を呑み込もうとした。助元は半分気を失いながらも、ガタガタ震える手で腰に差していた笛を抜き出して、「還城楽」（曲名）を吹き出した。すると、大蛇は前まで来て止まり、その首を高く持ち上げ、しばし笛に聞き入った後、もとの方へ戻っていった。

野村：なるほど。どちらの話にも共通しているところがあるね。どちらの話も、主人公が音楽を奏でると、海賊や大蛇といった、主人公にとって恐ろしい相手が（　Ⅰ　）という展開になっているよね。

黒田：そうか。この二つの話からすると、当時、（　Ⅱ　）と思われていたと考えられるね。

ア、音楽は、どんな聞き手に対しても澄んだ心で奏でるべきだ
イ、音楽は、上手に演奏すると危険にさらされることがある
ウ、音楽には恐ろしい相手に影響を及ぼすような不思議な力がある
エ、音楽には演奏した人に勇気を与えるという素晴らしい力がある

〈広島県〉

6

次の古文を読んで、あとの㈠～㈣に答えなさい。

もろこし（中国では）には、秦始皇、泰山に行幸し給ふ（おでかけなさった）に（ときに）、俄雨降り、五松の下に立ち寄りて、雨を過ごし給へり。このゆゑに、かの松に位を授けて、五大夫といへり（呼ぶことにした）。五品を松爵といふ、これなり。

しかのみならず（これだけではなく）、夏天に道行く人、木陰に涼みて、衣をかけ、あるいは馬に水飼ふもの（馬に水を与える人は）、銭を井（井戸）に沈めて通りけり。賢き人は、心なき石木までも、思ひ知るむねをあらはす

なり。

（「十訓抄」から）

（注）秦始皇＝秦の始皇帝のこと。
泰山＝現在の山東省にある山の名前。
五品＝秦の時代の位階で、五番目の位のこと。

(一)「いへり」を現代仮名遣いで書き直しなさい。

(二)「このゆゑに」は「このことにより」という意味であるが、「このこと」が指す内容は何か。三十五字以内の現代語で答えなさい。

(三)「通りけり」は誰の動作か。古文中の表現で答えなさい。

(四)古文で筆者が述べていることとして最も適切なものを、次の1～4から選び、記号で答えなさい。

1、賢くすぐれた人は、心がないとされる石や木にも言葉をかけ、いたわる。
2、賢くすぐれた人は、心がないとされる石や木にも恩義を感じ、返礼する。
3、心がないとされる石や木も、賢くすぐれた人には心を通わせ、友となる。
4、心がないとされる石や木も、賢くすぐれた人には敬意を示し、援助する。

〈山口県〉

沙石集

7　次の文章は『沙石集』の一節である。これを読んで、あとの各問いに答えなさい。

ある山寺法師、学生にて侍りしが、世間の事は、をこがましく見えしが、賊人の、坊へ入りたるを見つけて、追ふ程に、園の柴垣の、犬の通ひ路より、くぐりて逃ぐるを、足を捉へて同宿の若き者を①呼びて、「や、御房、賊人を捕へたるが、法師は搦むべき様を知らぬに、隣りの某房こそ知りたるらむ。おはして搦めてたべ。」と云ひやるに、いと騒がぬ気色にて、行きて、「坊主は、『ちと申すべき事候ふ。おはしませ。』と申され候ふ。」と云ふに、折節、非時②食はんとしける時にて、「御分も食せ。」とて、食して後、楊枝使ふ時、「抑、何事に召され候ふにや。」と問へば、「しかしか。」と云ふを聞きて、「こはいかに。さらば、③疾くも仰せられで。」とて、④長刀取り持ちて、走り立ちて行きぬ。かの坊主、出で向ひて、「せられて候ふを。」と云ふに、「あらあさまし。刃傷ばしかと思ひて。さていかに。」と問へば、「足を捉へて候ひつるに、手を差し越して、腕を抓み候ひつるが、痛さに放ちて候ふ。さんざんに抓まれて候ふなり。」と云ひけり。

（本文は「新編　日本古典文学全集」による）

(1)文章中の……線部の言葉を現代仮名遣いに直して、ひらがなで書きなさい。
①をこがましく　②おはして

(2)――線部①「呼びて」、――線部②「食はんとしける」の主語にあたるものを、次のア～エから一つずつ選び、記号を書きなさい。
ア、山寺法師　イ、賊人
ウ、同宿の若き者　エ、隣りの某房

(3)――線部③「疾くも仰せられで」とあるが、「すぐにもおっしゃらないで」誰が何をしていたのか、書きなさい。

(4)――線部④「長刀取り持ちて、走り立ちて行きぬ」とあるが、その理由を「と思ったから。」に続くように、本文中から五字で抜き出して書きなさい。また、実際はどうだったか、最も適切なものを次のア～エから一つ選び、記号を書きなさい。
ア、山寺法師が賊人を縄で縛って、食事をしていた。
イ、山寺法師が賊人に切られ、流血した。
ウ、山寺法師が賊人に腕をつねられ、逃げられた。
エ、山寺法師が賊人の足をつかんで、つねっていた。

(5)この文章の続きに、筆者は「これは考えが浅い人の話である。」と書いている。主人公の山寺法師の考えが浅い言動と共通することわざ・故事成語として、最も適切なものを次のア～エから一つ選び、記号を書きなさい。
ア、虎穴に入らずんば虎子を得ず
イ、溺るるに及んで船を呼ぶ
ウ、河童の川流れ
エ、宝の持ち腐れ

〈長野県〉

8　次の文章を読んで、あとの問いに答えなさい。

> 鎌倉の大臣殿が京へ上る意向を示したため、幕府ではその是非について評議が行われた。

〔本文〕
人々、京上あるべしや否やの評定ありけるに、上の御①気色を恐れて、子細申す人なかりけり。故筑後前司入道（今は亡き）

知家、遅参す。この事意見申すべきよし、御気色ありければ、申されけるは、「天竺に②獅子と申す獣は、一切の獣（すべての）の王にて候ふなるが、余の獣を損ぜんと思ふ心は候はねども、その声を聞く獣は、みな肝失ひ、或は命絶え候ふとこそ承れ。されば、君は人を悩まさんと思しめす御心はなけれども、人の嘆き、いかでか候はざらん」と申されければ、「③御京上は留まりぬ」と仰せありける時、万人悦び申しけり。「④聖人は心なし、万人の心をもて心とす」と言へり。人の心の願ふ所をまつりごととす。これ聖人のすがたなり。

（無住『沙石集』）

（注）天竺——インドの古称。

問一、点線部の読みは、歴史的仮名遣いでは「ひやうぢやう」となる。これを現代仮名遣いに改めて、全て平仮名で書きなさい。

問二、傍線部①の意味として最も適切なものを、次のア〜エから一つ選んで、その符号を書きなさい。

ア、心配
イ、機嫌
ウ、病状
エ、災厄

問三、傍線部②は誰をたとえたものか。本文中から適切なことばを全て抜き出して書きなさい。

問四、傍線部③のように判断した理由として最も適切なものを、次のア〜エから一つ選んで、その符号を書きなさい。

ア、人の上に立つ者にあえて意見を述べようとする者は少ないという現実を示され、積極的に民衆の考えを知ろうと思ったから。
イ、人の上に立つ者が果たすべき役割を説かれたことで、自分が上京することの意義に気づき、民衆を喜ばせようと考えたから。
ウ、人の上に立つ者が発する威圧感についての自覚をうながされ、自身の言動が民衆に及ぼす影響の大きさに気づいたから。
エ、人の上に立つ者としての望ましい振る舞いを示されたことで、自分のこれまでの悪政に気づき、民衆の苦悩を悟ったから。

問五、傍線部④の説明として最も適切なものを、次のア〜エから一つ選んで、その符号を書きなさい。

ア、聖人は、民衆の願いに沿うよう、とにかく自分の意志を貫く。
イ、聖人は、自分の考えにとらわれず、民衆の思いにこたえる。
ウ、聖人は、自分の感情を表に出さず、冷静に民衆の実情を見つめる。
エ、聖人は、周囲の反感を買ってでも、民衆のために心を尽くす。

〈兵庫県〉

9　次の文章を読んで、後の各問に答えよ。句読点等は字数として数えること。

漢朝に孝孫と云ふ者ありけり。年十三歳なりけるが、父、妻が詞につきて、年たけたる親を山へ送つて捨てぬ。孝孫幼かりけれども心ある者にて、父を諫めけれども父用ゐず。元啓と二人、手輿に載せて山へ送りて捨てて帰る。元啓この輿を持ちて返らんとす。父が云はく、「持ちて帰りて何かせん」と制してければ、「父の年たけ給ひたらん時、持ちて捨てん為」と云ひけるに心づきて、我れ父を捨てば、また我を学びて、我が捨てられん事を思ひて、また親を具して返りて養ひけり。父を諫むる計事、実に智恵深くこそ。

（『沙石集』による。一部改変）

（注）漢朝…漢の時代。
孝孫…孝行な孫。元啓のこと。
妻が詞につきて…妻の言葉に従って。
手輿…前後二人で二本の棒を腰のあたりまで持ち上げて運ぶ乗り物。

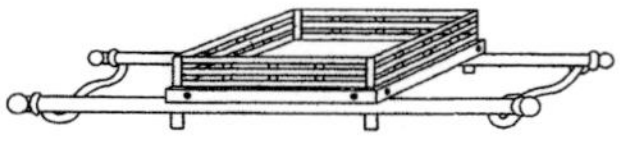
〔手　輿〕

問一、本文中の養ひけりの読み方を、全て現代仮名遣いに直し、平仮名で書け。

問二、**思考力**　次の□の中は、本文を読んだ野口さんと松村さんと先生の会話の一部である。

先生　この話の登場人物である「元啓」は、どのような人だと思いますか。そう考える理由を含めて、ペアで話し合ってみましょう。

野口さん　元啓は、とても賢い人だと思います。それは、父が元啓の忠告を聞かず、自分の親を山に置いて帰ろうとする場面での、元啓の行動からいえると思います。言葉での忠告が受け入れられなかったので、次は行動によって自分の気持ちを伝えようと工夫した点が、賢いといえます。

松村さん　なるほど。私も賢い人だと思った点は同じですが、野口さんは行動に注目したのですね。私は、違うところに注目しました。Aの「父の年たけ給ひたらん時、持ちて捨てん為」という言葉です。この言葉を聞いて、「私が父を置いて帰ったら、（　　）」ということに気付かされ、親を連れて帰ったのです。だから、この言葉に賢さが表れていると思いました。

野口さん　そうか。行動も言葉も、「B」だったのですね。やはり元啓はとても賢い人だといえますね。

先生　二人とも、しっかりと内容を読み取ることができましたね。

(1)　□の中の元啓の行動を含む一文を、本文中からそのまま抜き出し、その初めの三字を書け。

(2)　□の中のA・Bに入る語句の組み合わせとして最も適当なものを、次の1〜4のうちから一つ選び、その番号を書け。

1、A元啓の父　B持ちて捨てん為
2、A元啓　B父を諫むる計事
3、A元啓の父　B父を諫むる計事
4、A元啓　B持ちて捨てん為

(3) ［　］の中の（　　）に入る内容を、本文を踏まえて、十五字以上、二十五字以内の現代語で書け。

問三、**思考力** 元啓が「孝孫」と呼ばれた理由を、十字以上、二十字以内の現代語で説明せよ。ただし、父、祖父という二つの語句を必ず使うこと。

〈福岡県〉

10

次の文章を読んで、あとの問いに答えなさい。

恵心僧都(注1)は、修学（学問を修めること）のほか他事なく、道心者（仏教を深く信仰する者）にて、狂言綺語(注2)の徒事（無駄なこと）を憎まれけり。弟子の児(注3)の中に、朝夕（いつも）心を澄まして、和歌をのみ詠ずるありけり（和歌を詠(よ)んでばかりいる者がいた）。「児どもは、学問などするこそ、さるべき事（あるべき姿なのに）なれ、この児、歌をのみ好みすく、[1]所詮なきもの（どうしようもない者）なり。あれ体の者（あのような者がいるから）あれば、余の児ども（他）見学び、不用なる（怠けるので）に、明日里へ遣るべし（実家へ帰らせよう）」と、同宿（同宿の僧）によくよく申し合はせられけるをも知らずして（お話しになったことをこの児は知らないで）、月冴えて（清らかに澄んで）もの静かなるに、夜うちふけて縁（縁側）に立ち出でて、手水(注4)[2]使ふとて、詠じて云はく、

A　手にむすぶ水（手にすくった水）に宿れる月かげ（月の姿）のあるかなきか（はかない）の世にもすむかな

僧都これを聞きて、折節（今の世の中のありさま）といひ、歌の体（表現）といひ、心肝に（心に深く）染みてあはれなりければ（しみて感動したので）、歌は道心のしるべにもなりぬべき（信仰の手引きとなるにちがいない）ものなりとて、この児をも留めて、[3]その後歌を詠み給ひけり。

（「沙石集」による。）

(注1) 僧都＝僧の役職の一つ。
(注2) 狂言綺語＝道理に外れた言葉や飾り立てた言葉。詩歌の類いを指していう。
(注3) 児＝学問を修めたり行儀作法を身に付けたりするために寺院に預けられた少年。
(注4) 手水＝手や顔を洗い清めるための水。

1、[1]所詮なきものなり　とあるが、恵心僧都がこのように思った理由として最も適切なものを、次のア～エの中から選び、その記号を書きなさい。
ア、「この児」が学問以外のことをしないから。
イ、「この児」が和歌を詠んでばかりいるから。
ウ、「この児」が他の児のまねばかりするから。
エ、「この児」がすぐ実家に帰ろうとするから。

2、[2]使ふ　の平仮名の部分を、現代仮名遣いで書きなさい。

3、[3]その後歌を詠み給ひけり　とあるが、次の文は、和歌を「徒事」と捉えていた恵心僧都が、自らも和歌を詠むようになった理由について述べたものです。空欄Ⅰに当てはまる適切な表現を、現代の言葉を用いて二十字以内で書きなさい。

児の和歌に心を動かされ、（　Ⅰ　）から。

4、和歌Aについて、国語の時間にある班が話し合って解釈したことを、次のようにまとめました。空欄Ⅱ・Ⅳに当てはまる適切な表現を、それぞれ現代の言葉を用いて十五字以内で書きなさい。また、空欄Ⅲに当てはまる適切な語を書きなさい。

> この和歌には、月の様子と児自身のことが詠み込まれていると考えられる。そのように考えたのは次の二点の解釈からである。
>
> ①「月かげのあるかなきかの世」という表現の解釈
> 月の姿がはかないということについて、この月は、（　Ⅱ　）ので、少しでも揺れるとその形がすぐに変わってしまうということを表しているといえる。そして、その月の姿のように、自分の周りの世の中も無常ではかないものだということが重ねられているといえる。
>
> ②「すむ」という語の解釈
> この語には、同音の二つの語の意味が重ねられていると考えた。その二つの語は、「澄む」と「（　Ⅲ　）」である。それぞれの語を解釈に当てはめると、前者は、月がはかない世の中でも澄んでいるということを表し、後者は、自分が（　Ⅳ　）ということを表すと考えられる。

〈広島県〉

11

次の文章を読んで、あとの各問いに答えなさい。

故葛西の壱岐前司(注1)（葛西の壱岐前司という人は）と云ひしは、秩父の末（秩父氏の子孫）にて、弓箭の道（武芸の道で）許りたりし人なり（世間から認められた）。和田左衛門世を乱りし時（世を乱した当時）、葛西兵衛(注2)と云ひて、荒手にて（加勢の軍勢の一員として）、鬼・こごめ(注3)の様なりし和田が一門を①駆け散らしたりし武士なり。心も猛く（心が勇猛で）、情けも有りける人なり。

故鎌倉の右大将家(注4)の御時（治政下に）、武蔵の江戸、子細有りて（武蔵の江戸氏の領地が事情があって）、召されて（召し上げられ）、葛西に給びける（与えられたところ）に、葛西兵衛申しけるは、「御恩をかぶり候ふは（こうむりますのは）、親しき者どもをも顧んが為なり（親族の者たちの世話をするためです）。身一つはとてもかくても候ひぬべし（わが身一つはどうやってでも過ごせます）。江戸既に親しく候ふ（江戸氏とは以前から親しい間柄です）。僻事候はば（過ちがありましたなら）他人にこそ給はり候はめ（他の者にお与えください）」と②申すに、「争か（どうして）給はらざるべき（頂かないことが許されよう）。若し③給はらずは（お受けしないなら）、汝が所領も召し取るべし（お前の領地も召し上げるぞ）」と④叱り給ひけれども（お叱りになったが）、「御勘当(注5)をかぶる程の事は（受けるのは）

運の窮まりにてこそ候はめ（運がつきたあかしでしょう）。力及ばず候ふ（どうすることもできません）。さればとて、給はるまじき所領を（頂くべきでない領地を）、争か給はるべく候ふ（どうして頂くことができましょう）」と申しければ、江戸をもさすが取り給はず（将軍家も、あのように言ったものの江戸氏の領地をお取り上げにならなかった）。

（『沙石集』による。）

（注1）故——その人が亡くなっている意を表す。
（注2）葛西兵衛——葛西の壱岐前司のこと。
（注3）鬼・こごめ——鬼。鬼のように恐ろしいもの。
（注4）鎌倉の右大将家——源頼朝の一門。
（注5）御勘当——目上の人のおとがめ。おしかり。

㈠太線部分「候ひぬべし」を現代仮名遣いに改め、ひらがなで書きなさい。ただし、漢字の部分はそのまま使用すること。

㈡二重傍線部分①～④の中には、主語が他と異なるものが一つある。その番号を書きなさい。

㈢傍線部分「給はるまじき所領を、争か給はるべく候ふ」とあるが、このように葛西の壱岐前司が申し上げたのは、葛西の壱岐前司がどのような人柄で、江戸氏とどのような間柄であったからか、現代語で、二十五字以上三十五字以内で書きなさい。（句読点も一字に数える。）

〈三重県〉

12

次の文章を読んで、あとの問いに答えなさい。

ある在家人（注1）、山寺の僧を信じて、世間・出世（注2）深くたのみて（心から頼りにして）、病む事（病気に）もあれば（なると）①薬までも問ひけり（薬についても尋ねた）。この僧、医骨も（医学の心得も）無かりければ（なかったので）、万の（すべての）病に、「藤のこぶ（注3）を煎じて（注4）召せ（お飲みなさい）」とぞ教へける（と教えた）。②これを信じて用ゐるに（その通りにすると）、万の病癒えざる無し（治らないことがなかった）。

ある時、馬を失ひて（馬がいなくなって）、「いかがつかまつるべき（どうしたらよいでしょう）」と云へば（と言うと）、例の（いつものように）「藤のこぶを煎じて召せ」と云ふ。③心得がたけれども（納得がいかないものの）、やうぞあるらん（わけがあるのだろう）と信じて、あまりに取り尽くして近々には（近い所には）無かりければ（無かったので）、④山の麓を尋ねける程に（探し回っていたところ）、谷のほとりにて、失せたる馬を見付けてけり。これも信の致す所なり（結果である）。

（『沙石集』）

注⑴　在家人……僧にならず一般の生活を営みながら、仏教を信仰している人。
注⑵　世間・出世……日常生活に関わること・仏教に関わること。
注⑶　藤のこぶ……藤の木の幹にできるこぶのようなもの。薬として用いられる。
注⑷　煎じて……薬などの成分を煮出して。

問一、——線部①の主語を本文から抜き出して書け。

問二、——線部②の指示内容を三十字以内の現代語で書け。

問三、——線部③について、在家人がこのように思ったのはなぜか。最も適当なものを次から一つ選び、その記号を書け。

ア、馬が突然いなくなった悲しみをどうしようかと相談したが、山寺の僧からは全く相手にしてもらえなかったから。

イ、馬を見つけるために相談したものの、山寺の僧の指示は病気を治す時と同じで、効果があると思えなかったから。

ウ、馬の病気を治すために相談したが、山寺の僧が人間の病気に対する処置を指示したので、無意味だと思ったから。

エ、馬が行方知れずになったことを相談したが、山寺の僧はいつもと同じ指示しかしないので、愛想を尽かしたから。

問四、═線部を現代かなづかいに直して書け。

問五、——線部④について、在家人が山の麓まで探しに行かなければならなかったのはなぜか。二十五字以内の現代語で書け。

問六、この話の趣旨として最も適当なものを次から一つ選び、その記号を書け。

ア、知識を集めれば、どのような問題も解決できるということ。

イ、地道な努力を続ければ、知識や知恵など不要だということ。

ウ、ひたすらに仏を信じて教えに従えば、報われるということ。

エ、周りの人を思いやる心を持てば、幸せになれるということ。

〈長崎県〉

徒然草

13 国語の授業で、昔の人の生き方の知恵について書かれた古典の文章を読んで話し合い、意見文を書くことになりました。次の【Ⅰ】と【Ⅱ】について、(一)～(五)の問いに答えなさい。

【Ⅰ】古典の文章

貧しき者は財(たから)をもて礼とし(財貨をもってするのを礼儀と心得)、老いたる者は力をもて礼とす(体力をもってするのを礼儀と心得ている)。おのが分を知りて、及ばざる(できない)時は、速やかに止む(やめる)を智(ち)(知恵のある生き方)といふべし。ア許さざらんは、人の誤りなり。分を知らずして、イしひて励むは、おのれが誤りなり。

貧しくて分を知らざれば盗み、力おとろへて分を知らざれば病を受く。

【Ⅱ】グループでの話し合い

(太郎) この古典の文章を読んで、「生き方の知恵」というテーマで話し合います。皆さんの考えを発表してください。

(次郎) 「生き方の知恵」ということですが、この文章は現在とは違う言葉で書かれているから、僕にはよく分かりませんでした。

(花子) 確かに分かりにくいところがありますね。でも、文章にある「□」の部分は、自分の立場や能力を分かって、という意味ではないでしょうか。

(恵子) 私もそう思います。それに、「及ばざる時は、速やかに止む」とありますが、私は無理をして失敗したことがあります。

(次郎) そうすると、この文章には自分の力の限界を知って行動するのが賢い生き方だ、という考えが書かれているということですよね。

(太郎) なるほど。そのように考えたのですね。他に意見のある人はいますか。

(文雄) 僕の部活動の顧問の先生は、「自分の力の限界は、自分では分からないのだから、自分で力の限界を決めるな」と申していたけれど……。

(雪子) そうですね。私は合唱部で夏のコンクールに向けての練習を始めたとき、最初はうまく歌えませんでしたが、先輩の助言をもとに考えながら練習を工夫して、本番ではうまく歌うことができました。コンクールで金賞を取ったときには、本当にうれしかったです。

(恵子) 私も努力することは大事だと思います。でも、そのことと自分の実力をわきまえないで理想を追うこととは違うと思います。

(次郎) そもそも「貧しき者は財をもて礼とし、老いたる者は力をもて礼とす」というのも、自分が置かれている状況が分かっていない、ということですよね。

(花子) 文章中にもあるように、人は自分が置かれている状況を理解せずに無理をすると、かえって事態を悪化させるのかも知れませんね。

(中略……この後も話し合いは続いた。)

(太郎) いろいろな意見が出ましたね。では、話し合いで出た意見を参考にして、筆者の考えに対して意見文を書いてみましょう。

(一) ア許さざらん とあるがどのようなことを許さないのか。最も適切なものを、次の1～4から選んで、その番号を書きなさい。

1、貧しい人が、お礼の気持ちをお金で表すこと。
2、年老いた人が、無理をして力仕事をすること。
3、どうやってもできない場合は、すぐにやめること。
4、他人が間違えたときでも、自分が責任を取ること。

(二) イしひて の読み方を現代仮名遣(づか)いに直して、平仮名で書きなさい。

(三) 【Ⅱ】の文章中には、不適切な敬語が含まれている。その敬語を適切な表現に直して、平仮名六字で書きなさい。

(四) 【Ⅱ】の文章中の□に入る最も適切な語句を、【Ⅰ】の文章中から八字で抜き出して書きなさい。

(五) **思考力** あなたも、このグループの一員として筆者の考えに対する意見をまとめることになりました。【Ⅰ】と【Ⅱ】を参考にして、あなたの考えをまとめ、意見文を書きなさい。

ただし、以下の条件に従うこと。

1 百六十字以上、二百字以内で書くこと。(句読点を含む。)
2 二段落構成とし、第一段落には、自分の力の限界を知って行動するのが賢い生き方だという考えに賛成か反対か、あなたの立場とその理由を書くこと。第二段落には、第一段落の内容を踏まえて、この古典を読んで考えたことをこれからの生活にどのように生かしていくかについて書くこと。
3 題名と氏名は書かないこと。
4 正しい原稿用紙(＝省略)の使い方をすること。
5 ～や＝の記号(符号)を用いた訂正はしないこと。
6 文体は、常体「だ・である」で書くこと。

〈茨城県〉

14 次の文章を読んで、あとの問いに答えなさい。(……の左側は口語訳です。)

①相模守時頼(さがみのかみときより)の母は、松下禅尼(まつしたのぜんに)とぞ申しける。守を入れ申さるる(招待なさる)事ありけるに、すすけたる明り障子(さうじ)のやぶればかりを、禅尼手づから(自分の手で)、小刀して切りまはしつつ張られければ、兄(せうと)の城介義景(じやうのすけよしかげ)、その日のけいめいして候(さうら)ひける(世話役をつとめて、そばに控えていた)が、「給(たま)はりて、なにがし男に張らせ候はん。②さやうの事に心得たる者に候ふ。」と申されければ、「その男、尼が細工によもまさり侍(はべ)らじ(まさかまさってはいないでしょう)。」とて、なほ一間(ひとま)づつ張られけるを、義景、「皆を張りかへ候はんは、はるかにたやすく候ふべし。

まだらに候ふも見苦しくや。」とかさねて申されければ、「尼も、後はさはさはと（さっぱりと）張りかへんと思へども、今日ばかりは、わざとかくて（こうして）あるべきなり。物は破れたる所ばかりを修理して用ゐる事ぞと、若き人に見ならはせて、心づけんためなり。」と申されける、③いとありがたかりけり。

（『徒然草』による。）

問1、給はりて　とありますが、この部分を「現代仮名遣い」に直し、すべてひらがなで書きなさい。

問2、①相模守時頼　と同じ人物を表している言葉を本文中から探し、三字以上、五字以内で書き抜きなさい。

問3、②さやうの事　とありますが、ここではどのようなことを指していますか。次の空欄にあてはまる内容を、十字以内で書きなさい。

[　　　　　　　　　　]こと。

問4、③いとありがたかりけり。　は「たいそう立派なことであった」という意味ですが、これは、尼のどのようなことに対して述べたものですか。最も適切なものを、次のア～エの中から一つ選び、その記号を書きなさい。

ア、倹約を心がけていなければならないと教えようとしたこと。

イ、才能ある人物を大切にしなければならないと教えようとしたこと。

ウ、年長者の意見を尊重しなければならないと教えようとしたこと。

エ、見苦しい部分を一新しなければならないと教えようとしたこと。

〈埼玉県〉

15

次の文章を読んで、あとの問いに答えなさい。

よろづの道の人（専門家は）、たとひ不堪（不器用）なりといへども、堪能（器用ながら）の非家の人（専門家でない人）にならぶ時、必ず勝る事は、たゆみなく慎みて軽々しくせぬと、ひとへに（ただただ）自由なるとの等しからぬなり。

芸能・所作（型のある動作）のみにあらず、大方の①ふるまひ・心づかひも、愚か（不器用）にして慎めるは得の本（成功）なり。巧みにしてほしきままなる（自由気ままなのは）は、[②]の本なり。

（『徒然草』による）

問一、本文中の「①ふるまひ」を現代仮名遣いに改めなさい。

問二、本文中の[②]にあてはまる言葉として、最も適切なものを、次のア～エから一つ選び、記号で答えなさい。

ア、異　イ、失

ウ、感　エ、可

問三、本文中で、筆者はどんなことが大切だと述べていますか。十字以内で答えなさい。

〈宮城県〉

16

各問いに答えなさい。

次の文章は、『徒然草』の一節である。

相模守時頼の母は、松下禅尼とぞ申しける。守を入れ（招待）申さるる事ありけるに、すすけたる明り障子のやぶればかり（すすけている障子の破れたところだけを）を、禅尼手づから（自分の手で）、小刀して切りまはし（あちらこちら切り取っては）つつ張られければ、兄の城介義景（松下禅尼の兄）、その日のけいめいして（世話役を勤めて）①候ひける（控えていたが）が、「給はりて（いただいて）、なにがし男に張らせ候はん。さやうの事に心得（心得のある）たる者に候ふ」と申されければ、「その男、尼が細工（手細工）によもや（よもや）まさり侍らじ（まさっていることはございますまい）。」とて、なほ（やはり）一間（障子の一こま）づつ②張られけるを、義景、「皆を張りかへ候はんは、はるかにたやすく候ふべし、③まだらに候ふも見苦しくや。」と④かさねて申されければ、「尼も、後はさはさはと（さっぱりと）張りかへんと思へども、今日ばかりは、わざとかくてあるべきなり（こうしておくのがよいのです）。物は破れたる所ばかりを修理してもちゐる事ぞと、⑤若き人に見ならはせて、心づけん（気づかせよう）ためなり。」と申されける、いとありがたかりけり（めったにないほど立派なことであった）。

⑥世を治むる道、倹約を本とす。

（『新編　日本古典文学全集』による）

(1) 文章中の……線部の言葉を現代仮名遣いに直して、ひらがなで書きなさい。

①さやう　②なほ　③もちゐる

(2) ――線部①「候ひける」、②「張られける」の主語にあたるものを、次のア～エから一つずつ選び、記号を書きなさい。

ア、時頼

イ、松下禅尼

ウ、義景

エ、なにがし男

(3) **思考力** ――線部③「まだら」について、何と何がまだらになっている様子を表しているか、「…とがまだらになっている様子」に続くように書きなさい。ただし、「まだら」とは、「種々の色が入り混じっていたり、色の濃いものと淡いものとが混じっていたりすること」を表す。

(4) ――線部④「かさねて申されければ」とあるが、前回の発言にあたる部分を文章中からさがし、最初と最後の三字を書きなさい。

(5) ――線部⑤「若き人」とは誰のことか。その人物にあたるものを次のア～エから一つ選び、記号を書きなさい。

ア、時頼

イ、松下禅尼

ウ、義景

エ、なにがし男

(6) ――線部⑥「世を治むる道、倹約を本とす」とあるが、「倹約」について具体的に述べている部分を松下禅尼の会話からさがし、最初の三字を書きなさい。

〈長野県〉

17 次の文章は「徒然草」の一節である。(1)～(4)に答えなさい。

能をつかんとする人（一芸を身につけようとする人は）、よくせざらんほどは（上手にできないうちは）、なまじひに（うっかり人に）人に知られじ（知られないようにしよう）。うちうちよく（こっそりと十分に）習ひ得てさし出（い）でたらんこそ（人前に出る方が）、いと心にくからめ（たいそう奥ゆかしいだろう）と常に言ふめれど（言うようだが）、かくいふ人（このように）、一芸も習ひ得ることなし。いまだ堅固（けんご）かたほなるより（まだまったく未熟なうちから）、上手の中に交（まじ）りて、毀（そし）り笑はるる（けなされ）にも ア恥ぢず、つれなく（平気で） イ過ぎて嗜（たしな）む（励む）人、天性その骨（生まれつきの才能）なけれども、道になづまず（停滞せず）、妄（みだ）りにせずして（自分勝手にしないで）年を送れば、堪能（かんのう）の嗜まざる（才能があっても励まない人）よりは、終（つひ）に上手の位にいたり、徳たけ（人徳が十分備わり）、人に許されて（人に認められて）、双（ならび）なき名を得る事なり。

天下の物の上手と ウいへども、始めは不堪の聞（きこ）え（未熟だといううわさ）もあり、無下の瑕瑾（かきん）（ひどい欠点）もありき。されども、その人、道の掟（おきて）正しく（芸の道の規則を正しく守り）、これを重くして放埒（はうらつ）せざれば（勝手にふるまわなければ）、世の エはかせ（模範）にて、万人の師となる事、諸道かはるべからず（変わるはずはない）。

(1) ══線部ア～エのうち、現代仮名遣いで書いた場合と異なる書き表し方を含んでいるものを全て選びなさい。

(2) ──線部「かくいふ人」について、(a)・(b)に答えなさい。

(a) 「かく」が指す部分の初めを「よくせざらん」からとすると、終わりはどこまでか。本文中から終わりにあたる三字を抜き出して書きなさい。

(b) 次の文は、「かくいふ人」がどのような考えをもっているかについて、ある生徒がまとめたものである。（　）にあてはまる適切な言葉を十字以上十五字以内の現代語で書きなさい。ただし、「努力」という語句を必ず用いること。

> （　　）ことを奥ゆかしく立派な態度であるとする考えをもっている。

(3) 本文の内容と合うものとして、最も適切なものをア～エから選びなさい。

ア、天下の名人になろうとも、絶えず欠点や人のうわさはあるものだ。

イ、才能がある人は才能のない人に比べ、熱心さに欠ける傾向がある。

ウ、自己流に走らずひたすら励んでこそ、名人として認められるのである。

エ、芸の道の規則は全てに通じる模範として、世間に受け入れられている。

(4) 「徒然草」の作品の種類として、最も適切なものをア～エから選びなさい。

ア、物語

イ、随筆

ウ、日記

エ、紀行文

〈徳島県〉

枕草子

18 次は『枕草子』の【文章の一部】とその【現代語訳】です。これらを読んで、後の①から③までの各問いに答えなさい。

【文章の一部】

> 夏は□。月の頃はさらなり。闇もなほ、蛍の多く飛びちがひたる。また、ただ一つ二つなど、ほのかにうち光りて行くも、をかし。雨など降るも、をかし。

【現代語訳】

> 夏は□。月の出ている頃は言うまでもない。闇もやはり、蛍が多く飛びかっている（のがよい）。また、ほんの一、二匹が、ほのかに光って飛んで行くのも、趣がある。雨などが降るのも、趣がある。

① 【文章の一部】の中の──線部「飛びちがひたる」を現代仮名遣いに直し、全てひらがなで書きなさい。

② 【文章の一部】の中の□に当てはまる適切な言葉を漢字一字で書きなさい。

③ この作品と同じ「随筆」に分類できる作品として最も適切なものを、次のアからエまでの中から一つ選び、記号で答えなさい。

ア、『徒然草』　イ、『竹取物語』

ウ、『万葉集』　エ、『平家物語』

〈滋賀県〉

19 次の文章Ⅰ・文章Ⅱは「枕草子」の一節である。(1)・(2)に答えなさい。

【文章Ⅰ】

九月ばかり夜一夜降り明かしつる（一晩中降り明かした）雨の、今朝はやみて、朝日いとけざやかにさし出（い）でたる（あざやかにさし出した）に、前栽（せんざい）（庭の植え込み）の露はこぼるばかり濡れかかりたる（ぬれかかった）も、いとをかし。透垣の羅文（間を透かした垣根の飾り模様）、軒の上などはかいたる（張り巡らしている）蜘蛛の巣のこぼれ残りたる（壊れ残った）に、雨のかかり（かかった）たるが、白き玉を貫きたる（貫き通した）やうなるこそ、いみじう（たいそう）あはれにをかしけれ。

【文章Ⅱ】

月のいと明かきに（明るいとき）、川をわたれば、牛（車を引く牛）の歩むままに、水晶などのわれたる（割れた）やうに、水の散りたる（飛び散った）こそをかしけれ。

(1) ——線部「いみじう」を、現代仮名遣いに改めて、全てひらがなで書きなさい。

(2) 次は、あきらさんとなつみさんが、文章Ⅰと文章Ⅱを読んで対話をした内容の一部である。(a)～(c)に答えなさい。

> あきらさん　文章Ⅰの二つの文の文末は「をかし」と「をかしけれ」になっていますが、後の文は「こそ」を受けて、「をかし」が「をかしけれ」に変化したのですね。
>
> なつみさん　はい。「こそ」などの語によって文末が変化する表現を（ あ ）といい、作者の感動などをより強調するときに用いられます。文章Ⅱにも用いられていますね。
>
> あきらさん　そうですね。作者の（ い ）は、文章Ⅰでは壊れ残った蜘蛛の巣に（ う ）様子に、文章Ⅱでは川の水が水晶の割れたように飛び散った様子に、それぞれ注目しています。
>
> なつみさん　作者は、日常のささやかなものにも趣を見つけ、ほんの一瞬のぞかせる美しさを見逃していません。文章Ⅰも文章Ⅱも、朝日や月の光の中で、水が（ え ）様子を、比喩を用いて描いています。

(a)（ あ ）にあてはまる言葉を、ア～エから一つ選びなさい。

ア、倒置　イ、対句
ウ、係り結び　エ、体言止め

(b)（ い ）にあてはまる人物名を、ア～エから一つ選びなさい。

ア、紫式部　イ、清少納言
ウ、松尾芭蕉　エ、兼好法師

(c) **思考力** （ う ）・（ え ）にあてはまる適切な言葉を書きなさい。ただし、（ う ）は十五字以上二十字以内で書き、（ え ）は七字以内で書くこと。

〈徳島県〉

20

次の文章を読んで、後の㈠～㈣の問いに答えなさい。

九月ばかり、夜一夜降り明かしつる雨の、今朝はやみて、朝日いとけざやかに（あざやかに）[A]さし出でたるに、前栽の露は、こぼるばかり濡れかかりたるも、いとをかし。透垣の羅文、軒の上などは、かいたる（張っている）[B]蜘蛛の巣の、こぼれ残りたるに、雨のかかりたるが、白き玉を貫きたるやうなるこそ、いみじうあはれにをかしけれ。

すこし日たけぬれば（日が高くなると）、萩などのいと重げなるに、露の落つるに、枝うち動きて、人も手触れぬに、ふと上ざまへあがりたるも、いみじうをかし、と言ひたる事どもの、人の心にはつゆをかしからじ（少しもおもしろくないだろう）、と思ふこそ、[C]またをかしけれ。

（『枕草子』による。）

(注) 前栽……庭に植えた草木。
透垣の羅文……板または竹で間を透かして作った垣根の、上部の飾り。

㈠ 文中═══「あはれにをかしけれ」を現代仮名遣いで書きなさい。

㈡ 文中A——「さし出でたる」の主語を本文から抜き出して書きなさい。

㈢ 文中B——「蜘蛛の巣」とありますが、作者は、壊れた蜘蛛の巣に雨粒が付いた状態を、どのようであるとたとえていますか、現代語で書きなさい。

㈣ 文中C——「またをかしけれ」とありますが、作者は、どのようなことについて「をかし」と述べていますか。次のア～エから最も適切なものを選びなさい。

ア、人が手を触れなくても露が落ちると枝が上に動くが、そのことをおもしろいと感じるのは自分だけなのだろうと考えること。

イ、人が手を触れなくても露が落ちて枝が上下に動くが、そこにおもしろさを感じるのは人間だからこそであろうと考えること。

ウ、人が手を触れなくても枝の力で露が跳ね上がるが、そのことをおもしろいと感じない人は変わり者に違いないと考えること。

エ、人が手を触れなくても枝にある露が跳ね上がるが、そこにこそ子どもには分からない自然のおもしろさがあるのだと考えること。

〈群馬県〉

21

次のAの文章は、『枕草子』の一部であり、庭の雪山について記したものである。また、Bの文章は、Aの文章について述べたものである。この二つの文章を読んで、㈠～㈥の問いに答えなさい。

A

さてその山作りたる日、御使に式部丞忠隆(1)まゐりたれば、褥（敷物ヲ）さし出だして物など言ふに、「今日雪の山(2)作らせたまはぬ所なむなき。御前の壺（宮中ノ中庭）にも作らせたまへり。春宮にも、弘徽殿にも作られたり。京極殿にも

「作らせたまへりけり」（忠隆ガ言ウノデ）など言へば、

〈Ⅰ〉　ここにのみめづらしと見る雪の山
　　(3)ところどころにふりにけるかな

とかたはらなる人して言はすれば（作者ガソバニイル人ヲ介シテ言ワセルト）、(4)たびたびかたぶき（首ヲカシゲテ）て、「返しは、つかうまつりけがさじ（返歌ヲシテ和歌ヲ汚スツモリハナイ）。あざれたり（風流ナ和歌デアル）。御簾の前にて人に語りはべらむ（人々ニ和歌ヲ紹介シマショウ）」と立ちにき（立チ去ッタ）。歌いみじう（タイソウ）このむと聞くものを、(5)あやし（不思議デアル）。御前に聞しめして（中宮定子ノオ耳ニ入ルト）、「(6)いみじうよくとぞ思ひつらむ（スバラシク詠モウトキット思ッタノデショウ）」とぞのたまはする。

（注）式部丞＝式部省の三等官。
返し＝返歌。人から贈られた歌に対する返答の歌。当時、宮中で和歌のやりとりをすることは一般的なことであった。
御簾＝貴人のいる部屋のすだれ。

B　Aの文章の作者である清少納言は、他の女性たちとともに中宮定子に仕えています。中宮定子は学問や芸術の教養がある女性で、清少納言の学芸の才能を十分に引き出したと言われています。

さて、Aの文章は、冬のある日、庭に雪の山を作ったときに、帝からの使者として訪問した忠隆と、清少納言たちが会話をしている場面です。忠隆の話によると、「御前の壺」、「春宮」、「弘徽殿」、「京極殿」など、あちらこちらの貴人の住まいの庭で、雪山が作られているとのことです。

〈Ⅰ〉の和歌は、忠隆の言葉を聞いた作者が、庭の雪山について詠んだ和歌です。そこでは、一つの言葉にもう一つの意味が掛けられています。「ふりにけるかな」の「ふり」には、「雪が降る」という意味と、「古くなる」という意味の「旧る」が掛けられていて、「目新しくなくなる」という、もう一つの意味があります。

(一)　――線部分(1)の「まゐり」を現代かなづかいに直し、すべてひらがなで書きなさい。

(二)　――線部分(2)の「作らせたまはぬ所なむなき」の意味として最も適当なものを、次のア～エから一つ選び、その符号を書きなさい。

ア、お作らせにならないところはありません
イ、お作らせになっているところはありません
ウ、お作りになってはいかがでしょうか
エ、お作りになってはいけません

(三)　――線部分(3)の「ところどころにふりにけるかな」には、作者のどのような気持ちが表れているか。三十五字以内で書きなさい。

(四)　――線部分(4)の「たびたびかたぶきて」には、誰のどのような気持ちが表れているか。最も適当なものを次のア～エから一つ選び、その符号を書きなさい。

ア、作者の、中宮定子の前で上手な和歌を詠めなかったことを後悔している気持ち。
イ、作者の、忠隆が詠んだ返歌が優れているので、苦々しく思っている気持ち。
ウ、忠隆の、作者が詠んだ未熟な和歌に対して不満を抱いている気持ち。
エ、忠隆の、作者が詠んだ和歌にどのような返歌をしようかと悩んでいる気持ち。

(五)　――線部分(5)の「あやし」について、これは作者がどのようなことに対して不思議に思っているのか。最も適当なものを次のア～エから一つ選び、その符号を書きなさい。

ア、忠隆が中宮定子に、作者の返歌を人を介して伝えたこと。
イ、忠隆が帝に、自分の返歌を人を介して伝えたこと。
ウ、和歌を詠むことを好む忠隆が、返歌をしなかったこと。
エ、和歌を詠むことを好む忠隆が、下手な和歌を詠んだこと。

(六)　**思考力**　――線部分(6)の「いみじうよくとぞ思ひつらむ」には、誰のどのような気持ちが表れているか。具体的に、四十字以内で書きなさい。

〈新潟県〉

22　浮世物語

次の文章には、豊臣秀吉が、飼い慣らした鷹を使って鳥などを捕らえさせる鷹狩りを行ったときのことが書かれている。この文章を読んで、あとの問いに答えなさい。

太閤秀吉公、鷹野に出で給ひ（鷹狩りにお出かけになり）、御秘蔵（非常にかわいがっていた）の御鷹に建巣丸とかやいふ（という（名の鷹を））、秀吉公、自ら御手に据ゑられ、鶴にアあはせ（鶴をねらって放たれた）られたり。注①すけ鷹を放ちて、人びと、飛び行く跡を追ひて行く。やうやう（やっと（鶴を））引きおろして注②力草をとり（つかみ）、鶴をイ引き伏せたる所へ、お歩の侍（身分の低い侍）一人走り寄りて、御鷹を据ゑ直して秀吉公へウ渡し奉る。秀吉公、御手に据ゑられ、かきなでて御覧じければ、注③蹴爪を引き欠きたり（欠けていた）。秀吉公、大いに怒り給ひ、「これはいかなる者の（一体誰が（鶴から鷹を））引き分けて、蹴爪をば欠きけるぞ。」とて、注④御鷹匠を御前に召され（お呼びになり）、「おのれ知るべし（お前は知っているだろう）。誰が所為ぞ（やったのだ）。名を言へ。」とて、御腰の物（刀）にエ手をかけ給ふ時、御鷹匠、すでに赤面し、頭を地にオつけ、その人の名を申さん（申し上げよう）とし ける色（様子）を、秀吉公、御覧じて、小声になりて、「名を言ふな、言ふな。」と仰せられし（おっしゃった）。まことに有難き御心ざしなり（本当に立派なお志といえます）。御秘蔵なればとて、鷹一もと（鷹一羽）に侍一人を代へられん事（代えるなどという）、ひとへに（むやみに）これあるまじき事（あってはならない）をおぼしめさるる（お思いになる）かたじけなさ（ありがたいこと）、いふばかりなし（何ともいいようがないほどです）。

（浅井了意『浮世物語』による。）

（注）①　すけ鷹＝手助けをする別の鷹。
②　力草＝獲物に引きずられるのを防ぐために、鷹が片足でつかむ草。

③　鷹の脚の後ろ側にある、闘争用の鋭い突起。
④　鷹を飼育・訓練して鷹狩りに従う役人。

問一、二重傍線（＝）部を、現代かなづかいで書きなさい。
問二、太線（━）部ア〜オの中から、その主語に当たるものが同じであるものを二つ選び、記号で答えなさい。
問三、傍線（―）部は、秀吉の行動に対する筆者の感想である。これについて、次の(1)、(2)の問いに答えなさい。
(1)次のア〜エの中から、秀吉の行動として、最も適切なものを一つ選び、記号で答えなさい。
ア、鶴を捕らえて戻ってきた鷹を、自分の手に動かないように置いて、なでてかわいがったこと。
イ、鷹匠が、蹴爪を傷つけた者の名前を言おうとしたのを、他の者に気づかれないように止めたこと。
ウ、鷹狩りに出かけて、最初から最後まで家来の力を借りないで、自分の力でやり遂げたこと。
エ、鷹匠を自分の前に呼びつけて、鷹狩りの失敗の原因を考えさせ、責任を取らせたこと。
(2)筆者は、秀吉の行動にはどのような考えがあったと述べているか。秀吉の「大いに怒り」の理由を含めて、簡単に書きなさい。

〈静岡県〉

23

次の文章を読んで、後の問いに答えなさい。

老子のいはく、「欲多ければ身をそこなひ（悪くし）、財（財宝）多ければ身をわづらはす（苦しめ悩ませる）」といへり。わづらはすとは、用心に隙なき（財宝を守る用心のために余裕がない）心なり。げにも飽き足る事を知らざる者は、欲深き故なれば（欲が深いため）、これわざはひの本也（災難にあう原因となる）。財は又身をそこなふ種（原因）なり。この故に欲をほしゐままにすべからず（その欲のままに振る舞ってはいけない）。つねに足る事を知るべし。

（『浮世物語』による。）

問一、ほしゐままに　を現代仮名遣いに改め、すべて平仮名で書きなさい。
問二、欲多ければ身をそこなひ、財多ければ身をわづらはす　とあるが、次の［　］内の文は、老子のこの言葉についての作者の考えをまとめた一例である。［Ⅰ］〜［Ⅲ］に入る適切な言葉を、それぞれ現代語で書きなさい。ただし、字数は［Ⅰ］は五字以内、［Ⅱ］、［Ⅲ］は五字以上十字以内とする。

> 欲が多いと、十分に満足することを知らないので、身体を悪くするなどの［Ⅰ］原因となり、財宝が多いと、［Ⅱ］のために余裕がなくなり、自分自身を［Ⅲ］ことになる。

問三、この話の中で、作者は欲のままに振る舞わず、どのようなことを心がけるべきだと述べているか。原文中から最も適切な部分（十一字）を抜き出して書きなさい。

〈岐阜県〉

24

次の文章を読んで、あとの問いに答えなさい。

今はむかし、ある人牛を売りけるに、買主いふやう、「この牛は、力も強く病気もなきか」といへば、売主答へていはく、「なかなか力の強く、しかも息災な（丈夫な（牛だ））。大坂陣※では佐奈田※ぢやと思へ（大阪の陣でいえば真田幸村のようなものだと思ってくれ）」といふ。①「さらば」（「それならば」と言って）とて買い取る。五月になりて、この牛に犂※をかけて田をすかするに（田畑を耕させようとしたところ）、一向弱うて（全く力が弱くて）田をもすかず、犂は一足（一歩）もひかず。ややもすれば（どうかすると）人を見てはかけ出でて（走り出して）、角にて、かけんかけんとする（角で突こう突こうとするので）ほどに、「何の役にも立たぬ牛なり。さてさて憎い事をいふて買はせた（憎いでたらめ）。大坂陣では佐奈田ぢやと申したほどに、さこそ（さぞかし）強からうと思ふたれば、犂は一足もひかず、そのくせに人を見てはかけんとする」と②腹立ちて居る。ある時かの（あの）売主に逢ふて、「其方はとどかぬ（いい加減な）嘘をついて、人をばかけて、犂をばひかぬ牛を、佐奈田ぢやといふて売りつけられた（売りつけなさったな）」といへば、売主答へていはく、「さうであらう（そうだろう）。犂は一足もひくまい。人を見てはかけんとする事は定であらう（そのとおりだろう）。さればこそ（だからこそ）佐奈田とは申しつれ。大坂陣で佐奈田は、たびたびかけこそしたれ（突き進みはしても）、一足もひいたことはなかつた。その牛もひかぬによりて佐奈田ぢや」といふた。

（『浮世物語』による）

（注）※大坂陣…一六一四年、一六一五年に起こった徳川方と豊臣方の戦い。
※佐奈田…真田幸村。豊臣方の武将。
※犂…牛馬に引かせて田畑を掘り返して耕すための農具。鋤。

問1、いふやう　を現代仮名遣いで書きなさい。
問2、①「さらば」とて買い取る　とあるが、買主が牛を買ったのはなぜか。その理由として最も適当なものを、次のア〜エの中から一つ選び、記号を書きなさい。
ア、売主と牛の様子から、飼い主の言うことをきちんと理解する賢い牛だと理解したから。
イ、売主と牛の様子から、性格が温厚で飼い主に対して常に従順な牛だと納得したから。
ウ、売主の話を聞き、子牛をたくさん産むことができる元気な牛だと判断したから。
エ、売主の話を聞き、力が強く健康でよい働きをしてくれる牛だと期待したから。
問3、②腹立ちて居る　とあるが、買主が怒ったのはなぜか。その理由として最も適当なものを、次のア〜エの中から一つ選び、記号を書きなさい。
ア、売主が高く評価していた牛が自分の命令を聞いてくれず、牛を飼いならせない自分の未熟さに気づかされたから。
イ、買ってきた牛が全く仕事をしないだけでなく、人に危害も加えようとしたことで、売主にだまされたと思ったから。
ウ、売主から強引に買い取った牛なのに、仕事をさせようとしても飼い主である自分の言うことを聞こうとしないから。
エ、もともと売主の言葉を全く信用していなかったとはいえ、あまりにもひどい牛を売りつけられてしまったから。

問4、次の文章は、本文について二人の生徒が会話している場面である。二つの□に共通して入る五字以内の語句を、ひらがなで書きなさい。

> 太郎さん：売主は、この牛をどうして「佐奈田」と言ったのかな。
> 花子さん：それはね。「牛が田畑を掘り返すための犂を□」ことと「真田幸村が戦場で一歩も□」ことを掛けているのよ。
> 太郎さん：なるほど！　一つの言葉に二つの意味を持たせているんだね。この売主はうまいことを言うね。

〈佐賀県〉

25

次の文章は、江戸時代に書かれた「浮世物語」の一節である。これを読んで、後の問一、問二に答えなさい。なお、答えに字数制限がある場合は、句読点や「」などの記号も一字と数えなさい。（①～③は段落番号である。）

① 今はむかし、ある人牛を売りけるに、（牛を売ろうとした時に）買主いふやう、「この牛は、力も強く病気もなきか。」（病気もないか）といへば、売主答へていはく、「なかなか力の強く、しかも息災な。（元気です）大坂陣では佐奈田ぢやと思へ。」（大阪の陣での真田幸村だと思ってください）といふ。「さらば。」（それなら）とて買ひ取る。

② 五月になりて、この牛にからすきをかけて田をすかするに、（からすきをつけて田を耕させると、）一向弱うて（全く力が弱くて）田をもすかず、からすきは一足も（からすきを一歩も）ひかず。（ひかない）ややもすれば人を見てはかけ出でて、（駆け出して）角にてかけんかけんとするほどに、（突こう突こうとするので）「何の役にも立たぬ牛なり。さてさて憎い事をいふて（でたらめ）買はせた。大坂陣では佐奈田ぢやと申したほどに、さこそ（さぞかし）強からうと思ふたれば、（思ったので買ったのに）からすきは一足もひかず、そのくせに人を見てはかけんとする。」（突き進もうとする）と腹立ちて居る。

③ ある時かの売主に逢ふて、「其方はとどかぬ（いい加減な）嘘をついて、人をばかけて、（人に突き進むだけで）からすきをばひかぬ牛を、佐奈田ぢやといふて売りつけられた。」といへば、売主答へていはく、「さうであらう。からすきは一足もひくまい。人を見てはかけんとする事は定であらう。（本当でしょう）さればこそ（だからこそ）佐奈田とは申しつれ。（真田幸村だと申し上げたのです）大坂陣で佐奈田は、たびたびかけこそしたれ、（突き進みはしましても、）一足もひいたことはなかつた。（一歩もひいたことはありませんでした）その牛もひかぬによりて佐奈田ぢや。」といふた。

（浅井了意「浮世物語」から）

（注）＊佐奈田――真田幸村。豊臣方の武将として大阪の陣で活躍した。
＊からすき――牛馬にひかせて田畑を広く耕すのに用いる農具。

問一、……線を現代かなづかいになおし、ひらがなで書きなさい。

問二、次の【四コマ漫画】は、本文を読んだ生徒が内容を学級新聞で紹介するために、現代語で作成したものである。これを読んで、後の(1)～(3)に答えなさい。

【四コマ漫画】

(1) A には、買主の考えた内容が入る。②段落の内容を踏まえて、当てはまる言葉を、六字以上十字以内で書きなさい。

(2) B に入る次のセリフの（　）には、「牛」と「大阪の陣での真田幸村」との共通点がそれぞれ入る。③段落の内容を踏まえて、当てはまる言葉を二つ、それぞれ五字以内で書きなさい。

> その牛を大阪の陣での真田幸村にたとえたのは、両者の共通点が、（　）という点と（　）という点の二つあるからだよ。

(3) 本文の内容を踏まえて描かれた四コマ目の売主の様子として最も適当なものを、次のア～エのうちから一つ選び、その符号を書きなさい。
ア、嘘がばれたことによる動揺を、買主に悟られまいと努めている。
イ、たとえ話の意味を全く理解できない買主に、あきれ果てている。
ウ、買主を勘違いさせようという計略が成功し、満足に思っている。
エ、文句を言う買主の勢いに負け、その場を取り繕おうとしている。

〈大分県〉

古今著聞集

26 次の文章を読んで、あとの各問に答えなさい。（……線部の左側は、現代語訳です。）

中納言、相撲・競馬を好みて学問をせられざりける（学問をなさらなかったので）を、父の大臣、勘発し（お叱りになったけれど）①たまひけれども、強ひられざりけり（強いることはできなかった）。その時、②相撲某とかやいふ上手（相撲某とかいう強い力士がいた）ありけり。敵の腹へ頭を入れて、必ずくじり（えぐって）転ばしければ、これにより腹くじりとぞいひける。件の（例の）相撲を召して、中納言が相撲を好むが憎きに、くじり転ばかせ。さらば（そうすれば）、纏頭すべし（ほうびをやろう）。然らずは（そうでなければ）亡くなさんずるぞ（亡き者にするぞ）と仰せられにけり（おっしゃった）。則ち（その後すぐに）中納言に、「腹くじりと勝負を決すべし。負けたらむは、この事停止すべし」とのたまひければ（おっしゃったので）、中納言、かしこまりて（謹んで聞き入れて）おはしけり（いらっしゃった）。やがて決せられける（すぐに勝負が行われたが）ほどに、中納言、腹くじりが好むままに身をまかせられければ、喜びてくじりけり。その後、中納言、腹くじりが四辻をとりて、前へ強く引かれたりければ、首も折れぬばかりおぼえて、うつぶしに倒れにけり。大臣、興ざめたまふ。腹くじりは逐電しにけり（急いで行方をくらました）。

（「古今著聞集」より。一部省略等がある）

（注）某…場所・人名などが不明の場合や、それを伏せて指す場合に用いる語。
四辻…力士がつけているまわしの、背後の結びの所。

問1、①たまひ を現代仮名遣いに直し、すべてひらがなで書きなさい。

問2、②相撲某とかやいふ上手 と同じ人物を指す言葉を、本文中から二つ抜き出して書きなさい。

問3、本文には、大臣の言葉で「　」のついていない部分が一箇所あります。その部分を抜き出し、はじめと終わりの五字をそれぞれ書きなさい。ただし、句読点を含む場合は、句読点も一字と数える。

問4、次の会話は、本文を読んだあとに、佐藤さんと鈴木さんが話し合った内容の一部です。[A]・[B]に入る適切な言葉を書きなさい。ただし、[A]は本文中から抜き出し、[B]は現代語で書くこと。

> 佐藤　＝＝線部の「大臣、興ざめたまふ」ってどういうことかな。「興ざめ」は現代でも聞くよね。
> 鈴木　私の持っている国語辞典には、「興味がそがれること」、「おもしろみがなくなること」と書いてあるよ。
> 佐藤　ということは、「興ざめ」は、この相撲対決の結果が関係するのかな。
> 鈴木　この相撲対決では、大臣は、[A]が負けて、それによって[B]を期待していたのに、実際の結果は、[A]が勝ったから、当てがはずれたんだね。
> 佐藤　それなら、大臣が「興ざめ」する気持ちも理解できるね。

〈石川県〉

27 次の文章は、「古今著聞集」の一節である。注を参考にしてこれを読み、問い(1)～(4)に答えよ。

＊むつるの兵衛の尉、＊懸矢をはがすとて、＊たうの羽を求めけるが、足らざりければ、＊上六大夫と云ふ弓の上手聞きて、＊郎等共に「もしや持ちたる」と尋ねければ、「この辺にたうやは見候、見よ」とaいひければ、＊下人立ち出でて見て、「只今、河より北の田には見候」といふを聞きて、則ち弓矢を取りて出でたるに、たう立ちて南へ飛びけるを、上六、＊矢をはげて、＊左右なくも射ず、「bいづれかはこがれたる」といひければ、「しりに飛ぶをこがれたる」といふを聞きて、cなほも急がず。はるかに遠くなりて、河の南の岸のうへ飛ぶほどになりにける時、よく引きてはなちたるに、あやまたず射落してけり。むつる感興のあまり、不審をいたして問ひけるは、「など近かりつるをば射ざりつるぞ。はるかには遠くなしては射るぞ。心得ず」と尋ねければ、「その事候ふ。近かりつるを射落したらば、河に落ちて、その羽ぬれ侍りなん。向ひの地につきて射おとしたればこそ、かく羽は損ぜね」とぞいひける。心にまかせたるほど、誠に＊ゆゆしかりける上手なり。

（「新潮日本古典集成」による）

注
＊むつるの兵衛の尉…源むつる。武士。
＊懸矢をはがす…矢を作る。
＊たう…トキ。古今著聞集が成立した鎌倉時代には日本全国に分布していた鳥。トキの羽は矢の材料に用いられた。
＊上六大夫…源むつるの家来。
＊郎等…家来。
＊下人…召使い。
＊矢をはげて…矢を弓の弦にかけて。
＊左右なくも射ず…すぐには矢を放たないで。
＊ゆゆしかりける…すばらしかった。

(1) 本文中の aいひければ の主語である人物と、同じ人物が主語であるものは、本文中の二重傍線部（＝＝）のうちどれか、最も適当なものを、次の(ア)～(エ)から一つ選べ。
(ア) 足らざりければ　(イ) 尋ねければ
(ウ) いふを　(エ) 聞きて

(2) 本文中の bいづれかはこがれたる の解釈として最も適当なものを、次の(ア)～(エ)から一つ選べ。
(ア) どのトキをお望みか
(イ) いつかはトキを頂けるのだろうか
(ウ) いつトキをお望みか
(エ) どのようなトキを頂けるだろうか

(3) 本文中の cなほも は歴史的仮名遣いで書かれている。すべて現代仮名遣いに直して、平仮名で書け。また、次の(ア)～(エ)のうち、点線部（……）が現代仮名遣いで書いた場合と同じ書き表し方であるものを一つ選べ。
(ア) 力をも入れずして

(イ) よろづの言の葉とぞなれりける
(ウ) 老いを迎ふる者は
(エ) 玉の緒よ絶えなば絶えねながらへば

(4) 次の会話文は、恵里さんと優一さんが本文を学習した後、本文について話し合ったものの一部である。これを読み、後の問い㈠～㈢に答えよ。

恵里　「上六大夫」がトキを射落とした時、「むつるの兵衛の尉」は「不審をいたし」たと書いてあったね。何を不思議に思ったんだっけ。
優一　本文からは、「[A]」の上空に到達するまで、「上六大夫」がトキを射なかったことを不思議に思ったと読み取れるよ。
恵里　どうして「上六大夫」は射るのを遅らせたのかな。
優一　本文を読むと、もし射るのを遅らせなかったとしたら、射たトキが「[B]」てしまうと考えたからだということがわかるよ。「[B]」たらそのことで水にぬれることになるからだね。
恵里　そうだね。トキの羽の状態にまで配慮して射落としたという話を通して、「上六大夫」が[C]ということを描いているんだね。

㈠会話文中の[A]に入る最も適当な表現を、本文中から五字で抜き出して書け。

㈡会話文中の[B]に入る最も適当な表現を、本文中から四字で抜き出して書け。

㈢会話文中の[C]に入る最も適当な表現を、次の(ア)～(エ)から一つ選べ。
(ア) 弓矢の扱いを人に教えるのが上手だった
(イ) 弓矢の勝負では常に相手を上回る結果を残していた
(ウ) 射落とす鳥にも情けをかける人物であった
(エ) 遠くからでも自在に射当てる技量を持っていた
〈京都府〉

28

次の文章を読んで、あとの問いに答えなさい。

大僧正実賢（だいそうじやうじつけん）、餅をやきてくひけるに、①きはめたる眠り（ねぶ）の人にて、餅を持ちながら、ふたふたとねぶりけるに、まへに江次郎（かうじらう）といふ恪勤者（かくごしや）のありけるが、僧正のねぶりてうなづくを、われにこの餅くへと気色あるぞと心得て、走りよりて②手に持ちたる餅をとりてくひてけり。僧正おどろきてのち、「ここに持ちたりつる餅は」とたづねられければ、江次郎、「その餅は、はやくへと候ひつれば（さうら／ありましたので）、たべ候ひぬ」とこたへけり。僧正、比興（ひきやう／おもしろいこと）のことなりとて、諸人（もろびと）に語りてわらひけるとぞ。

(注) 恪勤者＝僧正に仕える侍。

1、①きはめたる　を現代かなづかいになおして、すべてひらがなで書きなさい。
2、②手に持ちたる餅をとりてくひてけり　とあるが、江次郎は、実賢のどのような様子を見て餅を食べたのか。最も適しているものを次から一つ選びなさい。
ア、実賢が餅を焼いて食べている様子。
イ、実賢が餅を持ってうなずいている様子。
ウ、実賢が餅を食えと皆に話している様子。
3、次のうち、本文中で述べられていることがらと内容の合うものはどれか。一つ選びなさい。
ア、実賢は、寝ている間に江次郎に餅を食べられてしまった経緯をおもしろいことであると思い、多くの人に語って笑った。
イ、餅をすべて食べられたことに驚いている実賢の様子を、江次郎がおもしろいことであると感じ、多くの人に話して笑った。
ウ、実賢に問いつめられた江次郎の「餅は誰かに食べられました」という言いわけがおもしろかったので、多くの人が笑った。
〈大阪府〉

29

次の古文を読んで、あとの㈠～㈣に答えなさい。

※伊予（いよ）の入道は、をさなくより（幼いころから）絵をよく書き侍りけり（はべ／描いていました）。父うけぬ事（賛成できないこと）になん思へりけり。無下（むげ）に（非常に）幼少の時、父の家の中※門の廊の壁に、かはらけのわれにて不動※の立ち給（たま）へるを（瓦の割れたもので不動明王がお立ちになっている様子を）書きたりけるを、客人（まらうど）誰（たれ）とかや（客人の誰といったか）慥（たし）かに聞きしを忘れにけり（確かに聞いたのを忘れてしまったが）、これを見て、「たがかきて候（さうら）ふにか（誰が）」と、おどろきたる気色（けしき／様子）にて問ひければ（尋ねたので）、あるじうちわらひて、「これはまことしき（名のある）もののかきたるには候はず（絵描きが描いた物ではございません）。愚息の小童（こわらは／うちの子どもが）が書きて候（さうらふ）」といはれければ、いよいよ尋ねて、「然（しか）るべき天骨※とはこれを申し候ふぞ。この事制し給ふ事あるまじく候（あってはいけません）」となんいひける。げにも（本当に）よく絵見知りたる人なるべし。

（「古今著聞集（ここんちょもんじゅう）」から）

(注) ※伊予の入道＝藤原隆親（ふじわらたかちか）。
※中門の廊＝寝殿造りの表門と寝殿をつなぐ廊下。
※不動＝仏教の信仰対象である不動明王のこと。
※天骨＝生まれもった才能。

㈠「うちわらひて」を現代仮名遣いで書き直しなさい。

㈡「父」と同じ人物を指す別の表現を、古文中から書き抜きなさい。

㈢「この事」の指す内容は何か。十二字以内の現代語で答えなさい。

㈣次は、右の古文を学習した際の、AさんとBさんのやりとりである。[　]に入る表現として最も適切なものを、あとの1～4から選び、記号で答えなさい。

Aさん　わたしは、この古文を読んで、「千里の馬は常に有れども、伯楽は常には有らず」という故事成語を思い出しました。
Bさん　「名馬はいつでもいるけれども、それを見分けることができる人はいつでもいるわけではない」という意味ですね。

Aさん　そうです。この故事成語と今回学習した古文には、［　　］の大切さという共通のテーマが読み取れると思います。

1、自己の能力を過信しないこと
2、あきらめずに努力し続けること
3、才能を見いだしてくれる人物の存在
4、間違いを正してくれる人物の存在

〈山口県〉

醒睡笑

30　次の文章を読んで、あとの問いに答えなさい。

三伏(さんぷく)のあつき日に、坊主(ぼうず)他行の事あり。夏の夜は宵ながら明けやすき、月のふけてもいまだもどらねば、児(ちご)みなくたびれ、帯もとくやとかずにいねたる処(ところ)へ、老僧①かへり来たりて、「さて　さて、②爰(ここ)な子達がなりは、其(そ)のままのすしをしたやうなは(すしを押した)」と申されける時、児のうちにかしこきがおきあはせ、「いかほどのすしもみたれど、是(これ)ほど腹に飯(いひ)のないすしをばみた事がない」と。

（注）三伏＝ここでは、夏の暑い期間のこと。
他行＝外出。
すし＝押しずし。飯の上に魚を並べ、さらに飯をのせて、重石(おもし)で押してつくる。

1、①かへりを現代かなづかいになおして、すべてひらがなで書きなさい。

2、②爰な子達がなりとあるが、次のうち、このことばの本文中での意味として最も適しているものはどれか。一つ選びなさい。
ア、ここの児たちが食べているもの
イ、ここの児たちの大きな声
ウ、ここの児たちの寝ている様子

3、次のうち、本文中で述べられていることがらと内容の合うものはどれか。一つ選びなさい。
ア、夜もふけてしまった頃にやっと戻ってきた老僧に対して、児のひとりが、すしを老僧に食べさせてあげる提案をした。
イ、児たちをすしにたとえた老僧に対して、児のひとりが、腹が減っている自分たちを飯のないすしにたとえた皮肉で返事をした。
ウ、児たちのためにすしを用意した老僧に対して、児のひとりが、これほどまでに飯の少ないすしを見たことがないと不満をもらした。

〈大阪府〉

31　次の文章を読んで、あとの問いに答えなさい。

A［もと同学たりし人］（かつて寺で修行した仲間の僧のもとに、（亭主が））のもとへ、「注(1)廣韵(こういん)をちと貸し給へ（ちょっとお貸し下さい）」といひやりたれば（使いをやると、）、「此方(このかた)にもいる（（僧は）こちらでも使う）」とて貸さず（貸さない。）。後にあふたるに（（二人が）後日会ったときに、）、①以前はいな物を貸されなんだ（貸してもいい物を、貸してくれなかったな）と恨みければ、注(2)光陰(こういん)惜(おしむ)べし（惜しむべきだ）とあり。

B［かりぬし］遺恨をふくみ（これを恨んで、）、かさねて（もう一度）先のおしみての方へ（以前「廣韵」を貸し惜しんだ僧へ、）、「明朝斎(とき)を申さん（食事をごちそうしよう）」といひやりぬ（使いをやった。）。②必ずゆかんよし返事なりき（（僧は）という返事をしてきた。）。亭暁(あかつき)より起(おき)て朝めしをいそぎ用意し（亭主は暗いうちから起きて朝飯を急いで）、C［内の者］にも早々くらはせ（さっさと）、棚もと其外掃地(そうじ)をきれいにしておきたり（台所やそのほかを掃除し）。D［件(くだん)の僧］（例の）来(きた)りまてども、さらに飯をくるる音せず（いつまで待っても、いっこうに飯を持ってくる気配がない。）。「なにとて（どうして）膳(ぜん)は遅ひぞ（料理が遅いのか（と言うと））」「とき人をまたずとあれば（と言うので、）、はやとく（すでに早く）過(すぎ)たは（食事を済ませたよ（と言った。））」

（『醒睡笑(せいすいしょう)』）

注(1)　廣韵……書物の名。
注(2)　光陰……時間。時。

問一、＝＝線部を現代かなづかいに直して書け。

問二、［　］A～Dのうち、同じ人物を示しているものを二つ選び、その記号を書け。

問三、――線部①「以前は」から始まる「亭主」の言葉はどこまでか。その終わりの三字を抜き出して書け。

問四、――線部②の意味として最も適当なものを次から一つ選び、その記号を書け。
ア、決して行きません

イ、きっと行きます
ウ、都合がつきません
エ、今すぐ行きます

問五、機転の利いた「しゃれ」のやり取りがこの話の面白さの中心となっている。話の前半を説明した次の［　　］内の文にならって、話の後半の説明を次に合う形で完成させよ。ただし、［1］は十五字以内で、［2］は三十五字以内で書け。

前半

> 僧は、亭主が廣韵を貸してくれと言ったのに貸さなかった。その理由を、書物の名前を表わす「廣韵」と時間の意味の「光陰」をかけて「光陰惜べし」と「しゃれ」を使って答えた。

後半

> 亭主は、僧を食事に招待したのに［1］。その理由を、［2］と言って、僧と同じように「しゃれ」を使って仕返しした。

〈長崎県〉

32

次の文章を読んで、あとの1～3の問いに答えなさい。

惣別（一般に）、茄子の枯るるをば、百姓（農民は）みな、舞ふといふなり。和泉(注)にての事なるに、道のほとりに茄子を植うる者あり。下手らしき（いかにも下手そうな）舞々(注)の①とほりあはせ、見れば、大いなる徳利(注)に杯を添へてあり。②ちとこれをなん望みにや思ひけん、畠へ立ち寄り、「さらばひとふし舞はん」（それでは一曲舞いましょう）といふ。百姓、門出あしし（悪い）と大いに腹立しけれど、とかく言ひ寄り、酒をのみ飲ませけるが、立ちて行きさまに、「さきの腹立は互ひに根も葉もおりない（ありません）」と。

（「醒睡笑」(注)による）

(注)和泉＝現在の大阪府南部。
舞々＝舞を演じる芸人。
徳利＝酒を入れる容器。
醒睡笑＝江戸時代に書かれた笑話集。

1、――線部①「とほりあはせ」を現代仮名遣いに直して書け。

2、――線部②「ちとこれをなん望みにや思ひけん」の意味として最も適当なものを次から選び、記号で答えよ。
ア、少しでも茄子の豊作を願おうと思ったのであろうか
イ、少しでも舞がうまくなりたいと思ったのであろうか
ウ、少し酒を飲ませてもらいたいと思ったのであろうか
エ、少し畑仕事の手伝いをしようと思ったのであろうか

3、次は、本文について話し合っている先生と生徒の会話である。［Ⅰ］～［Ⅳ］に適当な言葉を補って会話を完成させよ。ただし、［Ⅰ］には本文中から二字の言葉を抜き出して書き、［Ⅱ］には七字以内、［Ⅲ］には二十五字以内でふさわしい内容を考えて現代語で書き、［Ⅳ］にはあとの語群から最も適当なものを選び、記号で答えること。

先生「農民は『大いに腹立し』たとありますが、なぜ怒ったのでしょうか。」
生徒A「はい。『［Ⅰ］』には、舞を演じるという意味と［Ⅱ］という意味の二つの意味があり、舞々は前者の意味で使ったのに対し、この農民にとっては後者の意味に受け取れる言葉だったので怒ったのだと思います。」
先生「そうですね。では、本文の最後の『さきの腹立は互ひに根も葉もおりない』という舞々の言葉ですが、舞々はこの言葉をどのような意図で言ったのでしょうか。また、この言葉を聞いて、農民はどのように感じたでしょうか。」
生徒B「はい。『根も葉もおりない』はなんの理由もないという意味なので、悪意はなく、農民を怒らせるつもりはなかったと言いたかったのだと思います。」
生徒C「舞々の言葉を聞いた農民は、［Ⅲ］と感じて、さらに腹が立ったのではないかと思います。ここがこの話のおもしろさではないでしょうか。」
生徒A「私は、むしろあきれたのではないかと思います。この言葉を農民に向かって言ったこの舞々は、［Ⅳ］人物だと思います。」
先生「私たちも言葉づかいには気をつけたいですね。」

〔Ⅳの語群〕
ア、善悪を知らない
イ、失敗を恐れない
ウ、本音が隠せない
エ、思慮が足りない

〈鹿児島県〉

33

ある学級では、国語の授業で、伝統的な言語文化の学習をしています。
【Ⅰ】は、後に落語に影響を与えた江戸時代の作品『醒睡笑』の一部です。
【Ⅱ】は、【Ⅰ】の本文を理解するために、ある生徒が調べたことをカードに記録したものです。
カードの中から必要な情報を用いて、【Ⅰ】の本文のおもしろさが分かるように言葉を補いながら、あらすじを現代語で書きなさい。ただし、次の条件(1)～(4)にしたがうこと。

［条件］
(1) 書き出し（ある僧が、新しい立派な小刀でかつお節を削っていた。）に続く形で、改行せずに書き始めること。
(2) 原稿用紙（20字詰×10行＝省略）の正しい使い方にしたがって書くこと。
(3) 書き出しの部分を含めて、七行以上、十行以内であること。
(4) 「鰹」は「かつお」と平仮名で書いてもよいこととする。

【Ⅰ】

ある僧、新しき小刀の大いなるをもちて、鰹を削り居ける所へ、知音の人思ひよらず来れり。あまりにとりみだし、小刀を鰹と思ひ、いそぎてかくし、鰹を小刀と思ひ、さし出し、「このごろ関の小刀をもとめた。御覧ぜよ」とぞ申しける。

【Ⅱ】

【仏教の戒律】
仏教では、僧侶が肉や魚などの動物を食べることを禁じている場合もある。
このような肉や魚を用いない料理を「精進料理」と言い、鰹だしを使うこともできない。

【関の小刀】
岐阜県関市で作られた小刀。
関市には、良質な土、炭、水があり、多くの刀職人が集まった。
現在でも刃物の産地として知られる。

【当時の鰹節】
鰹の切り身を熱湯で煮て、骨などを取り除いた後、天日で干したり、いぶしたりして乾燥させたもの。（削って使う。）
※その後、カビ付けの技法も考案され、さらに保存がきくようになった。

〔参考〕
カビ付けをした現在の鰹節

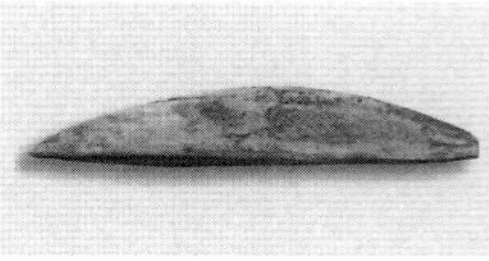

【知音】
①自分をよく理解してくれる、真の友人。親友。
②知人。
故事
古代中国で、琴の名手の伯牙が演奏すると、親友の鍾子期はその音色から伯牙の心境をぴたりと言い当てた。

〈和歌山県〉

無名草子

34 次の文章は「無名草子」の一節で、ある女性が小野小町について批評している部分である。これを読んで、1～4の問いに答えなさい。

色を好み（趣）、歌を詠む者、昔より多からめど（昔から多いでしょうけれど）、小野小町こそ、みめ、容貌も、もてなし（容姿、顔だち、態度）、心遣ひよりはじめ、何事も、いみじかり①けむ（すばらしかっただろう）とおぼゆれ。

Ⅰ　色見えで（色が見えないで）②移ろふものは世の中の人の心の花にぞありける

Ⅱ　侘びぬれば身をうき草の根を絶えて誘ふ水あらば往なむとぞ思ふ

Ⅲ　思ひつつ寝ればや人の見えつらむ夢と知りせば覚めざらましを（覚めないでいただろうに）

と詠みたるも、女の歌はかやうにこそ（こうであるべき）とおぼえて、そぞろに（わけもなく）涙ぐましくこそ。

1、①けむ　②移ろふ　を現代仮名遣いに直し、すべて平仮名で書きなさい。

2、Ⅲの和歌を音読するとき、意味のまとまりから考えて、一か所区切るとしたらどこがふさわしいか。後半部分の始めの三字を抜き書きしなさい。

3、次は、Ⅰ、Ⅱ、Ⅲの和歌の解説文である。これを読んで、後の問いに答えなさい。

Ⅰ　〔a〕の色はあせて移り変わるのがはっきり見えるのに、〔b〕ことはなかなか捉えられないことを詠んでいる。

Ⅱ
「うき」は掛詞（かけことば）で、「つらい」と「浮く」という二つの意味が重ねられている。「つらい思いをしているので、誘ってくれる人がいるなら、浮き草の根が切れて流れていくようにどこへでもついていこうと思います」という意味になる。

Ⅲ
恋人と、夢の中でも一緒にいたいという情熱的な和歌である。しかし、現実には〔c〕しまったので、恋人の姿が見えなくなったことを悔やんでいる。

(1)〔a〕に当てはまる語句を、Ⅰの和歌から抜き書きしなさい。

(2)〔b〕〔c〕に適する内容を、〔b〕には十字以内で、〔c〕には六字以内でそれぞれ書きなさい。

4、女の歌はかやうにこそ とあるが、Ⅰ、Ⅱ、Ⅲの和歌に共通する特徴として、最も適切なものを、次のア～エから一つ選んで記号を書きなさい。

ア、物事を繊細な感覚で捉えており、しみじみとした趣がある。

イ、実際の情景を丁寧に描写することにより、躍動感が伝わる。

ウ、容姿や顔だちなどと同様に、きらびやかな美が感じられる。

エ、感動で涙ぐむなどの日常の様子を、格調高く表現している。

〈秋田県〉

35

次の文章を読み、後の㈠～㈣の問いに答えなさい。

この世にいかでかかることありけむと、めでたくおぼゆることは、文（ふみ）にこそ侍（はべ）るなれ。『枕草子』に返す返す申して侍るめれば、事新しく申すに及ばねど、なほいとめでたきものなり。遥（はる）かなる世界にかき離れて、幾年（いくとせ）逢（あ）ひ見ぬ人なれど、□といふものだに見つれば、只今（ただいま）さし向（むか）ひたる心地して。なかなか、うち向ひては思ふほども続けやらぬ心の色も現はし、言はまほしきことをもこまごまと書きつくしたるを見る心は、めづらしくうれしく、1あひ向ひたるに劣りてやはある。

つれづれなる折、昔の人の文見出（い）でたるは、ただ2その折の心地して、いみじくうれしくこそおぼゆれ。まして亡き人などの書きたる物など見るは、いみじくあはれに、歳（とし）月（つき）の多く積（つも）りたるも、只今筆うち濡（ぬ）らして書きたるやうなるこそ、返す返すめでたけれ。ただだもさし向ひたるほどの情けばかりにてこそ侍れ、これは、昔ながらつゆ変（かは）ることなきも、めでたきことなり。

（『無名草子』による）

（注）めでたく…すばらしく。
文にこそ侍るなれ…手紙でしょうね。
なほ…やはり。
遥かなる世界…遠い土地。
なかなか…かえって。
思ふほども続けやらぬ心の色…意のままに表現できない内面。
言はまほしきことをも…言いたいことも。
劣りてやはある…決して劣っていませんよ。
昔の人…昔なじみの人。
いみじくあはれに…たいそうしんみりとし。
ただださし向ひたるほどの情けばかりにてこそ侍れ…（人の交わりは）顔を合わせている間だけの気持ちの通い合いですが。

㈠文章中の――線部1の「あひ向ひたるに」を現代仮名遣いに直して、――線部全部をひらがなで書け。

㈡文章中の□に当てはまる言葉として適切なものを、文章中から一字でそのまま抜き出して書け。

㈢文章中の――線部2に「その折」とあるが、これはどのような時のことか。その説明として最も適切なものを、次のア～エから一つ選び、その記号を書け。

ア、「昔の人」に手紙をもらった時。

イ、することもなくて「昔の人」を思い出す時。

ウ、「昔の人」の手紙を見つけた時。

エ、「昔の人」と一緒に亡き人の手紙を見つけた時。

㈣この文章で述べられている内容と合っているものを、次のア～エから一つ選び、その記号を書け。

ア、手紙のすばらしさは、『枕草子』でそのすばらしさが繰り返し述べられていたり、昔から多くの人たちによって手紙の良さが書き記されていたりすることにある。

イ、手紙のすばらしさは、面と向かって言えない心のうちを伝えたり、距離や時間を超えて手紙をくれた相手のことを感じたりすることができることにある。

ウ、手紙のすばらしさは、何年も会わない人でも身近に感じることができたり、亡くなった人の記したものから新たに学ぶことがあったりすることにある。

エ、手紙のすばらしさは、口にしづらいことも文字にすることで伝えやすくなったり、紙に書き記されたものであるため長い間保管できたりすることにある。

〈高知県〉

36

次の文章を読んで、後の問いに答えなさい。

花・紅葉（もみぢ）（味わい）をもてあそび、月・雪に戯（たはぶ）るる（面白さを感じる）につけても、この世は捨てがたきものなり（捨てがたいものである）。情けなきをもあるをも嫌はず（風情のない人もある人も分け隔てなく）、心なきをも数ならぬをも分かぬは（風情を理解しない人も、とるに足らない人も区別しないのは）、かやうの道ばかりにこそ侍（はべ）らめ（このような風雅の道だけでしょう）。それにとりて（それにしても）、夕月夜（ゆふづくよ）ほのかなるより（夕方の月のほのかであるのをはじめとして）有明の心細き（明け方の月の心細い感じのものまで）、折も嫌はず（季節も関係なく）所も分かぬものは（場所も区別しないものは）、月の光ばかりこそ侍らめ（月の光だけでしょう）。

「無名草子（むみやうざうし）」による。

問一、かやう を現代仮名遣いに改め、全て平仮名で書きなさい。

問二、次の□内の文は、風情を感じるものについての作者の考えをまとめた一例である。［ Ⅰ ］、［ Ⅱ ］に入る適切な言葉を、それぞれ現代語で書きなさい。ただし、字数はそれぞれ七字以内とする。

> この世には花・紅葉を味わい、月・雪に［ Ⅰ ］喜びがあり、これらによって無常なこの世も［ Ⅱ ］と感じるのである。

問三、**思考力** 月の光ばかりこそ侍らめ　とあるが、月の光だけでしょうと作者が述べているのは、作者自身が月の光はどのように楽しむことができると考えているからか。現代語で十字以上十五字以内でまとめて書きなさい。ただし、「作者自身が月の光は、」という書き出しに続けて、「に楽しむことができると考えているから。」で終わるように書くこと。

〈岐阜県〉

37

次の文章を読んで、あとの問いに答えなさい。

[1]つれづれなる折、昔の人（昔、なじみだった人）の文見出で（みいで）たるは、ただ[2]その折の心地して、いみじくうれしくこそおぼゆれ。まして亡き（なき）人などの書きたるものなど見るは、いみじくあはれに、年月の多く積もりたるも（のに）、ただ今筆うち濡らし（ぬらし）て書きたるやうなるこそ、返す返すめでたけれ（本当にすばらしいことです）。何事も、たださし向かひたるほどの情ばかりにてこそはべるに（ただ向かい合っている間だけの情感ですが）、[3]これは、ただ昔ながら（まったく昔のまま）、つゆ変はることなきも、いとめでたきことなり。

（『無名草子』による）

問一、「やうなる」を現代かなづかいに直し、すべてひらがなで書きなさい。

問二、「[1]つれづれなる折」の意味として最も適切なものを、次のア〜エから一つ選び、記号で答えなさい。

ア、楽しいとき
イ、忙しいとき
ウ、悲しいとき
エ、退屈なとき

問三、「[2]その折の心地して」とありますが、どういうことを表していますか。最も適切なものを、次のア〜エから一つ選び、記号で答えなさい。

ア、昔もらった手紙を紛失したことに困惑していること
イ、手紙を良い機会に見つけたという喜びに浸っていること
ウ、手紙を受け取った当時の気持ちがよみがえってくること
エ、手紙の送り主が今も生きているような気がすること

問四、次の会話は、この文章を読んだ後の生徒同士のやりとりです。この会話を読んで、あとの問いに答えなさい。

> 生徒A　この文章の最後の一文にある「これ」というのは（ A ）のことよね。
> 生徒B　そうだよ。（ A ）について、筆者は（ B ）というところをすばらしいと評価しているよ。
> 生徒C　相手と直接対話する場合と比較して、そのすばらしさを伝えようとしているね。
> 生徒A　ところで、現代の電子メールも（ A ）と同じようなものだと思うけれど、もしこの文章の筆者が現代に生きていたとしたら、電子メールもすばらしいものとして評価するかしら。
> 生徒B　う〜ん。両方ともすばらしいものとして評価するんじゃないかな。
> 生徒C　でも、その二つは違うところもあると思うよ。例えば電子メールは手書きではないよね。手書きという観点で考えてみると、それぞれ違う評価になるのではないかな。
> 生徒A　そうよね。手書きが受け手に与える印象というのがあるものね。歌人の俵万智（たわらまち）の短歌にも「（ C ）」というのがあるけれど、手書きだからこそ、こういう歌が詠（よ）まれることになるのね。

(1)（A）には「[3]これは、ただ昔ながら、つゆ変はることなきも、いとめでたきことなり」の「これ」にあてはまる内容が入ります。文章中から一単語で抜き出して、答えなさい。

(2)（B）にあてはまる内容として最も適切なものを、次のア〜エから一つ選び、記号で答えなさい。

ア、意思伝達の手段として利用されている
イ、誰に対しても変わらない姿で向き合う
ウ、時間的な隔たりを超えて存在している
エ、感情的なわだかまりを解決してくれる

(3)（C）にあてはまる短歌として最も適切なものを、次のア〜エから一つ選び、記号で答えなさい。

ア、「クロッカスが咲きました」という書きだしでふいに手紙を書きたくなりぬ
イ、母の字で書かれた我の名を載せて届いておりぬ宅急便は
ウ、「寒いね」と話しかければ「寒いね」と答える人のいるあたたかさ
エ、まだ何も書かれていない予定表なんでも書けるこれから書ける

〈鳥取県〉

伊勢物語

38 次の文章を読んで、問一～問四に答えなさい。

むかし、男ありけり。その母、長岡(注)といふ所に住みたまひけり。子は京(注)に宮仕(注)へしければ、まうづとしけれど（母の所に参上しようとしたが、）、しばしばえまうでず。（男は）一つ子（一人っ子）にさへありければ、（母は）①いとかなしうしたまひけり。さるに②師走ばかりに、とみのこと（急ぎのこと）とて、御文（おんふみ）あり。③おどろきて見れば、歌あり。

老いぬれば避（さ）らぬ別れのありといへばいよいよ見まくほしき君かな（ますますお会いしたいあなたですよ）

（注）長岡…現在の京都府向日（むこう）市・長岡京市の辺り。
京…当時の都である平安京。今の京都市の中心部。
宮仕へ…宮中（皇居の中）で帝のもとに仕えること。

（『伊勢物語』による）

問一、傍線部①「いとかなしうしたまひけり。」とは、ここではどういう意味か。最も適当なものを、次のア～エから一つ選び、記号で答えなさい。
ア、少しかわいそうに思っていらっしゃった。
イ、少し寂しがっていらっしゃった。
ウ、たいそう退屈に思っていらっしゃった。
エ、たいそうかわいがっていらっしゃった。

問二、傍線部②「師走」の読み方をひらがなで答えなさい。ただし、現代仮名遣いにすること。

問三、傍線部③「おどろきて見れば」の主語は誰か。次のア～エから一つ選び、記号で答えなさい。
ア、男　イ、母　ウ、作者　エ、帝

問四、次の会話は、この文章について春菜さんと太一さんが話し合った内容の一部です。（ A ）、（ B ）に入る適当な言葉を答えなさい。ただし、（ A ）は和歌の中から五字で抜き出して答えること。（ B ）は漢字二字の現代語で答えること。

春菜　この話の中に出てくる男は、母親と離れて都で仕事をしているわ。息子は仕事が忙しいのか、なかなか帰ってくることができないみたいね。
太一　母親が急に息子に会いたくなったのは、年老いた自分に死が近くなったことを意識したからなんだよね。
春菜　そうね。死は誰にとっても逃れられないものだから、和歌の中では（ A ）と表現されているわ。和歌には母親の気持ちがよく表れているわね。
太一　子どもに会いたいと願う親の気持ちは、昔から変わらないんだな。母親はそれを和歌に詠んで息子に（ B ）を送っているよ。
春菜　平安時代の人々は、離れている人にそうやって気持ちを伝えていたのね。現代なら、電話や電子メールですぐにできるのにね。
太一　でも、気持ちのこもった和歌を（ B ）として送るのも、素敵だと思うよ。

〈島根県〉

39 次の文章を読んで、あとの各問いに答えなさい。

むかし、男、いとうるはしき（親しい）友ありけり。かた時さらず（離れられず）あひ思ひけるを、人の国（都の外の地方）へいきけるを、いとあはれと思（おも）ひて、別れにけり。月日経（へ）て①おこせたる（よこした）文に、

あさましく（あきれるほど）、対面せで（対面せずに）、月日の経にけること。忘れやしたまひにけむ（お忘れになったのだろうか）と、いたく（ひどく）②思ひわびて（悲しく思って）なむはべる。世の中の人の心は、目離（か）るれば忘れぬべきものにこそあめれ（あわずに離れていれば忘れてしまうもののようです）。

と③いへりければ、④よみてやる（歌を詠んで贈る）。

(1)目離るとも思ほえなくに忘らるる時しなければおもかげに立つ
（離れてあわずにいるとも、とても思えませんのに。あなたを忘れられる時なんて片時だってないので、いつもあなたが面影に現れて、目の前にいます。）

（『伊勢物語』による。）

㈠点線部分「あはれと思（おも）ひて」を現代仮名遣いに改め、すべてひらがなで書きなさい。

㈡太線部分①～④の中には、主語が他と異なるものが一つある。その番号を書きなさい。

㈢傍線部分(1)の和歌は、手紙の中のどのような問いかけに対する返答として詠んだものか、文章中の古文から十字で抜き出して書きなさい。

〈三重県〉

伊曾保物語

40　ある学級では、国語の授業で『伊曾保物語』を学習しています。『伊曽保物語』は、古代ギリシャ時代に作られた『イソップ物語』を翻訳したものです。動物等を主人公にした物語で教訓などが書かれています。

この学級では、学習のまとめとして、『伊曽保物語』の中から自分の好きな話を選び、その話が伝えようとしていることを、話と関係の深い言葉（ことわざ・慣用句等）を用いながら紹介する活動をすることになりました。

【Ⅰ】は、『伊曽保物語』に収められている話の一つである「鼠の談合の事」です。

【Ⅱ】は、【Ⅰ】の話の内容と関係の深い言葉です。

あなたなら、【Ⅰ】の話をどのように紹介しますか。次の条件(1)～(5)にしたがって、紹介する文章を書きなさい。

［条件］

(1)原稿用紙（20字詰×10行＝省略）の正しい使い方にしたがって書くこと。ただし、題名や自分の氏名は書かないこと。
(2)八行以上、十行以内であること。
(3)【Ⅰ】の話を読んだことがない人にも、話のあらすじが分かるように書くこと。
(4)【Ⅱ】の言葉の中から一つを選んで、文章の中で用いること。
(5)「鼠」は「ねずみ」と平仮名で書いてもよいこととする。

【Ⅰ】

ある時、鼠老若男女相集まりて僉議しける（相談したのは）は、「いつもかの（あの）猫といふいたづら者にほろぼさるゝ時、千たび悔やめども、その益なし（かいがない）。かの猫、聲をたつる（声を出す）か、しからずは足音高くなどせば、かねて用心すべけれども（あらかじめ用心することができるけれども）、ひそかに近づきたる程（とき）に、由断（油断）して取らるゝのみなり。いかゞはせん（しょうか）」といひければ、故老（年寄りの）の鼠進み出でて申けるは、「詮ずる所（要するに）、猫の首に鈴を付てをき侍らば（つけておきますならば）、やすく（きっとたやすく）知なん（分かるでしょう）」といふ。皆々、「もつとも（なるほど）」と同心しける（賛成）。「然（それ）らば（なら）、このうちより誰出てか、猫の首に鈴を付け給はん（お付けになるのだ）や」といふに、上臈鼠（地位の高い）より下鼠（地位の低い）に至るまで、「我付けん（私が付けよう）」と云者なし。是によつて、そのたびの議定事終らで（相談は決着がつかないで）退散しぬ（した）。

【Ⅱ】

○絵に描いた餅 ○机上の空論 ○畳の上の水練

〈和歌山県〉

41　次の文章を読んで、問いに答えなさい。

ある時、狐、餌食を求めかねて、ここかしこさまよふ所に、烏、肉をくはへて木の上に居れり。狐、心に思ふやう、われこの肉を取らまほしくおぼえて、烏の居ける木のもとに立ち寄り、「いかに御辺、御身は万の鳥の中にすぐれてうつくしく見えさせおはします。しかりといへども、すこし事足り給はぬ事とては、御声の鼻声にこそ侍れ。ただし、この程世上に申せしは、『御声もことの外によくわたらせ給ふ』など申してこそ候へ。あはれ一節聞かまほしうこそ侍れ」と申しければ、烏、この儀を誠と心得て、「さらば声を出ださん」とて口をはたけけるひまに、終に肉をおとしぬ。狐、是を取つて逃げ去りぬ。

そのごとく、人いかに讃むるといふとも、いささか真と思ふべからず。もしこの事をすこしも信ぜば、慢気出来せん事疑ひなし。人の讃めん時は、謹んでなほ謙るべし。

（「伊曾保物語」による）

（注）取らまほしくおぼえて——取りたいと思って。
御辺——あなた。
見えさせおはします——いらっしゃいます。
世上——世間の人々。
よくわたらせ給ふ——よくていらっしゃる。
儀——こと。
はたけける——開いた。
慢気出来せん事——おごり高ぶる心が出てくること。

問一、——線「取らまほしく」とありますが、このように思ったのは誰ですか、ア～エから選びなさい。

ア、狐
イ、烏
ウ、世間の人々
エ、作者

問二、文中の狐と烏のやりとりなどを、次のようにまとめるとき、［　①　］、［　②　］に当てはまる表現を、それぞれ五字以内で書きなさい。

狐が烏に言ったこと
「あなたの姿は多くの鳥の中で特に美しいが、少し不十分な点は、声が［　①　］ところだ。しかし、世間の人々はあなたの声がよいと言っているので、一声聞きたい」

⬅

烏の行動とその結果
狐の言ったことを信じて、「それなら［　②　］」と口を開いたところ、くわえていた肉を落としてしまった。

問三、この文章で作者は、人が教訓として受けとめるべきことはどのようなことだと述べていますか、最も適当なものを、ア～エから選びなさい。

ア、たとえ自分が損をしたとしても、困っている人には親切にした方がよいこと。
イ、人に褒められたときは、謙虚になりすぎることなく、自信をもった方がよいこと。
ウ、欲しいものは何でも手に入るという、おごり高ぶった心は捨てなければならないこと。
エ、人に褒められたときは、その言葉をうのみにせず、謙虚でなければならないこと。
〈北海道〉

42

次の文章を読んで、あとの問いに答えなさい。

ある時、きつね、餌食を求めかねて（見つけられず、）、ここかしこさまよふ処（ところ）に、からす、肉を咥（くわ）へて木の上に[A]居れり（止まっていた。）。きつね、心に思ふやう（思うことには、）、「我、この肉を取らまほしく（手に入れたい）」覚えて（と思って、）、からすの居ける（止まっていた）木の本に（根元に）[B]立ち寄り、「いかに御辺（もしもしあなた様。）。御身は（あなた様は）万（よろず）の鳥の中に（すべての鳥の中で、）、すぐれて美しく見えさせおはします（見えていらっしゃいます。）。①然（しか）りといへども、少し事足りたまはぬ事とては（不足していらっしゃる事は、）、御声の鼻声にこそ侍れ（であることです。）。但（ただ）し、この程（近頃）②世上に申せしは、御声もことの外（とりわけ）、よく渡らせたまふ（よくなられた）など申してこそ候へ（おります。）。あはれ（ああ、）、③一節聞かまほしうこそ侍れ（一声聞きたく存じます。）」と申しければ（申し上げたところ、）、からす、この義を（このことを、）、実（げ）にとや心得て（本当にその通りだと了解したのか、）、「さらば、声を出さん」（そういうことなら、声を出そう）とて、口を開けける隙に、終（つい）に肉を落としぬ（落としてしまった。）。きつね、これを取りて逃げ去りぬ（逃げ去った。）。

（『伊曾保（いそほ）物語』）

問一、……線部A・Bの主語を本文からそれぞれ抜き出して書け。

問二、――線部①の意味として最も適当なものを次から一つ選び、記号で書け。
ア、そのままなので
イ、そうはいっても
ウ、そのままならば
エ、そうはいえないが

問三、――線部②は「世間でうわさし申し上げていることは」という意味である。ここでの「うわさ」の内容として最も適当なものを次から一つ選び、記号で書け。
ア、からすは最も美しい姿の鳥だということ。
イ、からすの唯一の欠点は鼻声だということ。
ウ、からすの声がきれいになったということ。
エ、からすの美しい声を聞きたいということ。

問四、＝＝線部を現代かなづかいに直して書け。

問五、**思考力** ――線部③について、このきつねの発言のねらいはどのようなことか。三十字以内で書け。

問六、本文から読みとれる教訓として最も適当なものを次から一つ選び、記号で書け。
ア、他人の油断につけこむ行為は、自分に災いとして返ってくる。
イ、相手の優れた点を積極的に肯定すると、幸運がもたらされる。
ウ、欠点を指摘することは、相手の誇りを傷つける恐れがある。
エ、他人にほめられてもうぬぼれず、真意を見極める必要がある。

〈長崎県〉

正法眼蔵随聞記

43

次の古文を読んで、あとの問いに答えなさい。（一部表記を改めたところがある。本文の左には部分的に意味を記してある。）

実否（じっぷ）（事実かどうか）を知らざれども、注1故持明院（こぢみやうゐん）の中納言（ちゆうなごん）入道、或（ある）時、秘蔵の太刀を盗まれたりけるに、注2侍（さぶらひ）の中に犯人ありけるを、余（よ）（他の）の侍沙汰し出（いだ）して（調べ出して）、①参らせたりしに（お持ちしたところ）、入道の云（い）はく、「これは、我が太刀にあらず。僻事（ひがごと）（間違い）なり」とて、②返したり。決定（けつぢやう）（まさしく）、その太刀なれども、侍の恥辱を思うて返されたりと、人皆、これを知りけれども、その時は無為（ぶゐ）（何事もなく）にて過（す）ぐし（済んだ）。③ゆゑに、子孫も繁昌（はんじやう）せり（栄えているのである）。④俗（俗世間の人）なほ、心あるは、かくの如（ごと）し（このようである）。況（いは）んや（ましてや）、出家人（出家した人）は、必ず、この心あるべし。

【古典文学解釈講座『正法眼蔵随聞記（しようぼうげんぞうずいもんき）』より】

注1　故持明院の中納言入道…一条基家のことであり、入道はここでは僧の姿でありながらも世俗的生活を行っている人
注2　侍…貴人の家に仕える従者。ここでは中納言入道に仕える者

1、①参らせたりし　の主語に当たるものを、次のア～エから一つ選び、記号で答えなさい。
ア、入道　イ、太刀　ウ、犯人　エ、余の侍

2、②返したり　とありますが、人々はなぜ中納言入道が太刀を返したと考えたのですか。その理由として最も適当なものを、次のア～エから選び、記号で答えなさい。
ア、犯人の侍に恥をかかせたくなかったから。
イ、見たところ自分のものではなかったから。
ウ、侍に盗まれたことが恥ずかしかったから。
エ、本物かどうか見分けがつかなかったから。

3、③ゆゑに　を現代の仮名遣いに改めて、ひらがなで答

えなさい。

4、④俗 と対比されている言葉を、本文中から抜き出しなさい。

5、本文の趣旨に合うことわざとして、最も適切なものを、次のア～エから選び、記号で答えなさい。

ア、論より証拠　イ、知らぬが仏

ウ、急がば回れ　エ、うそも方便

〈富山県〉

44 次の文章を読んで、㈠～㈢の問いに答えなさい。

昔、国皇（帝王）あり。国を治めて後（統治した後で）、群臣に問ふ、「我、よく国を治む。賢なりや、否や」。諸臣が云はく、「帝、はなはだよく治む」。時に、一人の臣あり、云はく、「帝、賢ならず」と。帝の云はく、「故如何（それはどういうわけか）」。臣が云はく、「国を治めて後、弟に与へずして（土地を自分の弟君に）、息に与ふ（お子様に）」と。帝、心に適はずして（気に入らなくて、その臣下をその場から）、追ひ立てられて後、また、一人の臣に問ふ、「朕（私は）、よく仁ありや、否や」。臣が云はく、「はなはだ、仁あり」。帝の云はく、「その故如何（それはどういうわけか）」。臣が云はく、「仁君には、必ず、忠臣あり。忠臣は、直言あり（自分の信ずることをはっきり言います）。前臣（以前いた臣下は）、はなはだ直言なり（直言する人です）。これ□なり。仁君にあらずんば、得じ（得ることができません）」。帝、これを感じて（この言葉に感動して）、即ち（すぐに）、前臣を召し返さるるなり。

㈠与へずして の読み方を現代かなづかいに直して、すべてひらがなで書きなさい。

㈡右の文章中の□に入る最も適切な言葉を、右の文章中から漢字二字で抜き出して書きなさい。

㈢右の文章で述べられている内容に合っているものとして、最も適切なものを、次の1～4の中から選んで、その番号を書きなさい。

1、「帝、賢ならず」と答えた臣下は、多くの臣下の協力により、再び国皇の元に戻った。

2、「帝、賢ならず」と答えた臣下は、もう一度国皇に仕えるため、自分の発言を改めた。

3、「はなはだ、仁あり」と答えた臣下は、仲間をかばう発言をしたため、土地を取り上げられた。

4、「はなはだ、仁あり」と答えた臣下は、国皇の行為を非難することなく、間違いに気づかせた。

〈茨城県〉

45 次の古文を読んで、あとの㈠から㈣までの問いに答えなさい。（本文の……の左側は現代語訳です。）

人の心、もとより、善悪なし。善悪は、縁に随つて起る。たとへば、人、発心して（仏道修行をする心を起こして）、山林に入る時は、林家は善し、人間は悪しと思へり。また、退心して（修行する心が鈍って）、山林を出づる時は、山林は悪しと云ふ。①これ、即ち（いいかえれば）、決定、心に定相無き（必ず一定不変の状態）故に、縁に随つて、②ともかくもなるなり。故に、善縁に逢へば心善くなり、悪縁に近づけば心悪しくなるなり。我が心、もとより悪しと思ふことなかれ（思ってはならない）。ただ、（　③　）に随ふべきなり。

（『正法眼蔵随聞記』による）

（注）○縁＝ここでは、周囲の状況のこと。
○林家＝山林の中の住まい。
○人間＝ここでは、世間一般の人が住むところ。

㈠①これ のさす内容として最も適当なものを、次のアからエまでの中から選んで、そのかな符号を書きなさい。

ア、修行することによってその人の人格が大きく変わってしまうこと

イ、心の状態によって修行する場所に対する考え方が変化すること

ウ、世間一般の生活をしながら山林での修行生活にあこがれること

エ、日常から解放される山林は修行の場にふさわしくないと思うこと

㈡②ともかくもなるなり の現代語訳として最も適当なものを、次のアからエまでの中から選んで、そのかな符号を書きなさい。

ア、何とかしたくなるものである

イ、こうしてほしくなるものである

ウ、どうでもよくなるものである

エ、どのようにもなるものである

㈢（　③　）にあてはまる最も適当なことばを、次のアからエまでの中から選んで、そのかな符号を書きなさい。

ア、善悪　イ、発心　ウ、善縁　エ、悪縁

㈣次のアからオまでの中から、その内容がこの文章に書かれていることと一致するものを一つ選んで、そのかな符号を書きなさい。

ア、人の心はよい状況に身を置くことで自然によくなるものである。

イ、人が生まれつきもっている悪い心が仏道修行の妨げとなる。

ウ、よい心を保つには周囲の状況を気にせず生活する必要がある。

エ、仏道修行の成果は修行後の心の在り方で分かるものである。

オ、日頃の自分の心がけ次第で社会全体が豊かになるものである。

〈愛知県〉

平家物語

46 『平家物語』の一節である次の文章を読んで、1〜3の問いに答えなさい。

> 一ノ谷の合戦で源氏方の熊谷次郎直実は、退却する平家方の武将と組み合ったが、相手は自分の息子と同じ年頃の少年のような若武者であった。相手を討った直実は、自らの心の内を語った。

「①あはれ、弓矢取る身ほど口惜しかりけるものはなし。（残念なものはない）武芸の家に生まれずは、何とてかかる憂き目をば見るべき。（どうしてこのようなつらい目にあうことがあろうか）情けなうも討ち奉るものかな」とかきくどき、（くどくどと言い）袖を顔に押し当ててさめざめとぞ泣きゐたる。やや久しうあつて、さてもあるべきならねば、（そうもしていられないので）＊鎧直垂を取って、首を包まんとしけるに、錦の袋に入れたる笛をぞ腰にさされたる。「あな②いとほし。（ああ、かわいそうに）この＊暁、城の内にて管絃したまひつるは、この人々にておはしけり。当時御方に東国の勢何万騎かあるらめども、（いるだろうが）いくさの陣へ笛持つ人はよもあらじ。（まさかあるまい）＊上臈はなほもやさしかりけり」（やはり優雅なものであるよ）とて、九郎御曹司（源義経）の見参（お見せしたところ）に入れたりければ、これを見る人涙を流さずといふことなし。後に聞けば、修理大夫経盛（平経盛）の子息に大夫敦盛（平敦盛）とて、生年十七にぞなられける。それよりしてこそ熊谷が発心（仏道に入ること）の思ひは進みけれ。

【注】＊鎧直垂……戦場において鎧の下に着る衣服
　　＊暁……夜明け頃
　　＊上臈……高貴な人

1、①あはれ　②いとほし　を現代仮名遣いに直し、すべて平仮名で書きなさい。

2、東国の勢　を分かりやすくするために、「勢」の上に漢字一字を補いたい。当てはまる漢字一字を書きなさい。

3、次は、この文章を読んだ道子さんと健一さんの会話である。これを読んで、後の問いに答えなさい。

> 道子　直実は、相手が我が子と同じ年頃の敦盛であっても討ち取るしかなかったのね。直実は、逆らうことのできない武士としての己の〔a〕を嘆いて泣いたのだと思うわ。
>
> 健一　そして敦盛が笛を腰にさしていたことも悲しさを誘っているね。
>
> 道子　双方の「〔b〕」へ響いた音色は、命がけで戦う人々の心を和ませたのではないかしら。
>
> 健一　源氏の人々は笛の音に加えて、常に笛を携え、どんなときも〔c〕をもち続けた敦盛の生き方に、心を動かされたに違いないよ。そして討たれた若武者と、手柄を挙げながらも嘆いている直実の様子に涙を流したんだね。
>
> 道子　このつらい思いが、直実の「〔d〕」を強めたのね。

(1)〔a〕〔c〕に適する内容を〔a〕には二字で、〔c〕には四字以内でそれぞれ書きなさい。

(2)〔b〕〔d〕に当てはまる語句を、本文中からそれぞれ五字で抜き書きしなさい。

〈秋田県〉

47 次は、【古典の文章の冒頭の部分】とその【現代語訳】です。これらを読んで、後の①と②の各問いに答えなさい。

【古典の文章の冒頭の部分】

> 祇園精舎の鐘の声、諸行無常の響きあり。沙羅双樹の花の色、盛者必衰のことわりをあらはす。

【現代語訳】

> 祇園精舎の鐘の音には、この世のすべては絶えず変化していくものだという響きがある。沙羅双樹の花の色は、盛んな者も必ず衰えるものであるという道理を表している。

① ――線部「花の色」と対になっている部分を【古典の文章の冒頭の部分】の中から抜き出して書きなさい。

②【古典の文章の冒頭の部分】の作品名を漢字四字で書きなさい。

〈滋賀県〉

48 次の文章を読み、後の㈠〜㈣の問いに答えなさい。

　さるほどに法皇は、「1とほき国へもながされ、はるかの島へもうつされんずるにや」と仰せけれども、城南の離宮にして、今年は二年にならせ給ふ。

　同五月十二日、午の刻ばかり、御所中にはいたちおびたたしうはしりさわぐ。法皇大きに驚きおぼしめし、御占形をあそばいて、近江守仲兼、其比はいまだ鶴蔵人と2召されけるを召して、「この占形もつて、泰親がもとへゆけ。きつと勘へさせて、勘状をとつて参れ」とぞ仰せける。仲兼これを給はつて、陰陽頭安倍泰親がもとへゆく。をりふし宿所にはなかりけり。「白河なる所へ」とアいひければ、それへたづねゆき、泰親にあうて、勅定のおもむき仰すれば、やがて勘状をイ参らせけり。仲兼、鳥羽殿にかへり参つて、門より参らうどすれば、守護の武士どもゆるさず。案内は知つたり、築地をこえ、大床のしたをはうて、きり板より泰親が勘状をこそウ参らせたれ。法皇これをあけてエ御覧ずれば、「いま三日がうちの御悦、ならびに御嘆」とぞ申したる。法皇、「御よろこびはしかるべし。これほどの御身になつて、又いかなる□のあらんずるやらん」とぞ仰せける。

（『平家物語』による）

（注）法皇…後白河法皇のこと。平清盛によって、城南の離宮（鳥

羽殿）に幽閉（閉じこめること）をされていた。
同…同じ年の。
占形…占いで鹿の骨や亀の甲を焼いて現れた割れ目などの形。この形をもとにして吉凶を判断する。
あそばいて…なさって。
鶴蔵人と召されけるを…鶴蔵人と呼ばれていたのを。（蔵人は役職名）
勘状…占形によって考えた結果を書き記したもの。
勅定…法皇の命令。
案内…建物のようす。
築地…土塀。

㈠　文章中の――線部1の「とほき国へもながされ」を現代仮名遣いに直して、――線部全部をひらがなで書け。

㈡　文章中の――線部2に「召して」とあるが、これと行為をする者が同じであるものを、文章中の═線部ア～エから一つ選び、その記号を書け。

㈢　文章中の□に当てはまる言葉として適切なものを、文章中から二字でそのまま抜き出して書け。

㈣　この文章で述べられている内容と合っているものを、次のア～エから一つ選び、その記号を書け。
ア、幽閉生活が二年に及んだ法皇は、いたちの騒動が気にかかり仲兼を遣わして泰親に勘状を書かせたところ、短期間のうちに吉凶の両方が訪れるという結果を手にした。
イ、幽閉生活が二年に及んだ法皇は、この生活が続くことの耐え難さと遠方に流されるかもしれない不安から、いたちにまでおびえ、占いの力に頼るようになっていった。
ウ、幽閉生活が二年に及んだ法皇は、単調な毎日を過ごしていたので、いたちの騒動に関心を寄せて泰親に勘状を書かせたが、退屈な日々に変化が起きる予兆はなかった。
エ、幽閉生活が二年に及んだ法皇は、いたちの騒動が起きて仲兼に泰親のもとへ勘状をもらいに行かせたが、仲兼が法皇の期待したとおりに行動しなかったので失望した。

〈高知県〉

うひ山ぶみ（本居宣長）

49　次の文章を読んで、あとの問いに答えなさい。

凡(すべ)て件(くだり)[注]の書(ふみ)ども、かならずしも次第(順序)を定めてよむにも及ばず(読む必要はない)。ただ便(たより)(機会)にまかせて、次第にかかはらず、これをもかれ(あれ)をも見るべし。

又、いづれの書をよむとても、初心のほどは、かたはしより文義(ぶんぎ)を解せんとはすべからず。まづ大抵にさらさらと見て、他の書にうつり、これやかれやと読みては、又さきによみたる書へ立ちかへりつつ、幾遍(いくへん)(何度も)もよむうちには、始(はじめ)に聞(きこ)えざりし事(理解できなかった)もそろそろ(だんだんと)と聞ゆるやうになりゆくもの也(なり)。

さて、件の書どもを数遍よむ間には、其外(そのほか)のよむべき書どものことも学びやうの法(のり)なども、段々に自分の料簡(りょうけん)(考え)の出来(でき)るものなれば、其末の事は一々さとし教(おし)ふるに及ばず(言い聞かせ教える)。心にまかせて力の及ばむかぎり、古きをも後の書をも広くも見るべく、又簡約(つづまやか)にしてさのみ(それほど)広くはわたらずしても有りぬべし(よいだろう)。

（「うひ山ぶみ」より）

注　ここでは、ある学問について書かれたいくつかの書物のこと。

1、「かかはらず」の読み方を、現代仮名遣いに直してすべてひらがなで書きなさい。

2、次の会話は、本文について授業で話し合ったときの内容の一部である。あとの(1)、(2)の問いに答えなさい。

Aさん　「順序を気にせず、いろいろと本を読んでみることを勧めているけれど、内容が難しい本もあるだろうし、どうすればよいのかな。」
Bさん　「『 Ⅰ 』とあるよ。これはまだ読むことになれていなかったり、知識が少なかったりする状態のことを指すのだと思うよ。この段階では、無理に内容を理解しようとしないほうがよいみたいだね。」
Cさん　「意味のわからない部分があったとしても、まずはおおまかにさらっと読んでみてから、 Ⅱ ことによって、最初は理解できなかったこともだんだんと理解できるようになると言っているよ。」
Aさん　「なるほど。何冊かの本から得た知識を結び付けながら、少しずつ理解を深めることが大切なのかな。」
Cさん　「そうやって本を読むことを続けていくうちに、読書のしかたや学び方が身についていくんだね。」

(1)　Ⅰ にあてはまる最も適当な言葉を、本文（文語文）中から五字でそのまま書き抜きなさい。

(2)　Ⅱ にあてはまる内容を、三十字以内で書きなさい。

3、「一々さとし教ふるに及ばず。」とあるが、筆者がこのように考える理由として最も適当なものを、次のア～オの中から一つ選びなさい。
ア、読書によって知識が身についていき、どの分野の書物でも一度読めば正確に理解することができるようになるから。
イ、読書によって自分の考えに自信が増していき、人の意見に影響されずに集中して学ぶことができるようになるから。
ウ、読書によって学ぶことの意義に気づき、内容の理解よりも本を読むことの楽しさを優先することができるようになるから。

エ、読書によってそれまでの自分の考えにこだわりがなくなり、視野を広げて学びを深めていくことができるようになるから。

オ、読書によって自分なりの考えが形作られていき、自分のやり方を見つけながら学んでいくことができるようになるから。

〈福島県〉

50

次の文章を読んで、あとの問いに答えなさい。

文義（文の意味）の心得がたきところを、はじめより一々に解せむとしては、①とどこほりてすすまぬことあれば、聞こえぬ（わからない）ところは、まづそのままにて過ごすぞよき。殊（とりわけ）に世に難き（かた）事にしたるふしぶしをまづしらむとするは、いといとわろし。ただよく聞こえたる所に心をつけて、深く味はふべき也（なり）。こはよく聞こえたる事也と思ひて、②なほざりに見過ごせば、すべてこまかなる意味もしられず、又おほく心得たがひの有りて、いつまでも③其（そ）の誤りをえさとらざる事有る也。

1、①とどこほりて を現代かなづかいになおして、すべてひらがなで書きなさい。

2、②なほざりに の本文中での意味として次のうち最も適しているものを一つ選びなさい。

ア、あきらめて
イ、いい加減に
ウ、思い切って
エ、ていねいに

3、③其の誤りをえさとらざる事 とあるが、これはどのようなことを表しているか。次のうち、最も適しているものを一つ選びなさい。

ア、文章の意味についての思い違いに気づくことができないこと。
イ、文章の内容の一部が間違っていて共感することができないこと。
ウ、文章の各部分における表現の違いを指摘することができないこと。
エ、文章の評判と印象とが食い違っていて納得することができないこと。

4、次のうち、本文中で筆者がすすめる文章の読み方として最も適しているものはどれか。一つ選びなさい。

ア、はじめの部分は、内容を味わいながら特にていねいに読む。
イ、難しいとされる部分は、細かな意味をよく考えながら読む。
ウ、内容のやさしい部分は、すばやく意味をとらえて読み進める。
エ、意味のわからない部分は、最初はそのままにして読み進める。

〈大阪府〉

玉勝間（本居宣長）

51

次の文章を読んで、あとの(1)～(4)に答えなさい。

(注)いへたかの二位の云（い）はれ（言われた）しは、歌はふしぎ（不思議）のものにて候（さうらふ）（ございます）なり。きと（ちょっと）うち見るに、あ面白く悪しからずおぼえ（思われ）候（さうら）へども、次の日又又見候へば、ゆゆしく（ひどく）見ざめ（見劣り）のし候。これを善しと思（よ）ひ候ひける いこそふしぎに候へ、などおぼゆるものにて候云々（うんぬん）、とぞ云はれける。誠にさる事なり（もっともなことである）。

——「玉勝間（たまかつま）」より——

(注) いへたかの二位……藤原家隆。『新古今和歌集』をまとめた一人。二位は、朝廷の役人の地位・序列を示す。

(1) 思ひ とありますが、すべてひらがなで現代かなづかいに書き改めなさい。

(2) あ面白く とありますが、ここでそのように思われたのはなぜですか。最も適切なものを、次の1～4の中から一つ選び、その番号を書きなさい。

1、歌の鑑賞とは、必ず興味深く感じるはずであったから。
2、歌を鑑賞するとき、時間を十分かけていなかったから。
3、歌の鑑賞では、翌日に見直すことが必要であったから。
4、歌に興味がないと、鑑賞する価値がないと思ったから。

(3) いこそ とありますが、この語の他に用いられている係りの助詞を、本文中から一字でそのまま抜き出して書きなさい。

(4) ある生徒が、本文の内容について次のようにまとめました。□に入る具体的な内容を三十字以内で書きなさい。

「いへたかの二位」は、歌の「ふしぎ」について、悪くないと思われた歌が、□ことが不思議だと述べている。

〈青森県〉

仮名世説

52 次の文章を読んで、あとの㈠〜㈤の問いに答えなさい。

長崎の(注1)鶴亭隠士(かくていいんし)は少年より画を(注2)たしみ、墨画の花鳥などことによく得られたるよし。元より人目驚かさんとにもあらず、みづから①心のうつり行くにまかせ、②あはれにやさしくうつせり。ある時友人来(きた)りて(注3)物語のついでに③(注4)印の押し所を問ひしに、答へていふ。「印はその押し所定まれるものにあらず。その絵が出来終はれば、ここに押してくれよと絵の方から待つものなり」といへり。ある人これを聞きて、よろづの道是(これ)におなじ、たとへば座敷座敷もその客の居やうによりて上中下の居り所が出来、また人のあいさつもその時時のもやうにあり。臨機応変とも、時のよろしきにしたがふともいへるごとく、一定の相はなきもの。しかしその時のもやうの見わからぬ人にはこの段さとしがたし。よくわかる人はよくその場をしるなれば、(注5)琴柱(ことぢ)ににかはせずといへり。

(注1) 鶴亭隠士＝江戸時代の画家。
(注2) たしみ＝好んで心をうちこみ。
(注3) 物語のついでに＝話をした機会に。
(注4) 印＝書・絵画などに押して作品が自分の作であることを表すための判。
(注5) 琴柱ににかはせず＝琴の胴の上に立てて弦を支える琴柱は、音を調整するためににかわで固定しないことから、ここでは融通がきくことのたとえ。

㈠ ①に 心のうつり行くにまかせ とあるが、これはどういう意味か。次の1〜4から最も適当なものを一つ選んで、その番号を書け。
1、心が変化していくことにそのままにしたがって
2、心がひかれた場所に気のむくまま行ってみて
3、心の中に残ったものを忘れないよう記録して
4、心の動きや迷いを悟られないよう包み隠して

㈡ ②の あはれに は、現代かなづかいでは、どう書くか。ひらがなを用いて書きなおせ。

㈢ ③に 印の押し所 とあるが、鶴亭は印の押し所についてどのように言っているか。それを説明しようとした次の文の□内にあてはまる言葉を、五字程度で書け。
印の押し所というものは□ものではなく、完成した絵が待つ所に押すものである

㈣ 本文中には、「　」で示した会話の部分以外に、もう一箇所会話の部分がある。その会話の言葉はどこからどこまでか。初めと終わりの三字をそれぞれ抜き出して書け。

㈤ 本文中で述べられている内容として最も適当なものを、次の1〜4から一つ選んで、その番号を書け。
1、あらゆる物事に精通する人は、それぞれの場にふさわしい適切な基準を用いることで、状況により融通をきかせ自分の考えを変えられるものである
2、あらゆる物事に融通をきかせず従来の規則を尊重する人は、主観的な感情に流されることがないため、場を客観的に眺めることができるものである
3、あらゆる物事は昔の習慣から生み出されるので、たとえ場を理解していたとしても、融通をきかせずに先例にしたがうことでうまくいくものである
4、あらゆる物事はその時々の状況や事情によって変化していくので、場の様子を理解する人は、その場に応じて融通をきかせ対処していくものである

〈香川県〉

53 次の文章は「仮名世説(かなせせつ)」の一節である。(1)〜(5)に答えなさい。

芝三島町に菓子をあきなふ新右衛門(しんゑもん)といへるは、少欲至直(欲が少なく正直なこと)にして、日ごと(毎日)に買ふ品の価(あたひ)をあらそふ事なく、売る人のいふままにまかせて ア もとめければ、①家内の者いぶかり(不審に思って)て、「商人はいづれも同じ事にて、そのあたへ(値段)の高下を争ふならひ(世の常)なるに、いかなれば(どうして)かく(このように)いふままにはしたまふ(なされるのか)

ぞ。」と いふを きき て、「かれらは日ごとに重きを荷ひて、朝はとく（早く）出、ゆふべには遅く帰る。ことに暑寒の折からは其くるしみいふべくもあらじ（言葉では言い尽くせまい）。おのれらは年中店に居て風雨のうれへ（心配）もなく家業をいとなむは有がたき事ならずや（ありがたいことではないか）。たとひ（たとえ）人にもの施す事はなしがたくとも、せめてはその価をあらそはずしてもとめなば（求めたならば）、すこしはかれらがたすけともならんか（なるだろうよ）。」といひける。後々は新右衛門が ②情ある事を しりて、売る者も価をひきく（低く）して持来り（持ってきた）しとなん（ということだ）。

(1) ……線部「ゆふべ」を、現代仮名遣いに改めて、全てひらがなで書きなさい。

(2) ══線部ア～エのうち、その主語にあたる人が同じであるのはどれとどれか、その記号を書きなさい。

(3) ──線部①「家内の者いぶかりて」とあるが、次の文は、その理由について、ある生徒がまとめたものである。（ ⓐ ）・（ ⓑ ）にあてはまる適切な言葉を、それぞれ八字以内の現代語で書きなさい。

> 商人が商品を買い取るときには、相手に（ ⓐ ）ことが当たり前なのに、店の主人はそうすることなく、相手の（ ⓑ ）で買い取っていたから。

(4) ──線部②「情ある事」とあるが、この「情」にあたる新右衛門の思いが描かれている箇所を、本文中から十七字で抜き出して書きなさい。

(5) 本文の内容と合うものとして、最も適切なものをア～エから選びなさい。

ア、新右衛門は、店の者が誠実に働いてくれることに対して、心から感謝した。

イ、新右衛門は、商売相手の生活を心配して、どんな物でも惜しまずに与えた。

ウ、新右衛門が商売相手の苦労を親身になって考えたことは、相手の心に響いた。

エ、新右衛門が店の者の意見を受け入れたので、店は利益をあげるようになった。

〈徳島県〉

きのふはけふの物語

54 次の文章を読んで、あとの問いに答えなさい。

ある修行者に、路次にて鷹野の大名、「お僧いづくへ」と Ａ仰せられた。「愚僧も存ぜぬ」「一段好いた返答ぢや。①斎を申さう。あの森のうちにて、そんぢやうその家へ行きてお参れ」との給ふた。「愚僧ばかり参りては、②いかが候はん」と申されたれば、裏差を Ｂぬいて、しるしに御やり候。これをもちて行き、思ひのまま斎を食うて、一首書きていでられた。

Ⓐ
ここにきし
かかるおもひか
たびの身に
なさけある身を
たのみてぞゆく

さて、殿屋形へ御帰りありて、様子御たづねあれば、この短冊を Ｃ御目にかけ申した。能々 Ｄ思案して御覧ずれば、「小がたなたしかにおく」といふ、義理こもれり。歌の品に、沓冠の風情といふは、これなるべし。

（注）鷹野の大名＝鷹狩りに出た大名。
斎＝僧の食事。　裏差＝腰刀にさしそえた小刀。
殿屋形＝ここでは、大名の屋敷のこと。
風情＝しみじみとした味わい。おもしろみ。

1、本文中のＡ～Ｄの──を付けたことばのうち、その動作を行っている人物の異なるものが一つだけある。その記号を選びなさい。

2、①斎を申さう とあるが、次のうち、大名がこのように言った理由として本文中で述べられているものはどれか。最も適しているものを一つ選びなさい。

ア、腹をすかせた修行者に手を差し伸べるのが大名の仕事だから。

イ、自分がどこへ行くかもわからない修行者の過酷さに同情したから。

ウ、大名の質問に対する修行者の返事の内容をとても気に入ったから。

エ、頼み事を聞く代わりに何かほしいと修行者に条件を出されたから。

3、②いかが候はん　とあるが、次のうち、修行者が心配していることの内容として本文中で述べられているものはどれか。最も適しているものを一つ選びなさい。

ア、今の持ち物で険しい森の中を進むことができるのかということ。

イ、森の中の家の場所が修行者一人だけではわからないということ。

ウ、修行者である自分は人からのほどこしを受けられないということ。

エ、自分一人だけで家へ行っても食事をさせてくれるのかということ。

4、本文中のⒶで示した和歌について説明した次の文の［a］に入る内容を本文中から読み取って、現代のことばで具体的に十五字以内で書きなさい。また、［b］に入れるのに最も適していることばを、本文中から抜き出しなさい。

Ⓐの和歌には、意味のあることばを［a］に詠(よ)みこむ［b］という技法が用いられており、「小がたなたしかにおく」という内容が読み取れる。

〈大阪府〉

55

次の文章を読んで、あとの問いに答えなさい。

粗忽(そこつ)なる若衆(そそっかしい若者が)、餅をまゐる(召し上がる)とて、物数を心がけ(ひとつでも多く)、あまりふためひて(あわてて)、喉にア詰まる。人々せうしがりて(気の毒に思い)、薬をまゐらせても(差し上げても)、この餅通らず。何かといふうちに(そうこうしているうちに)、天下一の注①まじなひ手をイ呼びければ、やがてウまじなふて(すぐに祈って)、そのまま、注②ちりげもとを、一つエ叩(たた)きければ、りうごのごとくなる(真ん中がくびれた形をした)餅、注③三間あまり先へ、飛んで出る。みな人々これを見て、さても(本当に)めでたいことじや、このまじなひ((まじなひ手による)処置)、ちと遅くは(もう少し遅ければ)、危なかつたが、さりとては(やはり)、1天下一ほどある、といへば、若衆聞き給(たま)ひて(お聞きになり)、さのみ(それほどの)、2名人にてはない、あつたら物を(せっかくのもの)、内へ入るやうにしてこそ、天下一よ、二でもない、といはれた。

(『きのふはけふの物語』による。)

(注)①ここでは、神仏などの力を借りて病気などを取り除く者。
②ここでは、背中側の首のつけ根のあたり。
③約五・四メートル。

問一、二重傍線(══)部を、現代かなづかいで書きなさい。

問二、傍線(──)部ア～エの中から、その主語に当たるものが同じであるものを二つ選び、記号で答えなさい。

問三、太線部1と太線部2は、それぞれ、人々と若衆の、「まじなひ手」に対する評価である。これについて、次の(1)、(2)の問いに答えなさい。

(1)太線部1は、人々の、「まじなひ手」に対する評価である。人々が太線部1のように言ったのはなぜか。その理由を、「まじなひ手」が来る前の若衆の状況に対する人々の思いを含めて、簡単に書きなさい。

(2)太線部2は、若衆の、「まじなひ手」に対する評価である。若衆は、「まじなひ手」による処置に対し、餅をどのようにしてほしかったと述べているか。若衆がそのように望んでいた理由を含めて、簡単に書きなさい。

〈静岡県〉

漢文

韓非子

1 次の文章を読んで、あとの(1)～(4)の問いに答えなさい。

管仲(注1)・隰朋、孤竹(注2)を伐ち、春往きて冬反る。迷惑して道を失ふ。管仲いはく、「老馬の智用ふべし。」と。すなはち老馬を放ちて①これに随ひ、遂に道を得たり。山中を往きて水無し。隰朋いはく、「蟻は冬は山の陽に居り、夏は山の陰に居る。蟻壌(注3)一寸(注4)にして仭(注4)に水あり。」と。すなはち②地を掘り、遂に水を得たり。管仲の聖と、隰朋の智とをもつてするも、其の知らざる所に至りては、老馬と蟻とを師とするをはばからず。今人、その愚心をもつてして、しかも聖人の智を師とするを知らず、また過たずや。

（「韓非子」による）

(注1) 管仲・隰朋…それぞれ、中国の春秋・戦国時代に活躍した人物。
(注2) 孤竹…中国の春秋・戦国時代にあった、ある地域。
(注3) 蟻壌…ありの巣の上にできる、土が小高く盛り上がった所。あり塚。
(注4) 寸・仭…長さの単位。当時の中国で、一寸は約三センチメートル、一仭は約一六〇センチメートル。

(1) 二重傍線部　山中を往きて水無し　とありますが、漢文では「往山中無水」となります。これに返り点を付けなさい。

(2) 傍線部①　これに随ひ　とありますが、どういうことを表していますか。次のア～エのうちから、最も適当なものを一つ選び、その記号を書きなさい。
ア、老馬が管仲の誘導に応じたこと。
イ、管仲が隰朋の主張に応じたこと。
ウ、老馬が隰朋を追って行ったこと。
エ、管仲が老馬について行ったこと。

(3) 傍線部②　地を掘り、遂に水を得たり　とありますが、隰朋らはどこを掘って水を手に入れましたか。十字以上十五字以内で書きなさい。

(4) 次のア～エのうち、本文中で述べられている、当時の人々に対する筆者の意見として、最も適当なものはどれですか。一つ選び、その記号を書きなさい。
ア、管仲や隰朋ほどの人物でも、困ったことに直面したときには、ためらうことなく老馬や蟻を師とした。もし分からないことがあるならば、なおさら優れた先人の知恵に学ぶべきだ。
イ、管仲や隰朋ほどの人物でも、知らない場所では思い切って老馬や蟻を師とした。知らない場所に行くのなら、老馬や蟻のようなどこにでもいるようなものから教わるべきだ。
ウ、管仲や隰朋ほどの人物でも、困ったことが起きたときは、迷わずに老馬や蟻を師とした。人の知識には限りがあるので、老馬や蟻のような取るに足りないものから教わるべきだ。
エ、管仲や隰朋ほどの人物でも、知らない場所では検討に検討を重ねて老馬や蟻を師とした。たとえよく知っている場所に行く場合であっても、優れた先人の知恵に学ぶべきだ。

〈岩手県〉

2 次の文章は、古代中国の書物『韓非子』の一節を書き下し文に改めたものである。魯の国を討伐した斉の国は、魯に「讒鼎」という宝物を差し出すように求めた。これを読み、各問いに答えよ。

①斉、魯を伐ちて讒鼎を索む。魯其の鴈を以て往かしむ。斉人曰はく、「鴈なり。」と。魯人曰はく、「真なり。」と。斉曰はく、「楽正子春をして来らしめよ。吾将に子に聴(A)かむとす。」と。魯君、楽正子春に請(B)ふ。楽正子春曰はく、「胡ぞ其の真を以て往かざる。」と。君曰はく、「我、之を愛しむ。」と。答へて曰はく、「臣も亦臣の②信を愛しむ。」と。

(注) 鴈＝にせもの
楽正子春＝魯の国の賢人
胡ぞ＝どうして
臣＝わたし

(一) ――線①の読み方になるように、次の文に返り点を書き入れて示せ。
斉、伐チテ魯ヲ索ム讒鼎ヲ。

(二) ……線A、Bの意味について説明した次の□内のXに当てはまる言葉を、漢字二字で書け。

> ……線Aは、斉の人が楽正子春に「魯から差し出された讒鼎が（　X　）かどうかを聴こう」という意味である。
> ……線Bは、魯の君主が楽正子春に「斉に行き、差し出した讒鼎は（　X　）であると言うように頼んだ」という意味である。

(三) ――線②とあるが、楽正子春が大切にしている「信」とは何か。最も適切なものを、次のア～エから一つ選び、その記号を書け。
ア、信義
イ、信仰
ウ、自信
エ、通信

〈奈良県〉

3　次の文章は、『韓非子』の一節を書き下し文に改めたものである。

鄭人（鄭の国の人で履を買いに行こうとする者）に且に履を置はむとする者有り。先づ自ら其の足（足の）を度りて（大きさを計り）、之を其の坐に置き（座席に）、市に之くに至りて（市へ出かける際には）、之を操る（持って）を忘る（行くのを忘れた。そして履屋を見つけて）。已に履を得て乃ち曰く、「吾度（寸法書き）を持つことを忘る。」と。反り帰りて（家に引き返して）之を取る。反るに及びて（戻ってみれば）市罷む（市はもう終わり）、遂に履（履を）を得ず（買いそこねた）。人曰く、「⑦何ぞ之を試みるに足を以てせざる。」（どうして足でじかに計ってみなかったのかね）と。曰く、「寧ろ度を信ずるも、自ら信ずる無し。」（寸法書きの方がずっと信用できる、自分の足からだよりも）と。

（「新釈　漢文大系」による）

(1)　——線部⑦「何ぞ之を試みるに足を以てせざる」は、「何不試之以足」を書き下し文に改めたものである。返り点を付けなさい。

(2)　……線部「鄭人」は、どのような人物として描かれているかを次の□のようにまとめるとき、A、Bにあてはまる最も適切な言葉を、文章中からそれぞれ漢字一字で抜き出して書きなさい。

A を信じて、自分の B を信じない浅はかな人。

〈長野県〉

孔子家語

4　「人此の道の美なるを知らざる莫し。」の読み方になるように、次の文に返り点を付けなさい。

人　莫　不　知　此　道　之　美。

〈大阪府〉

5　次の【漢文】と、その【書き下し文】を読んで、あとの問いに答えなさい。なお、設問の都合で返り点を省いたところがある。

【漢文】

孔子曰、「吾①有レ所レ恥、有レ所レ鄙、②。夫幼而不レ能レ強レ学、老而無二以教一、吾恥レ之。去二其郷一、事レ君而達、卒遇二故人一、③曾無二旧言一、吾鄙レ之。与二小人一処、而不レ能レ親レ賢、吾殆レ之。」

【書き下し文】

孔子曰く、「吾恥づる所有り、鄙しとする所有り、□。夫れ（そもそも）幼にして学を強むる能はず（ことができず）、老いて以て教ふる無きは、吾之を恥づ。其の郷を去りて、君（君主）に事へて達し（栄達し）、卒かに故人に遇ひて、曾て（全然）旧言無きは、吾之を鄙しとす。小人と処りて、賢（賢人）を親しむ能はざるは、吾之を殆ふしとす。」と。

（注）旧言＝昔と変わらない言葉。
小人＝つまらない人物。

1、①有レ所レ恥 とあるが、孔子が恥としている内容を【漢文】中から読み取って、現代のことばで三十五字程度で書きなさい。

2、【漢文】中の②に入れるのに最も適している漢文を、漢字三字で書きなさい。ただし、送りがな・返り点は書かないこと。

3、③曽無旧言、吾鄙之。に、【書き下し文】の読み方になるように返り点をつけなさい。

4、「昔なじみの友人」という内容を表すことばは何か。最も適しているものを、【漢文】中から抜き出しなさい。ただし、送りがな・返り点は書かないこと。

〈大阪府〉

6　次の漢文（書き下し文）を読んで、あとの㈠から㈣までの問いに答えなさい。（本文の……の左側は現代語訳です。）

哀公、孔子に問ひて曰はく、「寡人（私は）、吾が国小なれば（国力が弱小のときは）而ち能く守り、大なれば即ち（　①　）と欲す。其の道（その方法は）如何。」（どうであろうか）と。孔子対へて曰はく、「君の朝廷をして礼有りて、上下和親せしめば（国内の全ての臣民を親しむようにさせれば）、天下の百姓（世の中の人民）は、皆君の民ならん。将た（そうなったら）誰か之を攻めん。苟くも（もしも）②此の道に違はば、民畔くこと（背く）帰するが如し。皆君の讐なり（敵である）。③将た誰と与にか守らん。」と。公曰はく、「善いかな。」（もっともだ）と。是に於て（そこで）山沢の禁を廃し、関市（関所や市場）の税を弛め、以て百姓に恵む。

（『孔子家語』による）

（注）○哀公＝魯の国の君主。
○孔子＝春秋時代の思想家。
○山沢の禁＝山川での狩猟や漁業の禁制。

㈠（　①　）にあてはまる最も適当なことばを、漢文（書き下し文）の中からそのまま抜き出して、三字で書きなさい。

(二) ②此の道 の説明として最も適当なものを、次のアからエまでの中から選んで、そのかな符号を書きなさい。

ア、国内の政治争いをやめ、軍備を充実させて他国に攻め込むこと
イ、内政を重視した政治を行い、国の経済を大きく発展させること
ウ、身分制度を廃止し、国の内外から優秀な人材を登用すること
エ、国内の秩序を保ち、全ての民が仲良く暮らせるようにすること

(三) ③将た誰と与にか守らん とあるが、孔子がこのように述べた理由として最も適当なものを、次のアからエまでの中から選んで、そのかな符号を書きなさい。

ア、民の心が君主から離れ、味方となる者がいなくなるから。
イ、民の働く気力が失われ、国力が低下してしまうから。
ウ、民が君主の敵となり、君主の命まで狙いはじめるから。
エ、民が平和を求め、武器を手にして戦う者がいなくなるから。

(四) 次のアからエまでの中から、その内容がこの文章に書かれていることと一致するものを一つ選んで、そのかな符号を書きなさい。

ア、小国が存続するためには、周囲の国との友好関係を築く必要がある。
イ、小国が大国に対抗するには、軍備増強と国防に専念する必要がある。
ウ、国を守り保っていくには、君主が民からの信頼を得る必要がある。
エ、国の経済を発展させるには、民の自由な活動を認める必要がある。

〈愛知県〉

列子

7 次の文章は、弓の名人である飛衛(ひゑい)のもとに紀昌(きしやう)(昌)が弟子入りした時の話である。これを読んで、あとの問いに答えなさい。

飛衛曰(いは)く、「なんぢ(あなたは)まづ瞬(まばた)かざるを学べ(まばたきしないことを習得しなさい)。しかる後に射を言ふべし(その後で射術のことを語りなさい)。」と。紀昌帰りて、その妻の機下に偃臥(えんぐわ)し(その妻が織っている機(はた)織り機(き)の下にあお向けに寝転がり)、目を以(もつ)て※牽挺(けんてい)を承(う)く(機織り機の踏み木をじっと見つめた)。二年の後、錐末(すいまつ)皆(まなじり)に倒るといへども(きりの先が目もとに落ちてきても)も瞬かず。以て飛衛に告ぐ(そのことを飛衛に報告した)。飛衛曰く、「未(いま)だし(まだだ)。亜(つ)いで(次は、)視を学びてしかる後に可なり(はっきりと対象を見定める力を習得し、そうして初めて、射術の話をしてよいのである)。小を見ること大のごとく、微を見ること著のごとくにして(かすかなものを見てもはっきりしたものと同じように見えるようになってから)、しかる後に我に告げよ。」と。昌、毛を以て虱(しらみ)を窓に懸け、南面して之(これ)を望む(一本の毛で虱を窓につり下げ、南向きに遠くからこれを眺めた)。旬日の間(十日あまり経(た)つと)、やうやく大なり。三年の後、車輪のごとし。以て余物を見れば(その目で他のものを見てみると)、皆丘山なり。すなはち(そこで)※燕角(えんかく)の弓、※朔(さく)蓬(ほう)の簳(やがら)を以て(を使って)之を射るに、虱(しらみ)の心を貫きて※懸(けん)絶えず。以て飛衛に告ぐ。①飛衛、高踏して(飛び上がって)胸を打ちて曰く、「なんぢ之を得たり(射術を会得した)。」と。紀昌既に衛の術を尽くす(飛衛の射術をものにした)。天下の己に敵する者を計るに(天下で自分に匹敵する腕前を持つものは誰かと考えてみると)、一人のみ。すなはち②飛衛を殺さんことを謀(はか)り、野に相遇(あいあ)う(野原でばったりと出会った)。二人交々(こもごも)(互いに)射るに、中路に矢鋒(しほう)相触れて(途中で矢じりがふれあって)地に墜つるも(その矢が地面に落ちても)、塵揚(ちりあが)らず(ちり一つ立たない)。飛衛の矢まづ尽き、紀昌一(いつ)矢(し)を残せり(その一本を紀昌が射かけた)。既に発すれば、飛衛、棘刺(きよくし)の端を以て(いばらのとげの先で)之を防いで違(たが)ふこと無し(少しの狂いもなかった)。是(ここ)に於(おい)て(そこで)、二子(この二人は)泣きて弓を投じ、道(路上で)に相拝して(丁寧にお辞儀をし合って)、③請ひて父子となる(進んで親子ほどの深い絆(きずな)を結んだ)。

(『列子(れつし)』による)

(注) ※牽挺…機織り機の踏み木。

※燕角の弓…燕の国で取れる獣の角で作った弓。
※朔蓬の簳…北方の地で取れる蓬(よもぎ)をやがらとした良質な矢。(「やがら」は下図参照)
※懸…しらみをつり下げている毛。

やがら ←

問1、すなはち を現代仮名遣いで書きなさい。

問2、①飛衛、高踏して胸を打ちて曰く、「なんぢ之を得たり。」 とあるが、飛衛は、射術を会得(えとく)したいと弟子入りした紀昌に、射術の前に二つのことを身に付けるよう指示した。飛衛が指示したことは何か。原文(文語文)から該当する語句を二つ抜き出して書きなさい。

問3、②飛衛を殺さんことを謀り とあるが、紀昌が飛衛を殺そうとしたのはなぜだと考えられるか。その理由として最も適当なものを、次のア~エの中から一つ選び、記号を書きなさい。

ア、自分と同等の腕前にもかかわらず、厳しい指導をした飛衛に長年の間うらみを持っていたから。
イ、天下で自分に匹敵する腕前を持つ飛衛からは、これ以上学ぶべきものはないと考えたから。
ウ、自分の技術向上を恐れて、射術の具体的な技術を教えてくれなかった飛衛に腹を立てていたから。
エ、自分と対等な射術の腕前を持つ飛衛がいなくなれば、天下一の射術の名手になれると思ったから。

問4、③請ひて父子となる とあるが、飛衛と紀昌が親子ほどの深い絆を結んだのはなぜだと考えられるか。その理由として最も適当なものを、次のア~エの中から一つ選び、記号を書きなさい。

ア、飛衛の矢が尽きて負けが確実になった結果、飛衛は紀昌が確かな実力を付けたことを知って安心したから。
イ、互いに譲らない戦いを繰り広げる中で、お互いにこの上なく優れた技量を持っていることを認め合ったから。
ウ、紀昌はいばらのとげ、飛衛は弓で戦った結果、飛衛はこれ以上戦っても自分に勝ち目はないと悟ったから。
エ、ともに矢を射かけて戦う中で、紀昌は自分の技術が

飛衛より優れていることを知って満足したから。

〈佐賀県〉

8　次の文章は、海辺に住む男について述べた話である。これを読んで、後の㈠～㈢の問いに答えなさい。

毎旦之(ゆ)キ二海上一ニ、従(ツテ)漚(おう)鳥(てう)ニ游(あそ)ブ。漚鳥之(の)至ル者、百(ひやく)住(すう)ニシテ而不(ず)レ止(やマ)。其(そ)ノ父曰(い)ハク、吾(われ)聞ク、漚鳥皆従(ツテ)レ汝(なんぢ)ニ游ブト。汝取リ来(きた)レ。吾玩(もてあそ)バント之(これ)ヲ。明日之(ゆ)クニ二海上一ニ、漚鳥舞ヒテ而不(ざ)ル レ下(ラ)也(なり)。

(『列子』による。)

書き下し文(設問の都合上、「　」や。を一部省略してある。)

> 毎旦海上に之き、漚鳥に従つて游ぶ。漚鳥の至る者、百住にして止まず。其の父曰はく、吾聞く、漚鳥皆汝に従つて游ぶと。汝取り来れ。吾之を玩ばんと。明日海上に之くに、漚鳥舞ひて下らざるなり。

(注) 毎旦……毎朝。　漚鳥……カモメ。
住……「数」と同じ意味。　汝……お前。
玩……自分のものとし、思いのままに扱う。

㈠文中═══「従漚鳥游」に、書き下し文の読み方になるように返り点を書きなさい。

㈡文中───「其父曰」とありますが、男の父親の言葉は文中のどこまでになりますか、終わりの三文字として、次のア～エから最も適切なものを選びなさい。なお、選択肢では送り仮名や返り点は省略してあります。

ア、従汝游　イ、汝取来
ウ、吾玩之　エ、不下也

㈢この文章からどのようなことが言えると考えられますか、次のア～エから最も適切なものを選びなさい。

ア、仲間の多さを誇ると、周囲から激しく非難されてしまうものだということ。
イ、良からぬことを考えたりすると、相手に伝わってしまうものだということ。
ウ、親の言いつけを守れば、多くの人が必ず自分の味方になるものだということ。
エ、他人の考えを尊重することは、最終的に自分のためになるものだということ。

〈群馬県〉

9　次の文章を読んで、後の各問に答えよ。句読点等は字数として数えること。

孔子東游(とうゆう)す。①両小児の弁闘するを見て、その故を②問ふ。一児曰(いは)く、「我は以(おも)へらく、日の初めて出づる時は人を去ること近く、而(しか)して日の中(ちゅう)する時は③遠しと。一児は以へらく、日の初めて出づるときは遠く、而して日の中する時は近しと。」と。一児曰く、「日の初めて出づるときは大なること車蓋(しゃがい)のごとく、日の中するに及びては則(すなは)ち盤盂(ばんう)のごとし。これ遠き者は小にして近き者は大なるが為(ため)ならずや。」と。一児曰く、「日の初めて出づるときは滄滄涼涼(さうさう)たるも、その日の中するに及びては湯を探るがごとし。これ近き者は熱くして遠き者は涼しきが為ならずや。」と。孔子、決すること能(あた)はざりき。④両小児、笑ひて曰く、「孰(たれ)か汝(なんぢ)を知多しと為(な)せるや。」と。

(『列子』による。一部改変)

(注) 孔子…古代の賢人。
東游す…東の方に出かけた。
両小児…二人の子供。
弁闘する…言い争う。
以へらく…思うことには。
而して…そして。
日の中する時…太陽の高度が一番高くなる時。
車蓋…車のかさやおおい。
盤盂…おわんや鉢。
滄滄涼涼…ひんやりとして涼しい。
能はざりき…できなかった。
孰か汝を知多しと為せるや…誰ですか、あなたを物知りだと言ったのは。

問一、本文中の①両小児の弁闘するを見てという書き下し文の読み方になるように、次の漢文の適当な箇所に、返り点を付けよ。

見(テ)両小児(ノ)弁闘(スルヲ)

問二、本文中に②問ふとあるが、その主語を本文中からそのまま抜き出して書け。

問三、本文中に③遠しとあるが、何と何が遠いのか。最も適当なものを、次の1～4のうちから一つ選び、その番号を書け。

1、孔子と二人の子供との距離
2、二人の子供同士の距離
3、車蓋と盤盂の距離
4、太陽と人との距離

問四、**思考力** 左の表は、本文における「両小児」の主張の違いを整理したものの一部である。空欄[X]に入る内容を【状態A】の書き方に合わせて、十字以上、十五字以内の現代語で考えて書け。また、空欄[Y]に入る内容を、二十字以上、三十字以内の現代語で考えて書け。

	小児A	小児B
「日の初めて出づる」時の状態	車のかさやおおいのように大きい。【状態A】	ひんやりとして涼しい。
	⇕	⇕
「日の中する」時の状態	[X]。	湯の中に手を入れているときのように熱い。

	小児A	小児B
小児の判断	「日の初めて出づる」時の太陽が近い。	「日の中する」時の太陽が近い。
判断の根拠	同じ大きさのものならば、[Y]ということ。	同じものから熱を感じるならば、近い所は熱く、遠い所は涼しいということ。

問五、本文中に④両小児、笑ひて曰く、「孰か汝を知多しと為せるや。」とあるが、両小児は何を笑ったのか。三十五字以上、四十五字以内の現代語で考えて書け。

問六、**思考力** 国語の時間に朗読発表会を行うことになり、あなたはこの文章を一人で朗読することになった。本文中の「日の初めて出づるときは滄滄涼涼たるも、その日の中するに及びては湯を探るがごとし。これ近き者は熱くして遠き者は涼しきが為ならずや。」をどのように読むか。本文の展開や内容を踏まえて、朗読の仕方を、そのように読む理由とともに、二十五字以上、三十五字以内で説明せよ。

〈福岡県〉

世説新語

10 次の漢文（書き下し文）を読んで、あとの㈠から㈣までの問いに答えなさい。（本文の……の左側は現代語訳です。）

陳太丘、友と期して行く（約束して出かけることにした）。日中を期するに（正午にと）、中（正午）を過ぐるも至らず。太丘舍てて（そのままにして）去る。去りて後乃ち①至る。元方時に年七歳、門外に戯る（遊んでいた）。客、元方にア問ふ、「尊君在りや不や（父君はおられるか）。」と。イ答へて曰はく、「君を待つこと久しきも（あなたを長い間お待ちしていましたが）、至らざれば已にウ去る。」と。友人便ち②怒りて曰はく、「人に非ざるかな。人と期して行くに相委てて（そのままにして）去る。」と。元方曰はく、「君、家君（父）と日中をエ期す。日中すれども（正午になっても）至らざるは、則ち是れ信無し。子に対して父をオ罵るは、則ち是れ礼無し。」と。③友人慙ぢて（恥じて）、車を下りて之をカ引く（引き止めようとした）。元方門に入りて顧みず。

（『世説新語』による）

（注）○陳太丘＝後漢代の人物。太丘は官名。
○元方＝陳太丘の子。

㈠ 二重傍線部アからカまでの中から、主語が①至る の主語と異なるものを二つ選んで、そのかな符号を書きなさい。

㈡ ②怒りて とあるが、その理由として最も適当なものを、次のアからエまでの中から選んで、そのかな符号を書きなさい。

ア、待ち合わせの時間に間に合わなかったから。
イ、一緒に出かける約束を守らず先に行ってしまったから。
ウ、父親と会う約束をしていたのに子どもが出迎えたから。
エ、一人だけ置き去りにされて恥をかいたから。

㈢ ③友人慙ぢて とあるが、友人は何を恥ずかしく思ったのか。その説明として最も適当なものを、次のアからエまでの中から選んで、そのかな符号を書きなさい。

ア、非があるのは自分の方であるのに親子から謝罪されてしまったこと
イ、友情について率直な意見を述べた子どもに反論できなかったこと
ウ、子どものわかりやすい説明で初めて友人の思いを理解できたこと
エ、親子に対する自分の言動が不誠実かつ非礼なものであったこと

㈣ 次のアからエまでの中から、その内容がこの文章に書かれていることと一致するものを一つ選んで、そのかな符号を書きなさい。

ア、陳太丘は、あえて自ら先に出発することによって、約束を破った友人に反省させようと考えた。
イ、陳太丘は、友情よりも約束を優先して時間どおりに出発したが、友人は友情を優先すべきだと考えていた。
ウ、幼い元方は、不作法な態度をとったのが父の友人であっても、少しも遠慮せずに堂々と正しいことを述べた。
エ、幼い元方は、父が非難され始めたため、機転をきかせて話題を変えて父に責任が及ばないようにした。

〈愛知県〉

11 次の漢文の書き下し文は、四～五世紀の中国の王朝東晋の初代皇帝元帝が、後に二代皇帝明帝となる幼い息子と会話をしている場面である。よく読んで、あとの㈠～㈢に答えなさい。

明帝に問ふ（元帝が明帝に尋ねた）、汝意謂ふに長安※は日の遠きに何如、と（お前は、長安と太陽のどちらが遠いと思うか、と）。答へて曰はく、日遠し。人の日辺より来たるを（太陽の辺りから）聞かず。居然として（いながらにして）知るべし、と。元帝之を異とす（元帝は非凡であると感心した）。明日（翌日）群臣※を集めて宴会し、告ぐるに此の意を以てし（このことを家臣たちに伝えた上で）、更に重ねて之を問ふ（もう一度同じことを尋ねた）

ふ。乃ち(すなは／すると)答へて曰はく、日近し、と。元帝色を失ひて(驚いて顔色を変え)曰はく、※爾(なんぢ)何の故(ゆゑ)に昨日の言に異(こと)なれるや、と。答へて曰はく、目を挙(あ)ぐれば(目を上げれば)日を見るも、長安を見ず、と。

(『世説新語(せせつしんご)』から)

(注)　※長安＝中国の地名。
　　　※群臣＝家臣たち。
　　　※爾＝「汝」と同じ意味。

㈠「告ぐるに此の意を以てし」は、「告以此意」を書き下し文に改めたものである。書き下し文を参考にして、「告(グルニ)　以(テシ)　此(ノ)　意(ヲ)」に返り点を補いなさい。

㈡「日遠し」とあるが、明帝がこう判断したのはなぜか。次の文がその理由を説明したものとなるよう、[　　]に入る適切な内容を、現代語で答えなさい。

[　　]けれども、人が太陽の辺りから来たという話は聞いたことがないから。

㈢書き下し文中から読み取ることのできる明帝の人物像として最も適切なものを、次の1～4から選び、記号で答えなさい。

1、周囲の状況を見ながら慎重に発言をすることができて、その発言は単純明快である。
2、気まぐれのように発言を一日で変える面もあるが、その発言は理路整然としている。
3、自分の発言に責任をもち、主張を強く貫こうとするが、その発言は支離滅裂である。
4、状況や自分の立場を気にすることなく率直に発言し、その発言は首尾一貫している。

〈山口県〉

論語

12　『論語』に「己所不欲勿施於人」という一節があります。この一節の書き下し文「己(おのれ)の欲(ほっ)せざる所(ところ)は、人(ひと)に施(ほどこ)すこと勿(なか)れ。」に従って、返り点を正しくつけたものを、次のア～エから一つ選び、記号で答えなさい。

ア、己　所㆑不㆑欲、勿㆑施㆓於　人㆒。
イ、己　所㆑不㆑欲、勿　施㆑於㆑人。
ウ、己　所㆓不　欲㆒、勿㆑施㆓於　人㆒。
エ、己　所㆓不　欲㆒、勿　施㆑於㆑人。

〈鳥取県〉

漢詩

13　少年老い易(やす)く学成(な)り難(がた)し、一寸(いっすん)の光陰軽(こういんかろ)んずべからずと読めるように、次の「少　年　易(ク)　老(イ)　学　難(シ)　成(リ)、一　寸(ノ)　光　陰　不　可　軽(カラ)(ンズ)。」に返り点をつけなさい。

少　年　易(ク)　老(イ)　学　難(シ)　成(リ)、一　寸(ノ)　光　陰　不　可(カラ)　軽(ンズ)。

〈千葉県〉

14　次の書き下し文と漢詩を読んで、あとの問いに答えなさい。漢詩は一部返り点を省略したところがある。

〔書き下し文〕
北固山(ほくこさん)下に次(やど)る(宿泊する)　　王湾

客路青山の外　行舟[A]の前
潮平らかにして両岸闊(ひろ)く　[B]正しうして一帆懸かる
海日残夜に生じ　江春(長江の)旧年に入る
郷書(きょうしょ)何れの処(ところ)にか達せん　帰雁洛陽(きがんらくやう)の辺(ほとり)

〔漢詩〕
次(ル)㆓北　固　山　下㆒　　王湾

客　路　青　山(ノ)　外　行　舟　[A](ノ)　前
潮　平(ラカニシテ)　両　岸　闊(ク)　[B]　正(シウシテ)　一　帆　懸(カル)
①海　日　生(ジ)　残　夜㆓　②江　春　入(ル)　旧　年㆓
郷　書　何(レノ)　処(ニカ)　達(セン)　帰　雁　洛　陽(ノ)　辺

(『唐詩選(とうしせん)』)

(注)　北固山――長江下流にある山。
　　　王湾――唐の詩人。洛陽の人。

問一、漢詩の形式を、次のア～エから一つ選んで、その符号を書きなさい。

ア、五言律詩
イ、五言絶句
ウ、七言律詩
エ、七言絶句

問二、書き下し文の読み方になるように、傍線部①に返り点をつけなさい。

問三、空欄A・Bに入ることばの組み合わせとして適切なものを、次のア〜エから一つ選んで、その符号を書きなさい。

ア、A 紅山 B 水
イ、A 緑水 B 風
ウ、A 江岸 B 月
エ、A 客舎 B 道

問四、傍線部②の説明として最も適切なものを、次のア〜エから一つ選んで、その符号を書きなさい。

ア、この地は温暖で、年が改まらないうちから春が訪れる。
イ、この地は戦乱がなく、春の景色は昔と変わらず美しい。
ウ、この地は、春の様子が故郷とよく似ていてなつかしい。
エ、この地は、故郷のはるか南方で一年中春の景色である。

問五、点線部に表現されている作者の心情として最も適切なものを、次のア〜エから一つ選んで、その符号を書きなさい。

ア、北方の洛陽から渡ってきた雁(かり)の姿を見ると、故郷からの手紙は今どこまでやってきているだろうかと待ち遠しく感じる。
イ、北へ渡る雁同様、故郷に宛てた私の手紙がきっと洛陽まで届いているだろうと思うと、旅の寂しさも紛れる気がする。
ウ、北へ渡る雁が、今頃は洛陽のあたりを飛んでいるだろうと思うにつけ、故郷に宛てた私の手紙の行方が気がかりである。
エ、故郷に宛てた私の手紙がもう届いているのか確かめるため、北へ渡る雁に身を変えて洛陽まで飛んでいきたい思いである。

〈兵庫県〉

15

次の漢詩は、李白(りはく)が、旅の途中で洛陽(らくよう)の町に滞在したときに詠(よ)んだものです。これを読んで、あとの問いに答えなさい。

誰家玉笛暗飛声
散入春風満洛城(注1)
此夜曲中聞折柳(注2)
何人不起故園情

（書き下し文）

誰が家の玉笛ぞ（誰の家で吹く笛だろうか）　暗に［　　］（どこからか）
散じて春風に入りて洛城に満つ（方々に広がり）
此の夜　曲中に折柳を聞く
何人か故園の情を起こさざらん（いったい誰が故郷を思う気持ちを起こさずにいられようか）

（「春夜洛城聞笛」による。）

（注1）洛城＝洛陽の町のこと。
（注2）折柳＝曲名。

1、［　　］に当てはまる書き下し文を書きなさい。

2、入二春風一満二洛城一とあるが、次の文は、これの表す様子について述べたものです。空欄Ⅰに当てはまる適切な表現を、あとの【漢和辞典の記述】を踏まえ、現代の言葉を用いて二十五字以内で書きなさい。

> 笛の音が、（　　Ⅰ　　）様子を表している。

【漢和辞典の記述】

> 氵9画 【満】 12画
> 音 マン
> 訓 みちる・みたす
> 〈意味〉①いっぱいになる。いっぱいにする。
> ②足りる。
> ③一定の期限・標準に達する。

3、ある生徒が、国語の時間にこの漢詩の鑑賞文を書きました。次の【鑑賞文】は、その生徒が書いたもので、【資料】は【鑑賞文】を書くために準備したものです。これらを読んで、あとの(1)・(2)に答えなさい。

【鑑賞文】

> この詩の形式は七言（　Ⅱ　）であり、構成は起承転結になっている。起句、承句までは洛陽の町の情景が詠まれているが、転句を経て結句では旅人である李白の心情が詠まれている。
> この詩の巧みさは、字数が限られている中で、転句に「折柳」という語を詠むことによって、詩の内容を情景から心情へと一気に転換させているところにある。「折柳」との関連に着目して結句の李白の心情を解釈すると、「折柳」は、（　　Ⅲ　　）。このように、「折柳」は結句の心情につながっており、わずか二字だが、この詩の中の重要な語だといえる。

【資料】

> 中国では、むかし、柳の枝を折って旅立つ人におくる風習があった。したがって折柳は旅立つ人との別れの曲とされており、哀調をおびるものであったという。
> （高木正一「唐詩選（中）」による。）

(1) 【鑑賞文】中の空欄Ⅱに当てはまる適切な語を、漢字二字で書きなさい。

(2) 【鑑賞文】中の空欄Ⅲに当てはまる適切な表現を、漢詩と【鑑賞文】【資料】の内容を踏まえ、「……ので、……といえる」という形式によって、現代の言葉で書きなさい。

〈広島県〉

16

次の問いに答えなさい。

問一、(省略)

問二、次は、漢詩「春早」と、その表現の特徴を説明した文章です。［Ⅰ］、［Ⅱ］に入る言葉の組み合わせとして最も適切なものを、あとのア〜エから一つ選び、記号で答えなさい。

春早(しゅんさう)　韋荘(いさう)

鶯(おう)(うぐいすの声)を聞きて纔(わづ)かに暁(あかつき)(夜が明けること)を覚え
戸を閉ぢて已(すで)に晴れたるを知る
一帯窓間(いったいさうかん)の月(窓の間から一筋の月の光が)
斜めに穿(うが)つて枕上(ちんじゃう)に生ず(枕元に差し込む)

聞キテレ鶯ヲ纔カニ覚エレ暁ヲ
閉ヂテレ戸ヲ已ニ知ルレ晴レタルヲ
一帯窓間ノ月
斜メニ穿ツテ枕上ニ生ズ

表現の特徴

この漢詩の形式は［Ⅰ］であり、「起承転結」の構成になっている。また、［Ⅱ］は、形や意味が似ている句を並べる「対句」という表現方法が用いられている。

ア、Ⅰ　五言絶句　　Ⅱ　一句目と二句目
イ、Ⅰ　五言律詩　　Ⅱ　一句目と二句目
ウ、Ⅰ　五言絶句　　Ⅱ　三句目と四句目
エ、Ⅰ　五言律詩　　Ⅱ　三句目と四句目

〈山形県〉

17

漢詩『春望』に「渾欲不勝簪」という句があります。この句の書き下し文「渾(すべ)て簪(しん)に勝(た)へざらんと欲(ほっ)す」に従って、返り点をつけると、どのようになりますか。次のア〜エから一つ選び、記号で答えなさい。

ア、渾欲レ不勝レ簪
イ、渾欲レ不レ勝レ簪
ウ、渾欲二不レ勝簪一
エ、渾欲二不勝一レ簪

〈鳥取県〉

18

次の漢詩を読んで、(1)、(2)に答えなさい。

黄鶴楼(くわうかくろう)にて孟浩然(まうかうねん)の広陵(くわうりょう)に之(ゆ)くを送る　李白(りはく)

故人西のかた黄鶴楼を辞し
煙花(えんくわ)三月［　　］
孤帆(こはん)の遠影碧空(ゑんえいへきくう)に尽き
惟(た)だ見る長江(ちゃうかう)の天際に流るるを

故人西ノカタ辞シ二黄鶴楼ヲ一
煙花三月下ル二揚州ニ一
孤帆ノ遠影碧空ニ尽キ
惟ダ見ル長江ノ天際ニ流ルルヲ

(注) 揚州(やうしう)——中国にある都市。
　惟——ここでは、「唯」の字でも同じ。

(1) この漢詩の形式を何と言いますか。□に当てはまる漢字一字を書きなさい。
□言絶句

(2) ［　　］に当てはまる、——線部「下ル二揚州ニ一」の書き下し文を書きなさい。

〈北海道〉

19

次は漢詩の一節の訓読文と書き下し文と現代語訳である。これらを読んで、［A］に入る書き下し文を書きなさい。

訓読文	書き下し文	現代語訳
春宵(しゅんせう)一刻値千金 花ニ有リ二清香一月ニ有リレ陰	春宵一刻値千金 花に［A］	春の宵は一刻が千金に値する 花は清らかな香りを漂わせ、月はおぼろにかすんでいる

(『蘇東坡(そとうば)全詩集』より「春夜」の一節)

〈山梨県〉

第四章 融合文（現代文+古文+漢文）

現古融合文

1　次のAは桜を題材にした和歌に関する対談の一部であり、Bは対談中にでてくる「伊勢物語」の「渚院」の原文の一部である。また、あとの［　］内の文章はBの現代語訳である。これらの文章を読んで、あとの各問に答えよ。（＊印の付いている言葉には、本文のあとに〔注〕がある。）

A

白洲　桜は、やっぱり古今集でございますか。

大岡　何といっても、＊業平の桜、小町の桜はすばらしいですね。

白洲　業平は、いい桜の歌がありますね。

大岡　業平の桜は、いいと思います。紀貫之らの、いわゆる選者時代、古今集を編纂したあの当時になると、桜の花は、それを歌わなければ歌人ではないというくらいに公的な花になっていると思うんですね。でも、業平とか小町の時代というのは、それからかなり時間がさかのぼりますから、あの人達はそんな意識はあまりなくて、桜の花と直に対面している感じがしますね。

白洲　そうですね。

大岡　(1)梅の花から桜の花へ、いってみれば政権交代があるようなんですね、古代から平安朝にかけての時期に。あれはどういうんでしょうか、桜の花の趣味をそういうふうに植えつけた人達がどこかにいるわけなんでしょうけれど……。宮中の花の宴は万葉集時代だと梅の花で宴をやるわけですが、それがしだいに桜の花の宴ということになってくる。最初は梅の花だったらしいんですね。

白洲　嵯峨天皇の詩なんかでも……。

大岡　あの時期になると、花の宴には梅の場合と桜の場合とあるようなんですね。梅の花を見ながら酒宴をして詩を詠むというのは、もちろん中国の伝統をそのまま受け継いでいると思うんですね。
　そういう意味では、非常に大陸風なんですね。ですから初めは、当然梅の花が中心だったように思うんです。

白洲　古今集と新古今集を比べると、桜についていうと古今集の方がういういしいんでしょうね。

(2)大岡　と思います。古今集の場合には、たとえば夢の中で花が散っているという状態を歌っても、非常にふわっとしておおらかなんですよね。たとえば紀貫之の歌で、山寺にもうでて、一夜泊まった歌がありまして、

　＊宿りして春の山辺に寝たる夜は
　　夢のうちにも花ぞ散りける

あれは、夢の中で桜が豪華に散っている感じが非常によく出ているんですけれど、西行になると、「夢中落花」＊などという題で有名な、

　春風の花を散らすと見る夢は
　　覚めても胸の騒ぐなりけり

あれなんかは、ちょっと桜の見方が変わっていますね。

白洲　それと、西行は、何を対象に詠んでも、自分のことになる。桜が咲くのが苦しいなんてね。

大岡　そうですね。あの人にはどうも桜の歌が二百首ぐらいあるらしいんですね。

(3)白洲　だから、本当に好きだったんですね、吉野山にもこもっちゃうぐらいだから。紀貫之にも、桜はたくさんございますか。

大岡　ございます。

白洲　渚院なんてのがありましたね。紀貫之は「土佐日記」の帰りに……、

大岡　帰りに渚院を通るんですね、ながめながら、淀川をさかのぼるとき彼の頭にあったのが渚院にゆかりのあった尊敬する古人業平のことで、業平の歌を引いているんですね。伊勢物語に出ているのによると、桜の名所の交野に桜を見に行くんだけれど、花を見るのはいいかげんにしてみんないそいそと酒を飲んで、歌を詠む。

白洲　花より団子ね。

（白洲正子、大岡信「桜を歌う詩人たち」による）

B　むかし、惟喬の親王と申すみこ(ア)おはしましけり。山崎のあなたに、水無瀬といふ所に、宮ありけり。年ごとの桜の花ざかりには、その宮へなむおはしましける。その時、右の馬の頭なりける人を、常に率ておはしましけり。時世経て久しくなりにければ、その人の名忘れにけり。狩はねむごろにもせで、酒をのみ飲みつつ、やまと歌にかかれりけり。いま狩する交野の渚の家、その院の桜、ことにおもしろし。その木のもとにおりゐて、枝を折りて、(イ)かざしにさして、かみ、なか、しも、みな歌よみけり。馬の頭なりける人のよめる。

　世の中にたえてさくらのなかりせば春の心はのどけからまし

となむ(ウ)よみたりける。また人の歌、

　散ればこそいとど桜はめでたけれ憂き世になにか久しかるべき

とて、その木の(エ)もとは立ちてかへるに日暮になりぬ。

　昔、惟喬の親王と申し上げる親王がおいでになった。山崎の向こう、水無瀬という所に、離宮があった。毎年の桜の花盛りには、その離宮へおいでになったのだった。その時、右の馬の頭であった人を、いつも連れておいでになった。いまでは、だいぶん時がたったので、その人の名は忘れてしまった。(4)鷹狩はそう熱心にもしないで、もっぱら酒を飲んでは、和歌を詠むのに熱をいれていた。いま鷹狩をする交野の渚の家、その院の桜がとりわけ趣がある。その桜の木のもとに馬から下りて、桜の枝を折り、髪の飾

りに挿して、上、中、下の人々がみな、歌を詠んだ。馬の頭だった人が詠んだ。それは、

世の中に……（世の中に桜がまったくなかったならば、惜しい花が散りはせぬかと心を悩ませることもなく、春をめでる人の心は、のどかなことでありましょう。）

と詠んだのだった。もう一人の人が詠んだ歌、

散ればこそ……（散るからこそますます桜はすばらしいのです。悩み多いこの世に、何が久しくとどまっているでしょうか、何もないではありませんか。だから散るのも当然、ことにわずかの盛りの桜の華やかさを愛すべきです。）

という次第で、その木の下は立ち去って帰るうちに、日暮れになった。

〔注〕業平（なりひら）——平安時代の歌人。

宿りして春の山辺に寝たる夜は夢のうちにも花ぞ散りける——旅先で宿をとって春の山辺に寝た夜は、夢の中にまで昼間に見た桜の花が散っていたことよ。

春風の花を散らすと見る夢は覚めても胸の騒ぐなりけり——春風が桜の花を吹き散らす夢は、目が覚めてもなおその美しさに私の胸はかき乱されることよ。

（『新編　日本古典文学全集』による）

〔問1〕(1)梅の花から桜の花へ、いってみれば政権交代があるようなんですね、古代から平安朝にかけての時期に。とあるが、ここでいう「梅の花から桜の花へ」の「政権交代」について説明したものとして最も適切なのは、次のうちではどれか。

ア、もともとは中国の文化を取り入れ梅の花を観賞しながら歌を詠んでいたが、時代の変遷の中で対象が桜の花に替わっていったということ。

イ、かつて花の宴といえば梅の花であったが、ある時期から梅と桜の区別がなくなり同じ花として扱われるようになっていったということ。

ウ、昔は大陸の影響から梅を歌にしたが、業平たちの時代には桜の歌が歌人の実力を示すものと考えられるようになっていったということ。

エ、古くは梅を観賞することが人々の楽しみであったが、時代が進む中で桜を植えて観賞することが人々の間に流行していったということ。

〔問2〕(2)大岡さんの発言の中で引用されている紀貫之と西行の桜の歌の特徴について説明したものとして最も適切なのは、次のうちではどれか。

ア、紀貫之の歌は桜の花が夢の中で舞う繊細な美しさを描いているが、西行の歌は桜の花が夢の中で散る悲しみを独自の視点で描いている。

イ、紀貫之の歌からは作者のゆったりとした人柄が伝わってくるが、西行の歌からは桜より自分が大切だという利己的な人柄が伝わってくる。

ウ、紀貫之の歌は桜が華やかに舞い散る様子を表現しているが、西行の歌は桜の美しさに加えて美しさに心乱される心情をも表現している。

エ、紀貫之の歌には満開の桜を愛する心情が巧みに表現されているが、西行の歌には貫之よりも強い愛情が素直な言葉で表現されている。

〔問3〕(3)白洲さんの発言のこの対談における役割を説明したものとして最も適切なのは、次のうちではどれか。

ア、西行の話に興味を抱きながらも紀貫之の具体例を尋ねることで貫之と西行の共通点を聞き出そうとし、大岡さんの次の発言を促している。

イ、紀貫之と西行に関する大岡さんの発言を不思議に思い、桜を題材にした歌の多さを尋ねることで問題の所在を明らかにしようとしている。

ウ、大岡さんが述べた西行の生き方を受け、新たな視点として紀貫之についても尋ねることで対談の内容を古今集全体の話題へと広げている。

エ、直前の大岡さんの発言に賛同しつつ紀貫之の桜の歌の多さを尋ねることで、話題を西行から貫之の歌に戻して対談を深めようとしている。

〔問4〕文中の——線を付けたア～エのうち、現代仮名遣いで書いた場合と異なる書き表し方を含んでいるものを一つ選び、記号で答えよ。

〔問5〕(4)鷹狩（たかがり）はそう熱心にもしないで、もっぱら酒を飲んでは、和歌を詠むのに熱をいれていた。とあるが、Bの原文において「和歌を詠むのに熱をいれていた」という部分に相当する箇所はどこか。次のうちから最も適切なものを選べ。

ア、常に率ておはしましけり

イ、やまと歌にかかれりけり

ウ、ことにおもしろし

エ、みな歌よみけり

〈東京都〉

2

次の文章を読んで、あとの各問に答えよ。なお、本文中に引用された古文の後の〈　〉内の文章は、現代語訳である。（＊印の付いている言葉には、本文のあとに〔注〕がある。）

「独住（ひとりすむ）ほどおもしろきはなし。＊長嘯隠士（ちょうしょういんし）の曰（いはく）、(1)客は半日（はんじつ）の閑を得れば、あるじは半日の閑をうしなふと」——と、芭蕉（ばしょう）は『嵯峨（さが）日記』の中に書き留めている。よくよく考えてみれば、これはしかし奇妙な言葉ではある。客あしらいの鬱陶しさ、面倒臭さで、あるじの閑が失われる。これはわかるが、しかしそんな中、客の方はあるじの側の事情は＊我関せず焉（えん）とばかり、勝手に自分なりの閑を得ているというのである。それなら、客であるというのはまことに得なことではないか。

木下長嘯子（きのしたちょうしょうし）は江戸初期の歌人で、その歌文集『挙白集（きょはくしゅう）』は芭蕉とその門人たちに愛読されていた。『挙白集』の「山家記（さんかき）」には、「やがて爰（ここ）を半日とす。客はそのしづかなることをうれば、我はそのしづかなるをうしなふに似たれど、おもふどちのかたらひはいかでむなしからん」〈そのままここで半日を過ごす。客が穏やかに過ごせると、私は穏やかさを失うようなことになるが、気の合う者同士の語らいは、どうしてむなしいことがあろうか。いやむなしくない。〉とある。

なに、俺の閑が失われるぞなどと迷惑げなそぶりをしながらも、実はあるじの側も半日の談笑を(2)けっこう愉（たの）しんでいないわけでもないのだ。それにしても半日とは、実に絶妙な時間の間合いではある。

閑の邪魔となる客などには来てほしくない、独居がいちばんと、字面のうえでは芭蕉はそう言っているかのごとくである。だがそれは、日常の立ち居のいちいちに人懐かしさ、人恋しさが稀薄に行き渡った独居の充足と言うべきものであり、他者の訪いを厭う寒々とした孤立の礼賛ではないはずだ。もし、対座していて閑を心行くまで楽しめるのは客の方で、そっちの方が得だと思うなら、現実の人間関係をとりあえず括弧の中に入れて、いっそ自分自身、唐突にあるじの役を降り、客の役柄に移行してしまったらどうだろう。

いや、あくまで独居の閑を護ろうというならそれでもよい。ただし、その場合でも、家のあるじ役にとどまって独居するのではなく、あるじ亡き家でただ一人、客となってしまうのだ。実際、『嵯峨日記』は元禄四年四月から五月にかけて、嵯峨野の落柿舎に滞在中に書かれたものだが、そもそも芭蕉自身、この草庵のあるじだったわけではない。落柿舎はもともと*去来の別荘で、芭蕉は単にそこに一時的に寄寓していただけのことにすぎない。彼の「独住」は、いかなるあるじからももてなされないまま、孤独な客としてそこに寝起きすることにほかならなかった。

ちなみに、その落柿舎主人去来の句の一つに、「岩鼻やこゝにもひとり月の客」がある。『*去来抄』には、「先師上洛の時、去来曰、*洒堂は此句を月の猿と申し侍れど、予は客勝りなんと申す。いかゞ侍るや。先師曰、猿とは何事ぞ。汝、此句をいかにおもひて作せるや。去来曰、明月に乗じ山野吟歩し侍るに、岩頭又一人の騒客を見付けたると申す。〈先生(芭蕉)が上京なさった時、私は「洒堂はこの句の月の客を、月の猿、とするのがよいと申しますが、私は、月の客、が勝っていようと申しました。いかがでしょうか。」と尋ねた。先生は「猿とは何事だ。お前はこの句をどう考えて作ったのか。」と反問された。私は「明月に誘われて、句を考えながら山野を歩いていますと、岩の上に一人の風流人がいるのを見てよんだのです。」と答えた。〉先師曰、こゝにもひとり月の客と、己と名乗り出でたらんこそ、*幾ばくの風流ならん。たゞ(3)自称の句となすべし」とある。視線のぬしにとどまりつつ、その向ける先に月見の風流人を見ることよりも、自分自身でいきなり「月の客」となってしまうこと、そう「名乗り出で」てしまうことの方が、よほど深い興趣があると芭蕉は説いたのだ。(4)『嵯峨日記』の先ほどの引用の、「独住ほど」云々に先立つ部分も見ておこう。

廿二日、朝の間雨降。けふは人もなくさびしきまゝにむだ書きしてあそぶ。其ことば、

喪に居る者は悲をあるじとし、酒を飲ものは楽をあるじとす。

*さびしさなくばうからましと西上人〔西行法師〕のよみ侍るは、さびしさをあるじなるべし。又よめる、

*山里にこは又誰をよぶこ鳥独すまむとおもひしものを

いったい誰があるじなのか。一方に「私」がおり、他方に「私」自身の悲しみ、楽しみ、淋しさがあるのだが、そのときあるじは「私」ではなく、悲しみ、楽しみ、淋しさの方だというのである。もっともこれは元来*『荘子』由来の命題で、それを芭蕉が引用しているだけのことなのだが。

それにしても、そのとき「私」とは、あるじでなければいったい何なのか。あるじのもてなしを受ける客にほかなるまい。様々な「情」は自分のうちにあるのではない。それ自体がものとして外に在り、それが「私」をあるじする、すなわち*饗設けしてくれるのだと芭蕉は言う。フランス語のhôteとその女性形hôtesseは、英語のhost, hostessとは異なり、不思議と言えば不思議なことに、「あるじ」と「客」の両方の意味を持つのだが、この両義性に似た何かがこの芭蕉の短文には漂っている。

subjectとobjectに「主観」「客観」という訳語を当てた明治の知識人の発明には、なかなか味わい深いものがある。「客は半日の閑を得れば、あるじは半日の閑をうしなふ」といった使われかたの記憶を内に畳みこんだ「主」「客」の字が、*カント哲学を踏まえた*二元論を日本語へ同化しようとする試みに際して、いささか強引に喚び起こされてきた。しかし、独居して閑を愉しんでいる「主体」自身がすでに「客」だとすれば、カント的二元論には最初から亀裂が入っていることになる。

*服部土芳の『三冊子』が伝える、「松の事は松に習へ、竹の事は竹に習へ」という芭蕉の有名な言葉がある。「私意を離れよといふことなり」という説明が続くが、これは*畢竟、松をあるじに、我を客にという教えにほかなるまい。松も竹も、そちらの方が本来は「客体」であることを前提としたうえで、主客逆転の認識と行為の作法が語られているということだ。土芳はこう続けている。

習へといふは、物に入つて、その微の顕れて情感ずるや、句と成るところなり。たとへば物あらはに言ひいでても、その物より自然に出づる情にあらざれば、物我二つになりて、その情誠にいたらず。私意のなす作意なり。

〈「習え」というのは、物の中へ入ってゆき、物の奥深くにひそむ本質に触れることによって作者の感動が生起し、それが句の実体となるのである。たとえ、その物をあらわに表現しても、その物から自然に生じた感動でないと、物と自己とが二元化し、その感動も真実のものとはならない。それは私意によって作り上げられたものである。〉

「習う」は元来、「倣う」であろう。私心を棄て、謙虚な模倣によって「物に入」るとき、すなわちその現前の場にこうべを垂れて推参するとき、「物」から「情」が発する。その「情」があるじとなり、(5)「我」は客としてただ閑の風流を楽しめばよいというわけだ。

(松浦寿輝「黄昏客思」による)

〔注〕
長嘯隠士――後出の木下長嘯子のこと。
我関せず焉――自分は全く関知しない。
去来――芭蕉の門弟。『去来抄』は去来が書いた俳論。
洒堂――芭蕉の門弟。
幾ばくの風流ならん――どれほど風流なことであろう。
さびしさなくばうからまし――さびしさがなければつらいことであろうに。
山里にこは又誰をよぶこ鳥独すまむとおもひしものを――山里にこれはまた誰を呼ぼうとして呼子鳥(カッコウ)は鳴くのだろう。自分独りだけで住もうと思っているのに。
『荘子』――古代中国の思想家の著書。

饗設け――主人としてもてなすこと。
カント――ドイツの哲学者。
二元論――ものごとを二つの要素で捉える考え方。
服部土芳の『三冊子』――芭蕉の門弟である土芳が書いた俳論。
畢竟――結局。つまるところ。

〔問1〕(1)客は半日の閑を得れば、あるじは半日の閑をうしなふ　とあるが、このことに対して長嘯隠士はどのように捉えているか。本文中の古文の引用から二十字で探し、その始めの五字を書け。

〔問2〕(2)けっこう　と同じ意味・用法の「けっこう」が用いられている文はどれか、次のうちから最も適切なものを選べ。
ア、五時になったら、帰ってけっこう。
イ、古いものだがけっこう役に立つ。
ウ、けっこうな場所に家を建てる。
エ、君は今のままでけっこうだ。

〔問3〕(3)自称の句となすべし　とあるが、これはどういうことか。次のうちから最も適切なものを選べ。
ア、「こゝにもひとり月を愛する人がいるよ」と、もう既に月見客が存在していたことを去来が自ら伝える句とするのがよい、ということ。
イ、「こゝにもひとり月見の風流人がいるよ」と、去来自身も風流人であることを先にいた月見客に知らせる句とすべきだ、ということ。
ウ、「こゝにもひとり月の客がいるよ」と、「客」を「猿」としないことを決めたのは去来本人であると公表する句とすべきだ、ということ。
エ、「こゝにもひとり月の客として私がいるよ」と、去来自らを岩の上にたたずむ風流人として申し出る句とするのがよい、ということ。

〔問4〕(4)『嵯峨日記』の先ほどの引用の、「独住ほど」云々に先立つ部分も見ておこう。　とあるが、この後に引用されている「先立つ部分」から筆者はどのようなことを読みとっているか。次のうちから最も適切なものを選べ。
ア、明治時代、知識人はカント的二元論に基づく「主観」「客観」という訳語を強引に用いたが、その概念は古来の日本人にはない概念であったため、二元論は疑問視されてきた、ということを読みとっている。
イ、「私」から独立して外在する「情」が「主」となり、「客」である「私」をもてなすと芭蕉は考えているので、人は「主観」の影響を受けるため感情的になりやすい存在である、ということを読みとっている。
ウ、フランス語には一つの単語内に相反する意味を含むものがあり、この単語は「私」や「情」が主体化や客体化をすることを交互に繰り返してきたとする芭蕉の考えと共通する、ということを読みとっている。
エ、「私」が主体となり「情」を客体化するのではなく、「情」が主体となり「私」を客体化するという芭蕉の考え方から、「主」「客」の概念は明確に分かたれるものではない、ということを読みとっている。

〔問5〕(5)「我」は客としてただ閑の風流を楽しめばよい　とあるが、どういうことか。次のうちから最も適切なものを選べ。
ア、「物」を主体化する認識によって「我」が「物」の本質に触れた時に生じる「情」は、「物」と「我」とが一元化された、誠の「情」であり、「我」はその「情」に従って句作を楽しめばよい、ということ。
イ、「物」の本質を知るために、「物」を客体化する認識によって「我」と「物」とを二元化する際に生じた「情」には私意がないので、「我」はその「情」に委ねて、安らかな気持ちで句作を楽しめばよい、ということ。
ウ、主体を「物」とし、客体を「我」とする、謙虚な気持ちから生じた「情」は、「物」と「我」が二元化されることで出現する自然の「情」であり、「我」はその「情」を基に句作を楽しめばよい、ということ。
エ、擬人化の概念により人間に見立てられて主体化された「物」が「我」と一元化する際、私意を含む誠の「情」が生じるので、「我」はその「情」に任せて、穏やかな気持ちで句作を楽しめばよい、ということ。

〈東京都立国立高校〉

3

次の文章を読んで、あとの各問に答えよ。（*印の付いている言葉には、本文のあとに〔注〕がある。）

連歌は、日本の中世において貴族から武士階級や庶民までが作者となった、熱狂を伴う大衆的文芸でした。はたして連歌の何が人々を熱狂させたのでしょうか。

十四世紀半ばに*二条良基が著した連歌論書に『筑波問答』があります。その中では、連歌で秀逸な句が出てきたときには、感嘆するだけで満足できなければその句を声に出して歌い、それでも満足できなければ〈手足の置き所もないかのようにめちゃくちゃに踊り出す〉のがよろしいと言っています。この表現自体は中国の古典『毛詩』の語句に拠っていますが、要は、秀逸な句が得られた喜びは身体で表わしてメンバー相互で共有したいものだということです。連歌という文芸において連帯の快感が生まれる状況をよく伝えてくれる言葉のように思われます。

さて、それならば、連歌ではどのような句が秀逸な良い句とされたのでしょうか。

そのことを説明するためにはまず、連歌の作者がどのような発想によって句を詠んでいたかを述べる必要があります。連歌の形態、次から次へと句を付けてゆくにあたって作者たちが心がけたことは、まずはとにかく〈話題をずらすこと〉でした。

隣り合う二句を仮にA・Bとしましょう。〈A＋B〉で和歌一首と同じ言葉の分量となり、それで一つの表現世界を作っています。次に、その後ろのBに新しい句Cが付けられると、今度は〈B＋C〉で別の表現世界が作られます。〈A＋B〉と〈B＋C〉は〈B〉の分だけ重なった二つの表現世界です。そしてまた一つ新しい句Dが付けられた時、〈A＋B〉と〈C＋D〉は重なり合いのない、別々の表現世界になります。そのように「付ける」作業が繰り返されることで、世界は約半分ずつずれて展開し、異なる世界が次々に出現します。連歌では、句を付けた時のずれ方と、ずれの連続によって生まれる表現世界の変化が、大きければ大きいほど良い、という評価がなされたのです。つまり、どんどん変わってゆくほど面白がられたのです。

もちろん、AとB、BとC、CとDといった隣り合う二句が、てんでばらばらに無関係なことを言い合っていてはダメです。「付いて」いなくてはなりません。作者はそこに気を使うと同時に、CならAから、DならBから、できるだけ「離れる」ことを求められます。頭の中でいっぺんに二つの、(1)相反する条件を満たさなくてはいけないのです。そしてまた連歌一巻の全体としても、似たような話題に戻ることのない、表現世界のバラエティの豊かな作品が良い作品とされました。

ただ、連歌の表現世界には、〈過去に和歌において詠まれている言葉や内容に収まっていなければならない〉という制約がありました。連歌も和歌の一種だと認識されていたのです。連歌の作者たちはいつも、過去の和歌の表現の範囲をはみ出さないように注意していなければなりませんでした。というよりむしろ、過去の和歌の発想のヒントとして、それらの言葉を取り込み、和歌をなぞるように連歌の二句の世界を作ろうとしていたと言えます。

実例を見ることにしましょう。
『雪牧両吟住吉百韻』という名で呼ばれる連歌があります。

まず、一句めから六句めまでを、AからFまでの符号をふって掲げます。読みやすさを考慮してところどころ漢字を当てました。

A　春の色そめ出す海のみどり哉　　雪
B　波よりかすむ雪のとほ山　　牧
C　立ちわかれあしのしのめ雁鳴きて　　牧
D　いづくの月に又【 2 】せん　　雪
E　しらぬのも聞きしににたる秋の風　　雪
F　霜にかはれる空は冷じ　　牧

ここからは二句ずつセットにして現代語に訳してみます。

A＋Bは、「春の色が、青い海までも、春らしい緑に染めているかのようです。波の上には霞がかかって春らしい様子を見せ、その霞は雪の残る遠い山を包んでいます。」というところでしょうか。「春の色」を「霞」と見て「雪」と結びつけるのは、『玉葉和歌集』の藤原定家の歌、

松の雪消えぬやいづこ春の色に都の野辺は霞みゆくころ

松の枝に積もっていた雪はどこへ消えていったのだろう。都周辺の野は春らしい緑の色を包みながら次第に霞が濃くなってゆく。そんなこのごろに。

を意識しているようです。

次にB＋Cは、「波の上に霞がかかりその上に雪の残る遠山が見えています。そんな夜明けの芦原から、北の国へ帰る雁が鳴いて飛び立ち、遠山に向かって行きます。」という、やはり春の情景ですが、すでに昼間眺める広々とした海の景色ではなく、夜明けの芦原に〈ずれ〉ています。ここでは『新古今和歌集』の西行法師の歌、

横雲の風に別るる東雲に山飛び越ゆる初雁の声

横にたなびく雲が風に吹かれて山の左右に別れてゆく夜明けの空。その山を飛び越えてやってきた今年初めての雁の声が聞こえる。

を、【 3 】に、季節を逆転させて利用していると思われます。

続くC＋Dは、「夜明けの芦原、北の国へ帰る雁が鳴いて飛び立ちます。雁はゆうべこの芦原で旅の一夜を過ごしたのでしょうが、明晩はどこを、月を見ながらの仮の寝場所とするのかなあ。」となります。この二句はまだ春の情景の続きですが、表現世界の焦点は帰る雁の旅のことに〈ずれ〉て、A＋Bから離れました。なお、芦に「仮寝」して月を見るという発想は『新古今和歌集』の藤原俊成の歌、

夏刈りの芦のかりねも哀れなり玉江の月の明がたの空

夏に刈る芦をその根の上に敷いて、旅の仮の宿りとして寝るというのも、心にしみる体験だよ。この玉江の地で、早くも明けようとしている夜空を眺めると、玉のような月が西の空に残っている。

に拠っているようです。この歌をもとにして、連歌では夏から春に季節を変更し、雁の旅のことにアレンジしています。

そして、さらにEの句が付いてD＋Eとなると、特に大きく〈ずれ〉ます。「明晩もまたどこかで月のもとの野宿をすることになりそうです。そこは初めて野宿する場所ですが、きっと故郷で聞き慣れた秋風に似ている音を聞くでしょう。似てはいるけれど、故郷で秋風を聞く気持ちと、旅で秋風を聞く気持ちは、同じではないのですが。」B＋Cからはずいぶん遠く離れたものです。ちなみに、旅先で風の音を聞いて故郷を思うという発想の背景には『新古今和歌集』の藤原家隆の歌、

故郷に聞きし嵐の声も似ず忘れぬ人を小夜の中山

ここ、小夜の中山で聞く嵐の声は、故郷で聞く嵐の声に似ず激しい。そんな夜、旅寝をしていると、故郷に残してきた人のことが忘れられない。

の例があると、「牧」が書き残しています。

その次、E＋Fは、「霜が降りるようになった晩秋の空は寒々として、真っ白い霜のために見慣れた野原も見たことのない野原のようです。でも、秋風の音は聞き知っている音に似ています。」という風景描写になっています。C＋Dから大きく離れています。D＋Eと比べても、旅の要素が消去されたという点で〈ずれ〉ています。「聞きしににたる」の意味合いが変化したことも要注意。ただしE＋Fでは、特定の和歌の前例は意識されていないようです。

いかがでしょう。明るい春の海だと思ったら春の明け方に雁が飛び立つ場面となり、その次には月を見ながら野宿する秋の旅のつらさが展開しました。連歌という文芸では、このように〈付ける〉ことの繰り返しによって表現世界が〈ずれ〉て進み、まったく別の世界が次々に立ち上がるのです。

連歌を付け進めるとき、作者たちはそれぞれに、ほかの作者が思いつかないような世界に飛躍しようとします。そ

れは想像力の競争であり、そこには勝ち負けの決まるゲームとしての楽しさがあります。それと同時に彼らは、ほかの作者の句によって予想もしなかった新しい世界が出現することを楽しんでもいます。連帯して協同作業をおこない、和歌的世界からできるだけ多様な話題を喚び出すことを目指していたのです。そのような連歌においては、競争と協同という二つの課題を鮮やかに達成できた句こそが秀逸な良い句と評価されました。誰でも思いつけるような句ではない、でも、誰にでも理解でき味わえるような、そんな句です。言うなれば、連歌は、居(4)ながらにして「四季の庭」を味わうことのできる装置だったのです。しかも連歌の場合には、描かれる境地は四季だけではありませんでした。恋や、旅や、神仏と向かい合っての宗教的な感動や、老いや死に直面した人間の嘆きまでもが、一巻の中にぎゅっと詰まっているのです。

（深沢眞二「想像力のあそび　連歌」による）

〔注〕二条良基――室町時代の歌人、連歌師。
『雪牧両吟住吉百韻』――室町時代に作られた連歌作品。
雪――歌人「聴雪」の名の略。三条西実隆の別名。
牧――連歌師「宗牧」の名の略。
芦原――アシが生い茂っている野原。
藤原俊成――平安、鎌倉時代の歌人。
藤原家隆――鎌倉時代の歌人。

〔問1〕(1)相反する条件を満たさなくてはいけないのです。とあるが、これを説明したものとして最も適切なのは、次のうちではどれか。
ア、句を詠む時に、過去の伝統的な価値観と現在の新しいものの見方を同時に成立させることが求められる、ということ。
イ、句を詠む時に、前の句に関連させた表現世界でありながらも別々の違う表現世界への展開が求められる、ということ。
ウ、句を詠む時に、上の句と下の句が内容の面で関連していながら対照的な表現を用いることが求められる、ということ。
エ、句を詠む時に、前の句の世界観を尊重しながらもその世界観を再構築し新たな解釈の付与が求められる、ということ。

〔問2〕空欄 2 に当てはまる言葉を、本文中の和歌の中からそのまま抜き出して書け。

〔問3〕空欄 3 に当てはまる言葉を、次から選べ。
ア、春に北国へ帰る場面から秋に北国から飛んでくる場面
イ、秋に北国へ帰る場面から春に北国から飛んでくる場面
ウ、春に北国から飛んでくる場面から秋に北国へ帰る場面
エ、秋に北国から飛んでくる場面から春に北国へ帰る場面

〔問4〕(4)ながら と同じ意味・用法のものを、次の各文の――を付けた「ながら」のうちから選べ。
ア、戦乱を生きながらえる。
イ、親子ながらに負けん気が強い。
ウ、昔ながらのたたずまいに感動した。
エ、三度ながらしくじってしまった。

〔問5〕連歌の魅力をどういうところだと筆者は言っているか。最も適切なのは、次のうちではどれか。
ア、連歌は、個人で完結する和歌的世界の従来の枠組みから解放され、人々が思いつくままに自由に表現し参加することができる文芸であり、他者との競争を通じて切磋琢磨することで学び合えるところ。
イ、連歌は、四季の変化と人間の感動や感情を必ず盛り込むという制約によって秀逸な句を作り上げることができる文芸であり、連歌の創作過程である協同を通して達成感を味わうことができるところ。
ウ、連歌は、連帯する協同作業を繰り返し、表現世界が劇的に変化する知的な文芸であり、先人の和歌の教養があることが前提となることで、貴族や武士、庶民の真の心情が自然描写に投影されるところ。
エ、連歌は、過去の和歌を発想の元として、他の作者たちと想像力を競い、独創的な表現世界を連帯して次々に立ち上げる文芸であり、そこに生じる楽しさや喜び、感情を共有する快感が得られるところ。

〈東京都立日比谷高校〉

4

次の文章を読んで、あとの各問に答えよ。なお、本文中に引用された短歌の後には《》で現代語訳を補ってある。（*印の付いている言葉には、本文のあとに〔注〕がある。）

A　思ひやる心やかねてながむらんまだ見ぬ花の面影に立つ
《桜の花を想像する私の心は、もうすでに花を眺めているのだろうか。まだ見ていない花が面影として現れて見える。》
（鴨長明、一二世紀）

B　心こそうとくもならめ身にそへる面影だにもわれをはなるな
《あの人の心は冷淡になっていくけれども、せめて私の身に添うあの人の面影だけは、私からはなれないでくれ。》
（後徳大寺実定、一二世紀）

「おもかげ」は、西洋語の「イメージ」にほぼ相当する語で、その基本となる意味合いは、心のなかに形成された表*象である。西洋哲学のなかでも、デカルトは記憶像としてのイメージを、脳髄に刻印された知覚像として理解していたから、触覚的な残像という性格がみとめられる（この場合の「触覚的」とは、肉体組織に接触している、というくらいの意味である）。右の二首はいずれも、繰り返された想いや経験が「面影」を形成した、という理解を示している。(1)この繰り返された接触は、像を身体化し、その結果としての「面影」を、単なるイメージ以上の実体的な性格のものにしている。

そもそも「おもかげ」は、面すなわち顔を代表とするひとやものの姿の影の意であり、「影」の概念を構成してい

るのも、この接触の契機である。日本語の「かげ」は複雑な語義の構成をもつ語であり、①「物陰」や「山陰」のような、遮蔽物の向こうにあって見えない部分と、②「影」の字が充てられるもので、一方で「月影」や「火影」のように光を指す意味と、他方で「影法師」のように shadow を指す用法が同居する、という顕著な特徴をもっている。われわれの考察では、これらの根底にある共通の意味素は「投影」であった。特に光を意味する「かげ」を「ひかり」という類義語と比べたとき、「Ⅰ」が光源そのものや輝かしさのような光の本質的特徴を指すのに対して、「Ⅱ」は反射光や、ものの姿を映しだす作用において捉えられている、と考えられる。光かつ影という、矛盾とも言える「Ⅲ」の根本を理解するうえで重要なのは、一方を肯定的なもの、他方を否定的なものと見る、西洋的(あるいは中国的)な二元論から離れることである。影を無ではなく、存在の一形態としての投影と理解したとき、月影も影も面影も一つのものとして捉える観念に到達することができる。更に、山陰もまたこれとのアナロジーにおいて解することができよう。

C　橘の蔭踏む路の八ちまたにものをぞ思ふ妹に逢はずして

《橘の影を踏んでいく並木道が四方八方に分かれていくように、私の心は乱れている。あなたに会えないために。》

(三方沙弥、七〜八世紀)

橘の影は、他のいかなるものの影とも違う。それはいかほどか橘だからである。橘の影がいかほどか橘であるのと同じように、桜の面影はいかほどか桜であり、恋人の面影はいかほどか恋人そのものであって、それが心に付着しているのである。以上の「おもかげ」と「かげ」に関する考察について、三点を注記しておこう。まず、「かげ」は、「おもかげ」のような心理現象ではなく、純粋な自然現象だが、そこにも残像のメカニズムが存在する。また、この自然現象としての残像も、心的現象である「おもかげ」と同じように、同化の効果をもつ(「橘のかげ」)。更に、残像のためには投影(「かげ」)や射影(「おもかげ」)のような動きが介在している(ここでの動きのもとは光である)。「かげ」──「おもかげ」のアナロジーは、かくして自然現象としての残像をも感性化し、心に同化させる。すなわち、そのような光景をこころに沿うものとして、われわれはそこに愛着を覚えるわけである。

(2)この愛着において自然とわれわれとを媒介しているのは、われわれの身体性である。考えてみれば、残像、すなわち何かが残って持続するというのは、こころよりは物質の、ひとで言うならば肉体の固有性である。純粋に霊的な精神において、何かが残存し持続する、というようなことは考えられない。物語や演劇に登場する亡霊は、この世の恨みを懐きつづけている。それが無気味なのは、この恨みの記憶が、ありえないはずの肉体性を示唆するからである。物体が保存の装置であるとすれば、生命的な肉体は保存とともに遅延の器官でもある。肉体へと反響した感覚的な刺戟はその動勢を鈍らせる。そのことを映しているのが、老いの感性をうたった次の稀な作例である。

D　立ちあがり野ばらの花を去らむとき老いのいのちのたゆたふあはれ

《立ち上がって野ばらの花のもとを去るとき、老いゆく我が命がたゆたうことをしみじみ感じる。》

(玉城徹、二〇世紀)

ここで歌人が残像の遅延を形容している「たゆたふ」も、日本人にはなじみ深い観念だが、これについては特に、自然とこころとの同化の効果に注意しておこう。蕩揺する水の動きなどを見ていると、こころも浮遊感を覚える、という両義性である。

残像における自然とこころのアナロジーは、「なごり」の観念にその原型をみとめることができる。いまは「名残」と書き習わしているが、「な」のもとは波の意と解されており、波の去ったあとに残る徴、変化が世界に残した残像である。もとは自然現象だが、そこから展開して、隠喩的にこころにも適用される。

E　夕されば君きまさむと待ちし夜のなごりぞ今も寝ねかてにする

《夕方になるとあなたがいらっしゃると待っていた夜の名残なのだ。今もなかなか寝られないのは。》

(『万葉集』)

F　花さそふなごりを雲に吹きとめてしばしはにほへ春の山風

《桜の花を散らした名残の花びらを雲のうちに吹きとめて、もうしばらくあたりを彩っておくれ、春の嵐よ。》

(藤原雅経、一二〜一三世紀)

雅経は、散る花を惜しみ、そのなごりをもとめる心持ちをうたっている。万葉歌の場合、世界の名残が心ににじんでいる。恋人あるいは夫を待っていた夜のなごりとは、部屋に残った気配であろう。しかし、その夜、恋人は現れなかったのであるから、残っているのはつまるところ「待つ心」にほかならない。(3)そこで、このなごりは、(4)詠み手の肉体に残った想いを指す面を濃厚にしている。言わば、(ものの)「かげ」と(こころに残る)「おもかげ」を併せた両義性が、「なごり」にはある。

(佐々木健一「日本的感性」による)

〔注〕表象──知覚に基づいて意識に現れる像。イメージ。
遮蔽物──おおいをして他から見えなくするもの。
shadow──人や物などの影。
アナロジー──類推。似たところを元にして他のことも同じだろうと考えること。
懐き──「抱き」に同じ。
刺戟──「刺激」に同じ。
動勢──動きや進展。
蕩揺──揺れ動くこと。
浮遊──水面や空中などに浮かんでただよっていること。
隠喩──比喩であることを示す語を用いずたとえる表現技法。

〔問1〕⑴この繰り返された接触は、像を身体化し、その結果としての「面影」を、単なるイメージ以上の実体的な性格のものにしている。とあるが、これを説明したものとして最も適切なのは、次のうちではどれか。

ア、何度も同じものに直接触れることで、実際に目の前になくてもその形を思い出せるようになり、実体のない「面影」を追い求める必要がなくなるということ。

イ、想いや経験の繰り返しにより、心のなかに表象が鮮やかに刻み込まれ、後で呼び起こされた「面影」が、実体があるもののように生々しく感じられるということ。

ウ、接触という実体験を経ることで、記憶のなかの「影」が実体を持つものとなり、実体を持たない「面影」や「投影」とは異なるものとして認識されるということ。

エ、心のなかに形成された表象である「面影」が、人の実際の感覚にも影響を与え、一度しか見ていないものに、繰り返し接触しているかのような錯覚を起こすということ。

〔問2〕空欄［Ⅰ］から［Ⅲ］に入る語句の組み合わせとして最も適切なのは、次のうちではどれか。

ア、Ⅰ　ひかり　Ⅱ　かげ　Ⅲ　ひかり

イ、Ⅰ　かげ　Ⅱ　ひかり　Ⅲ　かげ

ウ、Ⅰ　ひかり　Ⅱ　かげ　Ⅲ　かげ

エ、Ⅰ　かげ　Ⅱ　ひかり　Ⅲ　ひかり

〔問3〕⑵この愛着において自然とわれわれとを媒介しているのは、われわれの身体性である。とあるが、筆者がこのように述べるのはなぜか。次のうちから最も適切なものを選べ。

ア、自然現象が心にとどめられることで、われわれはそれに愛着を感じるのだが、愛着を感じている主体は、自然現象を残像として記憶するわれわれの肉体であるから。

イ、「かげ」は同化の効果を持たない純粋な自然現象であり、われわれ人間が心理現象である「おもかげ」に置き換えることではじめて、自然への愛着が生まれるから。

ウ、自然現象としての残像は自然への愛着から生まれるものであり、固有の肉体を持つわれわれが自然を大切にしていなければ、心に同化することもないから。

エ、触覚的な残像が認められるのは心理現象である「おもかげ」だけであり、自然現象である「かげ」が残像として心に刻まれるというのは思い違いであるから。

〔問4〕⑶そこで　とあるが、次の各文のうち、傍線部がこれと最も近い働きを持っているものはどれか。

ア、土曜日は都合が悪い。ただし、午前中なら少しは時間がある。

イ、この自転車は性能が良い。それに、デザインも私の好みに合う。

ウ、放課後は部活動に熱中した。そして、夜は遅くまで勉強した。

エ、彼女との待ち合わせに遅れそうだ。だから、急いで駅に向かった。

〔問5〕⑷詠み手の肉体に残った想い　とあるが、Eの短歌から「想い」に当たる部分を九字で抜き出せ。

〔問6〕本文の内容と合致するものとして最も適切なのは、次のうちではどれか。

ア、Aの短歌は桜の花、Bの歌は恋人の姿を二度と見ることができない状況にあり、繰り返された記憶を「面影」という言葉で表現することで過去の自分への後悔を示している。

イ、Cの短歌の「蔭」は自然現象だが、千々に乱れる心と、四方八方に道が分かれる風景とが重なり、心的現象と同様に残像として詠み手の心に同化している。

ウ、Dの短歌は庭に咲く野ばらのみずみずしい美しさと、老いていく自分の姿とを対比させ、過ぎ去った若き日をなつかしく感じる様子が表現されている。

エ、Fの短歌は桜の花が散ってしまうことを惜しみ、咲き誇った花のなごりである花びらを自分の手元に残すことで、記憶として残したいという気持ちが詠まれている。

（東京都立墨田川高校）

5

次の文章は、庭の作り方を記した『作庭記（さくていき）』について、その一節を引用しつつ書かれた解説文である。これを読んで、①～④に答えなさい。

作者とされる橘俊綱（たちばなのとしつな）は、すばらしい山荘を持ち、頻繁に歌会などを催していました。冒頭「石を立てん事」の一部を引用しましょう。

> 国々の名所を思ひめぐらして、面白き所々を、ⓐ我がものになして、大姿をその所になずらへて、ⓑやはらげ立つべきなり。
> （広く諸国の名所に思いを馳（は）せ、その土地の特徴や美点を十分理解したうえで、かつ、ありのままの自然をそのまま写すのではなく、その土地に似せて、庭園にふさわしいように、和らげて、石立てすべきである。）

庭園の石立ては、自然をそのまま写すのではなく、土地の特性をよく理解し、まず自分なりに解釈しなさいと教えています。ここで注目すべきは、「やはらげ立つ」ということばです。「やはらぐ」とは、荒削りの自然を人間社会にあてはめること、「自然」を「文化」へと変容させる作用を意味します。自然を人間社会になじむような文化へと変容させるという点で、和歌の見立てと共通しています。それぞれの土地の最も趣向ある風景を定め、しかもそれをそのまま写すのではなく、人間社会に調和するように再現するという意味で、庭園と和歌は同一方向を指向しているのではないでしょうか。自然そのものの写実ではなく、人間社会の枠組みに合う「文化」へと変質した「自然」が求められているのです。

多くの歌人たちが寄り集って歌を詠（よ）んだという俊綱の山荘には、意図的に作られた風景、自然が存在していました。いかにも本物に見せかけた、趣向を凝らした主人の意図を受けて、居合わせた人々は、歌を詠むという行為によって応じようとしたでしょう。贋物（にせもの）とわかっていながら、ⓒ一種の演技でもって歌を詠んだのです。日本の古典和歌における自然は、このように人間社会に同化された自然、作られた自然であったのです。

（出典　谷知子（たにともこ）「古典のすすめ」）

① 「ⓑやはらげ」の読みを、現代かなづかいを用いてひらがなで書きなさい。

② 「ⓐ我がものになして」とあるが、これがどういうこと

かを説明した次の文の[　　]に入れるのに適当なことばを、解説文から七字で抜き出して書きなさい。

諸国の名所の特徴や美点を[　　]するということ。

③「ⓒ一種の演技でもって歌を詠んだ」とあるが、これを説明したものとして最も適当なのは、ア～エのうちではどれですか。一つ答えなさい。

ア、庭の風景を、自分の好みに合うように想像して歌を詠んだ。
イ、完成度の低い庭だが、主人に遠慮して写実的な歌を詠んだ。
ウ、贋物の庭のつまらなさを隠すように、大げさな歌を詠んだ。
エ、主人の意図を理解して、庭の風景を本物として歌を詠んだ。

④「庭園と和歌は同一方向を指向している」とあるが、これについて素性法師の和歌を例に挙げながら説明した次の文の[X]、[Y]に入れるのに適当なことばを、[X]は解説文から三字で抜き出して書き、[Y]は解説文のことばを使って十字以内で書きなさい。

> 見渡せば柳桜をこきまぜて都ぞ春の錦なりける　素性法師
>
> この和歌は、見わたす限り、柳や桜に満ちた、色鮮やかな春の都の風景を、まるで豪華な錦（金や銀の糸で織った美しい模様の高価な絹織物）のようだという[X]を用いて表現している。これと同様に庭園は、自然を、そのままの写実ではなく[Y]として再現するものであり、この点で庭園と和歌は同一方向を指向している。

〈岡山県〉

6

次の文章と【感想の交流の一部】を読んで、㈠～㈥の問いに答えなさい。

ほととぎす鳴きつる方を眺むれば
ただ有明の月ぞ残れる
後徳大寺左大臣［千載集※1・夏・161番］

現代語訳
時鳥が鳴いた方を見ると、時鳥の姿は見えず、ただ有明の月が見えていることです。

後徳大寺左大臣　藤原実定。一一三九～一一九一年。公能の息。定家の従兄弟。

江戸の川柳※2に「鶯も蛙※3も鳴かぬ小倉山」という句があります。百人一首に鶯や蛙といった四季の景物が含まれていないことを見抜いた、するどい指摘です。かろうじてほととぎすだけは含まれていました。

そのほととぎすは、ア『万葉集』では鳥の中で最も多く詠まれており、百五十六回も登場しています。初夏に中国大陸から渡来することで、夏の到来を告げる役割を担っていたからです。そのため鳴き声の良さという以上に、田植えやあの世とこの世と往来する鳥というイメージが付与されています。その初音を聞くという趣向も、既に『後撰集』※4に登場しており、『金葉集』※5以降にはかなり流行していました。

大まかな詠み振りの傾向として、『万葉集』では昼間にほととぎすの姿を見た上で、その声を讃美している歌が多くあります。それが平安朝になると、むしろ姿の見えぬ夜鳴く鳥として歌われています。だからこそ月との組み合わせも可能なのです。

実定歌については、上の句（聴覚）から下の句（視覚）へのスムーズな転換の中で、一声を待つ夜の時間の長さと、それに反して一瞬にして飛び去ってしまったほととぎすとの対照が主眼になっています。一晩起き明かして、ようやく暁方に鳴いたほととぎす。その一声を聞いた驚きと喜びが素直に表出されており、妙にすがすがしいところのある歌です。もちろん視覚世界といっても、実定はほととぎすの姿は見ていません。むしろ「ほととぎす」歌の新鮮さは、イ影すら見えない点に存するようです。

というよりも『千載集』161番の詞書※6に「暁聞郭公※7（明け方にほととぎすの声を聞くといった趣を詠んだ歌）」とあるように、これは題詠※8であり、飛び去って見えないほととぎすの残像を、心象に幻視しようとする行為こそ、この歌の面白さでした。そのために「郭公の詠には第一ともいふべきにや（ほととぎすを詠んだ歌の中では最も優れた歌であろう）」（『素然抄』）とウ高く評価されているのです。

（吉海直人「読んで楽しむ百人一首」による。）

※1　千載集＝『千載和歌集』の略称。
※2　川柳＝俳句と同形式の短詩。こっけいなことや皮肉などを詠み込む。
※3　蛙＝カエルのこと。
※4　後撰集＝『後撰和歌集』の略称。
※5　金葉集＝『金葉和歌集』の略称。
※6　詞書＝和歌の前書き。
※7　暁聞郭公＝「暁郭公を聞く」と読む。
※8　題詠＝前もって題を設けて詩歌を詠むこと。また、その作品。

【感想の交流の一部】

> （雄一）　後徳大寺左大臣は、月だけしか見ることができなくて残念だったね。
> （恵子）　えっ、どうしてそう思うの。
> （雄一）　だって、「ただ有明の月ぞ残れる」とあるからだよ。
> （恵子）　でも、文章からは、エ残念な思いを表現した歌ではないと読めるよ。

㈠　いふべき　の読み方を現代かなづかいに直して、ひらがなで書きなさい。

㈡　ア『万葉集』に収められている作品を、次の1～4の中から一つ選んで、その番号を書きなさい。
1、君待つと我が恋ひ居れば我が屋戸の簾動かし秋の風吹く
2、白鳥は哀しからずや空の青海のあをにも染まずただよふ
3、五月雨の降り残してや光堂
4、分け入つても分け入つても青い山

㈢　イ影　とあるが、最も近い意味を表している言葉を、傍

線部イより前の文章中から漢字一字で抜き出して書きなさい。

㈣ ウ高く評価されているのです とあるが、実定歌が高く評価されているのはなぜか。文章中の言葉を使って、三十五字以上、四十字以内で説明しなさい。（句読点を含む。）

㈤ 文章中の内容に合っているものとして、最も適切なものを、次の1〜4の中から選んで、その番号を書きなさい。

1、『万葉集』の中で鶯が最も多く詠まれたのは、鳴き声が美しかったからである。

2、江戸の川柳には、百人一首にほととぎすが含まれていないという指摘がある。

3、平安時代になると、ほととぎすの姿の美しさから昼間に見ることが流行した。

4、『後撰集』の和歌には、ほととぎすの初音を聞くことを風流だとするものがある。

㈥ **思考力** エ残念な思いを表現した歌ではないと読めるよとあるが、恵子さんがそのように考えた理由となる部分を、文章中から三十二字で抜き出して、その初めと終わりの五字を書きなさい。（句読点を含む。）

〈茨城県〉

7

次の文章を読んで、あとの各問に答えよ。（＊印の付いている言葉には、本文のあとに〔注〕がある。）

下級貴族層の一員として生きてきた清少納言に、宮仕えは息をのむような世界を見せてくれた。これこそが貴族文化の粋という、宮廷の雅びの数々である。物語でしか知らなかった洗練美の世界に目を瞠りながら、さて清少納言が『枕草子』に記したのは、ほとんどが貴族文化のなかでも生活文化というべきものであった。例えば、雅びを彩る重要な道具である、楽器について。

笛は、横笛、いみじうをかし。遠うより聞こゆるが、やうやう近うなりゆくも、をかし。近かりつるが遙かになりて、いとほのかに聞こゆるも、いと(1)をかし。車にても、徒歩よりも、馬にても、すべて、ふところに挿し入れて持たるも、何とも見えず、さばかりをかしき物はなし。まして聞き知りたる調子などは、いみじう(2)めでたし。暁などに忘れて、をかしげなる、枕のもとにありける見つけたるも、なほをかし。人の取りにおこせたるをおし包みてやるも、立文のやうに見えたり。

（笛は、横笛が、とてもすてき。遠くから聞こえていたのがだんだん近づいてくるのもいい。近くの音が遙かに遠ざかってかすかに聞こえるだけなのも、とてもすてき。車でも、歩いていても、馬に乗っていても、いつも、ふところに携えていても何とも見えなくて、これほどおしゃれな楽器はない。まして知っている旋律が流れてくると、本当に心がときめく。彼が夜明けに忘れていって、ふと見ると、恰好いい姿で笛が枕元に置かれている、それを見つけた時にも、やっぱりいいなあと思ってしまう。彼は忘れ物に気づいて、取りに使いをよこす。それで紙に包んで渡す時にも、しゃきっとした立て文のように見えた。）

平安貴族は楽に親しみ、宴においても日常生活でも腕前を披露し合った。楽器には太鼓など打楽器、「琴」と総称される絃楽器、「笛」と総称される管楽器があったが、「笛は」の書き出しのように、清少納言が特に心を寄せたのは管楽器、なかでも横笛だった。

平安京の大路か小路を歩きながら誰かが横笛を吹いていく。その音色が、邸内の清少納言の耳に次第に近づき、また遠のく。音が消えてしまうまで、ほれぼれしながら聞き耳をたてている清少納言の姿が見えるようだ。そして男が部屋に忘れていった笛。清少納言は真っ白な紙で包み、大切な封書のようにして返す。そのスタイリッシュな形が、これまたありありと見えるようだ。定子もこの段を読んだ時、我が耳に笛の音が聞こえ、目に笛の形が見える思いがしただろう。

定子にとって横笛は、夫である一条天皇の愛した楽器であった。幼いころから笛を嗜んだ彼は、十一歳だった正暦元（九九〇）年正月、元服式を受けた後の宴でも、名手たちにまじって自ら笛を吹いた。元服式の報告に父の円融天皇の住む寺に行幸した折にも父のために横笛を吹き、法皇は息子に＊「赤笛」と号する天皇家伝来の名器を贈った。(3)大人になった息子と、出家して離れて見守る父との、心の触れ合う場面だったことだろう。

定子が彼のもとに＊入内したのは、この元服式の二十日後のことである。それからの生活の中、やがては笛の名手と讃えられるようになる彼が日常的に笛を吹き定子に聞かせていたことは、『枕草子』の随所に窺われる。例えば、内裏でふと耳に入る様々な音を挙げた随想的章段のこの一節もそうだ。

夜中ばかりに御笛の声の聞こえたる、またいとめでたし。

（夜半頃、帝のお吹きになる笛の音が聞こえてきた、それもまた本当に素晴らしいこと。）

真夜中、清少納言の耳がふと笛の音をとらえる。天皇が吹いているのだ。(4)これこそが内裏の雅びだと、清少納言は至福のため息をつく。この章段に定子の姿は描かれないが、定子の付き人である清少納言が天皇の笛の音の届く場所にいるからには、定子も間違いなく天皇の傍らにいる。この夜半、天皇は定子のためにこそ吹き、定子は多分その音色に聴き入っているのだろう。そんな睦まじい二人が想像できるからこそ、清少納言は「めでたし」という最高級の賛辞でこれを記したのだ。『枕草子』の横笛の記事は、定子にとって一条天皇との数々の思い出を呼び覚ますものであったはずである。

ところで、(5)天皇が幼少から楽器を嗜んだのはなぜなのか。それは大方、ただの娯楽ではなかった。特に一条天皇はそれを強く自覚していて、横笛ではないが琴を題材として、演奏の意味を彼自身が漢詩にしたためている。

撫くこと民を養ふに似たり　声更に理へり
張ること政を布くが如し　操　相邀ふ
楽府の清絃の上に施くに従り

至徳深仁は　幾の聖朝ぞ
（琴を弾くことは民を養うに似て　人民の声を落ち着かせてゆく
絃を張ることは政治を行き渡らせるに似て　民の志を受け止める
私が楽府の曲を清らかな絃に乗せることで
至徳深仁の治世よ、幾聖朝も続いておくれ）

長保五（一〇〇三）年六月二日、内裏の作文会で作られた詩である。ここには、儒教の教えのもと古代から続いてきた「至徳深仁」の治世に、音楽によって自らの治世をつなげようという、真摯な思いが見て取れる。「礼楽」という言葉があるように、社会の秩序を定める「礼」と並び、「楽」は人心を感化するものとして、古代より中国の儒家に尊重されてきた。一条天皇はその思想にしたがい、誰よりも君子たるべき国の主の嗜みとして、幼い時から音楽を学んできたのである。楽とは本来こうした政教的な意味を持つものであったのだ。

だが、『枕草子』の楽には儒教的思想は見受けられない。『枕草子』を幾度読み返してみても、音楽とは生活を彩る美しい娯楽だという意識しか見えてこない。(6)しかつめらしい政治哲学を先に立てるのではなく、音楽そのものを楽しもう。生活の雅びやかな飾りとしよう。政教性は音楽に殊更に求めるものというよりも、それに自然に付いてくるものだ。つまりはそれが、*中関白家、ひいては清少納言の考え方だったとおぼしい。

（山本淳子「枕草子のたくらみ」による）

〔注〕行幸――天皇がお出かけになること。
入内――女性が天皇の夫人として正式に宮中に入ること。
中関白家――平安時代中期の関白藤原道隆を祖とする一族の呼称で、道隆の娘定子が一条天皇のもとに入内して、道隆の死去まで繁栄を極めた。

〔問1〕(1)をかし　(2)めでたし　とあるが、『枕草子』のこの傍線部では、横笛の音色について二つの表現をしている。この横笛の音色についての表現の違いを説明したものとして最も適切なものは、次のうちではどれか。

ア、「をかし」はものの情趣を解するものとして表現しているのに対し、「めでたし」は客観的感銘を感じるものとして評価している。
イ、「をかし」は皆に共通する感覚として客観的に表しているのに対し、「めでたし」は主観的好みの問題として捉えて評価している。
ウ、「をかし」は聴覚から感じる空間の広がりをたたえているのに対し、「めでたし」はさまざまな情趣を感じさせると評価している。
エ、「をかし」は実際の笛の音色そのものをほめたたえているのに対し、「めでたし」は人間の記憶に関わるものとして評価している。

〔問2〕(3)大人になった息子と、出家して離れて見守る父との、心の触れ合う場面だったことだろう。とあるが、その説明として最も適切なものは、次のうちではどれか。

ア、元服の折、皇族として幼い頃より笛を嗜んできた息子の演奏を認めて、出家した身には不必要な天皇家伝来の笛を譲ることには、今が最適な時期だという意味が込められているということ。
イ、元服の折、幼い頃より嗜んだ笛を息子が父に聞かせたことには、これほどに笛を上達させた努力を親孝行の象徴だと考え、名器を譲るにふさわしいという意味が込められているということ。
ウ、元服の折、息子が父に笛を吹き、父が息子に名器を贈ったことには、笛を仲立ちにして、父子の間で次代の治世を託す意味と、その思いを受け止めたという意味が込められているということ。
エ、元服の折、父を思いながらすばらしい音色を響かせた息子に対し、最高の返礼として名器を贈ったことには、いつまでもゆるがない父の威厳と愛情という意味が込められているということ。

〔問3〕(4)これこそが内裏の雅びだと、清少納言は至福のため息をつく。とあるが、なぜか。その理由として最も適切なものは、次のうちではどれか。

ア、楽器は、名手となるために長い練習が必要なもので、一条天皇も日常的に演奏し、傍らで中宮定子とともに清少納言が聴衆として支えたから。
イ、楽器は、人間の心情を心の奥からつなぐものであり、笛を吹く一条天皇とそれを聞く中宮定子に、人間関係の模範となる宮中の様を見たから。
ウ、楽器は、視界が閉ざされた中でこそなまめかしさを感じられるもので、夜半に一条天皇が笛を吹く内裏の様子は、最高のぜいたくであるから。
エ、楽器は、日常の生活の中でも洗練された暮らしを彩る道具であり、一条天皇と中宮定子の間に響く笛の音に、理想的な夫婦の姿を感じたから。

〔問4〕(5)天皇が幼少から楽器を嗜んだのはなぜなのか　とあるが、その理由を端的に説明している一文を、引用されている古典の原文とその現代語訳を除いた本文中から探し、その始めと終わりの五字を書け。

〔問5〕(6)しかつめらしい　とあるが、その意味に最も近い四字熟語は、次のうちではどれか。

ア、四角四面　イ、四方八方
ウ、再三再四　エ、四苦八苦

〈東京都立西高校〉

8

次の文章は『源氏物語』について書かれた文章である。これを読んで、あとの各問に答えよ。なお、本文中の①～③の原文の後にある（　）内の文章はそれぞれの現代語訳である。（*印の付いている言葉には、本文のあとに〔注〕がある。）

『源氏物語』冒頭の「桐壺」の巻には次のような一節がある。光源氏の母、桐壺更衣は、桐壺帝の並はずれた*寵愛を受けたため、光源氏を生んで間もなく他の*女御・更衣たちの妬みを受けて病み、死ぬ。帝は心から悲しんで、野分（初秋の強風）めいた風が吹いてにわかに秋(1)らしくなった夜、亡き更衣の里へ使者、靫負命婦を遣わす。娘を失って悲しみにくれるその母を見舞うためであるが、さらに一刻も早く逢いたい最愛の光源氏を連れて参内することを促すためでもあった。帝は毎夜、死んだ更衣を思って嘆いている。

その部分には次のような表現がある。要所だけを三箇所引用してみる。

①野分だちてにはかに肌寒き夕暮の程、ア常よりもおぼし出づること多くて、靫負命婦といふを遣はす。夕月夜のをかしき程に出し立てさせ給ひて、やがてながめおはします。

（野分めいてにわかに肌寒く感じられる夕暮れの頃、桐壺帝はいつもより心に思い起こされることが多くて、靫負命婦という人を、亡き更衣の里にお遣わしになる。夕月が風情のある時刻に命婦を出発させなさって、そのまま物思いにふけっておいでになる。）

使者の命婦が里に到着したところは、次のように書かれている。

②イ命婦かしこに参で着きて、門引き入るるよりけはひあはれなり。〈中略〉闇にくれて臥し沈みたまへるほどに、草も高くなり、暴風にいとど荒れたるここちして、月影ばかりぞ八重葎にも障らずさし入りたる。

（命婦がそちらに到着して、車を門から邸内に引き入れるや、喪の家のしみじみと寂しげな気配が襲ってくる。〈中略〉母君が、娘を失って暗澹たる心で臥せっておいでになる間に、草も高く茂り、野分の強い風にたいそう荒れた感じになって、月の光だけが、八重葎の茂りにも遮られず射し込んでいる。）

さらに夜が更けて命婦が帰ろうとするところには、こうある。

③ウ月は入り方に空清う澄みわたれるに、風いと涼しくなりて、エ草むらの虫の声々もよほし顔なるも、いと立ち離れにくき草のもとなり。

（月は西に沈む頃あいで清く澄んだうえに、風がとても涼しくなって、草むらの虫の鳴き声が涙を誘いげな趣なのも、とても立ち離れがたい、草の中の家である。）

②の文には「あはれ」の語が見える。喪の家のうら悲しい雰囲気を「けはひあはれなり」と言っている。さらにそれを具体的に叙述しているが、母君の気力の衰えと、折からの強風に荒れてしまった庭が描かれる。その光景は、そのまま母君の心のようすでもある、といったように描かれている。(2)二つが一体になって、外から訪れた命婦の心に迫って来たのだ。ここに外景*と人の心持ちとの共感関係がある。

同様に①の文でも、野分めいて急に秋らしくなったころ、帝はひとしおもの思いがつのって、同じ悲しみにくれているはずの更衣の母に使者を送りたくなるのである。ここでも野分めく自然のようすが、帝の心の高まりと共鳴しあうように表現されているのがわかる。

さらに③では、夜が更けて一段と増さる虫の声が、悲しげで涙を催させげな様子であることが語られる。ここにも人の心情と場所がらの共鳴関係が伺える。

近代のものの考え方は人間中心的で、風景や自然は人間の外側に広がる背景として、一歩退いた位置に置かれ、あるいは人間が働きかける客体*として捉えられることが多い。(3)ここには人の心と融合して一つになった自然がある。母君の住む家の風情が、そのまま家の主である母君の心なのだ。

この時代には「ながめ」ということばがある。右の①にも、天皇の行為として「ながめおはします」と出てくる。(4)この語には二つの意味がある。ものをじっと眺めたり、見入ったりする意味と、しみじみと物思いにふける意味とである。平安時代にできた語で、それ以前には見えない。

どうして二つの意味があるのかといえば、二つの意味の間に繋がりがあるからだろう。風情ある景色や庭の趣などに目をやることは、もの思いをすることに繋がったのである。風情ある自然は人をもの思いに誘うし、また心に深い思いを抱く人は、風景自然にも見入り、その趣を深く味わい知ることができる。今日の私たちも、心に悲しみを抱いているときなどは、見る風景の味わいも格別に深く感じ取られることがある。そういう時、私たちは普段の自分とは違って、詩人の心になっているのである。

平安時代の貴族階級は、こういうデリケートな詩人的な心、つまりは風流心、「もののあはれ」を知る心を、自分たちの身分の誇りのようにして持っていた。(5)これは貴族たちの美しい生活（感情生活）として、美意識とともにあったのである。右の①の「ながめ」をする桐壺帝も、荒れた庭の家に嘆き暮らす母君も、それに深く同情する命婦も、貴族文学である物語の、「もののあはれ」を知る美しい登場人物たちなのである。

（森朝男「読みなおす　日本の原風景」による）

〔注〕寵愛――特別に愛すること。
女御・更衣――天皇の妻。
外景――外の景色。
客体――ものを考える自分の外にあって、確かにあるとされる全てのもの。

〔問1〕(1)らしく　とあるが、これと同じ意味・用法で用いられているものは、次のうちではどれか。

ア、数日後には開花するらしく、桜のつぼみがふくらんでいる。
イ、学生らしく、清潔感のある髪型や服装で登校する。
ウ、その人はしおらしく、下を向いて黙って座っている。
エ、残念ながら明日は雨らしく、予定を立て直す必要がある。

〔問2〕(2)二つが一体になって、外から訪れた命婦の心に迫って来たのだ。とあるが、ここでいう「二つ」の「心に迫って来た」ものを、現代語訳の部分から五字と十六字でそれぞれ抜き出して書け。なお、十六字で抜き出す部分には「の庭」に続くように抜き出して書け。

〔問3〕文中の……を付けたア～エのうち、(3)ここには人の心と融合して一つになった自然がある。を具体的に述べている部分はどれか。

〔問4〕(4)この語には二つの意味がある。とあるが、「この語」に「二つの意味がある」わけを説明したものとして適切でないのは、次のうちではどれか。

ア、平安時代には人々が美意識を大切にするようになって、風情ある景色をじっと眺めながら物思いにふけるという習慣が生まれたから。
イ、趣のある風景などを見ていると感情が揺り動かされ、自分の感情と目の前の風景とが重なるように感じることがあるから。
ウ、何らかの深い感情を持っている時には、普段気にもとめないような風景や景色の風情も格別に感じられるから。

エ、何かをじっと眺めたり見入ったりすることと、しみじみと物思いにふけることとの間には、繋がりがあると考えられるから。

〔問5〕(5)これは貴族たちの美しい生活（感情生活）として、美意識とともにあったのである。とあるが、これを説明したものとして最も適切なのは、次のうちではどれか。

ア、風情ある美しい景色を持った庭を自邸に作ることで、貴族は自らの権力や教養を誇示したということ。

イ、平安時代の貴族たちは、「ながめ」をすることよりも「もののあはれ」の方を価値あるものとして捉えていたということ。

ウ、平安時代には美しい景色が多く、貴族たちはそれを保護しようという意識が非常に強かったということ。

エ、自然の趣を味わったり、それに感情を強く刺激されたりすることが、貴族の資質のひとつとされていたということ。

〔問6〕本文の内容と合致するものとして最も適切なのは、次のうちではどれか。

ア、「桐壺」の巻で毎夜更衣の死を思い嘆いていた帝は、野分めいた風が吹いた翌朝、更衣を失い困窮する母君の所に使者を送っている。

イ、「源氏物語」の特徴である装飾的で優美な情景描写により、更衣を失った帝や母君の悲しみは一層際立っていると考えられる。

ウ、「もののあはれ」を知る登場人物である帝や命婦の視点を通し、自然と人の心との共鳴関係が描かれていると筆者は述べている。

エ、今日においては自然と人間の心が融合することはなく、自然はいつも人間の外側にあるものとして捉えられている。

〈東京都立墨田川高校〉

9

次のAの文章は、『愚見抄』の一部であり、和歌を詠むときに心掛けることについて記したものである。また、Bの文章は、Aの文章について述べたものである。この二つの文章を読んで、(一)～(五)の問いに答えなさい。

A

凡そ（ダイタイ）歌のさま一方ならず。さるから（ダカラ）、初心の時、むねと（自分ガ第一ニ）詠むべき姿を思ひ分ち侍るが（認識スルコトガ）、ゆゆしき重事にて侍るなり。達者の詠めるを例に引きて面白き歌を(1)好み詠むこと、ゆめゆめあるべからず。稽古だに入りもて行けば、何となきことをけすらひもなく（サリゲナク）言ひ出でたるも、(2)殊勝に聞ゆべし。生得の不堪のことに侍らむ人は（生マレツキ不器用デアル人ハ）、当世・古風とて、詠む姿をしとやかに詠み習ふべきにや（ベキデアロウ）。一の故実（第一ノ作法）にて侍るべし。

歌の本には（和歌ノ手本トシテハ）、代々の勅撰どもその数侍れば（多数アリマスカラ）、それにて体を見したためて（形式ヲヨク見テ）、学ぶべきなり。ただ、直くたけ高く（素直デ壮大デ）、しかも心ある歌にて侍るべし（真実ノ心ノコモッタ歌デアルベキデショウ）。わが歌の有様にて思ひ侍るに（思イ出スノハ）、詠むに従ひ学ぶにつけて、年々月々に先非のかんがへらるることのみぞ侍る（過去ノ失敗ガ思イアタルバカリデス）。(3)それと申すは、ただかけりすぐし侍りしことどもなり（タダオ気走ッテ詠ミ過ギタコトデス）。いかにも(4)初心の時、さやうのかけり歌は（ソノヨウナオ気走ッタ歌ハ）、面白くも覚え、また詠まれ侍るなり。

（注）勅撰＝勅撰集。天皇の命令によって編集された歌集。

B　初めに「凡そ歌のさま一方ならず」と断り、だからそうした多様にあり得る「歌のさま（＝スタイル）」の中で自分が第一に詠むべきものを認識することが大切であって、すでに上手となった人の気のきいた発想やいいまわしの歌などを軽薄にまねることなどあってはならぬ、というのである。体操の練習にたとえるならば、基本も十分マスターしていない者がウルトラCにとびつくのはいけない、ということで、これは今日でも多くの芸事やスポーツではいわれていることであり、容易に納得されるが、そこに特に「稽古」の語とその思想を持ち出すのは、ある程度中世芸術論の特色といってよい。

（福田　秀一「中世評論集　歌論・連歌論・能楽論」による）

（注）ウルトラC＝この文章が書かれた当時の体操競技で、最高難度を越える技。

(一)　――線部分(1)の「好み詠むこと」と同じ意味で使われている最も適当な部分を、Bの文章中から十字以内で抜き出して、書きなさい。

(二)　――線部分(2)の「殊勝に聞ゆべし」の意味として最も適当なものを、次のア～エから一つ選び、その符号を書きなさい。

ア、特に優れた表現の和歌になることだろう。
イ、つまらない表現の和歌になることだろう。
ウ、欠点のない表現の和歌にはならないだろう。
エ、わかりやすい表現の和歌にはならないだろう。

(三)　――線部分(3)の「それ」とは、どのようなことか。二十字以内で書きなさい。

(四)　――線部分(4)の「初心の時」について、筆者は、初心者はどのようなことをする傾向があると述べているか。四十字以内で書きなさい。

(五)　Aの文章の内容を説明したものとして最も適当なものを、次のア～エから一つ選び、その符号を書きなさい。

ア、和歌を学ぶ方法は数多くあるので、その中から自分に適した方法を選択することが重要だ。
イ、良い和歌を詠むには、今の和歌や昔の和歌をしっかりと堅実に学んでいくことが大切だ。
ウ、和歌を詠む達人たちの気のきいた表現をまねることから、和歌を詠む稽古を始めるべきだ。
エ、才気にあふれる和歌を詠むことを目標にして、表現力を高める努力を継続するべきだ。

〈新潟県〉

10 次のⅠ、Ⅱ、Ⅲを読んで、問一～問三に答えなさい。

Ⅰ

九月二十日あまりのほど、(注)初瀬に詣でて、いとはかなき（粗末な）家にとまりたりしに、いとくるしくて（疲れて苦しくて）、ただ寝に寝入りぬ。

夜ふけて、月の窓より洩りたりしに、人の臥したりしどもが衣（寝ている人たちが体の上にかけている着物）の上に、白うてうつりなどしたりしこそ、いみじうあはれとおぼえしか。さやうなるをりぞ、人歌よむかし。

（『枕草子』による）

（注）初瀬…初瀬（現在の奈良県桜井市初瀬）にある長谷寺のこと。

Ⅱ

仰ぎ見る　夜空しづけし　しみじみと　月の面より　光流れ来　（土田耕平）

Ⅲ

砂みちに　月のしみ入る　二月かな　（久保田万太郎）

問一、傍線部の「いみじうあはれとおぼえしか。」とは、ここではどういう意味か。最も適当なものを、次のア～エから一つ選び、記号で答えなさい。

ア、しみじみとかわいそうに思った。
イ、たいそう華やかに感じたのだろうか。
ウ、なんとなく悲しく思ったのだろうか。
エ、とてもすばらしく趣深いと感じた。

問二、次に示すのは、Ⅰ、Ⅱ、Ⅲを読んだあとのヒデオさんとヨシコさんの会話です。（Ａ）、（Ｂ）に入る適当な語句を答えなさい。ただし、（Ａ）は三字で答えること。また（Ｂ）は、Ⅰの文章中から一文で探し、始めの五字を抜き出して答えること。

ヒデオ　Ⅰ、Ⅱ、Ⅲのすべてに、夜の（Ａ）の美しさがとりあげられているね。
ヨシコ　Ⅱ、Ⅲの作者は、近代や現代の人なのだけれど、この人たちも夜の（Ａ）の美しさをみて心が動いたときに短歌や俳句を詠んでいるのよね。Ⅰの作者が書いている「（Ｂ）」というのは時代を経ても変わらないのね。

問三、『枕草子』の作者を、次のア～エから一つ選び、記号で答えなさい。

ア、兼好法師　イ、額田王
ウ、清少納言　エ、松尾芭蕉

〈島根県〉

11 次の文章を読んで、後の各問に答えよ。句読点等は字数として数えること。

第一八六段

吉田と申す馬乗りの申し侍りしは、「馬ごとにこはきものなり。人の力、あらそふべからずと知るべし。乗るべき馬をば、まづよく見て、強き所、弱き所を知るべし。次に、轡・鞍の具に、危き事やあると見て、心にかかる事あらば、その馬を馳すべからず。①この用意を忘れざるを馬乗りとは申すなり。これ秘蔵の事なり」と申しき。

第一八七段

よろづの道の人、たとひ不堪なりといへども、堪能の非家の人にならぶ時、必ず勝る事は、たゆみなく慎みて軽々しくせぬと、②ひとへに自由なるとの等しからぬなり。

芸能・所作のみにあらず、大方のふるまひ・心づかひも、愚かにして慎めるは得の本なり。巧みにしてほしきままなるは、失の本なり。

（『徒然草』による。一部改変）

（注）こはき…手ごわい。
轡…馬の口にかませる器具。これに手綱をつける。
馳す…走らせる。
所作…芸能の身体行動には、日常行動と違った型があり、きまりがある。それらの、一定の形式による動作。
心づかひ…心くばり。心の持ち方。
得…成功。
ほしきままなる…自分の思うとおりにふるまうさま。

問一、本文中のあらそふの読み方を、全て現代仮名遣いに直し、平仮名で書け。

問二、次の□の中は、本文を読んだ南さんと佐藤さんが会話をしている場面である。

南さん　「第一八六段」に、①この用意を忘れざるを馬乗りとは申すなりとあるけれど、辞典で調べてみると、「用意」は、「心構え」という意味なんだね。「馬乗り」も、ただ馬に乗る人ということではないみたいだね。
佐藤さん　私もそう思うよ。「乗馬の［ア］」ということだよね。
南さん　なるほど。「第一八七段」の「道の人」のことなんだ。
佐藤さん　「第一八七段」の最初の部分の意味がわかってきたよ。様々な「道の人」はたとえ不器用であっても、「巧み」な素人に必ず勝る、ということだよ。
南さん　そうだね。その文の後の方に書かれている②ひとへに自由なるは、［イ］ということだね。
佐藤さん　こんな本があるよ。ここを読んでみて。

碁や将棋などの勝負事で、素人の腕自慢が、プロ新人に挑戦することがあるが、おおかたプロが勝つ。それは腕が違うのではなく、心構えが圧倒的に違うからだ。（中略）
プロの慎重さは、くまなく張りめぐらされたコンピュータの回路のようなものなのだ。

途中までは調子良くて、もう一歩のところまでプロを追いこんでおきながら、一瞬の油断がミスを生み、そこをプロは当然のようについてくるのである。

（嵐山光三郎『転ばぬ先の　転んだ後の　「徒然草」の知恵』による。一部改変）

南さん　そうか。ここに述べられているような「プロ」ならば、具体的にどう行動するべきか、ということについて書いてあるのが、「第一八六段」の［ウ］の部分だね。

(1)［ア］に入る語句を、漢字二字で考えて書け。

(2)［イ］に入る語句として最も適当なものを、次の1〜4のうちから一つ選び、その記号を書け。

1、人に対してわがままである
2、ひたすら勝手気ままである
3、本当に堂々としている
4、むやみに手を抜きがちである

(3)［ウ］に入る内容を、『徒然草』「第一八六段」の本文中からそのまま抜き出し、その初めと終わりの五字ずつを書け。

問三、『徒然草』の「第一八六段」・「第一八七段」に共通しているのはどのような考えか。「という考え。」の語句に続くように、十五字以上、二十五字以内の現代語で考えて書け。

〈福岡県〉

12

次の文章を読んで、あとの各問に答えよ。なお、本文中に引用された古文の後の〈　〉内の文章は、現代語訳である。（*印の付いている言葉には、本文のあとに〔注〕がある。）

中国の「季節」を受け入れたわたしたちの祖先は、とりわけ「立春」と現実の寒さとのずれにとまどいながら、そこになんとか春の証を見つけ出そうとした。

じじつ*勅撰集に代表される和歌の歴史は、それぞれの季節を象徴する風物を特定し、その特定された風物のなかで、いわく比喩的な季節感を培養してきた。その風物は、いつまでも中国製だったわけではない。

たとえば(1)春は「霞」「梅」「鶯」など中国の借り物から始まって、やがて「桜」という「花」が発見される。長く「時鳥」一辺倒だった夏には、「五月雨」の新しい情緒が加わる。秋は「紅葉」と「月」が他を圧倒しながら、中世にいたって「秋の夕暮」の美学を手に入れる。ほとんど「雪」に尽きてしまう冬にも、「時雨」という題材が登場する。

ここで「花」「五月雨」「秋の夕暮」「時雨」といった題材に、漢詩の美学から自立した日本的な風情を見ることはできる。しかしその日本的な風情もまた、けっきょく固定された美学を生み出し、季節感はその美学から外に出ることはない。つまり、夏や冬にはどういう風物があるかではなく、「五月雨」が降れば夏であり、「時雨」が冬だというように、特定の風物が季節そのものを表すといった倒錯が生じているのだ。

*津田左右吉は、そうした日本人の季節感について次のように書いている。

万葉の四季の分け方は*大やうなもので、例へば、「神無月時雨にあへる黄葉の吹かばちりなむ風のまにまに」〈十月の時雨に遭った紅葉は、もし風が吹いたなら散ってしまうであろう、風の吹くままに。〉といふ十月の歌を秋の部に入れてあるかと思ふと、「なが月の時雨の雨にぬれとほり春日の山は色づきにけり」〈九月の時雨の雨にすっかり濡れてしまって、春日の山は鮮やかに色づいてしまったなあ。〉のやうに、時雨を九月にしたのもある。（中略）*然るに古今以後では、九月を秋、十月を冬と決めてゐるのみならず、(2)紅葉は秋、時雨は冬のもの、と定めてしまつて、一首の着想をそれによつて立てるやうにさへなつた。

『古今集』以後の歌人たちが「紅葉は秋、時雨は冬」と決めたのは、思うに紅葉は美しく、時雨は冷たいからだろう。早く春が来るのを望んだ人々は、逆に冬の到来は遅いほうがいいと思ったかもしれない。冬はせめて紅葉が終わってから来てほしいと考えただろうし、「雪」のなかに春を先取りした人々であれば、「雪」と「紅葉」が同じ季節になることは、イメージの問題として了承できなかったにちがいない。

『古今集』では、「時雨」は秋の部にも冬の部にも登場するが、続く『後撰集』あたりから冬に確定されてくる。「秋の夕暮」の詩情を決定したのが「*三夕の歌」だとすれば、「時雨」のそれを定めたのは『後撰集』の次の歌だろう。

神無月ふりみふらずみ定めなき時雨ぞ冬のはじめなりける　　よみ人知らず

〈十月になって降ったり降らなかったり一定しない時雨が降ると、そのような時雨こそが実は冬の始まりなのだなあ。〉

「定めなき」という言葉が、人生のはかなさを感じさせることで、以後「時雨」にはそうした人生の比喩がつきまとう。『新古今集』に登場する次の歌は、(3)さしずめ(4)「時雨」の美学のひとつの到達点といえるかもしれない。

世にふるは苦しきものを槙の屋にやすくも過ぐる初時雨かな　　二条院讃岐

〈世の中に生きていることは苦しいものであるのに、板ぶきの小屋になんの苦しみもなく、さらさらと降り過ぎる初時雨であることよ。〉

第一句の「ふる」は、世の中に暮らすという意味の「経る」と同時に、「降る」という意味で「時雨」の*縁語になる。世の中に暮らすことの「苦しき」ことを、時雨の「やすく過ぎる」ことに対比させているが、この歌によって今度は「世にふる」が常套句になり、それだけで人生の苦しさを表すようになる。この歌を*本歌にして、*宗祇が「世にふるもさらに時雨の宿りかな」〈世の中に生きているのも、たしかに時雨が降り過ぎるのを待つ間の一宿りのように苦しいものだ。〉と詠み、さらに芭蕉がそれを受けて、「世にふるもさらに宗祇のやどり哉」〈世の中に生きているのも、たしかに宗祇が言ったとおり、「時雨の宿り」にほかならないというものだ。〉と詠む。こうなると「時雨」はもう、冬の季節とはとりあえず関係なく、はじめから人生の象徴として降ってくるしかない。

詩のモチーフ*としての「季節」といえば、今日では短歌よりも、俳句のほうが重要なテーマになる。勅撰集が季節の象徴として確定してきた風物は、そのまま俳句の季語として現代に生き延びている。現代は季節感がなくなったといわれて久しく、それにあわせて季語の存在理由を問う議論も長く続いているが、じつは季節感なるものの正体は、わたしたちの実感とは最初から切り離されている。季語をめぐる論議は、まずそのことを確認しておかなければならない。

季語という古典的な約束事を現代に通用させているのは、おそらく「季節」が不変のものだという考え方である。だから「季節」というモチーフには、有限かつ可変なわたしたちの人生を、無限で不変なものに結びつけたいという願望が隠れている。重い病人が来年も桜を見たいといえば、それはもう一年生きたいということだ。すなわち「季節」は、わたしたちの生の願望によって不変なのである。その意味において、季語に代表される(5)「季節」という詩のモチーフは、季節感の稀薄化とは関係なく不滅だろうと思われる。

（仁平勝「日本の詩と季節」による）

〔注〕勅撰集――天皇又は上皇の命によって作られた和歌集。後出の『古今集』、『後撰集』、『新古今集』はいずれも勅撰集である。
津田左右吉――大正・昭和期の歴史学者。
大やうな――おおらかな。
然るに――そうであるのに。
「三夕の歌」――「秋の夕暮」と結んだ三首の名歌。
縁語――歌や文中に意味の関連する語を二つ以上配して表現の効果を上げる技法。
本歌――先人の歌の用語や語句を踏まえて和歌などを作った場合、そのもとになった歌。
宗祇――室町末期の連歌師。
モチーフ――芸術作品で創作の動機となる主要な題材。

〔問1〕(1)春は「霞」「梅」「鶯」など中国の借り物から始まって、やがて「桜」という「花」が発見される。とあるが、どういうことか。次のうちから最も適切なものを選べ。

ア、和歌の世界の中では、中国から学んだ季節感をそのまま取り入れているだけでなく、季節の訪れを実感できる日本の風物を新たに見いだすようになったということ。
イ、日本では中国の季節感と実際の季節の融合を試みていたが、和歌の世界の中で日本的な風情が定着してきたことにより、実生活の中にも独自の季節感が根付いたということ。
ウ、中国から季節感を受け入れたものの、違和感を抱いていた人々は漢詩の美学を否定し、季節にふさわしい日本独自の風物を当てはめて和歌の世界を作り上げていったということ。
エ、桜は日本を象徴する風物であり和歌の世界の中ではとりわけ重んじられていたが、中国から学んだ季節感と重ね合わせることによって、桜の新たな価値が発見されていったということ。

〔問2〕(2)紅葉は秋、時雨は冬のもの、と定めてしまつて、一首の着想をそれによつて立てるやうにさへなつた。とあるが、この津田左右吉の言葉と同じ趣旨を筆者が述べている箇所を、本文から二十一字で探し、その始めと終わりの五字を書け。

〔問3〕(3)さしずめの意味として最も適切なものを次のうちから選べ。

ア、あたかも　イ、おそらく
ウ、さしあたり　エ、はからずも

〔問4〕(4)「時雨」の美学のひとつの到達点　とあるが、この内容を説明したものはどれか。次のうちから最も適切なものを選べ。

ア、「時雨」は自然の厳しさを表すことから始まって、人生の冷酷さを際立たせるまでに発展してきたということ。
イ、生きることの象徴である「時雨」という言葉の発見は、詩歌の世界に大きな変化をもたらすに至ったということ。
ウ、冷たい雨に打たれた人々の経験が積み重なって「時雨」という言葉に結びつき、冬を象徴する季語になったということ。
エ、「時雨」が冬という季節の様相を表すものであるばかりでなく、生きることそのものをも意味するようになったということ。

〔問5〕(5)「季節」という詩のモチーフは、季節感の稀薄化とは関係なく不滅だろう　と筆者が考えるのはなぜか。次のうちから最も適切なものを選べ。

ア、わたしたちの生の願望が反映されている不変の季節感と、詩歌に表現された「季節」とは隔たりがあり、季語の存在理由を探ることでその溝を埋めたいという思いがあるから。
イ、季節の変化と同様に、詩歌に表現された「季節」も推移し続けるので、季節が移り変わるように変化に富んだ多様な人生を送ってみたいという思いがわたしたちにあるから。
ウ、詩歌に表現された回帰し続ける「季節」はわたしたちの理想であり、季節の変化を感じにくくなった現代において、失われた季節感を取り戻したいという思いがあるから。
エ、季節のうつろいを感じにくくなった現代においても、詩歌に表現された循環し続ける「季節」にあやかって、人生を生きたいという思いがわたしたちにあるから。

〈東京都立進学指導重点校〉

現漢融合文

13　次の文章を読んで、あとの各問に答えよ。（＊印の付いている言葉には、本文のあとに〔注〕がある。）

＊道真の漢詩文集『菅家文草』巻一の巻頭に掲げられた詩を読んでみましょう。「月夜に梅花を見る」と題された詩で、題の下に「時に十一歳。厳君、田進士をして之を試みしむ。予、始めて詩を言う。故に篇首に載す。」と注記されています。

月耀如晴雪　月の耀きは晴れたる雪の如し
梅花似照星　梅花は照れる星に似たり
可憐金鏡転　憐れぶべし　金鏡の転りて
庭上玉房馨　庭上に玉房の馨れることを

地上を照らす月の光は、まるで晴れた日の雪のようだ。そして月光を浴びた白い梅の花は、ちかちかとまたたく星のよう。なんて素晴らしい夜だろう、黄金の鏡のような月が天空をめぐり、その光のなかに梅の花の香がたちこめているこの夜は！

○「可憐」は感動を表す言葉。「玉房」はここでは梅の花のこと。

＊平仄も完璧に整った五言絶句です。いかにも習作らしいところもありますが、しかしここには道真詩の重要な一面、すなわち(1)唯美的耽美的な志向が、すでにはっきりと刻印されています。彼はこの詩で、現実の夜の庭の情景を写実的に描写したりなどしてはいません。現実とは別次元の美の世界へと、景物を変容させているのです。

そのように景物を変容させる唯美的志向と関わって、この詩では、地上に降りしく月光を晴れた日の雪に見立て、梅花を星に、月輪を金鏡に見立て、というように、見立て＝比喩表現が多用されていることにも注意しておきましょう。

次に、『菅家文草』巻一の二番目に置かれた「臘月独興」という詩を読んでみたいと思います。臘月すなわち十二月のある日、一人心に感じ思ったこと、といった題で、これは十四歳の年の作だと、やはり題の下に詩人自身の注記が付されています。

玄冬律迫正堪嗟　玄冬　律迫めて正に嗟くに堪えたり
還喜向春不敢賒　還りては喜ぶ　(2)春に向なんとして敢えて賒かならざることを
欲尽寒光休幾処　尽きなむとする寒光は幾の処にか休わむ
将来暖気宿誰家　来たらむとする暖気は誰が家にか宿らむ
氷封水面聞無浪　氷は水面を封じて　聞くに浪無し
雪点林頭見有花　雪は林頭に点じて　見るに花有り
可恨未知勤学業　恨むべし　未だ学業に勤しむことを知らずして
書斎窓下過年華　書斎の窓下に年華を過ぐさむことを

起聯（律詩の第一・二句）の「玄冬」は冬の異称。青春・朱夏・白秋という類です。律は時のリズム。「～に堪えたり」は、「～に値する」の意。刻々と抗し難く押し迫ってくるような時の流れによって、いま冬が終わろうとしている。また今年も過ぎ去って往くのかと思えば、それはまさに嗟くに値することだ。しかしながら、それだけいっそう春が近づいているのだと思うと、嘆きの下から胸をふくらませてくる期待とよろこびもある。――この細やかに理知的な、あるいは論理的な歌い方にまず注意してください。

頷聯（律詩の第三・四句）。ところで、春になったら、この寒たい冬の光はどこへ行って休息するのだろう。それに、近づいて来ている春の暖かな空気は、いまはどこに留まっているのだろう。――これは一種奇妙な表現です。『古今和歌集』夏歌の巻末に、「＊六月の晦日の日よめる」と＊詞書された＊凡河内躬恒の、

夏と秋と行き交ふ空の通ひ路はかたへ涼しき風や吹くらむ

という歌があります。夏から秋への季節の推移を歌った歌ですが、いま、上空では去りゆく夏と来る秋とが交替しているのだ、だから大空の片側はきっと涼しい風が吹いているのだろう、というのです。そんな馬鹿な、と思わず言いたくなるようですが、何だかおおらかで爽やかで、私はとても好きな歌です。そして、この歌と道真詩のこの頷聯とには、発想のしかたに共通するものが認められます。私はそれを(3)「背理との戯れ」と名づけたいと思います。

次に頸聯（律詩の第五・六句）。春が近づいているので、もう池の氷も融けて波打っているのではないかと思って窓の外に眼をやってみると、池はまだ氷にとざされたまま、ひっそりとした冬の静けさに包まれていた。ただ、木々の梢のは＊だれ雪がふと花のように見えた。

早春に、池や川の氷が融けて水が波立つのを詠むことも、すでに漢詩で一つのパターンのようになっていました。

頷聯・頸聯の整然とした対句の美しさにも注意してください。とくに非在の波と花とを幻視したかのような頸聯は、＊『和漢朗詠集』にも採られています。

さて最後の尾聯は、学業に専念することなく、今年もまた過ぎてゆくことを嘆いたものですが（「年華」はここでは年月の意）、ここで、起聯からの展開をもう一度たどりなおしてみましょう。まず第一句で、今年もまた暮れてゆくという嘆きが歌われました。しかし第二句では、春がそれだけ近づいているのだということに胸をときめかしてもいました。そうして頸聯では窓の外に目を転じ、まだ氷に閉ざされてしんと静まりかえっている池のあたりや梢の雪など、冬の庭の美しさを捉えていました。しかし尾聯ではまた一転して自らを省みて、未だ学業に励むことなくまた一年が過ぎ去ろうとしていることを嘆き、こんなふうに書斎の窓の外なんかぼんやり眺めていてはだめなんだ、と結ばれています。

　後年道真は、自分は十五歳で元服してから二十六歳で方略試に対策及第するまで、ひたすら学問に専念していて、「風月花鳥有りと雖も、蓋し詩を言う日ぞ尠なかりける」と述懐していますが、この道真十四歳の「臘月独興」詩の尾聯には、季節の推移を鋭敏に感じて愛惜せずにはいられない感受性と、禁欲的に学問に専念することをみずからに課す意志との間の、心の軋みのようなものが感じられないでしょうか。

　このように細やかに、詩人自身の人生と生活に即して、その折々の心を歌うという詩は、九世紀前半までの日本の漢詩にはほとんどまったく見られなかったものです。これこそまさに、承和年間に日本に伝わってきた白居易の詩のスタイルなのでありまして、白居易の詩に学ぶことによって、道真もこのような詩を詠むことができたわけです。しかしながら、白居易の詩と比べて道真の詩は、ずっと細やかに理知的なあるいは論理的な歌い方を特徴とします。そしておそらくそのこととも関わるのだと思われますが、道真の詩は白居易よりもずっと、見立てや「背理との戯れ」に深入りする傾向があります。

　この「臘月独興」詩は、白居易の詩のスタイルに学びながらも、(4)まぎれもなくそのような道真の個性を刻印しており、まさに詩人道真の誕生を告げる記念すべき作品と言えましょう。そしてそのことの自覚は、道真自身にもあったに違いないのです。なぜなら、道真が初めて作ったという漢詩「月夜に梅花を見る」が十一歳の時の作でした。それに対してこの「臘月独興」は十四歳の作。その間の三年間に、彼がまったく詩を詠まなかったということは考えられません。おそらくこの二つの詩の間に多くの習作が作られて破棄されたのです。そして道真自身がこの詩にみずからの詩風の確立を認めて、これをみずからの詩文集の第二首目に据えたのであるに違いありません。

（藤原克己「菅原道真　詩人の運命」による）

〔注〕道真――菅原道真。平安時代の学者、政治家。
時に十一歳。厳君、田進士をして之を試みしむ。予、始めて詩を言う。故に篇首に載す。――当時十一歳。父は、門人である島田忠臣を通して、試しにこの題で漢詩を作らせた。これは私が、初めて詠んだ詩である。従って巻頭に載せる。
平仄――漢詩における音声上の決まり。
六月の晦日――旧暦六月の末日。翌日から暦の上では秋。
詞書――和歌の前に書かれた言葉。
凡河内躬恒――平安時代の歌人。
はだれ雪――まだらになった残雪。
『和漢朗詠集』――和歌と漢詩文を集めた平安時代の詩文集。
元服――男子が成人すること。
方略試に対策及第――官吏採用試験での合格。
風月花鳥有りと雖も、蓋し詩を言う日ぞ尠なかりける――自然の美しい景物を目にしても、思うにそれらを詩に詠んだ日は少なかった。
承和――平安前期の年号。
白居易――中国、唐代の詩人。

〔問1〕(1)唯美的耽美的な志向が、すでにはっきりと刻印されています。とあるが、引用されている「臘月独興」の詩において「唯美的耽美的な志向」が見られるのはどのようなところか。次のうちから最も適切なのを選べ。
ア、時の勢いに押されて冬が過ぎ去ることを嘆く一方、春が確実に近づいてくることに期待するという個人の感慨を、普遍的情緒に変容させて詠み込んでいるところ。
イ、去りゆく冬の光は休息をする場を求め、近づく春の空気はどこかで交替の時を待つのだといったように、独自の美意識に基づく論理を詠み込んでいるところ。
ウ、いまだ冬でありながら池の水も温む春を予感したり、木々に消え残る雪を花として眺めたりして、眼前に広がる庭を虚構の風景として詠み込んでいるところ。
エ、冬から春への季節の変化の美しさに心を奪われて、学問に集中すべきであるのに現実逃避してしまう悔恨と憂いの心情を、重ねて敢えて詠み込んでいるところ。

〔問2〕(2)春に向なんとして敢えて賒かならざること　とあるが、どういうことか。次のうちから最も適切なのを選べ。
ア、冬が終わり、季節はやがて春になるという歓喜を、作者は全身で感じているということ。
イ、厳しい冬の季節に対する嘆きを、作者は春になっても遠ざけられないでいるということ。
ウ、今や季節は春に向かおうとする時期であるのに、冬がまだ去らずにいるということ。
エ、巡りゆく季節の中で、冬に替わるべく、春がもうすぐそこまで来ているということ。

〔問3〕**思考力** (3)「背理との戯れ」とあるが、これはどういうことか。次のうちから最も適切なのを選べ。
ア、光が休息する、あるいは、空気が留まる場所があるというように、自然現象としては起こるはずのない状態を自由に発想して表現すること。
イ、空気の存在や季節の移り変わりにおける規則性のような、今までの漢詩にはない内容を、大胆に擬人化する試みによって新たに表現すること。
ウ、光の動き、空気の広がり方、風の吹き方など、直接的には見ることのできない自然の原理を感覚的にとらえ、遊び心をもって表現すること。
エ、空に季節が入れ替わる通路があるのだろうというような独自の思いつきは、他者に受け入れられないことを予期して、疑問形で表現すること。

〔問4〕(4)まぎれもなく　とあるが、この言葉が直接かかるのは、次のうちどれか。
ア、道真の個性を　イ、刻印しており
ウ、記念すべき作品と　エ、言えましょう

〔問5〕本文を通して、道真の詩風はどのようなものとして確立されたと筆者は述べているか。次のうちから最も適切なのを選べ。
ア、白居易の詩の研究によって見いだした、現実生活における秩序と抑圧からの解放や心理的葛藤を詩の中で表現する、精神性の高い難解な詩風。
イ、白居易の詩を模範として、季節をめでる日本の伝統的な文化と感受性を、論理性と理知性の際だつ見立ての手法で再構成する、個性的な詩風。
ウ、白居易の詩を学んで論理的・理知的な傾向をさらに磨き、自身の内部からこみ上げる感情を詳細にとらえて歌い上げる、時代の先端をいく詩風。

エ、白居易の詩の影響から、自らの生き方に根ざした心情を素材とする新たな視点を確立し、それに独自の論理的な思考と発想とを融合させた詩風。

〈東京都立国立高校〉

14

次の文章を読んで、あとの各問に答えよ。（＊印の付いている言葉には、本文のあとに〔注〕がある。）

冬夜読書
雪擁山堂樹影深
檐鈴不動夜沈沈
閑収乱帙思疑義
一穂青燈万古心

冬夜読書　　菅　茶山
雪は山堂を擁して　樹影深し
檐鈴動かず　夜沈沈
閑かに乱帙を収めて　疑義を思う
一穂の青燈　万古の心
（＊七言絶句）

＊菅茶山（一七四八―一八二七）、名は晋帥、茶山はその号。広島県神辺の人です。始め京都に出て学問を修め、のちに帰郷して黄葉夕陽村舎という私塾を開いて子弟を教育しました。頼山陽の父の春水の友人で、山陽も学んだことがあります。その後、塾は藩校となって盛んになります。七言絶句に優れ、東の寛斎（市河世寧）、西の茶山といわれますが、地味ながら風格の高い詩風です。

この詩は冬のある夜、静かに読書する心境をうたう深い趣の漂う詩です。前半は（　Ａ　）の様子。

雪は山堂を擁して　樹影深し

雪が山の草堂に降りつもっている。擁するとは、かかえるの意。雪が山堂をかかえるというのは、草庵が深く雪に埋もれていることをいいます。樹影深し、とは木の影が黒く見えること。もちろん木の上にも雪が積もっているでしょうが、この山堂の外の景は雪の白と、木の黒い影。山奥の静かな草堂の趣。

檐鈴動かず　夜沈沈

軒端につるした鈴、ことりともしない。沈沈というのは、夜が更けるさま。夜がしんしんと更けてゆく。宋の蘇東坡の有名な「春夜」という詩にも、「鞦韆院落夜沈沈」という句があります。

第一句、第二句を見ると、前半ではシーンとした雰囲気がかもしだされています。このシーンとした雰囲気の中で、一人静かに本を読んでいる作者の姿がとらえられます。

ここで、軒端の鈴が動かない、ということにより、外は（　Ｂ　）ことが暗示され、それが、第四句のジッと燃える燈火を描く伏線になっていることに注意してください。

閑かに乱帙を収めて　疑義を思う

後半は（　Ｃ　）の様子。しずかに乱れた書物を収めて、今読んだ本について考える。帙とは和とじの本をまとめる、今でいうブックケースです。机のまわりに書物をひろげて読みふけっていたが、夜もしだいに更けてきたので、心しずかに散らばった本を片づけ、あれこれ、疑問の点を考える。

一穂の青燈　万古の心

穂は穂のこと、燈火の形容に用います。外に風が吹かないので、部屋の中も隙間風が来ない。燭台の青い炎が、稲の穂の形をして静かに燃えている。その炎が万古の心を照らし出す心地である。今読んだ本はいずれも＊先哲の本です。その昔の学者の心が自分の心に通って来るという意味です。

この詩でうまいのは「一穂青燈」です。古典の中の先人の心と、自分の心とが、ジッと燃える青い一つの燈火を仲立ちにして通い合う、といった感じを与えます。そこに一つ集中するものが感ぜられる、いかにも心の中にしみ入る深い趣です。(1)勉強の詩ですが、お説教的ではなく、学問することの楽しみ喜びを、言わず語らずのうちに訴える、いわば無言の教えのような詩です。たいへん優れた勉強の詩です。

桂林荘雑詠
示諸生　其一
休道他郷多苦辛
同袍有友自相親
柴扉暁出霜如雪
君汲川流我拾薪

桂林荘雑詠　諸生に示す　其の一　　広瀬　淡窓
道うを休めよ　他郷　苦辛多しと
同袍　友有り　自ら相親しむ
柴扉　暁に出づれば　霜　雪の如し
君は川流を汲め　我は薪を拾わん
（七言絶句）

広瀬淡窓（一七八二―一八五六）、名は簡、後に建。淡窓はその号。今の大分県日田の人です。七、八歳で『孝経』『四書』の素読を終えるという英才ぶりで九州各地に遊学し、博多の亀井南冥、昭陽父子に学びますが、病のため帰郷して二十四歳で塾を開きます。高野長英・大村益次郎ら門弟四千余人がその門から出たといいます。晩年、長年の子弟教育の功を認められ、幕府から士籍に列せられ、＊苗字帯刀を許されました。塾の学則は厳しかったそうですが、その人柄は温厚で、詩も多くは淡々とした古風のものです。

桂林荘とは、彼が二十六歳のときに建てた塾の名です。その後入門者も増え手狭になったため、近くの村に咸宜園という塾を建てるのですが、これはまだそれほど規模も大きくない塾の時代、塾生に示した詩です。

道うを休めよ　他郷苦辛多しと

「道」という字は言うという意味、「休」は禁止。言いなさんな、他の国に来て苦労が多いなどとは。

同袍　友有り　自ら相親しむ

袍は綿入れの着物。同袍とは『詩経』にある言葉で、同じ着物をいっしょに着合うことです。よその国へ勉強しに来て苦労が多いなどとは言うな、ここには、いっしょに勉強する友達がいて仲良くなるではないか。

柴扉　暁に出づれば　霜　雪の如し、君は川流を汲め

我は薪を拾わん

柴扉とは柴（しば）の粗末な扉、*枝折戸（しおりど）です。朝早く戸を開けて外へ出ると、霜が雪のように真っ白である。さあ、君は川の水を汲んで来たまえ、僕は薪を拾いに行くからね。朝の炊事のしたくです。

この詩は単なる勧学の詩ではありません。共同生活をしながら勉強をしていく楽しみ、喜びをうたうものです。その楽しみをなににとらえるかということが、詩人のセンスになるわけですが、淡窓は、冬の朝の炊事のしたくという一コマにとらえた。(2)これが非凡な着想なのです。

しらじら明けに庭に出てみると、真っ白に霜が降りているということで、キュッとはりつめた雰囲気が伝わってきます。だらだらしない、勉学の場の厳しい雰囲気。吐く息も白く見えることでしょう。そして、皆が分担して炊事のしたくをする。川の水を汲んでくる者もあり、薪を拾いに行く者もある、その情景の中におのずから通い合う喜びがにじみ出ます。その厳しさ辛さの中の楽しみ喜び。それにしてもうまいものです。

寒さのもたらす緊張感、春の朝とか夏の朝ではなく、あえて作者が冬の朝を選んだのは、こういう効果をねらったものなのです。あるいは、先輩菅茶山の「冬の夜」からヒントを得たものかもしれません。

もう一つ、「柴扉」という言葉によって、清貧が強調されます。皆が住んでいる塾は*金殿玉楼（きんでんぎょくろう）ではない、柴の枝折戸に代表される粗末な住居である。学問をするのにふさわしいのは清貧の環境なのです。

(3)こう見てくると、塾で勉強する書生を励ますものとして、実に適切な詩です。おそらく日本の勉学を詠（うた）う詩の中で、菅茶山の「冬夜読書」と並びもっとも優れた詩だと思います。ことに後半の二句に表れた、作者の詩人としてのセンスを汲まなければいけません。

（石川忠久「新　漢詩の世界」による）

〔注〕七言絶句——一句の字数が七字の四句から成る漢詩の形。
号——本名の他に持つ風流な名。
先哲——昔の優れた思想家や学者。
苗字帯刀——苗字（姓）を持ち、刀を身につけること。
枝折戸——木の枝を並べて作った粗末な戸。
金殿玉楼——立派な御殿。

〔問1〕問題文の空欄（Ａ）及び（Ｃ）にあてはまる語の組み合わせとして最も適切なのは、次のうちではどれか。

ア、Ａ夕方　Ｃ深夜　　イ、Ａ現在　Ｃ過去
ウ、Ａ山里　Ｃ人里　　エ、Ａ屋外　Ｃ室内

〔問2〕問題文の空欄（Ｂ）にあてはまる語句として最も適切なのは、次のうちではどれか。

ア、風が吹いていない　　イ、空気が張りつめている
ウ、夜が更けてゆく　　エ、静寂が支配している

〔問3〕(1)勉強の詩ですが、お説教的ではなく、学問することの楽しみ喜びを、言わず語らずのうちに訴える、いわば無言の教えのような詩です。とあるが、「学問することの楽しみ喜び」を説明したものとして最も適切なのは、次のうちではどれか。

ア、真冬の草堂での修行生活を通して、時のたつのも忘れるほど己の内面の疑念を晴らすことに集中すること。
イ、学問するのにふさわしい静寂の中で、時には議論を交えながら先輩の考えに耳を傾け疑問の解決に励むこと。
ウ、孤独ながらも思う存分研究に没頭できる境遇に恵まれ、新旧のあらゆる書物を一心不乱に読み続けること。
エ、ひたすら書物を読みふけることができる静かな環境に身を置き、昔の優れた学者たちと心の交流をもつこと。

〔問4〕(2)これが非凡な着想なのです。とあるが、筆者はこの詩の作者の「非凡な着想」はどのような点にあらわれていると述べているか。その説明として最も適切なのは、次のうちではどれか。

ア、日々友としのぎを削りながら学問に励むことの誇らしさを、早朝の炊事の支度という厳しく張りつめた情景に託した点。
イ、仲間と共に学問することの喜びを、四季折々の活気に満ちた朝の光景というありふれた日常の一断面に見いだした点。
ウ、塾で勉強する書生の幸せを、冬の朝の冷たい空気の緊張感と共同生活がもたらす温かな心の通い合いとの中に描いた点。
エ、勉学することの楽しさを、単に学問を究めることだけでなく仲間との共同生活で得られる人間的成長にもあると指摘した点。

〔問5〕(3)こう見てくると、塾で勉強する書生を励ますものとして、実に適切な詩です。とあるが、筆者がこの詩を「塾で勉強する書生を励ますものとして、実に適切な詩」と述べた理由は何か。最も適切なものを、次のうちから選べ。

ア、清貧の環境の中で学ぶ書生たちの暮らしに深い理解と同情を寄せつつも、冬の山堂の美しい自然描写を交えながら学問することの楽しみや喜びをさりげなく詠っているから。
イ、故郷から遠く離れた地で勉学に励む塾生の厳しい境遇や苦労に留意しつつも、それゆえにこそ育まれ深まってゆく友情や日々の学びの喜びを中心に据えて詠っているから。
ウ、他国での苦労の多い共同生活に対する愚痴や不満を厳しくたしなめつつも、その貧しい暮らしの中にこそ学問を究める者のみが味わえる最上の喜びがあると詠っているから。
エ、塾生たちが立ち働く早朝の張りつめた情景を描写しつつも、同時に古来より同様の苦労を味わってきたであろう大勢の先輩たちをしのび心通わせられるよう詠っているから。

〈東京都立併設型中高一貫教育校〉

古漢融合文

15 次の古文と漢詩を読んで、後の一から四までの問いに答えなさい。

古文（＊は注を、点線部は現代語訳を示す。）

村上の先帝の御時に（村上天皇が治めていらっしゃった時代）、雪のいみじう（ひどく）降りたりけるを、＊様器に盛らせ[1]たまひて（なさって）、梅の花をさして、月のいと明かきに（明るい時）、「これに（これについて）歌よめ。いかが言ふべき（どういうふうに詠めるか）」と兵衛の＊蔵人に給はせたりければ（お与えになったところ）、「雪月花の時」と奏したりける（申し上げた）をこそ、いみじうめでさせたまひけれ（おほめになった）。「歌などよむは世の常なり（ありきたり）。かくをりにあひたる（このように場の状況にあった）ことなむ言ひがたき（言うことは難しい）」とぞ仰せられける。

（新編日本古典文学全集『枕草子』による。一部表記を改めた。）

（注）＊様器……儀式の際に用いる食器。
　　＊蔵人……宮中に仕える官職の一つ。

漢詩（訓読文）

殷協律に寄す　白居易

五歳優游同過レ日
[2]一朝消散似二浮雲一
琴詩酒伴皆抛レ我
雪月花時最憶レ君
幾度聴二鶏歌白日一
亦曾騎レ馬詠二紅裙一
呉娘暮雨蕭蕭曲
自レ別二江南一更不レ聞

（新釈漢文大系『白氏文集』による。一部表記を改めた。）

（現代語訳）

君とは江南の地で任官していた五年間、遊び楽しむすばらしい日々を過ごしたが、ある日急に、その日々は浮雲のようにはかなく消えてしまった。
管弦と詩作を楽しみ、酒を酌み交わしたお供は私を放り出したが、
今、雪の朝、明月の夜また花の季節に君のことが最も慕わしく思われる。
われら二人、幾たびか時を告げる鶏の声を聞きながら、朝早くから白日の曲を歌い、
ある時は馬に乗りながら、美しい歌姫を詩に詠じたことか。
呉の国の美しい女性が「暮雨蕭蕭（夕暮れの雨はものさびしい）」と歌った曲は、
江南の地から離れ、北の地へ赴任してから、もう二度と聞いていない。

一、[1]たまひて を音読するとおりにひらがなで書きなさい。（現代かなづかいで書くこと。）

二、[2]一朝消散似浮雲 は、「一朝消散浮雲に似たり」と読む。この読み方になるように、返り点を付けなさい。

三、漢詩の内容について説明したものとして最も適当なものはどれか。次のアからエまでの中から一つ選び、その記号を記入しなさい。

ア、江南の地を離れて暮らす今の立場から、江南にいた当時を振り返り、君と過ごした五年間の楽しい日々を懐かしく思い出している。
イ、つらいこともたくさんあった江南での日々であったが、自分の周りにいる人々に支えられていたことを、身にしみて実感している。
ウ、歌姫と一緒に歌った曲も、今では歌わなくなってしまい、任官の終わりとともに自分の恋も終わってしまったことを暗示している。
エ、任官中の幸せな日々はある日突然奪われてしまったが、不運な運命に屈することなく、現状を生き抜こうと決意を新たにしている。

四、**思考力** 次の［　］は、古文の いみじうめでさせたまひけれ について漢詩を踏まえて説明したものである。［A］から［D］に入る言葉は何か。［A］から［C］はそれぞれ漢字一字で、［D］は十字以上、十五字以内で書きなさい。ただし、［A］から［C］の順序は問わない。

> ［A］・［B］・［C］という三つの要素がすべてそろっている状況で兵衛の蔵人が口にした漢詩の一節は、漢詩の情景とその場の情景との一致を表現しているだけでなく、［　D　］も表現しており、兵衛の蔵人の機転のきいた受け答えに村上天皇は感心し、賞賛している。

〈山梨県〉

16 次の文章を読んで、あとの問いに答えなさい。

ある人白楽天の三儀とて語りしは

一日ノ①計ハ在二鶏鳴一　鶏鳴ニ②不レ起日課空

③
一年ノ計ハ在リ二陽春ニ一
朔日不レ立タ一月空シ
陽春不レ耕サ秋実空シ

といへる語、まことにただ人は心に油断おこるにより、よろづにくゆることもわざわひもおこるとかや。

（注）白楽天＝中国唐代の詩人。
三儀＝ここでは、日常生活の三つの規範のこと。
鶏鳴＝一番どりの鳴くころ。
朔日＝各月の最初の日。ついたち。
陽春＝暖かな春の季節。陽気に満ちた春。

1、①計 とあるが、次のうち、このことばの本文中での意味として最も適しているものはどれか。一つ選びなさい。
ア、計画　イ、計量　ウ、合計　エ、余計

2、②不レ起キ を書き下し文になおし、送りがなも含めてすべてひらがなで書きなさい。

3、本文中の ③ に入れるのに最も適している漢文を、漢字六字で書きなさい。ただし、送りがな・返り点は書かないこと。

4、次のうち、本文中で述べられていることがらと内容の合うものはどれか。一つ選びなさい。
ア、先のことばかり心配していると、目の前にある絶好の機会を逃してしまうため、うまく仕事がすすまないということである。
イ、ものごとは最初が肝心であり、気をゆるめて最初に心を配らなければ、後悔したり、災難にあったりするということである。
ウ、最初だけが重要であると考えて後のことを考えずに油断をしていると、災難のときにうまく対応ができないということである。
エ、何事も終わり方が大切なのであり、終わったからといって油断していると、次に生かせず様々なことに後悔するということである。

〈大阪府〉

17 次の古文A、B、漢文Cを読んで、後の問いに答えなさい。

A　春①立つと②いふばかりにやみよし野の山も霞みて今朝は見ゆらむ　壬生忠岑
（だけで、雪におおわれているはずの吉野山もかすんで今朝は見えているのだろうか）（今朝は見えているのだろうか）

B　雪のうちに春は来にけり鶯のこほれる涙今やとくらむ　二条后
（たのだなあ）（凍っている涙も今ごろはとけているだろうか）

C　京中正月七日立春　羅隠

一二三四五六七
万木生レ芽ヲ是レ今日
遠天ノ帰雁払レ雲ヲ飛ビ
近水ノ遊魚迸レ氷ヲ出ヅ

一二三四五六七（正月も一日、二日、三四五六日と過ぎて七日になる）
万木芽を生ずるは是れ今日（今日という立春である）
遠天の帰雁（遠い空の北へ帰る雁）　雲を払ひて飛び（かすめて）
近水の遊魚（近くの川を泳ぐ魚）　氷を迸りて出づ（突き破って跳ねている）

問一、古文Aの——線①「立つ」の意味として、最も適当なものを、次のア～エから一つ選び、記号で答えなさい。
ア、垂直　イ、開始　ウ、退去　エ、上昇

問二、古文Aの——線②「いふばかり」の読み方を、現代仮名遣いで書きなさい。

問三、次の□の中の文は、古文Bについて説明したものである。（１）、（２）に入る適当な言葉を書きなさい。ただし、（１）は二字で書き、（２）は十字以内で具体的に書くこと。

> まず、暦の上での季節と、実際の景色との（１）に気付いたことが示された後、「とくらむ」とあるように、目の前にはない（２）ことで、寒さの中の春が読み手に強く印象づけられている。

問四、漢文Cにおける筆者の思いを説明したものとして、最も適当なものを、次のア～エから一つ選び、記号で答えなさい。
ア、一句目で、順番に日が数えあげられていることから、正月から立春までの短い期間を惜しむ筆者の思いが読み取れる。
イ、二句目で、草木の芽生えで立春の訪れが説明されていることから、暦よりも自然の現象を愛する筆者の思いが読み取れる。
ウ、二句目以降、立春をうけて躍動する生き物の様子が書かれていることから、春の訪れを喜ぶ筆者の思いが読み取れる。
エ、三句目以降、大騒ぎする動物が描かれていることから、立春後の動物の生活を心配する筆者の思いが読み取れる。

問五、古文A、B、漢文Cについて説明したものとして、最も適当なものを、次のア～エから一つ選び、記号で答えなさい。
ア、古文Aは、季語が含まれる長歌である。
イ、古文Bは、切れ字による初句切れである。
ウ、漢文Cは、七言律詩の漢詩である。
エ、漢文Cは、三句目と四句目が対句である。

問六、古文A、B、漢文Cで詠まれている季節と、同じ季節が詠まれている俳句を、次のア～エから一つ選び、記号で答えなさい。
ア、たなばたや児の額に笹のかげ
イ、掌に飾て見るや雛の市
ウ、巌によれば山のつめたき小春かな
エ、五月雨の降り残してや光堂

〈宮崎県〉

18

次の文章A、文章Bは、どちらも古代中国の思想家孔子と、子どもたちとのやりとりについて書かれた文章です。文章Aでは、孔子と二人の子どもとのやりとりが、文章Bでは孔子と一人の子どものやりとりが書かれています。それぞれの文章を読んで、後の問いに答えなさい。

文章A　八歳の子どもと孔子の問答

今は昔、唐に、孔子、道を行き給ふに、八つばかりなる童あひぬ。孔子に問ひ①まうすやう（歩いて行かれると、）、「日の入る所と洛陽と、いづれか遠き。」（どちらが遠いですか。）と。孔子いらへ給ふやう、「日の入る所は遠し。洛陽は近し。」（お答えになるには、）童のまうすやう、「日の出で入る所は見ゆ。（出たり入ったりする　見える。）洛陽はまだ見ず。されば日の出づる所は近し。（だから）洛陽は遠しと思ふ。」とまうしければ、（答えたので、）孔子、②かしこき童なりと感じ給ひける。（お感じになった。）

「孔子には、かく物問ひかくる人もなきに、（こうして意見を求める人）かく問ひけるは、③ただ者にはあらぬなりけり。（ではなかったのだ）」とぞ人いひける。（このように　人々は言いあった。）

（『宇治拾遺物語』巻第十二　十六　八歳の童孔子問答の事）

（注）※1　洛陽……地名

文章B　二人の子どもと孔子の問答

孔子が東の方に旅行をした時のこと、二人の子どもが盛んに言い争っているのを見かけた。それで、「どうしたのだ。」とその理由を聞いた。すると一人の子どもが言った。「僕はお日様が出始めた時が、僕らから一番近くて、真昼時になると一番遠いんだと思うよ。」もう一人の子どもが言った。「いや、僕はお日様が出始めた時が一番遠くて、真昼時になると一番近いんだと思うよ。」（以下左の文章に続く）

一児曰く、「日初めて出づれば、大いさ車蓋のごとく、日の中するに及びては、則ち盤盂のごとし。（大きさは　車の上の傘（かさ）ぐらいだけれど、真昼時になると、お皿みたいだからね。）此れ a き者小にして、b き者大なるが為ならずや。」と。（これは a くのものは小さく見えて、b くのものは大きく見えるためではないだろうか。）

『大漢和辞典』巻十　車部　車

一児曰く、「日初めて出づれば、滄滄涼涼たり、（涼しい、）其の日の中するに及びては、湯を探るがごとし。（熱湯に手をつっこんだみたいだよ。）此れ近き者熱くして、遠き者涼なるが為ならずや。」と。

④孔子不能決。

両小児、笑ひて曰く、「誰か汝を多知と為すや。」と。（二人の子どもが笑って言った。「誰があなたを物知りだなんて言うの。」と。）

（『列子』湯問　第五　七　設問の都合上、一部改変してある。）

問1、文章A傍線部①「まうす」を、現代仮名遣いに直しなさい。

問2、文章A傍線部②「かしこき童なり」とありますが、孔子がこのように感じた理由として最も適当なものを、次のア～エのうちから一つ選び記号で答えなさい。

ア、童の機知に富んだ答えに、感心したから。
イ、童の分かりやすいたとえに、驚いたから。
ウ、童のあどけない疑問に、嬉しくなったから。
エ、童の鋭い問いかけに、言葉を失ったから。

問3、文章A傍線部③「ただ者にはあらぬ」とありますが、人々がこのように述べた理由として最も適当なものを、次のア～エのうちから一つ選び記号で答えなさい。

ア、理にかなった主張をして、才徳ある孔子をやりこめてしまったから。
イ、物怖じすることなく、才徳ある孔子に議論を持ちかけたから。
ウ、大人顔負けの知識を披露して、才徳ある孔子に考えを主張したから。
エ、礼儀をわきまえずに、才徳ある孔子に減らず口をたたいたから。

問4、文章B空欄 a と空欄 b に入る適当な語を漢字一字でそれぞれ答えなさい。

問5、文章B傍線部④「孔子不能決。」について、次の問いに答えなさい。

（1）書き下し文に直しなさい。

孔　子　不レ　能レ　決。

（2）「孔子不能決。」は、「孔子は決めることができなかった。」と現代語訳をします。孔子は、何を決めることができなかったのでしょうか。次の空欄 に合うように、十字以上十五字以内で現代語で答えなさい。

> 孔子は　　　　ということを、決めることができなかった。

問6、文章Aと文章Bを読み比べ、その違いをまとめました。次のア～エのうちから最も適当なものを一つ選び記号で答えなさい。

ア、童（児）の主張について、文章Bは時間帯を根拠としているかを、文章Aは目視できるかを根拠としている。
イ、孔子の主張について、文章Bは科学的な事実を根拠とし、文章Aは常識的な事実を根拠としている。
ウ、孔子に対して、文章Bではからかいの対象となっているが、文章Aでは敬意が払われている。
エ、童（児）に対して、文章Bでは無知であることを批判しているが、文章Aでは称賛している。

問7、（省略）

〈沖縄県〉

19

次に示すのは、文章Ⅰが『十訓抄』の一節、文章Ⅱが『史記』の一節を書き下し文に改めたものである。これらを読んで、あとの各問いに答えなさい。

文章Ⅰ

堀河院の御時（御代）、勘解由次官明宗とて（勘解由使の次官で、明宗という、）、いみじき笛吹きあり（大変に上手な）けり。ゆゆしき心おくれの人なり（驚くほどの気後れをしてしまう人）。①院、笛聞こしめさ（堀河院　お聞きになりたい）

れむとて、召したりける時、帝（堀河院）の御前と思ふに、臆して、わななきて（がたがた震えて、まったく吹くことができなかったのである）、え吹かざりけり。

本意（残念に思われて）なしとて、相知れりける女房（女官）に仰せられて、「②私に（個人的に）坪（坪庭の）の辺りに呼びて、吹かせよ。われ、立ち聞かむ」と仰せありければ、月の夜、かたらひ契りて（約束を交わして）、吹かせけり。「女房の聞く」と思ふに、はばかるかたなくて思ふさまに（気楽に、思うままに）吹きける。世にたぐひなく（世界中どこへいっても、とても聞けそうにないくらいの、美しい音色であった）、めでたかりけり。

帝、感に堪へさせ給はず（もう感動をおさえなさることができず）、「日ごろ、上手（笛の名人とは）とは聞こしめしつれども、かくほどまでは（これほどまでとは）思しめさず。いとどこそめでたけれ（本当に本当にすばらしい）」と③仰せ出されたるに、「さは（さては）、帝の聞こしめしけるよ」と、たちまちに臆して、④さわぎけるほどに、縁より落ちにけり。⑤「安楽塩」といふ異名を付きにけり（あだ名がついてしまった）。

昔、⑥秦舞陽が始皇帝を瞻奉りて（見たとたん、）、色変じ（顔色が変わり）、身ふるひたりけるは、逆心をつつみえざりけるゆゑなり（始皇帝を殺害しようとする心を包み隠すことができなかったからである）。明宗、なにによりて（なにがあって）、さしも（そんなに）あわてけると、をかし（おかしい限りである）。

（本文は「新編　日本古典文学全集」による）

文章Ⅱ

秦舞陽、色変じて振恐す（わなわなと震えだした）。群臣、之を怪しむ。荊軻、顧みて舞陽を笑ひ、前みて（歩を進めて弁明した）謝して曰く、「北蕃蛮夷の鄙人（北辺未開の地の田舎者のこととて、）、未だ嘗て天子に見えず（いまだ天子にお目にかかる機会も得ぬため、）。故に振慴す（震えおののいています）。願はくは大王、少しく之を仮借し（しばしお許しいただき、）、使ひを前に畢ふるを得しめよ（この者がおん前にて使命を全うできますようお願いつかまつります）。」と。秦王、軻に謂ひて曰く、「⑦舞陽の持つ所の地図を取れ。」と。

（本文は「新釈　漢文大系」による）

(1) 文章Ⅰの……線部の言葉を現代仮名遣いに直して、ひらがなで書きなさい。

①たぐひなく　②ゆゑ

(2) ——線部①「院、笛聞こしめされむとて、召したりける時」とあるが、この希望はかなったか、かなわなかったか。書きなさい。また、その根拠として最も適切な部分を文章Ⅰの本文中から七字で抜き出して書きなさい。

(3) ——線部②「私に坪の辺りに呼びて、吹かせよ。われ、立ち聞かむ」とあるが、なぜそのように命じたのか。その理由として、最も適切なものを次のア～エから一つ選び、記号を書きなさい。

ア、帝だけでなく女房も一緒なら、明宗が緊張せずに笛を吹けるから。

イ、女房を明宗に紹介しようと思ったから。

ウ、女房が相手ならば、明宗がいつも以上に懸命に笛を吹くと思ったから。

エ、帝が相手でなければ、明宗は緊張せずに笛を吹けるから。

(4) ——線部③「仰せ出されたる」、④「さわぎける」の主語にあたるものを次のア～エから一つずつ選び、記号を書きなさい。

ア、堀河院　イ、明宗　ウ、女房　エ、秦舞陽

(5) ——線部⑤『安楽塩』といふ異名を付きにけり」とあるが、この異名の一部は同音の漢字を重ねて付けられたものである。「楽」と「塩」にあたる漢字を、文章Ⅰの本文中からそれぞれ抜き出して書きなさい。

(6) ——線部⑥「秦舞陽」とあるが、このエピソードは文章Ⅱの内容を踏まえて書かれたとされている。秦舞陽がどのように描かれているかをまとめた次の文の[A]、[B]に当てはまる適切な言葉を、文章Ⅰ、文章Ⅱの本文中からそれぞれ抜き出して書きなさい。

> 文章Ⅰの本文中の「始皇帝を瞻奉りて、色変じ、身ふるひたりけるは」という表現は、文章Ⅱの[A]を踏まえて書かれたとされている。文章Ⅱでは、この理由を示していないのに対して、文章Ⅰでは[B]と説明している。

(7) ——線部⑦は、「取舞陽所持地図」を書き下し文に改めたものである。返り点を付けなさい。

〈長野県〉

20 次の〔古文〕は「伊勢物語」の一節、〔漢詩〕は王勃の作品である。これらを読んで、後の問一、問二に答えなさい。なお、答えに字数制限がある場合は、句読点や「」などの記号も一字と数えなさい。

〔古文〕

昔、男、いとうるはしき友ありけり（仲の良い友人をもっていた）。片時さらずあひ思ひ（いつも一緒にいて）けるを、人の国へ行きけるを（その友人が都から他国へ行ったので）、いとあはれと思ひて、別れにけり。月日経ておこせたる文（送ってきた手紙）に、「あさましく（驚くほど）、対面せで、月日の経にけること。忘れやしたまひにけむと、いたく思ひわびてなむはべる（たいそうつらく思っております）。世の中の人の心は、目離る（会わずにいれば忘れぬべきものにこそあめれ（離れていると、相手を忘れてしまうもののようです）。」と言へりければ、よみてやる。

目離るとも思ほえなくに忘らるる時しなければ面影に立つ

（離れているとは思えませんよ。あなたを忘れる時などないので、いつも姿が目に浮かんでいます。）

〔漢詩〕

送杜少府*之任蜀州

城闕輔三秦

風煙望五津

與君離別意

同是宦遊人

海内存二知己一
天涯若二比鄰一
無為在岐路
兒女共沾レ巾

（注）＊少府――唐の時代の役職名。

〔現代語訳〕
友人の杜が少府に任命され蜀州に行くのを見送る
三秦の地を従えてそびえ立つこの城門から、
風とかすみのかなたの五つの渡し場を眺めやる。
君と別れるこの気持ちを君は分かってくれるだろう。
二人とも各地を転々とする役人同士なのだから。
しかし、この世の中に本当に自分を理解してくれる者があれば、
その人とは天のはてほど離れていたとしても、隣にいるようなものだ。
だからやめよう。この分かれ道に立って、
女性や子どものように涙でハンカチをぬらすようなことは。

問一、――線を「為す無かれ岐路に在りて」と読むように、返り点と送りがなを書きなさい。

問二、**思考力** 高木さんたちは、〔古文〕をより深く理解するために、〔漢詩〕と読み比べ、意見を交わした。次はその一部である。これを読んで、後の(1)～(4)に答えなさい。

高木さん―〔漢詩〕の「沾巾」という動作には、別れの際の心情がよく表れていますね。
野上さん―〔古文〕では、動作ではなくて、「［Ⅰ］」という一語に、見送る者の気持ちが表されています。
石川さん―どちらも、かけがえのない友人との別れをテーマにした作品ですね。その友人を、〔古文〕では「うるはしき友」、〔漢詩〕では「［Ⅱ］」と表現しています。
高木さん―友人と心でつながっているから「天涯若比鄰」なのですね。かけがえのない友人を忘れることはなく、「［Ⅲ］」ため離れているとは感じない、という〔古文〕の考えと共通しています。
野上さん―二つの作品を読み比べて、類似する表現を整理したり、表現や展開の仕方に留意したりすることで、作品の理解が深まりますね。

(1) ［Ⅰ］に当てはまる言葉として最も適当なものを、〔古文〕中から三字で抜き出して書きなさい。
(2) ［Ⅱ］に当てはまる言葉として最も適当なものを、〔漢詩〕中から二字で抜き出して書きなさい。
(3) ［Ⅲ］に当てはまる言葉として最も適当なものを、〔古文〕中から五字で抜き出して書きなさい。
(4) ===線について、〔古文〕と〔漢詩〕の表現や展開の仕方を説明したものとして最も適当なものを、次のア～エのうちから一つ選び、その符号を書きなさい。
ア、〔古文〕は、都から離れた者の心情に応えて和歌を詠んでおり、〔漢詩〕は、離れ行く者に対する自身の惜別の情を詠んでいる。
イ、〔古文〕は、見送られる者の視点から別れの場面を描いており、〔漢詩〕は、見送る者の視点から旅立つ者の悲哀を描いている。
ウ、〔古文〕は、時間の流れに沿って別れの場面までを記しており、〔漢詩〕は、別れの場面以降を時間の流れに沿って記している。
エ、〔古文〕は、さびれた風景を描いて別れの辛さを強調しており、〔漢詩〕は、雄大な自然を描くことで孤独な姿を強調している。

〈大分県〉

21 次の古文A、漢文Bを読んで、後の問いに答えなさい。

A
武蔵国住人別府小太郎とて、生年十八歳になる小冠（若者が）すすみ出でて申しけるは、「父で候ひし（父でありました）義重法師がをしへ候ひしは（教えましたのは）、『敵にも①おそはれよ、山ごえの狩をもせよ、深山にまよひたらん時は（道に迷ったような時には）、老馬に手綱をうちかけて、さきにおつたててゆけ（先に追い立てて行け）。かならず道へいづるぞ（出るぞ）』とこそ②をしへ候ひしか」。御曹司（源義経は）、「③やさしうも申したる物かな。雪は野原をうづめども、老いたる馬ぞ道は知るといふためしあり」とて、白葦毛なる老馬に鏡鞍おき、白轡はげ、手綱むすんでうちかけ（白毛に黒のまじった老馬の背に鞍を置いて、白いくつわを口にかませ、手綱をそれに結んでかけて）、さきにおつたてて、いまだ知らぬ深山へこそいり給へ。

（『平家物語』による）

B
管仲・隰朋、従二於桓公一而④伐レ孤竹、春往冬反。迷惑失レ道。管仲曰、「老馬之智可レ用也」。⑤放二老馬一而随レ之、遂得レ道。

【書き下し文】
管仲・隰朋、桓公に従つて孤竹を伐ち（管仲と隰朋は、桓公に従って孤竹の国を伐ったところ）、春往きて冬反る（行きは春だったが帰りは冬になった）。迷惑して道を失ふ。管仲曰はく、「老馬の智用ふべし」と。乃ち（そこで）老馬を放ちて之に随ひ、遂に道を得たり。

（『韓非子（かんぴし）』による）

問一、古文Aの――線①「おそはれよ」の読み方を、現代仮名遣いで書きなさい。

問二、古文Aに――線②「をしへ候ひしか」とあるが、「教えた」のは誰か。最も適当なものを、次のア～エから一つ選び、記号で答えなさい。

ア、別府小太郎　イ、義重法師
ウ、老馬　エ、御曹司

問三、古文Aに――線③「やさしうも申したる物かな。」とあるが、この発言をしたときの御曹司の心情として、最も適当なものを、次のア～エから一つ選び、記号で答えなさい。

ア、別府小太郎が気のきいた提案をしたことを高く評価する心情。
イ、老馬に山越えをさせる別府小太郎の提案に疑問を感じる心情。
ウ、別府小太郎と父親である義重法師との深い絆に感動する心情。
エ、年少の別府小太郎からいさめられたことを不快に感じる心情。

問四、漢文Bの――線④「伐孤竹」について、【書き下し文】の読み方になるように返り点をつけなさい。送り仮名はつけなくてよい。

問五、漢文Bに――線⑤「放老馬而随之」とあるが、管仲が放した老馬の後について行ったのはなぜか。次の□は、その理由を古文Aを参考にしてまとめたものである。（　）に入る適当な言葉を、それぞれ十二字以内で書きなさい。

たとえ（　1　）状況でも、（　2　）から。

問六、漢文Bの……線「老馬之智」は、どのような意味のことわざか。最も適当なものを、次のア～エから一つ選び、記号で答えなさい。

ア、年長になっても謙虚な態度が大事であるということ。
イ、過去の経験から新しい知識や見解を見いだすということ。
ウ、状況に応じた臨機応変な対応が必要であるということ。
エ、経験を積んだ者は物事の判断を誤らないということ。

〈宮崎県〉

22

資料A～資料Cは、陸績（りくせき）という人物の同じ逸話に基づく詩や文章です。これらを読んで後の問いに答えなさい。

資料A

（漢詩）

Ⅰ　悌（てい）　皆　天　性
人　間　六　歳ノ　児
袖中（しうちゅうニ）　懐ニ（くわいシテ）　緑※1　橘ヲ
①遺　母　報　含　飴

（現代語訳）

親に Ⅰ を尽くし年長者に従順に仕えるのもみな生まれつきのものである。
人の世に六歳の子があって
袖（そで）の中に緑橘（りょくきつ）を入れて
母に贈り、飴（あめ）を与えられた恩に報いる。

（注）※1　緑橘……橘（たちばな）。柑橘類（かんきつ）（ミカン類）の果物。

資料B

（漢文の書き下し文）

陸績（※1りくせき）、字（※2あざな）は公紀（こうき）。年六歳、九江（きゅうこう）に於て（九江という所で）※3袁術（えんじゅつ）に見（まみ）ゆ（お目にかかった）。術（袁術は）橘（たちばな）（柑橘（かんきつ）類）を出す。績（陸績は）三枚（三個）を懐（ふところ）にして去る。拝（はい）して（お辞儀して）地に堕（おと）す。②術が曰（い）はく、「陸郎（陸坊や）賓客（ひんかく）（お客）と作（な）りて（となって）橘を懐にするや（懐に入れるのか）」と。績跪（ひざまず）いて（膝をついて）答へて曰く、「帰りて母に遺（おく）らんと欲す（贈ろう）」と。術大いに之（これ）を③奇とす。

（『新刊全相二十四孝詩選』陸績）

（注）※1　陸績……後漢の人。
※2　字……人の通称。中国で成人男子が実名以外につけた名。
※3　袁術……後漢の人。

資料C

（古文）

陸績（りくせき）、六歳の時、袁術（えんじゅつ）といふ人の所へ行き侍り（はべ）（うかがった）。袁術、陸績がために、菓子に（果物として）たちばなを出せり。陸績、これを三つ取りて、袖（そで）に入れて帰るとて（帰るにあたって）、袁術に礼をいたすとて（お辞儀をしようとして）、袂（たもと）より落（おと）せり（落とした）。袁術、これを見て、「陸績殿は、④幼き人に似あはぬこと」と言ひ侍りければ、「あまりに見事なるほどに（なので）、家に帰り、母に与へん（あげよう（と思った））ためなり」と申し侍り（申した）。袁術、これを聞きて、「幼き心にて（幼い心で）、⑤かやうの心づけ（このような心遣いは）、古今（昔から今まで）まれなり（めったにない（すばらしい）ことだ）」とほめたるとなり。さてこそ（そういうわけで）、天下の人（世間の人も）、かれが孝なる（孝行である）ことを知りたるとなり（ということである）。

（『二十四孝』陸績　設問の都合上、一部改変してある。）

問1、資料A点線部「懐（くわいシテ）」を、送り仮名を含めて現代仮名遣いに直し、ひらがなで書きなさい。

問2、資料A傍線部①「遺母報含飴」を書き下し文に直すと、「母に遺（おく）つて含飴（がんい）を報ず」となります。このように読むことができるように、漢文に返り点を施しなさい。

遺（おくッテ）　母ニ　報ズ　含（がん）　飴（い）ヲ

問3、資料B傍線部②「術が曰く」とありますが、袁術のせりふは「陸郎」から始まってどこで終わりますか。次のア～エのうちから正しいものを一つ選び記号で答えなさい。

ア、「～橘を懐にするや」　イ、「～答へて曰く」
ウ、「～母に遺らんと欲す」　エ、「～之を奇とす」

問4、資料B傍線部③「奇」とありますが、本文と同じ意味で使われている語句として、最も適当なものを次のア～エのうちから一つ選び記号で答えなさい。

ア、奇怪　イ、奇才　ウ、奇襲　エ、奇数

問5、資料C傍線部④「幼き人に似あはぬこと」とありますが、これは陸績のどのような振る舞いを指していますか。次のア～エのうちから最も適当なものを一つ選び記号で答えなさい。

ア、六歳という幼さで、袁術に対する使者としての役割を立派に果たしたこと。
イ、袁術のために、手土産として見事なたちばなを持ってきたこと。
ウ、袁術から渡された手土産のたちばなを、お辞儀をした時に落としたこと。
エ、出されたたちばなを、袖の中に入れて持ち帰ろうとしたこと。

問6、資料C傍線部⑤「かやうの心づけ」とありますが、これは陸績のどのような心遣いを指していますか。次の空欄［　］に合うように十字以上二十字以内で具体的に答えなさい。

陸績の、［　　］という心遣い。

問7、資料Aの空欄Ⅰに入る漢字一字を、資料Cより抜き出して答えなさい。

問8、次の文章は、三つの資料の特徴をまとめたものです。資料Bの特徴について述べたものとして、最も適当なものを次のア～エのうちから一つ選び記号で答えなさい。

ア、出来事を丁寧に説明し、話の展開や内容を分かりやすくしている。
イ、出来事を限られた字数に凝縮し、主題を焦点化している。
ウ、出来事を簡潔な文で表現し、話の流れを明快にしている。
エ、出来事の後日談を結びにし、作品の主題を明確にしている。

〈沖縄県〉

23

次の文章を読んで、あとの各問に答えよ。（＊印の付いている言葉には、本文のあとに〔注〕がある。）

古い時代、平安朝中期ですが、そのころにたいへんに愛されてうたわれた＊『和漢朗詠集』の一つの詩があります。

燭を背けては共に憐れむ深夜の月　＊白居易
花を踏んでは同じく惜しむ少年の春

白居易（白楽天）の詩の一節です。『和漢朗詠集』ではこれを巻上の《春夜》という題のところに置いていて、和歌も同時に付け合わせています。(1)この詩は白楽天の人気絶大な『和漢朗詠集』のたくさんの漢詩文のなかでも、特別に日本人に愛された詩文の一つだと思います。

「燭を背けては共に憐れむ……」、燭を壁に向けて暗くしては友と二人、深夜の月光をめでた。「花を踏んでは同じく惜しむ少年の春」、落花を踏んでは過ぎ行く若い歳月を二人とも同じように哀惜する。「少年」は「幼い」というよりはむしろ「若い歳月」のこと。ですから「青春の春」と言ってもいいでしょう。初々しい詩句で、これはたいへんに日本人に受けました。受けたというのは日本人が桜の花をいつの間にかとても愛するようになったからです。

なぜそんなに桜の花が愛されたかといえば、一方ではちょうど春の霞がかかり、夕暮れになれば朧に桜の花がそっと、しかし明らかにそこにあるということがわかるように咲いている、――そういう実在感がある花ですから、共通してみんなが愛したわけです。

桜の花の愛され方ですが、一方では「麗しく咲いている」という咲き方で愛されたわけですが、もう一方では、比較的早く、それも豪勢な散り際をとても愛した、ということがあると思うのです。咲いているときも美しいが、散るときも美しい、というところで、桜の花は日本人の感受性にぴったりとくるところがあったのだと思います。

桜は、中国から渡ってきた梅のような花木とは違って、日本の土着の花であるというところも、親しみ深く愛された一因かもしれません。中国人は桜の花についてはべつに何とも言っていませんが、日本人が、殊に花の散るというところに特徴を見いだしたことが、私はとても大事な点だと思っているのです。

平安時代に＊在原業平が堀川太政大臣藤原基経という人の四十歳の賀のときに詠んだ歌で、(2)賀の歌としてはまことに不思議な作り方をされている歌があります。

さくら花散り交ひ曇れ老いらくの　在原業平
来むといふなる道まがふがに

桜花よ、散り交じって、花の散る勢いでそのへんを曇らせろ。(3)「老いらく」ということばは「老ゆ」を名詞化し、擬人化したものですが、ここから、老いがやって来るというその道が、散りまごう桜花によって見えなくなってしまうように、という歌です。

これは賀の歌としてはまったく異例な作り方です。「散る」「曇る」ということを最初に出していますし、「老いらく」ということばを四十歳のお祝いの歌で使うのも、実に挑戦的とさえ言っていいでしょう。

これは、『古今集』の巻七に載る歌ですが、いまみたいに書いて発表したのではなくて、うたいあげたに違いないのです。在原業平がお祝いの歌をうたうのでみんなが注目して聞いているわけですが、聞いた瞬間に「散る、曇る、老いらく」ということばが聞こえてきたのですから、みんなおどろいたに違いない。それをわざとやっておいて、下の句で全部引っ繰り返している。――老いがやってくるような道を紛らせてしまえ、見えなくしてしまえというので、最後のところでまことにみごとなお祝いの歌になっているのです。これは業平の、ときの権力者であった藤原氏に対する一種の反骨精神のあらわれだったかもしれないという気がするくらい、珍しい作りの歌です。

こういう歌を見てもわかるように、四十歳をお祝いするときにまず桜花を出すということは、桜の花がそれだけめでたい花として意識されていたからです。その場合、業平が最初に言ったのは「桜花は散る」ということでした。散るということが桜の非常に大きな特徴です。それを生かしているところが業平という人のすごさだと思います。こういうかたちで桜というものは日本人の生活に、ある意味では深く深く入り込んでいたわけです。

われわれはよく、「あの人の物腰には花がある」とか「あの人は花のある人だ」といったことを口にしますが、それは、ある人物のもっている雰囲気とか心映え、そういうもの全体を指して、何となくではあるが明らかに感じられるもの、そのよさ、それを言うのであって、そこに、(4)「花」ということばの非常に大きな特徴があります。

この場合の「花」は日本古来の伝統からきているわけですが、普通は「桜」を指します。もちろん日常生活で「花がある」といえば、桜とは限定できません。しかし、花ということばそのものが、日本人に与える一つの感じとしてはっきりと、すてきなもの、すぐれたものということを象徴しているわけです。

*世阿弥という人は能楽の完成者と言っていいのですが、その世阿弥の著書でいちばん有名な『風姿花伝』には、「花」ということばが百四十回ほど使われているそうです。私は数えたことはないけれど、しかるべき人が数えていらっしゃって、その人の言うところによるものですが。

これはどういうことかというと、能を演ずるうえでの最も好ましいやり方や心構えを「花がある」というかたちであらわしているのです。その意味では花ということばは世阿弥のような天才的な人にとっても、生きる上での美学の中心にあったと言っていいわけです。そのほかに彼が大事にしたのは「新しさ」とか「珍しさ」などです。それらの意味を含みながら、いちばん本質的な守るべき価値を一言でいうと、それが「花」だったわけです。

花というものにはパッと咲くときとパッと散るときとの両方があって、その両方は芭蕉風に言えば「*不易」と「*流行」の両面なのですが、それを一語で表しているところが花ということばが愛された理由だと思います。

ですからそれは、日本語として独特な意味合いをもっていて、たとえば英語のフラワー、フランス語のフルールとかの外国語では、そのような意味まで含んだものとしての「花」ということばは、なかなか見当たりません。

(5)日本人の美学に根差した、そういう「花」が、俳句だけではなくて、それ以前の和歌から来ていることは明らかです。現代においては必ずしもそうは言えないとは思いますけれど、少なくとも江戸時代までの和歌というのは、美意識あるいは美学の中心としての役割を担っていましたから、その影響はとても大きく、なかでもとくに愛されたような歌は、すぐに茶室や花などの席にもかけられて、みんなの鑑賞に供されたわけです。

（大岡信「瑞穂の国うた」による）

〔注〕『和漢朗詠集』――平安時代の和歌と漢詩を収めた詩歌集。
白居易――中国唐代の詩人。
在原業平――平安時代の歌人。
世阿弥――室町時代の能役者、能作者。
不易――永遠に変わることがないこと。
流行――新しみを求め絶えず変化すること。

〔問1〕**思考力** (1)この詩は白楽天の人気絶大な『和漢朗詠集』のたくさんの漢詩文のなかでも、特別に日本人に愛された詩文の一つだと思います。とあるが、筆者がこのように思うのはなぜか。その理由を、二十字以上、二十五字以内で書け。

〔問2〕(2)賀の歌としてはまことに不思議な作り方をされている歌 とあるが、どのような点が「不思議な作り方」なのか。その説明として最も適切なものを次のうちから選べ。

ア、「散る」「曇る」「老いらく」という桜花にゆかりがある言葉を連ねることで、直接桜を詠むよりはかえって春の印象が強まり、長寿を祝う席にふさわしい歌になっているという点。

イ、「散る」「曇る」「老いらく」という言葉を歌の最初に出すことによって、聞いている者には長寿を祝う歌だとは思わせず、権力者に対する反骨精神を表した歌になっているという点。

ウ、「散る」「曇る」「老いらく」という四十の賀にはふさわしからぬ言葉を続けているのに、桜花の美しい様子があたかも目に見えるように表現されている歌になっているという点。

エ、「散る」「曇る」「老いらく」という長寿を祝う歌にはふさわしくない言葉を歌の上の句に並べながらも、下の句まで詠めば不老を願うという意味の祝いの歌になっているという点。

〔問3〕(3)「老いらく」ということばは「老ゆ」を名詞化し、とあるが、次の各文の――を付けた言葉のうち、「老いらく」と同じ使い方をしているものとして、最も適切なものを選べ。

ア、自分の思わく通りに事が運んだのでうれしい。
イ、明日の天気はおそらく雨になるだろう。
ウ、社会に根付く奉仕の精神を養うことは大切だ。
エ、駅に急いで行くも列車は出発していた。

〔問4〕(4)「花」ということばの非常に大きな特徴 とあるが、「花」ということばの特徴について述べている箇所を、「という点。」に続くように本文中より二十五字以内で抜き出して書け。

〔問5〕(5)日本人の美学に根差した、そういう「花」とは、どういうものか。その説明として、最も適切なものを次のうちから選べ。

ア、英語やフランス語などの外国語とは違って、日本語の「花」という一語で日本人の美意識を変化させるもの。

イ、花の咲く姿と花の散る姿を対比させて、その優劣を競うのが日本的な美のとらえ方であることを示すもの。

ウ、花という一つの言葉で咲く花も散る花も表され、どちらの場合も美しいという印象を日本人に与えるもの。

エ、日本人の生活に深く入り込んでいるために最も本質的な価値があり、パッと咲いて散る姿に共感を覚えるもの。

〈東京都立青山高校〉

24

次の文章を読んで、あとの各問に答えよ。（＊印の付いている言葉には、本文のあとに〔注〕がある。）

春山夜月　于良史

春山多勝事
賞翫夜忘帰
掬水月在手
弄花香満衣
興来無遠近
欲去惜芳菲
南望鳴鐘処
楼台深翠微

春山夜月　于良史

春山　勝事多く
賞翫して　夜　帰るを忘る
水を掬すれば　月　手に在り
花を弄すれば　香　衣に満つ
興来りて　遠近無く
去らんと欲して芳菲を惜しむ
南のかた鳴鐘の処を望めば
楼台　翠微に深し

現代語訳

春の山は　到るところ　みごとな景色
みとれて　夜帰るのも忘れてしまう
水を掬うと　月は手のなかに浮かび
花を撫でると　香りは衣を包み込む
夢中になって　かまわず遠くまで行き
去ろうとすると　花々が引き留める
鐘が鳴る　南の方角を遙かに見れば
萌黄の山の中腹に　木々深く　寺一つ

語釈

勝事　優れた景色。見どころ。
賞翫　愛で楽しむ。美しさを味わう。
掬水　水を両手ですくう。「掬」は、すくう。
弄花　花を両手でいじる。「弄」は、もてあそぶ。
無遠近　遠くてもかまわず。
芳菲　花の芳香。咲きにおう花。
楼台　高い建物。ここでは、寺院の楼閣。
翠微　緑樹に包まれた山の八合目あたり。「翠」は、みどり。萌黄色。

「水を掬すれば　月　手に在り」の句も、「花を弄すれば　香　衣に満つ」の句も、それぞれ茶席によく掛かる禅語＊です。どちらも出典は、唐の詩人于良史の「春山夜月」の詩。月といえば秋と思いがちですが、「水を掬すれば……」の月は、春の月です。禅語としては「真理はあらゆる事々物々にあらわれており、水を掬えばそこに真理の輝きが浮かび上がり、花を弄べば全てが真理に満ちているの意」。その他にも様々な意味に解釈されています。

四季折々の山の風情を表す言葉として、「山笑う（春）、山滴る（夏）、山粧う（秋）、山眠る（冬）」という言い方がありますね。俳句の季語にもなっていますが、元来は北宋の画家郭熙の「四時の山」という文章の言葉です。冬から春になると、(1)それまで「眠って」いた山が急に「笑い」始める、そのような変化を確かに感じる瞬間があります。山が笑い始めると、まるで歓迎してくれているようで嬉しく、「山ガール」ならずともピクニックに出かけたくなってしまいます。

春山　勝事多く、賞翫して　夜　帰るを忘る

春の山には、木々が芽吹き、鳥がさえずり、咲き初めた花々や雪解けのせせらぎなど、喜びが満ちあふれ、あらゆる生命が甦ります。それは人間も同じこと。春の山を訪れた詩人は、到るところに「勝事（見どころや景勝）」を発見し、そのたびに自らの内部にも生命の喜びが輝き出し、新たな力が漲ってくるのを感じます。そうした歓喜に包まれながら春の山を「賞翫」していると、つい家に帰るのも忘れ、いつしか夜になってしまいました。

水を掬すれば　月　手に在り、花を弄すれば　香　衣に満つ

LEDの電灯が煌々と輝く明るい夜に慣れ親しんだ現代人には、明かり一つない夜の山を散策して歩くなどということは、ほとんど想像しがたい世界になってしまいました。于良史が歩いた夜は、満月でしょうか、明るい月光に照らされて春山はまことに神秘な雰囲気。せせらぎの響きに導かれて、ひんやりとした雪解けの水を両手で掬い取ると、その掌のなかに、小さな月が輝いている。ふと見つけた花々を両手で慈しみ、撫でるように愛でていると、いつしか身に付けた衣裳の全体が花々の芳香に包まれる。この対句＊には、ほとんど自然そのものと一体化した詩人の恍惚の境地が、触覚、視覚、嗅覚、聴覚を総動員した美しい体感として表現されています。

興来りて　遠近無く、去らんと欲して芳菲を惜しむ

春山に魅了された詩人は、興の赴くまま遠くまで歩き続けます。美しい場所から立ち去ろうとすると、まるで他所に遣らせまいとするかのように、花々の芳香が詩人を魅惑し引き留める。そんなことを繰り返すうちに夜も白々と明け始めました。

南のかた鳴鐘の処を望めば、楼台　翠微に深し

南の方角から山間に響きわたる暁鐘。振り返る詩人の目に映じたものは、朝日を浴びて萌黄色に輝く春の山。その八合目あたりに、木々に覆われて建つ寺院の高楼でした。寺鐘の響きと同時に新たな一日が始まり、「春山」は「夜月」から「朝日」の世界へと転換したのです。禅の教えに喩えれば、暁の鳴鐘は、大悟＊の象徴、新たなる高みへの飛翔を告げる響きとして解釈できるかもしれません。

日没から日の出までの時間、常人ならば寝ている夜に、月に照らされた春の山中でいかに魅惑的な美しい世界が展開されているか。それを独り知り得るのは、まさしく詩人の特権でありましょう。(2)いや、それを知りたいという止み難い欲求に突き動かされて、月光の春山に分け入って行く人間こそが詩人なのだ、というべきでしょうか。その特権的な幸福を追体験させてくれる、それが「春山夜月」の詩です。

于良史という詩人は、有名詩人ではありません。生没年もわかっていません。確かなのは、唐の貞元四年（七八八）から同十六年（八〇〇）まで徐州＊（江蘇省）等の節度使＊であった張建封という人のもとで、役人として働いていたらしいということ。日本でいえば、平安京遷都（七九四）の頃にあたります。

于良史は戦時に幼少期を過ごし、その後も科挙（高級官

僚の登用試験）に合格できなかったので、就職口を得るため張建封のもとに身を寄せたと考えられます。張建封は今に伝わる詩は一首しか遺していませんが、実際には二百三十篇の詩文を書いた文学愛好者です。于良史も実際には何百首も詩を書いていたことでしょう。そうした文才を買われて仕えることになったと思われますが、当初はいつも次のような詩を口ずさんでいました。

出身三十年、髪は白きも衣は(3)猶お碧
日暮れて朱門に倚り、朱に従いて袍を赤く汚さん

訳しますと「役人生活三十年、髪はすっかり白くなったが服は相変わらずの碧色。夕暮れ時に赤く塗られた役所の門に寄りかかり、この上着をペンキで赤く染めたろか」。要するに于良史は、出世できないのでヤケになっていたわけです。

彼が着ていた碧（青の場合も）は、八・九品の下級役人の色。朱色の服は四・五品クラスの役人です。五品以上になると家族も含めて免税されるなど、六品以下とは雲泥の差がありました。どうやら張建封はこの詩を聞いて階級を上げてやったようですから、「つぶやき作戦」は功を奏したわけです。夢幻世界のような美しい詩をのこした于良史でしたが、現実世界では、戦乱に翻弄され出世に苦しむことも多かったようです。

(4)「水を掬うと月が手に在る」というのは、深い美しさを湛えた表現だけに、幅広い解釈も生まれたようです。実は『土佐日記』『古今和歌集』でも有名な紀貫之も、よく似た和歌を詠んでいます。

手に結ぶ水に宿れる月影のあるかなきかの世にこそありけれ

＊詞書によれば晩年病が重くなった折の作品です。間もなく亡くなっていることから、貫之の辞世＊の和歌ともされています。「手に結ぶ水に宿れる月影の（手に掬った水に映じる月影のように）」という表現は、「春山夜月」詩と瓜二つですね。ですから、于良史の詩を踏まえて詠んだ和歌だろうと見る研究者もいます。しかし「あるかなきかの世にこそありけれ（あるかなきかの人生であったことよ）」という下の句には、「春山夜月」の詩にはなかった、仏教的無常感が色濃く滲み出ています。貫之にとって「手に掬った水に映じる月」とは、「はかない人生」の象徴でした。そこに「確かな真理」を見ようとする禅の教えとは正反対ですね。貫之の見方には明らかに平安貴族の無常観の伝統が現れていますが、そうした眼で「春山夜月」の詩を見れば、

祇園精舎の鐘の声、諸行無常の響あり。娑羅双樹の花の色、盛者必衰の理をあらわす。奢れる人も久しからず、唯春の夜の夢の如し。（『平家物語』）

と同じような詩だと思えたのかもしれません。だとすれば、明け方の「鳴鐘」も貫之は「諸行無常の響」として解釈したことでしょう。しかし、貫之の後の時代、武士の世に中国から移入された禅の教えでは、「春山夜月」を「諸行無常の詩」とは解釈しないのです。むしろ、より主体的に「自ら未知の世界に分け入って行けば、人間の求めに応じて、世界は無限にその豊かな魅力を現わし（花を弄すれば　香　衣に満つ）、思いも寄らなかった真理の在りかを教えてくれる（水を掬すれば　月　手に在り）」、そうした作品として、この詩を読みなさいと促してくれます。もしも人生が「春の夜の夢」の如きものであるとしたならば、いかに「美しい夢」を描いて見せるか、そうした人間の主体性への信頼や促しが、禅の教えの根底にはあるのだといえましょう。それはまた、現実のなかに美しい夢を打ち樹てる、詩や芸術にもあてはまる真理なのかもしれません。

そのようなことを考えつつ一碗の茶を手にしますと、まるでそこに「月が在る」かのように思われてはこないでしょうか。于良史が遊んだ、(5)月と花との夢幻世界を思い浮かべながら、春山の恵みをいただくことと致しましょう。

（諸田龍美「茶席からひろがる 漢詩の世界」による）

〔注〕禅語――仏教の一派である禅宗で用いられる言葉。
対句――二つの句の語順が等しく、各語の意味が対応関係を持つもの。
大悟――迷いを去って真理を悟ること。
徐州――中国の地名。
節度使――唐の時代の軍隊統率者。
詞書――和歌の前に、和歌の成立事情や詠んだ趣意などを記した言葉。
辞世――死に際に残す詩歌や言葉。

〔問1〕(1)それまで「眠って」いた山が急に「笑い」始める、そのような変化を確かに感じる瞬間があります。とあるが、このような変化を感じたことで起こる心の動きを説明したものとして最も適切なものを、次のうちから選べ。

ア、春の山でさまざまな生き物が新たに作り出す美しい光景を味わうことで、生命の持つ不思議な輝きを自然の中に発見している。
イ、春の山特有の生命力あふれる光景に目を奪われて歓喜の思いに包まれることで、自然の中だけに存在する真理を見出している。
ウ、春になって山が眠りから覚めるように自分の内に潜む生命の輝きに目覚めることで、自然が本来持つ奥深さを追い求めている。
エ、春を迎え山にあふれるさまざまな生気に触れることで、自分の内に宿る生命の存在に気づき新たな力が生じるのを感じている。

〔問2〕(2)いや、それを知りたいという止み難い欲求に突き動かされて、月光の春山に分け入って行く人間こそが詩人なのだ、というべきでしょうか。とあるが、詩人とはどのような人か。その説明として最も適切なものを、次のうちから選べ。

ア、自分では意識しないまま、内に潜む欲望に従うことで眼前の世界に新たな魅力を作り出そうとする人。
イ、自分の内に湧き起こる衝動に身をまかせ、我を忘れて新たな世界へと足を踏み入れていこうとする人。
ウ、常人が目も向けない夜の世界にあえて足を踏み入れる事で、自分の持つ特権的な力に目覚めていく人。
エ、常人が知らない夜の魅力的な世界を味わいたいという欲求を心に抱き、自分独自の幸福を追求する人。

〔問3〕(3)猶お　とあるが、これと同じ意味・用法で「なお」が用いられている短文を、次のうちから選べ。

ア、なおいっそうの努力が必要だ。
イ、完成まではなお数日を要する。
ウ、なお昼食は必ず持参すること。
エ、負けていてもなお意気盛んだ。

〔問4〕(4)「水を掬うと月が手に在る」というのは、深い美し

さを湛《たた》えた表現だけに、幅広い解釈も生まれたようです。

とあるが、紀貫之と禅の教えの解釈との違いを説明したものとして最も適切なものを、次のうちから選べ。

ア、貫之がうつろいゆくさまを表したものとして人生のはかなさを見いだしているのに対し、禅の教えでは求めることで真理が得られると考える主体性に信頼を置いた解釈という違い。

イ、貫之が平安貴族としてははかないものこそ人生であると水に映る月を象徴的にとらえているのに対し、禅の教えでは真理が常に存在するという確実性に価値を置いた解釈という違い。

ウ、貫之が月を人生に見立てることで仏教的無常観に則しているのに対して、禅の教えでは両手ですくう水の中に月があるように人の行いに真理があると肯定的に解釈するという違い。

エ、貫之が人生の無常こそこの世の真理であると和歌に詠んでいるのに対して、禅の教えでは詩や芸術こそが現実の世界に美という真理を打ち立てる表現であると解釈するという違い。

〔問5〕(5)月と花との夢幻世界　とあるが、このときの于良史の心境を表した箇所を、古典の原文とその現代語訳を除いた本文中から二十五字以内で探し、その始めと終わりの三字を書け。

〈東京都立西高校〉

25

次のＡ・Ｂを読んで、①～⑥に答えなさい。

Ａ

唐土《もろこし》にて月を見て、よみける　阿倍仲麻呂《あべのなかまろ》

あまの原ふりさけ見れば春日《かすが》なる三笠《みかさ》の山にいでし月かも

（大空をふり仰いで見ると故郷春日にある三笠山に出た月であるなあ）

（「古今和歌集《こきんわかしゅう》」巻第九）

Ｂ

哭晁卿衡　晁卿衡《ちょうけいこう》を哭《こく》す　李《り》　白《はく》

日本晁卿ⓐ辞帝都　日本の晁卿は帝都を辞《じ》し

征帆一片ⓑ遶蓬壺　征帆《せいはん》一片《いっぺん》　蓬壺《ほうこ》を遶《めぐ》る

明月不帰沈碧海　明月　帰らずして　碧海《へきかい》に沈み

白雲ⓒ愁色満蒼梧　白雲　愁色　蒼梧《そうご》に満つ

晁卿衡の死をいたんだ七言［ⓓ］を示そう。晁卿衡とは誰であるか。阿倍仲麻呂である。仲麻呂が、遣唐使の随員として、唐の都長安についたのは、玄宗《げんそう》皇帝の開元《かいげん》五年。以来、彼は長安にとどまること五十三年、李白らと交わり、当時の長安の文化界における一流人であった。

晁衡、すなわち阿倍仲麻呂は、一度日本へ帰ろうとしたことがある。そうして蘇州《そしゅう》から舟出したが、途中でその舟は難破し、仲麻呂も死亡したという噂《うわさ》が、伝わった。李白のこの詩は、その時の作である。

「日本の晁卿は帝都を辞し、征帆一片蓬壺を遶る」。帝都とはむろん唐の帝都長安である。そうして征《さ》りゆく帆の一《ひと》片《ひら》が、蓬莱《ほうらい》の島々をぬってゆくごとく見えた。蓬壺とは、蓬莱と方壺《ほうこ》、共に東方の海中にあるといわれる神仙の島である。

しかし、舟は沈み、明月のごとくきよらかな人はほろびた。海べのそらにみちわたるものは、白い雲と人々のかなしみ。「明月帰らずして碧海に沈み、白雲愁色蒼梧に満つ」。蒼梧とは、中国東南方の海岸地帯の地名である。

しかし、仲麻呂は死んではいなかった。舟は難破したけれども、彼は助かり、再び長安の朝廷に仕えて、終生日本には帰らずじまいであった。

（出典　吉川幸次郎《よしかわこうじろう》・三好達治《みよしたつじ》「新唐詩選」）

① ［ⓓ］には、四句からなるこの詩の形式を表す語が入る。ふさわしい語を漢字二字で答えなさい。

② 「ⓐ辞」と同じ意味で「辞」が用いられているのは、ア～エのうちではどれですか。一つ答えなさい。

ア、辞書　イ、辞去　ウ、祝辞　エ、固辞

③ 「ⓑ遶」のここでの意味に当たる五字以内のことばを、解説文から抜き出して書きなさい。

④ 「ⓒ愁色満蒼梧」を、解説文を参考にして、現代語訳しなさい。

⑤ Ａの短歌が表現している心情について説明したものとして最も適当なのは、ア～エのうちではどれですか。一つ答えなさい。

ア、唐の地で日本の月を眺めたいという願いが叶《かな》えられない落胆。

イ、故郷の地でかつて長安で眺めた月を思い出すという懐旧の念。

ウ、眼前の月がかつて故郷で見た月そのものであることへの感動。

エ、唐で見る月が今日本で出ている月と同じであるという喜び。

⑥ 思考力 Ｂの漢詩の「明月」が表すものは、Ａの和歌の「月」に対してどう異なっているか。その違いを、わかりやすく説明しなさい。

〈岡山県立岡山朝日高校〉

第五章 表現・作文

条件作文

1　社会人として、これからの時代を生きていくに当たり、さまざまな「力」や「姿勢」が必要になります。あなたは、次の三つのうち、どれを最も大切にしていきたいと考えますか。ア～ウから一つ選び、大切にしていきたいと考える理由を、百六十字～二百字で書きなさい。
ア、物事に進んで取り組む
イ、新しい価値を生み出す
ウ、社会のルールや人との約束を守る

〈宮城県〉

2　次は二〇三〇～二〇四〇年頃を舞台にした小説に描かれた未来の姿の一部である。a～cから最も実現してほしいものを一つ選び、実現してほしい理由を、後の〈条件〉にしたがって書きなさい。

a　手元にマイ工場
　日用品や雑貨などは、データを買って、自宅の3Dプリンタ*で作製することができる。

b　いつでもドクター
　家や街に備え付けられたセンサーで健康管理をサポートし、異変があればAI*が簡単な診断をしてくれる。

c　クルマヒコーキ
　自動運転の空陸両用タクシーが近距離の輸送手段となり、行き先を告げると、目的地まで送り届けてくれる。

（総務省　未来デザインチーム　小説「新時代家族～分断のはざまをつなぐ新たなキズナ～」より作成）

【注】
＊3Dプリンタ……立体を造形するプリンタ
＊AI……人工知能

〈条件〉
・選んだ記号を書くこと
・自分の生活に関連づけて書くこと
・字数は二百字以上、二百五十字以内

〈秋田県〉

3　ある中学校では、毎年参加者を募り、地域の公園の清掃活動に参加している。生徒会役員の中川さんは、今年の清掃活動の日時や活動内容についての案内を、生徒会新聞に掲載することにした。より多くの生徒に参加してもらうために、日時や活動内容の他に、参加を呼びかける文章も加えようと考え、その内容について他の生徒会役員と話し合った。
　次のA案は、話し合いの前に中川さんが作成した文章であり、B案は、話し合いをもとに改めた文章である。A案とB案を比較したうえで、あとの条件に従ってあなたの考えを書きなさい。

A案

　私たちの学校では長年にわたって、地域の清掃活動に協力しています。昨年も多くの生徒が参加してくれました。作業は簡単な内容ですので、あまり負担を感じることはないと思いますし、そんなに長い時間もかかりません。清掃活動に参加することで、きっと大きな充実感を味わうことができると思います。この活動をきっかけに、奉仕活動について興味をもつようになった人もいます。皆さんもぜひ、積極的に参加してください。

B案

　私たちの学校が取り組んできた地域の清掃活動への協力も、今年で十五年目を迎えます。昨年は全学年合わせて三十名が参加しました。難しい作業はないので、初めて参加する人でも大丈夫です。昨年は地域の方から、「本当にきれいになったね。」と声をかけていただき、とても充実した気持ちになりました。この活動をきっかけに、他の奉仕活動に参加するようになった先輩方もいます。皆さんもぜひ、積極的に参加してください。

条件
1、二段落構成とし、前段ではA案と比較してB案はどのように工夫されているかについて書き、後段では前段を踏まえて、文章を書くうえで大切なことについてのあなたの考えを書くこと。
2、全体を百五十字以上、二百字以内でまとめること。
3、氏名は書かないで、本文から書き始めること。
4、原稿用紙（10字詰×20行＝省略）の使い方に従って、文字や仮名遣いなどを正しく書き、漢字を適切に使うこと。

〈福島県〉

4　Aさん、Bさん、Cさん、Dさんの四人がグラフを見ながら、会話をしている。四人の会話とグラフを参考にして、「自分の意見を伝える」ということについてあなたの考えを書きなさい。

Aさん　「自分の意見を相手に伝えるのは難しいよね。」
Bさん　「うん、そうだね。グラフを見てみると、積極的に意見を伝える人と消極的な人は同じくらいの割合だね。私は自分の意見を積極的に言う方だな。普段から、相手に伝わる表現を使うようにしているんだ。」

Cさん「私は自分の意見を伝えることには消極的な方かな。だから相手との人間関係を意識して、相手にどうしたら伝わりやすいか気を付けているよ。」

Dさん「グラフをよく見ると、『場合によると思う』という人もいるね。」

Aさん「どのように自分の意見を伝えるかは人それぞれの考えがあるんだね。」

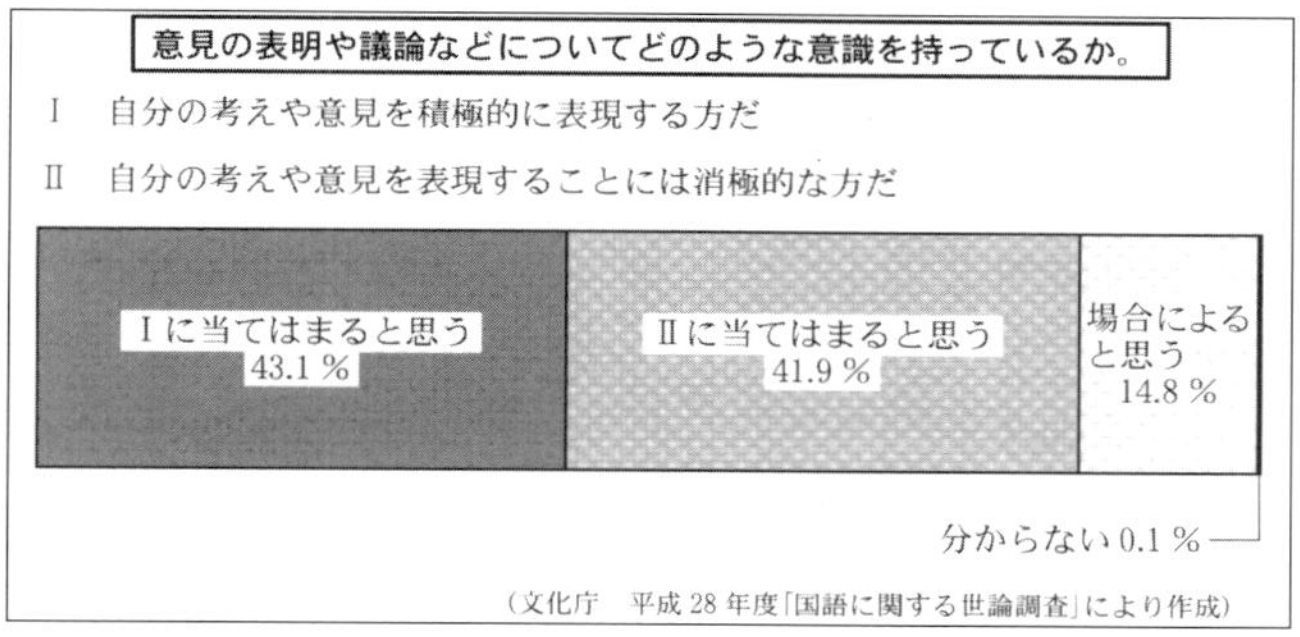

（文化庁　平成28年度「国語に関する世論調査」により作成）

《注意》
・自分の考えとその理由を明確にして書くこと。
・自分の体験を踏まえて書くこと。
・二百四十字以上三百字以内で書くこと。

〈栃木県〉

5　次の資料は、「読書量（マンガや雑誌を除く）」について、県内の小学生、中学生、高校生を対象に調査し、その結果をまとめたものです。

国語の授業で、この資料から読み取ったことをもとに「読書を推進するための取り組み」について、一人一人が自分の考えを文章にまとめることにしました。あとの（注意）に従って、あなたの考えを書きなさい。

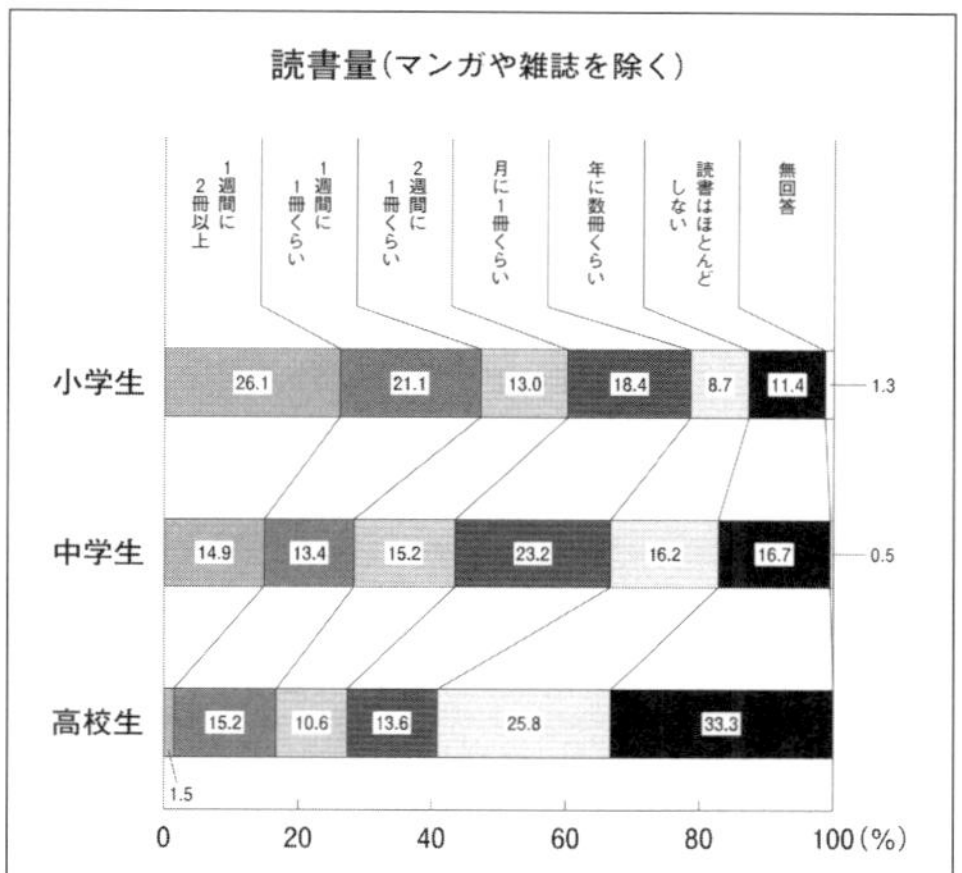

（四捨五入による端数処理の関係で、中学生の合計が100%をこえています。）

『平成28年度「埼玉青少年の意識と行動調査」報告書』から作成

（注意）
(1) 段落や構成に注意して、自分の体験（見たこと聞いたことなども含む）をふまえて書くこと。
(2) 文章は、十三行以上、十五行以内で書くこと。
(3) 原稿用紙（15字詰×15行＝省略）の正しい使い方に従って、文字、仮名遣いも正確に書くこと。
(4) 題名・氏名は書かないで、一行目から本文を書くこと。

〈埼玉県〉

6　次の文章は、生徒と先生の会話の一部です。これを読み、あとの〈条件〉にしたがい、〈注意事項〉を守って、あなたの考えを書きなさい。

先生。学級通信の見出しになった「巨人の肩の上に立つ」って、何のことですか。

昔の人が、学問について言い表したたとえなんだ。

偉大な科学者、ニュートンが、自分が偉大な発見をなしとげることができた理由として、「私がより遠くまで見渡せたとすれば、それは巨人の肩の上に立っていたからです。」とそのたとえを引用して答えたそうだ。

明治時代の教育者、福沢諭吉は「学問のすすめ」という書物の中で、同様のことを述べているよ。

「親から譲り受けた遺産は土地や家財であって、いつか跡形もなくなってしまう。けれども、文明の遺産はそうではない。世界中の古人を一人の人間として見れば、その一人の古人が全人類すべての人々に譲ってくれた遺産ともいえるのだ。」

私たちは、なぜ過去のことを学ぶのだろうね。君たちももうすぐ高校生。歴史や古典など、昔のことも含めて幅広く学ぶことになる君たちへの期待をこめて、あの言葉を書いたんだ。

〈条件〉
①二段落構成とし、十行以内で書くこと。
②前段では、「巨人の肩の上に立つ」というたとえがどのようなことを言い表しているか、先生の言葉を参考にしながら、あなたの考えを書くこと。
③後段では、前段であなたが理解したことをこれからの生活にどう生かしたいか、あなたの考えを書くこと。

〈注意事項〉
①氏名や題名は書かないこと。
②原稿用紙（20字詰×10行＝省略）の適切な使い方にしたがって書くこと。
ただし、――や＝＝などの記号を用いた訂正はしないこと。

〈千葉県〉

7

総合的な学習の時間に「私たちの地域を見直そう」というテーマで、地域のよさを調べることになりました。富山県のデータを調べてみると、次の表のように全国順位の高いものが数多くあることが分かりました。このデータを基に、あなたの考えを【条件】に従って書きなさい。

【条件】
1、二段落構成とし、各段落の内容は次の2、3のとおりとする。
2、第一段落は、次の表にある二つ以上のデータを取り上げて富山県のよさを書く。
3、第二段落は、第一段落の内容を踏まえて、あなたが住む地域のよさを具体例を挙げて書く。
4、原稿用紙（20字詰×11行＝省略）の使い方に従い、百八十字以上、二百二十字以内で書く。

項　　目	全国順位
名水百選に選ばれた名水の数	1位
持ち家比率	1位
老人クラブ加入率	1位
新聞発行部数（1世帯あたり）	1位
自家用車保有台数（1世帯あたり）	2位
保育所等入所率	2位
総合型地域スポーツクラブ※数（人口10万人あたり）	3位
県民所得（人口1人あたり）	5位
自然公園面積割合（県の総面積に占める自然公園の割合）	6位
女性就業率（女性15歳以上人口あたり）	6位

『100の指標　統計からみた富山』（平成29年度版）より作成

※　総合型地域スポーツクラブ…子供から高齢者まで、様々なスポーツに参加できる、住民によって運営されるスポーツクラブ

〈富山県〉

8

次のグラフは「手紙を手書きで書くこと」についての調査で、今後、手紙（封書やはがき）について手書きで書くべきか、手書きにはこだわらないようにすべきかを尋ねた結果をもとに作成したものである。このグラフを見て、後の問いに答えなさい。ただし、［　］内の《注意》に従うこと。

問一、次のグラフの「手書きにこだわらないようにすべき」と回答した年代別の割合の変化について、分かることを書きなさい。

問二、手紙を手書きで書くということについて、あなたは、どのように思うか。あなたの考えを書きなさい。段落構成は二段落構成とし、第一段落ではあなたの考えを、第二段落ではそのように考えた理由を、具体的な例、あるいはグラフの結果を活用して書きなさい。

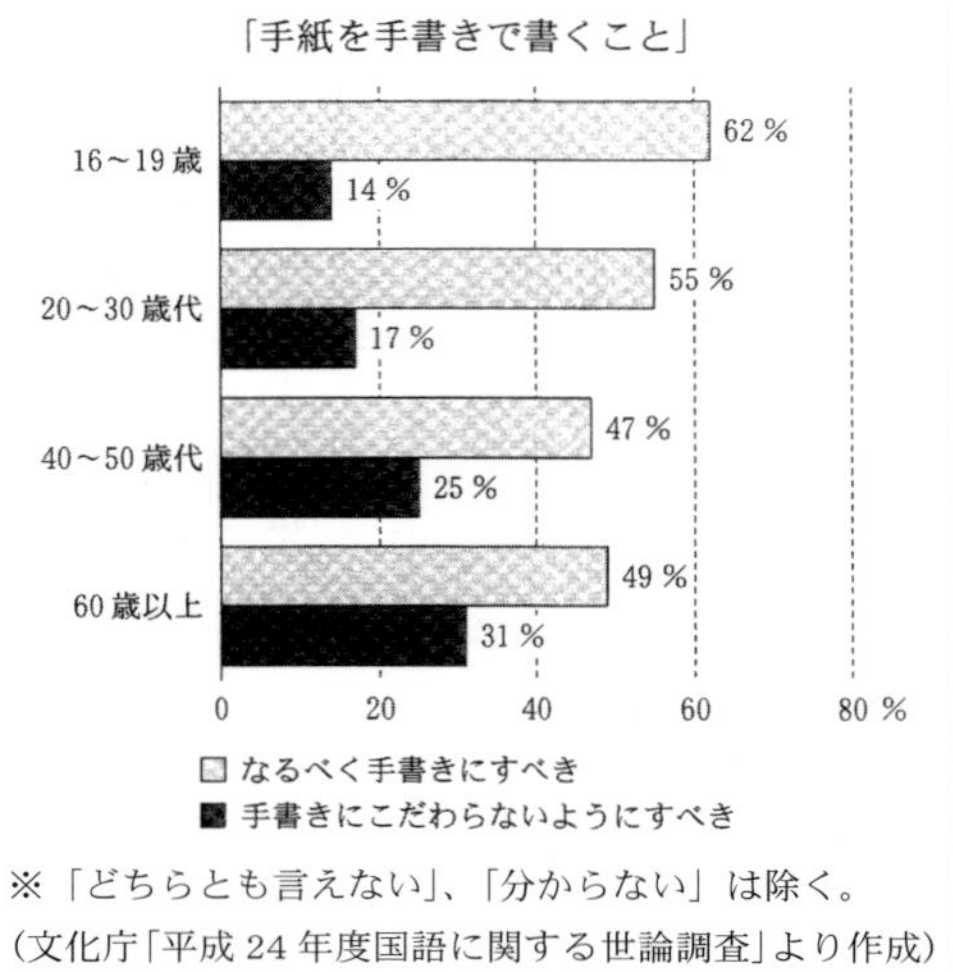

※「どちらとも言えない」、「分からない」は除く。
（文化庁「平成24年度国語に関する世論調査」より作成）

《注意》
㈠題名や氏名は書かないこと。
㈡書き出しや段落の初めは一字下げること。
㈢問一は二行以上三行以内（20字詰×3行、原稿用紙＝省略）、問二は六行以上九行以内（20字詰×9行、原稿用紙＝省略）で、それぞれ縦書きで書くこと。
㈣グラフの数値を記入する場合は、左の例にならうこと。
(例)　百%　二十%　三十二%

〈岐阜県〉

9

あなたのクラスでは、国語の授業で、次の［　］の中の標語が紹介された。あなたは、この標語からどのようなことを考えるか。あなたが考えたことを、あなたが体験したことや学んだことなど、身近なところにある事柄と関連させて書きなさい。ただし、次の条件1、2にしたがうこと。

条件1　一マス目から書き始め、段落は設けないこと。

条件2　字数は、百五十字以上、百八十字以内とすること。（27字詰×6行＋18字、原稿用紙＝省略）

> つなげよう　ひとりひとりの　思いやり
>
> （厚生労働省「平成二十四年度　児童福祉週間」標語による。）

〈静岡県〉

10

次は、まいかさんと、えいじさんの会話の一部である。この会話を参考にして、買い物をしたときにレジ袋を利用することについて、あなたの考えや意見を、あとの〔注意〕にしたがって書きなさい。

> まいかさん　買い物をしたときのレジ袋などが海に流れ込んで、海の環境を汚しているという記事が新聞に載っていたよ。
>
> えいじさん　大変な問題だよね。でも、レジ袋が利用できないと、不便なときもあるよね。
>
> まいかさん　買い物をしたときにレジ袋を利用することについては、いろいろな考え方があるみたいだよ。

〔注意〕
①題名は書かずに本文から書き出しなさい。
②あなたの考えや意見と、その根拠を明確にして書きなさい。
③あなたの考えや意見が的確に伝わるように書きなさい。
④原稿用紙の使い方にしたがい、全体を百六十字以上二百字以内にまとめなさい。

〈三重県〉

11

二〇二〇年の東京オリンピック・パラリンピックの開催に伴い、外国人観光客のさらなる増加が見込まれています。そこで、ピクトグラムを利用した案内用図記号の充実が図られています。ピクトグラムを利用した案内用図記号の活用について、あなたはどのような点に注意すべきだと考えますか。あなたの考えを原稿用紙（20字詰×13行＝省略）に二百六十字以内で書きなさい。ただし、次の条件にしたがって書くこと。

（注）ピクトグラム＝意味するものの形状を使って、その意味概念を理解させる視覚記号。

トイレのピクトグラム

条件　次の資料から読み取れる、ピクトグラムの課題や問題点についてもふれて書くこと。

※　資料の数字や記号を使う場合は、次のように書いてもよい。

（例）　52・1％　JIS

資料（アンケート調査の結果）

分かりやすいのはどちらか

温泉マーク

JIS（国内規格）　ISO（国際規格）

	JIS	ISO
日本人	62.9％	37.1％
外国人	29.0％	71.0％

（ここでいう外国人とは、韓国、中国、台湾、シンガポール、アメリカ、イギリスの六つの国・地域の人のことである）
（経済産業省の資料により作成）

〈大阪府〉

12

次の資料は、相手との伝え合いにおいて「言葉に表す」ことと「互いに察し合う」ことのどちらを重視するかについての調査結果をまとめたものである。この資料をもとに、相手との伝え合いで重視することについてのあなたの考えを〈条件〉(A)～(D)に従って書きなさい。

資料

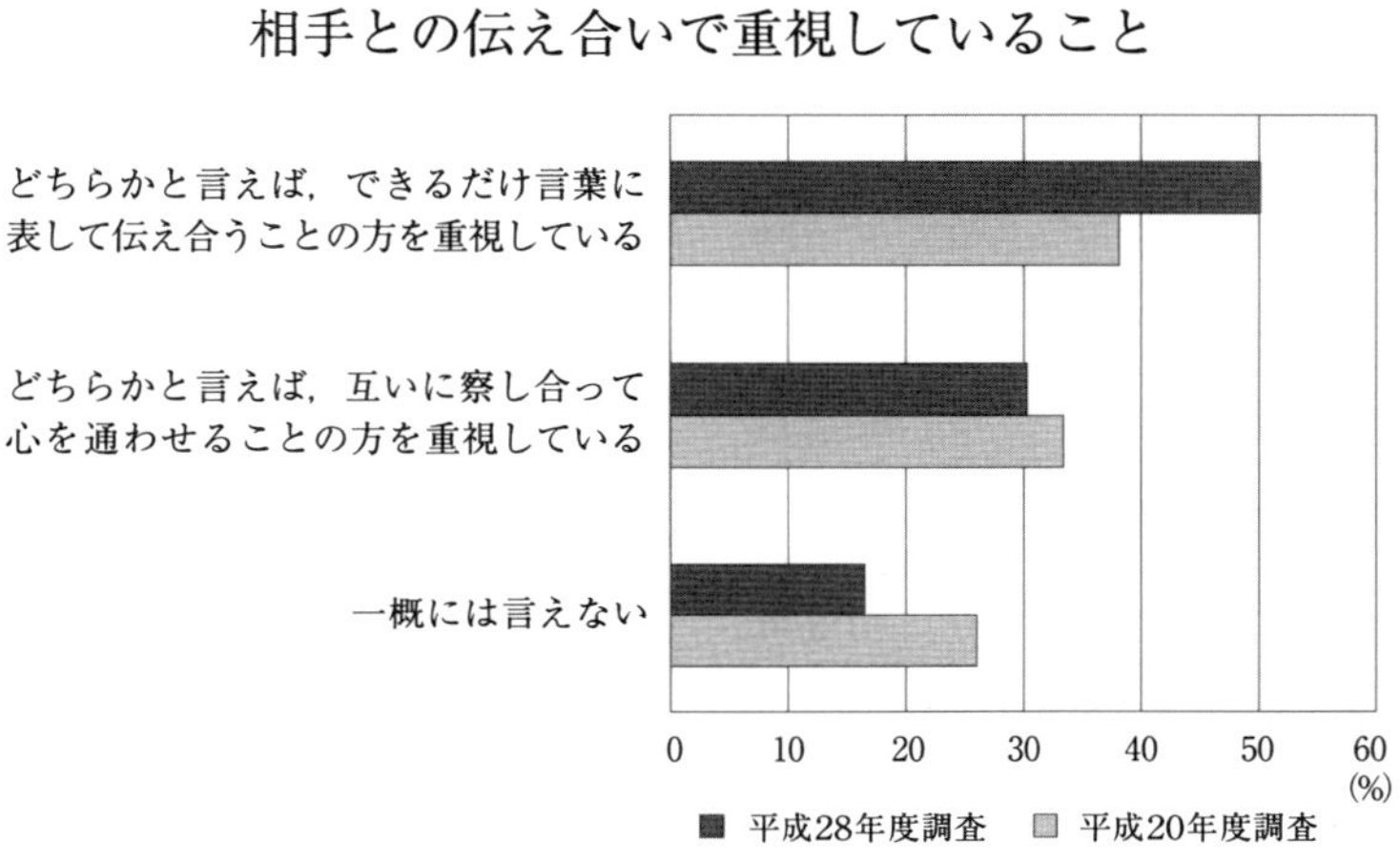

（平成28年度「国語に関する世論調査」より作成）

〈条件〉
(A) 題名などは書かないで、本文を一行目から書き始めること。
(B) 二段落構成とし、前の段落では、資料から読み取ったことを六行以内で書くこと。後の段落では、前の段落を踏まえて、相手との伝え合いで重視することについて、あなたが「言葉に表す」、「互いに察し合う」、「一概には言えない」のどの立場であるかを明確にして、その根拠となる考えを書くこと。
(C) 全体が筋の通った文章になるようにすること。
(D) 漢字を適切に使い、原稿用紙（20字詰×13行＝省略）の正しい使い方に従って、十～十三行の範囲におさめること。

〈徳島県〉

13

あなたのクラスでは、校内で行われる合唱コンクールを盛り上げるために、クラスのスローガン（標語）を考えることになりました。その結果、次のA、Bの二つのスローガンが提案され、この中から一つを採用することになりました。あなたなら、どちらを合唱コンクールのスローガンとして選びますか。AとBの違いと、どちらのスローガンを採用するのがよいかについて、あなたの意見を、あとの条件1～条件3と〔注意〕に従って、書きなさい。

A　「めざせ、金賞！　最高のハーモニーで」

B　「響け！　私たちの歌声、絆（きずな）とともに」

条件1　二段落構成で書くこと。

条件2　第一段落にはAとBの違いについて書き、第二段落にはどちらのスローガンを採用するのがよいかについてのあなたの意見を、その理由がよくわかるように、身近な生活における体験や具体例を示しながら書くこと。

条件3　原稿用紙（25字詰×11行＝省略）の正しい使い方に従って、二百五十字程度で書くこと。ただし、百五十字（六行）以上書くこと。

〔注意〕

一、部分的な書き直しや書き加えなどをするときは、必ずしも「ますめ」にとらわれなくてよい。

二、題名や氏名は書かないで、本文から書き始めること。また、本文の中にも氏名や在学（出身）校名は書かないこと。

〈香川県〉

14

F中学校では、毎年、F幼稚園の幼児とのふれ合い活動を行っている。次の【資料1】は中学校から配布された資料の一部、【資料2】は幼稚園から配布された資料の一部である。これらを読んで、後の問に答えよ。

【資料1】

〔幼児とのふれ合い活動〕

〈活動名〉

「秋を見つけよう」

〈目的〉

・幼児に、季節を感じるものを見つける喜びを味わってもらう。
・幼児に、身近な植物などへの関心をもってもらう。
・幼児に、友達と一緒に活動する楽しさを感じてもらう。

〈内容〉

秋を感じるものを探す。

（様々な色の木の葉、どんぐり、松ぼっくり、すすき、いちょう、コスモスなど。）

（昨年度の活動の様子）

【資料2】

〔F幼稚園の幼児について〕

・自分でできたり考えてやり遂げたりしたことを、ほめられたり認められたりすると、達成感を味わい自信をもって行動しようとする。

・自分がしていることや言ったことについて問いかけられると、自分の言葉で答えようとしたり、興味をもって行動しようとしたりする。

・生命の不思議さや尊さに気付くと、命あるものを思いやり、大切にしようとする気持ちをもって関わろうとする。

問、「秋を見つけよう」という活動を行うにあたり、グループ内で、幼児にかける言葉についての考えを述べ合うことになった。あなたならどのようなことを述べるか。次の条件1から条件4に従い、作文せよ。

条件1　文章は、二段落構成とすること。

条件2　第一段落には、「秋を見つけよう」という活動において、幼児に対して、どのような場面で、どのような言葉をかけるかを、【資料1】、【資料2】を参考にして具体的に書くこと。

条件3　第二段落には、第一段落で書いた言葉をかける理由を、【資料1】の〈目的〉、【資料2】のそれぞれから必要とする情報を取り上げ、それらと結び付けて書くこと。

条件4　題名と氏名は書かず、原稿用紙（20字詰×12行＝省略）の正しい使い方に従い、十行以上、十二行以内で書くこと。

〈福岡県〉

課題作文

15　海外の中学生があなたの学校を訪問することになった。その中学生たちの歓迎会では、グループごとに、日本について様々なテーマで紹介する予定である。あなたなら次の候補の中からどれを選んで、グループのメンバーに提案するか。選んだ理由も含め、後の《注意》に従ってあなたの考えを書きなさい。

候補
・食文化
・映像メディア
・科学技術
・自然環境
・年中行事

《注意》
・右の候補の中から一つを選び、原稿用紙（＝省略）の決められた欄に書くこと。
・提案したいテーマについて具体例を挙げながら書くこと。
・二百四十字以上三百字以内で書くこと。
・受検者名と題名は書かないこと。

〈栃木県〉

16　「仕事をするうえで大切なこと」として、次の□の中から、最も大切だと思うことを一つ選び、あなたの考えを、あとの〔注意〕にしたがって書きなさい。

・協調性
・責任感
・積極性

〔注意〕
①題名は書かずに本文から書き出しなさい。
②何が最も大切だと思うかを最初に示し、その後に、選んだ理由がわかるように書きなさい。
③あなたの考えが的確に伝わるように書きなさい。
④原稿用紙の使い方にしたがい、全体を百六十字以上二百字以内にまとめなさい。

〈三重県〉

17　「失敗は成功のもと」ということばがありますが、「失敗は成功のもと」といえる例を、原稿用紙（＝省略）に書きなさい。ただし、あとの条件１・２にしたがって書くこと。

失敗は成功のもと
（意味）失敗しても、その反省をもとに工夫や改善をしていけば、かえって成功に近づくことのたとえ。

条件１　右に示した「失敗は成功のもと」の意味を参考にして、どのように工夫や改善がなされたのかも含めて、具体的に書くこと。
条件２　百六十字程度で書くこと。

〈大阪府〉

18　あなたは授業で、「インターネットの普及は、私たちに良い影響を与えているか」というテーマで討論をすることになりました。次は、先生から出された、討論をする際の【指示の内容】です。あなたなら、どのような意見を述べますか。あなたの意見を原稿用紙（＝省略）に二百六十字以内で書きなさい。ただし、【指示の内容】に書かれている条件１・２にしたがって、文章を書くこと。

【指示の内容】

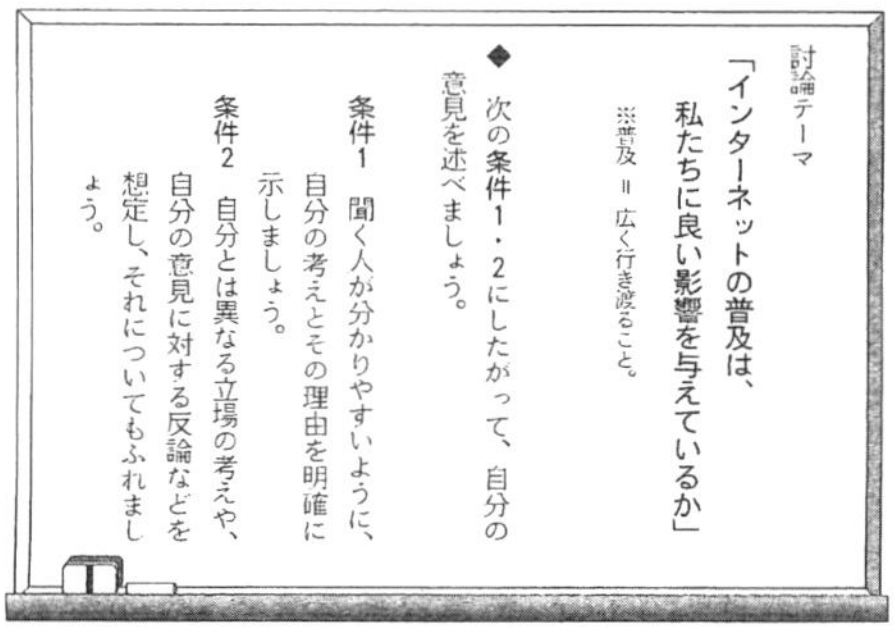
討論テーマ
「インターネットの普及は、
私たちに良い影響を与えているか」
※普及 ＝ 広く行き渡ること。
◆次の条件１・２にしたがって、自分の意見を述べましょう。
条件１　聞く人が分かりやすいように、自分の考えとその理由を明確に示しましょう。
条件２　自分とは異なる立場の考えや、自分の意見に対する反論などを想定し、それについてもふれましょう。

〈大阪府〉

19　あなたは授業で、「インターネットと私たちの暮らし」というテーマで討論をすることになり、あなたの班は、「インターネットの使用には注意が必要だ」という意見を述べることになりました。そこで、この意見の説得力を高めるために、発表で提示する資料やデータを班で探すことにしました。あなたなら、どのようなことがわかる資料やデータがあればよいと考えますか。あなたの考えを原稿用紙（省略）に三百字以内で書きなさい。ただし、次の条件１・２にしたがって書くこと。

条件１　あなたがあればよいと考える資料やデータは、

どのようなことがわかるものなのかを具体的に書くこと。ただし、実在するものかどうかは問わない。

条件２　条件１で挙げた資料やデータと、あなたの班が述べる意見とが、どのように関連するのかを明確にすること。

〈大阪府〉

20　毎年、文化の日を中心にした二週間を読書週間として、読書が推進されている。次の□内は、ある年の読書週間の標語である。この標語に見られる表現の工夫について、あなたの考えを、後の①、②の条件に従って書け。

めくる　めぐる　本の世界

条件①　二段落構成で書くこと。第一段落では、この標語に見られる表現の工夫を書き、第二段落では、それを踏まえて、あなたの考えを書くこと。

条件②　原稿用紙の使い方に従って、百字以上百五十字以内で書くこと。

〈奈良県〉

21　あなたのクラスでは、「クラスの目標を表す言葉」について考えることになり、その結果、次の①～③の三つの言葉の中から、一つを選ぶことになりました。あなたなら、どの言葉を「クラスの目標を表す言葉」として選びますか。次の①～③から一つ選んで、あなたの意見を、その言葉をクラスの目標にしたいと考える理由がよくわかるように、体験や具体例を示しながら、あとの〔注意〕に従って、二百五十字程度で書きなさい。

①「切磋琢磨（せっさたくま）」（自ら努力を続けたり仲間と励まし合ったりして学徳を高めること。）

②「一期一会（いちごいちえ）」（生涯にただ一度出会うこと。一生に一度限りであること。）

③「無我夢中」（我を忘れるほど、ある物事に熱中すること。）

〔注意〕

一、段落や構成に注意して百五十字以上書くこと。

二、原稿用紙の正しい使い方に従って書くこと。ただし、部分的な書き直しや書き加えなどをするときは、必ずしも「ますめ」にとらわれなくてよい。

三、題名や氏名は書かないで、本文から書き始めること。また、本文の中にも氏名や在学（出身）校名は書かないこと。

〈香川県〉

22　ある中学校の図書委員会では読書週間に向けて、次のア～オの五つの標語を考え、校内に掲示しました。

ア、読書は「旅」

イ、読書は「鏡」

ウ、読書は「夢」

エ、読書は「窓」

オ、読書は「源」

この五つのうち、普段あなたが抱いている読書のイメージに最も近い標語はどれですか。ア～オから一つ選ぶとともに、その記号を選んだ理由を、百六十～二百字で書きなさい。

〈宮城県〉

23　現在、科学技術の様々な分野で研究開発が進み、私たちの生活も大きく変化してきている。あなたが感じている科学技術の発展による生活の変化を取り上げ、それについてのあなたの考えを、次の〈条件〉にしたがって書きなさい。

〈条件〉

１、題名は不要

２、字数は二百字以上、二百五十字以内

〈秋田県〉

24　「季節を感じるとき」について、あなたの考えを、あとの〔注意〕にしたがって書きなさい。

〔注意〕

①題名は書かずに本文から書き出しなさい。

②あなたが季節を感じるときを具体的に取り上げ、取り上げた理由がわかるように書きなさい。

③あなたの考えが的確に伝わるように書きなさい。

④原稿用紙（20字詰×10行＝省略）の使い方にしたがい、全体を百六十字以上二百字以内にまとめなさい。

〈三重県〉

2021 2022年 受験用 全国高校入試問題正解

分野別過去問532題

現代文・古文・漢文 **国語**

別冊解答・解き方

旺文社

目　次

第一章　漢字問題
漢字の読み取り　1
漢字の書き取り　5
漢字知識　8

第二章　現代文
読解問題　10
詩・短歌・俳句　25

第三章　古典（古文・漢文）
古文　28
漢文　41

第四章　融合文（現代文＋古文＋漢文）
現古融合文　45
現漢融合文　48
古漢融合文　48

第五章　表現・作文
条件作文　52
課題作文　54

第一章　漢字問題

漢字の読み取り

1 ①こくふく ②とうしゅう ③もっぱ ④なめ ⑤と

2 ①ほうこう ②ききゃく ③しゅさい ④つくろ ⑤つぶ

3 ①かんきゅう ②おろ

4 ①すこ ②つの ③けいさい ④ゆうかん

5 ①しんみつ ②およ

6 ①よいん ②お ③けいさい ④はぶ

7 ①おとず ②ふっとう ③とたん ④も

8 ①かおく ②つつぬ ③かいぞう

9 ①わやく ②つい ③けいしゃ ④はあく ⑤おごそ

10 ①こと ②ささ ③してき ④けいしょう

11 ①しふく ②ばんしょう ③なま

12 ①はず ②わ ③くじょ ④とうしゅう

13 ①かっさい ②ほが ③けいこく ④ただよ ⑤もよお

14 ①しんぼく ②かんしょう ③ちょうそ ④くわだ

15 ①おだ ②めぐ ③たずさ ④ふうとう ⑤じゅうたい ⑥しゅうぜん

16 ①あらわ ②しゅうしゅう ③いしょく

17 ①もう ②どうそう ③した ④えつらん

18 ①ふぶき ②はば ③かんしょう ④おお

19 ①はあく ②しんぼく ③えんかつ ④ただよ ⑤い

20 ①かんきょう ②てがる ③たよ ④びみょう ⑤どくじ ⑥ふさ

21 ①けんめい ②ようせい ③ひた ④すそ ⑤きせき

22 ①たず ②ぼうちょう ③ほそう

23 ①す ②しんぼく

24 ①ひび ②いまし ③そうしょく ④げきれい

25 ①はいしゃく ②ほ ③いわ ④さんちょう ⑤たんさん

26 いふ

27 ①つ ②ほこ ③ほんやく ④くわだ ⑤ふんきゅう ⑥ほころ

28 ①たた ②さいそく

29 ①しょうどう ②すす

30 ①かんわ ②かか ③もよお ④ふんいき

31 ①おだ ②かわせ

32 ①いた ②そむ ③いつだつ ④ていさい

33 ①つぐな ②ちんもく

34 ①ゆかい ②おとろ ③つか

35 ①えいびん ②すこ ③いんえい

36 ①そ ②ふく ③ぎんみ ④せつり

37 ①かざ　②きよう　③けしき　④だんしょう

38 ①りれき　②はくり　③かか　④はず

39 ①たづな　②ぬぐ

40 ぼっとう

41 ①してき　②だとう

42 ①なごり　②べんぎ（または びんぎ）　③ふ

43 ①するど　②にご

44 ①かか　②とうすい

45 ①げんえき　②ちくせき　③せっしゅ

46 ①いちじる　②つ　③しゅうそく

47 ①さ　②くし

48 ①かそせい　②いんぺい　③しゃめん

49 ①こうばい　②かわせ　③せんべい

50 ①おこた　②しょさ　③こうがい

51 ①ぬぐ　②たきぎのう　③そぞう

52 ①ひより　②まかな　③はたん

53 ①こうばい　②すた　③せんざい

54 ①ちょめい　②きし　③ふる　④いこ　⑤かんこつだったい

55 ①はあく　②せっちゅう　③きんさ　④ゆる　⑤まかな

56 ①つか　②ぎょうし

57 ①うなが　②おごそ　③せんりつ　④しんせい

58 ①はぶ　②ひんぱん

59 ①けはい　②かぜ　③がっぺい　④いた

60 ①とら　②かじょう

61 ①こうみょう　②どうさつ　③すいこう

62 ①さ　②そうじ　③ぶたい　④のうこう　⑤かせ

63 ①しょうさん　②ともな　③まった　④ひんぱん

64 ①ようほう　②りゅうせい　③ふる

65 ①くわ　②いこ　③こうせつ　④ざんてい

66 ①つくろ　②ぶよう　③じゃっかん　④せきはい　⑤まぎ

67 ①きろ　②くちゅう　③ゆうし　④か

68 ①こころよ　②なら　③した　④せんでん　⑤ひんぱん　⑥ひじゅん

69 ①つつし　②きびん　③しょうだく

70 ①かんしょう　②つの

71 ①ゆくえ　②ほが　③みが　④きろ

72 ①ちぎょ　②よくよう　③ちみつ　④かたよ　⑤すそ

73 ①こうい　②しゅうい　③た　④ごげん　⑤し

74 ①おんけい　②かか　③ぬぐ　④きんこう　⑤はんようせい

75 かいしゃく

76 ①しょうれい　②ゆだ

77 ①ゆ　②にぎ　③けいさい　④はんも

78 ①さんぴ　②たば　③しりぞ　④たがや　⑤てんさく

79 つ

80 ①いま　②あんもく　③たんねん　④おちい　⑤かえり

81 ①しんらつ　②そむ

82 ①あいさつ　②もど

83 ①ひより　②せんかい　③びょうしゃ　④さと

84 ①ただよ　②ゆうが

85 ①あやま　②とどこお　③せいいき　④はくだつ

86 ①くわ　②すうはい

87 ①くず　②じゃま

88 ①けいさい　②さ

89 ①かか　②おもむき　③しさ　④ひんど

90 ①た　②きゅうけい　③とうとつ　④くちょう

91 ①かんゆう　②はんざつ　③うらや　④み

92 ①かかん　②ほま

93 ①ひんぱん　②うむ

94 ①あわ　②かいが　③とろ

95 ①げんしゅく　②へだ

96 ①いまし　②せいち

97 ①せま　②ひた

98 ①こ　②のぞ　③かいだく

99 ①いとな　②しゅうかく

100 ①かぶん　②ぼんよう　③せきはい

101 ①しっき　②はか　③ぼんよう

102 ①つたな　②げいごう　③しっせき

103 ①おもむ　②えっけん　③ぼっこう

104 ①こうむ　②ひじゅん　③ばきゃく

105 ①ふきゅう　②わずら　③どんてん

106 ①きそく　②おうぼ　③あらた　④おど

107 ①せきべつ　②はっかん　③けいしょう　④はか

108 ①つら　②たび

109 ①ただよ　②しぼ　③おうせい　④こうてつ

110 ①おだ　②そっちょく

111 ①さ　②ぼん　③うば　④ぼうだい

112 ①かっとう　②す　③ぶたい

113 ①すみ　②ゆかい　③いなか　④と　⑤そっきょう

114 ①つい　②けいこう　③あやま　④りとく

115 ①りんかく　②せんりつ　③た

116 ①きた　②つつし　③けんちょ　④けしん

117 ①くったく　②へだ　③ちょうやく　④かへい

118 ①こうけん　②かせん　③はんぷ　④さと

119 ①きかく　②さいばい　③にゅうわ　④かか

120 ①お　②もっぱ　③あいしゅう

121 ①しゅういつ　②たくわ

122 ①げし　②すこ　③そむ　④せんせい

123 ①しょうげき　②けいこく　③できあい　④す

124 ①むか　②めいう　③かか　④ぎし

125 ①けいしょう　②みが　③いらい　④ねば　⑤せいとん

126 するど

127 ①きわ　②しゅし

128 ①く　②ゆる　③だんしょう　④しゃそう

129 ①げんせん　②ゆだ　③たの　④えんじゅく

130 ①とくちょう　②わ　③たんじゅん　④た

131 ①ひび　②も

132 ①くや　②じょうきょう

133 ①しゅうしゅう　②むじゅん　③のぞ　④いちじ

134 ①つの　②さいそく

135 ①かつやく　②じゅくれん　③かんまん　④おこた

136 ①ぶたい　②ふ

137 ①しんらい　②れんめん　③あきら

138 ①こうりょ　②たよう　③ゆだ

139 ①さいばい　②ぬ　③せんさい　④うらや

140 ①かんきゅう　②ほんろう　③い　④す

141 ①はんも　②おど

142 ①してき　②ただ

143 ①たくわ　②せんざい

144 ①ほこ　②しだい　③きんゆう

145 ①お　②おお

146 ①はなは　②せんさく

147 ①ふる　②あやま　③ふよ

148 ①けいてき　②ふく　③ちんれつ

149 しゅりょう

150 ①すそ　②きんき　③はくだつ

151 ①さと　②けんちょ　③ひめん

152 ①とどの　②ぎょうし　③りこう

153 ①はず　②とうすい　③ほてん

漢字の書き取り

1 ①短針 ②縮尺 ③貸 ④勇 ⑤庭 ⑥密接

2 ①鉄則 ②汽笛 ③根幹 ④率 ⑤委

3 ①練 ②功績

4 ①寒 ②劇 ③議案 ④植樹

5 ①尊敬 ②浴

6 ①舌 ②届 ③簡潔 ④尊敬 ⑤服装

7 ①刻 ②照 ③順序 ④配置

8 ①焼 ②夢 ③遠

9 ①泳 ②飼育 ③届 ④警備 ⑤複雑

10 ①耕 ②栄 ③短縮 ④貿易

11 ①根幹 ②秘

12 ①編 ②退 ③沿革 ④支障 ⑤起死回生

13 ①綿密 ②拡張 ③鉄棒 ④閉 ⑤届

14 ①暮 ②果 ③厚 ④往復 ⑤推進 ⑥衛星

15 ①預 ②提供 ③謝辞

16 ①功績 ②練 ③警笛 ④耕

17 ①縦隊 ②破竹 ③歴訪 ④織

18 ①停車 ②制約 ③責務 ④導 ⑤縮

19 ①寄港 ②撮 ③口 ④降 ⑤一刻

20 ①洗 ②砂糖 ③運賃 ④登頂 ⑤費

21 ①窓 ②似 ③安住

22 ①協議 ②浴

23 ①浴 ②省 ③準備 ④貯蔵

24 ①冷 ②展覧 ③航海 ④省 ⑤難色

25 拡

26 ①顔 ②源 ③血管 ④専門 ⑤備 ⑥往来 ⑦墓 ⑧組閣 ⑨照射

27 ①痛 ②筋肉

28 ①苦労 ②鏡 ③営 ④救急

29 ①貸 ②成績

30 ①営 ②操 ③納得 ④精算

31 ①深 ②困難

32 ①深 ②予測 ③好

33 ①届 ②綿密 ③倉庫

34 ①預 ②射 ③推測 ④候補

35 ①病 ②補助 ③位置 ④難

36 ①提唱 ②徒労 ③盛 ④支

37 ①臨席 ②逆

38 ①望 ②群

39 ①貴重 ②預 ③定義

40 ①群 ②往復

41 ①招　②投票　③功績
42 ①余計　②包　③簡単
43 ①似　②批評　③混雑
44 ①急激　②招
45 ①交　②委曲　③祖述　④有終　⑤一知半解
46 ①保留　②協賛　③敬服　④商　⑤一家言
47 ①奮　②進取　③起草　④談論風発
48 ①蚕　②助長　③耳目　④骨法　⑤破顔一笑
49 ①燃焼　②批評　③危機一髪　④善後策
50 ①温厚　②肥　③簡易　④密閉　⑤固辞
51 ①複雑　②推進　③飛　④棒　⑤白
52 ①祝福　②喜劇　③専属　④苦笑　⑤浴
53 ①委　②見聞
54 ①洗　②針　③念頭　④包装

55 ①暮　②辞典
56 ①源　②委　③保存　④臨機　⑤運賃
57 ①預　②助　③沿岸　④減量
58 ①打　②薬局　③放牧　④専門　⑤奮
59 ①営　②訪　③綿密　④尊重
60 ①権益　②射
61 ①率　②険　③模型　④設備　⑤油断大敵
62 ①拾　②郷里　③勤務　④仲裁　⑤勢
63 ①調　②芽　③唱　④水泳　⑤功績　⑥円熟
64 ①幼　②砂糖　③録音
65 ①反映　②経
66 ①財産　②奮　③批評　④一丸
67 ①財産　②倍率　③批評　④射　⑤絶
68 ①異動　②解　③深

69 ①和　②汽笛　③復興　④混乱　⑤沿
70 ①育　②精密
71 ①拝　②講演
72 ①敬　②導　③往復　④看板
73 ①焼　②収納　③郵便　④染　⑤宇宙
74 低
75 ①節　②散　③利益　④確率　⑤勢　⑥燃　⑦寒暖　⑧故障　⑨額　⑩敬　⑪輪唱
76 ①肺　②窓
77 ①倉庫　②額　③耕　④売買
78 ①刻　②至急
79 ①垂　②率　③臨海　④衛星
80 ①姿　②批評
81 ①批評　②寄
82 ①育　②温厚　③包装

83 ①額　②勇　③勤勉　④演奏

84 ①固有　②比重　③試　④養育

85 ①演奏　②郵便　③照　④栄

86 ①列挙　②退

87 ①危険　②捨

88 ①支給　②裏　③専門

89 ①机　②勇

90 ①派　②拝　③厳格

91 交信

92 ①尊敬　②供　③植樹

93 ①破竹　②警句　③精査　④盟友　⑤仮借

94 ①畜産　②提唱　③君臨　④負　⑤責務

95 ①外　②指南　③英断　④起死回生

96 ①室　②元利　③徒党　④負荷　⑤陛下

97 ①危害　②梅林　③居住　④精製

98 ①郷里　②授　③誤差　④頭角　⑤器量

99 ①伝聞　②暗　③批判

100 ①設置　②運賃　③盛　④勢　⑤価値

101 ①署名　②博覧　③痛快　④燃　⑤勤

102 ①蒸　②専門

103 ①構　②耕　③納税　④警笛

104 ①築　②効果

105 ①管　②勇　③寸劇　④砂糖　⑤逆境

106 ①吸　②招　③運輸　④戦績

107 ①退　②破　③激

108 ①浴　②設　③吸収　④発揮　⑤簡潔

109 ①編　②養　③郵便　④寒暖

110 ①簡潔　②専

111 ①縮　②訳　③至難　④宇宙　⑤三寒四温

112 ①著　②善戦　③財源　④洋館　⑤浴

113 ①晴　②過程　③散策　④寒波　⑤補

114 ①暮　②勤勉　③加盟

115 ①吸収　②秘密

116 ①車窓　②染　③忠告　④参拝

117 ①接戦　②採光　③規模　④株　⑤退

118 ①複雑　②損　③納得　④訪問　⑤開会　⑥養

119 ①判断　②敬　③資源　④省　⑤地域

120 寸法

121 ①清潔　②快

122 ①設　②短　③階段　④推測

123 ①臨　②清潔　③永久　④射　⑤浴

124 ①浴　②認　③届　④追加　⑤約束　⑥賛否　⑦厳　⑧看病　⑨盛　⑩保護　⑪宇宙

125 ①予兆　②欠

126 ①泳　②群　③肥料　④散策

127 ①預　②熟練

128 ①降水　②貿易　③展覧　④務

129 ①戦略　②得

130 ①角　②冷　③乱雑

131 ①専門　②練　③往復　④快晴

132 ①加　②修復　③災難　④呼

133 ①導　②評価　③背景　④働

134 ①共鳴　②厳格　③営　④寄

135 ①救急車　②積

136 ①備　②周辺

137 ①複雑　②供給

138 ①包　②傷　③暮

139 ①熱心　②縮

140 ①快　②委　③看護

141 ①忘　②保存　③従

142 ①寒暖　②険　③奮起

143 妨

144 ①苦虫　②銀幕　③劇薬　④署名　⑤一俵

145 ①冷血漢　②公算　③候補　④俵　⑤晴耕雨読　⑥品評

146 ①除　②根幹　③痛快　④奮起　⑤衆目

147 ①定義　②奏　③弁護

漢字知識

1 イ

2 エ

3 イ

4 ウ

5 エ

6 5(角め)

7 ア

8 1

9 ア・ウ

10 エ

11 エ

12 イ

13 3

14 Ⅰ 阝 Ⅱ 12

15 杉

16 ア

17 ウ

18 エ

19 12（画）

20 ア

21 イ

22 C

23 ウ

24 エ

25 いとへん

26 (1) 忄 (2) オ

---

27 ③・にゅうわ

28 2

29 Ⓒ

30 イ

31 収

32 2

33 4

34 17（画）

第二章　現代文

読解問題

1

解答　問二、アとエ　問三、もともとオ　問四、踏まれることを利用して、分布を広げている。問五、イ　問六、環境の変化によって滅びないように分布を広げるためと、必要以上に一緒にいることで弊害が大きくならないように親植物から離すため。(62字)

解き方　**稲垣栄洋「雑草はなぜそこに生えているのか」**より。問二、アとエが形容詞。イは副詞、ウは連体詞、オは動詞である。問三、1の段落で「オオバコの種子が持つ粘着物質」について述べているが、その部分の「もともと……ためのものである」という表現を言い換えたのが設問文にある「本来の機能」という言葉であることに気づけば容易。問四、4の段落の冒頭で「このように人に踏まれて増えていく」と言い換えているが、「踏まれること」が「逆境」で、それを利用して「増えていくこと」が「プラス」に「変えている」にあたる。「増えていく」ということを1～3の段落中の言葉でいえば、「分布を広げていく」。問五、7の段落で「植物は……常に新たな場所を求め続けなければならないのだ」と述べ、それについて、「常に挑戦し続けなければいけないということ」「雑草だって……道ばたで泥臭く挑戦している」と「言い換え」たり、「旅」と「部屋の中」の例を挙げたりして説明している。問六、7の段落末尾にある「それが……種子散布をする理由である。」の「それ」が指していることが理由の一つ。「環境は常に変化をする」中で、「分布を広げようとした植物だけが、生き残ってきた」「…怠った植物は、おそらくは滅び」などの内容でまとめる。もう一つの理由は10の段落に「さらに……理由は、他にもある。それは、親植物からできるだけ離れるため」とあるのに着目し、そうしなければならない理由である「親植物と子どもの種子とが必要以上に一緒にいることは、むしろ弊害の方が大きい」ということを入れてまとめること。

2

解答　2、ア　3、太陽の光と水と土を奪い合う激しい競争。(19字)　4、雑草は撹乱に強い傾向があるとされ、競争やストレスに強い植物が有利にならないような、撹乱の起こる場所に生え、その撹乱を乗り越えられるから。(68字)　5、Ⅰ読み手のもつ感覚　Ⅱ読み手の興味・関心をひく　Ⅲ想定される反論とそれに対する筆者の反論

解き方　**稲垣栄洋「雑草はなぜそこに生えているのか」**より。2、空欄の前で述べられた「ストレス」について、空欄のあとで植物の例が示されている。3、傍線部の直前の一文に着目し、「この競争」が指し示す「激しい争い」を具体的にまとめる。4、「三つ目のRタイプは…」で始まる段落の内容に着目し、「Rタイプ」の特徴を、「Rタイプの要素が特に強い」雑草が成功できる理由としてまとめる。5、Ⅰ・Ⅱⓐ点線部直後に、「意外な感じに思えるかも知れない」とあることに着目し、読み手に対する工夫とその効果を読み取る。Ⅲⓑ点線部の前半は、想定される読み手の反論となっている。それに対して、後半で筆者がさらに反論していることを捉える。

3

解答　2、ウ　3、イ　4、(1)数え切れないほど存在したはずの別の表現の可能性。(24字)　(2)詩歌や文学　5、オ　6、送り手には言語化しきれなかった思考や感情があるので、受け手はその「間」を読み取り自分の内部に再現しようと努力すること。(59字)

解き方　**永田和宏「知の体力」**より。2、太線部の「ない」は「できる」を打ち消す助動詞の「ない」で、ウ「浮かぶ」を打ち消す「ない」と同じ。ア「切ない」の「ない」は形容詞の一部。オも形容詞「少ない」の一部。イ・エは形容詞「ない」。3、同じ段落内の「感覚としてアナログを捉えることはできても、それを表現することはできない」「アナログ世界は表現不可能性のなかでのみ成立」などに着目。ア「アナログ世界を適切に解釈した」、ウ「アナログ世界の多様な特性」、エ「アナログ世界に対して私たちが抱く疑問点」、オ「類似するものを用いた表現」などについて、充分に読み取ることができない。4、(1)「言葉による表現」については第三段落に述べられている。そのなかで、「見切りをつけた」ものは何だとされているかがポイントになる。「見切りをつける」は、可能性を捨てる、ことである。(2)「適切に表現」を見つけるのはどのような場面で必要になるかを、第三段落から探す。5、第五段落の末尾「ヒトだけが、例外的にコミュニケーションにデジタルを用いることが多い」に着目すると、オが適切であると分かる。6、5をふまえると、第六・七段落に、言語を媒介として伝えること、すなわち言語によるコミュニケーションについて述べられていることが分かる。そこから、「送り手」「受け手」の立場に注意してまとめる。

4

解答　問二、ウ　問三、ア　問四、外界の無限の多様性を有限の言語によって切り分けるという作業を通して、対象の一部のみを表現するという性質(52字)　問五、イ　問六、言語化できないはずの感情や思想を、言語に無理やりデジタル化して相手に伝える(37字)　問七、(1)デジタ～る努力　(2)エ　(3)思いやり

解き方　**永田和宏「知の体力」**より。問二、伝え(下一段動詞「伝える」の未然形)／られ(受け身の助動詞「らる」の連用形)／た(過去の助動詞)　問三、囲まれた部分にある「区切りに関係なく」や「境目はなく」という表現から、持続性・継続性のある語句を選ぶ。問四、傍線部の直前段落一文めにある「言葉で何かを言い表わす、そのことがすなわちデジタル化そのものなのである」に着目する。「～である」は筆者の主張なので、次文「言葉で表わすとは、…」の部分を要約し、傍線部の前にある「属性の一部ではあっても、その樹の全体性には少しも届いていない」を簡潔に言い換える。問五、空欄Bのあとに「言語表現である」とあるので、Bはデジタル(問四参照)。空欄Cのあとに「ヒトだけが、例外的にコミュニケーションにデジタルを用いる」とあるので、Cは対義語のアナログになる。

問六、指示語「それ」は直前を指すので、傍線部の前の「言語化できないはずの……相手に伝えること」を指定字数内にまとめる。問七、(1)空欄前の「コミュニケーションを成立させるため」と同様の表現を本文中から探す。(2)アは第七段落の内容に合致。イは最終段落の内容に合致。ウも最終段落の内容に合致。エは本文のどこにも書いていない。(3)最終段落の「真のコミュニケーションとは……ものなのである」に着目する。「〜である」は筆者の主張なので、この部分から探せばよい。「別名」がキーワード。

5

解答　(ア)1　(イ)4　(ウ)3　(エ)2　(オ)3　(カ)4

解き方　**原田マハ「たゆたえども沈まず」**より。(ア)2重吉は、「ほんとうの夢」を自分も「早くみつけなければならない」などとは思っていない。3フィンセントはアルルへは行くことができたので誤り。4重吉は、フィンセントの「日本への思い」に共感しているわけではない。(イ)傍線部の「薄暮のような微笑」という表現に着目。「薄暮」とは、薄明かりの残る夕暮れである。明るい陽光に満ちた昼間ではなく、闇夜でもない、たそがれの時間である。それを踏まえれば、1の「開き直った微笑」や、2の「安心に満ちた微笑」、3の「自信をみなぎらせた微笑」という、明るく強い微笑はいずれもあてはまらない。忠正の複雑な内面を映し出した、暗さと明るさをあわせ持つ微笑だからである。(ウ)2・4は明らかに違う。1は、フィンセントは「打ちのめされた」だけで、警官に「怒り」を感じてはいないので誤り。(エ)1「諦めずパリに残っていてほしい」が誤り。3「嵐の中を勇敢に突き進む『舟』のように」という箇所が違う。忠正の言う「舟」とは、「たゆたいはしても、決して流されることなく、沈むこともない」舟である。4「諦めずセーヌを描いてほしい」と思っていないので誤り。(オ)1「自分もくやしい思いをしたことがよみがえり」は誤り。2「自分の未熟さに嫌気がさして」泣きそうなのではない。4「何もできない自分の無力さに失望している」というのも誤り。重吉の「目頭」が「熱く」なっているのは、忠正の話を聞いて、深く感動しているからである。(カ)1重吉が「画商としての自覚に欠ける」とは書かれていない。2「パリへ徐々に失望していく過程」とあるが、重吉はパリに失望しているわけではない。3「隅田川」と「セーヌ」とを重ね合わせたのは、かつて日本橋にいたときの重吉である。

6

解答　1、イ　2、Ⅰエ　Ⅲウ　3、美術学校で学ぶ生徒と自分とはあまりにも違うことを痛感し、意気消沈しているから。(39字)　4、舌　5、すっかり暮　6、コレハ、ナンデスカ？　7、〇耳で聞くこと。〇頭で理解しようとしないこと。　8、自分は芸術家になれるのかと不安になっていたが、リーチの言葉で将来に希望をもつようになった。

解き方　**原田マハ「リーチ先生」**より。1、「じっとり」は、「にじみ出る」に係る修飾語で「活用しない」ので、副詞。アは形容動詞「高度だ」の連用形、イは副詞。ウは名詞、エは形容詞。2、Ⅰ空欄前後に着目。この教室にいる生徒たちは自分と違って、「難関の美術学校の試験に合格して」、そこで、「難しい本を読み」「教授の[Ⅰ]話を理解し」「高度な技術を身につけて」いるのである。この三つは「自分とは違う」ことの具体例として並列になっているから、レベルが高い、というような意味の語を入れればよい。Ⅲここでのリーチの様子は□の直後の「鳶色の瞳にこの上なくやさしい色を浮かべて、リーチは亀乃介をみつめていた。」や、四文後の「亀乃介の謙遜を、リーチはやわらかく否定した。」から分かるように、大変穏やかな様子であると考えられる。3、この日の主な出来事である美術学校への訪問シーンが描かれているのは、初めから「芸術家になりたい。…」で始まる段落の前までの部分。そこで、美術学校に通う生徒たちは「あまりにも、違うのだ。――自分とは。」と感じ、「かえって意気消沈してしまった」とある。通訳疲れ以外で疲れた理由とは、この部分であるから、この内容を指定された字数や条件に従ってまとめればよい。4、「舌を巻く」で「感心し、驚く様子」の意味。5、「やせ細った月」の部分に擬人法が使われている。6、「リーチは、頭上いっぱい…」で始まる場面で、リーチと亀乃介のやりとりに着目。亀乃介が「もし、これから、日本語で何というのか知りたかったら、こう訊いて下さい。『これは、なんですか？』」と言ったのを受けて、リーチが「コレハ、ナンデスカ？」と問うているのである。この部分だけが、カタカナで表記されていることもヒントになる。7、□の部分の冒頭の亀乃介とリーチのやりとりに着目。「どうしてそんなに覚えるのが早いのですか」という亀乃介の問いかけに対して、「君と一緒です。耳で聞くこと。頭で理解しようとしないこと。……誰かと会話を成立させたいと、強く願うこと」とある。「誰かと会話を成立させたいと、強く願うこと」は傍線部③と一致する部分であるから、残りの二つが答えとなる。8、この日の美術学校訪問を経て意気消沈した亀乃介は本当に自分が芸術家になれるのかと不安に感じていた。しかし、傍線部の直前にある「だから君にも、芸術家になれる素質が十分にある。そして、君にも、きっといつか海を渡る日がくる」というリーチの言葉を聞いたことで、希望を見出したと考えられる。

7

解答　(一)ア　(二)1イ　2ウ　3ア　(三)エ　(四)イ　(五)ア・オ　(六)ウ・カ

解き方　**宮下奈都「よろこびの歌」**より。(一)千夏に「うん。二ページ目の後半あたりから、……ばらついてるのが気になる。千夏も？」と玲が合唱について悩んでいる内容を答えたのは、アのように「千夏も歌に足りない何かに気づいているのではないかと感じた」から。イは「歌の仕上がり具合が気になっているのが分かったただけ。ひかりが何かに迷っていて玲に問いかけた千夏」が誤り。ひかりが千夏は玲が何かに迷っているのが分かっただけ。ひかりがウの「…続けざまに問いかけた」のは、玲が「思い切って口を開いた」あとのことなので、「重い口を開かせようと」も不適。ひかりが何か隠しているわけではないので、エの「ひかりの本心を聞き出す」も不適。(二)〈1〉「あのとき」は「マラソン大会のゴール前で」「よろこびの歌」を聞いたときで、イの「あれ」は「マラソン大会のゴール前で」聞いた「よろこびの歌」を指している。〈2〉直前の「物足りない」の内容がウの「もっと歌えるはずだ」。〈3〉「考えればよくなるのか、話してよくなるのか、わからない」いまま、「ぼんやりと生徒玄関に向かう」ときの心中が、ア。(三)傍線部の直後の二文に理由が書かれている。「…自然に発生した歌声がすべて……自発的に生まれる合唱を尊重したいから、指揮者が指導しすぎないよう…」とあることから考える。(四)イの「主人公の内面の描写」には[1]・[3]・[6]段落が、「クラスメイトとの会話が織り込まれ」には[2]・[4]・[5]段落がそれぞれ当てはまる。アは「歌のイメージをひとつにまとめ上げていく過程」が、ウは「合唱曲を完成させるという音楽性の高いテーマ」が、エは「クラスメイトそれぞれの視点から」が、それぞれ本文と合わない。(五)それぞれの発言の中から本文と合わないものを探し、除外してゆくと選びやすい。イは「周囲を見下しながら高校生活を送っている玲の姿」が、ウは「玲の発言に対するいらだちを上手に隠して」が、エは「レギュラーをねらっていこうという早希の強い気持ち」が、それぞれ本文と合わないか、書かれていないこと。(六)ウは、ひかりの「どうすれば近づけるの？」([4]段落)、「で？どんな歌にしたいの？」([4]段落)という言葉から、「私が指揮者で、つまり私がビジョンを明確にしなくてはいけないリーダーなのだった」([2]段落)と思ったことと合う。カの「不本意なまま高校生活を送っていた……前を向いて歩んでいこうと思った」は[6]段落全体と合致。

8

解答　問1、イ　問3、エ　問4、ウ　問5、A近づく　B求めて　問6、記憶にある限り、僕の人生でいちばんだめだった日(23字)　問7、エ

解き方　**宮下奈都「羊と鋼の森」**より。問1、「唇を噛む」とは、「悔しさをこらえる」という意味。問3、空欄Ⅰのあとの「クラクションを何度も鳴らされながら帰った」に着目。つまり、車の運転速度が遅かったので、後続車にクラクションを鳴らされたのである。問4、前のほうで、僕(外村)は、調律に失敗したことについて、「僕の技術は未熟などという域にさえ達していない」と感じていたことを、まず捉える。自分の求める音をつくることができる板鳥さんにどうしたら調律がうまくなるかを聞いたうえで、その求める音に「あれから少しも近づいてはいない。もしかしたら、これからもずっと近づくことはできないのかもしれない。」(傍線部直前)と思い、初めて怖くなったということを読み取る。問5、問4でみた、初めて怖くなったことを、「鬱蒼とした森へ足を踏み入れてしまった怖さ」と表現していることを捉えよう。傍線部の「森は深い」は、その理想の音に近づくことが困難であることの象徴である。「それでも引き返すつもりはない」は、それでも理想の音を求め続けることを意味している。問6、僕が板鳥さんからハンマーをもらったときに感じたことを読み取る。「こんな日に」が傍線部と同じ内容を指し示しており、そのあとに続く「記憶にある限り、僕の人生でいちばんだめだった日」が、さらに具体的に言い換えた表現であることを捉える。問7、文章に「神話」は用いられているが、それによって登場人物の人柄の違いを表していないのでアは不適。イは、この文章は「三人称」で描かれていないので不適。登場人物の会話は多く使われているが、それによって「読者の共感を得やすい」とはいえないのでウは不適。理想の音を求めて調律の道を極めることを「森」に足を踏み入れるという比喩を用いて表しているので、エが正解。

9

解答　問二、ウ　問三、段取り　問四、マニュアル作りは、工程を段取りとして主体的に見ることになり、大事なところを見過ごさずに、自分の技にできるから。(55字)　問五、ア　問六、エ

解き方　**齋藤孝「まねる力　模倣こそが創造である」**より。問二、空欄の前の[1]にある「型をまねすることを強制するということは、主体性を奪うようなやり方にも思われます」という内容とは逆の内容として、空欄のあとで「本当にそう言えるでしょうか」と述べていることから考える。問三、傍線部直後の[7]に着目する。「見過ごしてしまっている工程は、段取りとして認識できていません」とある。問四、[12]以降で「段取りを財産として形に残すためのもの」としてのマニュアルについて述べられていることを押さえる。「マニュアルを自分の技にするには主体性が必要」であることを解答の中心として書き、そのことによって「大事なところを見過ご」([16])さずにすむということを書けばよい。問五、[1][2](問題提起)、[3]～[7](授業の事例)、[8]～[11](仕事＝「段取り」)、[12]～[18](「段取り」を「マニュアル」化することについて)という構成になっている。問六、[23]の最後の一文に「…意欲を持っている人が、どんな分野でも上達していくのだと思います」とまとめられている。

10

解答　問2、イ　問3、意味や感情をやりとりする行為　問4、ウ　問5、(1)山のしづく　(2)エ　問6、ア　問7、感情を理解

解き方　**齋藤孝「コミュニケーション力」**より。問2、二重傍線部は打ち消しの助動詞「ない」。アは形容詞「あっけない」の一部、イは助動詞、ウは形式形容詞、エは形容詞。問3、傍線部直後の「それは、端的に言って」のあとに述べられている。問4、傍線部の「情報のやりとり」の具体的内容は、直前の「一つには」で始まる一文に述べられている。「細やかな状況説明をし、前提となる事柄について共通認識をたくさんつくっておく」ことに該当する選択肢を選ぶ。問5、(1)【資料1】の表より、Aの歌とBの歌に共通する五字を抜き出せばよいということを読み取る。(2)Aの歌に関しては、相手をずっと待ち続けていて、山の水に濡れて冷たくなってしまったという歌意と【資料1】の「象徴」にある「孤独」より、「会えなくて寂しい」という感情がふさわしいと分かる。Bの歌に関しては、あなたが濡れた「山の水のしたたりに、私もなりたい」という歌意と【資料1】の「象徴」の「包むように」「しっとり」より、「側にいたかった」がふさわしいと分かる。問6、「コミュニケーションの日本的な形態として」とあることに着目する。和歌が一つの具体例として挙げられているのである。問7、筆者は、コミュニケーションでやりとりするのは、「主に意味と感情」であるとし、とくに肝心なのが「感情をお互いに理解すること」であると主張していることから考える。

11

解答　1、土を掘り返す動作とぬか床をかき混ぜる動作　2、子どもは、適切なことばの使い方を知らないので、大人の目から見て比喩と言ってもよいような言い方をするが、大人のことばの熟練者は、ことばの意味を熟知した上で新しい表現を使うところ。3、エ　4、(例)私はテニスの新人戦で優勝するために練習を積み重ねた。5、(例)私は小説や詩などを読んで面白いと思ったり、優れていると思った表現を抜き出し、その意味や使い方を辞書やインターネットを使って調べます。
それによって、多様な言葉の使い方や比喩などの表現技法を知り、言葉に対する感性を磨くことができると思うからです。

解き方　**今井むつみ「ことばの発達の謎を解く」**より。1、【本の一部】の「この二つの表現を…」で始まる段落に、(　a　)のあとの「似ている」の語がある。だから、その前の部分を抜き出せばよい。2、子どもと大人の「本質的に異なるところ」は傍線部に続けて、子どもはAの「適切なことばを知らないので新しい使い方を考え出す」、Bの「大人のことばの熟練者は……あえて普通には言わない表現をします」と書かれている。設問には「【あさひさんのノート】のメモ欄に書いてある言葉を使って」とあるので、

メモ欄から「大人の目から見て比喩と言ってもよいような言い方をする」を抜き出し、Aの「新しい使い方を考え出す」と入れかえて、Bにつなげればよい。3、傍線部は直前にある「一つ一つのことばの意味を熟知した上で新しい表現を紡ぎだす。それが熟達した表現者でしょう」の具体例になっていることに着目。ア「詩的な表現にならない」が誤り。詩的な表現になっている。イはすべて誤り。この文章は子どもの動作を表したものではない。ウ「子どものような創造性のある表現……熟練者が、自分では意識せずに用いながら」が誤り。熟練者は意識して用いている。4、指示に従って「主語」「何のために」「何を」を入れること。5、【あさひさんのノート】には、同じ言葉に意味や用法の違いがあることをまとめているので、同じようなことが探求できる例を書く。

12

解答　問一、知識のフィルター　問二、イ　問三、エ　問四、エ　問五、提示された名前によって、その典型的なイメージが、参加者それぞれの記憶に影響した(39字)　問六、ア　問七、ウ

解き方　**今井むつみ「学びとは何か――〈探究人〉になるために」**より。問一、「覚えるべき内容に意味づけをする」という「スキーマ」の役割をまず読み取る。その言い換えが、「様々な知識を使って解釈」することであり、「知識のフィルターを通して解釈」されることなのである。言い換えた部分より、条件に合う部分を抜き出す。問二、抜けている一文は、「注意」の向け方について述べられていることを捉える。[2]段落にある「人は注意を向けて選択した情報だけを記憶する」ことの具体例であることが分かる。問三、空欄の直後に「記憶があやふやだという感覚もなく、『あった』と『思いこんでしまう』」とあるのに着目する。つまり、実際には「あるはずのもの」でしかないものを「あったもの」と「思いこんで」報告してしまうのである。問四、[7]段落が、[5]・[6]段落を受けた内容であることを捉えれば、正解選択肢の候補がア・エに絞られる。[7]段落は、「改めて問題点を整理し直している」段落ではないのでアは不適。問五、[8]・[9]段落の内容に着目する。「Cにも三日月にも見える図形に対して、ある一つのグループは『C』という名前といっしょに……もう一つのグループは『三日月』という名前が提示された」という条件の違いを読み取り、「記憶の貯蔵庫に入れられる絵は、実際に見た絵そのものではなく、名前の指すものの典型的なイメージが紛れ込んだものになったことを捉えてまとめる。問六、空欄のあとで「同じ図形に対して違う名前が付けられている」例が挙げられている。問七、筆者は、「スキーマ」というキーワードの説明をしたあと、スキーマが記憶にもたらす影響について、複数の事例を挙げながら述べている。

13

解答　①C　②ウ　③途中で水泳をやめてしまって、父のような泳ぎができなかった自分に対する情けなさ(38字)　④X無理に水泳をさせた反省から口出しをやめた(20字)　Y父と距離を置くようになった(13字)　⑤イ

解き方　**小嶋陽太郎「ぼくのとなりにきみ」**より。①「だから」は接続詞。その他は副詞。②傍線部の前に母が、「お父さんのこと、嫌い？」と問いかけたり「真琴のこと、素直に応援できない気持ち」に同情したりと、二人の話題を出していることに着目する。正太郎は、それをきっかけに、母が二人のことについて話したかったから自分を連れてきたのだと気づいたのである。③傍線部の二文後に「僕だって……のだろうか。」とあり、水泳をやめてしまい、父のような泳ぎをすることができない自分を見つめている。また、傍線部ⓒのあとに「途中であきらめた自分が情けなくて」とあることに着目。④傍線部の前後に着目。前の母の発言で、父が「無理矢理水泳をやらせて、つらい思いをさせたんじゃないか」という思いから、「口を出すのはやめよう」と決めたことが読み取れる。正太郎はその母の言葉を聞いて、それは自分も分かっていたと確認したのである。そして「僕のほうが、父と距離を置くようになったのだ」と自分のなかで認めている。⑤イの「帰りの車内の場面からは正太郎の回想となっていて」というのは誤り。

14

解答　1、ア　2、エ　3、Ⅰ胸の痛み　Ⅱ自分自身とも向き合いたい(12字)　4、父は、自分が無理矢理水泳をさせたことで苦しんでいる僕の気持ちを理解し、好きなことをしてほしいと思っているということ。(58字)　5、イ

解き方　**小嶋陽太郎「ぼくのとなりにきみ」**より。1、「言葉に詰まる」とは、いい表現が見つからず、話し続けることができないという意味。「正太郎」は「母」から「お父さんのこと、嫌い？」と面と向かって聞かれて返答できなかったのである。2、傍線部の直前で「正太郎」が「ごめんなさい」と言っている点に着目する。「正太郎」は自分が妹の真琴のメダルを勝手に持ち出したことを母も真琴も知りながら決して責めない点を申し訳なく思っているのである。アは「家族に同情されてしまう」が、イは「僕の質問に一度も答えなかった母の気持ち」が、ウは「父から軽蔑されてしまう」がそれぞれ不適。3、Ⅰは傍線部の二段落あとに「胸の痛みなしで」という言葉がある。ⅡもⅠと同じ段落の内容に着目する。「正太郎」は「真琴のクロール」を見ながら「僕」自身の気持ちを見つめ直していることが分かる。4、傍線部の直前の内容をまとめる。「正太郎」自身も「母」が言う「父」の気持ちを知っていたということだ。すなわち、「父」が「自分が無理矢理水泳をやらせて、つらい思いをさせた」ために「口を出すのはやめようって、正太郎が水泳やめたときに決めた」のを知っていたということである。5、本文の末尾の「できるよ。」という母の言葉と「母は、僕の心が読めるみたいだ。」に着目する。それは「母」が「僕」の気持ちに寄り添いながら、「僕」を後押ししているということだ。アは「しつけに厳しい一面」が、ウは「本音を引き出す聞き上手」が、エは「何でも好きなようにすることを許してくれる」が誤りである。

15

解答　㈡3　㈢4　㈣もうみんなと一緒に走れないと思っていたのに、一緒に走って欲しいと言われたことが信じられない気持ち。(49字)　㈤2

解き方　**蓮見恭子「襷を、君に。」**より。㈡直前の「皆で走る事の意味をもう一度考えました」と、直後の「……勝って、私の気持ちを見せるつもりでした。」を手がかりに判断する。㈢1「嘘だと見抜いた」、2「見下した口調にあきれた」、3「河合の表情にがっかりした」は、それぞれ読み取ることができない。㈣傍線部直後の「……私を仲間に入れてくれるんですか？」に込められた「瑞希」の気持ちを読み取る。㈤「……」が多用されていることに着目。これについて述べているのは2である。1・3は全体に誤り。4を読み取ることはできない。

16

解答

㈡ウ　㈢後藤田コーチが自分の方を向いたことで、自分の名前が呼ばれることを期待したが、呼ばれたのは二年生の先輩の名前だったから。(59字)　㈣エ　㈤「まだ次がある。来年がある」と考えている自分と「今年で最後」と執念を燃やす河合さんとで、大会にかける思いの強さに差があること。(63字)

解き方

蓮見恭子「襷を、君に。」より。㈠走っ(動詞)／て(助詞)／くる(動詞)／人(名詞)／が(助詞)／い(動詞)／た(助動詞)、となる。㈢まず「目の前が真っ暗になった」のは、大きなショックを受けたということを理解する。傍線部分の前に「後藤田コーチは……こちらを向いたから胸が高鳴る。」とあり、これが、自分が最後の一人に選ばれると思ってドキドキしたことを意味する。にもかかわらず「呼ばれたのは二年生の先輩の名前だった。」のでショックを受けたのである。㈣「感極まった」とは、非常に感動する、強く感動して冷静さを失うという意味。㈤設問が、「分かったこと」「二年生である歩の思い」「三年生である河合さんの思い」の三つを確認させている点に注意。傍線部分(4)のあとの「自分と河合さんとの差が分かった気がした。」「大会にかける思いの強さだ。」「何処かで『まだ次がある。来年がある』と考えている自分」「『今年で最後』と執念を燃やす最上級生」といった文言を踏まえて両者の対比をはっきりさせながら解答を作成する。

17

解答

(1)1　(2)A今ほど一般的ではなかった　B教えを乞う　(3)手軽に検索できるから頭の中に知識を入れる意味(22字)　(4)2　(5)4　(6)本を読むことで知識が頭の中に入ると、知識どうしが結びついて、ふと新しい発想が生まれることがある(47字)

解き方

森博嗣「読書の価値」より。(1)1の「なく」は形容詞「少ない」の連用形活用語尾。2・3・4は形容詞の「ない」。(2)A第四段落に「だから、『歩く辞書』的な人が重宝された。」とあるのに着目。「だから」の前を見ると、「昔は、辞書というものが今ほど一般的ではなかっただろう。編纂することも難しいし、印刷して安く配布する技術もなかった。」とあるので、字数の指定に従って抜き出す語句を決める。B辞書が「今ほど一般的ではなかった」時代に「『なんでも知っている人』のもとを人々が訪ねた」のは、知らないことを教えてほしかったからである。(3)知識をストックする人は、何がいらないと考えているのかをまとめればよい。すると、第六段落の「苦労して覚えなくても、ただ辞書を買って持っていれば良いではないか」や、第十一段落の「いつでも検索できるのだからと頭の中に入れずにいる人」がそれにあたるので、これらの内容を一般化してまとめればよい。(4)『なんとなく……』と思い」つき、「思いついたとわかるのに、何を思いついたのか、なかなか引き出せない」のは、それが伝えられる形になっていないからである。選択肢の中で伝えられる形を表すのは何か。(5)1ネットに依存する現代人が多くなった結果価値が下がったとされるのは、知識を豊富に持つことである。2好奇心旺盛だからといって「必ず」アイデアが生まれるとは限らない。3視覚や嗅覚が、発想が生まれる際に「常に伴う」とは限らない。4最終段落で述べられている内容と一致する。(6)第一段落に「本を読むことで、いろいろなものが頭の中にインプットされる。」とあるので、読書をすることで、頭の中にある知識を増やすことができると筆者は考えていることが分かる。また、第九段落に「現在か過去にインプットしたものが、頭の中にあって、そこから、どれかとどれかが結びついて、ふと新しいものが生まれるのである。」とあるから、新しい発想のためには、頭の中にある知識が結びつくことが必要だと筆者が考えていることが分かる。

18

解答

㈠エ　㈡ウ　㈢面白いアイ　㈣頭の中に知識が何もない状態(13字)　㈤思いついたアイデアは、言葉として表すことができるから。(27字)　㈥ウ・エ

解き方

森博嗣「読書の価値」より。㈠「おそらく」は、多くの場合、下に推量の表現を伴う。㈡傍線部の直前に「であれば、苦労して覚えなくても、」とある点に着目。「であれば」は、その直前の「今は、みんながスマホを持っていて、なんでも手軽に検索できるのだから、この価値は下がっているだろう。」を受けている。なんでもすぐに調べられれさえすればよいのである。ア辞書を持っているだけでは、知識の豊富な人物として評価されはしない。イここで辞書に求められているものは、安心感ではない。エ他人を助けるために知識を使う、ということは、この文脈では書かれていない。㈢「具体例が書かれている一文」と指定されている点に着目。「なにか」とは、どのようなものかを説明している部分を抜き出せばいい。同じ段落で、浮かんでくる「なにか」がどのようなものかを説明している一文を探す。㈣傍線部を含む文の次の一文に、「そうではなく、現在か過去にインプットしたものが、頭の中にあって、そこから、どれかとどれかが結びついて、ふと新しいものが生まれるのである。」とある。これと反対の状態であるから、頭の中に現在か過去にインプットしたもの(＝知識)がない状態である。㈤「現在受けた刺激に対して、『なにか似たようなものがあったな。』といった具合にリンクが引き出される。」(第八段落)、「思いついたときには、言葉になっていない。なっていないから、『なんとなく……。』と思いつく。思いついたとわかるのに、何を思いついたのか、なかなか引き出せない。」(第九段落)、「しかし、ときには……そこから考えていった結果、新しいアイデアにたどり着けることがある。」(最終段落)から分かるように、思いついた段階では言葉になっておらず、何を思いついたのか説明することができない。一方、それがうまくアイデアの形になったときには、言葉になっており、人に説明することができるのである。㈥ア読書は知識のインプットに有用であると述べているのであり、「データを参照したり議論をしたりするのに」有用なわけではない。イ読書量を増やすことと、新しい発想が次々と生まれることは直結しない。オ読書によるインプットは他の方法に比べて効率がいいと言っているだけで、質や意味の問題には触れていない。

19

解答

㈠ウ　㈡荷物担ぎの要領を身体で覚えること。㈢今朝は、荷物担ぎなど誰にでもできると思っていたため、「余計なお世話だ」と感じていたのに、今は、荷物担ぎは大変だと知って、お代の気づかいを「ありがたい」と感じるように変化したため。㈣ア

解き方

あさのあつこ「地に滾る」より。㈠最初の空欄の直前に「若さとは釣り合わない」とあるので、「若くない人が持っている何か」が入ると考えて選択肢を選ぶ。ウの「分別くさい」は「いかにも思慮がありそうに見える」という意味で思慮は「注意深い考え・慎重に考えた上での判断」という意味。いずれも経験を積むことによって得られるので、通常は年長者が持っていることが多い。㈡傍線部の「動きを逐一、真似るようにした」という言葉を手が

かりにして前後を読む。あとに「ともかく習う。真似る」と対応している。覚える。身に付ける」とあり、これが「動きを逐一、真似る」と対応していることが分かる。次にこの「覚える」について、傍線部の前に「要領を身体で覚える。それが肝要なのだ」という言葉があるので、それが「荷物担ぎの要領」であることも踏まえた上で、これらを結び付けてまとめる。㈢「荷物担ぎという仕事に対する考え方」については傍線Aの前に「荷物担ぎなど、力のある男なら誰でもできると考えていた」とあることを確認する。さらにその後の「働き始めてすぐ、そうではないのだと思い知った。」という記述を踏まえて、傍線部前の「余計なお世話だと、今朝はお代のことを少し疎ましくも感じたが、今はひたすらありがたい」という記述を重ね合わせると、今朝は「荷物担ぎなど誰でもできる」→(お代の心配は)余計なお世話」、今は「誰でもできる仕事ではない」→(お代の気づかいは)ありがたい」という「変化」のあったことが分かる。㈣この文章は一文一文が簡潔な書き方になっており、時間の流れは「仕事中→休憩時間→今朝のやりとり(回想場面)→仕事終わり」という形になっている。

20

解答

1、(1)(思い切って飛べば、)何かに出会えて道が開けると期待している点
(2)考えが浅く、目標があいまいな
2、(1)素直な笑み　(2)エ　(3)考えが深く、目標がはっきりしている
3、(1)見知らぬ男　(2)ア　(3)実紀だけではなく地元で生きる人たちと自分との違いを感じて、一人だけ取り残されてしまった(43字)

解き方　**あさのあつこ「透き通った風が吹いて」**より。

1、(1)直前の段落に「思い切って飛べば……期待していた」とあるが、傍線部の前後にあるように、それは「根拠のない」ものであり、「どこかに消え去ってしまう」可能性が強いことから、自分の確実な意思によるものではないことを読み取る。(2)直後の段落に「実紀の想いには根っこがある。現実に向かい合う覚悟がある。」とあるが、渓哉はそれとは対照的な人物として描かれ、現実にも将来にもあいまいでとらえどころのない性格がとくに後半に強調されている。この内容をまとめる。2、(1)傍線部前の「まあな。」で始まる実紀の言葉は、自分の思いをそのまま述べたもので、特にこだわりや隠しごとなどを含んでいないものである。(2)同じ箇所の「美作に帰って……ええもんな。」には、自分がこの地で生き続ける意思が表れている。それはアのように「縛り付けられ」という消極的なものではない点に注意。(3)考えが確実で浮ついたところがなく、「郷土愛」に徹していく姿勢を見せていることを踏まえてまとめる。3、(1)直前の発言の「これまでとは変わったように感じた」とは、まるで初めて会う人のように錯覚することである。(2)渓哉は、実紀の言葉を聞いて、自分を確立していないことに思い当たり「目を伏せ」ているので、「引け目」を感じているといえる。(3)直前では地元の農家で生産される食材を使った食事について述べている。それは地元への愛着を持っていなかった渓哉にとって、融け込めない違和感や孤立感を覚えるものだといえる。こうした内容をまとめる。

21

解答

㈠人間が獲得した自然に関する新しい知識(18字)　㈡イ　㈢科学者が、頭に生起させたイメージと、実際の計算や実験結果がかみあわない場合には、素直に仮説を変更したり、潔く新しい仮説に乗り換えること。(68字)　㈣エ　㈤科学を研究する人たちが、好奇心、想像力、論理性といった、知識を創出するプロセスで必要なものを持つことや、科学が創り出したものの使い方を社会が選択する時に、社会の一員として責任を持って関与すること。(98字)

解き方　**池内了「科学・技術と現代社会」**より。㈠傍線部と同じ段落の最後の一文に「そのいずれもが、人間が獲得した自然に関する新しい知識なのである。」とある。「その」が指すのは、直前の「ピラミッドの一角」であり、「新事実」である。㈡傍線部と同じ段落の第一文に、「科学の発想は想像力に基づく『仮説』が出発点となる」「出発点において科学は芸術と何ら変わるところはない。想像力を駆使して新しい着想を得る点では全く同じであるからだ。」とあるのに着目。アは「従来の理論を受け継いで発展させようとして」が、ウは「その新しさを論理的に立証しようとして」が、エは「より美しいものを創出しようとして」がそれぞれ不適。㈢「そのような」が指しているのは傍線部と同じ段落の第一文～第六文、「そのような些か漠とした……新しい仮説に乗り換えもする。」である。この部分をまとめればよい。㈣空欄の前と後ろは「結果やその応用については何ら気にせず」「名声や褒賞への欲望もなく」と、どちらも無欲であることを示している。よって、空欄に入るのは「なおのこと」という意味のエ「ましてや」が入る。㈤第一段落から第四段落で述べられた知識の創出に必要なものについての話を第五段落でまとめ、第六段落・第七段落で述べられた科学者としての姿勢についてのまとめを第七段落の後半で述べるという文章の構成になっている。よって、第五段落・第七段落後半の部分をまとめればよい。

22

解答

問一、ウ　問二、(一回きりの現象は)再現することができないため、科学の客観性が保証されないから。(30字)　問三、Aウ　Bエ
問四、(科学の営みとは)一見バラバラに見える自然界の現象に対して、何らかの規則性を見つけて、因果関係を明らかにしていくこと。(50字)
問五、ア　問六、エ　問七、イ

解き方　**池内了「科学の限界」**より。問一、「生成」も「特殊」も同じような意味の漢字を組み合わせた熟語である。問二、第1段落に、「科学の客観性は再現可能性で保証される」とある。一回きりの現象は再現できないが、再現できなければ科学の客観性が保証されないので、一回きりの現象が科学の対象たりうるのかが議論になるのである。問三、空欄部の直後の文章で、「例えば」と具体的に言い換えている部分をヒントにする。「偶然に出会って反応した結果としてではなく」「必然的な産物であるとみなし」とある。問四、「科学の営み」は、第3段落で述べられている「自然の一様性の原理」という「信念」に基づいている。その「信念」とは、同段落の「自然界の現象……明らかにできる。」という考えである。この部分を使ってまとめる。問五、「角を矯めて牛を殺す」ということわざは、直前の「例外的な特殊例に固執して全体のシナリオまで否定してしまう」ということをたとえている。つまり、重要でない部分にこだわり、本質的な部分を見落としてしまうことを言っているのである。問六、第2段落には、「現代では、」一回きりであっても、「研究するに値するという合意ができている」とある。しかし、第5段落からの文章の後半では、「特殊例」をどのように判断し評価するかという問題点を提示している。問七、1で「一回きりの現象」についてどう考

えるかという問題を提示し、2・3・4では「一回きりの現象」も合理的に説明できるという科学の信念について述べ、5・6では例外に対する評価の難しさを述べている。

23

解答

1、安心感　2、過疎化も高齢化もすすみ、グローバル化により経済活動がこわされている(という状況)(33字)　3、イ　4、エ　5、(1)a浅く一面的な　b近代的な発想　(2)記憶と理性のくい違いや、人は何に支えられて生きているかというようなことを人に感じさせ、考えさせる場所がある(53字)

解き方　内山節『「里」という思想』より。1、まず、傍線部の直前の「ここ」が、「村」を指すことを押さえよう。「記憶」が「村」はどのようであると感じさせるのかについて述べられた部分を傍線部以外から探し、同段落内に「人間の記憶は、村は永遠の安心感につつまれていると感じさせる」とあることを捉える。2、本文では「記憶」と「理性」が対立するものとして位置づけられていることを捉えよう。1で見たように、「記憶」が「村」は「安心感がある」と感じさせるのに対し、「理性」が知っている「村の現実」はそうではないという文脈となっている。このことが押さえられれば、1の「村では過疎化も高齢化も……こわしつづける。」の部分から、「村の現実」についてまとめればよいと分かる。3、「自然に」は、意識しないでもそうなる、ということ。4、本文は、1(「村での暮らしには安心感がある」という話題の提示)→2(「村で暮らす方が好きな理由」①)→3(「村で暮らす方が好きな理由」②)→4(2、3で述べたことは「ローカルな世界のなかにある」という筆者の考え)→5(4の「ローカルな世界」についての説明)→6(5の「ローカルな世界」を理解するための異なる視点からの補足説明)→7(5、6の説明を受けて、再度4の筆者の考え)→7(筆者の考えを最終的にまとめた結論)という展開となっている。5、a7に「大きな世界とかかわればかかわるほど、浅く一面的な…」とあることに着目する。b8に「近代化されていく世界が生みだした思想は、……間違えた。」とあることに着目し、同段落から指定字数に合う「近代的な発想」を捉える。c4で「村」のような「ローカルな世界」の方がよく感じられることとして述べられている、「記憶と理性のくい違い」「人は何に支えられて生きているか」の二点についてまとめればよい。

24

解答

1、ア　2、多層的真理　3、A関係　B普遍　4、(1)オ　(2)(例)　筆者は日常生活の中で「折り合い」をつけることは、どの「真理」も傷つけることなく共存できる方法をみつけだすことだと述べている。その時に大切にしたいのはお互いの意見をきちんと聞いて相手の立場を思いやる、ということである。なぜなら自分の意見と違っていても、相手の立場を思いやれば相手がその意見を述べる理由も納得できて「折り合う」ことにつながるからである。

解き方　内山節「清浄なる精神」より。1、空欄直前の「イノシシ……は害獣だという他ない」が「害獣という見方しかない」という意味で、空欄直後の「異なる視線ももっていた」と「対立関係」にあることを理解する。2、傍線後部に着目。動物が「AでもBでもCでもDでもあり、しかもそれらすべてが「真理」である」という関係を、次の段落で「多層的真理」とまとめていることに気づく。3、A空欄直後の「結び方」という言葉に着目して第五段落を探す。B空欄前部の「ヨーロッパの発想」「唯一の」という言葉に着目して第六段落を確認する。4、(1)傍線三文後の「そこに人間の知恵があると村人は考え」、最終段落の「明治以降の日本の近代化とは、このような発想を否定し」という言葉に着目して選択肢を見る。アは「正しい日本語の使い方」、イは「誤りに気づかせ」、ウは「自然環境を守る大切さに気づかせる」、エは「グローバル社会での日本人のあり方を批判」がそれぞれ誤り。(2)設問2で確認した「多層的真理」や、傍線次文の「いろいろな『真理』が共存できる方法」、傍線二文後「どの『真理』をも傷つけることなく」という言葉を踏まえながら、「相手の存在や主張をどう考え、どう扱うべきか」という観点から作文を行う。自分の考えをはっきり示すこと。

25

解答

問二、(西欧の絵葉書では、建造物を)正面から画面いっぱいになるように扱っており、日本の絵葉書では、建造物を周囲の自然と一体のものとして扱っている。(55字)　問三、①自然の変化や時間の経過を越えて永続　②循環する時間と一つになった場所　問四、○記憶の継承を保証する役割(12字)　○都市のランドマークとしての役割(15字)　問五、イ

解き方　高階秀爾「日本人にとって美しさとは何か」より。問二、点線部1「西欧の名所絵葉書」についての説明は1段落に述べられている。点線部2「日本の観光絵葉書」について、1段落では、「建物だけを捉えたものは稀」であると述べているだけで、具体的には書かれていない。その内容説明は2段落に求めることができるので、両者の説明を用いてまとめる。解答の書き出しが「西欧の絵葉書では…」と指定されているのでそれを受ける形で後半も「日本の絵葉書では」と書き始める。問三、空欄①には「堅牢な石の建造物」について説明した部分があてはまる。この表現が5段落にあることに着目して、その説明となる部分を字数制限を手がかりにして探す。空欄②には、「日本名所」の説明となる部分があてはまり、そのことは4段落から読み取れる。問四、「日本人」と「自然」の関係について述べられているのは6・7段落である。この部分から「自然」の役割をまとめる。一つめは6段落の「記憶の継承を物質的な堅牢性に頼るのではなく、自然の運行のなかにその保証を見出した」を制限字数内に整理してまとめる。二つめは7段落から「都市のランドマークとなるのは……ここでもやはり自然である」という文脈から、字数内でまとめる。問五、アの「筆者の伝聞したことが述べられている」は誤り。ウは「否定した」が不適。エは「新たな疑問」が誤り。

26

解答

2、アメリカ人は実体の美を捉え、日本人は状況の美を捉えているということ。(34字)　3、a客観的な原理に基づく秩序　b部分と全体との比例関係　4、イ　5、(例)　ある文化を理解するときに他の文化と比較することの利点は、お互いの共通点と相違点がはっきりし、相違点がそれぞれの文化の特徴である、と理解できることである。しかし、日本と欧米、のような比較は、日本の中にある地域差や、ヨーロッパ各国、アメリカの各地域の持つ違いを無視することになってしまうという問題点がある。

私は、文化の理解には、様々なアプローチが必要だと考える。たとえば、文化の比較から分かることと、実際に現地でフィールドワークをすることで分かることとは違うはずだ。大まかな特徴から文化内の細かな差異まで、様々な

アプローチで理解を深めることこそが、真の文化の理解だと私は考える。

解き方　**高階秀爾「日本人にとって美しさとは何か」**より。2、二者の美の捉え方の違いは、第八段落にまとめられている。ちなみに、アメリカも含めた西欧世界の美の捉え方は第五段落から第七段落、日本の美の捉え方は第九段落以降に説明されている。3、a空欄のあとにある「美を生み出す」は、第五段落にある。b空欄の前に「人間の身体における」とあるので、第六段落に着目する。「頭部と身長」の「比例関係」が美の原理であると書かれているが、まとめた文の前後ともうまくかみ合わないし、字数指定にも合致しないので、似たような内容の部分を探す。第五段落の「部分と全体との比例関係」であれば、条件に合致するし、まとめた文に挿入しても違和感がない。4、ア「日本人は……自然物を美と捉える感覚を養い」「美の規準を発見しようとしてきた」、エ「清少納言も現代の日本人も鳥それ自体に美を見出している」がそれぞれ本文と合致しない。ウは、「ただ一つの例である」がおかしい。本文には「最もよく示す例の一つ」と書かれている。イは第九段落に書かれている内容である。

27

解答　〔問1〕エ　〔問2〕イ　〔問3〕県大会当日、課題曲でも自由曲でもない曲を一人で演奏しながら号泣している現場を部員に見られて恥ずかしかったから。(55字)　〔問4〕ウ　〔問5〕ア

解き方　**額賀澪「風に恋う」**より。〔問1〕音楽室の入口に部員達が溜まっている様子であるが、「けらけらと」とは笑う様子、「さめざめと」は泣く様子、「めらめらと」は炎が燃え上がる様子なので、「わらわらと」しか入るものがない。散り乱れているさまを表す言葉。〔問2〕「口元がほころぶ」は、にっこりすることで、うれしいときの表情。うれしくなったのは、「汐風のマーチ」を吹いていて、「行ったこともない異国の地に吹く汐風が、自分の頬を撫でた」ように感じられたから。〔問3〕「それくらい(＝なんとなく居たたまれなくて、みんなから離れたところにいるくらい)の羞恥心(恥ずかしく思う気持ち)は持ち合わせている」とあるので、「居たたまれないと感じた」理由は、「恥ずかしかったから」この言葉を答えの文末にして、何が恥ずかしかったのか分かるように、前の部分に説明を付け加える。「恥ずかしかった」原因となったできごとは、堂林が「今朝のことを、《号泣『汐風のマーチ』事件》と名付けて後輩に語り継ごう」と「からかって」きたことから考える。〔問4〕「そのせいで」は、「基が上級生を差し置いて部長に指名されたせいで」ということ。その基が「オーディションに受かるとか……そういうものの先を見て練習して……それが一年で、しかも部長」なので、他の人も刺激を受けて「頑張るしかないじゃん」と、堂林は言っているのである。〔問5〕「胸にあった重し」とは、「部長に指名されたときから」とあるので、上級生を差し置いて一年生の自分に部長が務まるだろうかという重圧感、不安感である。それが「入道雲に吸い上げられるようにして消えた」とは、そのような重圧感、不安感がなくなってすっきりした気分になっていること。そんな気分になったのは、堂林の「俺はお前のこと部長だと思ってるよ」という言葉がきっかけ。

28

解答　問二、歯　問三、ウ　問四、ア　問五、エ　問六、玲於奈を一人にしてあげよう(13字)　問七、よい演奏をするためにはぶつかり合う必要があったのだと、自分を納得させようとする(39字)　問八、エ

解き方　**額賀澪「風に恋う」**より。問三、傍線部は動詞「見る」を修飾するので副詞。問四、傍線部の前「この時間は、いつ終わるかわからないキチョウで愛しいものなのだ。」から、基が「力の限りを尽くしたいという気持ち」が伝わってくる。問五、囲まれた部分の「平坦な声で、何の感情も見えてこない。」や、「笑みまでこぼしながら」から、玲於奈が「気丈に振る舞う」姿が読み取れる。問六、本文最後から四段落めの「玲於奈の泣き声が、体育館から聞こえてくる。……何十分待っても、消えなかった。」に着目する。気持ちの整理がつかない玲於奈を、そっとしておこうという瑛太郎の気遣いである(問五参照)。問七、傍線部の前の「ぶつかり合うから、音楽は輝くんだ。」や、そのあとの「そう思わないとやっていられない。」という表現に、どうにかして自分を納得させようとする基の心情が反映されている。問八、選択肢エの「過去と現在の場面を交互に描き」が誤り。過去の場面はない。

29

解答　(一)ウ　(二)イ　(三)自然はいっ　(四)ウ　(五)エ　(六)科学が明らかにするのは、「事実の世界」のメカニズムであるのに対し、哲学が探究するのは、人間的な「意味の世界」の本質である。

解き方　**苫野一徳「はじめての哲学的思考」**より。(一)傍線部は引用の「と」。アは並列、イは対象を示す「と」、ウは引用の「と」、エは共同の相手を示す「と」。(二)傍線部の「探究する」はサ行変格活用の連体形。アの「始まり」は連用形、イの「輝く」は連体形、ウの「咲く」は終止形、エの「起き」は未然形。(三)傍線部を含む一文を見ると、世界の謎に取り組んだのは自然哲学者たちであることが、また、彼らが世界の謎に取り組む手段は考えることだったことが分かる。第一段落で述べられている「一般に『自然哲学者』と呼ばれている。文字どおり、自然はいったいどういうメカニズムで動いているのか、その原理を……〝思考〟によって明らかにしようとした人たちだ。」は、これと同内容を述べていると考えられる。よって、彼らが明らかにしようとした「自然はいったいどういうメカニズムで動いているのか」が、答えにあたる部分となる。(四)第三段落・第四段落で、「彼ら自然哲学者たちは、満足な実験道具も技術も持っていなかった。だから、もっぱら〝考える〟ことに頼って……だからその観点からいえば、古代の自然哲学は、たしかに科学に取って代わられたといえるかもしれない。」とある。つまり、道具や技術が生まれたからこそ自然哲学は自然科学へと進化したのである。(五)【Ⅰ】の直後に、「自然哲学からソクラテス哲学への展開もまた、おそらくはそれと同じような出来事だったのだ。」とある。この「それ」が指すのは【Ⅰ】の部分であり、【Ⅰ】とこの部分が同内容であることがわかる。そして、【Ⅰ】の部分では、直前で述べられている「〝外〟から〝内〟へと目を向けること。」を身近な例で分かりやすく説明している。(六)傍線部を含む文に「僕なりに大胆に言い直し」た内容が述べられているので、それ以降の部分をまとめる。押さえておきたいポイントは、科学は事実の世界を明らかにすること、それに対して哲学の世界は人間的な意味の世界の本質を明らかにすることの二点。

30

解答　(1)2　(2)A優柔不断　Bくり返し自問　(3)3　(4)登山を嫌がる気持ちから、歩いてきた登山道をふりかえり、高度をかせいだと知ったこ

とで、登山を続けよう(49字)　⑸1

解き方　**にしがきようこ「ぼくたちのＰ（パラダイス）」**より。⑵Ａ空欄直後の「本心と異なる行動」とは、行きたくないのにずるずると山を登り続けていることを指す。初めのほうに「行きたくないのにずるずると歩き出す優柔不断さ」とある。Ｂ空欄直前の「なぜなんだろう」という疑問は、自分で自分に投げかけているものであるから、そのような記述を探す。すると、さらに前に「どうしてこんなことになってしまったのだろうと、くり返し自問する。」とあるので、その中から抜き出す。⑶傍線部直前の「おいおい、そんなに飲むと、ばてるぞ」と、おじさんに差し出された水のタンクを両手で抱え、ごくごくと飲んでいる「ぼく」に対してかけている言葉である。⑷傍線部の直前に「腹立ちまぎれに進めてきた一歩一歩が、この高度をかせいだのだと思うと不思議な気がする。」とあることから、「行く」という覚悟を決めたきっかけは今まで自分が歩いてきた道のりを改めて分かりやすい形で確認したことであることが分かる。また、「変化前の気持ちときっかけを明らかにして」とあるので、このきっかけと「行きたくないのにずるずると歩き出す」（初めから四行め）、「イヤイヤ歩いているのに」（傍線部㋑の直前）から読み取れる、登山を嫌がる気持ちから、「行くしかない」と前向きに登ろうとする気持ちへの変化をまとめればよい。⑸2は「険しい山の風景を視覚的に描いている」が不適。3「『ぼく』と『おじさん』の心が変化する様子を」とあるが、「おじさん」の心境に大きな変化があったとは読み取れない。4「論理的説明」にあたる部分は見当たらないし、「山のもつ不思議な魅力」が主題ではない。

31

解答　問一、ウ　問二、Ａすべてを伝えられない　Ｂ両方が望む言葉　問三、エ　問四、買うことを迷っていた　問五、昨日までと違う自分が意識され、他者からどのように思われているかが気になって、気持ちが落ち着かなくなった。(52字)　問六、ア

解き方　**藤井清美「明治ガールズ　富岡製糸場で青春を」**より。問一、「胸を張って」とあるから、ア「寂しさ」、イ「不安」は不適。エ「給料をどのように使おうかと」に関する記述は、ここまでの部分にはない。問二、Ａについては「もどかしく思っている」がキーワードになる。本文から「もどかしさ」の原因を抜き出す。Ｂは「書く人も読む人も」にあたる表現を本文から見つけること。問三、直後に「感じたかった」とある。何を感じたかったかを読み取る。ア「小間物屋の仕事に興味」、イ「一等工女になって買うとき」、ウ「全ての商品が欲しかった」などは誤り。問四、「わたしも頂きます」と言うまでの「英」は、紅を買うことについてどのように思っていたかを読み取る。問五、傍線部直前の部分「本当に……小さな音がする。」から読み取れる「英」の気持ちの動きを適切な表現でまとめる。問六、表現の特徴として、イ「体言止めを多用」、ウ「会話を重ねる」、エ「故郷を回想した場面を挿入」などを挙げることはできない。

32

解答　㈠時間　㈡ウ　㈢言葉が身体から引き離され劣化しない情報に変えられた文字によるコミュニケーションではなく、信頼関係をつくる身体化されたコミュニケーションをする時間。(73字)　㈣ウ

解き方　**山極寿一「ゴリラからの警告『人間社会、ここがおかしい』」**より。㈠空欄を含む段落の冒頭「時間とは記憶によって紡がれる」から判断する。㈡傍線部のあとに「金は時間のように記憶によって蓄積できるものではない。」とある。「蓄積できる」と思うのが「勘違い」なのである。㈢解答の手がかりは、傍線部直前の「一日の大半をパソコンやスマホに向かって文字とつき合いながら過ごしている。もっと、人と顔を合わせ、話し、食べ、遊び、歌うことに使うべきなのではないだろうか」にある。この前半と後半を「…ではなく」というコミュニケーションと、それに対立するコミュニケーションとしてまとめる。文章の最後「人々の確かな信頼にもとづく生きた時間をとりもどしたい」も参照する。㈣ア「さまざまな時間と関わってきた筆者の経験を語り」は書かれていない。イは「初めに対話の重要性について提示し」てはいない。エ「物語のもつ重要な意味」「あるべき社会について述べている」は誇張しすぎである。

33

解答　㈠エ　㈡私たちの毎日の生活の中にある、関わると、思ったよりも長い時間を失ってしまうようなことがらや状況。(48字)　㈢操作の結果　㈣ア　㈤エ

解き方　**一川誠『「時間の使い方」を科学する　思考は10時から14時、記憶は16時から20時』**より。㈠「避ける」は下一段活用。助動詞「ます」に接続しているので、連用形。㈡傍線部の段落の最後に、「そうしたことがらや状況を、以下では『時間どろぼう』と呼ぼうと思います。」と述べていることに着目。「そうしたことがらや状況」とは、前文の内容を指すので、この部分をまとめる。㈢コンピュータを使った作業における「時間どろぼう」、つまり思っていたよりも長い時間を失っている場面について述べられている部分を探す。「このことについて…」で始まる段落から、コンピュータでの作業についての記述がある。次段落では操作の中の「待ち時間」が問題になっており、その次の段落の最後の部分で、「時間の長さの見積もりに反映されにくい」、つまりこのことが「時間どろぼう」になっているとまとめられている。㈣空欄部の前段落では「身体を大きく動かすような作業」では疲労の蓄積によって「作業が中断される」ことがあると述べられている。空欄部を含む次の段落では「コンピュータを使った作業」においてはほとんど体力を使わないため、「作業がだらだらと続きやすくなる」という、反対の内容が述べられている。㈤「おそらくは…」からの段落に着目。便利さを求めた結果作り出した道具が、「他のことがらを……考えるべきです」という筆者の主張を読み取る。

34

解答　問一、Ａ社会的反応　Ｂ鏡なしには　問二、タンパク質をつくる時期やその種類、量を調節する(23字)　問三、言葉などの手段を用いて次の世代に伝え、共有できる(24字)　問四、ウ

解き方　**伊藤明夫「40億年、いのちの旅」**より。問一、Ａ直前の「他者」という言葉に注目して【資料】を見ると「自分を他者だと認識してあいさつ行動などの社会的反応が出てくる」という記述がある。Ｂ直前の「額のマーク」について、【推論の流れ】の中では「自分で見ることもできない」と述べられている点に着目して、【資料】の方を見ると「鏡なしには見えない身体部分を鏡を利用して探索する」という記述があり、この「鏡なしには見えない身体部分」が「額」であることが分かる。問二、「調節領域」については傍線部の一段落前に詳しい説明があるので、その部分の記述を簡潔にまとめる。問三、空欄直前にある「個人

や集団が得た知識や技術」という言葉が傍線部の一段落前にあることを確認し、その後に書かれている記述を簡潔にまとめる。その時、「言葉、文字、絵画、音楽など」とあるので、「言葉」に限定しない記述の仕方でまとめる。問四、ウ「疑問形で読者に語りかけるような問題提起」については第二・第八段落の内容に、「遺伝子情報の話題」については第二段落から第六段落にかけての内容に、「ヒトの能力の独自性～その他の生物との違い」については第十一段落から第十三段落にかけての内容に、それぞれ該当する。アは「ヒトが存在する意義」、イは「進化における最大の要因が環境である」、エは「断定的表現を避け」がそれぞれ誤り。

35

解答

問一、ウ　問二、形が　問三、エ　問四、遠い・連体(形)　問五、一緒にやることで嫌いな作業でも楽しくなる(ところ。)(20字)　問六、イ

解き方

乾ルカ「願いながら、祈りながら」より。問一、「未来」は、「未(いま)だ来たらず」で、下の漢字を上の漢字が打ち消している。アは対立する意味の漢字を重ねた熟語。イ「佳(よ)い作」で、下の漢字を上の漢字が修飾している。ウは「常に非ず」で「未来」と同じ構成であり、これが正解。エは似た意味の漢字を重ねた熟語。問二、主語は「…が」で表される。「一文節で」とあるので「雷雲の形が」と答えないように注意する。問三、「うなだれた」とあるところから、ア「あきれている」、イ「嫌気がさしている」はふさわしくない。ウの「素直に喜ぶことができない」も読み取ることはできない。問四、形容詞は活用語尾が「かろ・かっ・く・い・い・けれ」のいずれかである。名詞に続いているから連体形。問五、手かがりとして、傍線部6の少しあとにある、「そうだよ、」で始まる「憲太」の言葉のなかに、設問に指定されている「嫌い」「作業」「楽しかった」が含まれていることに着目し、この言葉の前後の内容からまとめる。問六、「虚を突かれる」の「虚」は「備えのないこと」「油断のあること」である。「突く」は「刺激する」という意味。それらから判断して「思いがけないことに直面」したときの気持ち、つまり「驚き」だと判断できる。

36

解答

問二、1イ　2理想の自分を思い描き、それと現実の自分とを比較して、理想に届かない自分を意識するようになる(45字)　問三、具体的～確だ。問四、今の自分は以前の自分に比べて向上心に満ちた自分であると捉え、肯定すればよい。(38字)　問五、エ

解き方

榎本博明「〈自分らしさ〉って何だろう？　自分と向き合う心理学」より。問二、1、傍線部直前に「このように」とあるが、これは前段落「ある意識調査によれば……半数近くになる。」を受けている。つまり、児童期(小学五年生)から青年期(中学三年生)にかけて、「自分が好き」という人が大幅に減り、「嫌い」という人が増えていること、「自分に満足」という人も大幅に減り、「不満」という人が増えていることの二点が分かるようなグラフを作りたい。アのグラフは、「満足か不満か」の項目に触れられていないので不適。ウのグラフからは、小学五年生がどのように思っているのかが読み取れない。エのグラフは、小学五年生の「嫌い」「不満」と中学三年生の「好き」「満足」のグラフがなく、「好き」が減っていることや「嫌い」が増えていることが読み取れない。それに対してイのグラフは全体のなかでのそれぞれの比率が一目で分かるようになっており、また、小五と中三のものを並べて同じもの同士を点線で結んでいるため、比率の変化も分かりやすい。2、なぜ傍線部のようなことが起こるのかは次の段落に述べられている。このうち、「青年期になると……比較するようになる。そこで、……満足しにくくなるというわけだ。」の部分を字数に合うようにまとめる。問三、抽象的な目標の対照であるから、具体的な目標についての記述を探す。「たとえば、…」で始まる段落に述べられているような具体的な目標の達成の仕方についてはその二つあとの段落に述べてある。野球や成績の具体例が述べられたあと、「このように、具体的目標の場合は、そのために頑張るべき方向性は明確だ。」とあるので、この具体的以下の部分を抜けばよい。問四、傍線部以降の部分に着目。自己には「見られている自分」と「見ている自分」という二重性があり、「見ている自分」は「適当に……言える」から、「否定すべきものではない」し、「むしろ肯定し、応援すべき」なのである。よって、「適当に……言える」の部分をまとめればよい。問五、本文の冒頭で「こんな自分、イヤだ」という悩みを取り上げてはいるが、「いくつか」ではないし、「解決法」も述べてはいない。よってエが「あてはまらない」。

37

解答

問一、1　問二、リボンが戻ってくること。(12字)　問三、3　問四、立派な風切り羽で、大空を羽ばたくことができるようになった(という成長。)(28字)　問五、三人で一緒に過ごした時間が、宝物として胸の中に残っているという思い。(34字)

解き方

小川糸「リボン」より。問一、傍線で用いられている表現技法は、人間ではない「気持ち」という主語に「にじり寄って」「動けなくする」という人間に用いる述語がついている擬人法である。2・3・4はいずれも直喩を用いている。問二、直後の段落冒頭に「でもやっぱり、奇跡は起きなかった。」とあり、そのあとに「中に入ろう」という言葉があることから、中に入らずにリボンが戻ってくるのを待っていたことが分かる。問三、本文の冒頭を見ると「五月になり」とあり、また傍線②の前の「リボンのいる方に…」で始まる段落には「夕暮れの雲」とあるので、これを踏まえて「少し肌寒い風が吹き始めた」の意味を考えると、時間が経って日が暮れかけている状態であると考えられる。また傍線③直前に「奇跡は起きなかった」、直後に「私は覚悟を決め」とあるので、ここから、リボンが戻ってくることをあきらめ、家に戻る覚悟を決めたという3の「次の行動に移るきっかけ」を読み取る。問四、本文で「リボン」の「成長」に関する記述を確認すると、傍線②の二段落前に「リボンがあんなふうに空を羽ばたけるようになっていた」とあり、また傍線③と傍線④の中間ぐらいに「リボンに生えた立派な風切り羽は、大空を羽ばたくために神様が与えてくれたものだ。リボンは、空を飛ぶために生まれてきた。」とあるので、この、立派な風切り羽で大空を羽ばたけるようになったという点を「成長」と理解しまとめる。問五、リボンとわたしとすみれちゃんとのつながりについて書かれている部分を本文で探すと、傍線③のあとのほうに「リボンとすみれちゃんと三人で一緒に過ごした時間のすべてが、私にとっては宝物だったのだ。だから……宝物は、ずっとこの胸に残っている」という記述が確認できる。この「ずっと……残っている」が点線の「これから先も、生き続ける」「永遠につなぐ」という言葉と対応している点を理解して、先程の記述の部分を簡潔にまとめる。

38

解答

㈡3　㈢ほかのハチに同調して訪れた候補地でも、それについての評価は自

分の目だけを信じて行うから。（44字）㈣4　㈤集合知

解き方　**亀田達也「モラルの起源――実験社会科学からの問い」**より。㈡空所を補充する設問。補充する文の「カスケード」や「エラーの連鎖」という表現が本文の[3]の前後にある点を押さえる。㈢直後に「集合知」という表現がある。「集合知」とは「個体のレベルでは見られない優れた知性」のことである。この「集合知」について、後ろから三つめと四つめの段落で説明されているので、その内容をまとめる。すなわち、ミツバチはほかのハチたちの行動に「同調」するにもかかわらず、「訪れた候補地についての『評価』はほかのハチたちの影響を受けずに『完全に独立に行われる』」のである。あとは字数に注意してまとめるようにしたい。㈣本文の内容の正否を問う設問。1は「流行現象」が、3は「互いに同調をしながら比較する」が、誤り。2「情報カスケード」は、設問㈡の補充文にあるように、「ミツバチの集団意思決定」とは相反するものである。したがって「情報カスケードは、……巣探し行動に欠かせない」は誤り。㈤呈示されている文章の「周りの評価に合わせた行動」とは「流行現象」みたいな行動のことで、そこからは「三人寄れば文殊の知恵」のような「優れた知性」は生まれない。「人は往々にして」そのような行動をするので、「常に」後者のような「優れた知性」が見られるわけではない、と呈示された文章では言っている。この「優れた知性」のことを本文では何と言っているか考える。

39

解答

(1)ウ　(2)ア　(3)校長室へ行く時に感じた緊張する気持ちから、子どもたちをほめられて、うれしい気持ち(に変わったこと。)(40字)　(4)怒られて「いい気味だ」くらいに皆は思っているのだろうと想像していたが、皆が自分を大事に思って待っていてくれたので、感動した(から。)(61字)　(5)エ

解き方　**河合隼雄「泣き虫ハァちゃん」**より。(1)Aは「ハァちゃんは学校に行くのが楽しみになった」「登校は遅れ勝ちだったが、もうそんなことはない」とあるので「はやばやと(登校する)」が入り、Bには「朝は早く起きますし」とあるので「ぐずぐずしない」が入る。(2)「目を細くする」は、うれしそうな表情を表す。校長先生がうれしそうにしたのは、その段落のセリフから、校長先生自身も小学生の頃秘密基地が好きだったことを思い出し、ハァちゃんたちの気持ちを理解したからである。しかし、その遊びによって大けがをしたことから、ハァちゃんたちには危険なことをしてほしくないと思ったことが読み取れる。イとウはハァちゃんたちを危険な目に合わせたくないという気持ちが述べられていない。エは「目を細くした気持ち」が入っていない。(3)傍線部は「青かった顔」から「今度はまっかになっている」と変化しているので、それぞれの気持ちを本文から読み取る。まず、二つ手前の段落に「子どもたちは……カンカンに緊張した。それは高先生も同様で、校長室に入ったときは顔は青くなり」とあるので、「青かった顔」は緊張感を表しているのが分かる。また「まっかになった」のは、「(校長先生から子どもたちのことをほめられ)高先生も嬉しそうに答えられ」とあることから、「校長室に行く時の緊張」から「子どもたちをほめられてうれしい気持ちに変わった」のである。(4)傍線部の前に「クラスの同級生がこんな気持で待っていてくれた」とある。「こんな気持」とは、直前の「皆がバンザイをしてくれた」気持を示すが、皆がバンザイをしたのは、最後の「ハァちゃんたちが怒られるのを『いい気味だ』くらいに思っているだろうと想像していた。ところがそれはまったく違ったのだ。『こんな僕を皆が大事に思って待っていてくれた』」からである。(5)ア「子どもたちと厚い信頼関係を築こうとして色々と働きかける先生の一生懸命さ」が誤り。高先生は子どもたちを校長室に連れて行っただけである。イ「子どもたちの無邪気さを、優しく受け入れようとする先生の姿」が誤り。高先生も校長先生も、秘密基地で遊ぶことは危ないので、やめさせようとしている。ウ「大人に頼らずに問題を解決しながら」が誤り。秘密基地の件は先生から注意を受けている。エ「好奇心をくすぐられるような遊び」は秘密基地のこと、「大人に見まもられながら」は高先生や校長先生から注意を受けたこと、「きずなを育んでいく」はクラスの皆がハァちゃんを大事に思っていたことを示しているので、これが正解。

40

解答

問一、ア　問二、ウ　問三、本物の有平糖は買うことができないので、代わりに本物そっくりの模造品をあげて、兄にみじめな思いをさせないようにする(ため。)(56字)　問四、A地味で手間のかかるやり方　B見映え　問五、エ　問六、イ

解き方　**木内昇「一両札」**より。問一、文章中の「ように」は「みたいに」と言い換えられ、アの「ように」と同じ用い方で、ある状態が他と似ていることを表す。問二、傍線部直後の「きっと誰か羽振りのいい客でもたらし込んで、買ってもらったのだろう」の説明はウの「要領よく世の中を渡る」である。ア「何でも買ってもらえる」かどうかは分からない。イ「好き勝手に生きる」はあたらない。エ「悪事を働」いているわけではない。問三、少しあとの「母」と「弟」の対話のうち「弟」の言葉から「目的」について述べている部分を用いてまとめる。問四、Aについては「兄」の仕事のやり方を述べた表現(「兄やんのざるはさ、…」で始まる文)から字数に合うものを抜き出し、Bは二段落あとの、「弟」が自分の仕事について述べている言葉から探す。問五、ア「なかなか帰って来ない自分を、弟が本気で心配してくれている」は不適。イ「あわれんでいる」は読み取れない。ウ「一人前の職人へと育っていた……感慨深く思っている」わけではない。問六、ア「菓子」と「ざる」を対比するのは無理。ウ「江戸時代の文化を忠実に描き」かどうかは分からない。エ「弟の視点に寄り添って描写」はしていない。

41

解答

1、B　2、イ　3、ア　4、あらゆる時間の断片が、その前後との退屈な連続性のうちに没してしまう(33字)　5、a共鳴する瞬間　bこれだ、という直観や感動や高まり

解き方　**黒崎政男「哲学者クロサキの写真論」**より。1、A・C・Dは全て副詞。Bだけが形容動詞である。2、「相互的」は、「双方向的」と言い換えることができるので、対義語として「一方的」を選ぶ。3、Iの前に「ブレッソンも……次のように言っていた。」とあり、筆者と同様の意見を述べているのだと分かる。他者の同様の意見を引用することで、自説の補強をすることができる。4、「動画映像」について述べられている「コンピュータの…」で始まる段落を見ると、「あらゆる時間の断片が、いわば等質で蓄えられるために、逆に決定的瞬間は消滅してしまう。すべての瞬間はその前後との退屈な連続性のうちに没してしまうからである。」とあるので、ここをまとめる。5、まとめた文の「写真家おのおのの内部と外部の世界とが」の相当する部分を探すと、「つまり…」で始まる段落に「決定的瞬間といっても……写真家それぞれの「私」と「世界」とが共

鳴する瞬間であり」が見つかる。同様に「と一緒にシャッターを切る」に相当する部分を探すと、最終段落に「これだ、という直観や感動や高まりとともに切られた決定的瞬間」が見つかる。

42

解答　問(一)ウ・エ　問(二)イ　問(三)探索する過程をおもしろがって描く　問(四)個人的な〜くわわる　問(五)D　問(六)ア　問(七)「上手」は一元的な評価の言葉であり、絵が苦手な人を生み出してしまうが、「おもしろい」は人によって多様なものなので、「上手」よりも誠実でアートに適した評価の言葉である。(83字)

解き方　**齋藤亜矢「ルビンのツボ⑫　上手い、おもしろい」**(『図書』18年6月号所載)より。問(一)「口が『ある』」の「ある」は動詞。アとイは「ある」のあとに「人」「日」と名詞が受けているので、連体詞である。問(二)空欄部の直前に着目すると「期待したのに」という言葉があるので、「期待外れ」だったという意味の言葉が入る。アの「肩を落として」はがっかりして、イの「肩すかしを食って」は意気込んで待ち構えていたのに、かわされて、ウの「肩の荷を下ろして」は重い責任や負担から解放されて、エの「肩で風を切って」は肩をそびやかし、偉そうにしてという意味。問(三)「はじめてペンを握る人間の子ども」については七段落に述べられている。その最後の一文「なぐりがきを……チンパンジーと同じように、」とあるので、そのあとの部分を空欄あとの「こと。」に続くようにあてはめればよい。問(四)傍線部の直後に「変わってくる」具体的な内容が述べられ、それらを「つまり」以下でまとめている。問(五)傍線部の「認知的な特性」に着目すると、Dに「概念的に『認知』してしまう癖がある」という言葉があるので、その説明だと分かる。問(六)傍線部の直前に「『上手く』ではなく『おもしろく』描こうと思ったことがよかった」とある。筆者は、「おもしろい」が「上手」よりいいと思ったというのだ。イは「『上手』さの中に『おもしろい』ものを追求して描こう」が、ウは「母が自分の絵を『上手』とした」が、エは「母が感心するほどの『上手』な絵が描けて」が誤りである。問(七)最後の段落にまとめられている内容を中心に、「上手」については「そのとき、…」で始まる三段落からまとめながら説明する。筆者は、「上手」が「絶対的」あるいは「一元的な評価」であるために「絵が苦手という人を生み出してしまう」のに対して、「おもしろい」は「多様な」評価で、「見る方も主体的に向きあう努力が必要」であるために、『上手』よりずっと誠実で、アートに適した評価」だと主張しているのである。

43

解答　問一、ア　問二、ウ　問三、イ　問四、A知恵やスキル　B評価して広めていく人　問五、知識が整理されて理解が深まり、集団としては知識が共有されて文化的になっていく(38字)

解き方　**汐見稔幸「人生を豊かにする学び方」**より。問一、空欄に続く段落の「鬼ごっこやかくれんぼは、みんなで一緒にする」は「共同・協力する」例であることから判断する。問二、傍線部の「と」は引用・例示を表す。アは動作の共同者を表す。イは物事の結果を表す。ウは引用の「と」でこれが正解。エは並立の意味を表す。問三、「一緒に危機を乗り越える」「危機管理能力が培われていきます」に対して、ア「あえて失敗を見守り」、ウ「自分自身の安全を優先」、エ「信じたことを一人でやり遂げる」は、それぞれ不適である。問四、抜き出しの範囲が指定されているので、その部分から、設問部の文の空欄前後の表現、Aでは「人々が生み出した」、Bでは「一緒につくりあげる」を参考に、本文からこれらと類似の表現が続く部分に着目して適切な部分を抜き出す。問五、指定された書き出しに従い、まず「個人として」どうなるかを述べ、続いて「集団として」どうなるか、について並立してまとめる。

44

解答　1、ウ　2、ア　3、現在ある人間を肯定することだけではなく、現在の状態を批判的にみることや、自明のものと考えてきた人間というものの概念や感受性を変更したり修正したりする(という人間理解の仕方がある。)(74字)　4、ウ　5、イ

解き方　**鈴木忠志「演劇とは何か」**より。1、直前にある「にもかかわらず」は、「それなのに」という逆接の意味で使う言葉である。「われわれが日常では感じられない音であり色」なのに「それに注意を集中させられてしまう」ではなく、「われわれが日常では感じられない音であり色」だから「それに注意を集中させられてしまう」のだから順接を表す語句が入るはず。3、「人間理解」については、「ですから…」で始まる段落で詳しく書かれている。「現在ある人間を肯定すること」だけではない、「現在の状態を批判的にみる」、「自明のものと考えてきた人間というものの概念や感受性を変更したり、修正することを迫られる」を指定字数程度にまとめる。4、空欄の前に「ある表現行為なり作品を自分以外の人間にわざわざ示すということは、すでに他人との関係を前提として、その上に成立した行為だと見なさなければいけない」とある。「個人の内面の表現」とされているものも、「他人との関係」の上に成り立っているのである。5、ア「芸術の存在理由は個人の内面の表現にはないと一般に考えられている」が不適。ウは、「芸術はある個人の内面の叫びであるとする考え方」ではなく、「他人との関係」の上に成り立つ、という考え方が「少し異なる視点から発想していく」ことを可能にすると書かれている。エは、「少し異なる視点からものごとを発想していくこと」ではなく、一般的な考え方が「コミュニケーションを成立させる」のに都合がよい考え方である。

45

解答　1、ウ　2、パンダは〜いうこと　3、良くも悪くも人間が動物に対して勝手に抱くイメージ。(25字)　4、考える・言葉を使う・道具を扱う　5、イ　6、エ　7、ヒトとチンパンジーのDNAが98%以上同じであるから。　8、世界の人口もエネルギー利用も、今ほど多くなかったから。　9、a正しく知る　b人間中心

解き方　**高槻成紀「人間の偏見　動物の言い分」**より。1、ア・イ・エはともに存在を表す連体詞。ウは不特定のもの(こと)を表す連体詞。2、傍線部以降で、筆者の体験したことを確信をもって述べている部分を字数に合わせて抜き出す。3、「パンダ」は「良い偏見」、「ヘビやハイエナ」は「悪い偏見」の例であることを踏まえてまとめる。4、傍線部直後に「ヒトとほかの動物との違い」が三点述べられており、それが解答にあたる。5、空欄以降に「考える動物はいくらでもいる」と述べられるところから、前後は逆接の関係になっている。6、「専売」は、売る権利を独り占めすること。ウ「分権」はそもそもおかしいし、ア「権力」、イ「権威」は「独り占め」を意味しない。7、「強弁でしかない」は、「無理な理屈の主張にすぎない」という意味。「無理」であるのは「ヒト」と「チンパンジー」に違いがないと示されたからである。具体的にはどう述べられているか傍線部前から探す。8、傍線部以降「しかし」のあとに「20世

紀前半」からの変化が述べられており、そこから解答をまとめる。9、設問に挙げられた「まとめの文」にある「動物に対する偏見をなくし」にあたる表現が「思い違いを是正する」である。そこからaにあたる解答を見つける。bは「まず自分たち」を言い換えた言い方を探す。

46

解答　問一、ア　問二、ウ　問三、エ　問四、イ

問五、(1)肩を落として帰ろうとしていた(14字)　(2)有無を言わさぬ口調で断り、再び本を開いて、目線を戻そうとしたこと。(33字)　(3)イ

問六、ア

問七、(例1)　僕はAがいいと思います。立花先輩はいい加減にしてほしいと腹を立てていると思うからです。図書室で読書をしていた自分の時間を邪魔され、しかも突然見知らぬ後輩から訳のわからないお願いをされ、断ったにもかかわらず、後輩は「また来ます」と言っています。自分がいやがっていることをはっきりと伝えるために、目線をあげて強い口調で演じる方がいいと思います。

(例2)　僕はBを選ぶ。映画の出演に全く関心がないという気持ちを表現できるからだ。演劇部をすでにやめている立花先輩は、人前に出るなどの目立つことは避けたいと思っており、映画の出演など迷惑な話だと感じている。関わりを持ちたくないという気持ちを冷たい態度によって後輩たちに示すために、目線をあげず静かな口調で演じる方がふさわしいと考える。

(例3)　私はBの演じ方を選びます。俺に声をかけられた立花先輩は目線をあげて本を閉じて会話を始め、はっきりと出演を断った後、本を開いて目線を戻そうとしています。このような行動の流れに着目すると、この時点で立花先輩は俺との交渉をすでに終了させていると考えられます。よって、再度目線をあげることなく静かな口調で演じる方が適していると考えます。

解き方　**辻村深月「世界で一番美しい宝石」**(「サクラ咲く」所収)より。問一、「小さな」は連体詞。アの「おかしな」も連体詞。それ以外は「な」を「だ」と言い換えられるので形容動詞。問二、直前に「黙ったままの立花先輩からの第一声を聞くのが怖くて」とある。何と言われるか不安で、間を持たせようとしているのである。問三、そのあとの立花先輩の発言に着目。「洗礼を受けた、……思わなかった」とあることから、立花先輩が、思いがけない発言をした「俺」がどんな人物なのかと興味を覚えたことが分かる。問五、(1)「また来ます」と言う前に、「肩を落として帰ろうとしていた」と、諦めかけている様子が描かれている。(2)「どうしてもダメですか?」と食い下がる「俺」に対して、「ごめんなさい」ときっぱり断ったときの様子をまとめる。直後の「言葉遣いは柔らかいけど、……戻してしまおうとする。」の部分をまとめればよい。(3)最後の段落冒頭「なるべく平然と…」以降に着目。「背中とわきの下は汗でぐっしょり」して「思い出したように、胸が激しく鼓動を打つ。」という部分に、先輩に夢中でお願いした興奮と、その後の疲労感が描かれている。問六、イのカタカナ表記では、「未熟」な様子は表現されていない。ウの表現は、立花先輩の「きれいな」様子を表しているので適切ではない。エの「肌寒かった」は、「俺」の緊張感を表しており、先輩の様子ではない。問七、どちらの演じ方をするかを明確にし、それによって、立花先輩のどのような気持ちが表現できるのかを示す。また、本文中のどの部分からそのように考えたのか、理由を分かりやすくまとめる。

47

解答　1、どう展開するかが不確定であるという状況に身を置く不安(26字)　2、ア　3、仕事の秩序は合理性と効率性を基本とし、遊びの秩序はどう気分を昂揚させ興奮の波を作るかという配慮を基本とする。(54字)　4、a日常世界とはちがう華やかさ　b楽しみを純粋にそれとして追求する

解き方　**長谷川宏「高校生のための哲学入門」**より。1、傍線部の次の段落を見ると、「遊びにおける気分の昂揚は、……生みだされるのだ」とある。後半の「主体性」に関しては、まとめた文のなかにあるので、前半の「不確定の状況に身を置く不安」が解答となる。字数に余裕があるので、直前にある「不確定」の説明も加える。2、空欄の前後の部分をもとに考える。「遊びは一回ごとに完結するもので、いつまでも楽しさが持続することはない」、「遊びに、それなりのルールや……存在するのは、楽しみの持続を願う多くの人びとの、……知恵のたまものなのだ。」とあることから、一回ごとに終わる「遊び」のなかで、楽しみを持続させるために、「ルール」が作り出された、と考えることができる。イ「興奮が高まれば高まるほど」、ウ「遊びの後の出来事にも」、エ「日常生活のルールがあることで」がそれぞれ不適。3、「仕事の秩序」については、傍線部の次の段落の最初に、「遊びの秩序」については、その次の段落の最初にそれぞれ説明されている。4、aまとめた文のなかにある「遊びの楽しさ」ということばを本文中で探すと、第四段落の最後に「それが遊びの楽しさだ。」という一文が見つかる。あとは指示語をたどればよい。bまとめた文の「遊びはただちに生活の役に立つ行為ではないが、それゆえに」が、本文の最後の一文の「必要や有用性や有益性を逸脱しているからこそ」の言い換えとなっている。

48

解答　㈠Ⅰつねに移動する生活であるために必要以上に物を所有しない(27字)　Ⅱ持ち物を運ぶ必要がなく「自分の物」をどんどん蓄積できる(27字)　㈡(例)筆者は、自分の行為の因果関係が明確に見えない状態で、自分の欲求を抑えてまで将来世代の利益を考えることの難しさが問題だと述べている。私は漂流物のストローが海の生物に与える害を知って生活を見直したので、因果関係がわかることは確かに重要だと思う。

解き方　**長谷川眞理子「世界は美しくて不思議に満ちている」**より。㈠設問の文から、「私有物」「所有」に関して、「狩猟採集生活」と「農耕や牧畜をする生活」がどう異なっているかに着目して、字数制限の中でまとめる。㈡示された三つの条件のうち、特に「条件2」に注意する。解答例では「筆者は……だと述べている」が「筆者の考え」、「私は…」以降が「自分の考え」にあたる。さらに、「条件3」に挙げられた、「なぜそう考えるかという理由」として「漂流物のストローが海の生物に与える害を知って」と述べられているが、本文にはない内容である。そのような体験・見聞を自分の身の回りから探す必要がある。

49

解答　問一、Aウ　Bア　Cエ　問二、エ　問三、弱肉強(食)　問四、(1)イ　(2)壊しながら作り直す　問五、a元素　b循環　問六、エ　問七、ウ　問八、エ

解き方　**福岡伸一「動的平衡2　生命は自由になれるのか」**より。問一、A頑丈・ア土壌・イ便乗・ウ気丈・エ計上、B操業・ア体操・イ創作・ウ壮大・エ改

装、C病原体・ア財源・イ言外・ウ幻想的・エ原形。問二、①③ともに前後が逆接の関係になっている。問四、(1)前の段落に「工学的発想に立てば……頑丈に作って破壊の力から守り抜く」とある。ア「破壊力を……回避しよう」、ウ「破壊力を弱らせていこう」、エ「破壊力を吸収しよう」は書かれていない。(2)傍線部の具体例は次の段落に詳しく書かれている。問五、「地球環境というネットワーク」については、二つ手前の段落に「元素を次々と集め……循環を駆動している」とあるので、「元素」と「循環」を抜き出す。問六、「生物多様性が求められる根拠」は、二つ前の段落に「結び目が多いほど……地球環境という動的平衡を保持するためにこそ、生物多様性が必要なのだ」とある。また、傍線部の段落の最後に「生物多様性は……回復力の大きさをこそ支える根拠なのだ。」と説明されている。ア「たくましい生命力が地球環境を回復する原動力となっている」が誤り。地球環境を回復するのは生物多様性である。イとウは地球環境の回復という視点がない。問七、傍線部の理由が直前に「国家間のエゴや効率思考が先行すれば、生物多様性の理念は……損なわれてしまう」に書かれているので、この一文に着目して選択肢を検討する。アとエは地球環境が危険な状況にあることが述べられていない。イ「地球温暖化により……環境破壊が世界各地で起こっている」が誤り。ここで述べられている危険な状況とは、環境破壊の具体例ではなく、生物多様性が失われることである。問八、ア「エントロピー増大の法則から外れることによって、恒常性を保つことができる」が誤り。エントロピーの法則があるからこそ、生命は自らを壊しながら作り直すことで恒常性を保っている。イ「特定の元素に生じた変化が……生物全体に大きな影響を与える」が誤り。生物全体に大きな影響を与えるのは生物多様性が失われたときである。ウ「生物と物質とが相互に依存的、補完的な関係を結ぶことで……環境の同時多発的な変化を柔軟に受け入れることができる」が誤り。生物多様性によって、環境の同時多発的な変化を柔軟に受け入れることができるのである。

50 **解答**

問二、ア　問三、末吉が腕組　問四、めがねを掛けたツネが、薄暗い部屋の中にいるのに「眩しい」と言ったこと。(35字)　問五、ツネの目が悪かったことを知り、とても驚いている気持ち。(27字)　問六、I字が読めるようになりたい(12字)　IIせがんでいる　問七、X人柄や心情が読み取りやすくなる。（または）Y人間関係や場面の状況が読み取りやすくなる。）

解き方

藤岡陽子「おしょりん」より。問二、「神妙」とは、「態度がおとなしく、素直なこと」を指す。また、波線部のあとの内容から、幸八と五左衛門がツネを「勉強についていけないような娘ではない」ことをツネ自身から聞こうとしていることが分かる。問三、傍線部のあとで、幸八と五左衛門の二人が戻ってきたことを、末吉が問いただそうとして「ツネになんの用が——」と言ったり、そのあとで「末吉が腕組をしたまままめがねを顎で指し示」したりしている点に着目するとよい。ここでは『末吉』の態度が問われているので、後者が答えだとわかる。問四、傍線部の直前に全員がいる部屋が「行灯がひとつだけ灯る薄暗い部屋だった。」とある点がヒントになる。部屋が「薄暗い」のに、「眩しい」とツネが言うので、末吉は「心配」になったのである。問五、傍線部の直前で、小春の前掛けに「こんな白い花の模様あったんか」とツネが言っている点に着目する。小春はこれまでツネの目が悪かったことを知らなかった自分に驚いたのである。問六、傍線部の直後にある「読本の頁を開いたツネは、小春に読んでくれとせがんでいる」という文言を押さえる。めがねをかけて目が良くなったツネは、早く文字が読みたくて、母や父に読本を読んでくれとせがんだのである。問七、Xの「方言」からは幸八の人となりや地域のつながりなどが見えてくる。また、Yの「丁寧語」の使用の有無からは、まわりの人間関係に配慮しながら話をしている幸八の姿が浮かび上がってくる。

51 **解答**

問1、エ　問2、文化が異なれば相手のマナーも異なることが前提で、その場で相手のやり方にあわせようとする(43字)　問3、エ　問4、ア　問5、言葉の適用についてのルールにより二重化され、厳密にするとルールの抜け道ができ、曖昧にすると解釈が分かれる(52字)

解き方

船木亨「現代思想講義」より。問1、傍線部の直前に「ひとと一緒に食べる場合、食べる量や速度を他のひとにあわせなければならない」と、気苦労が増える理由が述べられている。問2、傍線部の段落のあとにある「マナーは、ただひとの…」で始まる段落に着目する。「マナーとは、……その場で相手のやり方にあわせようとすること」「文化が異なれば相手のマナーも異なることを互いに前提して伝えあおうとするコミュニケーションのこと」とある、二つの要素を盛り込んで指定字数以内にまとめる。問3、傍線部の次の段落以降に、「一旦ルールが決まったとなると」「はじまってしまう」別のことが具体的に述べられている。一つめは「ルールに反しても構わないと考えているひとがいるという想像だけで」「怒りという別の情念が生じる」こと、二つめは「ルールとなればその利害損得を考えはじめ」「マナーを外れてしまう」こと、三つめは「ルールが言葉で明確にされた分、その反対のことも明確にされて」しまうこと、四つめはルール破りを避けるために定めた「表現の曖昧なルール」についての解釈が分かれ、「想定外の行為を生み出してしまう」ことである。それらに合わない選択肢を選ぶ。問4、「シルバーシート」設定の事例から、「ルール」と「マナー」の特徴を捉えて考える。「シルバーシート」は体の弱い人に譲るというルールとして解釈すると、それに反するひとには怒りが生じるとある。しかし、従来、「体の弱い人には席を譲ろう」というのは「マナー」であったはずであり、「マナーに反しているからという怒りは理不尽」とあることから、「ルールとマナーの混同がある」と考えられる。問5、傍線部の前の段落と直後の「そのわけは、ほかでもない。…」から始まる段落の内容を読み取ってまとめる。書き出しが、「ルールは、言葉によって定められることで」となっていることも手がかりになる。傍線部直後の段落から、「その明示のための言語のルールが別途にあって、それで二重化されてしまう」ことを読み取ってまとめる。もう一つの要素としては、傍線部の前の段落から厳密な「ルール」は「抜け道を探す」ことにつながり、曖昧な「ルール」は都合のよい解釈につながるという内容をまとめる。

52 **解答**

(ア)3　(イ)2　(ウ)3　(エ)1
(オ)I主体的な意志　II責任の所在
(カ)1　(キ)2　(ク)4

解き方

堀内進之介「人工知能時代を〈善く生きる〉技術」より。(ア)空欄Aの直前に、「あたらしい技術」の進化により人間が主人公になるかもしれない、とあり、空欄Aを挟んで、それは単なる錯覚となりそうだ、とあるので、逆接の語が入る。また、空欄Bの直後はまとめの表現になっている。(イ)傍線部の直後の二文に理由が示されている。(ウ)「スマホ」や「ネット」が「道具」ではなくなり、「第二の自然」になるとは、「道具」という意識で使用するものではなく、私たちと一体化しつつ常に当たり前のように存在するものとなる、ということ。(エ)車の自動運転が「本当の」自動運転になれば、人間と自動車の主体と客体の関係は転倒する。筆者は、そのような事態に対して、3のように「心待ちにしている」わけではなく、4のように「あってはならないと警戒している」わけでもない。2にあるように、「危険な技術だと恐れている」のでもない。社会の枠組みや人間の存在そのものが揺らぐことになるだろうから、社会がどのように変わっていくのか、関心を持たなければならないと述べている。(オ)空欄Ⅰは、傍線部の直前の一文を読めば分かる。空欄Ⅱは、傍線部の次の段落とその次の段落を読めば、見つけられるはず。(カ)傍線部の直後の一文に理由が書かれており、「疲弊するばかり」とある。したがって、「消耗するだけ」とある1が適当。(キ)4にあるように「社会の変化を食い止める」ことはできない。社会が変化せざるを得ない中で、1・3にあるように「一人ひとり」や「個人」が努力したり貢献したりするのではなく、社会の変化に関心を向けて、ビジョンを描くことが大切だと筆者は述べている。(ク)1「人間の能力を飛躍的に向上させていく可能性」が誤り。2単純な「期待感」はない。3「バラ色の未来」という捉え方は、「どこか胡散臭い」と本文にある。

53

解答　1、ウ　2、a物語が多く～ンスを得た　b自分自身を納得させようとがんばっている(19字)　3、僕は『ケン　4、a自分が引いて正也を東京に行かせる(16字)　b「ケンガイ」や他校の作品の話をする(17字)　5、ア

解き方　**湊かなえ「ブロードキャスト」**より。1、「面持ち」とは「おももち」と読む。「顔つき・顔色・表情」という意味である。2、a空欄前後の「正也」「全国大会出場の喜び」「どうしても東京に行きたいとは思っていない」を手がかりにして本文を確認する。傍線②の前に「全国大会……のうれしさは物語が多くの人に伝わって、もっと多くの人に聴いてもらえるチャンスを得たことに対してで、決して、東京に行けるからじゃない」とあるので、この「うれしさ」を「喜び」に置き換えてこの部分から抜き出す。b空欄前後から、「圭祐が正也のことをどう感じているか」という点に関する記述を本文から探せばよい。(注3)の前に「僕には、正也が自分自身を納得させようとがんばっているようにしか思えない。」とある。3、設問文の「比較」「『ケンガイ』に対する評価」「正也に伝える」「評価とその理由」といった指示を踏まえて本文で該当箇所を確認する。空欄Aの前に「でも、正也。僕は『ケンガイ』の方がおもしろかった。おもしろいって、イコール、笑えるじゃないと思うから。」という記述がある。4、a空欄前後の「正也のことを気遣い」「決断した」を手がかりにして傍線部のあとを確認すると、「正也のことを慮り」「自分が引いて正也を行かせるという苦渋の決断をした」とあるので、この部分を用いて、「どこに行かせるのか」を添えてまとめる。b空欄のあとの「正也にとっても、部にとっても、より大切であること」という記述に着目して本文を確認すると、本文末尾に「それでも大切なことは見えていなかった」とある。これをaの解答と重ね合わせると、「東京に行くこと」よりも「大切なこと」があるのに、それが(僕=圭祐)には見えていなかった、ということになるので、これに該当する部分が本文にあるかどうかを確認する。傍線②の直後に「東京に行かれないかもしれないから。」「大会終了後、普通に作品の話をすればよかったのだ。『ケンガイ』のこと、他校の作品のこと。」とあり、これをまとめればよい。5、まず、本文は「僕」の視点から描かれていることを確認しておきたい。イ比喩に関しては本文にはほとんど出てこない。傍線④に「殴られたかのように」という表現があるが、これは「直喩」であって「隠喩」ではないし、「擬人法」は見当たらない。ウ「現在と過去の場面」の「入れ替え」は本文に存在しない。エ本文に「場面の転換」は存在しない。この文章は、リード文で示されているように「話し合いの場面」のみによって成立している。

54

解答　問一、重朗さんが色を認識できるのかを確かめておきたかったから。(28字)　問二、ウ　問三、(1)色のないそ　(2)この土地で生まれた歌をこの土地で詠みたい(20字)　(3)私は紛れも

解き方　**村上しいこ「青春は燃えるゴミではありません」**より。問一、傍線部の少しあとを読むと、「私」が「嘘を持ち込んだ」のは、「重朗さん」が「色」が見えるのか見えないのかを「教えてくれなかった」からだということが分かる。問二、「重朗さん」が「青が帰ってきた」と感じるのは、スマホを通じて「私」が詠んだ「歌」から思い出のなかにあった海の「青」を思い出したのである。アは「潮騒の音に乗せて届けてくれた『私』の工夫」が誤り。「工夫」ではなく「聞いてほしい」という「私」の願いである。イは「悩みつつも希望を抱いて生きた若い頃の自分」が、エは「これまで見たことのない青い海」が誤り。問三、(1)直後の「自問」という言葉がヒントになる。後半で「重朗さん」の「写真」を見ながら、「私」が「色のないその世界に、私は、色をつけることができるのか。」と自分に問いかけている場面がある点を押さえる。(2)直後に「強い思い」という言葉がある。「小俵先生」は、「私」の「強い思い」に「共感」を覚えたのだ。この「強い思い」とは「私」が「重朗さん」に「歌」を詠んだあとに、「今詠んだ歌を、大会で詠みたい。ここで生まれた歌を、この土地で。今の歌こそが自分にとっての、青の歌だ。」という思いにほかならない。(3)「現実に向き合って一歩を力強く踏み出そう」と考えている「私」の昂揚する思いは、結末で「私」が「地球の上に立っていた」という比喩で表されていることが分かる。

55

解答　問二、ウ　問三、サッカーボールの形を球形と認識する脳の働きに個人差は見られないが、テレビ中継されているサッカーの試合が好きか嫌いかという脳の反応には大きな個人差が見られる。(78字)　問四、生きる上で重要な　問五、(ある事象に対する感情の反応に個人差が生じることにより、)さまざまな人々が異なる選択をすることになるので、人間という生物種全体として、環境の変化や予想のできない事態に適応できる。(60字)

解き方　**茂木健一郎「疾走する精神――「今、ここ」から始まる思想」**より。問二、傍線部直前に、「他人に起立を強制したり、感激を無理矢理に押しつけ」るのは「大人の態度ではない」とあるので、これと反対の「態度」を述べた選択肢を選べばよい。問三、6段落にある「丸いもの」を「サッカーボールの形」と置き換え、7段落の「ある事象」を「テレビ中継されているサッカーの試合」と置き換えて、前者を「脳の働き」、後者を「脳の反応」にそれぞれ

対応させてまとめる。問四、三十字「以内」ではないことに注意。「近年の脳科学の発達により、」と空欄の直前にあるので、同じ語句のある⑨段落から探す。問五、「ある事象に対する感情の反応に個人差が生じることにより、」という書き出しと「人間という生物種全体」という指定語句を手がかりにして、前段落の表現を用いてまとめるようにする。傍線部の「自他の差異に対して許容的である」をうまく言い換えるようにする。

56

解答

問二、ウ　問三、ア　問四、A周囲の他者に儀礼的に無関心を示し、安心な距離があることを示しあっている(35字)　B周囲の他者への関心を喪失し、安心な距離を保つための儀礼の実践を怠っている(36字)　問五、エ　問六、ウ

解き方

好井裕明『今、ここ』から考える社会学」より。問二、新聞や雑誌といった形式的な方法で距離をとっているということ。問三、傍線部の前で、スマホは「全く異質なリアリティへ瞬時に跳躍できる」ものであると述べられている。問四、一つ前の段落に、混んだ車内の二つの光景、「新聞や雑誌」と「スマホ」の違いがそれぞれ述べられている。問五、傍線部を含む段落の内容に着目。「社会学的に読み解く」とは、日常のなかで使っている「常識的知識をいったんカッコに入れ」、それについて立ち止まって考えてみることである。よって、自分の常識とは違う車椅子の祖母の立場で町を見直すというエが適当。問六、「私はこの二つは……考えます」と筆者の考えを先に示しており、あとの段落で具体的に説明している。

57

解答

㈡ア小手先の制度改革　イ根もとから洗いなおす　㈢じぶんのやろうとしていることの大事さやおもしろさをきちんと他のプロに伝え、その発言にも耳を傾ける(48字)　㈣3　㈤(一つの問題をいくつもの異なる視点から見ることで)知性をより客観的なものにするために、同時代の社会の、微細だが根底的な変化を感知するセンスをもつ(人)(47字)　㈥1　㈦3　㈧(第)②(段落)　㈨4

解き方

鷲田清一「パラレルな知性」より。㈡傍線部を含む文の次の文に、「これらの問題は小手先の制度改革で解決できるものではなく、……これまでの考え方そのものを、その根もとから洗いなおすことを迫るものである。」と述べられている。㈢③段落に、「ほんとうのプロというのは」とあり、三つのことが挙げられている。説明した文に一つめの「他のプロとうまく共同作業ができる人」が挙げられているので、残りの、「じぶんがやろうとしていることの大事さ」や「おもしろさ」を「きちんと伝えられる人」と、「他のプロの発言にもきちんと耳を傾けることのできる人」の二つをまとめればよい。㈣傍線部の「に」は「つねに」という副詞の一部。1は「きれいだ」という形容動詞の連用形の一部。2・4は助詞。3は「さらに」という副詞の一部。㈤問いの条件を用いて、傍線部を含む④段落の内容を整理しよう。まず、書き出しの条件が、本文のどこと対応しているかを考える。すると、傍線部の直後の部分だと分かる。そのあと、「このことによって」、さらに、「そのためには」と文が続くので、それぞれの因果関係や成立の順序が読み取れる。また「そのためには」以降は、同じ内容が表現を変えて繰り返されているので、段落最後の「要するに」以降を解答に用いるのがよい。まとめると、「根底的な変化を感知するセンス」をもつことで「異なる視点から問題を照射することができる」ようになり、「知性はより客観的なものになる」のである。あとは、条件に合うように書き換える。㈥傍線部を含む⑥段落は、「遠近法的に見る」ことが説明されている段落である。読み進めていくと、「つまり」とあり、重要なものとそうでないものなどを「大括りに摑むことができるということ」と書かれている。㈦空欄の前後の文を見ると、「すぐに白黒をつけたがる」や「重要な問題ほど答えはすぐに出てこない」とあるので、「すぐに」に類する言葉を選ぶ。㈧挿入文を見ると、冒頭に「さらに」とあり、様々なプロと手を組む必要について具体的に述べられていることが分かる。プロが他のプロと手を組まなくてはならない、という内容が具体的に述べられているのは②段落しかない。㈨1「専門性ではなく」、2「自らの専門性や『教養』へのこだわりを捨てて」が不適。専門研究者は「同時に『教養人』でなければいけない」と本文にある。3「他者と競い合い自らの専門性に磨きをかけて」が本文にないので不適。

詩・短歌・俳句

1

解答

(1)ア　(2)イ　(3)ウ

解き方

村野四郎「鉄棒」(「体操詩集」所収)より。(1)「地平線」は鉄棒の暗喩(隠喩)。アの「太陽」が「明るくしてくれるもの、暖かく見守ってくれるもの」などの暗喩(隠喩)になっている。比喩でも「ような」を使っていないことに着目。イは倒置法。ウは擬人法。エは「ような」を使っているので直喩。(2)「世界」にぶら下がるから「鉄棒」。鉄棒をしているときは、ぶら下がる鉄棒が自分の全て(世界)となる。逆上がりをして回転する「世界」とは「景色」。(3)ア「視覚的な表現」はあるが、それによってスロー映像のように表しているわけではない。スロー映像のように感じられるのは、一つひとつの動きを心情とともに丁寧に描いているからである。イ「僕は収縮する」は肉体運動を表すが、「美」として表現しているわけではない。「僕は赤くなる」も筋力をこめたことを表し、「感動の表現」ではない。エは「初心者であった『僕』」「『僕は何処へ』に表された不安」「技の熟達者となった満足感」などが誤り。

2

解答

1、むずがゆそうに揺れている　2、一つの全体　3、エ　4、ウ

解き方

川崎洋「森」(「川崎洋詩集」所収)より。1、空欄の前後にある「風に揺れる森の様子」「身体的な感覚を持つ」の両方に合致する言葉を探す。2、空欄の後ろの「別々なものの集まり」とは逆の内容を表現する言葉を探す。3、一行め「もしかすると」以降と五行め「もしかすると」以降、さらに最後の二行が対句になっている。また「森は終日むずがゆそうに揺れている」「森の入口のあたりが騒がしく」「少し離れたところがざわざわし出す」などに森の生命感がよみこまれている。4、森が、全体として存在しているのではなく、ある部分が静まり返っていると他の部分は騒がしかったりする。それは森だけでなく、「この僕」にもあてはまることだと考えている。これらの点からウが適切。アの「他者」、イの「所属する集団」は登場し

ていない。エの「柔軟に対応しようとする」、オの「他者の自分に対する評価」も読み取れない。

3 **解答** (二)4　(三)青空の井戸　(四)3　(五)1　(六)作者が明示していないことを想像する(17字)

解き方 **坂井修一「ここからはじめる短歌入門」**より。(二)傍線部イは名詞(体言)のあとにつく「に」で「場所」「結果」「対象」などを表す格助詞。「に」を語形変化(活用)させることはできない。傍線部1・2・3はこれと同じである。4の「に」は形容動詞の活用語尾である。(三)「特殊な表現」とあるので、普通はしない言い方を探す。「青空」に「井戸」があるとは考えにくい。(四)手がかりは「この歌の茫漠としたおもしろさ」と類似した表現であること、「焦点」と呼応する語(動詞)を用いた表現であること、の二点である。(五)終わりから三段落め「この歌でむずかしいのは、…」以下をよく読むこと。「唯一の正解を求めると読みは挫折」「茫漠としたおもしろさ」などの記述に着目する。(六)キーワードは(この歌の)「読み方」である。終わりから三段落めにある「そういう読みかたが許されている歌」によって導かれる「読み方」を字数以内で「…と」につづく言い方でまとめる。

4 **解答** 3

解き方 1、「救ってくれるのは『天使』だけだという確信」とあるのは言い過ぎ。「天使」はただ「うしろ」に「ゐる」だけである。2、「軽快に」が不適。4、「誰もが感じた悲しみ……「天使」がいるとしても消えはしないという過去にとらわれている思い」が不適。

5 **解答** 1、F　2、E　3、(1)しらしらと氷かがやき　(2)わがこころ燃ゆ

解き方 1、Fの短歌は、「大き月」が「遊ぶがごとし」と、月を人に見立てて表現している。このように、人でないものを人に見立てて表現する技法を擬人法という。2、「思い出の中にいるかつての自分」とは、Eの「きみに逢う以前のぼく」のことである。3、(1)一つめは「月」の短歌の鑑賞文である。また、「視覚的」な表現のあとに「聴覚」の表現が詠み込まれているという点もヒントになる。あてはまるのはD。「千鳥なく」が「聴覚」によって捉えた対象である。(2)二つめは、「新たな季節の訪れ」がヒントとなり、Cの短歌の鑑賞文であることが分かる。「夏はきぬ」は、「来る」の連用形「き」＋完了の助動詞「ぬ」で、「夏は来た」と訳す。また、「前の句と対応して力強いリズムを生み出す」とあるので、空欄Ⅱには「わが瞳燃ゆ」と対応している「わがこころ燃ゆ」を入れればよい。

6 **解答** (1)エ　(2)ウ

解き方 **「鑑賞　日本の名歌」**より。(1)Aは、奥深い森の夕暮れの光景を詠んだもの。Bは、帰ってきた作者が「子」を抱きとめたときの心情を詠んでいる。Cは、「虫かご」からいっせいに虫たちが逃げていく生命力あふれるさまと、緑豊かな自然が描かれる。Dは、谷間に雨が降り、そこに自分の声が静かに立ち昇っていく様子を詠んでいる。従って「人間」を詠み込んでいるのはBとDである。(2)「みちのくのしぐれ」が八音で字余りになっているので、アとイが誤りであることがわかる。また、「しぐれ」とは、秋の末から冬の初め頃に、降ったりやんだりする雨のこと。「梅雨」と説明しているイとエは誤り。

7 **解答** 2

解き方 「蕊」とはおしべとめしべ。「向日葵」の中心に視点を動かし、焦点を絞っていくと、「海」は前景の「向日葵」を引き立てながら後景へ消えてゆく。「向日葵」を効果的に浮かび上がらせながら、遠景に退いた「海」の存在によって確かな奥行きを感じさせる句である。

8 **解答** イ

9 **解答** 1、季語　2、エ　3、一つのイメージを持った言葉　4、イ　5、エ

解き方 **武馬久仁裕「俳句の不思議、楽しさ、面白さ—そのレトリック」**より。1、直後の「俳句に季節感をもたらす機能を持っている語」のこと。2、名詞「注目」にサ行変格活用動詞「する」がついて一語になったもの。3、空欄のあとが「として」とあるので、それにつながり、「読むことができる」に係る表現を指定字数で探す。4、正解のイ「切れ字」は、俳句の中や最後に用いられ、意味の切れ目、作者の感動を表すために用いられる語。5、俳句の季節は、基本的に用いられている季語がどの季節を表すかによって判断する。「風花や」の季語は「風花」で「冬」。選択肢の句それぞれの季語は、ア「噴水」(夏)、イ「菜の花」(春)、ウ「月」(秋)、エ「咳」(冬)である。

10 **解答** (1)エ　(2)(例)(俳句)雪降るやそそぎて香り良き紅茶
(説明文)「雪」の冷たさと「紅茶」の温かさを対比させました。積もっている冷たい雪を見ながら、温かい紅茶を飲んで、冬の休日を楽しみたいという心情を表現しようとしました。

解き方 **石寒太「俳句はじめの一歩」・金子兜太「子どもと楽しむ　俳句教室」**より。(1)鑑賞文には「対比」とあるので、「大きな緑」と対比関係になるのはウ「白くて小さな」である。「緑」と「白」、「大きな」と「小さな」が対比となっている。(2)「雪(冷たいもの)」と対比させるので、「温かいもの」を考える。説明文では指定された条件に従うこと。「原稿用紙の正しい使い方に従う」とあるので、書き出しや改行で一マス開けることを忘れないように。

11 **解答** 1、D　2、A　3、(1)吹き割る　(2)ウ

解き方 1、Dの「何か急かるゝ」が「漠然としたあせり」の表現である。2、句の中に「切れ字」が用いられているのは、A「木がらしや」とC「元旦や」の二句。「眼前の小さなもの」はAの「目刺」である。Cにはない。3、「垂直に流れ落ちる水」とは滝のことなので、Eの句についての鑑賞文だと分かる。(1)「風」をどう形容しているか。(2)「必要な風力は増すことになり」から空欄Ⅱに適する語を考え、その選択肢についてⅢの内容を考える。ウの「本来の時の流れから解放されたもの」は鑑賞文の「未来からの風」に合致している。

12 **解答**　(1)ウ　(2)イ　(3)ア　(4)エ

解き方　(1)「銀杏散る」は、黄色く色づいた銀杏が落葉することで、晩秋の季語である。ア「菜の花」は春、イ「粉雪」は冬、ウ「野菊」は秋、エ「蝉」は夏の季語である。(2)本文中の「コウエン」は、大勢の人に向かって、話をすることだから「講演」。(3)「先生の作品を見たい」ということなので、動作主は自分。先生が相手なので、自分の行為を謙譲語で表さなければいけない。(4)空欄のあとに、「よかったら」という仮定の言い回しが続いている。

13 **解答**　問二、ウ　問三、イ　問四、Ⅰ視覚　Ⅱ鳴き声　問五、(1)何の俳句なのかということ。(2)どの季語の持つ味わいに注目して楽しめばいいのかということ。問六、Ⅰ春にしか咲かない　Ⅱ「花」に重きを置いている　問七、初心者がよく理解せずに季語を詰め込んでしまうと、伝えたいことの焦点がぼやけてしまうので、基礎が身についてから作るべきだと考えている。(66字)

解き方　**山本一葉「季重なり」**(「俳句界」17年8月号所載)より。問三、①はXの、②はYの、③はZのそれぞれ具体例となっており、解説文がつくことで、どのような句なのかの理解が深まるようになっている。アは、「季重なりの句がタブーとされている理由をわかりやすく説明する」とあるが、①～③の句の解説文には季重なりがタブーであるという記述はないので不適。ウは「作者と筆者の考え方の違いを鑑賞文を用いて示すことで」とあるが、鑑賞文では作者の考えについては触れられていないので、不適。エは「鑑賞文を用いて季重なりの句の善し悪しを対比的に示す」とあるが、①～③で挙げられている句は、皆季重なりでありながら、素晴らしいとされている句であるので、不適。問四、傍線部の直後に「三つの季語それぞれが視覚・聴覚・味覚と、それぞれ別の感覚をあらわしている、という点」とあり、これこそがこの句が良しとされている理由なのである。これらの感覚のうち、「目には」と対応するのは視覚であるから、Ⅰには「視覚」が入る。また「耳には」と詠まなくとも伝わるのは山ほととぎすの鳴き声であるから、Ⅱに入るのは「鳴き声」。問五、傍線部を含む段落の冒頭には「私の意識の中では、季語とは『おにぎりの具』のようなものである」とあり、「たとえば、その具(季語)を三つも四つも詰め込んで、はいどうぞ、と出されたらどうだろう。」とある。よって、具＝季語、という例えを読み解いて、(1)、(2)にあてはめればよい。問六、Ⅰ日本において、桜の花は春にしか咲かないものである。Ⅱ季語の軽重を考える上で、「春にしか咲かない桜」とどの季節でも見られる「月の明るい夜」を比較しているのだから、「花」の方を重視していると考えられる。問七、「長くなったが…」で始まる段落以降が、筆者の季重なりに対する意見が述べられている部分。中心となっているのは、「初心の頃に季重なりを良しとしてしまうと、あれもこれもとよく理解せずに詰め込んだあげく、本当に言いたいことの焦点がぼやけてしまうのである。」(次の段落)、「季重なりの句が悪いとは思わない。ただ、それは、『基礎の基礎』ができてからのこと。」(最後の段落)であるから、これらの内容を、問題文の指示に従ってまとめればよい。

14 **解答**　(例)記号　ア
「見開きのノート」は、まだ何も書かれていない白紙のノートだろう。それは、自分がこれから迎えようとする新しい季節が、まったく手つかずで広々と広がっていることと重なり合う。私は、「春」という言葉には、物事を始める時期、スタートラインに着く時期というイメージを抱く。これまでのことをすべてリセットして、またゼロから活動できるチャンスが訪れるのだ。この句からは、そうした新鮮な意気込みを感じ取ることができる。

15 **解答**　4

解き方　「まだもののかたちに」積もっている、ということは、あとには「もののかたち」が分からなくなるくらい積もるかもしれないが、今のところは「もののかたち」が分かる程度にしか積もっていない、ということである。

16 **解答**　エ

解き方　エの「雛」はひな人形のこと、つまり春の季語である。

17 **解答**　(一)1　(二)こだわり　(三)2

解き方　**堀本裕樹「富士百句で俳句入門」**より。(一)「燕」という名詞(＝体言)で終わっている。(二)作者の表記に関する記述であることが手がかり。(三)1「直感的に使い分け」は誤り。3「優雅さ」、4「可憐に飛ぶ様子を強調」はいずれも言っていない。

18 **解答**　1、ウ　2、イ　3、誰もが見ているようで気がつかなかったもの　4、エ　5、イ

解き方　1、「絵画」は同じような意味の漢字を重ねた熟語であるから、ウ「尊重」が適切。2、空欄直前の「作者の発見」について、空欄の後ろでは「俳句における発見」の意味を補足している。3、「まさにそんな作品」とは、一段落めで筆者が述べているように、「作者の発見」を切り取った作品であるということ。俳句における発見とは、一段落めの最後の文にある「誰もが見ているようで気がつかなかったもの」を切り取ってみせることである。4、文章の最後で俳句の持つ普遍性について、「誰もが目にする可能性があり、その場面をありありと思い浮かべることができる」といっている。つまりここでの普遍性とは、誰にでも通じる性質を持っているということである。5、文章中で、「薄氷」の説明として「春先、水面にうっすらと張る氷」とあるので、「薄氷」は春の季語。アの季語は「大根」で冬、イ「たんぽぽ」で春、ウ「コスモス」で秋、エ「かたつむり」で夏。

第三章　古典（古文・漢文）

古文

1　**解答**　問一、もののあわれ　問二、イ　問三、無常について語り、語りにふさわしい曲を弾いた（22字）

解き方　「**十訓抄**」より。問二、傍線部の直後「涙を落とさずといふことなし」は、「涙を落とさないということはない」ということで、二重否定になっている。言いたいことは「誰もが涙を流す」である。問三、「まづ世の中の無常をいひつづけて、折にあへる調べをかき合せて」が理由にあたるので、この部分を用いてまとめる。

通釈　孟嘗君が、楽しいことに十分に満足して、物事の情趣を理解しなかった。雍門という人（がいて）、とても上手に琴を弾いた。聞く人（のなかで）、涙を落とさない人はいなかった。（孟嘗）君が言うことに、「雍門（が）、（いくら）上手に琴を弾くといっても、私はどうして泣くことがあろうか（泣くはずなどない）」と言って（雍門に琴を）弾かせたところ、（雍門が）まずこの世の無常について話をして、（その後）その場面にふさわしい曲を（琴で）弾くと、まだその曲が終わらないうちに、（孟嘗君は）涙を落とし（て泣い）たということだ。

2　**解答**　問1、とわせたまいければ　問2、ウ　問3、どの歌詠みがすぐれているか（13字）　問4、イ

解き方　「**十訓抄**」より。問2、宮内卿を呼んで、お尋ねになったのは後京極摂政。「いかに、いかに。」と尋ねた後京極摂政に対し、畳んだ紙を落としてそのまま退出したのは、宮内卿であり、その紙を拾ってご覧になったのは後京極摂政。問3、「かかる御尋ね」とは、「このようなお尋ね」という意味で、これより前の後京極摂政が尋ねていた「どの歌人が優れているか」という内容を指し示している。問4、傍線部の直前に「もとよりおもしろく、書きて持たれたりけるなめり。」とあるのに着目する。もともと、この歌を素晴らしいと思って、紙に書いてあったのだろうと思ったのである。

通釈　近年の和歌の名人には、民部卿（藤原）定家と、宮内卿（藤原）家隆の、二人が双璧といわれていた。その頃、「我も、我も。」と（和歌を）たしなむ人が多かったけれど、いずれも、この二人には及ばなかった。ある時、後京極摂政（藤原良経）が、宮内卿を呼んで、「この世で歌詠みが多くいるなかで、どの歌人が（いちばん）優れているか。心に思っていることを、ありのままにお話しされよ。」とお尋ねしたところ、「どの方も優劣つけがたく（存じます）。」と申して、思っていることがあるようだったので、「さあどうだ、どうだ」と、ひたすら（後京極摂政が）お尋ねになるので、（宮内卿は）懐から畳んだ紙を落として、そのまま退出してしまった。そのあと、（後京極摂政がその紙を）ご覧になったところ、

　今宵は中秋の名月。夜が明けて、朝になれば、アキはもう半分過ぎてしまっているだろう。

　傾く月が惜しいのではない。過ぎゆく秋が惜しいのだ。

と書いてあった。

　これは民部卿の歌である。前々から、このようなお尋ねがあるとは、どうしてわかろう。もともとこの歌を素晴らしいと思って、紙に書いて持っていたのであろう。

　これらは心の用意がしっかりしていた例である。

3　**解答**　㈠B　㈡震が・金を　㈢エ

解き方　「**十訓抄**」より。㈠「主を呼びて、返し取らせたりければ」とあるので、「主」が落とした人であることが分かる。㈡「そのところの司、古意あるによりて、金を忍びやかに震にあたふ」を受けて「つひに受けず」とされているので、震が金を受け取らなかったと分かる。㈢最後の段落で、「おろかなるたぐひは、人の見るばかりを憚りて、天のかがみ給ふことを恥ぢぬなり。」とあることから、人が見ていないからといってどんな行動をしてもよいというわけではないのだ、ということを訴えていると分かる。

通釈　ある文に書かれていることには、

　趙柔という人が、道の途中で、人が落とした金の宝玉をひもで連ねたものを拾った。その価値は、多くの絹に相当すると言うけれども、持ち主を呼んで、返したので、人々はこの話を聞いて、大いに（趙柔を）敬ったということだ。

　また、（別の話に）言うことには、

漢の国の楊震と言う人が、東莱というところの長官として、昌邑というところを通過した時に、そこの首長が、昔から思っていたことがあって、楊震に金をひそかに渡した。楊震が言ったことには、「（金を渡したことは）天も知り、地も知っている。私も知っているし、人も知っている。」といって、ついにその金を受け取らなかった。

「四知を恥づ」とは、こういうことを言うのである。愚かな者たちは、人の目ばかりを気にして、天が御覧になっていることを恥ずかしいと思わないのである。愚かで情けない心である。

4　**解答**　1、ひらきつかいて　2、イ　3、陽成院が祭見物にいらっしゃる（14字）　4、ア　5、ウ

解き方　「**十訓抄**」より。2、ア・ウ・エは「舎人なりける翁」の行動であり、イ「召し」だけが、陽成院の行動である。ちなみに「召す」は、お呼びになるという意味の尊敬語。3、空欄の前後を見ると、「人々が立て札を見て」「と考えた」とあるので、どの部分に人々の考えが書いてあるのかを探す。すると、翁が現れる前のところに、「陽成院、物御覧ぜむとて立てられたるなめり。」が見つかる。4、傍線部の直前を見ると、「ただ見候はむには、人に踏み殺されぬべくおぼえて」とあるので、八十歳の老人にとっては、混雑している祭見物は、踏み殺されてしま

うくらい危ないものに感じるのだろう。だから、安全に見に行くために、立て札を用意したのである。5、ア「涙もろく情け深い」、イ「周囲の人々のために行動する」、エ「権力者に逆らうことになったとしても」がそれぞれ本文の内容と合致しない。

通釈　昔、西八条で舎人であった老人が、賀茂祭の日、一条東洞院のあたりに、

　ここは「翁」が見物しようとする所である
　人々は、近寄ってはいけない

という立札を、明け方から立てたので、人々はその老人の仕業とは知らずに、「陽成院が、祭をご覧になろうとして、立てなさったようだ。」と言って、人々が近寄らなかった。(祭が始まる)時になって、この老人が、浅葱色のかみしもを着ている。扇をひらいてあおぎながら、得意顔な様子で、祭を見物した。人々は注目した。

　陽成院は、このことをお聞きになって、例の老人をお呼びになって、役人に尋ねさせなさったところ、「八十歳になって、(祭を)見物したいという気持ちは、全くございませんが、今年は、孫でございます男が、内蔵寮の役人として、祭に加わって通りますので、どうしても見たくて、普通に見ようとしますのでは、きっと人に踏み殺されてしまうだろうと思われて、安全に見とうございますので、札を立てたのでございます。ただし、陽成院がご覧になるなどとは、まったく書いておりません。」と申したので、「いかにももっともなことだ。」とおっしゃって、御処分もなくて、許された。

　これは、度胸のある行為であるけれども、見事に準備しおおせたことは、おもしろい。

5 解答

1、弓矢の扱い方も知らず、防戦できそうにないこと。(23字)
2、いて　3、イ
4、Ⅰその音楽に聞き入った後に去っていく(17字)　Ⅱウ

解き方　「**十訓抄**」下・第十 才芸を庶幾すべき事 二十七 より。1、傍線部直前の「弓矢の行方知らねば、防ぎ戦ふに力なくて」が理由にあたる部分である。3、傍線部の直後で「かくいふことなり。もの聞け。」と言っていることに着目。「かく」は「あの党や。」以下用光が言った内容を指す。用光がこれが最後だと思って演奏しようとしているから、船から強奪するのを待って、演奏を聞いてやれと言ったのである。4、Ⅰ二つの話に共通しているのは、命の危険に遭った主人公が、相手に素晴らしい演奏を聞かせたところ、相手が去っていったということである。Ⅱ盗賊も大蛇も恐ろしい相手として描かれているが、演奏を聴いて動きを変えている。

通釈　和邇部用光という雅楽の演奏者がいた。御船遊びのために土佐の国に下り、また都に上った時に、安芸の国の何とかという港で、海賊が押し寄せてきた。(用光は)弓矢の扱い方も知らなかったので、防ぎ戦うのに頼りとする方法がなくて、今は疑いなく殺されるだろうと思って、篳篥を取り出して、屋形の上に座って、「そこの連中よ。今はあれこれ言っても仕方がない。早く取っていきたいものは取っていくがよい。ただし、長年の間、心に深く思ってきた篳篥の、小調子という曲を吹いてお聞かせしよう。こんなことがあったぞと、のちのち話の種にでもするがよい。」と言うと、海賊の親分が大きな声で、「お前たち、しばらく待て。あのように言っている。聞いてやろう。」と言ったので、船を停泊させて、それぞれ静かになったところ、用光はこれが最期だと思ったので、涙を流して、素晴らしい音を吹き鳴らし、心を澄まして吹いた。

　折もよかったのだろうか、その調べが波の上に響いて、あの長江のほとりに、琵琶の音が水上に鳴り渡って聞こえたという唐の詩に詠まれた情景のようである。

　海賊たちは、静まり返って、何も言うことがない。しみじみ聞いて、曲が終わって、先ほどと同じ声で、「お前の船にねらいをつけて、(舟を)寄せたけれども、曲の音色に涙が落ちて(それほど感動したから)、ここはやめた。」といって、漕ぎ去って行ってしまった。

6 解答

㈠いえり
㈡秦の始皇帝が、松の木の下に立ち寄って、にわか雨をやり過ごせたこと。(33字)
㈢馬に水飼ふもの　㈣2

解き方　「**十訓抄**」上・第一 人に恵を施すべき事 九より。㈡本文の一文めの内容を指している。にわか雨が降ったときに雨宿りすることができたために、松に位を授けたのである。㈢直前に「あるいは」とあるので、「通りけり」の動作主は「馬に水飼ふもの」である。㈣この文章では、木や井戸といったものにも恩義を感じて、お礼をしようとする様子が述べられている。

通釈　中国では、秦の始皇帝が、泰山におでかけなさったときに、にわか雨が降り、五松の下に立ち寄って雨をやり過ごしていらっしゃった。このことにより、この松に位を授けて、五大夫と呼ぶことにした。五番目の位を松爵と呼ぶのは、こういうわけである。

　こればかりではなく、夏に道を歩く人は、木陰で涼んで、衣をかけて、また馬に水を与える人は、銭を井戸に沈めて通った。

　賢い人は、心のない石や木までも、恩義を感じ返礼することも欠かさないものである。

7 解答

(1)①おこがましく　②おわして
(2)①ア　②エ
(3)山寺法師と共に修行する若い僧が食事をしていた。
(4)(理由)刃傷ばしか(と思ったから。)　(実際)ウ　(5)イ

解き方　無住「**沙石集**」より。(2)①「賊人」を追いかけて、その足を捕まえて、同宿の若い僧を呼んだのは、アの「山寺法師」。②「隣りの某房」に「賊人」を縛る方法を聞いてくるように言いやられた「同宿の若き者」が、某房を訪ねて行くと、ちょうど食事を食べようとしていた時だったということから、②の主語はエの「隣りの某房」。(3)隣りの某房に「御分も食せ。」と言われた、「同宿の若き者」は、言われたとおりに食事をしたという文脈を捉える。(4)隣りの某房が、山寺法師のところに行った直後の言葉に着目する。「刃傷ばしか」になったと思って、駆けつけたのである。実際は、隣りの某房の「さていかに」という質問に答えているように、賊人に自分の腕をつねられ、痛さのあまりに放してしまったということを捉える。(5)「溺るるに及んで船を呼ぶ」とは、「何かが起きてから慌ててその場しのぎの処置を行っても遅い」という意味。

8 解答

問一、ひょうじょう
問二、イ　問三、上・君
問四、ウ　問五、イ

解き方　無住「**沙石集**」より。問二、人々が恐れているのだから、上(大臣殿)の「機嫌」である。問三、獅子の話は「君(鎌倉の大臣殿)」の比喩となっている。また、

「上の御気色を恐れて」の「上」も「鎌倉の大臣殿」のことである。問四、知家が獅子の例を挙げたのは、上に立つ者の威圧感についてなので、ウが正解。ア「積極的に民衆の考えを知ろうと思った」とは書いていない。イ「自分が上京することの意義に気づき」が誤り。大臣殿は上京を思いとどまっている。エ「自分のこれまでの悪政に気づき」が誤り。悪政に気づいたとは書かれていない。問五、「聖人(立派な人物)は人々の心を自分の心とする」と述べているので、イの「民衆の思いにこたえる」が正解。

通釈　人々が(鎌倉の大臣殿が)上京すべきかどうかの話し合いを行ったが、上様の御機嫌(が損なわれること)を恐れて、支障(があること)を申し上げる人はいなかった。(今は亡き)筑後前司入道知家が遅れて参上した。(知家に対して)このこと(上京の是非)について申せとの(大臣の)ご様子だったので、(知家が)申し上げられたことには「天竺にいる獅子と申す獣はすべての獣の王でございますが、他の獣を傷つけようという気持ちはありませんけれども、その声を聞く獣は、みんな肝をつぶして、ある者は死んでしまうと伺っております。そうであるので、上様(大臣殿)は人を悩まそうとお思いになるお心はないけれども、人の嘆きはどうしてないでしょうか。(いや、あります)」と申されたので、「上京はやめることにした」とおっしゃった時、すべての人々は喜び申し上げた。「聖人には(自分の)心がない、万人の心を(自分の)心とする」と言う。人の心が願うところを政治とする。これが聖人のあり方である。

9　**解答**　問一、やしないけり
問二、(1)元啓こ　(2)2
(3)元啓もまた私のまねをし、次は私が捨てられる(21字)
問三、父に行動を改めさせて、祖父を救ったから。(20字)

解き方　無住「**沙石集**」より。問一、語の頭以外の場所にある「は、ひ、ふ、へ、ほ」は「わ、い、う、え、お」に置き換える。問二、(1)点線直前の「自分の親を山に置いて帰ろうとする」が本文の「山へ送りて捨てて帰る」に対応しているので、そのあとの「元啓」を主語にした記述が「元啓の行動」であると分かる。(2)Aの「父の年たけ給ひたらん時」とは「父が年を取りなさった時」という意味。ならばこの父は、まだ年を取っていないということになるので、子どもである「元啓」が若い父である「元啓の父」に対して言っていることが分かる。Bは、直前の「行動も言葉も」の「言葉」は「元啓」のもので、本文でそれに対応するのは「父を諫めけれ」の部分である。(3)本文の「また我を学びて、我が捨てられん事」の部分の現代語訳を求めている。「学ぶ」とは、「見習う・まねる・勉強する」という意味。問三、「孝孫」とは「孝行な孫」という意味になる。孝行の中身は、祖父を救ったことである。そのやり方については、問二の(1)(2)で確認しているので、これを元啓の諫めにしたがって行動を改めたと考え、これらを簡潔にまとめる。また「理由」を聞いているので、最後は「〜から。」で終わること。

通釈　漢王朝の時代に孝行な孫がいた。年は十三歳であったが、(孝孫の)父が、妻の言葉にしたがって、年を取った親を山へ送って捨てた。孝孫は幼かったが物事の良し悪しのわかる者であって、父に(捨てないよう)忠告したけれども父は(その忠告を)聞かなかった。元啓と二人で、手輿に乗せて山へ送って捨てて帰った。元啓はこの輿を持って返ろうとする。父が言ったことには「持って帰ってどうするんだ」と止めたので、(元啓は)「父が年を取りなさった時に、(また手輿を)持って(父を)捨てるためです」と言ったことで気がついて、(父は)私が父(＝祖父)を捨てれば、(元啓は)また私(のふるまい)をまねて、(今度は)自分が捨てられると思って、また親(＝祖父)を連れて帰って養った。(元啓が)父を諫める計略は、本当に知恵深いものであった。

10　**解答**　1、イ　2、う　3、和歌は信仰の手引きになると思った(16字)
4、Ⅱ手にすくった水に映っている(13字)
Ⅲ住む　Ⅳはかない世の中に住んでいる(13字)

解き方　無住「**沙石集**」より。1、直前にあるように「歌をのみ好みすく」からである。3、児の和歌のあとに「歌は道心のしるべにもなりぬべきものなり」という僧都の感想が見つかる。4、Ⅱ和歌中に「手にむすぶ水に宿れる」とある。また、空欄のあとの「揺れる」もヒントになる。Ⅲ一語に同音の二つの意味を持たせる技法を「掛詞」と言う。「すむ」という音の語は、「済む」「住む」などが思い浮かぶが、空欄Ⅳの前に「自分が」とあるので、「住む」がよい。そうするとⅣは、はかない世の中に住んでいる、となる。

通釈　恵心僧都は、学問を修めることに余念がなく、仏教を深く信仰する者で、狂言綺語を無駄なことだと憎んでいた。弟子の児の中に、いつも心を澄まして、和歌を詠んでばかりいる者がいた。「児たちは、学問を修めることこそが、あるべき姿なのに、この児は、歌だけに熱中して、どうしようもない者だ。あのような者がいるから、他の児たちが見習って、怠けるので、明日には実家へ帰らせよう。」と、同宿の僧によくよくお話しになったことをこの児は知らないで、月が清らかに澄んでもの静かな折、夜もふけて縁側に立ち出で、手水を使おうとして、歌を詠んだ。

A　手にすくった水に映っている月の姿がはかないように、
　はかない世の中に住んでいることだ

僧都はこれを聞いて、今の世の中のありさま、歌の表現といい、心に深くしみて感動したので、歌は信仰の手引きとなるにちがいないものだと、この児を側に留めて、その後歌を詠みなさったということだ。

11　**解答**　(一)候いぬべし　(二)④
(三)心が勇猛で、情けもある人柄で、以前から親しい間柄であったから。(31字)

解き方　無住「**沙石集**」巻第七―四　芳心ある人の事より。(一)「ひ」は「い」に書き換える。(二)①・②・③の主語は「葛西の壱岐前司」、④の主語は「故鎌倉の右大将家」である。誰が誰を叱ったのか、という点に注意する。「叱り」の下に「給ひ」とあるので、叱っている人間の方が偉い人になる。(三)設問の要求が、葛西の壱岐前司の人柄と江戸氏との関係の二つであることに注意する。人柄については二重傍線部分①の直後、関係については太線の直後に書いてあるので、それらを簡潔にまとめる。

12　**解答**　問一、在家人
問二、病気の時は藤のこぶを煎じてお飲みなさい、という僧の教え。(28字)
問三、イ　問四、ようぞあるらん
問五、藤のこぶは、取り尽くして近い所にはなかったから。(24字)
問六、ウ

解き方　無住「**沙石集**」巻第二―一　仏舎利を感得したる人の事　より。問二、「これ」が指す内容は、直前の『藤のこぶを煎じて召せ』とぞ教へける。」の部分。

問三、ア僧は「藤のこぶを煎じて召せ」と言ったのだから、相手にはされている。ウ馬の病気を治すためではなく、馬がいなくなったことを相談している。エ「愛想を尽かした」のであれば、藤のこぶを探しにはいかない。

通釈 ある在家人が、山寺の僧を信じて、日常生活に関わることや仏教に関わることなどについても(この僧を)心から頼りにして、病気になると、薬についても尋ねた。この僧は、医学の心得もなかったので、すべての病に対して「藤のこぶを煎じてお飲みなさい」と教えた。これを信じてその通りにすると、どんな病気も治らないことがなかった。

ある時、馬がいなくなって、「どうしたらよいでしょう」と言うと、いつものように「藤のこぶを煎じてお飲みなさい」と(僧は)言う。(在家人は)納得がいかないものの、わけがあるのだろうと信じて(藤のこぶを煎じて飲もうとしたけれど)、あまりに(頻繁に藤のこぶを取ったため)取り尽くしてしまって近いところには無かったので、山のふもとを探し回っていたところ、谷のほとりでいなくなった馬を見つけた。これも信心深い心が起こした結果である。

13 解答

㈠3　㈡しいて　㈢おっしゃって
㈣おのが分を知りて
㈤(例)　私は、自分の限界を知って行動するのが賢い生き方だという考えに反対だ。なぜなら、自分自身の限界を予測することは困難だし、目標を追い続けることで自分自身の力を伸ばせると考えるからだ。

古典には、できない時はすぐやめるのが賢いと書かれているが、私は初めから自分の限界を作ろうとは思わない。仮に高すぎる目標を設定して失敗しても、再挑戦すればいい。私はこれからも努力を続けていきたい。

解き方 **兼好法師「徒然草」**より。㈠傍線部はその直前「おのが分を知りて、及ばざる時は、速やかに止むを智といふべし」を受けて(そのことを)「許さざらんは」と続く。1「お礼の気持ち」は、本文の「礼」の意味を誤解している。2「力仕事」は、本文の「力」の意味を誤解している。4は本文から読み取れない内容。㈢文雄の発言に、「先生は」とあるので謙譲語の「申していたけれど」は不適切である。㈣「自分の立場や能力」は【Ⅰ】の本文では「分」という語で表され、「分を知る(知らず)」という言い方で四回出てきている。㈤二重傍線部「自分の力の限界を知」るは、㈣の答えから【Ⅰ】では「分を知る」と述べられていると分かる。このことを参考にする。

通釈 貧しい者は財貨をもってするのが礼儀と心得、年老いた者は体力をもってするのを礼儀と心得ている。自分の身の程を知って、(あることが)できないときは、はやめにやめるのが知恵のある生き方というものである。そのこと(生き方)を認めないというのなら、(その認めない人が)誤っているということになる。自分の立場や能力をわきまえないで、無理にことをなそうと努力するのは、誤っていることになる。

貧しい人が自分の立場や能力をわきまえないと、盗みを犯してしまうし、体力が衰えて自分の立場や能力をわきまえないと、病気になってしまうものなのである。

14 解答

問1、たまわりて　問2、若き人
問3、障子を張りかえる　問4、ア

解き方 **兼好法師「徒然草」**より。問2、この日、「禅尼」の家へ「相模守時頼」がやってくる。そこでまだ年若い息子に、倹約の心を伝えようと障子張りをしているのである。問3、「さやうの事」とは、「そのようなこと」。「なんとかという」男にやらせようとしている仕事である。問4、「尼」は、息子に気づかせようと、自ら切り張りして障子の破れを繕う。手間がかかろうとも、見苦しくなろうとも、物を大切にする心を伝えるため一心に障子を張り直す。

通釈 相模守時頼の母は、松下禅尼と申し上げた。相模守を招待なさることがあったときに、古びて黒ずんでいる障子の破れた所だけを、禅尼が自分の手で、小刀を使ってあちこち切ってはお張りになったので、兄の城介義景は、その日の世話役をつとめてそばに控えていたのであるが、「(その仕事を)いただいて、何とかという男に張らせましょう。そのようなことに心得がある者でございます。」と申し上げなさると、(禅尼は)「その男(の張り替える障子)は、私の張ったものにまさかまさってはいないでしょう。」と言って、やはり一間ずつお張りになったので、義景は、「全てをお張り替えになるほうが、はるかに簡単でございましょう。(古いのと新しいのとが混じって)まだらでございますのも見苦しいのではありませんか。」と重ねて申し上げたので、(禅尼は)「私も、今日よりあとは、さっぱりと(全て)張り替えようと思うけれども、今日だけは、わざとこうしてあるほうがよいのです。物は破れている所のみをつくろって使うことだと、若い人に見習わせて、気づかせようというためなのです。」と申し上げなさったことは、たいそう立派なことであった。

15 解答

問一、ふるまい　問二、イ
問三、慎重であること。

解き方 **兼好法師「徒然草」**〈第一八七段〉より。問二、空欄の前の文にある、「得の本なり」が手がかり。対義語を選べばよい。問三、「得の本」となるのは「愚かにしてつつしめる(こと)」であると書かれている。引用部を字数以内で口語訳する。

通釈 全てその道の専門家は、たとえ不器用であるといっても、器用ながら専門家でない人と比べたとき、必ず優れるのは、怠ることなく慎重で軽率にことを行わないことと、ただただ好き勝手に(事を)行うことが同じではないこと(を知っているから)である。

芸事や型のある動作に限らず、さまざまの行いや心配りなどについても、不器用で慎重であることは成功のもとである。器用ぶって自由気ままなのは失敗のもとである。

16 解答

(1)①さよう　②なお　③もちいる
(2)①ウ　②イ
(3)新しい障子(または)きれいな障子)と古い障子(または)汚い障子)(とがまだらになっている様子)
(4)給はり～に候ふ　(5)ア　(6)物は破

解き方 **兼好法師「徒然草」**〈第一八四段〉より。(1)①「やう」は「よう」となる。②「ほ」は「お」となる。③「ゐ」は「い」となる。(2)①「けいめいして候ひける」という一続きの動作の主語が直前にある。②「張られける」という言葉の類似表現を前のほうで確認すると「禅尼手づから……張られければ」とあるので、主語は「禅尼」であることが分かる。(3)傍線部直前の「皆を張りかへ候はんは、はるかにたやすく候ふべし」という言葉を踏まえると、皆を張りかえていない状態を「まだら」と言っていることが分かる。古い〔汚れた〕障子の間に新しい〔きれいな〕障子が張ってあるのだと理解する。(4)傍線部を踏まえて、最初に「申された」場所を確認すると、前のほうに「…心得たる者に候ふと申されければ」とあるので、この「と」の直前が発言の終わりである。始まりを探すと、「候ひけるが」まで義景の説明部分なのでその次が発言の始まりとなる。(5)この物語のなかで若いことがはっきり分かるのは、冒頭の「相模守時頼」である。具体的には、義景は兄で禅尼は妹であり、禅尼が母で時頼が子という関係になっている。(6)前のほうの「物は破れたる所ばかりを修理してもちゐる事ぞ」の内容が「倹約」に合致する。

通釈　相模守時頼の母は、松下禅尼という名であった。守を招待なさることがあった時に、すすけている障子の破れたところだけを、自分の手で、小刀であちらこちら切り取っては張っていたので、禅尼の兄の城介義景が、その日の世話役を勤めて控えていたが、「(その仕事をこちらに)いただいて、なにがしという男に張らせましょう。そうした(障子を張りかえる)事に心得のある者でございますと申しなさったが、(禅尼は)「その男は、私の手細工によもやまさっていることはございますまい。」と言って、やはり障子の一こまずつを張っておられたので、義景は「(障子を)全部張りかえますほうが、はるかに簡単でありますでしょうに、まだらでございますのも見苦しいことではありませんか。」と重ねて申しなさったので、(禅尼は)「私も、後はさっぱりと張りかえようと思うが、今日だけは、わざとこうしておくのがよいのです。物は壊れた所だけを修理して用いるものですよと、若い人(時頼)に見習わせて、気づかせようがためなのです。」と申されたことは、めったにないほど立派なことであった。

世を治める方法は、倹約を基本とするのである。

17 解答

(1)ア・ウ　(2)(a)からめ　(b)上手になるまでの努力を見せない(15字)　(3)ウ　(4)イ

解き方　**兼好法師「徒然草」**(第一五〇段)より。(1)「ぢ」は原則として「じ」に直すので、アは「恥じ」。また語中と語末の「へ」は「え」に直すので、ウは「いえ」。イ・エは現代仮名遣いと同じ。(2)(a)引用を表す「と」に着目し、その直前までと考える。(b)「かくいふ人」は、芸の道を習得できない人のことである。この人は、芸が上手にできるまでは人前に出ずにこっそり練習しようと思っていることをまとめる。(3)「世のはかせ」「万人の師」になる条件が「道の掟正しく、これを重くして放埒せざれば」とあることに着目する。(4)「徒然草」は、鎌倉時代末期に吉田兼好によって書かれた随筆作品である。

通釈　一芸を身につけようとする人は、「上手にできないうちは、うっかり人に知られないようにしよう。こっそりと十分に(その芸を)習得したあとに人前に出る方が、たいそう奥ゆかしいだろう」とふだんから言うようだが、このように言う人は、一芸も習得することはない。まだまったく未熟なうちから、上手な人の中に交じって、けなされ笑われることにも恥じないで、平気でやりすごして励む人は、生まれつきの才能がなくても、(その芸を習得する)道に停滞せず、自分勝手にしないで年を送れば、才能があっても励まない人よりは、結局は上手の位置につくことになり、人徳が十分備わり、人に認められて(誰も)並ぶことのない名声を得ることになるのである。

世間で評判の一道の名人といわれる人でも、はじめは未熟だといううわさもあり、ひどい欠点もあった。けれども、そのような人は、芸の道の規則を正しく守り、これを重んじて勝手にふるまわなければ、世のなかの模範として、多くの人の師となることは、全ての道において変わるはずはない。

18 解答

①とびちがいたる　②夜　③ア

19 解答

(1)いみじゅう　(2)(a)ウ　(b)イ
(c)(う)雨が白い玉を貫き通したようにかかっている(20字)
(え)きらめいている

解き方　**清少納言「枕草子」**より。(1)「じう」は現代仮名遣いでは「じゅう」となる。(2)(a)ウ「係り結び」は「ぞ・なむ・や・か→連体形／こそ→已然形」の形に文末が変化する。(b)「枕草子」の作者は清少納言。ジャンルは随筆である。(c)う空欄直前の「壊れ残った蜘蛛の巣」に着目しながら【文章Ⅰ】を見ると、「蜘蛛の巣のこぼれ残りたるに」のあとは「雨のかかりたるが、白き玉を貫きたるやうなる」とあるので、この部分を用いて現代語訳でまとめる。えは、水に光が当たった時の状態をどう形容するかを考える。

20 解答

(一)あわれにおかしけれ　(二)朝日
(三)白い玉を貫いているようであるとたとえている。(四)ア

解き方　**清少納言「枕草子」**より。(二)あざやかに「出でたる」ものは朝日。(三)設問文中の「雨粒が付いた状態」の述部を「雨のかかりたるが」以降から探し、現代語に訳す。(四)傍線部の直前「つゆをかしからじ」(＝少しもおもしろくないだろう)に着目し、自分はおもしろいと感じるが、人の心(＝他人)はおもしろくないだろう、という推測を導く。

通釈　九月頃、一晩中降り続いた雨が、今朝はやんで、朝日がとても鮮やかに昇ってきたところ、お庭の植え込みの露は、(葉っぱから)こぼれる程に濡れ置いているのも、たいそう趣深い。透垣の羅文や、軒の上などは、張っている蜘蛛の巣で、破れ残っているのに、雨粒が付いた状態が、白い玉を貫いているように見えるのは、たいそうしみじみとして趣深い。

少し日が高くなると、萩などがとても重そうな所に、露が落ちたところ、枝がひとりでに動いて、人が手を触れなくても、ふと(枝が)上の方へ上がった様子も、たいそう趣深い、と(私が)言った事などが、他人の心には少しもおもしろくないだろう、と(心のなかで)思うのが、またおもしろい。

21 解答

(一)まいり　(二)ア
(三)雪山が他の場所でも作られ、珍しくなくなったことを、残念に思う気持ち。(34字)
(四)エ　(五)ウ
(六)中宮定子の、忠隆が返歌できないほど見事な和歌を詠んだ清少納言を、賞賛する気持ち。(40字)

解き方　**清少納言「枕草子」**より。(二)傍線部の「せ」が使役か尊敬かで迷うが、「ぬ」は打ち消しの助動詞「ず」の連体形。打ち消しの訳はアのみ。(三)解説文Bの『ふり』には……『目新しくなくなる』という、もう一つの意味があります」に着目。詠嘆の助詞「かな」は感動ではなく、残念・落胆というマイナスの意味に解釈する。(四)傍線部「かたぶきて」は首をかしげる＝返歌を思案する＝悩むという意味。(五)忠隆の発言「返しは、つかうまつりけがさじ」の訳である「返歌ヲシテ和歌ヲ汚スツモリハナイ」に着目。忠隆

は返歌をしなかったのである。㈥傍線部の「つ」は強意の助動詞で「きっと」と訳す。秀歌を詠んで、学芸の才能名高い清少納言を見返してやろうという意気込みの表れ。当時の慣例として、秀歌にはあえて返歌をしないという古典常識がある。返歌できない＝清少納言の和歌が素晴らしい↓中宮定子の賞賛となる。

通釈　さてその雪山を作った日、(帝の)御使いとして式部丞忠隆が参上したので、敷物を差し出して世間話などをしたところ、「今日は雪の山をお作らせにならないところはない。宮中の中庭にもお作らせになった。春宮のところにも、弘徽殿のところにもお作りになった。京極殿のところにもお作らせになった」などと忠隆が言うので、

　(都では)この場所にだけあって珍しいと(得意げに)見ている雪の山が、実はあちこちに雪が降って(どこもかしこも雪の山を作ったと聞いて)目新しくなくなってしまったのだなあ。

と作者(清少納言)がそばにいる人を介して言わせると、(忠隆は)度々首をかしげて、「返歌をして和歌を汚すつもりはない。風流な和歌である。御簾の前で人々に和歌を紹介しましょう」と言って立ち去った。(忠隆は)和歌をたいそう好む(人だ)と聞いたのに、不思議である。中宮定子のお耳に入ると、「素晴らしく詠もうときっと思ったのでしょう」とおっしゃる。

22

解答　問一、ようよう　問二、ア・エ
問三、(1)イ
(2)かわいがっていた鷹の蹴爪が欠けていたといっても、鷹一羽に侍一人の命を代えるなどということがあってはならないという考え。

解き方　**浅井了意「浮世物語」**より。問一、昔の「ヤウヤウ」という発音(昔の表記は発音どおり「やうやう」)は今の発音では「ヨーヨー」となり、現代かなづかいの表記では「ようよう」と書く。問二、アとエの主語は「秀吉公」、イは「鷹」、ウは「お歩の侍」、オは「御鷹匠」である。問三、(1)ウは「家来の力を借りないで、自分の力でやり遂げた」が、エは「失敗の原因を考えさせ、責任を取らせた」がそれぞれ事実と異なる。「有難き御心ざし」は、鷹匠が鷹の蹴爪を欠いた者の名前を言えば、その者に責任を取らせなくてはならなくなるので、体面上「名を言へ」と言ったものの、実際は小声で「言ふな」と止めたこと。(2)「大いに怒り」の理由は、「…蹴爪をば欠きけるぞ」と問いただしていることから考える。「考え」の内容は、「鷹一もとに侍一人……あるまじき事」と「おぼしめさるる」こと。

通釈　太閤秀吉公が鷹狩りにお出かけになり、建巣丸と名付け非常にかわいがっていた鷹をご自分の手に止まらせなさって、鶴をねらって放たれた。手助けをする別の鷹を放って、人々は飛んで行くあとを追って行った。(鷹が鶴を)やっと引き下ろして力草をつかみ、鶴を引き倒したところへ、身分の低い侍が一人走り寄って、御鷹を止まらせ直して秀吉公へお渡し申し上げた。秀吉公はご自分の手に(鷹を)止まらせてかきなでてご覧になると、蹴爪を欠いていた。秀吉公は大いに怒りなさって、「これは一体誰が(鶴から鷹を)引き分けて蹴爪を欠いたのだ。」と言って、御鷹匠を御前にお呼びになり、「お前は知っているだろう。誰がやったのだ。名を言え。」と言って、刀に手をかけなさった時、御鷹匠は、すでに真っ赤な顔になり、頭を地面にすりつけ、その人の名を申し上げようとする様子を、秀吉公がご覧になり、小声になって、「名を言うな、言うな。」とおっしゃった。

　本当に立派なお志と言えます。非常にかわいがっていた鷹一羽のために侍一人を代えるなどということはむやみにあってはならないこととお思いになるありがたいことは、何ともいいようがないほどです。

23

解答　問一、ほしいままに
問二、Ⅰ災難にあう
Ⅱ財宝を守る用心　Ⅲ苦しめ悩ませる
問三、つねに足る事を知るべし

解き方　**浅井了意「浮世物語」**巻第四〈三 足る事を知るといふ事〉より。問二、空欄Ⅰ直後の「原因」に着目し、本文から「原因」という熟語を探し、直前部分を抜き出す。空欄Ⅱ直後の「のために余裕がなくなり」に着目し、本文から同義語を探し、直前部分を抜き出す。問三、設問中の「心がけるべき」の「べき」に着目し、本文から助動詞「べし」を探す。

通釈　老子が言うことには、「欲が多いので身体を悪くし、財宝が多いので自分自身を苦しめ悩ませる」と言った。苦しめ悩ませるとは、財宝を守る用心のために余裕がない心のことである。実際十分に満足する事を知らない人は、欲が深いため、災難にあう原因となる。財宝はまた自分自身を損なう原因である。このためその欲のままに振る舞ってはいけない。常に満足する事を知るべきだ。

24

解答　問1、いうよう
問2、エ　問3、イ
問4、ひかない

解き方　**浅井了意「浮世物語」**巻第四〈二 牛を売るとて佐奈田(サナダ)にたとへし事〉より。問1、「いふ」は現代仮名遣いでは「言う」となる。「やう」は「様」で、現代仮名遣いでは「よう」となる。問2、「さらば」とは「それならば」という意味なので、指示語を踏まえて傍線部の前の文章を確認する。また買い主が「この牛は、力も強く病気もなきか」と聞いていることも踏まえる。問3、傍線部直前の「　」のなかの文章を確認する。ポイントは「犂は一足もひかず、そのくせに人を見てはかけんとする」という部分。問4、一つめの空欄の前にある「牛」「犂」、二つめの空欄の前にある「真田幸村」「一歩も」という言葉を手がかりにして本文を探す。本文末尾のほうの「犂は一足もひくまい。」「佐奈田は……一足もひいたことはなかつた」という言葉を確認し、共通する部分を五字以内でまとめる。

通釈　今となっては昔のことだが、ある人が牛を売っていたのだが、買い主が言うには、「この牛は、力も強くて病気もないか」と言うので、売り主は答えて「なかなか力が強く、しかも丈夫な牛だ。大阪の陣でいえば真田幸村のようなものだと思ってくれ」と言う。「それならば(買おう)」と言って(買い主はその牛を)買い取る。五月になって、この牛に犂をかけて田畑を耕させようとしたところ、全く力が弱くて田畑も耕さず、犂は一歩も引かない。どうかすると人を見ては走り出して、角で、突こう突こうとするので、「何の役にも立たない牛だ。いやはや(あの売り主は)憎いでたらめを言って(私にこの牛を)買わせた。大阪の陣でいえば真田幸村のようなものだと申していたから、さぞかし強いだろうと思っていたら、犂は一歩も引かず、そのくせ人を見ると(角で)突こうとする」と腹を立てている。ある時あの売り主に会って、「あなたはいい加減なうそをついて、人を(角で)突いて、犂を引かない牛を、真田幸村のようなものだと言って売りつけなさったな」と言うと、売り主は

答えて「そうだろう。犂は一歩も引かないだろう。人を見ると突こうとすることもそのとおりだろう。だからこそ真田幸村だと申したのだ。大阪の陣で真田幸村は、たびたび突き進みはしても、一歩も引いたことはなかった。その牛も引かないから真田幸村のようなものだ」と言った。

25

解答

問一、いうよう　問二、(1)よく田を耕すだろう　(2)突き進む・ひかない　(3)ウ

解き方　**浅井了意「浮世物語」**巻第四〈二　牛を売るとて佐奈田にたとへし事〉より。問二、(1)[2]段落を読むと、買主が田を耕すために牛を買ったのだと分かる。(2)牛はからすきをひかず、人に突進する。真田幸村は敵に向かって突き進み、一歩もひかない。状況は違うが、言葉上は共通している。(3)[3]段落を読むと、武将に例えることで、買主に勘違いをさせ、牛を売りつけようという売主の意図は明らかである。

通釈　24参照

26

解答

問1、たまい　問2、腹くじり・件の相撲　問3、中納言が相～さんずるぞ　問4、A中納言　B中納言が相撲をやめて学問に励むようになること

解き方　**橘成季「古今著聞集」**より。問2、傍線部の力士については、一文あとに、その相撲の取り方から「腹くじり」と呼ばれている、とある。また、その後、大臣がその力士を呼び出すという展開になっているので、「件の相撲」も同一人物である。問3、本文中盤に「仰せられにけり」とあるので、ここまでが大臣の言葉ということになる。前を見ていくと、大臣は「腹くじり」を呼びつけて、中納言と相撲を取り、勝てばほうびをやる、と言っていることが分かる。問4、大臣の希望は、問3で確認したように、「腹くじり」が中納言に勝つことである。また、そのあとの中納言に向けた言葉の中には「負けたらむは、この事停止すべし」とあるので、「腹くじり」を使って中納言に相撲をやめさせたい、と思っていたのが分かる。本文冒頭にあるように、「相撲」でなくて「学問」をさせたかったのである。

通釈　中納言は、相撲や競馬を好んで学問をなさらなかったので、父の大臣が、お叱りになったけれど、強いることはできなかった。その当時、相撲某とかいう強い力士がいた。相手の腹へ頭を差し入れて、必ず(腹を)えぐって転ばしたので、このことから「腹くじり」と言った。(大臣は)例の力士をお呼びになって、「中納言が相撲を好むのが憎らしいので、(腹を)えぐって転ばせろ。そうすれば、ほうびをやろう。そうでなければ亡き者にするぞ」とおっしゃった。その後すぐに中納言に、「『腹くじり』と勝負を決せよ。もし負けたならば、相撲を止めよ」とおっしゃったので、中納言は、謹んで聞き入れていらっしゃった。すぐに勝負が行われたが、中納言は、「腹くじり」が好むとおりに身を任せなさったので、(「腹くじり」は)喜んで(中納言の腹を)えぐった。その後、中納言は、「腹くじり」の四辻をつかんで、前へ強くお引きになったところ、(腹くじりは)首も折れてしまうくらいに思われて、うつぶせに倒れてしまった。大臣は面白くないとお思いになる。「腹くじり」は急いで行方をくらました。

27

解答

(1)(エ)　(2)(ア)　(3)なおも・(ア)　(4)㈠河の南の岸　㈡河に落ち　㈢(エ)

解き方　**橘成季「古今著聞集」**より。(1)(ア)足りないのは「たうの羽」。(イ)の主語は「むつるの兵衛の尉」。(ウ)の主語は下人。(エ)の主語は上六大夫。傍線部の主語は上六大夫である。(2)「こがる」は「思い焦がれる」が転じてここでは「望む」の意味。また、傍線部の問いかけの答えとして「しりに飛ぶをこがれたる」と答えていることもヒントとなろう。(4)㈠傍線部cのあとに、「はるかに遠くなりて、河の南の岸のうへ飛ぶほどになりにける時、よく引きてはなちたるに」とあることから、「河の南の岸」の上空でトキを射たことが分かる。㈡二つめの空欄Bの直後に「そのことで水にぬれることになるからだね」とあるのがヒント。後半部分の上六大夫の発言に「近かりつるを射落としたらば、河に落ちて、その羽ぬれ侍りなん。」とあるのに着目。「河に落ち」ることを避けたのである。㈢ここまでの会話から分かるのは、上六大夫がすぐれた弓の技量を持っていたことである。(ア)人に教えるのが上手いかどうかは分からない。(イ)弓矢の勝負でどのような結果を残していたかはこの話からは分からない。(ウ)トキが反対側の岸の上に到達するのを待って射たのは、むつるの兵衛の尉が矢を作るのに羽を使おうとしているのを知っていたからであり、配慮したのは鳥に対してではない。

通釈　むつるの兵衛の尉が、矢を作るといって、トキの羽を求めたが、足りなかったので、家来たちに「もしや持っていたりしないか」と尋ねたところ、上六大夫という弓の名手が聞いて、(上六大夫が)「この辺に、トキは見かけないか、見てこい」と言ったので、召使いが立って出て行って見て、「只今、川の北側の田のところで姿を見ました」と言ったのを聞いて、すぐに弓矢を手に取って出たところを、トキが飛び立って南へ飛んでいこうとするのを、上六は、矢を弓の弦にかけて、すぐには矢を放たないで、「どのトキをお望みか」と言うので、(むつるの兵衛の尉が)「いちばん後ろを飛んでいるのを望む」と言ったのを(上六は)聞いて、やはり急がずにいる。(トキが)はるか遠くに飛んで行って、川の南の岸の上を飛ぶくらいになったときに、よく弓を引いて放つと、失敗することなく(狙ったトキを)射落とした。むつるは感動のあまり、不思議に思って問いかけたことには、「どうして近かったときに射なかったのか。はるか遠くになってしまってから射たのか。納得がいかない」と尋ねると、「そのことでございます。近いところにいたときに射落としたならば、(射落としたトキは)川に落ちてしまって、その羽が濡れてしまったことでしょう。向かいの地についてから射落としたからこそ、このように羽を損ねなかったのです」と言った。思いどおりに射るとは、本当にすばらしい弓の名手であった。

28

解答

1、きわめたる　2、イ　3、ア

解き方　**橘成季「古今著聞集」**より。1、傍線部の直前に「僧正のねぶりてうなづくを、われにこの餅くへと気色あるぞと心得て」とある。3、最後の一文の「笑ひける」の主語は「僧正」であることを確認する。また、イ「江次郎がおもしろいことであると感じ、多くの人に話して笑った」、ウ「江次郎の『餅は誰かに食べられました』という言いわけ」がそれぞれ本文の内容と合致しない。

通釈　大僧正である実賢が、餅を焼いて食べていたときに、すぐに居眠りをしてしまう人であって、餅を持ったまま、うとうとと眠ったところ、(実賢の)前に江次郎という

僧正に仕える侍がいたのが、僧正が眠ってうなずいているのを、自分にこの餅を食べろという合図をしているのだと理解して、走り寄って(実賢が)手に持っている餅を取って食べてしまった。僧正が目を覚ましたあと、「ここに持っていた餅は」とお尋ねになったので、江次郎は、「その餅は、早く食えということでございましたので、食べました」と答えたということだ。僧正はおもしろいことであるとして、多くの人に語って笑ったとかいうことだ。

29

解答　(一)うちわらいて　(二)あるじ　(三)子どもが絵を描くこと。(11字)　(四)3

解き方　**橘成季「古今著聞集」**より。(一)語中・語末の「ひ」は「い」に直す。(二)「客人」に対してその家の主人を表す「あるじ」が、伊予の入道の父である。(三)客人は中門の廊の壁に描かれた落書きのような不動の絵に並々ならぬ才能を感じて、子どもが落書きのようにして絵を描くことを止めてはいけないと述べている。(四)客人は、たまたま目にした落書きのような絵に、それを描いた子どもの才能を見出したが、これを古文では「げにもよく絵見知りたる人なるべし」(最終文)と表現している。

通釈　伊予の入道は、幼いころから絵をよく描いていました。父は賛成できないことと思っていた。(入道が)非常に幼少の時、父の家の中門の廊下の壁に、瓦の割れたもので不動明王がお立ちになっている様子を描いたのを、客人の誰といったか、確かに聞いたのを忘れてしまったが、この絵を見て、「誰が描いたのでございますか」と、驚いた様子で尋ねたので、あるじは笑って、「これは名のある絵描きが描いたものではございません。うちの子どもが描いたのです」と言われたので、いよいよ尋ねて、「ほんものの天骨とは、こういうのを申すのですぞ。このことを止めさせなさるようなことがあってはいけません」と言った。本当によく絵のよしあしを知っている人にちがいない。

30

解答　1、かえり　2、ウ　3、イ

解き方　**安楽庵策伝「醒睡笑」**より。2、「爰な子達がなり」とは、ここの児たちの様子であり、直前に「帯もとくやとかずにいねたる処へ」とあることから、寝ている様子のことである。3、「児のうちにかしこき」の発言とイの内容が一致する。アは老僧にすしを食べさせる提案をした児はいないので不適。ウは「児たちのためにすしを用意した老僧」とあるが、老僧は児たちをすしに例えただけで、すしの用意はしていないので不適。

通釈　夏の暑い時に、坊主が外出する機会があった。夏の夜は宵でも明けやすいのに、月が更けても(坊主が)まだ戻らないので、児たちは皆待ちくたびれてしまって、帯も解かないままに眠っていたところへ、老僧が戻ってきて、「さてさて、ここの児たちの寝ている様子は、そのまま押しずしを押したかのようだよ」とおっしゃったとき、児の中でもかしこいものが起き上がって、「いろいろな寿司を見てきたけれども、これほど腹に米の詰まっていない寿司など見たことがない」と言った。

31

解答　問一、いいやり　問二、A・D　問三、なんだ　問四、イ　問五、1僧を待たずに、食事を済ませた(14字)　2食事の意味の「斎」と時間の意味の「時」をかけて、「とき人をまたず」(33字)

解き方　**安楽庵策伝「醒睡笑」**より。問二、Aは亭主がかつて寺で修行したときの仲間の僧(「通釈」参照)。Bは直後に「遺恨をふくみ」(これを恨んで)とあるので、廣韵を貸してもらえなかった亭主。Cは亭主の家のなかで仕えている者(使用人)。Dは例の僧(「通釈」参照)なので、これがAと同一人物。問三、言葉の終わりを探す時は、引用の「と」を探せばよい。問四、傍線部にある「ん」は意志の助動詞。問五、1は二段落めにある「めしをいそぎ用意し、内の者にも早々くらはせ」を簡潔にまとめる。2は説明文中の「『しゃれ』を使って仕返しした」に着目する。仕返ししたのは亭主なので、本文最終文の「とき人をまたずとあれば、はやとく過たは」のなかから「しゃれ」になりそうなひらがなを探す。「とき」が時(=時間)と斎(=食事)の掛詞である。

通釈　かつて寺で修行した仲間の僧のもとに、(亭主が)「廣韵をちょっと貸して下さい」と使いをやったところ、「(僧は)こちらでも使う」と言って貸さない。(二人が)後日会ったときに、「先日は貸してもいい物を、貸してくれなかったな」と恨み言を言ったところ、時間は惜しむべきだと言う。(廣韵を)借りようとした亭主はこれを恨んで、もう一度以前「廣韵」を貸し惜しんだ僧へ、「明朝食事をご馳走しよう」と使いをやった。(僧は)必ず行こうという返事をしてきた。亭主は暗いうちから起きて朝飯を急いで用意し、家の中で仕えている者にもさっさと(朝飯を)食べさせて、台所やそのほかを掃除しきれいにしておいた。例の(ご馳走を振る舞われるはずの)僧はいつまで待っても、いっこうに(亭主が)飯を持ってくる気配がない。「どうして料理が遅いのか」(と言うと)「ときは人を待たないと言うので、すでに早く食事を済ませたよ」(と言った)。

32

解答　1、とおりあわせ　2、ウ　3、Ⅰ舞ふ　Ⅱ茄子が枯れる　Ⅲこの言葉も茄子が成長しないことを連想させて不吉だ(24字)　Ⅳエ

解き方　**安楽庵策伝「醒睡笑」**より。2、「これ」が何を指すかは、直前を読むとともに、本文の少し先の「酒をのみ飲ませけるが」を読むと分かる。「なん」は強意の係助詞、「や」は疑問を表す係助詞。3、ⅡとⅢがこの話の笑いのポイントとなる。本文の最初の一文に、ⅠとⅡの答えはある。Ⅲの答えは本文にはなく、「根も葉もない」という表現が何を意味するか、自分で考える必要がある。「茄子」を植えている場面であること、また「舞ふ」が「茄子が枯れる」という意味であることを考え合わせれば、「茄子の根も葉もなくなる」と取れることが分かる。芸人は、立ち去り際に、悪意はなかったと農民の怒りを静めるつもりで、逆に火に油を注いでしまったのである。

通釈　一般に、茄子が枯れることを、農民はみな「舞う」と言う。和泉でのことであるが、道のほとりに茄子を植える者がいた。(そこへ)いかにも下手そうな舞を演じる芸人が通りかかり、(その芸人が)見ると、大きな徳利に杯を添えてある。少し酒を飲ませてもらいたいと思ったのであろうか、(芸人は)畑へ立ち寄り、「それでは一曲舞いましょう」と言う。農民は「旅立ちに縁起が悪い」と大変腹を立てたが、あれこれと言い寄ったので、酒だけ飲ませたが、(芸人は)立ち去るときに、「先ほどのご立腹のことですが、悪意はまったくありません」と言った。(茄子の根も葉もなくなるという意味に受け取れるので、かえって腹立たしい。)

33

解答 (ある僧が、新しい立派な小刀でかつお節を削っていた。)そこへ、僧の友人が思いがけず訪ねて来た。僧は、かつお節を食べてはいけないことになっていたので、ひどく慌て、かつお節を隠すつもりで間違って小刀を隠した。そして、友人に新しい小刀を見せるつもりで、「近ごろ新しい関の小刀を買いました。ご覧ください。」と言いながら、かつお節を差し出したので、かつお節を食べていることを友人に知られてしまった。

解き方 **安楽庵策伝『醒睡笑』**より。【Ⅰ】の本文のおもしろさは、ある僧が鰹を小刀と勘違いして、他人に見せてはいけない鰹(一つめのカード【仏教の戒律】参照)を、知音(四つめのカード参照)の人に差し出したところである。設問は「あらすじを現代語で書きなさい」なので、必要以上のことを書き過ぎないようにする。

34

解答 1、①けん　②うつろう　2、夢と知　3、⑴花　⑵b人の心が変わっていく　c夢から覚めて　4、ア

解き方 **『無名草子』**より。2、「あの人のことを思いながら寝たので、あの人が私の夢の中に見えたのだろうか」で意味のまとまりをなすので、後半は「夢と知りせば」以降になる。3、ab「人の心の花」と草木の「花」とを、色あせて移り変わるのが「はっきり見える」かそうでないかという観点で対照的に詠んでいる歌であることから考える。c「夢と知りせば…」は、「夢と知っていたら、(私は)目を覚めないでいたでしょうに」という訳になる。つまり、現実としては「夢」から目覚めてしまったのである。4、冒頭の「趣を好み、歌を詠む者」に着目する。歌に関してはこの観点についてすばらしかったと批評していることから考える。

通釈 趣を好み、歌を詠む者は、昔から多いでしょうけれど、小野小町こそは、容姿、顔立ちも、態度、心遣いをはじめとして、何事もすばらしかっただろうと思われます。

Ⅰ　(草木の花と違って)色が見えないで変わっていくものは、世の中の人の心の花だったのですね。

Ⅱ　つらい思いをしているので、浮き草の根が切れて流れていくように、誘ってくれる人がいるなら、どこへでもついていこうと思います。

Ⅲ　あの人のことを思いながら寝たので、あの人が(私の夢の中に)見えたのだろうか。(それが)夢と知っていたら、(私は)目を覚めないでいたでしょうに。

と詠んでいるのも、女の歌はこうであるべきだと思われて、わけもなく涙ぐましくなります。

35

解答 ㈠あいむかいたるに　㈡文　㈢ア　㈣イ

解き方 **『無名草子』**より。㈡冒頭の一文からこの文章の主題が「文＝(手紙)」であることが明確になっており、そこから判断できる。㈢傍線部に続く部分(「まして亡き人……返す返すめでたけれ」)を読んでいくと、「歳月の多く積りたるも、只今筆うち濡らして書きたるやうなるこそ」とあり、歳月の経過を忘れさせる存在としての「文」が指摘されている。とすれば、「昔の人の文」を見つけたときに(歳月の経過を忘れて)「手紙をもらった時」の「心地」に帰るという読み解きが可能になる。㈣ア「昔から…」の後半の内容は誤り。ウ「亡くなった人の記したものから新たに学ぶことがあったり」とは書かれていない。エ「長い間保管できたりする」ことが特色とはされていない。

通釈 この世の中にどうしてこんな(にすばらしい)ものがあったことだろうかと、すばらしく思われるのは、(他でもない)手紙でしょうね。(そのことは)『枕草子』に繰り返し述べられているようですので、とりたてて目新しいこととして申し上げることもないかと思われますが、やはりたいそうすばらしいものです。遙かに遠い土地に離れて暮らして、何年も互いに会っていない人(のこと)であっても、手紙さえ目にすれば、たった今向かい合っているような気持ちがして、かえって、直接会っていては意のままに表現できない(心の)内面も言い表すことができ、言いたいことをも事細かに充分書き表した(手紙を)見るときの気持ちは、めったにないほど喜ばしく、(その人と)直接向かい合っているのにくらべて決して劣ってはいません。

退屈ですることがないときに、昔なじみの人からの手紙を見つけて読んでいるときの気持ちは、まさにその(昔なじみの人から手紙をもらった)時の気持ちがして、たいそう喜ばしく思われます。ましてやもう亡くなった人の書いた手紙などを見るときは、たいそうしんみりとし、年月が多く重ねられたとしても、たった今筆に墨をつけて文字を書いたよう(な書きぶり)であるのは、ほんとうにすばらしいことです。(人の交わりは)顔を合わせている間だけの気持ちの通い合いですがこういったことは、昔のままで全く変わることがないのも、すばらしいことなのです。

36

解答 問一、かよう
問二、Ⅰ面白さを感じる
Ⅱ捨てがたいもの
問三、(作者自身が月の光は、)季節も関係なく、場所も区別せず(に楽しむことができると考えているから。)(15字)

解き方 **『無名草子』**より。問二、本文の冒頭に『花・紅葉』をもてあそび」とある。「月・雪」についてはどう書いてあるか、また「この世」についてどう書いてあるかを読み取る。問三、設問文に示された書き出しに加えて、書き終わりの表現も手がかりにする。「折も嫌はず所も分かぬものは」の部分を現代語で答える。

37

解答 問一、ようなる　問二、エ　問三、ウ
問四、(1)文　(2)ウ　(3)イ

解き方 **『無名草子』**より。問二、『徒然草』で「つれづれなるままに」とあるように、「つれづれなる」とは、暇である、退屈である、という意味。問三、「その折」とは、その時、であるから、昔の人に手紙をもらった当時の気持ちがして、と言っているのである。問四、(1)冒頭で述べているように、この文章の中心となるのは「文」である。生徒のやりとりで、「相手と直接対話する場合と比較して」や「電子メール」も「同じようなもの」と言っていることからも判断できる。(2)「昔の人」や「亡き人」の手紙を見て、その時の気持ちになることができる手紙の素晴らしさを述べている。(3)「手書きが受け手に与える印象」について話すなかで、この短歌が選ばれている。イの、届いた宅急便に書かれていた母の手書きの字を見て、そこにいない母を感じるという短歌はまさに手書きのよさを表している。

通釈 この世の中に、どうしてこんなにすばらしいことがあったのだろうと、すばらしく思われることには、手紙こそでございますよ。『枕草子』にも返す返す述べているようでありますから、取り立てて新しく申し上げることでもございませんけれど、やはりたいそうすばらしいものでございます。遥か遠くの世界に離れてしまって、何年もお互

いに会わない人であるけれど、手紙というものさえ見れば、あたかも目の前に向かい合っているような気持ちがして、かえって面と向かっては思っていても話すことのできない気持ちまでも表し、言いたいこともあれこれと書き尽くしたものを見る気持ちはすばらしく、喜ばしく、面と向かって会うのよりも劣りはしないだろう。

　手持ち無沙汰なときに、昔の人が書いた手紙を見つけ出したときには、ただ(手紙を受け取った)そのときの気持ちがよみがえってきて、たいそう喜ばしく思われる。(生きている人からもらった手紙ですらそうなのだから)ましてや、亡くなった人の書いたものなどを見るのは、たいそう趣深く、年月の多く積み重なってはいるけれど、たった今筆を濡らして書いたかのようで、ほんとうにすばらしい。

　何事も、ただ向かい合っているときの気持ちばかりでございますのに、手紙の場合は、ただ昔ながらのままで、少しも変わることがないのも、たいそうすばらしいことであります。

38

解答　問一、エ　問二、しわす　問三、ア　問四、A避らぬ別れ　B手紙

解き方　「**伊勢物語**」より。問一、古語の「かなし」には現代語の「悲しい」と近い「心が痛む」「気の毒だ」という意味の他に、「かわいい」「いとしい」の意味で用いられる場合がある。ここでは直前に「(母は)」と主語が補われており、母から子への思いを表している。「いと」は「非常に」という意味。問三、敬語に着目できれば、母に対する敬意だけが表されている。そこから「御文」の「御」も母からの手紙につけられた敬語表現だと判断する。あるいは、「御文」の中の「歌」に「(私＝母は)老いぬれば(＝年をとってしまったので)」この手紙は母からの手紙であると分かる。どちらにしろ、おどろいて手紙を読んでいるのは「男」である。問四、和歌の中から探すことに注意。A現代語の「避ける」は古典語では「避る」。「避らぬ(ず)」は「避けることができない」という意味になる。「避けることができない別れ」とは何か。Bについては、本文の「御文あり。おどろきて見れば、歌あり。」から判断する。

通釈　昔、一人の男がいた。その母は、長岡という所に住んでいた。その子(である男)は平安京の都にいて、宮中で帝にお仕えしていたので、(長岡にいる)母の所に参上しようとしたが、そういつでも参上するわけにはいかなかった。(母は男を)たいそうかわいがっていらっしゃった。ところが、師走(十二月)の頃に、(母のところから)「急ぎのこと」といってお手紙が届いた。(男が)びっくりして開いてみると、(一首の)歌が入っていた。(その歌には)

　年をとれば、避けることのできない別れ(である死)というものが訪れるというので、ますますお会いしたいあなたですよ。(とあった。)

39

解答　(一)あわれとおもいて　(二)④　(三)忘れやしたまひにけむ

解き方　「**伊勢物語**」より。(一)「は」→「わ」に、「ひ」→「い」にそれぞれ改める。(二)手紙をよこしたのは「友」であるから、①～③の主語は「友」。④は手紙に対して返事をした「男」が主語である。(三)歌では「あなたを忘れる時なんて片時だってない」とある。つまりあなたを忘れていないと伝えたかったのである。それは「友」の「忘れやしたまひにけむ」という問いかけに対する答えだと読み取れる。

通釈　むかし、男に、たいへん親しい友がいた。どんな時も離れられず思い合っていたが、(友が)都の外の地方へ行ったのを、たいへん悲しく思っていたのだが、別れてしまった。月日が経って(友が)よこした手紙に、

　あきれるほど、対面せずに、月日の経ったことだ。お忘れになったのだろうかと、ひどく悲しく思っております。世の中の人の心は、あわずに離れていれば忘れてしまうもののようです。

とあったので、(男は)歌を詠んで贈った。

　離れてあわずにいるとも、とても思えませんのに。あなたを忘れられる時なんて、片時だってないので、いつもあなたが面影に現れて、目の前にいます。

40

解答　(例)　この話では、鼠が集まっていた時、年寄り鼠が猫の首に鈴を付けることを提案し、周囲の鼠も賛成します。しかし、実際には鈴を付けに行くと申し出る鼠はおらず、提案は計画倒れに終わってしまいます。

　この年寄り鼠の提案は「机上の空論」であり、どんなによい考えでも実現できなければ役に立たないということを、この話は伝えようとしていると思います。

解き方　「**伊曾保物語**」より。「絵に描いた餅」は、実現の見込みのないものや実際の役に立たないもののたとえ。「机上の空論」は、頭の中で考えただけで実際には役に立たない理屈や案。「畳の上の水練」は、理屈や方法は分かっても、実際は役に立たない練習や勉強のたとえ。「鼠の談合の事」の話のどんなところがこれらの言葉の意味するところと似ているか考え、関連づけてまとめる。

通釈　ある時、老若男女の鼠が集まって相談したのは、「いつもあの猫という粗暴者に殺されるとき千回悔やんでもそのかいがない。あの猫が声を出すか、そうでなければ足音を高くなどすれば、あらかじめ用心することができるけれども、こっそり近づいた時に、油断して捕まえられるばかりである。どうしようか」と言ったところ、年寄りの鼠が前に進み出て言うことには、「要するに、猫の首に鈴を付けておきますならば、きっとたやすく分かるでしょう」と言った。みんなは「なるほど」と賛成した。「それならば、このなかから誰が出て猫の首に鈴をお付けになるのだろうか」と言ったが、地位の高い鼠から地位の低い鼠に至るまで、「私が付けよう」と言う者はいない。こういうわけで、その時の相談は決着がつかないで(鼠たちは)退散した。

41

解答　問一、ア　問二、①鼻声である　②声を出そう　問三、エ

解き方　「**伊曾保物語**」より。問一、直前に「狐、心に思ふやう」とある。問二、「狐」と「烏」のやりとりをまとめているのであるから、狐の言葉、「いかに御辺……聞かまほしうこそ侍れ」と、それに続く「烏、この儀を誠と心得て…」以下から答えを探す。空欄に対応する部分、①「御声の鼻声にこそ侍れ」と、②「さらば声を出ださん」を踏まえて答える。問三、こうした教訓話では、末尾にまとめの教訓が書かれていることが多い。最後の段落「そのごとく……謹んでなほ謙るべし。」が教訓部分。

通釈　ある時、狐が、餌を求めることができなくて、あちらこちらとさまよっていた時に、烏が、肉をくわえて木の上にいた。狐は心に(思うことに)、自分がこの肉を取りたいと思って、烏のいた木の下に近寄って、「なんとあな

たのそのお姿はたくさんの鳥の中でも特に優れて美しくいらっしゃいます。そうであるとは言っても、少し不十分でいらっしゃることは、お声が鼻声であることでございます。しかし、世間の人々は、『お声もとりわけよくていらっしゃいます』と申しております。願わくば、（お声を）一声聞きたいものでございます」と言ったところ、鳥はこのことを本当（にほめられて）のことだと思って、「それならば声を出しましょう」と言って口を大きく開くと（そのまま）、とうとう肉を落としてしまった。狐は、この肉を取って逃げ去った。

この話の通り、人がどんなにほめるといっても、けっして本当のことだと思ってはいけない。もしこの（うその）ほめことばを少しでも信じるならば、おごり高ぶる心が出てくることに疑いはない。人がほめるようなときには、慎重になっていっそう謙虚になるべきである。

42

解答　問一、Aからす　Bきつね　問二、イ　問三、ウ　問四、あわれ　問五、からすに口を開かせて、落ちてきた肉を手に入れること。（26字）　問六、エ

解き方　**「伊曾保物語」**より。問一、A木の上に止まっていたのは、鳥であるからす。Bからすの止まっていた木の根元に立ち寄ったのはきつね。問二、傍線部中の「ども」は、逆接の接続助詞。「〜しても・〜けれど」と訳す。問三、ここでの「うわさ」の内容は、傍線部直後の「御声も…よく渡らせたまふ」である。問五、二文めの「我、この肉を取らまほしく」に着目する。木に止まっているからすが、声を出すとどうなるかを考える。問六、アは自分＝きつねに災いは返っていない。イはからすの声がよくなったのは、きつねが肉欲しさについたうそであり、優れた点ではない。ウは欠点を指摘しても、後でフォローしているので、相手の誇りは傷つけていない。

通釈　41参照

43

解答　1、エ　2、ア　3、ゆえに　4、出家人　5、エ

解き方　懐奘**「正法眼蔵随聞記」**より。1、古文では主語をあらわす「が」は省略されることが多い。傍線部は、「侍の中に犯人（が）ありけるを、余の侍（が）沙汰し出して、（入道に）参らせたりしに」と読むことができる。2、直後の「決定、その太刀なれども、侍の恥辱を思うて返されたり」から判断する。4、「A況んやB」は「Aは○○である、ましてBは○○である。」という意味の表現。ここでは「A＝俗」であり、対比されるのは「B＝出家人」である。5、本文は、「入道」が「侍」を罪人にしないよう、「盗まれた（として見つかった）のは自分の太刀ではない」とうそを言って侍を助けたという筋である。ア「議論するより証拠を出した方がはっきりする」、イ「知らないでいるためにかえって平気でいられること」、ウ「近道をしたいときはかえって慎重に回り道をしなさい」、エ「物事をうまく運ぶためにはうそが必要であることもある」などの意味。

44

解答　㈠あたえずして　㈡忠臣　㈢4

解き方　懐奘**「正法眼蔵随聞記」**より。㈡直前の「仁君には、必ず忠臣あり。忠臣は、直言あり。前臣、はなはだ直言なり。」という展開から考える。㈢1「多くの臣下の協力により」、2「自分の発言を改めた」、3「土地を取り上げられた」がそれぞれ誤り。

通釈　昔、ある帝王がいた。国を統治した後で、（まわりの）大勢の臣下に、「私は、よく国を治めている（つもりだ）。しっかりと治めているか、そうではないか」（とお尋ねになった）。周りの臣下が、「王様は、たいへんしっかりと治めていらっしゃいます」（と言った）。そこに、一人の臣下がいた。（その臣下は、）「王様は、しっかりと治めていらっしゃるとは言えません」（と言った）。王様は「それはどういうわけだ」（とお尋ねになった）。臣下は、「国を治め（はじめ）てから、（土地を）ご自分の弟君にお与えにならないで、お子様にお与えになりました」と（答えた）。王様は、（その言葉が）気に入らなくて、その臣下をその場から追い払われて、（その）後、また、一人の臣下に「私は、十分に仁（思いやりの心）を持っているかどうか」とお尋ねになった。（その）臣下は、「十分に仁を持っていらっしゃいます」（と答えた）。王様が「それはどういうわけだ」（とお尋ねになった）。（するとその）臣下は「仁（の心）を持っている王様には、必ず忠臣（忠義をわきまえた臣下）がおります。忠臣は、自分の信ずることをはっきり言います。以前いた（あの）臣下は、非常にはっきり直言する人です。こういう人を「忠臣」と言うのです。仁（の心）を持った王様でなくては（忠臣を）得ることができません」。王様は、この言葉に感動して、すぐに、以前追い払われた臣下をお呼び返しになった（ということだ）。

45

解答　㈠イ　㈡エ　㈢ウ　㈣ア

解き方　懐奘**「正法眼蔵随聞記」**より。㈠三文めの「たとえば」以下の、発心して山林に入るときと、退心して山林を出るときに、それぞれ林家や山林について人が言う言葉が違っている例を指している。㈡「ともかくも」は直訳するとそのようにも、このようにもの意で、「ともかくもなる」はどのようにでもなる、なんとでもなるの意味。㈢「善縁に逢へば心善くなり」とあることから、「我が心」を善くするにはどうすればいいか考える。㈣「故に」以下で「善縁に逢へば心善くなるなり」と主張をまとめていることから考える。

通釈　人の心というものには、もともと善とか悪とかの区別はないのだ。（心の）善悪は、周囲の状況に従って起こるのである。たとえば、人が仏道修行をする心を起こして、（修行のため）山林に入るときは、林の中の住まいは善い、世間の人が住むところは悪いと思っている。また、修行する心が鈍って、山林から出て行くときは、山の中の暮らしは悪いと言う。これは、いいかえれば、必ず心に一定不変の状態がないために、周りの状況に従ってどのようにでもなるものである。だから、善い周囲の状況に出会うと心が善くなり、悪い状況に近づくと心が悪くなるのである。自分の心を、もとから悪いと思ってはならない。ただ善い周囲の状況に従うべきなのである。

46

解答　1、①あわれ　②いとおし
2、軍（または手）
3、(1)a運命（または宿命・定め）　c優雅な心
(2)bいくさの陣　d発心の思ひ

解き方　**「平家物語」**より。2、この場面での「勢」は「勢い」の意ではなく「軍勢・手勢・戦力」の意。3、(1)a道子さんの最初の発言にある「逆らうことのできない」に着目。c空欄の直前にある「笛の音……笛を携え」か

ら連想される敦盛の生き方は本文の最後から三文めの「やさしかかり」である。(2)b空欄直後の「へ響いた音色」に着目する。この場面での助詞「へ」は場所を表す。d空欄直後の「強めた」という語句に着目し、本文中から「強めた」の同義語を探す。

通釈　「ああ、弓矢を持って戦う身分ほど残念なものはない。武士の家に生まれなければ、どうしてこのようなつらい目にあうことがあろうか。非情にも討ち申し上げたものだなあ」とくどくどと言い、(熊谷は)袖を顔に押し当ててさめざめと泣いていた。しばらくたって、そうもしていられないので、鎧直垂を取って、(平家の若武者の)首を包もうとしたところ、錦の袋に入れた笛を腰にさしていた。「ああ、かわいそうに。今朝夜明け頃、城の中で管弦を演奏しなさったのは、この(平家の)人たちでいらっしゃった。今(熊谷の)味方に東国の軍勢が何万騎もいるだろうが、戦場へ笛を持参する人はまさかあるまい。高貴な人(平家の武将)はやはり優雅なものであるよ」と言って、源義経にお見せしたところ、これを見る人で涙を流さないという人はいない。あとで聞いたところ、平経盛の子息で平敦盛と言って、御年十七歳におなりになった。それ以降熊谷の仏道に入る決心は強くなった。

47

解答　①鐘の声　②平家物語

解き方　①設問文に着目。「対になっている」とは、語の並べ方や位置は同じで、意味が対応するようになっていることをいう。「鐘の声」と「花の色」はそれぞれの文での位置は同じで、言葉の意味は「声(＝聴覚)」と「色(＝視覚)」という対応する形になっている。②『平家物語』は鎌倉時代に成立した軍記物語。仏教的な無常観に基づく記述が特徴。

48

解答　(一)とおきくにへもながされ　(二)エ　(三)御嘆　(四)ア

解き方　「平家物語」巻第四〈鼬之沙汰〉より。(二)傍線部の動作主は「法皇」である。(三)法皇が泰親が持ってきた勘状を見て発言している部分。勘状には、「御悦、ならびに御嘆」とあった。それに対して、「御よろこびはしかるべし」と言っているので、空欄には対となる「御嘆」が入る。(四)「いたちおびたたしうはしりさわぐ」とあるように、いたちの騒動が気にかかった法皇は「勘状をとつて参れ」と仲兼に命じる。その結果「御悦、ならびに御嘆」であった。

通釈　そうするうちに法皇は、「遠い国へ流され、遠い島へも移されるに違いない」とおっしゃっていたが、城南の離宮に来られて、今年で二年になった。

同じ年の五月十二日、午の刻、御所内にいたちが大量に走りまわって騒いだ。法皇はたいへん驚かれて、占形をなさって、近江守仲兼、そのころはまだ鶴蔵人と呼ばれていたのをお呼びになって、「この占形を持って、泰親のもとへ行け。かならず吉凶を判断させて、勘状を取って来なさい」とおっしゃった。仲兼はこれをおおせつかって、陰陽頭の安倍泰親のもとへ行った。そのとき(泰親は)宿所にはいなかった。「白河というところへ」と(家人が)言うのでそこへ訪ねて行き、泰親に会って法皇の命令をおっしゃったところ、すぐに勘状を差し上げた。仲兼は鳥羽殿へ参上して門から入ろうとするが、守護の武士たちがゆるさない。建物のようすは知っているので土塀を越えて床下をはって、切板から泰親の勘状を差し上げた。法皇がこれを開けて御覧になると、「この三日のうちのお喜びとお嘆きが表れている」と申し上げてある。法皇は「喜びはあってしかるべきもの。しかしこれほどの身になって、またどのような嘆きがあるというのか」とおっしゃった。

49

解答　1、かかわらず　2、(1)初心のほど　(2)他の本もあれこれと読んで、また初めの本に戻って何度も読む(28字)　3、オ

解き方　本居宣長「うひ山ぶみ」より。2、(1)会話文に「この段階では、無理に内容を理解しようとしないほうがよいみたいだね。」とあり、これは本文の「かたはしより文義を解せんとはすべからず」の箇所を指している。したがって本文のこの箇所の直前を探せばよい。(2)会話文の「まずはおおまかにさらっと読んでみてから」は、本文の「まづ大抵にさらさらと見て」を訳している。これが見つかれば、Ⅱは「他の書に……幾遍もよむ」の部分を口語訳すればよいことが分かる。3、傍線部の直前に「段々に自分の料簡の出来るものなれば」とある。これが理由である。

通釈　大体いくつかの書物は、必ずしも順序を決めて読む必要はない。ただ機会があるのに任せて、順序に関係なく、あれこれ見る方がよい。

また、どの書物を読むときでも、初心者は、細かいところまで文意を理解しようとはしなくてよい。まず大雑把にさらっと読んで、他の書物に移り、あれこれと読んでみてから、また最初に読んだ書物へ立ち戻っては何度も読むうちに、最初は理解できなかったこともだんだんと理解できるようになっていくものである。

そうやって書物を何度も読む間に、それ以外の読んでみた方がよい書物のことや勉強の方法などについても、だんだんと自分の考えができるものなので、細かいところはいちいち言い聞かせ教える必要はない。心のおもむくまま自分の力が及ぶ限り、古典でも新書でも広く読んでいくのもよいし、また控えめにしてそれほど広い範囲にまで広げなくてもよいだろう。

50

解答　1、とどこおりて　2、イ　3、ア　4、エ

解き方　本居宣長「うひ山ぶみ」より。2、「なおざり」は「いい加減」という意味で、現代でも用いる。3、「其の誤り」は直前の「心得たがひ」、つまり考え違い、思い違いのこと。それを「さとる」ことができない、ということ。4、第一段落の最後、「聞こえぬところは、まづそのままにて過ごすぞよき」から考える。

通釈　文の意味の理解しにくいところを、最初から一つひとつ理解しようとすると、つかえて進まないことがあるので、わからないところは、まずはそのままにしてやり過ごすのがよい。

とりわけ世間で難しいことにしている事々をまず知ろうとするのは、とてもよくない。ただ、よくわかっていることに注意して、深く味わうべきである。これはよくわかっていることであると思って、いい加減に見過ごせば、まったく細かいところの意味もわからず、また多く思い違いがあって、いつまでもその間違いを気づくことができないことがあるのだ。

51

解答　(1)おもい　(2)2　(3)ぞ　(4)次の日にまた見るとひどく見劣りがし、この歌をよいと思っていた(30字)

解き方　**本居宣長「玉勝間」**より。⑵直前に「きとうち見るに」とあるのに着目。ちょっとみた感じではいい歌のように思われたが、翌日しっかり吟味してみたところそうでもなかったということ。⑶係り結びを作る係りの助詞は「ぞ・なむ・や・か・こそ」で、「ぞ・なむ・や・か」は文末が連体形に、「こそ」は文末が已然形に変わるので、文末から探すとよい。三文めの末尾が「云はれける。」と連体形で終わっている。⑷いへたかの二位が話した内容は「歌はふしぎの……などおぼゆるものにて候云々」の部分である。このうち、「きとうち見るに、面白く悪しからずおぼえ候へども」の部分と、「ふしぎに候へ」の部分はまとめれた文章に入っているから、「次の日又又見候へば……これを善しと思ひ候ひけるこそふしぎに候へ」の部分をまとめてうまく前後とつながるようにすればよい。

52

解答　(一)1　(二)あわれに　(三)定まっている　(四)よろづ〜はせず　(五)4

解き方　**大田南畝「仮名世説」**より。(一)ここでの「うつり行く」は、人の心が移り変わっていく、という意味である。(三)説明文と対応している本文の部分を見ると、「印はその押し所定まれるものにあらず」とある。(四)一つめの会話文のあとに「といへり」とある。それと同様に、本文の最後に「といへり」があるので、二つめの会話文はこの前までだと分かる。そこからさかのぼると、一つめの会話文を受けて「ある人これを聞きて」とあるので、このあとから会話文だと分かる。(五)1「適切な基準」「自分の考えを変えられる」、2「客観的に眺めることができる」、3「昔の習慣から生み出される」「先例にしたがうことでうまくいく」がそれぞれ本文の内容と合致しない。

通釈　長崎の鶴亭隠士は少年の頃から絵画を好んで心をうちこみ、水墨画の花や鳥などを特によく習得なさっていたとのことだ。元来人を驚かそうとするのではなく、自分の心が変化していくことにそのままにしたがって、趣深く優美に模写した。ある時友人が来て話をした機会に(絵画の)印を押す所について尋ねたところ、答えて言う。「印はその押す所が決まっているものではない。その絵が完成すると、ここに押してくれと絵の方から用意して待つものである」と言った。ある人はこれを聞いて、全てのことはこれと同じである、たとえば座敷座敷もその客の居ずまいによって身分が高い人、中くらいの人、低い人の座る所ができ、また人のあいさつもその時々の様子にある。臨機応変とも、時機に適しているのに従うとも言ったように、一定の様相はないものである。しかしその時の様子を見分けることができない人には、この事柄は分からせるのが難しい。よく分かる人はよくその場を知っているので、琴柱ににかわをつけない(と自由に動かせるのと同じように融通がきく)と言った。

53

解答　⑴ゆうべ　⑵ア・ウ　⑶ⓐ値段を下げさせる　ⓑ言うとおりの値段　⑷すこしはかれらがたすけともならんか　⑸ウ

解き方　**大田南畝「仮名世説」**より。⑴語頭以外のハ行はア行に直す。⑵アの「もとめければ」は「菓子をあきなふ新右衛門」が主語、イの「いふ」は「家内の者」である。ウの「ききて」は直前に、「いふを」と「を」があるので、「家内の者」が言ったのを聞く人物すなわち「新右衛門」。エは「新右衛門」に「情ある事」を「し」った人々。⑶傍線部の直後の会話文に「商人はいづれも同じ事にて、そのあたへの高下を争ふならひなるに」とある。商人は商品の値段を競うのが世の常だというのである。⑷傍線部の直前の会話文に着目する。新右衛門は「せめてはその価をあらそはずしてもとめなば、すこしはかれらがたすけともならんか」と述べている。商人の苦労を考えて彼らが売る商品の値を気にせずに買い取ることが彼らの助けになるだろうというのである。⑸アは「店の者が誠実に働いてくれること」が、イは「商売相手の生活を心配して」が、エは「店の者の意見を受け入れた」が本文に書かれていないので誤りである。

通釈　芝三島町で菓子の商売をする新右衛門という人は、欲が少なく正直であって、毎日買う品物の価格を争うことなく、売る人の言うままにまかせて買っていたので、家の者が不審に思って、「商人は誰も同じことで、その値段の高下を争うのが世の常なのに、どうしてこのように(売る人の)言うままになされるのか。」と言うのを聞いて、「売る人は毎日重い荷物をかついで、朝は早く出て、夕方には遅く帰る。とりわけ暑さ寒さの時節にはその苦しさは言葉では言い尽くせまい。自分たちは年中店にいて風雨の心配もなく家業を営むのはありがたいことではないか。たとえ他人に物を恵み与えることはなかなかしにくくとも、せめて品物の価格を争わないで求めたならば、少しは彼らの助けとなるだろうよ。」と言った。後々新右衛門が思いやりのあることを知って、売る人も価格を低くして持ってきたということだ。

54

解答　1、C　2、ウ　3、エ　4、a和歌の各句の最初と最後の文字(14字)　b沓冠

解き方　**「きのふはけふの物語」**より。1、A「お僧いづくへ」と発言したのは大名。B関係者であるしるしとして裏差を抜いたのは大名。C短冊を大名にご覧に入れたのは、家の者。D短冊をよくよく考えて眺めていたのは大名。2、傍線部の前に「一段好いた返答ぢや。」とあることから、大名は修行者の返答が気に入ったと思われる。3、「いかが候はん」と修行者が言ったところ、大名は「裏差をぬいて、しるしに御やり候。」という行動を取って自分と修行者が知り合いであることを示そうとしていることから、修行者は自分だけで行っても大名の食事を与えようとする意図が家のものに伝わらないことを心配したと考えられる。4、Aの和歌の上の文字を第一句から順番に読んでいくと「こがたなた」、下の文字を第一句から順番に読んでいくと「しかにをく」となる。b最後の一文に、「歌の品に、沓冠の風情といふは、これなるべし。」とある。沓は足という身体の末端、冠は頭という反対側の身体の末端につけるものであることからも推測できよう。

通釈　ある修行者に、道端で鷹狩りに出た大名が、「お坊さん、どちらへ」とおっしゃった。「愚僧(自らのことをへりくだって言う表現、「私」のこと)にもわかりません」(と、修行者は答えた。それを聞いて大名は)「一層好ましい返事である。食事を与えよう。あの森の中で、どこそこの家に行って食べてくるがよい」とおっしゃった。(修行者は)「愚僧ばかりが参りましても、(家の者どもは)なんと思われるでしょう」と申されてたので、(大名は)裏差を抜いて、(大名の関係者であるという)しるしとしておやりになった。(修行者は)これを持って行き、思うがままに食事をとり、一首書いて出ていらした。

　ここに来た　このような思いであろうか　旅の身に
情けのある身を　頼みとしてまた旅をゆく

さて、大名が館へお帰りになって、様子をお尋ねになったところ、(家の者は)この(修行者が詠んだ歌が書かれた)短冊をお目におかけ申し上げた。よくよく考えてご覧になったところ、「小がたなたしかにおく」と言う、義理を立てる気持ちが込められていた。歌の品に、沓冠の風情というのは、こういうことをいうのである。

55 **解答** 問一、まいる　問二、ウ・エ
問三、(1)(若衆が餅を詰まらせたことを)人々は気の毒に思っており、まじなひ手が喉に詰まった餅をすぐに取り除いたから。
(2)(あわてて食べようとするほど)若衆は餅をひとつでも多く食べることを望んでいたため、餅を腹の中へ入れてほしかったと述べている。

解き方 「**きのふはけふの物語**」より。問二、アの主語は「餅」、イの主語は「人々」、ウとエの主語は「まじなひ手」である。問三、(1)問われているのは、「まじなひ手」の評価の理由と、「『まじなひ手』が来る前の若衆の状況に対する人々の思い」である。第一段落の最後を見ると、人々は喉に餅が詰まった若衆に対して気の毒だと思っている。そんな若衆の口から、詰まった餅をとび出させた「まじなひ手」は、若衆の命を救った人物として「天下一」だと「人々」から称賛されたのである。(2)問われているのは、若衆は餅をどのようにしてほしかったのか、と、若衆がそのように望んでいた理由、の二点である。傍線部のあとに「せっかくのものを、内に入るようにしてこそ天下一だ」という内容があるので、内、つまり腹の中に餅を入れてほしかったと言っているのである。また、冒頭で若衆はひとつでも多くの餅を食おうとしている。その餅が外に飛び出してしまったのだから、もったいないことをした、ということで「名人ではない」と、評価が低いのである。

通釈 そそっかしい若者が、餅を召し上がるというので、ひとつでも多く(食べようと)心がけ、あまりにあわてて、喉に(餅が)詰まった。(周囲の)人々は気の毒に思い、薬を差し上げても、この餅はとれない。

そうこうしているうちに、天下一のまじなひ手を呼ぶと、すぐに祈って、すぐさま首根っこを、一回叩くと、真ん中がくびれた形をした餅が、三間ほど先へ、飛び出した。周りの人々はみなこれを見て、本当にめでたいことだ、(まじなひ手による)処置は、もう少し遅ければ、危なかったが、やはり天下一だ、と言うと、若者はお聞きになり、それほどの名人ではない、せっかくのもの〔餅〕を、(身の)内へ入るようにしてこそ、天下一で、二人といない、とおっしゃった。

漢文

1 **解答** (1)往二山中一無レ水　(2)エ
(3)山の日なた側のありづかの下(13字)
(4)ア

解き方 「**韓非子**」より。(1)レ点は連続した語の下から上へ返る。一・二点は離れた語の下から上へ返る。(2)漢文では冒頭に人名があり、その人物について記した文章の場合、主語の表記がなくても、原則として主語はその人物となる。ここでは冒頭に「管仲・隰朋」とあり、管仲と隰朋について記したものなので、「管仲いはく」以降は管仲の行動となる。また、「これ」は直前の老馬を示す。(3)水のある場所は直前に「蟻は、冬は山の日なた側にいて、夏は山の日かげ側にいる。あり塚の高さが一寸であれば、一仭の下に水がある」とあり、季節は冬なので「山の日なた側のあり塚の下」となる。(4)イは「老馬や蟻のようなどこにでもいるようなもの」が誤り。老馬や蟻は、道や水のありかなど、管仲や隰朋が知らないことを知っている存在である。ウも「老馬や蟻のような取るに足りないものから教わるべきだ」が誤り。エは「検討に検討を重ねて老馬や蟻を師とした」が誤り。検討を重ねてはいない。

通釈 管仲と隰朋が孤竹国を攻め、春に行って冬に帰った。(その途中で)迷って道を失った。管仲が言うには「老馬の知恵を用いることができます。」と。そこで、老馬を解き放ち、それについて行くと、はたして道が見つかった。また、山中を進んでいて水がなくなった。隰朋が言うには「蟻は、冬は山の日なた側にいて、夏は山の日かげ側にいる。あり塚の高さが一寸〔約三センチ〕であれば、一仭〔約百六十センチ〕の下に水がある。」と。そこで地面を掘り、はたして水を手に入れた。管仲の明敏さと、隰朋の知恵をもってしても、分からないことについては、老馬と蟻を師とするのをためらわない。今の時代の人は、愚かな心を持ちながらも、聖人の知恵を師とすることを知らない。間違っているのだよ。

2

解答 (一)斉、伐(チテ)レ魯(ヲ)索(ムル)二讒鼎(ヲ)一。　(二)本物　(三)ア

解き方 「**韓非子**」より。(一)一字返って読む時にはレ点を、間に二字以上を挟んで返って読む時には、一・二点や上・中・下点を使う。(二)点線部Aの前に「斉人曰はく、『贋なり。』と。魯人曰はく、『真なり。』と。」とあることから、魯人が持ってきた讒鼎の真偽を争っていることが分かる。また、点線部Bの前で「吾将に子に聴かむとす。」とあることから、斉人が楽正子春に讒鼎の真偽を聴こうとしていることが分かる。よって、Xに入るのは「本物」。(三)斉に行ってうそをついてこいという魯の君主に対する発言である。

通釈 斉の国は、魯の国を打ち破って、讒鼎を要求した。魯は、その偽物を使者に持って行かせた。斉人は言った、「偽物である。」と。魯人は言った、「本物である。」と。斉人は「楽正子春をここに来させよ。私は楽正子春に(魯から差し出された讒鼎が本物かどうかを)聴こう」と。魯の君主は、楽正子春に、「斉に行き、差し出した讒鼎は本物であると言うように頼んだ。楽正子春は「どうして讒鼎の本物を持って行かなかったのか。」と言った。君主は「私は、これを斉にやるのが惜しかったのだ。」と言った。それに答えて(楽正子春が)言うことには、「わたしもまた、わたしの信義が惜しいのだ。(だから、斉の国に行ってうそをついてくることはできない。)」と。

3

解答 (1)何 不二試レ之 以一レ足　(2)A度　B足

解き方 韓非「**韓非子**」〈外儲説・左上第三十二〉より。(1)まず「試之」を「之を試みる」と読むためには「試レ之」とする必要がある。次に「以足」を「足を以て」と読むためには「以レ足」とする必要がある。最後に「不…以足」を「足を以てせざる」と読むためには「不二…以一レ足」とする必要がある。(2)末尾の「寧ろ度を信ずるも、自ら信ずる無し。」という文を正確に読解する。

通釈 鄭の国の人で履を買いに行こうとする者がいた。まず、自分で足の大きさを計り、その寸法書きを座席に置いて、市に出かける際には、その寸法書きを持って行くのを忘れた。そして履屋を見つけてこう言った、すなわち「私は寸法書きを持ってくるのを忘れた」と。家に引き返して寸法書きを取ってきた。戻ってみれば市はもう終わり、結局履を買いそこねた。ある人はこう言った、「どうして足でじかに計ってみなかったのかね」と。すると(寸法書きの男は)こう言った、「寸法書きの方がずっと信頼できる、自分のからだよりも」と。

4

解答 人莫(なシ)レ不(ざル)レ知(ラ)二此道之(の)美(ナルヲ)一。

5

解答 1、若いころに学問にはげむことができず、年老いて人に教えることがないこと。(35字)　2、有所殆　3、曾(かつテ)無(キ)二旧言一、吾鄙(シトス)レ之(ヲ)。　4、故人

解き方 「**孔子家語**」より。1、あてはまるところを書き下し文から探すと「幼にして学を強むる能はず、老いて以て教ふる無き」が見つかる。2、後半を読んでいくと、「吾恥之」「吾鄙之」「吾殆之」の順に、同じような言い回しが続く。空欄の前は「有所恥」「有所鄙」となっているので、「有所殆」と推測できる。4、「故人」は、日本では亡くなった人という意味で用いるが、漢文では昔なじみの友人、という意味で用いる。

通釈 孔子が言うことには、「私は恥ずかしいと思うことがあり、卑しいと思うことがあり、危険だと思うことがある。そもそも若い頃に学問に励むことができず、年老いて人に教えることがないことを、私は恥ずかしいと思う。地元を立ち去って、君主に仕えて栄達し、突然昔なじみの友人に会って、全然昔と変わらない言葉が話せないことを、私は卑しいと思う。つまらない人物と一緒にいて、賢人と親しくすることができないことを、私は危険だと思う。」と。

6

解答 (一)攻めん　(二)エ　(三)ア　(四)ウ

解き方 「**孔子家語**」より。(一)「吾が国小なれば→守り」というのであるから、対照的に「大なれば」どうするというのか考える。(二)孔子の説くところの道、つまり政治の方法は、「君の朝廷をして礼有りて、上下和親せし」むることである。(三)「民畔く」「皆君の讐なり」とあることから考える。「誰と与にか守らん」は反語表現で、一緒に守る人がいなくなる、の意。(四)アは「周囲の国との友好関係」、イは「軍備増強と国防」がそれぞれ不適切。また、エのように「国の経済を発展させる」方法について述べた文章ではない。

通釈 哀公が孔子に尋ねて言った、「私は、我が国の力が弱小のときには国防を行い、強大となったときには、他国を攻略したい。その方法はどうであろうか。」と。孔子は答えて言った。「御君の朝廷に礼があって、国内のすべての臣民を親しむようにさせれば、世の中の人民はすべて御君の民となりましょう。そうなったらいったい誰がこの国を攻めましょうか。もしも、この方法に反することを行ったなら、民は背き、まるで自分の家に帰るようによその国に散ってしまうでしょう。そして民はみな御君の敵です。そうなったなら御君はいったい誰とともにこの国を守れようか(いや守れない)。」と。哀公は言った。「もっともだ。」と。そこで、(哀公は)山川での狩猟や漁業の禁制を廃止し、関所や市場での税を緩和して、民に恩恵を施した。

7

解答 問1、すなわち　問2、瞬かざる・視　問3、エ　問4、イ

解き方 「**列子**」より。問1、語中・語尾の「は・ひ・ふ・へ・ほ」は「わ・い・う・え・お」と発音する。問2、第一文めで「なんぢまづ瞬かざるを学べ。」と言い、その四文めで「亜いで視を学びて」と言っている。問3、傍線部の直前に「すなはち」とあるので、「すなはち」の前が飛衛を殺そうとした理由である。「天下の己に敵する者を計るに、一人のみ。」とあることから、飛衛を殺せば自分が一番になれると思ったと考えられる。問4、ア「飛衛の矢が尽きた結果」飛衛はいばらのとげの先で紀昌と互角に戦ったので不適。ウはいばらのとげ先で戦っても互角に戦えていることから、「飛衛はこれ以上戦っても自分に勝ち目はないと悟った」とは考えづらい。エ「紀昌は自分の技術が飛衛より優れていることを知って満足」したとの記述はない。

8

解答 (一)従(ツテ)二漚鳥(ニ)一游(ブ)　(二)ウ　(三)イ

解き方 「**列子**」〈黄帝第二 第十一章〉より。(二)書き下し文のなかから引用の「と」を探し、直前の三文字を選ぶ。「と」は二つあるので注意したい。(三)書き下し文の最後の文に着目する。カモメは空から下りてこなかっ

た、つまり、自分の思いどおりにならなかったのである。

通釈 毎朝海辺に行き、カモメとたわむれて遊ぶ。カモメが飛来してくる回数は、百回ではとどまらない。(海辺に住む)男の父が言うには、私は聞いている、カモメは皆お前(の指示)に従って遊ぶと。お前は(カモメを)取って来い。私はカモメを自分のものとし、思いのままに扱おう。翌日海辺に行ったところ、カモメは空を舞って下りてこないのだった。

9

解答 問一、見(テ)二両小児(ノ)弁闘(スルヲ)一　問二、孔子　問三、4
問四、Xおわんや鉢のように小さい(12字)　Y遠くにあるものは小さく見え、近くにあるものは大きく見える(28字)
問五、物知りとされる孔子が、二人の子供の言い分のどちらが正しいかを決めることができなかったこと。(45字)
問六、主張を孔子にどうしても伝えたい場面なので、訴えるように強い口調で読む。(35字)

解き方 「**列子**」〈湯問第五 第七章〉より。問一、二字以上へだてて上へ返って読む場合は、「一・二点」を用いる。問二、文章冒頭の主語を意識しながら、「見て、その故を問ふ」のは誰なのかを確認する。問三、直前に着目。「日の初めて出づる時は人を去ること」に対して「近く」「遠し」と言っているのである。問四、X「盤盂のごとし」の翻訳だが、【状態A】の部分にある「大きい」という言葉ときちんと対比させるために「小さい」という言葉を添える。Y「遠き者は小にして近き者は大なる」の翻訳だが、これも小児Bの「熱く…涼しい(＝触覚)」ときちんと対比させるために「見た時に」「見える」などの言葉を添える。問五、直前の「孔子、決すること能はざりき。」が解答部分である。賢人であるはずの孔子が子供(＝賢くない者)たちの異なる考えのどちらが正しいかを決められない、という点を子供たちが笑ったのだと考えてまとめる。問六、設問の「本文の展開や内容を踏まえて」という言い方に注意する。この場面が、孔子の問いかけに対して自分の考えを述べる場面であり、しかも、もう一人の子供よりも自分の方が正しいことを孔子に主張する場面であることを踏まえて、強めに言うことが必要だと考えて、解答をまとめる。

通釈 孔子が東の方に出かけた。二人の子供が言い争うのを見て、その理由を聞く。一人の子供が言うには、「私が思うことには、太陽が最初に出てくる時〔朝〕は(太陽が)人から離れている距離が近く、そして太陽の高度が一番高くなる時は(距離が)遠いのだと。(でも)もう一人の子供が思うことには、太陽が最初に出てくる時〔朝〕は太陽が遠く、そして太陽の高度が一番高くなる時は近いのだ。」と。その子供が言うことには「太陽が最初に出てくる時〔朝〕は(太陽が)車のかさやおおいのように大きいが、太陽の高度が一番高くなる時はおわんや鉢のようだ〔ように小さい〕。これは(同じ大きさのものならば)遠い所が小さく見え、近い所が大きく見えるということではないのか。」と。もう一人の子供が言うことには「太陽が最初に出てくる時〔朝〕はひんやりとして涼しいが、太陽の高度が一番高くなるころになると湯の中に手を入れている時のように熱い。これは(同じものから熱を感じるならば)近い所は熱く、遠い所は涼しいということではないのか。」と。孔子は(どちらが正しいかを)決めることができなかった。二人の子供は、笑ってこう言った、「誰ですか、あなたを物知りだと言ったのは。」と。

10

解答 (一)イ・ウ　(二)イ　(三)エ　(四)ウ

解き方 劉義慶「**世説新語**」より。(一)約束の正午を過ぎて、太丘が去ったあとに「至る」人物は「友」である。「友」以外が主語のものを選ぶ。(二)友人が怒って言った「人と期して行くに相委てて去る。」がその理由。(三)父との約束の時間に来なかったのは「信無し」で、子供の父親を罵るのは「礼無し」であることを元方に指摘されて「慙ぢ」たのである。(四)前問(三)の解説に述べたような正論を、幼い元方が父の友人である大人に対して堂々と主張しているのである。陳太丘が先に出発したのは、「友人に反省させよう」という意図があったからかどうかは分からないので、アは不適。イの「友情」と「約束」のどちらを優先すべきかということについても触れられていない。エの「機転をきかせて話題を変えて」も誤り。元方は話題を変えたりせず、真っ正面から堂々と反論している。

11

解答 (一)告(グルニ)以(テシ)二此(ノ)意(ヲ)一　(二)人が長安から来たという話は聞いたことがある
(三)2

解き方 「**世説新語**」より。(一)「告以此意」は書き下し文では「①④②③」の順に書かれている。「此意」から二字上に返るので「以二此意一」になる。(二)明帝は、最初の場面では、そこから人がやって来たかどうかを遠近の判断の基準にしていることが空欄のあとの「人が太陽の辺りから来たという話は聞いたことがない」から読み取れる。これとは逆の、人が長安から来ることは経験していると考えられる。(三)長安と太陽の遠近について、前日は太陽の方が遠いと言い、翌日は太陽が近いと答えている。しかしそれぞれの理由には一理ある。

通釈 (元帝が)明帝に尋ねた。お前は、長安と太陽のどちらが遠いと思うか、と。(明帝が)答えて言うことに、太陽は遠い。人が太陽の辺りから来たというのを聞かない。いながらにして知ることができる、と。元帝は非凡であると感心した。翌日家臣たちを集めて宴会をして、このことを家臣たちに伝えた上で、もう一度同じことを尋ねた。すると答えて言うことに、太陽が近い、と。元帝は驚いて顔色を変え言うことに、おまえはどうして昨日言ったことと違うことを言うのか、と。(明帝が)答えて言うことに、目を上げれば太陽は見えるが、長安は見えない、と。

12

解答 ア

解き方 「所不欲」の部分は一字返って読むので、レ点が入る。「施於人」の部分は、二字以上は戻るので、一・二点を使い、「施すこと勿れ」と一字返って読めるよう、「勿」の下にレ点をつける。

13

解答 少年易(ク)レ老(イ)学難(シ)レ成(リ)、一寸(ノ)光陰不(レ)可(カラ)レ軽(ンズ)。

解き方 「易老」「難成」は下から上に返るのでレ点が入る。「不可軽」も下から順に返って読むのでレ点の連続となる。

14

解答 問一、ア　問二、海日生(ジ)二残夜(ニ)一
問三、イ　問四、ア　問五、ウ

解き方 「**唐詩選**」より。問一、漢詩は四句が絶句、八句が律詩。この詩は一句が五言なので、五言律詩となる。問三、律詩の場合、三句と四句、五句と六句

が対句となる。この詩は初句と二句も対句となっているので、空欄を入れる場合は対応関係を考える。Aは「青山」と対応しているので「紅山」か「緑水」だが、「行舟」とあるので「緑水」となる。Bは「一帆」との関係を考えれば、船は「帆」に「風」を受けて進むので、「風」となる。問四、五句との対応で考える。五句は「日が夜に生じる」つまり「夜が明けないうちに日が出る」という意味なので、六句も「春が旧年に入る」で「年が明けないうちに春になる」となる。問五、「通釈」参照。

通釈　北固山のふもとに宿泊する

(自分の行く)旅路は青々とした山のそのまた向こうで、(自分の乗った)舟は緑色の水の前(にしつつ進む)。川面は平らで両岸が広がり、風は順風で一艘の帆掛け船が帆を揚げる。海上の朝日は、まだ明けやらぬ夜のうちに昇って来る。長江の春は、(年の明けない)旧年のうちにやって来る。(私が出した)郷里へのたよりは、(今頃は)どこら辺に達したであろうか。北方に帰る雁(に持たせた便り)は、(故郷の)洛陽の辺り(に達したであろうか)。

15

解答　1、声を飛ばす　2、春風に乗って洛陽の町いっぱいに響き渡っている(22字)　3、(1)絶句　(2)旅立つ人との別れの曲とされていた(ので、)この曲を聞いた李白は、自分のことと重ね、故郷を思う気持ちを起こさずにはいられなくなった(といえる)

解き方　「唐詩選」より。1、「レ点」は一字返って読む。2、【漢和辞典の記述】に着目し、適切な(意味)を考える。ここでは、「①いっぱいになる」が適切であり、笛の音が「洛陽の町いっぱいに響き渡る」様子を描いていると分かる。3、(1)一行が七字で、四行からなるので「七言絶句」だと分かる。(2)まず、【資料】から「折柳」が「旅立つ人との別れの曲」であることを捉える。この曲を聞いた作者の李白の心情を結句から捉えてまとめる。この曲を聞いて、李白は故郷を思わざるを得なくなったのである。

通釈　誰の家で吹く笛だろうか。どこからか笛の音が風に乗って伝わってくる。笛の音が春風に乗って洛陽の町いっぱいに響き渡っている。今夜、聞こえてくる曲の中に「折柳」という別れの曲が聞こえてきた。いったい誰が故郷を思う気持ちを起こさずにいられようか。

16

解答　問二、ア

解き方　問二、Ⅰ一句が五字のものは五言詩、七字のものは七言詩。また、四句からなるものは絶句、八句からなるものは律詩という。よって、「春早」は、五言絶句。Ⅱ「対句」とは、文法的に同じ作りになっていて(返り点の位置が同じ)、内容が対照的な一対の句をいう。

17

解答　エ

解き方　全て一字返って読むのでレ点が入る。

18

解答　(1)七　(2)揚州に下る

解き方　(1)七字・四句の形式の漢詩である。(2)一・二点に従って、揚州(に)→下(る)、の順に読む。

通釈　黄鶴楼で孟浩然が広陵に旅立って行くのを送る

李白

親友の君は、西方にあるここ黄鶴楼に別れを告げると花がすみにけむる三月に、揚州に向けて下って行く
遠ざかる一そうの帆かけ舟は、真っ青な空のなかに消えあとにはただ長江が天の果てまで流れているのが見えるばかりである

19

解答　(花に)清香有り月に陰有り

解き方　レ点は一字下から上に返って読み、一・二点は二字以上上に返って読むことを示している。

第四章 融合文(現代文＋古文＋漢文)

現古融合文

1

解答

〔問1〕ア　〔問2〕ウ　〔問3〕エ　〔問4〕ア　〔問5〕イ

解き方

A白洲正子・大岡信「桜を歌う詩人たち」・B「伊勢物語」より。〔問1〕梅の花が人々にもてはやされ、歌にも詠まれたが、やがてその地位は桜に取って代わられた、つまり人々は桜を愛で、もっぱら桜の歌を詠むようになったということ。〔問2〕〔注〕にある各歌の意味を読んで考えること。貫之の歌の「夢の中にまで……散っていたことよ」から感じられるのは、華麗な落花の情景。選択肢はウの「美しさに心乱される心情」。〔問3〕「だから、本当に……ぐらいだから」は直前の大岡さんの西行に関する発言に同意する内容。「紀貫之にも…」と質問することで話題を貫之の桜の歌に戻している。〔問4〕アは現代仮名遣いでは「おわしましけり」と書く。〔問5〕「鷹狩りは……しないで」に対応している古文が「狩はねむごろにもせで」、「もっぱら酒を飲んで」に対応しているのが「酒を飲みつつ」、「和歌を詠むのに熱をいれていた」に対応するのは「やまと歌にかかれりけり」である。

2

解答

〔問1〕おもふどち　〔問2〕イ　〔問3〕エ　〔問4〕エ　〔問5〕ア

解き方

松浦寿輝「黄昏客思」より。〔問1〕長嘯隠士の捉え方を問われているのだから、『挙白集』の「山家記」の中から探す。最後の一句が長嘯隠士の考えで肯定的に捉えている。〔問2〕「かなり・そうとうに」の意の副詞である。ア・ウ・エは形容動詞「けっこうだ」の語幹。〔問3〕イかエか紛らわしいが、「視線の……向ける先に月見の風流人を見ることよりも、自分自身でいきなり『月の客』となってしまうこと、そう『名乗り出で』てしまうことの方が、よほど深い興趣がある」とあることから考える。〔問4〕芭蕉の「あるじは『私』ではなく、悲しみ、楽しみ、淋しさの方だ」という考え方と合うのは、エの『情』が主体となり『私』を客体化するという芭蕉の考え方」。それから筆者が読み取った、エの「『主』『客』の概念は明確に分かたれるものではない」は、本文の「『あるじ』と『客』の……両義性に似た何かがこの芭蕉の短文には漂っている」と合致する。〔問5〕服部土芳『三冊子』の「習へといふは…」の現代語訳や「私心を棄て、謙虚な模倣によって……『物』から『情』が発する。その『情』があるじとなり」とあるのと合うのはどれか。

3

解答

〔問1〕イ　〔問2〕かりね　〔問3〕エ　〔問4〕ウ　〔問5〕エ

解き方

深沢眞二「想像力の遊び　連歌」より。〔問1〕傍線部前の「隣り合う二句が、……無関係なことを言い合っていてはダメで」、それでいて「できるだけ『離れる』ことを求められ」るということから考える。〔問2〕まずDの句は「七・七」になるので空欄には三音の言葉が入るはず。C＋Dの意味を述べた「夜明けの芦原、……仮の寝場所とするのかなあ。」から、「仮の寝場所とする」という意味の言葉が入ると考えられ、また、「芦に『仮寝』して月を見るという発想」とあるのも参考に、そのもとになった藤原俊成の「夏刈りの」和歌から三音で探す。〔問3〕「雁」は、秋に北国から日本にやってきて冬を過ごし、春に北へ帰って行く渡り鳥。「横雲の…」の和歌の「初雁の声」はその年に初めて聞く雁の声で、秋に渡ってきたばかりの雁の声。Aは春の句なので、それに付けたBの「雪」は春になってもまだ残っている雪、つまり残雪で、そんな景色の中を飛んでいくのは春に北へ帰る雁。〔問4〕「居ながらにして」は「座ったままの状態で」の意。「ながら」は接続助詞で、この場合はそのまま変化しない状態で続く意を表している。〔問5〕「E＋F」以外は過去の和歌に発想の元があることや「〈過去に和歌において詠まれている……〉という制約」（第七段落）、「それは想像力の競争であり」、「ほかの作者の句によって予想もしなかった新しい世界が出現することを楽しんで……連帯して協同作業をおこない」（最終段落）などに着目。

4

解答

〔問1〕イ　〔問2〕ウ　〔問3〕ア　〔問4〕エ　〔問5〕夕されば君きまさむ　〔問6〕イ

解き方

佐々木健一「日本的感性」より。〔問1〕本文の傍線部の直前の部分に着目。「繰り返された想いや経験」がイの「想いや経験の繰り返し」に、「脳髄に刻印された知覚像」が「心のなかに表象が鮮やかに刻み込まれ」に、「『面影』を、単なるイメージ以上の実体的な性格のものにしている」が「『面影』が、実体があるもののように生々しく感じられる」に対応している。〔問2〕Ⅰ「光源そのもの」だから「発光するもの」、つまり「ひかるもの」である。Ⅱ「姿を映しだす作用において捉えられている」のだから、「姿」と通じる「かげ」。Ⅲ「光かつ影」の両義をもつものは「かげ」のほう。〔問3〕「この愛着」が指しているのは、「自然現象としての残像を……心に同化させ」「そのような光景をこころに沿うものとして」「覚える」「愛着」で、アの前半部分が同じ趣旨。アの後半も傍線部あとに「残像、すなわち何かが残って持続するというのは、……肉体の固有性である」とあるのと合っている。〔問4〕「そこで」は「それで・だから」などに置き換えられる順接の接続詞。〔問5〕傍線部の文の直前に「残っているのはつまるところ『待つ心』にほかならない」とあるのに着目。その「待つ心」が傍線部の「肉体に残った想い」の「想い」に他ならないので「待つ心」の部分を九字で抜き出せばよい。〔問6〕Cの歌の次の段落で『かげ』は……純粋な自然現象だが、……残像のメカニズムが存在する。……この自然現象としての残像も、心的現象……と同じように、同化の効果をもつ（『橘のかげ』）。」とあり、また「橘の蔭踏む路の八ちまたに」の「に」は、現代語訳にあるように「…ように」という比喩を表す格助詞で、千々に乱れて「ものをぞ思ふ」心を「八ちまた」に道が分かれる風景にたとえ、重ねて表現している。この二点を含んだ選択肢はイ。

5 解答

①やわらげ　②自分なりに解釈　③エ　④X見立て　Y人間社会になじむ文化(10字)

解き方　谷知子『古典のすすめ』より。②(　)内の解釈と古文を照らし合わせて読むと、「(名所の特徴や美点を)十分理解したうえで、かつ、ありのままの自然をそのまま写すのではなく」という内容であると分かる。それから解説文に着目し、冒頭の一文の「自然をそのまま写すのではなく……まず自分なりに解釈しなさい」から、適当なことばを抜き出す。③傍線部の前の一文に着目。「いかにも本物に見せかけた、趣向を凝らした主人の意図を受けて…」とある。④X「あるものをそれとは別の似たもので表すこと」を「見立て」という。Y点線部がどういう意味でそのようにいえるのかということは、自然や風景を「そのまま写すのではなく、人間社会に調和するように再現」していることにあると、と解説文から読み取れる。「人間社会にあてはめること」、「『自然』を『文化』へと変容させる作用」と、より具体的に述べられている、「やはらぐ」ということばの解説部分を利用して指定字数内におさまるようにまとめる。

6 解答

㈠いうべき　㈡1　㈢姿　㈣飛び去って見えないほととぎすの残像を、心象に幻視しようとする点が面白いから。(38字)　㈤4　㈥驚きと喜び〜ろのある歌

解き方　吉海直人『読んで楽しむ百人一首』より。㈠「いふべき」の「ふ」は現代仮名遣いに直すと「う」である。㈡『万葉集』は日本最古の歌集。そのため、俳句である3と4は除外できる。1は額田王(ぬかたのおおきみ)の和歌。2は若山牧水の短歌。3は松尾芭蕉の俳句。4は種田山頭火の俳句。㈢傍線部の直前に「ほととぎすの姿」という表現がある。㈣傍線部の直前に「この歌の面白さ」について述べられている点を踏まえる。㈤本文の内容の正否を問う設問。1は「『万葉集』の中で鶯が最も多く詠まれた」が誤り。本文では最も多く詠まれたのが「ほととぎす」だとある。2は「百人一首にほととぎすが含まれていない」が誤り。本文に「ほととぎすだけは含まれてい」たとある。3は「平安時代になるとほととぎすが『昼間に見ることが流行した』」が誤り。「むしろ姿の見えぬ夜鳴く鳥」として歌われたのである。㈥後徳大寺左大臣の歌の評価は、後ろから二段落め「実定歌については…」以下に説明されている。その中から傍線部の理由になる部分を見つける。

7 解答

〔問1〕エ　〔問2〕ウ　〔問3〕エ　〔問4〕「礼楽」と〜れてきた。　〔問5〕ア

解き方　山本淳子『枕草子のたくらみ――「春はあけぼの」に秘められた思い』より。〔問1〕「をかし」と感じた、「近かりつるが……いとほのかに聞こゆる」ものは、笛の音色である。また、「めでたし」と感じたものは「聞き知りたる調子」(＝以前聞いて知っていた旋律)なので、「記憶に関わるもの」になる。〔問2〕一条天皇の漢詩、および「長保五(一〇〇三)年六月二日…」の段落から、音楽の持つ儒教的政治的意味を押さえて考えること。アは「出家した身には不必要な」、イは「笛を上達させた努力を親孝行の象徴だと考え」、エは「父の威厳と愛情という意味が込められている」が、それぞれ不適。〔問3〕定子の属する中関白家や清少納言にとって「音楽とは生活を彩る美しい娯楽」(最終段落第一文)であったことや、「天皇は定子のためにこそ吹き……そんな睦まじい二人が想像できるからこそ」(傍線部の二・三文後)とあることから考える。〔問4〕「一条天皇はその思想にしたがい……国の主の嗜みとして……音楽を学んできた」(終わりから二つめの段落)とあるのに着目する。「その思想」が指している直前の文が「天皇が幼少から楽器を嗜んだ」理由である。〔問5〕「形式的でかたくるしい」の意。

8 解答

〔問1〕イ　〔問2〕暗澹たる心・野分の強い風にたいそう荒れた感じ(の庭)　〔問3〕エ　〔問4〕ア　〔問5〕エ　〔問6〕ウ

解き方　森朝男『読みなおす　日本の原風景　古典文学史と自然』より。〔問1〕傍線部とイは名詞について「いかにも〜にふさわしい」という意味を表す接尾語。アとエは推定の助動詞。ウは形容詞の一部。〔問2〕②の現代語訳の部分から「母君の気力の衰えと、折からの強風に荒れてしまった庭」を表す部分をそれぞれ探す。〔問3〕ア〜エのうち「自然」に触れているのはウとエ。このうちエは「草むらの虫の鳴き声を『涙を誘いげな趣』と感じ取って『人の心』を投影したものである。〔問4〕アの「風情ある景色を……習慣が生まれた」ことは本文に述べられていない。〔問5〕直前に「平安時代の貴族階級は……持っていた。」とあり、アのように「もののあはれ」を感じ取ることは「教養を誇示」するためではない。またイのように「ながめ」と「もののあはれ」の比較をする表現はなく、ウの「それを保護しようという意識」も本文には書かれていない。〔問6〕最後の段落に着目する。「桐壺帝、母君、命婦それぞれが『もののあはれ』を知る美しい登場人物」とある。本文はこうした登場人物のいずれもが自然と共鳴することのできる風流心を持っていたことを述べるものである。

9 解答

㈠軽薄にまねること　㈡ア　㈢過去に筆者が和歌を詠む際に失敗したこと。(20字)　㈣筆者がかつて詠んだような、才気走った歌を面白く感じたり、実際に詠んでしまうこと。(40字)　㈤イ

解き方　「愚見抄」・福田秀一「歌論」(「中世評論集　歌論・連歌論・能楽論」所収)より。㈠傍線部の直前「達者」はBの第一文の「すでに上手となった人」、傍線部の直後「ゆめゆめあるべからず」はBの第一文「あってはならぬ」に対応するから、そこの部分に注目すればよい。㈡「殊勝」は「非常にすぐれていること、格別であること」の意味。また、「聞ゆ」は「聞こえる、理解できる」の意味。㈢「それ」が指すのは直前の「先非のかんがへらるることのみぞ侍る」であるから、この部分を注を参考に現代語訳してまとめればよい。㈣「初心の時」しがちなことは、傍線部の直後にある「さやうのかけり歌は、面白くも覚え、また詠まれ侍るなり」の部分。「さやう」が指すのは「ただかけりすぐし侍りしことども」である。これらの部分を注を参考に、現代語で指定字数内にまとめればよい。㈤ア「数多くある」とされているのは、和歌を学ぶ方法ではなく、和歌の詠み方であるから、不適。ウ「初心の時、むねと詠むべき姿を思ひ分ち侍るが、ゆゆしき重事にて侍るなり。」「いかにも初心の時、さやうのかけり歌は、面白くも覚え、また詠まれ侍るなり。」とあるので、まねるところから始めるのは間違っている。エの内容は本文中にはない。

通釈　だいたい歌のスタイルというのはひととおりではないものだ。だから、始めたばかりの時、自分が第一にと思って詠むべき姿を認識することが、たいそう重大なこと

でございます。歌の道の達人が詠んだ歌を例にひいて面白い歌を好んで詠むこと(軽薄にまねること)は、決してあってはならない。稽古などに参加してみれば、なんとはないことをさりげなく口にするのも、特に優れた表現の和歌になることだろう。生まれつき不器用である人は、当世風、古風などといって、詠む姿をしとやかに詠み習うべきであろう。第一の作法でございます。

和歌の手本としては、代々の勅撰(和歌集)なども多数ありますから、それで形式をよく見て、学ぶのがよい。ただ、素直で壮大で、しかも真実の心のこもった歌であるべきでしょう。私自身の歌のありかたで思い出すのは、歌を詠むに従って、また、歌を学ぶにつけて、年々月々に過去の失敗が思い当たることばかりです。それと言いますのも、ただ才気走って詠み過ぎたことです。まさに初心の時にこそ、そのような才気走った歌は、面白くも感じられ、また詠まれもするのでございます。

10

解答　問一、エ　問二、A月の光　Bさやうなる　問三、ウ

解き方　**清少納言「枕草子」**より。問一、「いみじう」は形容詞「いみじ」の連用形「いみじく」のウ音便。意味は「とても・たいそう」と訳す。次の「あはれ」は重要古語で、「趣深い」と訳す。その次の「おぼえ」は、「感じる・思う」という意味。問二、A二つの空欄Aの直後に共通する「の美しさ」という語句に着目する。月を指すことは容易に思いつくが、指定字数が三字なので、あと二字つけ加えなければならない。そこで、[II]の和歌中の「光」という語に着目する。Bヨシコさんの発言中に「心が動いたとき」とあるので、[I]の本文中から「とき」の同義語を探す。問三、アの兼好法師の代表作は『徒然草』。イの額田王は万葉歌人。エの松尾芭蕉の代表作は『おくのほそ道』。

通釈　九月二十日過ぎの頃、長谷寺に参詣して、たいそう粗末な家に泊まったところ、たいそう疲れて苦しくてただひたすら熟睡した。

夜がふけて、月の光が窓から漏れていたときに、寝ている人たちが体の上にかけている着物の上に、(月の光が)白く映ったりしていた様子は、とてもすばらしく趣深いと感じた。そのような機会に、人は和歌を詠むのだなあ(と思った)。

11

解答　問一、あらそう　問二、(1)達人　(2)2　(3)乗るべき馬〜べからず。　問三、何事にも徹底した慎重さをもつことが大切である(という考え。)(22字)

解き方　**兼好法師「徒然草」**より。問一、語中・語末の「ふ」は「う」に直す。問二、(1)馬に乗るときには、常にその「心構え」を忘れない人のことである。また南さんの発言から、「道の人」(その道の専門家)のことでもある。(2)直前の「たゆみなく慎みて軽々しくせぬ」とは対照的である。「道の人」の慎重さに対して、素人が「自由」にふるまうとはどういうことかを考える。(3)「具体的にどう行動するべきか」とあるので、第一八六段で話題とされている「馬」について、「馬乗り」が行う動作を述べる部分を抜き出す。問三、第一八六段の「よく見て……馳すべからず」、第一八七段の「たゆみなく慎みて軽々しくせぬ」などの箇所から、「共通している」「考え」を導き出す。佐藤さんの提示した本の中の「プロの慎重さは、……コンピュータの回路のようなものなのだ。」の一文も参考にする。

通釈　第一八六段　吉田と申す馬乗りが申しますには、「どの馬も(それぞれに)手ごわいものである。人の力では(馬には)争えないものだと思うがよい。乗ろうとする馬を、まずよく見て、その強いところ、弱いところを知らねばならない。次に、轡・鞍の馬具に、あぶないところがありはしないかとよく点検して、気がかりな点があれば、その馬は(乗って)走らせてはいけない。この心構えを忘れないのを(ほんとうの)馬乗りと言うのである。これは秘訣である」と申した。

第一八七段　すべての(芸事の)道の(専門の)人は、たとえ不器用であったとしても、器用な素人にくらべるときには、必ずまさっているのは、(専門家は)気をゆるめることなく、慎重にして、軽々しくしないのに対して、(素人は)ひたすら勝手気ままにするところが違うからである。

(これは)芸能や(その)所作だけではなく、ふだんからの挙動や心くばりが鈍くても慎重であるのは、成功のもとである。器用ぶって勝手にふるまうのは、失敗のもとである。

12

解答　〔問1〕ア　〔問2〕特定の風物〜いった倒錯　〔問3〕ウ　〔問4〕エ　〔問5〕エ

解き方　**仁平勝「日本の詩と季節」**(佐佐木幸綱編「短歌と日本人II　日本的感性と短歌」所収)より。

〔問1〕当初、「霞」「梅」「鶯」などは春の季節を感じさせるものとして中国の文学からそのまま和歌に取り入れて詠んだが、時代が下ると、「桜」という日本の風物に春の訪れを感じ取るようになり、「桜」を春の季節感を表すものとして和歌に詠むようになったということ。〔問2〕現実には木の葉は秋の終わりから冬の初めにかけて紅葉し、時雨も晩秋から初冬にかけて降るが(だから万葉集では、一首の中に時雨と紅葉が同居している歌もある)、「紅葉」は秋のもの、「時雨」は冬のものと定めてしまい、特定の風物で季節そのものを表すようになってしまったというのである。〔問4〕直前に「時雨にはそうした(＝はかなさを感じさせる)人生の比喩がつきまとう」、直後の本文の段落に「人生の象徴として降ってくる」とあることに着目。「時雨」は冬の季節感を感じさせるだけではなく、人生そのものを表すことから始まったというのである。アは「自然の厳しさを表すことから始まって」、「人生の冷酷さ」、イは「言葉の発見」、ウは「人々の経験が積み重なって」が、それぞれ不適。〔問5〕直前の「その意味において」の指示内容を押さえること。「『季節』というモチーフには、有限かつ可変なわたしたちの人生を、無限で不変なものに結びつけたいという願望が隠れている」＝「『季節』は、わたしたちの生の願望によって不変なのである」という「意味において」、ということ。エの「循環し続ける」は、無限で不変な、の意。

現漢融合文

13 **解答**　〔問1〕ウ　〔問2〕エ　〔問3〕ア　〔問4〕イ　〔問5〕エ

解き方　**藤原克己「菅原道真　詩人の運命」**より。〔問1〕傍線部直後の「現実とは別次元の美の世界へと、景物を変容させている」「景物を変容させる唯美的志向」とあるのに着目する。「写実的に描写」せずに「景物を変容させる」とはつまりウ「虚構の風景」として詠む、ということ。〔問2〕傍線部に対応する現代語訳が「それだけいっそう春が近づいている」ということであることから考える。〔問3〕「背理」は「道理・論理に反する」の意。頷聯の解説部分に「…冬の光はどこへ行って休息するのだろう……春の暖かな空気は……どこに留まっているのだろう……奇妙な表現です」とあることや、「そんな馬鹿な、と思わず言いたくなるよう」な凡河内躬恒の歌と合わせ考えると、ここではア「自然現象としては起こるはずのない」ことを指していることが分かる。「戯れ」は、「自由な発想」のこと。〔問4〕「刻印しており、」と途中に読点があるので、「記念すべき」や「言えましょう」には係らない。〔問5〕終わりから二段落めの内容を確認すること。「詩人自身の人生と生活に即して、その折々の心を歌うという詩」「細やかに理知的あるいは論理的な歌い方」「見立てや『背理との戯れ』」（〔問3〕参照）などに対応する選択肢を選ぶ。

14 **解答**　〔問1〕エ　〔問2〕ア　〔問3〕エ　〔問4〕ウ　〔問5〕イ

解き方　**石川忠久「新　漢詩の世界」**より。〔問1〕A直後の「雪は山堂を擁して…」の解説の段落の最後で、「この山堂の外の景は……静かな草堂の趣」とまとめている。後半には、「部屋の中」の作者の姿と気持ちが書かれている。〔問2〕直前の「軒端の鈴が動かない」ということや、「一穂の青燈…」の解説の段落の「外に風が吹かないので、部屋の中も隙間風が来ない。」とあるのに着目する。〔問3〕「一穂の青燈…」の解説の段落に「今読んだ本はいずれも先哲の本です。その昔の学者の心が自分の心に通って来るという意味です。」とあるのに着目する。アは、「修行生活」、「己の内面の疑念を晴らすことに集中」が、イは、「議論を交えながら」が、ウは「研究に没頭」がそれぞれ合わない。また、ウは詩の四行めにまったく触れられていない。〔問4〕まず「これ」の指示内容を押さえる。「共同生活をしながら勉強をしていく楽しみ、喜び」「その楽しみを……冬の朝の炊事のしたくという一コマにとらえた」に着目すること。また、傍線部の次段落にある「その情景の中におのずから通い合う喜びがにじみ出ます。その厳しさ辛さの中の楽しみ喜び。」にも着目する。アの「しのぎを削りながら」、イの「四季折々の」、エの「人間的成長にもある」などは本文中に触れられていない。〔問5〕アの「冬の山堂の美しい自然描写」とエの「先輩たちをしのび心通わせられるよう」は、菅茶山の「冬夜読書」の詩について述べたもので、不適。ウの「共同生活に対する愚痴や不満」は書かれていないし、それに対し「厳しくたしなめ」る表現もない。

古漢融合文

15 **解答**　一、たまいて
二、一 朝 消 散 似二 浮 雲一
三、ア　四、ABC雪・月・花　D村上天皇に対する親愛の気持ち（14字）

解き方　**清少納言「枕草子」・白居易「白氏文集」**より。一、古文を読む場合、語頭以外の「は、ひ、ふ、へ、ほ」は「ワ、イ、ウ、エ、オ」と読む。二、「雲」から「似」に返るので、離れている場合は「一・二点」を使う。三、現代語訳を読むと、江南の地で友人と過ごした日々を懐かしんでいることが分かる。イ「つらいこともたくさんあった江南」「自分の周りにいた人々に支えられていた」等が誤り。ウ「歌姫と一緒に歌った」のではなく、「美しい歌姫を詩に詠じた」とある。「自分の恋」も誤り。エ「現状を生き抜こうと決意を新たにしている」という描写はない。四、「通釈」参照。「雪がひどく降っていたので、儀式に用いる食器に（雪を）盛らせなさって、梅の花をさして、月がたいそう明るい時に…」とある。兵衛の蔵人が詠んだ「雪月花の時」は、漢詩の四行め「雪月花の時最も君を憶ふ」の引用であり、漢詩の「君」を村上天皇に置き換えて、「帝のことが慕わしく思われる」という意味を込めたのである。

通釈　村上天皇が治めていらっしゃった時代、雪がひどく降ったのを、食器に盛らせなさって、梅の花をさして、月がたいそう明るい時に、「これについて歌を詠め。どういうふうに詠めるか」と兵衛の蔵人にお与えになったところ、（兵衛の蔵人が）「雪月花の時」と申し上げたのを（天皇は）たいそうおほめになった。「歌などを詠むのはありきたりである。このように場の状況にあったことを言うのは難しい」とおっしゃった（ということだ）。

16 **解答**　1、ア　2、おきざれば
3、一月計在朔日　4、イ

解き方　1、一日の初めにやることで、その日一日を空しくさせずに済むものは、計画である。2、レ点は、下の字を読んでから上の字に返って詠むという記

号。すべてひらがなで、と指定されていることにも注意する。3、白楽天の発言とされる三行が、同じ構成になっている点に着目。前半の最後の二字と後半の最初の二字が同じになっている。「朔日」とは（注）にあるとおり、各月の最初の日のことであるから、話題になっているのは一月のことだと分かる。4、ア「目の前にある絶好の機会を逃してしまう」という記述はない。ウ「最初だけが重要であると考えて後のことを考えずに油断」するという記述はない。エ話題になっているのは、始まりの話であり、終わり方の話ではない。

通釈　ある人が白楽天の日常生活の三つの規範として語ったことには

一日の計画は、早朝（一番鶏が鳴くような時間）にするのがよい。早朝に起きなくては、その日一日が空しいものになってしまう。一か月の計画は、一日に立てるのがよい。一日に立てなくては、その月一か月が空しいものになってしまう。一年の計画は、陽気に満ちた春に立てるのがよい。陽気に満ちた春に畑を耕さなくては、秋の実りは空しいものになってしまう。

実りは空しいものになってしまう。

と言った言葉、本当に普通の人は心に油断が生じるので、何事にも思い悩むことも、災いも起こるのだということだ。

17　解答

問一、イ　問二、いうばかり
問三、1違い　2春の景色を想像する
問四、ウ　問五、エ　問六、イ

解き方　**「拾遺和歌集」・「古今和歌集」・羅隠「京中正月七日立春」**より。問一、「春立つ」で「春が始まる、立春」の意となる。問三、1暦の上での季節が「春」で、実際の景色が「雪」であることを捉え、その違いに和歌の作者は感動しているのである。2実際には目の前にはいない、春の訪れを告げる「鶯」に思いを馳せ、想像して歌を詠んでいるのである。問四、ア・イ・エは後半の「筆者の思い」の部分が誤り。問五、「長歌」は「五七」を三回以上繰り返し、最後を七音にするものであり、古文Aとは異なるのでアは不適。イの「切れ字」は俳句の表現技法であり、和歌には用いられないため不適。漢文Cは「七言絶句」のため、ウも不適。問六、古文A・B、漢文Cで詠まれている季節は、「春」だと分かる。同じ季節が詠まれているのは、イで、季語は「雛の市」。アの季語は「たなばた」で季節は、秋。ウは「小春」で冬。エは「五月雨」で夏。

18　解答

問1、もうす　問2、ア　問3、イ
問4、a遠　b近
問5、(1)孔子決すること能はず。(2)どちらの子の意見が正しいのか（14字）　問6、ウ

解き方　**「宇治拾遺物語」・「列子」**より。問2、「日の出で入る…」という童の言葉の内容は、「疑問」や「問いかけ」ではないので、ウ・エは不適。また、何かの「たとえ」でもないので、イも不適。問3、「孔子には、かく物問ひかくる人もなきに」という部分が理由にあたる。問4、子どもたちが話題にしていたのが、お日様と自分たちとの距離であることを捉える。そして、空欄の直前に「日初めて出づれば、……則ち盤盂のごとし。」とあることに着目し、その理由としてふさわしい内容になるように空欄a・bを考える。問5、(2)二人の子どもの異なる意見を聞いて、孔子はどちらが正しいかを決められなかったという文脈を押さえる。問6、アは、文章Bについての根拠が本文の内容とは異なる。イは、文章Bについて孔子は主張していないので、不適。エは、文章Bの児についての評価が本文の内容とは異なる。

19　解答

(1)①たぐいなく　②ゆえ
(2)（希望は）かなわなかった
(3)エ　(4)③ア　④イ　(5)（楽）落
（塩）縁
（根拠）え吹かざりけり
(6)A色変じて振恐す　B逆心をつつみえざりけるゆゑ
(7)取㆓舞陽所㆑持地図㆒

解き方　**「十訓抄」・「史記」**より。(2)傍線部の後部の現代語訳に「まったく吹くことができなかった」とある。吹くことができない→聞くこともできない→かなわなかった、となる。(3)帝の前では傍線部①の後部「がたがた震えて」＝緊張して「まったく吹くことができなかった」が、女房が相手ならば傍線部②の次の文の現代語訳「気楽に、思うままに」笛を吹けるから。(4)「仰せ」は尊敬語なので帝。傍線部④は「たちまちに臆し」た人と同一人物なので、極度のあがり症の明宗。(5)設問文中に「同音の漢字」とあるので、「楽」の音読み＝ラク、「塩」の音読み＝エンと発音する漢字を、傍線部の前から探す。(6)空欄Aは文章Ⅱの書き下し文から同じ内容を探せばよい。空欄Bは条件文中の「理由」という語句に着目する。理由の同義語は文章Ⅰ中の点線部「ゆゑ」なので、その語句の前の部分を抜き出せばよい。(7)すぐ上の文字に返る場合は「レ点」、二文字以上離れて返る場合は「一・二点」を用いる。

通釈　（古文）堀河院の御代に、勘解由使の次官で、明宗という、大変に上手な笛吹きがいた。驚くほどの気後れをしてしまう人である。堀河院が、笛をお聞きになりたいと思って、（明宗を）お呼びになったとき、（明宗は）堀河院の御前と思うと、気後れしてがたがたと震えて、まったく吹くことができなかったのである。

（堀河院は）残念に思われて、知り合いの女官に言いつけなさって、「個人的に坪庭の辺りに呼んで、（笛を）吹かせよ。私は立ち聞きをしよう」とおっしゃったので、（ある）日の夜に、話し合い約束を交わして（笛を）吹かせた。「女官が聞くのだ」と思うと、気楽に思うままに吹いた。世界中どこへいっても、とても聞けそうにないくらいの、美しい音色であった。

帝（堀河院）は、もう感動をおさえなさることができず、「ふだん、笛の名人とは思っていたが、これほどまでとは思わなかった。本当にすばらしい」とおっしゃったので、「さては、帝がお聞きになっていたのだ」と、たちまち気後れして、あわて騒ぐうちに、縁側より落ちてしまった。（それから）「安楽塩」というあだ名がついてしまった。

昔、秦舞陽が始皇帝を見たとたん、顔色が変わり、体が震えたというのは、始皇帝を殺害しようとする心を包み隠すことができなかったからである。明宗は、なにがあってそんなに慌てたのか、おかしい限りである。

（漢文）秦舞陽は、顔色が変わりわなわなと震えだした。群臣は、これを怪しんだ。荊軻は、振りかえって舞陽を笑い、歩を進めて弁明した。「北辺未開の地の田舎者のことで、いまだ天子にお目にかかる機会も得ぬため、震えおののいています。どうか大王様、しばしお許しをいただき、この者がおん前にて使命を全うできますようお願いいつかまつります。」と（言った）。

秦王が、荊軻に言うことには、「舞陽の持つ地図を取れ。」と。

20

解答　問一、(1)あはれ　(2)知己　(3)面影に立つ　(4)ア　問二、無(カレ)レ為(ス)在(リテ)二岐路(ニ)一

解き方　「**伊勢物語**」・王勃「**送杜少府之任蜀州**」より。

問一、返り点は一字以上後ろから前に戻って詠むことを指示する記号で、「レ点」、「一・二点」、「上・中・下点」などがある。問二、(1)Ⅰの直後に「見送る者の気持ち」とある点を押さえる。「あはれ」は心が動かされたときにつくため息の音。そこから「感動する」や「哀しい」など、多様な意味で用いられている。(2)Ⅱの直前にテーマが「かけがえのない友人との別れ」だとある。〔漢詩〕の〔現代語訳〕を参照しながら、この「友人」が「この世の中に本当に自分を理解してくれる者」すなわち「知己」であることが分かるだろう。(3)和歌に「あなたを忘れる時などないので、いつも姿が目に浮かんでいます。」とある点を押さえる。(4)選択肢に書かれていることを本文の内容と照らし合わせながら、消去法で選ぶ。イは「見送られる者の視点から」が、ウは「〔漢詩〕は、別れの場面以降を時間の流れに沿って記している」が、エは「〔漢詩〕は、雄大な自然を描くことで孤独な姿を強調している」が誤りである。

通釈　昔、ある男がたいそう仲の良い友人をもっていた。いつも一緒にいて思い合っていたが、その友人が都から他国へ行ったので、たいそうしみじみと寂しいと思って別れてしまった。月日がたって送ってきた手紙に、「驚くほど、お目にかからないで、月日がたってしまったことよ。お忘れになってしまわれたのではと、たいそうつらく思っております。世の中の人の心は、会わずに離れていると、相手を忘れてしまうもののようです。」と言ってきたので、(男は)歌を詠んでおくる。

離れているとは思えませんよ。あなたを忘れる時などないので、いつも姿が目に浮かんでいます。

21

解答　問一、おそわれよ　問二、イ　問三、ア　問四、伐二孤竹一　問五、1雪で道が見えなくなった(11字)　2老馬は道が分かっている(11字)　問六、エ

解き方　「**平家物語**」・「**韓非子**」より。問二、別府小太郎の発言の最初の部分で、「父で候ひし義重法師がをしへ候ひしは」と言っている。問三、小太郎の言葉を受けて、さっそく老馬を用いたことから、小太郎の発言に感心していることが読み取れる。問五、Aの「雪は野原をうづめども、老いたる馬ぞ道は知るといふためしあり」の部分をまとめる。問六、老馬は、道に迷った時も正しい道へと導いてくれるという内容から判断する。

通釈　A　武蔵の国の住人で別府小太郎といって、十八歳になる若者が進み出て申し上げることには、「父でありました義重法師が教えましたのは、『敵に襲われるにせよ、山越えの狩りをするにせよ、深山で道に迷ったような時には、老馬に手綱をかけて、先に追い立てて行け。かならず道へ出るぞ』と」。

源義経は、「気のきいたことを申したものだ。雪は野原をうめつくすが、老いた馬は道が分かっているという例もある」といって、白毛に黒のまじった老馬の背に鞍を置いて、白いくつわを口にかませ、手綱をそれに結んでかけて、先に追い立てて、まだ知らぬ深山へと入りなさった。

B　管仲と隰朋は、桓公にしたがって孤竹の国を伐った。行きは春だったが帰りは冬になった。道に迷ってしまった。管仲が「老馬の知恵を用いるべきだ」といった。そこで老馬を放ってついていくと、とうとう道が分かった。

22

解答　問1、かいして　問2、遺(ツテ)レ母(ニ)報(ズ)二含飴(ヲ)一　問3、ア　問4、イ　問5、エ　問6、(陸績の、)母親にたちばなを食べさせたい(という心遣い。)(14字)　問7、孝　問8、ウ

解き方　「**新刊全相二十四孝詩選**」・「**御伽草子**」より。

問1、古文の「くわ」「ぐわ」は、それぞれ「か」「が」と読む決まりがある。問2、下から一字返って読む時にはレ点を、一字以上飛ばして返って読む時には一・二点を使う。問3、せりふのあとには、引用を示す「と」があることが多い。問4、それぞれの「奇」の意味は、ア「あやしい」、イ「すぐれた」、ウ「思いがけない」、エ「二で割り切れない数」。問5、陸績は袁術に出された橘を、母親に食べさせるためにこっそり持って帰ろうと袂に三つほど入れておいたが、帰宅の挨拶の時に落としてしまったのである。問6、「かやうの心づけ」とは、袁術に橘を持ち帰ろうとしたことを子供らしくないと咎められて答えた「あまりに見事なるほどに、家に帰り、母に与へんためなり」という言葉に対してのものである。よって、ここの部分を現代語訳してまとめればよい。問7、資料Cの最後の一文に「さてこそ、天下の人、かれが孝なることを知りたるとなり。」とある。問8、ア「出来事を丁寧に説明し」とあるが、さほど詳しくは説明していない。イは「主題を焦点化している」とまでは言えない。エは「出来事の後日談を結びにし」が不適。

23

解答　〔問1〕詩の中の落花が日本人の好きな桜を連想させるから。(24字)　〔問2〕エ　〔問3〕ア　〔問4〕すてきなもの、すぐれたものということを象徴している(という点。)(25字)　〔問5〕ウ

解き方　**大岡信「瑞穂の国うた―句歌で味わう十二か月―」**より。〔問1〕白居易のこの詩が日本人に大変受けたのは「日本人が桜の花をいつの間にかとても愛するようになったから」だと述べられていることから考える。「落花」が桜、あるいは桜を連想したと直接には書かれていないが、このあとで桜の散るときの美しさが述べられていることと併せて考えて、当時の日本人が白居易の詩の「落花」を日本人の愛する桜が散るイメージで捉えていたからだということは当然考えられる。〔問2〕「散る」「曇る」「老いらく」という言葉を長寿の「お祝いの歌で使うのも、実に挑戦的」で、「聞いた瞬間に……みんなおどろいたに違いない」のは、それらが縁起の悪い言葉、不吉なことを連想させる言葉であるからである。それらの縁起の悪い言葉を上の句に三つも並べ、「長寿を祝う歌にはふさわしくない」と聞く人に思わせておいて、結句の「道まがふがに」で、老いが来ないようにと不老長寿を願う歌だと分かるようになっている点で、「不思議な作り方」の歌だというのである。〔問3〕「老いらく」は「老いること」という意味。イは「おそらく」という副詞。ウ・エはそれぞれ「根付く」「行く」という動詞である。〔問4〕直接的には傍線部の直前の「そこ」が指している「ある人物のもっている雰囲気とか……そのよさ」を言うのであるが、これでは「二十五字以内」という条件に合わないので、同じように「花」という言葉で表される「よさ」を「という点」に続くように「二十五字以内」で述べている語句を探す。〔問5〕「そういう『花』」の「そういう」が指す内容を押さえること。前段の「そのような意味まで含んだものとしての『花』」であり、それはさらに前段の「パッと

咲くときとパッと散るときとの両方」を「一語で表しているところ」の「花」を指している。

24

解答　〔問1〕エ　〔問2〕イ　〔問3〕エ　〔問4〕ア　〔問5〕ほとん～の境地

解き方　**諸田龍美「茶席からひろがる 漢詩の世界」**より。〔問1〕設問の「心の動き」という言葉に注意して傍線部のあとを見ると、「まるで歓迎してくれているようで嬉しく」「自らの内部にも生命の喜びが輝き出し、新たな力が漲ってくるのを感じます」という記述があるので、これらを踏まえて選択肢を選ぶ。〔問2〕「詩人とはどのような人か」という設問の問いの答えは傍線部のなかの「…人間こそが詩人なのだ」の「…」の部分にあるはずなので、傍線部の内容を分析すると、「それを知りたいという止み難い欲求に突き動かされて」とあるので、これを「詩人には自分では止めることのできない欲求がある」と読み換える。次に「月光の春山に分け入って行く」とあるので、これを「夜の春山へ足を踏み入れるのが詩人である」と読み換える。これらの条件を満たしているものを選ぶ。〔問3〕訳を見ると「髪はすっかり白くなったが服は相変わらずの碧色」とあるので、「相変わらず」と同じ意味で使われているものを選ぶ。アは「さらに」、イは「あと」、ウは「ただし」の意味。〔問4〕設問の要求を踏まえて、紀貫之と禅の教えが対比になっている記述を傍線部のあとから探す。すると「貫之にとって……『はかない人生』の象徴……『確かな真理』を見ようとする禅の教えとは正反対」「貫之は『諸行無常の響』として解釈した……しかし……禅の教えでは……より主体的に『……人間の求めに応じて、世界は無限にその豊かな魅力を現わし……真理の在りかを教えてくれる……』」とあるので、これらの記述を踏まえて選択肢を選ぶ。〔問5〕傍線部の「月と花」「夢幻世界」および設問の「于良史の心境」という言葉に着目して、これに類する記述を本文で探すと、「LEDの電灯が…」で始まる段落に「于良史が歩いた夜は」「小さな月が輝いている」「ふと見つけた花々」とあるので、この直後にある「詩人の恍惚の境地」を「于良史（という詩人）の（恍惚という）心境（＝境地）」であると理解する。

25

解答　①絶句　②イ　③ぬってゆく　④人々のかなしみは蒼梧の地にみちわたる　⑤ウ　⑥Aの「月」は仲麻呂が故郷で見た月であるが、Bの「明月」はきよらかな心をもった仲麻呂をたとえた表現である、という違い。

解き方　**吉川幸次郎・三好達治「新唐詩選」**より。①四句からなる漢詩形を「絶句」という。一句が五文字の場合は「五言絶句」、七文字の場合は「七言絶句」という。②「帝都を辞し」という言葉の意味は「帝都から退去する」である。イの「辞去」は「別れを告げて立ち去ること」という意味なので、ⓐの「辞」の意味と合致する。③漢詩の「遶蓬壺」、書き下し文の「蓬壺を遶る」は解説文では「蓬萊の島々をぬってゆく」とある。④解説文に「海べのそらにみちわたるものは、白い雲と人々のかなしみ。」とある。⑤Aの状況と訳文の意味を正確に理解する。唐土（中国）で月を見て、「故郷春日で見た月」を思い出している、という状況なので、和歌を詠んだときに見た月は「唐土の月」、その月を見て思い出したのは「故郷春日の月」、そして「唐土の月＝春日の月」となっている。⑥Bの「明月」は、解説文では「明月のごときよらかな人」とある。比喩としての月である。それに対して、Aの「月」は「三笠山に出た（実際の）月」である。

第五章　表現・作文

条件作文

1 解答 （例）（記号）ウ
私が、これからの時代を生きていくうえで最も大切にしたい「姿勢」として、三つのうち、ウ「社会のルールや人との約束を守る」を選んだ理由は、他の二つに比べ、自分の周囲との関わりが大切な要素である点にある。なぜなら、世の中にたった一人で生きていくことは不可能であり、そこには「共に生きる」ためのルールや約束が必ず存在する。そして、それらを守る「姿勢」は絶対に失われてはならないものだと考えるからである。

解き方 三つの条件を比べて、なぜその条件を選んだのかについて、他の二つとの比較という視点から理由を述べるようにすると分かりやすく書くことができる。

2 解答 （例）（選んだ記号）b
わたしが最も実現してほしいものは、「いつでもドクター」です。なぜなら、想定されている二〇三〇～二〇四〇年頃、わたしは二十五～三十五歳の働き盛りを迎えており、忙しい日々のなかでの健康管理に難しさを感じていると思うからです。
共働きをしている自分の両親の様子からも、何となく体の不調を感じていても、仕事が忙しいとほとんど医者に行きません。これでは重大な疾患が潜んでいても早期発見には至らないと思います。「いつでもドクター」があれば、手軽に診断を受けられ、自分の健康を後回しにすることが減ると考えます。

3 解答 （例）Ａ案に比べてＢ案では活動の年数や参加人数などについて数字を挙げたり、地域の方の言葉を引用したりして、話題に具体性をもたせるように工夫している。また、書いた人の体験として書いていることも優れた工夫である。
この文章は清掃活動に参加を呼びかけるという目的で書かれるものであり、読む人に清掃活動がどのようなものかを実感させる必要がある。このような目的の文章の場合は、なるべく具体的な例を挙げて、わかりやすく相手に伝えるように述べることが大切である。

4 解答 （例）自分の意見を、思った通りに伝えることはとても難しいと思う。自分で思ったことと、違うように相手に伝わってしまうことがあるからだ。以前、部活の練習方針について話し合っている時に、自分の考えをうまく言葉にできず、他の部員にうまく伝わらず誤解されてしまい、「言わなければよかった」と思ったことがあった。「消極的な方だ」「場合による」と答えた人も、誤解されることを恐れて自分の意見が言えずにいるのではないだろうか。しかし、黙っていては自分の意見は絶対に伝わらない。今後は、相手に伝わりやすいように努力するだけでなく、相手の言っていることと、自分の理解していることが合っているか確認する努力もしていきたい。

5 解答 （例）資料によると、小学生のときは「１週間に２冊以上」本を読む人の割合がいちばん高く、26.1％もいたにもかかわらず、高校生になると、わずか1.5％に減少している。そして「読書はほとんどしない」という人の割合が25.8％へと大幅にはねあがっている。
確かに私も中学生になって部活などで忙しくなり、興味の対象や活動範囲が広がって読書から離れてしまった。このようなことを逆手にとり、ＳＮＳを利用して価値ある情報を提供し、読書を推進する工夫をするとよいと考える。

6 解答 （例）「巨人の肩の上に立つ」とは、私たちが、人類が長い年月をかけて築き上げてきた偉大な文明の遺産を譲り受けた立場にいる、ということだと思う。
過去を学び、その学びを次の世代へと受け継いでいくことは、今を生きる私たちの務めだと思う。私は今後、過去のことを含めて多くを学び、自分にできることを考えたい。そして、自分の夢を実現させることで、社会がより発展するための貢献をしていきたい。

解き方 ニュートンは「巨人の肩の上に立った」ことで「より遠くまで見渡せた」、つまり「偉大な発見をなしとげること」ができたと言い、福沢諭吉は「文明の遺産はなくなってしまうものではなく、全人類すべての人々に譲り受けられている」と述べているので、「巨人の肩の上に立つ」とは「文明の遺産を譲り受けること」を示している。設問に「これからの生活にどう生かしたいか」とあるので「生かすこと」について具体的に書くようにする。

7 解答 （例）私は、老人クラブ加入率一位と総合型地域スポーツクラブ数三位に着目しました。これらのデータから、富山県は、生涯にわたって地域とのつながりをもち、心豊かに生活できる住みよい県であることが分かります。
私の祖父母も地域のパークゴルフ大会や囲碁教室で生き生きと健康的に過ごしています。また、私もバドミントンクラブに参加して、地域の指導者の方に教えていただいています。このように人と人とが関わり合う場のあることが私の地域のよさだと思います。

8 解答 問一、（例）「こだわらない」とする率は年代が高くなるにつれて上がり、十代後半の十四％が、六十代では二倍以上の三十一％になっている。（60字）
問二、（例）私は、必ずしも手紙は手書きで書かなくてもよいと考えている。
その理由として二つのことを挙げたい。第一には、パソコンやスマートフォンなどの機器の普及により、「手書きでなくてはならない」という場面が日常生活から減ってきていることが挙げられ、第二にはそうした機器の使用により、読みやすい字で手軽に文書を作ることができることが挙げられる。

解き方　問一、具体的に数字を挙げて、「年代別の割合の変化」を述べるとよい。問二、各段落に書く内容についての指示と、第二段落の、「具体的な例、あるいはグラフの結果を活用して」という注意を守ること。

9

解答　(例)　昨年の夏休み、友達が交通事故で両足を骨折し、車椅子で登校することになった。初めは彼のお母さんが仕事を休んで一日中付き添っていたが、あまりにも大変そうなので、休み時間や昼休みの世話は、その時手の空いている僕たちでしてあげることにし、一緒に受験を迎えることができた。ひとりの力は限られたものだが、多くの人の思いやりがつながれば大きな力になることを知った半年だった。

10

解答　(例1)　私は、レジ袋を利用しても問題はないと考えます。なぜなら、レジ袋を利用しても、利用し終えたあとに有効活用したり、リサイクルしたりすることで、海の環境を汚すことを防ぐことができると思うからです。私も、レジ袋をゴミ袋として活用したり、地域の資源回収に出したりしています。私は、レジ袋が海の環境を汚す原因の一つとなっていることを、身近な問題として考え、自分にできることを実行することが大切だと思います。

(例2)　買い物をしたとき、レジ袋は利用しないほうがよいと私は考える。その理由は、レジ袋を利用すると、利用し終えたあと、ごみになるからだ。利用し終えたレジ袋のすべてを、リサイクルすることは難しいと思う。利用したレジ袋のなかには、ポイ捨てされるなどして、海に流れ込んでしまうものもあると考えられる。エコバッグを用意し、レジ袋を利用しないようにし、これ以上、海の環境が汚されてしまうことを防ぎたいと考える。

解き方　設問の要求は「買い物をしたときにレジ袋を利用すること」について自分の考えを述べる、なので、考えの中身は「レジ袋を利用する／利用しない」のどちらかになる。

11

解答　(例)　私はピクトグラムを利用した案内図を作る時、より多くの人に伝わるかどうかを重視すべきだと思う。温泉のマークは、日本人の過半数がＪＩＳ規格の方がわかりやすいとしているのに対し、外国人の過半数はＩＳＯ規格の方がわかりやすいとしている。それならば、「外国人観光客のさらなる増加」を見越して作るピクトグラムには、より多くの人に伝わりやすいＩＳＯ規格のマークを採用すべきではないか。作るのは日本人なので日本人の感覚に頼りがちだが、対象は誰なのかということを考え、なるべく多くの人にわかりやすいものを作るべきだと考える。

12

解答　(例)　各年度の調査を比較すると、「互いに察し合う」と回答した割合が減少しているのに対して、「言葉に表す」と回答した割合が増加している。このことから、最近の社会では、思ったことを言葉にして伝えるべきだと考える傾向があると言える。

私も、この傾向と同じで、「言葉に表す」ことを重視している。なぜなら、相手のことを思って行動しても、言葉を交わさなければ相手の望むことかどうかはわからず、時には相手のためにならないこともあるからだ。私は、言葉で伝え合い、納得し合うことが、相手を尊重することにつながると考える。

13

解答　(例)　ＡとＢは、掲げている目的の方向性が異なっている。Ａは演奏自体に重点を置き、Ｂは人間関係を重視している。

私は、Ａのスローガンを採用するのがよいと考える。なぜなら、良い演奏には、良い人間関係と技術の向上の両方が必要であり、ＡはＢを含むより高い目標であると考えるからだ。私はダンスを習っているが、練習不足だった時と、チームメイトとけんかしていた時の発表会は散々な出来だった。良いパフォーマンスがしたいなら、どちらも良い状態にしておかなければならないのだ。よって、私はＡがよいと考える。

14

解答　(例)　私は「幼児がどんぐりを拾う」場面で「どうしてどんぐりは秋になると地面に落っこちるのかな」という言葉をかけようと思う。

その理由はどんぐりが「木の命を未来につなぐ」ものだということに気付いて欲しいからである。どんぐり拾いは資料1にあるように「季節を感じる」もので「身近な植物」であるし、それが「木の命を未来につなぐ」ものであるという理解は資料2の「生命の不思議さや尊さ」の理解につながり、それが命に対する思いやり、大切にしようとする気持ちにつながると思うからである。

解き方　まず、条件2の「どのような場面」「どのような言葉」「具体的」という指示を意識しながら【資料1】を見る。〈内容〉の部分には「秋を感じるものを探す」とあり、また「(様々な色の木の葉、どんぐり、松ぼっくり、すすき、いちょう、こすもす)」といった具体例が示されている。これを「(昨年度の活動の様子)」という図を参考にしながら具体的な状況を想定し、そこで「どのような言葉をかけるか」を考える。

課題作文

15 解答 （例）自然環境

私が自然環境を選ぶ理由は、日本の自然の多様性を活用して、他国の人が普段自国で接していない種類の自然を紹介できると考えるからだ。日本には海も山もあり、寒い季節も暑い季節もある。また、日本独自の植物などもある。だから、暑い地域から来た方には、寒い季節、寒い地域の自然を紹介すれば新鮮に感じてもらえるし、海沿いの地域から来た方には、山の植物や動物などを紹介すれば、興味を持ってもらえると思う。私が修学旅行で海外に行った時に、日本で見たことがない鳥や花を見ることができて、とても感動した。だから、日本を紹介するときも、他国の人が普段自国で接していない種類の自然を紹介するのがよいと考える。

16 解答 （例1）　仕事をするうえで最も大切なことは、協調性です。相手の考えを受け入れ、力を合わせることで、気持ち良く仕事をすることができると考えるからです。

以前、先生から仕事を頼まれたとき、どのようにその仕事を進めるかで、友だちと意見が分かれました。しかし、お互いの意見を尊重し、協力し合ったことで、気持ち良く仕事をすることができました。この時、仕事をするうえで、協調性は大切だと感じました。

（例2）　私は、仕事をするうえで最も大切なことは、責任感だと考えます。なぜなら、仕事への責任を持つことで、周りからの信頼を得られるからです。私の家は、飲食店をしています。作る料理に責任を持たなければ、お客様は安心して料理を口にできません。責任を持って仕事をするから、また食べに来ようという、お客様からの信頼を得られるのだと思います。私は親の働く姿から、仕事をするときの責任感の大切さを感じました。

（例3）　私の考える、仕事をするうえで最も大切なことは、積極性だ。

私は、職場体験学習で、車の工場でお世話になった。体験学習の間、自分から進んで質問したり、仕事に取り組んだりすることで、初日にできなかったことが、最終日にはできるようになった。

このことから、仕事をするうえで、積極性が最も大切だと考える。積極的に仕事に取り組むと、自分自身の成長につながるからだ。

17 解答 （例）　私の料理の経験を挙げる。私は料理が好きだが、焦がしてしまったり、しょっぱかったりと、失敗ばかりしていた。そこで私は、台所にタイマーを置き、加熱時間を正確に計ることにした。また、調味料の丁寧な計測を心がけた。それにより、少しずつ、料理をおいしく作れるようになった。失敗が成功へとつながったのである。

18 解答 （例）　私は、インターネットの普及は、私たちに良い影響を与えていると考える。なぜなら、インターネットが普及したことで、人々が最新の情報を得られるようになったからだ。電車の遅延や渋滞の最新情報が分かれば、移動の助けになる。また、災害などの場合、情報の新しさが人の生死を分けることもある。

もちろん、うその情報が流される場合もあるかもしれない。しかし、インターネットならば、複数の情報を突き合わせ、その情報が正しいのかを検討することができる。

よって、私は、インターネットの普及は、私たちに良い影響を与えていると考える。

19 解答 （例）　私は、資料として、インターネットトラブルのさまざまな種類の具体例集があればよいと考える。なぜなら、さまざまな種類のトラブルを提示すれば、多くの人がトラブルを身近に感じることができ、注意が必要だという意見に納得してくれるからだ。

例えば、「ネット依存」、「著作権侵害」、「性犯罪被害」は、それぞれトラブルに巻き込まれる対象が異なっている。できるだけたくさんの種類を提示すれば、それだけ、「トラブルに巻き込まれる可能性があるから気をつけよう」と考える人が増えるはずである。

だから私は、インターネットトラブルのさまざまな種類の具体例集を示して、「使用には注意が必要だ」と主張すればよいと考える。

20 解答 （例）　この標語は、一音が異なる二つの動詞を用いて、読書の魅力を伝えている。「めくる」からはページをめくって本を楽しむ姿が、「めぐる」からは本に描かれた世界をめぐり味わう様子が目に浮かんでくる。

二つの動詞が軽快なリズムを生み、気軽に本を読もうという気持ちにさせるので、読書の推進にふさわしい。

21 解答 （例）　選んだ言葉「切磋琢磨」

三つの言葉のうち、「切磋琢磨」は、みんなが一つになって目標にできる言葉だと考えて選びました。

私は吹奏楽部に所属していますが、ブラスバンドの演奏では、一人間違えると全体の演奏が台無しになることもよくあります。そこで、お互いに励まし合ったり演奏の仕方を教え合ったりして、全員が技術を向上できるように工夫しています。もちろん、楽器を自分の体そのものとして思い通りに動かせるようにする、個人練習も必須です。

こうした仲間と一緒の、また個人の努力が一つになって、チームワークや友情が形成されるはずです。

22 解答 （例）　（選んだ標語）エ

私がこの標語を選んだのは、私にとっての「読書」は様々な知識やものの考え方を得るために大切であるというイメージが強いからである。「窓」からは、外の世界に開いているというイメージを与えられる。大きく開かれた「窓」からは、様々の光景を目にすることができ、音や香りといった、五感に訴えるものも感じることができる。こうした「窓」のイメージは、私にとっての「読書」と共通する点が多いと考え、この標語を選んだ。

23 解き方　「選んだ理由」を求められていることを踏まえ、原稿用紙の使い方に注意して書く。

解答 （例）　私は、生活を最も大きく変化させた科学技術分野の産物として自動車を取り上げたい。現在は自動運転が可能なものや、人や他の自動車などの障害物を感じると自動的に停車する高度な自動車も開発されている。

自動車が、私たちの生活をはかり知れないほど便利にしてきたことはいうまでもない。一方で道路や駐車設備の建設による環境破壊、排気ガスなどの健康被害、騒音や交通事故、石油などの資源消費を余儀なくされている。現在を生きる私たちだけなく、次世代の人々のことも考えつつ自動車を利用する心がまえが必要だと考える。

24 **解答**

（例1）　私が季節を感じるときは、秋祭りの踊りの練習をしているときである。

私の住む地域では、夏休みが終わると、踊りの練習が始まる。練習を始めたときは、まだ暑い日もあるが、祭りの本番が近づくと、次第に空気がひんやりしてくる。そのとき、私は季節が夏から秋になったと感じる。

このように、日常生活のふとした瞬間に、季節を感じるときがある。私は、季節を感じる心をこれからも大切にしていきたい。

（例2）　私の家からは、山が見えます。山は季節によって様々な表情を見せてくれます。

春には柔らかな緑に包まれ、穏やかな景色に心が和みます。夏には青々とした木々が茂り、力強さを感じます。秋には紅葉が美しく、色とりどりの景色に引き込まれそうな気持ちになります。冬には雪に覆われ、ひっそりとして静かな景色に自然の厳しさを感じます。このように、季節によって様々な表情を見せてくれる山から、私は季節を感じます。

解き方　まず〔注意〕の②の「具体的」「理由」という言葉に着目する。「具体的」ということは自分の体験や見聞きしたことを書くことが、「理由」というのはなぜそうなのかを書くことが、それぞれ求められている。次に〔注意〕の③の「あなたの考え」という言葉に注意する。自分が季節を感じたときの思いを必ず作文のなかに入れる。